JN300536

小川信著

中世都市「府中」の展開

思文閣史学叢書

思文閣出版

中世都市「府中」の展開　目次

第二編　西国の中世都市府中と神社・寺院

中世都市「府中」の展開

序章　諸国の中世都市府中の概観

はじめに

中世以来、古代国府の後身ともいうべき国々の中心領域は、国府《こう》と呼ばれるほか、しばしば府中ないし府内と呼ばれるようになるが、この府中（府内）という領域が研究対象として関心をもたれるようになったのは、それほど古いことではない。

古代国府の研究は歴史地理学をはじめ歴史考古学などの業績が多く、相当に研究が進んでいる。とくに最近は古代国府は一個の政治都市であるといわれている。古代以来の中国やヨーロッパにみられるような周囲に城壁をめぐらして集住する空間構成ではないとしても、国府域は地方政治の中心施設である国庁の周囲に官吏が集住するとともに、一国の流通機構の中心でもあり、手工業生産も集中的に行なわれており、これを古代都市と定義するのは当然であろう。一方では周知のように戦国時代以降の大名の城下町の研究は、かなり以前から着々と進展しており、これらの城下町は領国ないし藩の政治および経済の中心地として、武士や商人・職人が集住し、日本の典型的な政治都市として発展したとみられている。

それではこの両者の中間の時代はどうなっていたのであろうか。近年までそれはあまり明らかでなかったといわざるをえない。古代の国府と戦国以降の城下町とを繋ぐ鎖の鐶、これは意外と見逃されていた一種の missing link（見失われた鐶）であったということになろう。それならば見失われていた事実を発見することが必要であって、後述のように諸国府中の多くが中世都市としての性格を有すると考えられるようになった点からも、また鎌倉・室町時代に守護が府中に守護所を置いた場合が少なくないことからも、この府中という領域が注目され、研究対象とされるようになったのである。そこで本章ではまず、諸国の中世都市府中の成立と発展を概観して、以下の各章に述べる個別研究の前提としたい。

なお本章は、一九九一年二月一日に行なった最終講義「諸国の府中について」を一部補訂し、翌年刊行の『国史学』一四八号に掲載したものを基としている。なお一九八〇年代半ば以後の諸国中世府中・国府研究は目覚ましいものがあるが、それらの研究業績の大半は本章の本文には引用せず、章末に「表2　中世諸国府中・国府関係著書・論文等一覧表」として掲げることとする。

第一節　府中研究の先駆と近況

章末表2に掲げた主要著書・論文のなかで非常に早いものは、三坂圭治氏の『周防国府の研究』で、六五年以上も前の業績であるが、この研究は古代の国府から江戸時代までを繋げて説かれている。なぜ周防の国府を特に注目されたかというと、この国は、周知のように東大寺の造営に深く関わっており、重源上人が東大寺再建を勧進したときに、周防は東大寺の造営料国とされた。阿弥陀寺という、今でも山門が萱ぶきの静寂な寺院が防府市の北東の山麓にあるが、この阿弥陀寺を重源が建ててここに在住し、国府の在庁官人たちを指揮して材木を集め、東大寺再建の大事業を行なったのである。そして周防国はその後も永く東大寺の造営料国として存続し、近世まで尾を引く形になっている。もちろん在庁官人の勤務する国府の形態は近世まで跡をとどめていないけれども、その片鱗は伝わっていて、例えば国の役所である国庁が、国庁寺という寺院として幕末頃まで残っていた。この国庁寺には後にまた触れるが、こうしたことからも、三坂氏は周防の国府に注目されたのである。

この周防国府の跡には、南辺と思われたところに、土居八町という土塁が残っている。三坂氏がこれを取り上げられて以来、古代の国府域は通常八町四方であったというのが、通説のようになっていた。ところが近年、国々の国府の発掘調査が進むと、必ずしも古代国府の周辺には、はっきりした区画はなかったとみられるようになってきた。とはいっても、国府の諸施設はほぼ数町四方すなわち数百メートル四方の中におさまることが多いようである。近江・下野・因幡・伯耆・出雲・肥前などの国府がつぎつぎと発掘されて、その規模がずいぶん明らかになった。中央には約一町四方の溝や築地塀にかこまれた国庁（政庁）域があり、そのなかに正殿と両脇殿および前殿または後殿があって、南門と北門があるというように、この政庁域の建物群はシンメトリカルな規格に基づいた整然とした空間構成になっている。また南門の前には朱雀大路に相当する広い道が南へ数百メートル延びていて、この大路に添って役人たちの官舎や倉庫群などが建っていた。また時として北門の北にもそれらの施設があった。但し、この数百メートル四方に納まる概ね整然とした規格に基づく古代国府の建物群は、全国的な発掘調査の成果によれば、ほぼ揆を一にして一一世紀頃には廃絶することが知られている。つまり八世紀の奈良時代から平安の初期・中期と続いて、せいぜい一一世紀末を下限としてたいてい消え失せてしまう。それではその後はどうなるのか。実はそこからが、われわれ中世史研究者の関心の的なのであって、私のいう missing link は、そこから始まるわけである。秩序だった国府政庁は消滅する。では何が起こるのかということであるが、結論的にいうと、これが都市研究としても近年まであまり注目されていなかった府中なのである。

たとえば、章末表2の四番目に掲げた原田伴彦氏の先駆的な中世都市研究の業績を見ても、中世の府中はあまり古代とのつながりにおいて論じられていない。府中という名称を挙げておられる場合が八例ほどあるけれども、たとえば長門の府中については、長門二宮の忌宮神社の門前町から発したもので、それがやがて大内氏の治下に入り、ついで毛利支藩の藩庁が置かれるというように説かれている。府中を正面から扱うのではなくて、門前町や宿場町と並べて、城下町の前身のような形であっさりと触れられている程度であった。府中というものが中世の国々の政治の中心領域として注目されるようになるのは、それより後である。

もちろん国によってはこの中心領域を府中といわないで、国府と書いて「こう」という場合もあるし、府中・国府《こう》の両方を用いる場合もあり、名称は統一されていない。阿波のごときは府中と書いて「こう」と呼んでいる。古代の律令制のように、まず統一した規則を作り、それに基づいた区画をこしらえ、そこから出発するのとは違って、中世の制度というものは、たいてい事実が先行するのであるから、全部の国々が同一の名称で呼んでいないのは当然であるが、ここでは「府中」という名称で表わし必要に応じて「国府《こう》」を併用したい。

この中世の府中というものの実態に注目されたのは松山宏氏で、中世の府中は古代の国府とはかなり性格が異なり、在庁官人や守護・地頭の活動が目立っていると指摘されている。表2に掲げたように松山氏の『日本中世都市の研究』の刊行が一九七三年であるから、その頃から中世府中の研究が始まったといえよう。さらに斉藤利男氏が一九八四年に歴史学研究会のシンポジウムで発表された「荘園公領制社会における都市の構造と領域」（表2参照）は、長いものではないが、画期的な論考と思われる。府中だけでなく平泉などを含めて、中世都市の原型がここにあるとし、数キロに及ぶかなり広い領域にわたるとされている。府中にはその中に総社（惣社）もあり、在庁官人たちの屋敷もあり、そして周りを堅める城も構築され、陸奥の場合のように四方に神社を祀っていることがある。その領域内を道路が貫通して、そこに市場が開かれ、あるいは港があるというような特色を指摘されている。

松山氏の場合は、中世の地方支配の拠点、ないし中世都市の原型として府中を考えている点では、たいそう優れているが、領域内の施設等にはほとんど触れられなかった。これに対し、斉藤氏は種々の施設を含む中世都市として、これをとらえておられる。但し斉藤氏も都市「府中」形成の要因をくわしく分析されたわけではない。あたかもその頃、国立歴史民俗博物館では中世の地方政治都市の共同研究を行なっていて、一九八五年に刊行した同館の研究報告の第八集（表2所掲）に、義江彰夫・松山宏・今谷明の諸氏および私が府中ないし守護所をテーマにした研究成果を発表したのであって、諸国府中を対象とする研究は、この頃から軌道に乗ったのである。

第二節　在庁の活動と「府中」の成立

守護所はもちろん鎌倉時代から始まるが、この守護所というものは、府中と異なり、領域ではなくて館ないし役所であった。この点、例えば一九九三年に行なわれた日本考古学協会主催シンポジウムの標題「守護所から戦国城下へ」は表現に一種のずれが感じられる。守護所に限らず「所」というのは概ね律令制の規定にない、それより後に設けられた役所である。平安中・後期の国々の「所」を武士の台頭と結び付けて考えられた先駆的な業績は、一九五五年の竹内理三氏の古典的な名論文であって[1]、国衙の在庁官人や郡司の発展が総合的に考察されている。その頃までは、日本の中世は荘園制の時代であるといわれていた。しかしこの頃以降は、必ずしもそうではなく、単に荘園制というよりも荘園公領制というようになり、むしろ公領あっての荘園であるというように、国衙と国衙領（公領）とを重要視しなければならないと考えられるようになるのである。国衙に常住する官人は在庁官人または在庁と呼ばれ、彼らが中心になって国衙の運営を行なっていて、国守は赴任したりしなかったりという状態であった。それなのに国守は「受領は倒るる所に土を摑め」と『今昔物語』にいうような莫大な収益がどうして可能であったのか。国守が短期間赴任するだけ、さらには自分は赴任しないで、目代を国府に派遣するのみでも、その国から多額の収益を得ることができたのは、その国の在庁や郡司・郷司の地位にある大小の地方豪族があればこそであって、彼らの支持がなければ、莫大な収益を挙げることなどはできない筈である。

右の竹内氏の論文は、平安後期の国々の政治はどのような組織で運営されたかを分析し、『朝野群載』などの記載や当時の文書・記録を総合して、在庁がその国の政務を運営する仕組みを追究され、とくに諸国の「所」の成立に注目されている。要するに平安中期以降、税所《さいしょ》・田所《たどころ》・公文所《くもんじょ》・調所《づしょ》・弁済所・健児所《こんでいしょ》・検非違所《けびいしょ》・出納所・細工所などという「所」ができて、在庁がそれぞれの「所」に分れて実務を分担し、こうしたところに国守の派遣する目代が赴任して、在庁とともに留守所を構成するが、在庁は次第に実力をたくわえ、在庁名などを開発・経営して地主化・荘官化し、かつその職権を世襲化するとともに武士化するにいたる。なかでも国の権介とか大掾のような雑任国司の地位にある在地の有力者は押領使・追捕使・検非違使などの武官に任ぜられる機会も多く、武力を蓄え従者を養って、著名な武士団を形成して発展したとして、平安中・後期の国衙機構と武士団成立の関係を明らかにされた。これは近年の国衙軍制論ないし武士職能論の先駆ともいうべきものである。

常陸や安芸の例で知られるように、在庁たちは大掾屋敷・税所屋敷・田所屋敷といったそれぞれの屋敷（館）を構えていて、その屋敷で政務を執るので、従来の国府の中心にあった整然とした国庁（政庁）が廃絶するかわりに、新たに在庁の屋敷（館）群が国衙または国庁と呼ばれるようになる。こうして院政期の頃には地方政治の仕組みがすっかり変化し、武士化した在庁を中心とする中世的な国府が形成されたのである。その国府の領域は、在庁たちの屋敷やかれらの経営する在庁名、さらに付属の細工人の工房や市町、港津などを含んで拡大し、斉藤氏が指摘されたように数キロの範囲に及ぶものになり、それがやがて府中と呼ばれるのである。

有力な在庁や郡司は、その地位を利用して国内の民衆の労働力を徴発して大規模な開拓を行ない、その開拓地を権門寺社に寄付して荘園とし、荘官の職におさまってしまう。在庁の地位にあることは荘官になるためにも好都合だったのである。それだからこそ中央の諸権力と連携して在庁の地位を確保し、勢力を維持・拡大しようとするのであって、国守にも莫大な官物を送るわけである。中央の権門と地方の在庁の利権がうまく通じ合うというのが、平安後期からの全国の政治組織であって、次の鎌倉時代を通じてこの組織は機能している。

鎌倉時代には、いうまでもなく鎌倉幕府が成立するが、だいいち源頼朝を擁して有力な関東御家人となったのが、千葉介・三浦介・小山下野権介をはじめとする東国の有力在庁や荘官たちであるから、彼らは自分たちの運営する従来の国衙機構を倒そうとする筈がない。従来の国衙機構は幕府が成立しても続くことになるのである。もちろん大きく変化する面もある。有力豪族は守護に任命されると、彼らはしだいに本来の守護の権限である国内御家人の統率や重要な犯罪の取締りなどばかりでなく、在庁たちを配下にして、一国の行政に関わるようになる。守護は府中に守護所を置いて直接国衙行政にタッチする場合と、守護所を府中と別の地域に置く場合とがあるが、守護と府中との関係は第三節以下で触れることとし、ここでは諸国府中の所在地等を一覧表にするとともに府中と総社（惣社）などとの結び付きを瞥見したい。

全国のうちで府中と呼ばれた例としては、原田伴彦氏は八ケ国ほどを挙げ、吉田東伍氏の『大日本地名辞書』は二〇国ほどを挙げ、松山宏氏もやはり二〇国ほどの「府中」に触れておられる。そこで私は、近年刊行された県別の地名辞典などにもよりながら、諸国の「府中」という称呼を集めてみたのが、次に掲げる表1である。

ここに掲げることのできたのは四七国で、少なくとも全国六十六国二島の三分の二以上には、府中という地名がその国の中心領域の名称として使われていたと思われ、かなり普遍的な言い方であったことが知られる。なお「史料上の所見」という欄は、これより古い使用例が見いだされる可能性があるので、「初見」ではなく「所見」としている。

表1　諸国府中一覧表

国名	現在の地名	史料上の所見	年代	出典	主要神社	市・宿等	守護所等
1和泉	和泉市府中町	「当国ノ府中」	明徳三年（一三九二）	明徳記	五社総社		
2伊賀	上野市印代・佐那具等	「府中　佐野殿」	天文年間	三国地誌	府中神社		三田（印代の対岸）か
3伊勢	鈴鹿市国府町	「府中惣社大明神」	元和元年（一六一五）	三宅神社棟札銘	総社（惣社、下同）		関氏の長ノ城
4尾張	稲沢市国府宮町	「府中勧請之敬神」	嘉禄元年（一二二五）	大国霊神社文書	総社	門前市あり	下津（東二キロ）
5三河	豊川市国府町付近	「府中守公神鐘」	応永廿三年（一四一六）	古鐘銘集成	総社・守公神社		
6遠江	磐田市	「府中　北野天神」	正和五年（一三一六）	光前寺大般若経奥書	総社	見附宿・見付市	国庁域内か
7駿河	静岡市	「駿州府中」	鎌倉中期	造伊勢二所太神宮宝基本記	一宮・総社	府中宿	静岡市追手町付近
8甲斐	甲府市	「甲州府中」	永正十六年（一五一九）	妙法寺記	府中八幡宮	三日市場・八日市場	川田より移り館構築
9伊豆	三島市	「可退府中居住」	応永八年か（一四〇一）	三島神社文書	一宮三島社	三島宿	
10武蔵	府中市	「府内分陪河防」	鎌倉後期	称名寺旧蔵文書	総社六所宮・国府八幡	府中宿	高安寺付近か
11安房	安房郡三芳村府中	「房州府中」	文明五年（一四七三）	茨城県六蔵寺聖教奥書	総社跡・六所神社	市場・宿	稲村城（南東二キロ）
12上総	市原市能満・郡本	「上総国府中国庁」	応永九年（一四〇二）	郡本神社旧蔵懸仏銘文	総社・府中日吉神社	古市場	能満か
13下総	市川市国府台	「下総府中六所」「下総府中神主屋敷」	天正三年（一五七五）	須和田神社文書・北条家禁制	六所宮・国府神社	市川両宿	
14常陸	石岡市	「常陸国府中」	建保二年（一二一四）条	吾妻鏡	総社神社	国府六斎市	大掾氏の府中城
15美濃	不破郡垂井町	「濃州不破郡府中」	大永二年（一五二二）	聞名集奥書	南宮社・館守神社	垂井宿	
16信濃	松本市	「符中内」	嘉暦四年（一三二九）	守矢文書	総社伊和社		井川館・林城

17上野	前橋市	「上野国府中勾田村」	弘安七年（一二八四）	長府毛利文書	総社神社	八日市場	長尾氏の蒼海城
18下野	栃木市の東部	「府中民居」	治承四年（一一八〇）条	吾妻鏡	総社・宮目社	大塚宿・西小路等	上館（鎌倉期の守護所か）
19陸奥	多賀城市・仙台市泉区	「罷立府中」	建武元年（一三三四）	飯野文書・伊賀光俊軍忠状	奏社（総社）	冠屋市場	陸奥管領府・岩切城
20出羽	山形市・天童市	「最上郡府中庄」	文永三年（一二六六）	横浜市千手院阿弥陀像銘文	印鑰神社	七日町・十日町	山形に出羽管領府
	東田川郡藤島町	「府の城」	江戸時代	大渕記	総社六所神社		
21若狭	小浜市府中付近	「府中馬四郎」	文和四年（一三五五）	東寺百合文書し	一二宮・総神社	東町・遠敷市等	西津・小浜、後瀬山城
22越前	武生市	「打入府中」	暦応三年（一三四〇）	天野文書・天野頼景軍忠状案	総社大神宮	府中下市・北市	府中守護所
23能登	七尾市本府中・府中町	「府中へ可被出」	暦応四年（一三四一）	永光寺旧記	総社・印鑰神社	府中町	守護館・七尾城
24越後	上越市直江津	「当府中神人」	仁治二年（一二四一）	古案記録草案	一宮・府中八幡	四日町・春日町	御館・春日山城
25丹後	宮津市府中	「丹後国府中今熊野」	建久元年（一一九〇）	金沢文庫古文書・書写奥書	一宮・飯役社	市場・二日市	府中城・今熊野城等
26但馬	日高町府中新付近	「苻中御合戦」	観応二年（一三五一）	南禅寺文書・伊達朝綱軍忠状	総社気多神社	府市場	出石城（南東三・五キロ）
27出雲	松江市大草町	「被追出府中畢」	建長七年（一二五五）	千家文書・出雲国司庁宣	総社六所神社		
28石見	浜田市上府町・下府町	（「府中神」）	（貞観十七年〈八七五〉条）	（日本三代実録）	総社伊甘神社・府中八幡		
29播磨	姫路市	「□（府カ）中姫道村」	正応五年（一二九二）	正明寺文書	総社射楯兵主神社	姫路宿	符中守護屋敷
30備中	総社市	「備中州符中惣社辺」	応永十九年（一四一二）	北野天満宮奉納一切経奥書	総社神社	市場・市成・本町	殿城・幸山城
31備後	府中市	「備後国府中令供奉」	正平十七年（一三六二）	吉川家文書・吉川経政軍忠状	総社（小野神社境内社）	三日市・六日市等	
32安芸	安芸郡府中町	「一所　府中北浜」	建久九年（一一九八）	田所文書	総社（多家神社合祀）		
33周防	防府市	「府中車塚堀事」	応永二十三年（一四一六）	阿弥陀寺文書	総社（佐波神社合祀）	府中宮市・相物座	

34長門	下関市長府	「符中南浜在家」	元徳二年(一三三〇)	保坂潤治氏所蔵手鑑	二宮・総社・守宮司社	北町・南町等	守護館・守護代所
35紀伊	和歌山市府中	「符中庄十はんとう」	明応十年(一五〇一)	亀井家文書	府守神社(総社か)		
36淡路	三原町小榎列・市	「小榎並村…府中」	享保十五年(一七三〇)	淡路常磐草	総社・府中八幡宮	市	養宜館(東二・五キロ)
37阿波	徳島市国府町府中《こう》	「府中村」	江戸時代	蜂須賀治世記等	総社・印鑰神社	市楽	
38讃岐	坂出市府中町	「南条郡苻中」	慶長十七年(一六一二)	生駒家宝簡集	鼓岡神社・総社		
39伊予	今治市	「府中守護…合戦」	元弘三年(一三三三)	忽那一族軍忠次第	蒼社川・伊賀那志社		
40土佐	南国市比江	「符中」	近世初	長宗我部地検帳	総社・日吉神社	古市	田村(南四キロ)
41筑前	太宰府市	「御笠東郷府中餘部村」	建久三年(一一九二)	八幡宇佐御神領大鏡		二日市	鎮西管領府(初期)
42筑後	久留米市御井町	「符中アイモノ座」等	中世末	高良玉垂宮神秘書(高良記)	印鑰神社	市別当・上ノ町・下ノ町	
43豊後	大分市	「府中出符者」	文暦元年(一二三四)	柞原八幡宮文書	印鑰社大国神社・惣社山	町押買・大路・市之町	高国府の館・高崎山城
44肥前	佐賀郡大和町	「肥前府中」	永和二年(一三七六)	毛利家文書・毛利元春軍忠状案	印鑰神社・物座地主社		
45肥後	熊本市二本木	「府中内宮寺屋敷」	建武五年(一三三八)	豊後託間文書	二本木神社・総社		
46大隅	国分市府中	「府中村」	江戸時代	三国名勝図会等	総社守君(守公)神社		
47対馬	厳原町	「府中」	(文明年間以来とす)	改訂対馬島誌	印鑰社分社		府中中村の館

この一覧表から、鎌倉時代の例を一五例ばかり拾うことができる。東国では尾張・遠江・駿河・武蔵・常陸・信濃・上野・下野・出羽・越後の一〇例、西国は丹後・出雲・播磨・安芸・長門・筑前・豊後の七例で、東国の方が多い。史料の偶然性もあろうし、府中という名称だけから一概にはいえないが、在庁官人の武士化や武士団

の発達が進んだ地域の方が、府中という中心領域も早く発達したと考えてもよいのではなかろうか。関連して、府中に守護所の置かれた国々も東国の方が多いようである。

鎌倉時代の一例であるが、「史料上の所見」の欄に掲げたように、尾張では総社大国霊神社に「府中勧請之敬神」という史料があって、府中と総社とが結び付いていた現れと思われる。このような総社がいつ頃から存在するかというと、平安後期承徳三年（一〇九九）の平時範の日記『時範記』がその初見である。時範は太政官の弁官で関白師通の家司も兼ねたが、かたわら因幡守になり、この国に一旦赴任し一ケ月余り滞在して帰京するまでの日記がそれである。これは早川庄八氏が一九六〇年代初頭に翻刻・紹介したが、土田直鎮氏は『府中市史』の史料集と本編に内容を平明に叙述し、最近では村井康彦氏の論考にも引用されている(2)。まず国守時範が下向すると、在庁官人たちが美作国の境まで出迎えて「境迎《さかむかえ》」という儀式を行なってのち、国守は彼らを従えて国府に乗り込む。まず「惣社」の西の仮屋に着き、束帯に着替えて「惣社」の西舎に入り、ここで着任の儀式をする。すなわち時範を因幡国守に任じるという太政官符を税所の官人に見せ、ついで官人から国印と鑰《やく》（国印の櫃の鍵）を受け取る。この「印鑰」がその国の政治の象徴になっているのである。次に「国庁」に昇って着任祝いの宴会が催される。そののち吉日を選んで国内の主要な神社への「神拝」が行なわれる。このように因幡国では一一世紀の末にも「国庁」が存続していたとはいえ、もはやかつてのような正殿以下の整った大規模な政庁ではなくっていたとみえて、国守の着任の際の儀式などは総社で執り行なっているのである。このように総社という神社は国衙の政務と深いつながりがあって、国の政治の一つの象徴であったことが明瞭に看取される。

そこで表1の主要神社の欄を拾って行くと、五社惣社・惣社六所宮等々、大部分の国の府中には総社（惣社）が残っている。九州では総社が早く衰退したとみえて総社の見当らない国が多いが、それ以外は全国的に総社があって、府中の機能の一部を支えていたことがわかる。『時範記』の時代から百年足らずで鎌倉時代になるが、前代と同様に在庁を中心とする諸国の政治機構がかなり存続していた。ただし、印鑰はますます象徴化して儀式も行なわれなくなり、代ってこの政務の象徴である印鑰を祀る場合が多くなる。主要神社の欄に載せた印鑰神社・印役社・飯役社などは、その結果成立したものである。

第三節　鎌倉時代の府中と守護

鎌倉時代の府中については、守護が府中の中心に入り込んで在庁たちを掌握できたかどうかを、二三の事例を挙げて概観したい。まず〈史料1〉の関東御教書案は常陸の場合であるが、結論的にいうと、これは掌握できなかった例である。

〈史料1〉関東御教書案（常陸総社宮文書『鎌倉遺文　古文書編』三七〇九号）

常陸大掾朝幹申状折紙遣之、件大掾職者、始祖相承之上、父資幹（馬場）帯故大將（源頼朝）御殿下文、令相傳于朝幹歟、而知重（小田）屬國司令競望之条、事若實者、新儀之企、頗無謂、且停止非分之望、且可令申子細給之状、依　鎌倉殿仰、執達如件、

安貞元年十二月廿六日

武藏守（北条泰時）御判

相模守（北条時房）御判

常陸前司殿

常陸の守護は初め八田氏と称した小田氏であり、この史料にみえる知重は八田知家の子息である。そもそも知家は建久四年（一一九三）策謀をめぐらして、当時の常陸在庁の頭目であった大掾多気義幹を頼朝に讒言して罷

免させることに成功した。知家は多気氏の大掾職を乗っ取り、国府に本拠をかまえて国内を支配しようとしたのであろうが、頼朝はそこまでは許さず、義幹の庶流一族である馬場資幹を大掾職に補任した。そこで次の知重になって、いま一度策謀をめぐらし、大掾馬場朝幹を追出して自分が大掾になろうとする。しかしこの史料のように、幕府から「新儀の企、頗る謂れなし」と制止された。こうして小田氏はついに府中を奪取して在庁を指揮下におさめることができず、多気氏の本拠の近くの小田に守護所を設けるにとどまったのである。

常陸の府中は今の石岡市にあるが、この常陸府中はかなり広い領域であった模様である。『吾妻鏡』の最初の方に、治承四年（一一八〇）平氏を富士川の戦いで追い払った頼朝は、上総広常や千葉常胤らの勧めで、常陸北部の佐竹氏を討伐することになり、十一月四日に常陸の国府に着いたとある。そして佐竹太郎義政は広常に誘引され、騙されて府中に入ろうとする。府中の北側の園部川には、大矢橋という橋が今でもあるが、頼朝はこの大矢橋の中央に義政を招いて、広常をして誅せしめたとある。このように園部川が北の境で、その南数キロが、府中の領域であった。この府中のなかに大掾屋敷、税所屋敷、小目代の屋敷があり、国分寺や総社も包含する。のちには大掾屋敷を中心に府中城が築かれ、税所屋敷や小目代の近くには外城が築かれる。この常陸の場合でも中世の府中は古代の国府とは性格もかなり異なり、範囲もはるかに拡大しているのである。[3]

この常陸府中には、〈史料2〉のような例も見られる。

〈史料2〉常陸国留守所下文（常陸総社宮文書『鎌倉遺文　古文書編』一九三三一号）

□□（留守）所下
可令早惣社（常陸）神主師（清原）幸進退領掌致御祈□（禱）忠當社御敷地内田畠事、
合
田参段・屋敷壹所 買主とき

田参段買主石崎彌二郎
屋敷壹所買主山本
右、買主等雖申子細、質券賣買之地事、關東御徳政嚴蜜（密）之上、御祈禱之地、爭可及非器之知行哉、就中、符（府）中田畠等者、國衙一圓進止之条、關東度々御成敗・留守所裁許、何可有豫儀哉、早師幸如元令進退領掌、可令勤仕御祈禱之狀如件、
永仁五年四月一日
稅所左衛門尉
大掾平
目代藤原（花押）

総社の神主の売った田と屋敷について、前月発布された永仁の徳政令に準じて神主が取り戻すことを承認するということが、目代・大掾・税所の連名で出されている。その理由として、府中の田畠等が国衙の直接管理下にあることは、幕府のたびたびの判決からも留守所の裁定からも当然であるとしていて、常陸では鎌倉後期になっても府中の領域内の田畑は国衙の支配地であると認められていた。

一般に府中は、大掾や権介以下の在庁が運営する国衙の直轄領というだけでなく、交通の要衝であり、商業や手工業の中心でもある。府中がその国の流通経済の中心になる原因としては、もともと古代の国府はたいてい幹線道路である駅路が通じ、交通の便のよいところに設けてあっただけでなく、国内から調・調副物・中男作物などとして徴収した生産物も集積された。かつその国府政庁には工房が付属していて、手工業生産が行なわれていた。例えば常陸国府の近傍の鹿の子C遺跡からは、奈良時代末から平安初期にかけての鍛冶その他の生産活動の跡などが発見されて、古代国府付属の細工人の工房とみられている。やがて細工人たちは、国衙との関係を保って給田などを支給され、在庁などの注文に応じながら、半ば独立した生産活動をするようになる。商業活動にお

いても、例えば表1に掲げたように、周防では府中宮市という市が立つかたわら、相物座という水産加工品を扱う座が結成される。このように府中は付近一帯の商人や細工人の活動の中心地となるのであって、「市・宿等」の欄を見ても、市・町・宿などが諸国の府中に発達したことがうかがわれよう。市が開設されるだけでなく、やがて定住する商人や職人も多くなり、街区も形成されるようになるのである。

次に、府中の町の様相がわかると同時に、常陸とは違って守護が早くから府中の掌握に成功した例として、豊後の場合を〈史料3〉に挙げておく。これは豊後守護大友氏の仁治三年（一二四二）の法令であって、義江彰夫氏は、大友氏が府中を掌握できたのは国司を兼ねたからだと説かれている。ここでは大友氏の府中掌握の状況とともに、この法令に反映する豊後府中の姿を眺めてみよう。

〈史料3〉新成敗式目（『中世法制史料集』第一巻　鎌倉幕府法）

新御成敗狀 仁治三年正月十五日

一　神社佛寺事

（中略）

一　給府中地輩事

右、難澁所付于彼地之濟物、懈怠所役者、屋地者可召之矣、

一　道祖神社事

右、同府住人等、立置彼社於府中之條可止之、但有殊所存者、申其旨、可隨左右矣、

一　町押買事

右、不論上下、一向可令停止之矣、次町人等諸物直法、背法過分之條、可止之矣、

一　府中指笠事

右、往反之諸人、非指雨儀之時、面々指之事、可停止之矣、
一　大路事
右、或稱田畠作、或號立在家、令狭條、尤自由也、早仰其通行事、可令制止之矣、
一　保々産屋事
右、晴大路立之事、可止之、若不令承引者、可令破却之矣、
一　府中墓所事
右、一切不可有、若有違亂之所者、且改葬之由被仰主、且可召其屋地矣、
一　令押作私物於道々細工等事
右、依有如然之輩、細工等有煩事云々、可止之矣、
一　出祿事
一　双六、四一半、目増、字取等博奕事、
右、以上可停止也、若不相鎮者、令禁遏其身、可改所職矣、

府中に関係する規則は七ケ条ほどである。「給《ル》二府中《ノ》地《ヲ》一輩《ノ》事」は、府中の土地を給与されていながら課税逃れを計ることの禁止。「道祖神社《ノ》事」は、府中に道祖神の祠を建てるのは特別の許可制とすること。「町押買《ノ》事」は、武力で脅したりして不当に安く買う押し買いの行為を禁止する一方で、町人が不当に高く売るのも禁じている。「府中《ニ》指《ス》レ笠《ヲ》事」は、府中で笠をかぶって面をあらわさないのはいけない。これは治安維持のためであろう。「大路《ノ》事」は、大通りに田畑を作ったり家を建てて道を狭くしてはならないという規定。鎌倉中期の豊後府中に大通りがあり、「通行事《とおりぎょうじ》」という役人が置かれていたこともわかる。「保々産屋《ノ》事」は各保で設ける産屋を大路に建ててはいけないというのである。保とは、古来京都にあって、当時は鎌倉にもできた街区単位の行政区画であるが、

豊後府中もすでにいくつもの街区から成り、集住的な都市景観を具えていたことが知られる。「府中墓所ノ事」は府中域のうちに墓地を作ることの禁令である。穢れを忌むためであろうが、都市の景観にも関係があるかもしれない。いずれにせよ府中は特別な領域だったのである。

最近中世の遠江府中であった静岡県磐田市の北部の丘陵の一つから大規模な中世の墓域が発見されて、発掘調査が行なわれた。土葬墓もあれば火葬墓もあり、土を積んだものも石で囲ったものもある、何百基もの集団墓地であったことがわかった。保存運動は残念ながら成功しなかったが、表2に掲げた多くの研究業績に指摘されているように、数キロの領域の遠江府中域の外側にこの中世の集団墓地があった。まったく同様に豊後府中でも、府中域の外でなければ墓地を作れなかったのである。さらに「令ムルレ押シ二作ラ私物ヲ於道々ノ細工等ニ一事」、道々の細工というのはいろいろの種類の手工業にたずさわる職人で、豊後守護大友氏は彼らを保護して、配下の武士などが勝手に私物を作らせることを禁じたのである。商人や職人を集め、保護することによって町が発展するわけである。以上のように、府中の中心には大通りがあり、町並みはいくつもの保に分かれて、武士や町人が住んでいるという空間構成がうかがわれる。そして大通りに勝手に家屋や田畑を作ったり産屋を建てたりする人々があって、取締りを受けるという、今日からみればやや田園的な風景もみられるが、鎌倉中期の仁治三年（一二四二）に早くも豊後府中にこうした町々が成立していることは注目すべきである。

豊後国府は、大分川に臨む古国府《ふるこう》から平安中期頃、上野台地の高国府《たかこう》に移ったと推定され、この高国府に惣社《そうじゃ》山の小字名も残る。新成敗状の対象となった府中は、高国府を中心とした領域に違いない。守護大友氏は建長六年（一二五四）頃から高国府に居館を営み、この居館跡とみられる「御屋敷」の小字名や土塁の一部が残るが、それ以前から守護代を置いて職務を代行させていたものと考えられる。(4)

第四節　南北朝時代の府中と守護の居城

南北朝時代においても多くの守護は府中に守護所または守護代所を構えた。しかし、南北朝時代の守護ないし守護代は、一般に前代よりも政治上および軍事上の機能が著しく高まり、かつ恒常的な戦乱に際会して守護所ないし分国の要地を防衛する必要性もすこぶる強まったと考えられる。ここに守護所を防衛する手段として、少なくとも直接には次の三つの方法が採られたとみることができよう。その第一は、府中に置いた守護所自体の防禦施設を強化すること、第二は、より防禦に有利な地点に守護所を移動させること、第三は、府中の守護所のほかに詰の城ともいうべき城郭を築いて危急に備えることである。これらの方法はもちろん単独に行なわれるとは限らず、むしろ併用して複合的な効果を期することが多かった模様である。ここでは、守護所跡ないし守護関係の城館跡のうち、筆者が一応実地踏査したうちの相異なる三例を挙げてみよう。

第一の方法を主としたと認められるものに、厳密には守護所ではないが、奥州管領府の場合がある。周知のように、建武政府は北畠顕家を国守として陸奥国府を再建し、ついで足利尊氏は奥州大将、さらに奥州管領を派して諸国の守護より一段と強い権限を有する、広域行政府の長としたが、この陸奥国府（府中）の多賀城はしばしば激しい争奪の対象となった。例えば観応二年（一三五一）十一月、奥州南軍の急襲を受けて国府を一旦拋棄した管領吉良貞家は、白河の結城朝常に書状を送って、名取要害をまだ堅固に作っていないので、用心のため伊具の館に遷ったが、軍勢を調えて帰府する計画であると告げており（結城古文書写）、管領府の南方に「名取要害」を構築中であったことがわかる。翌年三月貞家は管領府を奪還するが、その合戦に子息を従軍させた石河蒲田兼光の軍忠状には、名取郡羽黒城に陣取り、府中城に推し寄せて合戦したとあって（白河文書）、管領府が「府中城」に置かれていたことが推定される。

第一節に引いた斉藤利男氏の論考に指摘されているように、中世の陸奥府中の都市空間は西は岩切城や冠屋市場、東は塩竈津にわたる広大な領域であった。その中心的な位置を占めたのが「府中城」であるが、この城はどの地点にあったのであろうか。おそらくこの「府中城」に密接な関係があると思われる遺跡に、多賀城の国庁跡と東辺築地とのほぼ中間に当る作貫《さっか》地区の丘陵上に存在する、東西約八〇メートル、南北約六〇メートルの遺構がある。作貫は近世には一宮塩竈社の社家酌加《さっか》（目《さかん》の転訛か）大夫鎌田家、祝詞大夫志賀家の居所であった。昭和五十五、六年等の発掘調査により、その内部に古代の官衙地区と推定されるコの字型配置の掘立柱建物群が発見されたが、北下りの斜面に展開する遺構北辺部からは、この建物群の一部を破壊して構築された三条の空堀と、それに挟まれた二条の土塁が検出され、中世（戦国期か）には館として使用されたことが確認された。[5] その発掘中にたまたま筆者もこれを見学する機会に恵まれ、その厳重な防禦施設を目のあたりにして、この地に展開された攻防戦を偲んだ。但しこれまでのところ、中世の出土遺物は大甕・青磁片など少数に止まる模様であり、この遺構を性急に「府中城」と結び付けることはできない。入間田宣夫氏はこの作貫地区および古代国庁跡と並ぶ丘陵上の五万崎のあたりを「府中城」に比定されている。[6]

第二の守護所移動を想定しうるものに、下野守護小山氏の場合がある。小山氏は朝政が源頼朝からこの国の守護に補任されて以来、引き続き南北朝期までこれを世襲した。そして、朝政が承元三年（一二〇九）、その守護職は曩祖が下野押領使として執り行なった検断の職に由来すると申し立てたことや（『吾妻鏡』）、彼が寛喜二年（一二三〇）嫡孫長村に譲った所領所職が下野国権大介職を筆頭とし、国府郡内の諸郷と古国府・大光寺・国分寺敷地・惣社敷地などを含むことなどから（小山文書）、下野守護所は朝政以来同国の国府に置かれていたと推測される。大光寺と古国府は、思川右岸の自然堤防上にある栃木市田村の字名として現存し、それぞれ近年の発掘調査で確認された古代の国衙遺構[7]の四～五〇〇メートル北東および東にあり、国府推定域のほぼ北東隅と東辺に当る。惣社はこの政庁跡の北約三キロに現存する大神神社である。なお惣社の南西一・五キロに字国府があり、その南西に大宮、西に印役の字名があって、それぞれ惣社・国府・大宮の付近を第二の国府域に擬定する説がある（藤岡謙二郎氏『国府』）。そして惣社の北一キロ足らずに府中の小字名が残っている。詳しくは第一編第一章に述べる。

ところで鎌倉末以来の守護小山秀朝は中先代の乱で討死し、嗣子朝氏は建武政府から下野の国務を与えられたが、まもなく朝氏は足利尊氏に応じて守護に補任され、それ以後の小山氏ないしその麾下諸氏には、小山の居館を拠点とした軍事行動が見られる。当時の史料[8]によってそれを瞥見すると、まず建武三年（一三三六）八月の茂木知貞代祐恵の軍忠状に「小山乃御館」へ馳せ参じたとあり、同年十二月の知貞の軍忠状には、城郭警固のため「小山之館」に留まったとある。この館は、前述の小山朝政譲状に「寒河御厨号小山庄、重代屋敷也」とある本拠地小山庄の居館に違いない。次いで翌建武四年四月の飯野盛光代難波本寂房の軍忠状には、同年三月陸奥国司北畠顕家の勢が「小山城」に攻め寄せたとあり、それ以後は大部分の史料に「小山城」と記されるようになる。守護所と明記した史料は見当らないが、おそらくこの頃までに小山氏は守護所を府中から小山庄内に移し、かつその城塞化を進めたのではあるまいか。

朝氏の跡はその弟氏政が継ぎ、さらに氏政の子義政が下野守護となるが、義政は康暦二年（一三八〇）宇都宮基綱を亡ぼし、鎌倉御所氏満の追討を蒙ることとなった。その追討に従軍した烟田重幹の軍忠状には「義政屋敷西木戸口合戦」とあるが、常陸大掾某の軍忠状には、同じ戦闘を「於㆓小山城㆒合戦」と記している。さらに翌永徳元年になると、鷲城・祇園城の名が見えはじめる。すなわち同年十月氏満が茂木朝音に宛てた感状に「鷲城陣取合戦」とあり、義堂周信の日録『空華日用工夫略集』の同年十二月二日の条には、「関東飛脚至、小山鷲城破、潜移㆓入祇園城㆒」とあるのがそれである。

祇園城跡は、前述の下野国府政庁遺構から約七キロ南々東、思川の左岸（対岸）、比高差一七メートルほどの段丘崖上に位置し、それより南西方向約二・五キロの範囲内に、繋ぎの城とみられる長福城と義政時代の本城である鷲城とが同じ段丘崖にほぼ相接して並んでいる。いずれも高さ数メートルの堅固な土塁と深さ一〇メートルに及ぶ広大な空堀で仕切られた複郭式の平山城である。祇園城には戦国期の大改修が認められるが、他の二城はかなり原形を保ち、とくに鷲城は隅矢倉や井戸を残している（注8所掲『小山市史　史料編　中世』）。小山義政は降服と抗戦とを繰返した末、永徳三年（一三八三）三月粕尾城に逃れて自刃するが、鷲城以下の大規模な遺構の現地に立つと、当時の激戦がさこそと納得される。

なお、鷲城の東一キロの地に、東北本線の線路に分断された約二〇〇メートル四方の方形単郭の館跡があり、小字名を「曲輪」といい、現在は全長九〇メートルの土塁を残す。この「曲輪」を精査された荒川善夫氏は、この館跡を中心に近傍の「二日市」や思川の船着場「船場」へ通じる古道と、一方は奥州と結城に他方は鷲城を経て鎌倉へ向う鎌倉道とが走っていることからも、この「曲輪」こそ中世前期の小山氏の居館であると推定されている。(9) 妥当な見解と思われる。

第三の、守護所とは別に城郭を構えている例は少なくないが、越前守護斯波氏の杣山城は注目すべき一例である。越前の守護所が同国府中すなわち現在の武生市内に置かれていたことは、新田義貞方と足利（斯波）高経方との間に府中をめぐる攻防戦が展開したことからもうかがわれる。降って『大乗院寺社雑事記』文明十二年（一四八〇）七月二日条の朝倉（孝景）と甲斐ならびに屋形（斯波義廉）との合戦の記事に付してある越前主要部の略図にも、図面の上端近くすなわち東側に「一乗朝倉」とあるのに対して、右端すなわち南端には「府中守護所」と明記してある。しかし、この府中守護所の南々東約一〇キロ、標高四九二メートルの杣山とその北麓阿久和谷とに構築された杣山城も、越前南部制圧の重要拠点であった。『太平記』には、延元元年（建武三年）十一月杣山城主瓜生保が脇屋義助を擁して挙兵し、高経の拠る府中の新善光寺城を一旦攻め落したが、翌年正月敦賀の金ヶ崎城救援に失敗して討死したこと、その後金ヶ崎城を脱出した義貞は杣山城に拠り、高経の府中を陥れ、足羽郡の諸城を攻めたが、延元三年(暦応元年、一三三八)藤島で討死を遂げたことを伝えている。

この杣山城は『太平記』にいま一度登場する。それは貞治五年(一三六六)八月将軍義詮に放逐された管領足利高経が杣山城に籠って幕府の追討軍に抗したが、翌年七月病死し、子息の前執事義将は赦免を受けて帰京したという記事である。これは『師守記』等にも高経の越前杣山城での他界や義将の赦免が記されていて、彼らがほぼ一年近く杣山城に拠って抗戦したことは事実である。さらにこの城では応仁の乱中にも攻防戦が行なわれている。『朝倉始末記』に、朝倉孝景の越前制圧を阻もうとした斯波義廉被官増沢祐徳らは杣山城に拠ったが、孝景は文明六年(一四七四)正月これを攻め落し、ついに閏五月波著・岡保等に彼らを討ち取ったとある。これも『古証文』に載せる孝景充伊勢貞宗奉書写、『古今消息集』に載せる孝景充足利義政御感御教書写などと照応し、史実を伝えていると考えられる。なお『越前名蹟考』は、その後朝倉家臣河合家清がこの城を守ったと伝える。

杣山城は、昭和四十七年(一九七二)から同五十二年にかけて、地元の南条町により発掘調査と保存整備事業が行なわれ、山頂部の本丸・東御殿・西御殿、阿久和谷入口の城戸付近および飽和社跡付近から種々の遺構や一四、五世紀を中心とする陶磁器類などの遺物が発見された(10)。当城を実地踏査して気付くのは、当城は一乗谷城より小規模であるとはいえ、両城にはすこぶる類似点が多いことである。河谷の開口部を土塁と水濠で閉鎖して城戸口を設けていること、河谷の中央を道路が走り、内部に土塁で囲った居館をはじめ家臣の屋敷や寺院等の存在すること、山城は最高点に築いた本丸を中心とし、尾根筋を削平し堀切で遮断して複数の郭を構築していること、礎石建物群や湧水を貯える施設の存在することなどが、両者の類似点である。

朝倉氏の一乗谷城構築開始の年次は明らかでないが、応仁の乱中、朝倉孝景が東軍に降って将軍義政から越前守護に補せられた文明三年（一四七一）を上限とし、「朝倉館一乗大焼亡」（「大乗院寺社雑事記」）の文明十四年（一四八二）七月には相当の規模になっていた。[11] かつその間の文明六年に孝景は杣山城を攻略している。したがって杣山城は「朝倉氏の一乗谷を縮小した姿」（注10所掲、調査報告書Ⅱ）というよりも、むしろ一乗谷城を構築するに際して、斯波方の一大拠点であった杣山城の立地条件や縄張りを少なからず模倣したと推測してよいであろう。なお杣山城の居館跡は、それぞれ土塁で仕切られた奥行・幅とも約三〇ないし五〇メートルの三段の平地よりなり、現在は山林と化しているが、この居館跡は未調査の由なので、その発掘調査が待望される。

以上のように南北朝時代の守護は、戦闘の激化に伴って、あるいは府中域内の守護所を拡張して居城とし、あるいは府中とはやや離れている地点に居城を築き、または詰城としての山城およびその城下の居館を設けるなど、さまざまの工夫を凝らしてその分国の中枢地域を防衛するための軍事的拠点の構築に努めたのである。

第五節　室町時代の府中と守護大名

次には室町時代の府中の例を見よう。まず南北朝時代の暦応四年（一三四一）に発布されたのが、〈史料4〉の能登守護吉見氏の禁制である。

〈史料4〉吉見頼隆禁制写（中興雑記　永光寺蔵『加能史料　南北朝一』）

禁制　在判（吉見頼隆カ）

わかへ（羽咋郡）のほうのかたにをゐて、せつしやうきんたんの事、軍勢・かうおつ人等、かのかたにをきて、かりそめのいき物たりとゆふとも、これをとるへからす、もしこのむねをそむかんともからにおゐてハ、さふらひたらは名字を注進いたすへし、ほんけ（凡下）ならハその身をめしとり、府中（鹿島郡）へ可被出の状如件、

暦應四年十二月五日

若部保の「保」というのは、豊後府中の保とは違って、国衙領の一部が京都の官庁やその国の国衙の荘園のようになったものであるが、この若部保は能登国内最大の曹洞宗寺院永光寺に寄進されて、その寺領になっていた。そこに守護吉見氏が殺生禁断の禁制を出したのがこれである。これに背いた者は、侍ならば勝手に逮捕できないので、名字を注進せよ。平民ならその保内で捕えて府中に差し出せといっている。このように府中には国内の刑事事件などの裁判をする機関もあった。本来は国司の権限に属したことであるが、ここではすでに守護吉見氏が府中に在住して検断権を行使している。このように守護が府中を支配することで、従来の府中の組織を自分の組織に取り込んで行くという動きが進んでいったのである。

税収入についても同様で、同じ能登の若部保に対する室町時代永享二年（一四三〇）の例が〈史料5〉で、守護はすでに畠山氏であった。

〈史料5〉畠山義忠書状案（永光寺文書『増訂　加能古文書』八二一号）

能州當寺領若部保國衙役・正税幷検注事、爲青蓮院御門跡御代官執沙汰之間者、於寺領可令停止催促候、恐々謹言、

永享二年庚戌十二月廿七日　義忠（畠山）　在判

永光禅寺

能登守護畠山氏は、当時京都の青蓮院門跡領になっていた能登国衙領の総代官という名目で国衙領の実質支配を行なう。本来は国衙領の保の土地はもちろん国衙の在庁である田所・税所などが検注を実施して、どれだけの正税を徴収するかを決める筈であるが、もはや守護畠山氏がその権限を握っていて、若部保には国衙役や正税の催促も検注のための立ち入りも行なわないという、いわゆる守護使不入の特権付与の文書を出しているのがこれ

である。

次の〈史料6〉は、伊豆の例である。応永八年（一四〇一）当時の伊豆守護は上杉憲定であるが、その奉行人の直高という者から守護代の寺尾氏に充てた書状である。

〈史料6〉筑前左近将監直高書状（三嶋神社文書　七八号『静岡県史料　第一輯』）

梅原彌次良憲宗狼藉事、就社家訴状、其沙汰候了、所詮可退府中居住之旨、固被仰付憲宗候、可有御心得候、
恐々謹言、

（応永八年）七月廿三日　　直高（花押）

寺尾四郎（憲清）左衛門尉殿

梅原弥次郎憲宗はどういう人か分明でないが、実名に山内上杉氏の偏諱の「憲」が付いているので、上杉氏に近しい人物であり、少なくとも相当な家臣であろう。同年五月十三日の上杉氏奉行人連署奉書によると、この人物は三島社領で狼藉を働いたと同神社から訴えられ、守護のもとへ召喚された。その結果、守護憲定は梅原を府中から追放したのである。府中は一国の政治の中心地であって、そこで狼藉を行なった者には、近世の所払いのような追放刑が実行されていた場であった。

同様な府中を追放するという文言は、ほかに出雲・常陸・陸奥でも見られる。出雲の場合は表1の「史料上の所見」欄に掲げたもので、建長七年（一二五五）という早い例である。常陸の場合は鎌倉末から南北朝初頭の譲状に見えて、この譲状の旨に背いた者は大掾以下在庁たちなどによって府中を追放してほしいとある。常陸では室町時代の応永七年までの間にその文言がなくなると義江彰夫氏は指摘されているが（注3所掲論文）、伊豆では応永八年にも実際に府中追放を行なっているので、ここではかなり遅くまであったことがわかる。もっともこの追放は、在庁の合意によるのではなくて、すでに守護が裁いて命令するという形に変化しているのであって、守

図1　忌宮神社境内絵図（忌宮神社所蔵　部分、守護館付近）

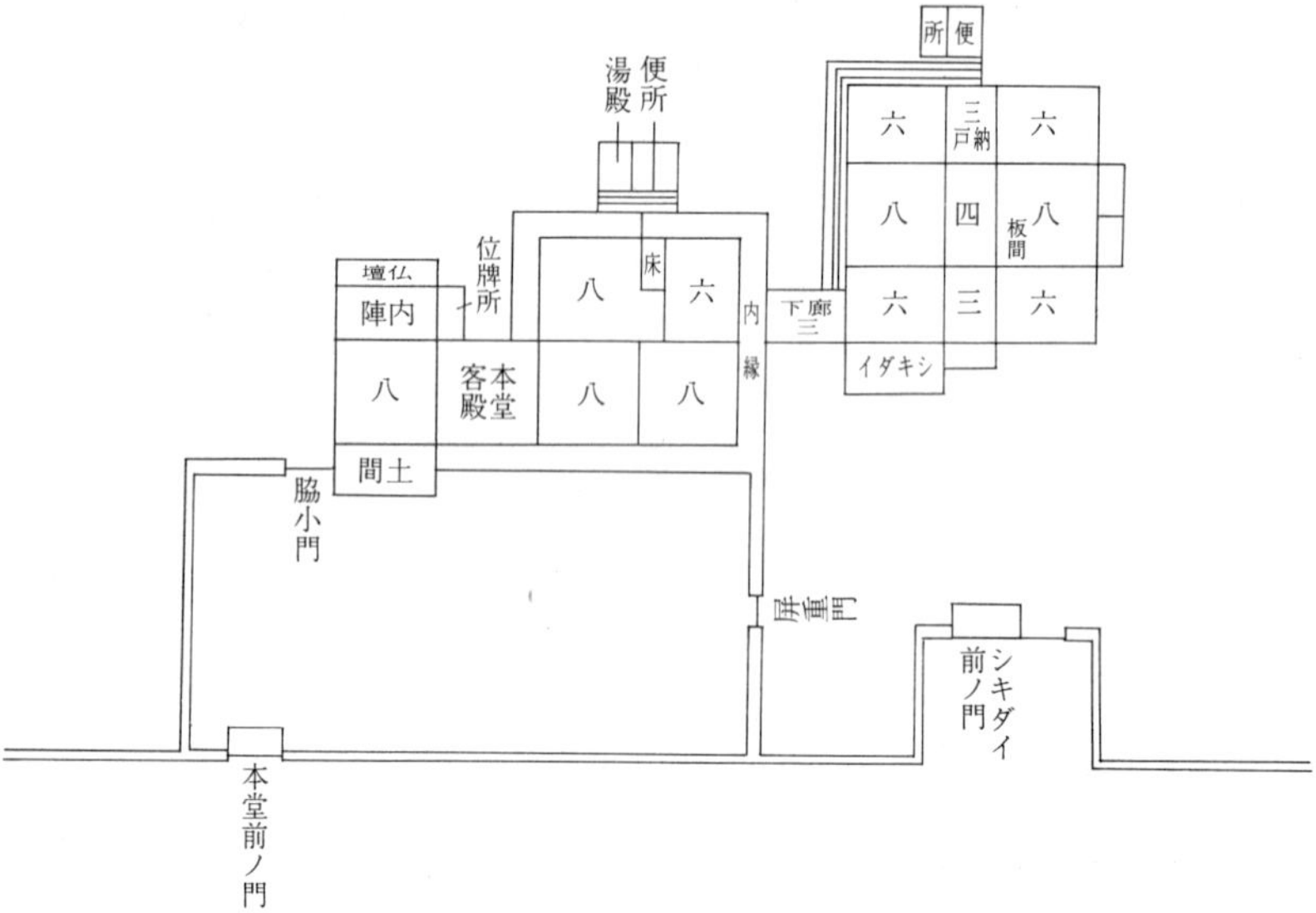

図2　周防国庁寺主要部分平面図

（三坂圭二氏『周防国府の研究』〈増補復刻版〉所載「国廳内部の図」の主要部分を転載）

護の府中支配が貫徹するようになったことの表れといえる。

図1は「忌宮神社境内絵図」（忌宮神社所蔵、重要文化財）の一部分で、鎌倉末から南北朝初期の長門府中（長府）の「守護館」の有様で、大きな建物と、やや小さめの建物とが連なって描いてある（図1参照）。これとよく似ているのが図2で、これは隣国の周防府中（防府）にあった江戸時代末、嘉永年間の周防国庁の平面図（部分）で、第一節に述べた三坂圭治氏の著書から転載したものである。守護所と国庁とは別であるし、時代も異なるから、書院造かどうかなどの違いはあろうが、二棟の建物が連なっているという構造は共通している。周防の国庁は、前にも述べたように東大寺が支配した関係から国庁寺という寺院になったが、単に本堂と庫裡というだけでなく、本来の建物の形が影響したのではあるまいか。古代の国庁の正殿や脇殿などが廃絶した後の国庁は、このような構造の建物だったのではないか。そして、その影響で、守護所の建物も同じような構造を採用したのではないかと考えられる。さらに小野正敏氏の最近の論文(12)によると戦国大名の居館におけるハレの場は、表の空間としての主殿と奥の空間としての会所が接続した空間構成であり、私見によればこの空間構成は上記の長門守護館のそれときわめて類似している。これは第二編第三章で論述する。

さて、長門府中すなわち長府について、文明十年（一四七八）の例を挙げたのが〈史料7〉である。

〈史料7〉大内家奉行衆連署奉書（『長門国二ノ宮忌宮神社文書』忌宮古文書⑤貴四〇号）

当社御祭礼時、上下商人幷府中地下仁等可為賣買煩間、町面寄宿軍勢甲乙人悉被如制止了、然者此趣各令存知、可専商買、殊於押買狼藉之輩者、差交名可令言上、随其左右可被處嚴科之旨、可被相觸之由候也、仍執達如件、

（文明十）八月十日　　高石彦右衛門尉

忠幸（花押）

安富左衛門大夫
行房（花押）
杉　大膳亮
重親（花押）
安富掃部助
房行（花押）
杉　三河守
重隆（花押）

□（破損）

これは応仁の乱が終わって守護大内政弘が国もとに引き上げた翌年のことである。政弘の奉行衆が連署して、長府の町に出した通達で、上り下りの商人や府中の町人たちの取引の妨害をしないようにと、町なかに寄宿している武士以下に制止を加えたから、安心して商売するように、それでもなお押買狼藉をする輩があったら、その犯人の名前を書き出して訴えれば、その報告に基づいて厳罰に処すると通達したものである。このように文明年間には長府は盛んに商取引の行なわれる都市として繁栄しており、かつその繁栄には領主大内氏の保護が一役買っていることがわかる。

多くの日本の都市研究では、城下町・門前町・宿場町・港町などというように分ける傾向があるが、この長府の場合は必ずしも分けられない。元来国庁があり、守護所・守護代所が設けられ、毛利氏時代には櫛崎に豊浦藩の藩庁ができるので、基本的には政治都市であるが、忌宮神社の門前町でもあり、山陽道の貫通する街道町でもあり、かつ櫛崎は瀬戸内の重要な港として栄えたので、港町でもあった（詳しくは第二編第三章参照）。

府中という一国の中心領域は、多くの場合一個の政治都市であるだけでなく、同時に経済都市でもあり、宗教都市でもあるというような、総合的な機能をもつ一国の中心都市として発展する条件を備えており、ことに守護所が置かれた場合に、その発展が促進されたのである。

おわりに－戦国城下町への展望－

本章では、諸国府中の形成発展を例示しながら室町時代まで通観してきたが、おわりに府中が戦国大名の城下町として発展した事例に触れておきたい。例えば第五節のはじめに述べた能登府中は、戦国時代には能登畠山氏の城下町として発展する。現在の七尾市の中心部から約四キロ南南西に「国下町《こくが》」という集落があり、ここに一時国衙があったらしい。それから一・五キロほど北東に「上古府《ふるこ》」「下古府」があり、この付近が古代国府の推定地であって、上古府の集落の東端に能登総社があり、西には能登国分寺跡がある。さらに下古府の北東一キロ弱、七尾市街地の南端に「本府中町」があって、中世の府中域の名を残している。なお現在の印鑰神社は本府中町の北約一キロの海岸にあり、この付近の七尾港も当然府中域内に含まれていたに相違ない(13)（図3参照）。

市街地の西部の小丸山公園が近世初期の城郭跡であるが、中世の七尾城は国下町・上古府・下古府等の背後にそびえる城山に設けられた山城であって、守護畠山氏は、戦国時代に入って、ここに堅固な七尾城を築いた。『七尾市史』にはその遺構が述べられており、七尾城の規模が明瞭に説かれている(14)。標高三一〇メートル余の山頂部と、そこからほぼ北と北西にのびる尾根尾根に多数の曲輪・石垣・空堀などの遺構があり、さらに下ると、山麓のなだらかな斜面に「古城町」「古屋敷町」という侍屋敷の遺構が分布し、その一部、古城町の「大念寺屋敷」からは水晶五輪塔・天目茶碗などが、古屋敷の一角からは石臼・硯・天目茶碗・青磁片などが出土した由であり、この斜面一帯が七尾城下の中心で、家臣団の集住地域であったに相違ない（図4参照）。さらに山下は「千門万

図 3　能登府中主要地名配置図

（国土地理院２万５千分１地形図「七尾」を縮小し、府中関係地名等を付記）

図 4　七尾城跡遺構(削平平坦面)分布概略図（『七尾市史』第三編第四章より転載）

注. ⌈⌉印は遺構数を表わすものではない。

戸が城府と連なることほとんど一里余」と伝えられ、古屋敷町の下の本府中から七尾の港にかけて、町人の居住区域があったとみられる。

越後府中の場合も同様で、越後の古代国府の位置には種々の説があるが、中世の府中は今の上越市直江津地区で、ここに守護上杉氏の居館が設けられた。守護代長尾氏の根小屋を構えた城が春日山城であったが、上杉謙信は大規模な築城工事を行なって、領国統治の中心の居城にし、城下町が発達するのである[15]。この越後府中の発展や、その空間構成は、能登の場合とよく似ている。次に同じ北陸地方の若狭でも、府中域にある小浜の港は、南北朝時代以来問丸の活動が知られ、広く京都・畿内一帯と日本海沿岸各地とを結ぶ商品流通の一大中心地の港町として栄えた。この小浜港の背後にある後瀬山《のちせやま》城は、守護武田元光が大永二年(一五二二)に築いたと伝えられ、この頃若狭武田氏は戦国大名への転化を遂げたといわれる[16]。こうして若狭の府中域も、海岸部を中心に城下町兼港町としての発展を遂げるのである。

同様の事例は、北陸地方に限るものではない。第四節で触れた豊後では、南北朝内乱の激化とともに守護大友氏は府中の北西数キロの高崎山に詰の城を構築し、南軍菊池氏等の高国府侵攻に際し、この高崎山城に立て籠もって抵抗した。降って戦国時代の府中(府内)には、たつ市・下市・唐人町・稲荷町・市之町・うしろこうじ・柳こうじ等の町々が、高国府の北東に当る大分川河口近くの低地に発達し、天文二十年(一五五一)以来ポルトガル船もしばしば入港して南蛮貿易が行なわれ、キリスト教布教の根拠地としても栄えたのである(注4所掲渡辺澄夫氏著書第四)。

以上は、諸国の事例をややアトランダムに拾った嫌いがあるが、府中を中心に考えてみると、本章のはじめに述べた古代国府と戦国城下町との間の missing link というべきものが、かなり捜し当てられるに違いない。古代の国府とのつながりをもちながらも、それとは異なった在庁を中心とする一国支配の中心領域として起こったのが府中であって、ここには多くの場合中世都市の形成が看取され、ことに水陸交通の要衝に位置した府中域に守護所・守護代所の置かれた場合などには、戦国大名の城下町へと発展する前提となった事実を指摘できると思われるのである。

もちろん諸国の府中がすべて城下町に連なるわけではない。国衙機構が守護大名の権力下に編入されながらも、府中（国府《こう》）が主として神社または寺院の門前町として、または街道町としての発展を遂げた場合も少なくない。そのような事例の検討と条件の分析は、以下の各章の中で個別に行なうこととしたい。

（1）竹内理三氏「在庁官人の武士化」（『日本封建制成立の研究』、一九五五年）。
（2）早川庄八氏「〈史料紹介〉『時範記』承徳三年春」（『書陵部紀要』一四号、一九六二年）。
土田直鎮氏「新発見の因幡国総社資料」『府中市史史料集』（五）（一九六四年）、同氏執筆『府中市史　上巻』（一九六八年）第二編第九章第四節「国衙と総社」、第五節「国司の赴任と神拝」。
村井康彦氏「国庁神社の登場―惣社の系譜」（『日本研究』一二号、一九九五年）。
（3）義江彰夫氏「中世前期の国府―常陸国府を中心に―」（『国立歴史民俗博物館研究報告』八集　共同研究「中世の地方政治都市」、一九八五年）。
（4）渡辺澄夫氏『豊後大友氏の研究』（一九八一年）第四　豊後国府と守護所。
（5）『多賀城跡―宮城県多賀城跡発掘調査研究所年報―』（一九八〇年・八一年）。
（6）入間田宣夫氏「陸奥府中ノート」（『小川信先生古稀記念論集　日本中世政治社会の研究』、一九九一年）は観応二年（一三五一）正月以来の畠山方の「府中岩切・新田両城」、翌正平七年三月の南朝北畠方の「府中南部城」は、いずれも府中の中枢ではないとし、同じ頃足利勢が「押寄」せた北畠方の「符中城」、および同年夏頃までに吉良方に属した「府中城」が、奥州統治のセンターであり、「余目氏旧記」に「吉良殿はこま崎に控給ふ」とあり「留守殿在城」ともある五万崎の城がこれに該当すると考察されている。
（7）（財）栃木県文化振興事業団『下野国府跡Ⅳ』（一九八二年）。

（8）小山市史編さん委員会『小山市史　史料編　中世』（一九八〇年）。
（9）荒川善夫氏「曲輪についての覚書」（『栃木県高等学校教育研究会社会部会高校社会科紀要』昭和五十七年度、一九八二年）。
（10）南条町教育委員会『史跡杣山城跡』Ⅰ・Ⅱ（一九七八年）。
（11）水藤真氏「城下町、一乗谷への誘い」（『よみがえる中世6　実像の戦国城下町越前一乗谷』、一九八五年）。
（12）小野正敏氏「城下町、館・屋敷の空間と権力表現」（『国立歴史民俗博物館研究報告』七四集　共同研究「都市における交流空間の史的研究」、一九九七年）。
（13）拙稿「府中と守護所の関係について」（『国史学一四三号　シンポジウム前近代における政治都市の形成』、一九九一年）。
（14）『七尾市史　第三編』（一九七四年）。
（15）花ケ前盛明氏『上杉謙信と春日山城』（一九八四年）。
（16）『小浜市史　通史編』上巻（一九九二年）。

表2　中世諸国府中・国府関係著書・論文等一覧表（自治体史、資（史）料集、発掘調査報告書等は原則として割愛する）

三坂　圭治　『周防国府の研究』（一九三三年）。
沼田　頼輔　「相模国府の位置」（『ドルメン』二巻一二号、一九三三年）。
奥田　真啓　「甲斐府中八幡宮の研究」（『史学雑誌』五三巻一一号、一九四二年。『中世武士団と信仰』、一九八〇年、収載）。
原田　伴彦　『中世における都市の研究』（一九四二年、『原田伴彦論集』第一巻『都市発達史研究』、一九八四年、収載）。
同　「中世都市の景観」（『立命舘文学』八七号、一九五二年、同書収載）。
大場　磐雄　「相模国府の位置について」（『史迹と美術』二一〇号、一九五一年。『大場磐雄著作集』四巻、一九七五年、収載）。
竹内　理三　「在庁官人の武士化」（『日本封建制成立の研究』、一九五五年）。

豊　元国　「府中市の沿革」「府中町の沿革」（『芸備文化』三・四号、一九五五年）。
原田　伴彦　「近世都市の形成－中世都市との系譜的関連を中心として」（『大阪市立大学経済学年報』六集、一九五六年、前掲論集第一巻収載）。
竹内　理三　「太宰府政所論」（『史淵』七二号、一九五六年）。
御園生翁甫編　『防府市史上巻』（一九五六年）。
中島　実　「常陸国府・留守所・府中石岡城の文献的考察」（『石岡市史編纂資料一号　常陸国府跡の研究』、一九五八年）。
同　「常陸府中鈴宮について」（同誌）。
同　「常陸国府構築の一端　周濠等について」（同誌）。
小林　利宣　「安芸国府の研究」（『芸備地方史研究』二四号、一九五八年）。
中島　実　「府中六名家のうち四名家について」（『石岡市史編纂資料』三号、一九五九年）。
手塚　敏郎　「石岡城（府中城）并古城跡見取図に就て」（『石岡市史編纂資料』五号、一九五九年）。
原田　伴彦　「中世都市から近世都市への展開」（『日本封建制下の都市と社会』、一九六〇年、前掲論集第一巻収載）。
三好　利八　「日向国府址の研究」（『國學院雑誌』六一巻一号、一九六〇年）。
菊池　山哉　「下総国府について」（『房総文化』四号、一九六一年）。
石井　進　「平氏・鎌倉両政権下の安芸国衙」（『歴史学研究』二五七号、一九六一年）。
丸茂　武重　「山陰道の国府」（『國學院雑誌』六三巻二・三号、一九六二年）。
太田　亮　『高良山史』（一九六二年）。
渡辺　澄夫　「豊後における国衙関係の神社」（『地域社会と宗教の史的研究』、一九六三年）。
小谷　俊彦　「南北朝期における国衙」（『史学』三六巻二・三号、一九六三年）。
奥野　高廣　「府中市に関する中世文書」（『府中市史史料集』（四）、一九六四年）。
同　「徳川家康と武蔵府中」（同書）。
杉山　博　「目代大石氏に就いて」（同書）。
木下　良　「丹波国府新考」（『史朋』四号、一九六四年）。

石井　進　「金沢文庫古文書にあらわれた鎌倉幕府下の武蔵国衙」（『金沢文庫研究』一一巻四号、一九六五年）。
菊池　山哉　「武蔵の総社に就て」（『府中市史史料集』（十一）、一九六六年）。
同　「六所明神の起源に就て」（同書）。
同　「武蔵の六所明神に就て」（同書）。
同　「府中の国衙所在地に就て」（同書）。
同　「分倍河原の古戦場に就て」（同書）。
奥野　高廣　「武蔵目代大石氏（補考）」（『府中市史史料集』（十二）、一九六六年）。
島津　久紀　「中世常陸の国府」（『歴史』三三号、一九六六年）。
木下　良　「丹波国府址―亀岡市千代川に想定する―」（『古代文化』一六巻二号、一九六六年）。
菊池　山哉　「下総国府」（『東国の歴史と史跡』、一九六七年）。
木下　良　「国府跡研究の諸問題―甲斐国府跡をめぐって―」（『文化史学』二一号、一九六七年）。
秋元　信英　「分国支配と南宮社の関係」（『神道学』五五号、一九六七年）。
松崎　英一　「国雑掌の研究」（『九州史学』三七・三八・三九号、一九六七年）。
高田　実　「中世初期の国衙機構と郡司層」（『斯道文庫論集』六号、一九六八年）。
木下　良　「山城国府の所在とその移転について」（『社会科学』三巻二・三号、一九六八年）。
岸田　裕之　「守護赤松氏の播磨国支配の発展と国衙」（『史学研究』一〇四号・一〇五号、一九六八年、『大名領国の構成と展開』、一九八三年、収載）。
石井　進　「中世成立期軍制研究の一視点―国衙を中心とする軍事力組織について―」（『史学雑誌』七八編一二号、一九六九年）。
藤岡謙二郎　『国府〈日本歴史叢書25〉』（一九六九年）。
室岡　博　「上杉謙信の牙城春日山とその天守台」（『信濃』二一巻一号、一九六九年）。
山本　大　「細川氏と土佐国田村庄」（『日本歴史』二五〇号、一九六九年）。
石井　進　『日本中世国家史の研究』（一九七〇年）。
河音　能平　「若狭国鎮守一二宮縁起の成立―中世成立期国衙の歴史的性格究明のために―」（『八代学院大学紀要』一

号、一九七〇年)。
渡辺　澄夫「豊後国府と守護所」(『古事類苑月報』四二号、一九七〇年)。
岡本　良知「続戦国時代の豊後府内港其他」(『大分県地方史』五四号・五五号、一九七〇年)。
鈴木　国弘「「惣地頭職」成立の前提－平安末期・国衙支配の変質過程－」(『日本史研究』一一四号、一九七〇年)。
花ケ前盛明「越後府中の名刹」(『歴史研究』一二〇号、一九七一年)。
加藤　哲「武蔵日代大石氏の研究」(『史翰』八号、一九七二年)。
田村　哲夫「長門守護代の研究」(『山口県文書館研究紀要』一号、一九七二年)。
佐々木銀弥「鎌倉・南北朝時代の国衙と商業」(『中世商業流通史の研究』、一九七二年)。
松山　宏『日本中世都市の研究』(一九七三年)。
遠藤　巌「建武政権下の陸奥国府に関する一考察」(『日本古代・中世史の地方的展開』、一九七三年)。
木下　良「印鑰社について－古代地方官衙跡所在の手掛りとして－」(『史元』一七号、一九七三年)。
同　「国府跡研究のこれから－古代から中世への変遷を主にして－」(『史学雑誌』八二編一二号、一九七三年)。
鈴木　国弘「中世前期国衙権力の特質をめぐる二、三の考察」(『日本歴史』三〇一号、一九七三年)。
石井　進「中世国衙領支配の構造」(『信濃』二五巻一〇号、一九七三年)。
木下　良「相模国府の所在について」(『人文研究』五九号、一九七四年)。
同　「日向国府の変遷」(『人文研究』六〇号、一九七四年)。
渡辺　澄夫「古代・中世の大分」(『大分県地方史』七三号、一九七四年)。
水藤　真「戦国期越前の府中奉行」(『一乗谷史学』八号、一九七五年)。
永井　規男「丹後国分寺建武再興金堂の成立背景」(『橿原考古学研究所論集　創立三十五周年記念』、一九七五年)。
木下　良「肥後国府の変遷について」(『古代文化』二七巻九号、一九七五年)。
義江　彰夫「国衙支配の展開」(『岩波講座日本歴史』四、一九七六年)。
木下　良「災害による国府の移転」(『歴史地理学紀要』一八号、一九七六年)。
古賀　寿「中世の筑後国衙」(『久留米市郷土研究会誌』五号、一九七六年)。
小田富士雄「国府・国衙調査の成果と展望」(『歴史手帖』五巻七号、一九七七年)。

同　「周防国府調査の成果と課題」（『歴史手帖』五巻八号、一九七七年）。
伊藤　邦彦　「諸国一宮・惣社の成立」（『日本歴史』三五五号、一九七七年）。
佐々木光雄　「陸奥国留守職小考」（『東北歴史資料館研究紀要』三号、一九七七年）。
遠藤　吉次　「古代武蔵国と総社・六所宮」（『多摩のあゆみ』七号、一九七七年）。
佐伯　弘次　「一の宮「小野神社」について」（同誌）。
義江　彰夫　「荘園公領制の成立と在庁官人体制」（『鎌倉幕府地頭職成立史の研究』第三章、一九七八年）。
関　幸彦　「中世初期における国衙権力の構造とその特質」（『日本歴史』三六〇号、一九七八年）。
坂詰　秀一　「武蔵国庁址を掘る」（『多摩のあゆみ』一一号、一九七八年）。
雪田　孝　「国府の町並」（同誌）。
水野柳太郎　「尾張国衙の周辺と中世文化財」（『年報中世史研究』三号、一九七八年）。
牛山　佳幸　「印鑰神事と印鑰社の成立」（『日本歴史』三六五号、一九七八年）。
金澤　正大　「鎌倉幕府成立期における武蔵国々衙支配をめぐる公文所寄人足立右馬允遠元の史的意義」（上・下）（『政治経済史学』一五六号・一五七号、一九七九年）。
栗原　仲道　「府中合戦とその戦蹟（鎌倉街道）」（『多摩のあゆみ』一七号、一九七九年）。
井上　薫　「羽賀寺と明通寺」（『日本歴史』三七九号、一九七九年）。
杉本　泰俊　「若狭街道―京洛との交易路―」（『歴史手帖』七巻五号、一九七九年）。
橋本　操六　「旧府内城下図の信憑性」（『大分県地方史』九四号、一九七九年）。
植木　宏　「春日山城をめぐる砦群」（『歴史手帖』八巻二号、一九八〇年）。
中島　利雄　「歴史時代の府中」（『宮津市文化財調査報告』二・三・五・七、『中野遺蹟　第1次～第4次発掘調査概要』、一九八〇年～八三年）。
渡辺　澄夫　『豊後大友氏の研究』（一九八一年）。
佐藤　満洋　「筑後田原氏の豊後府内参府について」（『九州中世社会の研究』、一九八一年）。
松山　宏　『守護城下町の研究』（一九八二年）。
同　「守護大名と都市―守護所を中心とした―」（『歴史公論』八一号、一九八二年）。

斉藤　利男「中世東国の地方都市」（『中世の東国』三・四合併号、一九八二年）。
豊崎　卓「常陸国府の変遷」（『歴史手帖』一〇巻三号、一九八二年）。
小辻　幸雄「他阿真教と越前惣社」（『歴史手帖』一〇巻四号、一九八二年）。
中山　薫「備前・備中国府付近の古代地名」（『地理』二七巻七号、一九八二年）。
川添　昭二「中世の太宰府と時衆」（『鎮西時衆寺院』一号、一九八二年）。
中村　二郎「雑談　国府祭」（『神奈川県史研究』四九号、一九八二年）。
林　陸朗「相模国府の有力な擬定地」（『日本歴史』四二五号、一九八三年）。
水谷　類「国司神拝の歴史的意義」（『日本歴史』四二七号、一九八三年）。
花ケ前盛明「春日山城とその城下町の研究」（『北陸都市史学会報』五号、一九八三年）。
小畑昭八郎「[例会報告]　城下町小浜」（『比較都市史研究』二巻二号、一九八三年）。
高村　隆「中世上総国における守護と国府についての覚書―国衙在庁と守護所の所在地を中心として―」（『日本大学生産工学部報告B』一六巻一号、一九八三年）。
斉藤　利男「荘園公領制社会における都市の構造と領域」（『歴史学研究』五四三号、一九八四年）。
花ケ前盛明『上杉謙信と春日山城』（一九八四年）。
大石　直正「荘園公領制の展開」（『講座日本歴史』3　中世1、一九八四年）。
義江　彰夫「中世前期の都市と文化」（同書）。
関　幸彦『国衙機構の研究』（一九八四年）。
小川　信「守護所と城郭」（『日本歴史』四二九号、一九八四年）。
石川登志雄「丹後国分寺建武再興縁起について」（『丹後郷土資料館報』五号、一九八四年）。
義江　彰夫「中世前期の地方行政都市―国府を中心に―」（『比較都市史研究』四巻一号、一九八五年）。
同「中世前期の国府―常陸国府を中心に―」（『国立歴史民俗博物館研究報告』八集　共同研究「中世の地方政治都市」、一九八五年）。
小川　信「淡路・讃岐両国の守護所と守護・守護代・国人」（同報告）。
松山　宏「室町時代の越中国の守護と守護所」（同報告）。

今谷　明　「畿内近国における守護所の分立」（同報告）。
小川　信　「中世の長門府中と守護館・守護代所―『忌宮神社境内絵図』による景観復原を中心として―」（『国史学』一二七号、一九八五年）。
飯沼　賢司　「戦国期の都市Ⅰ〝国府〟」（『甲府市史研究』二号、一九八五年）。
山村　宏　「「一の谷中世墳墓群」について」（『史学雑誌』九四編九号、一九八五年）。
中込　律子　「王朝国家期における国衙国内支配の構造と特質」（『学習院史学』二三号、一九八五年）。
水谷　類　「惣社の成立」（『駿台史学』六三号、一九八五年）。
金沢　正大　「十三世紀初頭に於ける武蔵国国衙支配―武蔵守北条時房補任事情―」（『政治経済史学』二二二号、一九八五年）。
松本　一夫　「守護の国衙領有形態再考」（『史学』五四巻四号、一九八五年）。
有川宜博、他　「太宰府・博多の居留外国人の役割」（『文明のクロスロード』一七号、一九八五年）。
讃岐　和夫　「豊後国府推定地付近の発掘調査―大分市古国府・羽屋地区の近年の調査から―」（『大分県地方史』一一七号、一九八五年）。
なかざわ・しんきち　「甲斐府中雑観―飯沼論文批評―」（『甲府市史研究』三号、一九八六年）。
柴辻　俊六　「開府前後の甲府」（『市史編纂だより』五号、一九八六年）。
松山　宏　「守護城下町の変遷」（『政治経済史学』二四八号、一九八六年）。
網野　善彦　「中世都市と「場」の問題をめぐって」（『歴史手帖』一四巻一一号『特集　シンポジウム中世墳墓を考える―中世都市と場をめぐって―』、一九八六年）。
山村　宏　「一の谷遺跡について」（同誌、『中世都市と一の谷中世墳墓群』、一九九七年、収載）。
石井　進　「一の谷遺跡と中世都市」（同誌、同書収載）。
坪之内　徹　「中世墳墓遺跡と一の谷中世墳墓群」（同誌、同書収載）。
佐久間貴士　「一の谷中世墳墓群の保存について」（同誌、同書収載）。
大石　直正　「仙台市岩切の板碑群」（同誌）。
斉藤　利男　「中世多賀国府の崩壊」（『東北大学国史談話会研究報告』一九八六年）。

鬼頭　清明　「国司の館について」（『国立歴史民俗博物館研究報告』一〇集　共同研究「古代の国府の研究」、一九八六年）。
川添　昭二　「大宰府の終末」（『大宰府の歴史』５、一九八六年。「大宰府の変遷」と改題、加除し『九州の中世世界』、一九九四年、に収載）。
斉藤　利男　「古代・中世の交通と国家」（『日本の社会史二　境界領域と交通』、一九八七年）。
松浦　義則　「朝倉氏領国制下の府中両人」（『福井大学教育学部紀要　社会科学』三七号、一九八七年）。
斉藤　利男　「越後府中と「都」の顔－上杉謙信の町並み改造計画－」（『北日本中世史の総合的研究』、一九八八年）。
木下　良　『国府－その変遷を主にして－』（『教育社歴史新書〈日本史〉四四』、一九八八年）。
川岡　勉　「中世伊予の府中・守護所と河野氏」（『「社会科」学研究』一五号、一九八八年）。
小森　正明　「中世における常陸国衙の一断面－税所氏の基礎的考察を中心として－」（『書陵部紀要』四〇号、一九八八年）。
東四柳史明　「内乱と守護の時代」（『図説石川県の歴史』、一九八八年）。
青柳　勝　「中世末期における一商人の活動－小袖屋の場合－」（『國學院雑誌』八九巻三号、一九八八年）。
入間田宣夫　「鎌倉とみちのく」（『図説宮城県の歴史』、一九八八年）。
同　「奥大路と町村の開発」（同書）。
梶木　良夫　「中世前期における国衙税所の歴史的意義」（『ヒストリア』一一八号、一九八八年）。
荒井　健治　「武蔵国府における街並復元の試み」（『東京の遺跡』二一号、一九八八年）。
木津　博明　「上野国府中妙見寺「応永十七年」在銘梵鐘考」（『群馬文化』二一三号、一九八八年）。
磯貝　正義　「武田氏と甲府－信虎開府前－」（『甲府市史研究』五号、一九八八年）。
田代孝・櫛原功一　「甲府市川田館跡調査報告」（同誌）。
なかざわ・しんきち　「甲斐府中における建築」（同誌）。
同　「石禾御厨と武田信光館」（『武田氏研究』三号、一九八八年）。
桐原　健　「筑摩国府と松本城」（『信濃』四〇巻一〇号、一九八八年）。
前田　利久　「戦国大名今川・武田氏の駿府浅間社支配」（『駒沢史学』三九・四〇号、一九八八年）。
保立　道久　「一の谷中世墳墓群と中世地方都市民」（『歴史地理教育』四二六号、一九八八年）。

同　「和歌の道と見付の中世」(『しくれてい』二六号、一九八八年)。
義江　彰夫　「国府から宿町へ―一の谷遺跡を手懸りに見る中世都市見付の構成と展開―」(『東京大学教養学部人文科学科紀要』八七輯〔歴史学研究報告二九輯〕、一九八八年。『中世都市と一の谷中世墳墓群』、一九九七年、収載)。
同　「中世都市と共同墓地―遠江府中見付のばあい、一の谷遺跡を手懸かりに―」(『比較都市史研究』七巻一号、一九八八年)。
網野　善彦　「中世都市と「場」の問題をめぐって」(『中世の都市と墳墓―一の谷遺跡をめぐって―』、一九八八年)。
石井　進　「中世見付と「一の谷墓地」」(同書)。
水野　正好　「一の谷・光堂山蓮光寺・極楽の世界」(同書)。
山村　宏　「一の谷中世墳墓群の発掘」(同書)。
保立　道久　「町場の墓所の宗教と文化」(同書)。
新谷　尚紀　「遠江見付宿の葬墓制と他界観」(同書)。
井後　政晏　「国司が係わる神社の祭礼―尾張国内の神社の場合―」(『神道大系月報』七七号、一九八八年)。
橋本　治　「中世野市(北加賀)周辺における商工業と支配」(『北陸史学』三七号、一九八八年)。
平瀬　直樹　「中世防府天満宮の社坊について」(『山口県文書館研究紀要』一五号、一九八八年)。
武田　信一　「第二　淡路　四　国府」(『新修国分寺の研究』第五巻上　南海道、一九八八年)。
岡本　健児　「第六　土佐　七　国府」(同書)。
佐藤　宗諄　「古代末期の国府」(『国立歴史民俗博物館研究報告』二〇集、一九八九年)。
梶木　良夫　「平安末期における西国国衙の権力構造」(『古代史論集』下、一九八九年)。
宮武　正登　「南北朝期の今川氏と駿河守護所」(『国史学』一三八号、一九八九年)。
松島　周一　「後白河院権力による在庁官人の「支配」―院庁下文の検討を通して―」(『日本史研究』三二八号、一九八九年)。
大石　直正　「宮城野とみやこ」(『仙台の歴史』、一九八九年)。
松山　宏　「鎌倉時代の守護所」(『奈良史学』七号、一九八九年)。

磯貝　正義　「武田信玄と府中八幡社」（『甲府市史編さんだより』一二号、一九八九年）。
小川　信　「中世の備中国衙と惣社造営」（『國學院雑誌』八九巻一一号、一九八九年）。
市村　高男　「下野府中と守護所」（シンポジウム・講演会記録『鷲城をめぐる諸問題』、一九八九年）。
立石　泰三　『上総と国府』（一九八九年）。
網野　善彦　「今、なぜ一の谷か－都市の起源を探る－」（一の谷遺跡を考える会『見付の町に一の谷があった－消えた遺跡と私たちの保存運動』、一九九〇年。『海と列島の中世』、一九九二年、収載）。
義江　彰夫　「東海の小京都見付と一の谷墓地」（前掲『見付の町に一の谷があった』）。
保立　道久　「裸祭りと中世の女性像」（同書）。
小和田哲男　「武田信玄の遠江侵攻と磐田－自治都市としての見付と町衆たち－」（同書。『中世都市と一の谷中世墳墓群』、一九九七年、収載）。
数野　雅彦　「中世城下町甲府の立地と都市プラン」（『帝京大学山梨文化財研究所報告』三号、一九九〇年）。
小川　信　「中世都市小山と府中」（シンポジウム・講演会記録『小山の過去・未来と文化』、一九九〇年）。
正木喜三郎　「大宰府の変質と宗像氏」（『古代中世史論集』、一九九〇年）。
本多　美穂　「鎌倉時代の大宰府と武藤氏」（同書）。
佐々木銀弥　「越後上杉氏の都市法－謙信・景勝の都市法をめぐって」（『中央大学文学部紀要』一三六号、一九九〇年。『日本中世の都市と法』、一九九七年、収載）。
保立　道久　「町の中世的展開と支配」（『日本都市史入門Ⅱ　町』、一九九〇年）。
谷重　豊季　「備後国府跡について－国府空間をイメージする作業－」（『島根大学文学部地域社会教室論集』五号、一九九〇年）
新城　常三　「中世周防国衙領の年貢輸送」（『交通史研究』二三号、一九九〇年）。
片岡　秀樹　「丹後一色義直の守護所－府中の館と慈光寺について－」（『地方史研究』二二九号、一九九一年）。
入間田宣夫　「陸奥府中ノート」（『日本中世政治社会の研究』、一九九一年）。
同　「陸奥府中の墓所と板碑」（『歴史手帖』一九巻一一号、一九九一年）。
平野　和男　「静岡県内の中世墳墓のあり方」（同誌）。

義江　彰夫　「平安末・鎌倉時代の国府・府中－常陸国府を中心に－」（『国史学』一四三号「シンポジウム　前近代における政治都市の形成－国府・府中・守護所・城下町－」、一九九一年）。
今谷　明　「守護所の性格と機能」（同誌）。
小川　信　「府中と守護所の関係について」（同誌）。
市村　高男　「戦国～近世初期の府中について－常陸府中の城下町化を中心として－」（同誌）。
小野　正敏　「戦国城下町一乗谷にみる都市構造と景観」（同誌）。
松山　宏　「中世都市研究の諸問題」（同誌）。
同　　『中世城下町の研究』（一九九一年）。
千野原靖方　「下総市川城の所在について－享徳大乱時における市河合戦の舞台－」（『千葉文華』二六号、一九九一年）。
稲葉　伸道　「鎌倉後期の「国衙興行」「国衙勘落」－王朝と幕府の国衙興行政策－」（『名古屋大学文学部論集　史学』三七号、一九九一年）。
鈴木　登　「常陸府中時代の六郷氏」（『秋大史学』三七号、一九九一年）。
青山　宏夫　「居多神社四至絵図とその周辺の歴史地理学的諸問題」（『新潟史学』二六号、一九九一年）。
金子　拓男　「春日山城の城域拡大とその時代性について」上・中・下（『新潟考古学』1～3、一九九一～九二年）。
前川要・千田嘉博・小島道裕　「戦国期城下町研究ノート－郡山城・吉田、春日山、岡豊－」（『国立歴史民俗博物館研究報告』三二集、一九九一年）。
荒井　健治　「武蔵国府における中世遺構の調査の現状」（『府中市埋蔵文化財研究紀要』一号、一九九二年）。
深沢　靖幸　「武蔵府中定光寺とその周辺」（『府中市郷土の森紀要』五号、一九九二年）。
岩間　富文　「鎌倉公方と府中」（『多摩のあゆみ』六六号、一九九二年）。
千野原靖方　「国府台城跡調査報告」（『中世房総』六号、一九九二年）。
川崎　利夫　「出羽の国府や国分寺はどこにあったか」（『素晴らしい山形』一〇月号、一九九二年）。
日隈　正守　「諸国一宮制成立期に関する一考察－国衙と一宮との関係を中心に－」（『九州史学』一〇四号、一九九二年）。
島田　潔　「備中総社祭礼の持続と変化」（『國學院大学日本文化研究所紀要』六九号、一九九二年）。
小川　信　「筑後国府の変遷と一宮高良社－『高良記』を一素材として－」（Ⅰ）・（Ⅱ）（『政治経済史学』三一三号・

三二四号、一九九二年)。
同　「諸国の府中について」(『国史学』一四八号、一九九二年)。
斉藤　利男　「越後府中と直江の津」(『近世日本の都市と交通』、一九九二年)。
大石　直正　「みちのくの都の中世」(『よみがえる中世7　みちのくの都　多賀城・松島』、一九九二年)。
斉藤　利男　「多賀国府の都市プラン」(同書)。
千葉孝弥・大石直正　「留守氏の館と市のにぎわい」(同書)。
金森安孝・佐藤正人・田中則和　「府中の聖域－東光寺の石窟と板碑群－」(同書)。
入間田宣夫　「東の聖地・松島－松島寺と雄島の風景－」(同書)。
誉田慶信・恵美昌之　「熊野信仰と板碑の丘」(同書)。
小井川和夫・入間田宣夫　「岩切城の時代」(同書)。
小野　正敏　「発掘された戦国時代の町屋－越前の例を中心に－」(『帝京大学山梨文化財研究所シンポジウム報告集　中世都市と商人・職人』、一九九二年)。
川岡　勉　「中世伊予の開発領主と国衙」(『愛媛大学教育学部研究紀要　第Ⅱ部　人文・社会科学部』二四巻一号、一九九二年)。
河村　昭一　「南北朝期・室町期の若狭守護と国衙」(『兵庫教育大学研究紀要』一二巻二号、一九九二年)。
山本　実　「甲斐国府中・守護所をめぐる諸問題」(『戦国織豊期の政治と文化』、一九九三年)。
石井　進　「一の谷中世墳墓群の背景としての遠江国府」(『国立歴史民俗博物館研究報告』五〇集、一九九三年。『中世都市と一の谷中世墳墓群』、一九九七年、収載)。
井内　誠司　「9・10世紀の土地争論から見た国・郡衙」(『中世成立期の歴史像』、一九九三年)。
小泉　幸恵　「一〇・一一世紀の国衙支配と勘済使」(同書)。
石井　進　「中世墓研究の課題」(『帝京大学山梨文化財研究所シンポジウム報告集　中世社会と墳墓　考古学と中世史研究3』、一九九三年)。
同　「一の谷中世墳墓群遺跡の歴史的背景」(磐田市教育委員会『一の谷中世墳墓群遺跡』、一九九三年。『中世都市と一の谷中世墳墓群』、一九九七年、収載)。

岡村　渉　「駿府城内遺跡における遺物（陶磁器）の様相」（『歴史手帖』二一巻一号、一九九三年）。
伊藤　美鈴　「中世見付一の谷墳墓群遺跡における遺物の様相」（同誌、『中世都市と一の谷中世墳墓群』、一九九七年、収載）。
加藤　恵子　「一の谷中世墳墓群遺跡（磐田市）」（『歴史手帖』二一巻一二号、一九九三年、同書収載）。
水野　正好　「一の谷中世墳墓の構造と変遷」（同誌、同書収載）。
石井　進　「一の谷中世墳墓群の周辺」（同誌）。
小和田哲男　「一の谷遺跡の諸問題―討論とまとめ―」（同誌）。
金子　拓男　「居多神社四至絵図」の製作年代について」（『新潟史学』三一号、一九九三年）。
島田　潔　「国府総社祭礼理解のために」（『國學院大学日本文化研究所報』三〇巻一号、一九九三年）。
工藤　敬一　「高良宮造営役と筑後の荘園公領―国立歴史民俗博物館所蔵新史料の紹介―」（『国立歴史民俗博物館研究報告』四七集、一九九三年。『中世古文書を読み解く』、二〇〇〇年、収載）。
鈴木　英啓　「私の考古学日記６　能満府中城と市原の城郭について」（『市原市文化財センター研究紀要』Ⅱ、一九九三年）。
白川　哲郎　「鎌倉時代の国雑掌」（『待兼山論叢　史学』二七号、一九九三年）。
小島　道裕　「戦国期城下町から織豊期城下町へ」（『年報都市史研究』１、一九九三年）。
宇佐見隆之　「港津の問の展開」（『都市と商人・芸能民―中世から近世へ』、一九九三年。『日本中世の流通と商業』、一九九九年、収載）。
木村幾太郎　「府内古図の成立」（『大分市歴史資料館年報一九九二年度』、一九九三年）。
森　茂暁　「鎌倉末期・建武新政権期の長門国分寺」（『山口県史研究』二号、一九九四年）。
伊藤　美鈴　「中世見付と一の谷遺跡」（『歴史手帖』二二巻一二号、一九九四年、『中世都市と一の谷中世墳墓群』、一九九七年、収載）。
金子　拓男　「上杉氏による越後府中の経営と居城春日山城の成立」（一九九三年度日本考古学協会シンポジウム『守護所から戦国城下へ―地方政治都市論の試み―』、一九九四年）。
小島　幸雄　「春日山と越後府内の発掘成果」（同書）。
矢田　俊文　「戦国期越後における守護・守護代と都市」（同書）。

高田徹・内堀信雄　「美濃における一五・一六世紀代の守護所の変遷」（同書）。
岩田　隆　「戦国城下町越前一乗谷」（同書）。
古賀　信幸　「守護大名大内（多々良）氏の居館跡と城下山口―大内氏館跡と町並遺跡の発掘成果から」（同書）。
千田　嘉博　「戦国期の城下町プランと大名権力」（同書）。
前川　要　「守護所から戦国大名城下町への展開―都市空間構造論からみた視点―」（同書）。
数野　雅彦　「甲斐における守護所の変遷」（同書）。
（総括討論）「守護所から戦国城下へ―地方政治都市論の試み―」（同書）。
坂井　秀弥　「シンポジウムの成果と今後の課題―越後府内と春日山城―」（同書）。
甲野勇（遺稿）　「武蔵府中三千人塚についての覚書」（『府中郷土の森紀要』七号、一九九四年）。
深沢　靖幸　「武蔵府中三千人塚遺跡の再検討―板碑の建つ中世墓地―」（同誌）。
大島　信雄　「三河国府跡周辺に関連地名を探る」（『三河地域史研究』一一号、一九九四年）。
吉瀬　勝康　「山口・周防国府跡」（『木簡研究』一六号、一九九四年）。
森　茂暁　「鎌倉末期・建武新政期の長門国分寺」（『山口県史研究』二号、一九九四年）。
佐藤　信　「古代・中世の城と館」（『城と館を掘る・読む―古代から中世へ―』、一九九四年）。
坂井　秀弥　「庁と館、集落と屋敷―東国古代遺跡にみる館の形成―」（同書）。
鐘江　宏之　「平安時代の「国」と「館」―地方における権威をめぐって―」（同書）。
小柳　和宏　「鎮西における居館の出現と展開―豊後大友一族を中心として―」（同書）。
五味　文彦　「館の社会とその変遷」（同書）。
深井　甚三　「北陸における近世城下町の形成についての素描」（『年報都市史研究』2、一九九四年）。
小野　一之　「中世武蔵府中の時宗道場」（『府中郷土の森紀要』八号、一九九五年）。
深沢　靖幸　「武蔵府中長福寺の板碑」（同誌）。
村井　康彦　「国庁神社の登場―物社の系譜―」（『日本研究』一二号、一九九五年）。
鈴木　国弘　「中世『国郡制』論覚書」（『日本大学文理学部・人文科学研究紀要』、一九九五年）。
市村　高男　「戦国期の常陸府中についての考察―戦国期城下町論序説―」（『中央学院大学商経論叢』九巻二号、一九九九五年）。

津田　勉「筑後国の惣社及び国内神名帳の諸問題」（『神道宗教』一六〇号、一九九五年）。

弓野瑞子「鎌倉時代の淡路国府と二宮・惣社」（『歴史地名通信』二〇号、一九九五年）。

山口英男「平安時代の国衙と在地勢力―九・十世紀の国衙・国府―」（『国史学』一五六号「シンポジウム　古代東国の国府と景観―相模・武蔵を中心として―」、一九九五年）。

荒井秀規「相模国府の所在をめぐる研究動向と今後の課題」（同誌）。

下向井龍彦「国衙と武士」（『岩波講座日本通史』第6巻　古代5、一九九五年）。

千葉孝弥「多賀城から府中へ」（『中世都市研究2　古代から中世へ』、一九九五年）。

田中則和「仙台市域の中世城館・集落跡」（同書）。

大石直正「平泉と多賀国府」（同書）。

狭川真一「太宰府の変容」（同書）。

石井　進「地方都市としての国府」（同書）。

湯浅治久「中世東国の「都市的な場」と宗教―地域史のための方法的一試論―」（『中世東国の物流と都市』、一九九五年）。

百田昌夫「十五世紀後半の周防守護所」（『山口県史研究』三、一九九五年）。

乾　貴子「戦国期山口城下における城館と屋敷神」（『山口県地方史研究』七四号、一九九五年）。

森田香司「都市の墓の実像―一の谷墳墓群―」（『境界と鄙』、一九九五年）。

千野原靖方「中世市川の景観―津と寺院と城館と―」（『中世房総』八号、一九九五年）。

松井秀明「山鉾巡行と舞車と―中世都市『京都』と『遠州見付』―」（『歴史地理教育』五三五号、一九九五年）。

吉田　寛「府内城三ノ丸北口跡の発掘調査速報」（『大分県地方史』一五七号、一九九五年）。

菅野成寛「藤原秀衡・泰衡期における陸奥国衙と惣社―都市平泉研究の視角から―」（『岩手史学研究』七八号、一九九六年）。

木島孝之「毛利領における岩国城・長府城の「城割」の実態と意味」（『織豊城郭』三号、一九九六年）。

加賀見省一「但馬国府を探る―第2次但馬国府の所在をめぐって―」（『のじぎく文化財だより』、一九九六年）。

序章　諸国の中世都市府中の概観

鹿毛敏夫「戦国期豪商の存在形態と大友氏」（『大分県地方史』一六〇号、一九九六年）。

太田亮「第四　国府・国分寺関係の神社」『新修国分寺の研究』第六巻、一九九六年）。

志村憲一・佐々木満「武田氏館跡の織豊期における諸問題について」（『帝京大学山梨文化財研究所所報』三〇号、一九九七年）。

信藤祐仁「史跡武田氏館跡」（同誌）。

小川信「妙立寺厨子銘にみる中世丹後府中の時宗と法華宗」（『政治経済史学』三七〇号、一九九七年）。

松山宏「中世前期の城下空間」（『奈良史学』一五号、一九九七年）。

佐藤信「国司をめぐる儀礼と場」（『国立歴史民俗博物館研究報告』七四集「都市における交流空間の史的研究」、一九九七年）。

小野正敏「城下町、館・屋敷の空間と権力表現」（同報告）。

玉永光洋「豊後府内の形成と寺院」（『中世都市研究4　都市と宗教』、一九九七年）。

木村幾太郎「豊後府内の都市建設」（『大分・大友土器研究』二二号、一九九七年）。

山村信栄「中世太宰府の展開」（同書）。

網野善彦「まえがき」（『中世都市と一の谷中世墳墓群』、一九九七年）。

保立道久「中世の遠江国と見付―平安・鎌倉時代史の中で考える―」（同書）。

平野和男「一の谷中世墳墓群と山村氏」（同書）。

峰岸純夫「十五世紀後半飯尾宗祇の山口―赤間関往還について―」（『山口県史研究』五、一九九七年）。

百田昌夫「一の谷中世墳墓群の保存問題と中世遺跡―現在の時点にたって―」（同書）。

村井章介「中世都市直江津と「御政道」」（『古文書研究』四四・四五合併号、一九九七年）。

斉藤慎一「戦国期城下町成立の前提」（『歴史評論』五七二号、一九九七年）。

黒田日出男「絵画に中世の静岡を読む」（『静岡県史研究』一四号、一九九七年）。

荒井健治「国府周辺の交通路―武蔵国府の古代・中世―」（『東京考古』一六号、一九九七年）。

深沢靖幸「武蔵府中と鎌倉街道上道」（『多摩のあゆみ』九二号、一九九八年）。

宍野佐紀子「武蔵府中出土の大量埋納銭」（『出土銭貨』九号、一九九八年）。

鈴木　公雄「武蔵国府関連遺跡出土の備蓄銭覚え書き」（同誌）。
永井久美男「府中市の埋納銭の発見によせて」（同誌）。
マーティン・モリス「中世都市鎌倉の中核部分の計画の前例と意味を探る研究」（『年報都市史研究』六号、一九九八年）。
松浦　義則「府中・一乗谷・北庄—地域との関連から—」（『中世都市研究五　都市をつくる』、一九九八年）。
小野　一之「国府をめざす他阿真教—中世都市と時衆—」（『一遍聖絵を読み解く』、一九九八年）。
榎村　寛之「志摩国府地域の中世」（『Mie History』九号、一九九八年）。
笠井　賢治「中世鈴鹿における市場・宿・寺院—亀山・関を中心として—」（同誌）。
佐藤　泰弘「平安時代の国衙と領主」（『日本史研究』四二七号、一九九八年）。
本郷　恵子「常陸の国衙文書をめぐって」（『茨城県史研究』八一号、一九九八年）。
高畠　豊「中世大友城下町跡出土の貿易陶磁器」（『大分・大友土器研究』二四号、一九九八年）。
小野　貴史「文献から見た大友屋敷」（同誌）。
岡田　荘司「上野国一宮・総社と『神名帳』『神道集』」（『大倉山論集』四三輯、一九九九年）。
木下　良「上総国府の調査」（『上総国府推定地歴史地理学的調査報告書』、一九九九年）。
島田　潔「国府との関係から見た飯香岡八幡宮と柳楯神事」（同書）。
吉田　敏弘「上総国府・府中比定地周辺の地割と地名」（同書）。
宮本　敬一「郡本遺跡は郡衙跡か」（『市原市歴史と文化財シリーズ四輯　市原市郡本周辺の遺跡と文化財』、一九九九年）。
同　「忘れられた社寺—守公神と神主院—」（同書）。
林　陸朗「国府と国庁・国衙・館」（『幻の国府を掘る　東国の歩みから』、一九九九年）。
田所　真「幻の国府を求めて　安房国・上総国」（同書）。
川井　正一「国府を支えた生産　常陸国」（同書）。
木村　等「ここまでわかった国府・国衙　下野国」（同書）。
宇佐見隆之「近世の萠芽—商人司」（『日本中世の流通と商業』第三部第三章、一九九九年）。

第一編　東国の中世都市府中と国衙機構

第一章　下野府中の展開と小山氏

はじめに

律令政府の下野国支配の中心であった下野国府が、八世紀から一〇世紀頃まで、栃木市の東隅に近い田村町の宮野辺神社周辺にあったことは、近年の大規模な発掘調査によって明瞭になった[1]。しかし、その後の国府はどうなったかというと、実はそれについての文献も豊富でなく、国庁跡周辺以外は発掘調査もまだ殆ど行なわれておらず、簡単には解決しない問題なのである。私は近年諸国の国府の後身ともいうべき中世の府中、あるいは守護館・守護所などに関心をもっていささか調べており、栃木市内の国府域や国府に関係する地域にも数回足を運んだので、本章では下野国府域の移動や、国府の後身と考えられる府中の規模・空間構成などについて考え、どの程度中世都市としての性格を具えるにいたったかを見てゆきたい。

第一節　下野国府の所在地と発掘調査の成果

まず古代の下野国府の位置については、承平年間（九三一～三八）頃に編まれた『和名類聚抄』に「国府在二都加（賀）

郡」「都賀国府」とある。都賀郡といってもたいへん広いのだが、そのうち今の栃木市域のいちばん東にある思川西岸の旧国府村の四キロ四方ほどの地域に、国府に関係があると思われる古国府・西国府・印役（印鑰）・物社・府中などという地名が分布している。そこでこの地域のどこかに国府があったにちがいないというので、この範囲内でもっともふさわしい立地条件の土地を求めて、それぞれ栃木市内の①大光寺町、②田村町、③総社町、④国府町、⑤大宮町のうちに所在地を擬定するいくつかの想定説が発表されていた。ただし関係する地名や寺社名などが広い地域に分布するので、殆どの説は右の①ないし⑤の間で一回または二回の移動があったものと見なしている。

この国府域の所在地点を決定的に明らかにしたのは、栃木県教育委員会が昭和五十一年（一九七六）から一〇ケ年計画で実施した発掘調査であり、その結果想定地の一つであった栃木市田村町字宮野辺の水田の下から大規模な政庁の遺構が出土するという一大発見となって、律令時代の下野国府の所在地は確定したのである。そこでまず、注(1)に掲げた発掘調査の成果等によって、その遺構を概観してみよう。

写1　下野国庁東脇殿跡

国府の中心をなす国庁（国府政庁）の遺構は、内法九〇メートル四方の正方形の塀（のち築地に改修）の外側に堀をめぐらし、塀の中に、南門・前殿・正殿・北門が南北に建ちならび、前殿・正殿の両側には長大な東脇殿・西脇殿が配置されるという整然とした景観を呈している。もっとも正殿があったと思われる位置は、現在宮野辺神社の社殿になっているため発掘調査が実施されていない。けれども、近年大がかりな発掘調査が行なわれた大宰府や近江・陸奥・出羽・因幡・伯耆・出雲・肥前などの国々の国庁は、いずれも同様な方形の敷地内に、南門、正殿、前殿また

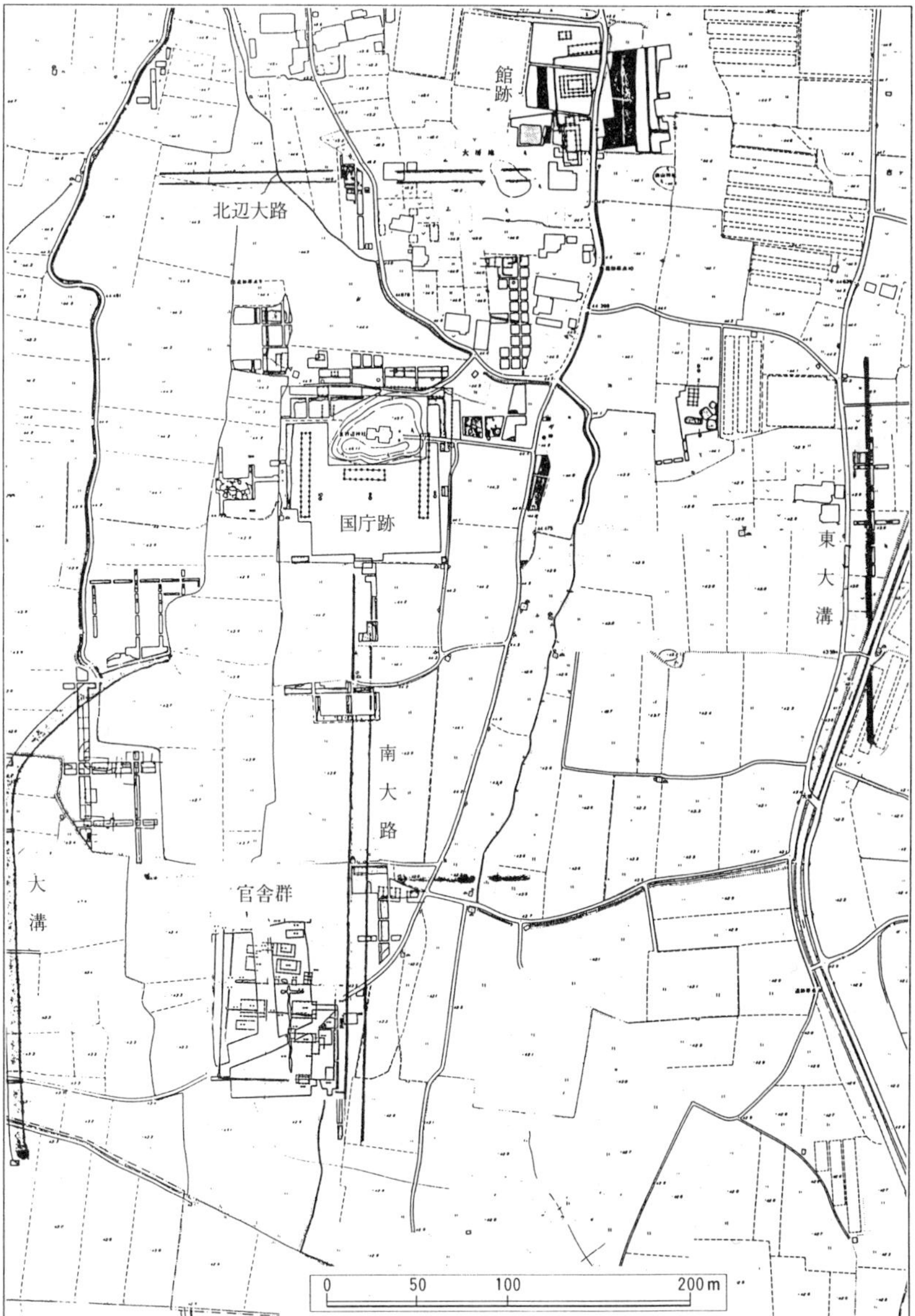

図1　下野国府跡遺構図

（『栃木県埋蔵文化財調査報告 第51集 下野国府跡Ⅴ』所収下野国府跡全域
地形図の中央部分を転写・縮小し、官舎群跡・大路跡・大溝跡を加えた）

は後殿、東西両脇殿などが整然と配置されるという、ほぼ共通のシンメトリカルなプランで建てられていたことが明瞭になっており、下野の場合も正殿は右の社殿の位置と推定されている。さらに、南門の南には両側に幅三メートルの側溝を伴う幅九メートルの南大路が延び、北辺築地の北約一〇〇メートルには北辺大路が東西に延びるほか、国庁域の周辺に数条の南北溝・東西溝が走り、また官舎や倉庫と認められる建物跡などがあり、とくに国庁域の南約三〇〇メートルには、周囲を塀で囲んだ大規模な官舎群が検出された（図1参照）。

また遺跡の各所から発見された多数の土師器・須恵器・古瓦、さらに文字史料である木簡・墨書土器・漆紙文書などは、遺跡の性格や年代を推定するのに役立っている。たとえば「調布」「正税」「出挙」「公廨」などの語句や「延暦九年」「延暦十年」などの年号を記した木簡が出土している。また官舎群の遺構から出土した墨書土器の中には「介」「介□（館カ）」と書かれたものなどがあって、この官舎群は国司館ではなかろうかといわれている。[2] そして瓦や土器の様式などの詳細な分析の結果、建物の存続した年代も、国庁は八世紀初頭、南側の官舎群は八世紀末頃に始まり、いずれも四期の変遷を経て、一〇世紀に入ると廃絶し、他所に移動したことが判明した。

第二節　国府移動についての諸説

下野をふくむ関東諸国には、承平・天慶の乱という一大戦乱の嵐が吹き荒れたので、下野の国庁が従来の規模を維持できなくなったことは充分考えられる。現に天慶二年（九三九）平将門は、常陸国府を襲ったのに続いて、数千の兵を率いて下野国府を襲撃し、国守藤原弘雅らに印鑰を献げさせ、弘雅を京都へ追い上げている（『将門記』『扶桑略記』）。なお印鑰の「印」は国印であるが、「鑰」は本来府庫ないし正倉のカギを意味したらしい。しかし承徳三年（一〇九九）任国因幡に一時下向した因幡守平時範の日記『時範記』や、永久四年（一一一六）編纂の『朝野群載』に引く「国務条々事」等によると、その頃には鑰（鎰）は国印を納める櫃のカギとなっている。[3]

ともあれ、承平・天慶の乱は間もなく鎮定されたのであるから、この乱のみで国府の移動を説明するのは、論拠薄弱のそしりを免れない。そこで主張されたのは水害説であった。すなわち、国庁域発見以前から田村町地区に初期の国府が想定されたのは、同地区の思川沿いに古国府という集落があるのを理由とし、国府が他所に移動したのは、この地が思川と黒川の合流点のやや南の低地にあって、水運の便がある反面、水害を受けやすかったと考えられたのである。たしかに出羽国府のいわゆる城輪柵は、仁和三年（八八七）水害を避けるため近くの「高敞之地」に一時移っている。また豊後の国府も、康平二年（一〇五九）までに北側の高台に移ったらしく、後には前の国府が古国府、後の方が高国府と呼ばれている。ところが古国府という地名はほかに常陸・越中などにもみられるが、それらは必ずしも低地でない。そして上に述べた下野国府発掘の結果では、発見された国庁域や官舎群には洪水の被害を受けた痕跡は認められないとのことなので、移動の原因として水害を想定することはこの場合適当でない。

一〇世紀という時代は、日本の歴史上の大きな変動期で、それまでの律令国家の諸制度が維持できなくなった代わりに、摂関政治や荘園公領制に代表される王朝国家の諸制度が形成されたことは周知のとおりである。そして国府についても、下野に限らず、諸国の整然とした国庁（政庁）や付属の官舎・倉庫群などは、いずれもほぼ一〇世紀に維持・再建されなくなり、居館がその機能を引き継いだとみられるようになったのは近年の考古学的発掘調査の注目すべき成果の一つである[4]。したがって下野についても国府移動の根本的な原因は、やはり律令国家体制から王朝国家体制への大きな変動に求めるべきであろう。

もとより右の国庁や官舎の建物の廃絶が決して国府そのものの滅亡でなかったことは、これ以後も諸国の国府の活動を示す記事が多く見られることからも当然である。下野についても、長暦二年（一〇三八）十月下野・武蔵・相模の三ケ国が御諷誦料の布を納めないので催促するという記事（『春記』同月十六日条）、長久三年（一〇四二）八月東大寺が下野国の進めた封戸調庸雑物を検納して返抄を与え、かつ「下野国衙」に牒して当年料の租穀千斛を請求した事実（『東大寺文書』之一、東南院文書之一、二五〇・二五一号）などがそれである。しかも国府発掘の成果の一つとして、国庁が終末期を迎えると、国庁地区の北北東二〇〇メートルほどの微高地上に建物群の中心が移り、四面庇・三面孫庇をもつ官衙風の建物をはじめ、数棟の建物が墨書土器・青磁片・硯などを伴って発見され、それまでの国庁の北方で政務が継続されたと推定されている（『下野国府跡』Ⅰ・Ⅴ）。とはいえ、この建物もそう永くは続かず、一一世紀末頃には活動を停止したらしく、これ以後の下野国府についての考古学的な知見は、いままでのところ殆ど得られていない。

したがって、再検討する必要のあるのは、地名や地形などを手掛かりに移動後の国府の位置を推測した従来のいくつかの想定説である。この点についての昭和初年以来の研究史は、注(1)所掲『下野国府跡』Ⅰに手際よく紹介されており、また文献目録等は『国立歴史民俗博物館研究報告』一〇集、『同報告』二〇集に収載されているので、本章では各論考の題名や論旨を繰り返さないが、要するに、栃木市国府町字中坪の勝光寺境内に残存する礎石、周辺の土塁・堀跡などの遺構や付近の地割に求める説と、栃木市惣社町の惣社大神神社の存在、およびその周辺の鋳物師内・内匠屋・蔵屋敷・堀之内・東小路・西小路・府古屋などの地名に基づく説との両者に大別できる。早く田代黒瀧氏は両者をともに掲げ、大字国府と大字惣社とを一括した地域かとしたが、前者を主とする説には、田代氏以前の古谷清氏を始め、丸茂武重・豊崎卓等の諸氏、後者を主とする説には近藤亀吉・内山兼次・大島延次郎・三友国五郎の諸氏、近年では金坂清則氏がある(5)。

近年の説でほぼ前者に近いのは空中写真を参照した木下良氏の説であり、氏は勝光寺の南西の栃木市大宮町内に八町域方格地割の初期の国府を想定し、承平・天慶の乱以後、より東の国府町域に移ったとされた(6)。これは宮野辺神社周辺の国府遺構発見以前の説であるから、初期の国府については一応除外することとして、移動後について見ると、従来の勝光寺説に近いが、より広い国府域を想定される点や、もはや方格地割を取らないとする点に特色がある。

一方金坂説は、字名の細かい検討や東山道駅路の推定に基づき、宮目神社周辺八町域に想定した国府をそのまま北へ一二町の間隔をおいてスライドさせたものである。(7) これは初期については、国府域を田村町域に求めたそれまでの諸氏の説とともに、発掘結果による裏付けを得た形となった。しかし田村町域の国府でも八町域の方形外郭の存在は発見されるにいたっておらず、まして移動後の国府に同じく方八町域を想定されたのは首肯しがたいところである。最近では、諸国国府の発掘調査の結果によって、もともと出羽国府と推定される城輪柵のような特例を除き、国府域はいわば不定形で、中軸となる道路の周囲に国庁・国司館・官衙群などが機能的に配置され、全体の方形外郭や方格地割は存在しなかったとみられるようになっている（注4所掲シンポジウム阿部氏研究発表要旨）。

そこで、単に国府域の空間的探究だけでなく、一〇世紀の転換期以後の国府の人的構成にどのような質的変化が起こったかを考察しながら、この問題に迫ることが要求される。本章ではこれを詳述するいとまはないが、要するに諸国の国府では、武士化した郡司級有力在庁が国守や知行国主の派遣した目代とともに留守所を構成して王朝国家機構の地方組織を支え、その下で多数の在庁官人が公文所・田所・税所・調所・出納所・健児所・検非違所・細工所などの「所」の職務を世襲的に分掌し、このような新たな組織を整えた国府は国衙と呼ばれることが多くなった。ことに東国では伊豆の狩野介、相模の三浦介、下総の千葉介、上総の上総介、常陸の大掾馬場氏のように一般に地名プラス介あるいは国名プラス大掾などを名乗る土着勢力の最有力者が国衙の実権を掌握するようになった。このような国府の構成の変化を論証した研究は少なくないが、近年の業績に、峰岸純夫氏の論考がある。(8)

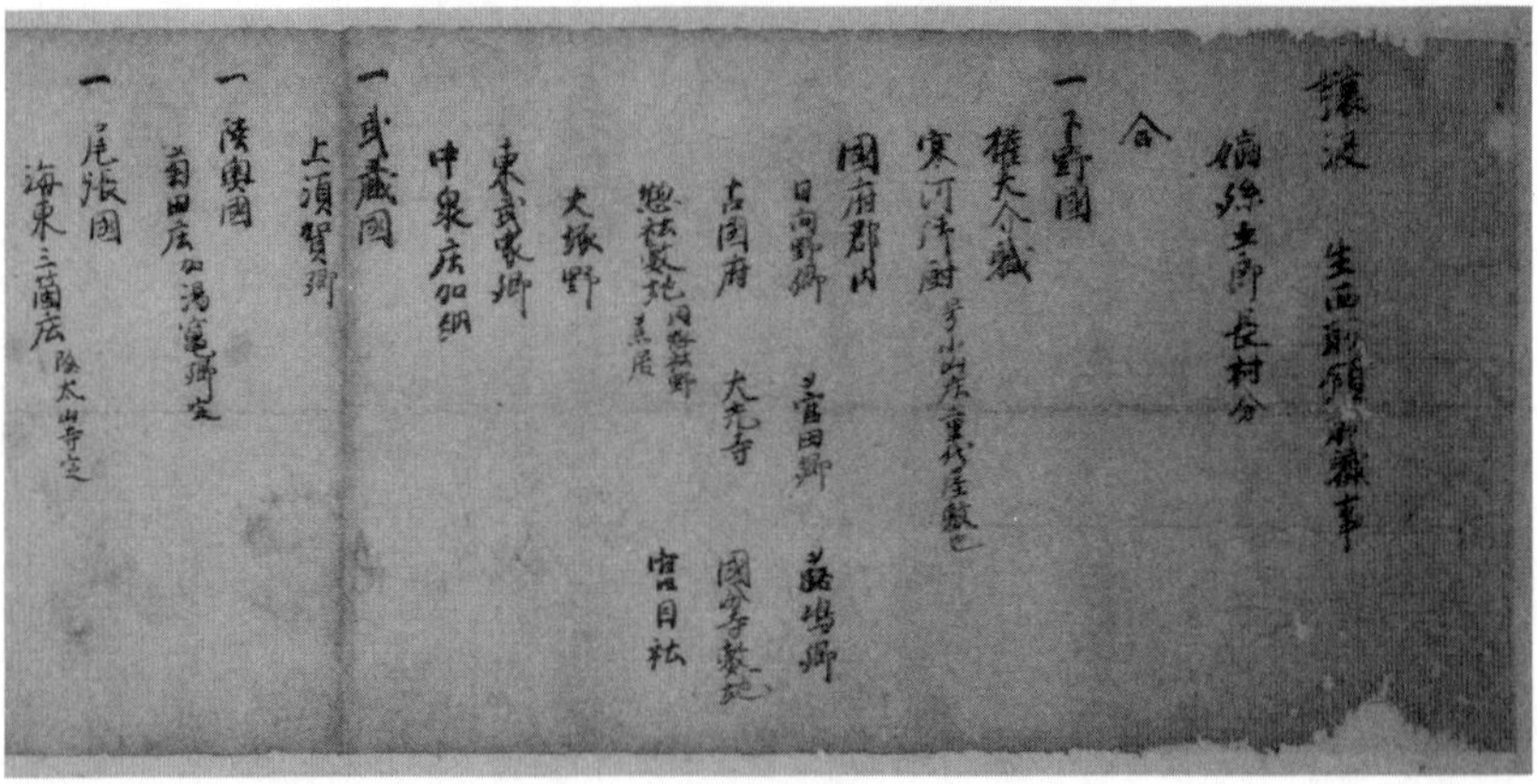

（小山文書　小山泰朝氏所蔵　写真提供：栃木県立博物館）

第三節　小山氏の「国府郡」内領有

下野では、在庁官人の筆頭として国衙機構を運営した豪族は、下野大掾ないし権大介の小山氏であった。小山氏は秀郷流藤原氏で、平安末期の当主政光は下野大掾であり、源頼朝の乳母であった政光の後妻（寒河尼）が十四歳の末子（のちの結城朝光）をつれて隅田川畔の頼朝の陣に参向し、頼朝がその子の烏帽子親となったのを端緒として、一族はいち早く御家人となり、ことに政光の嫡子朝政は志田義広の蜂起を鎮定し、源範頼に従って平氏を討ち、奥州征討に軍功をあらわし、下野・播磨両国の守護を兼ね、やがて千葉常胤・三浦義澄らとならぶ宿老として幕府に重きをなした。

朝政が晩年の寛喜二年（一二三〇）二月に嫡孫長村に譲った所領所職は、下野・武蔵・尾張・播磨の諸国にわたるが、その最初に記された下野国の分は、A 権大介職、B 寒河御厨号小山庄、重代屋敷也、C 国府郡内 ①日向野郷・②菅田郷・③蕗島郷・④古国府・⑤大光寺・⑥国分寺敷地・⑦惣社敷地同惣社野・荒居・⑧宮目社・⑨大塚野、D 東武家郷、E 中泉庄加納、となっている（「小山文書」生西小山朝政譲状、『大日本史料』第五編之五、『栃木県史　史料編・中世一』、『小山市史　史料編・中世』等所収、符号は便宜付記）（図2参照）。

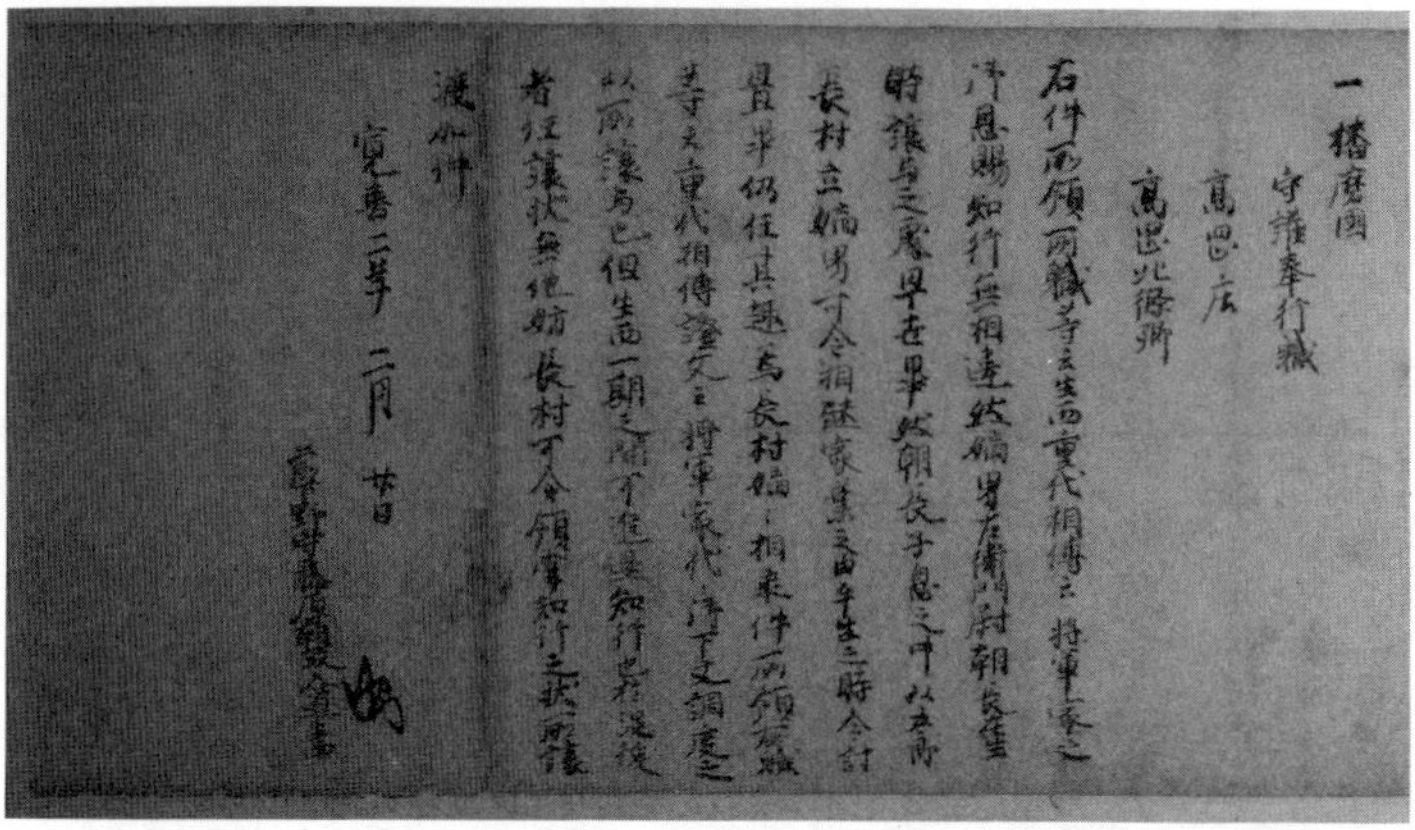

図２　生西小山朝政譲状

この譲状に現われた小山氏の所領所職の性格は、石井進氏の著書に国衙機構と密接な関係を持つ「守護領」として指摘されたのを始め、『栃木県史』、『小山市史』などに分析されているが[9]、それらを参照しながら私なりに要約しておきたい。

まずＡの権大介職は、下野守護職の本質が先祖以来の有力在庁としての権限に由来することを示している。『吾妻鏡』によると、承元三年（一二〇九）十二月幕府が近国（東国）の守護に補任の下文の提出を命じたとき、千葉成胤が先祖以来、三浦義村が祖父義明以来の由緒を申し立てたのに続いて、小山朝政もその守護職は曩祖豊沢が下野押領使となり、さらに秀郷が官符を賜って以来一三代・数百年相伝してきた検断権に由来するものであって、自分は父政光からこれを譲与されたとき頼朝から安堵の下文を受けただけであると申し立てて、執権北条義時の承認を得ており、これは有力在庁出身の東国守護の本質を示すことがらとして注目されている。

また、Ｂの寒河御厨＝小山庄の実体は、開発領主としての小山氏が形成した本領すなわち名字の地であって、寒河御厨と称するのは、平安末期に小山政光が後白河院に寄進し、院から永万二年（一一六六）伊勢の内外両宮へ寄付されて政光が御厨預となった寄進地系荘園であり、これが、小山氏の本領小山庄と一体化したものである。

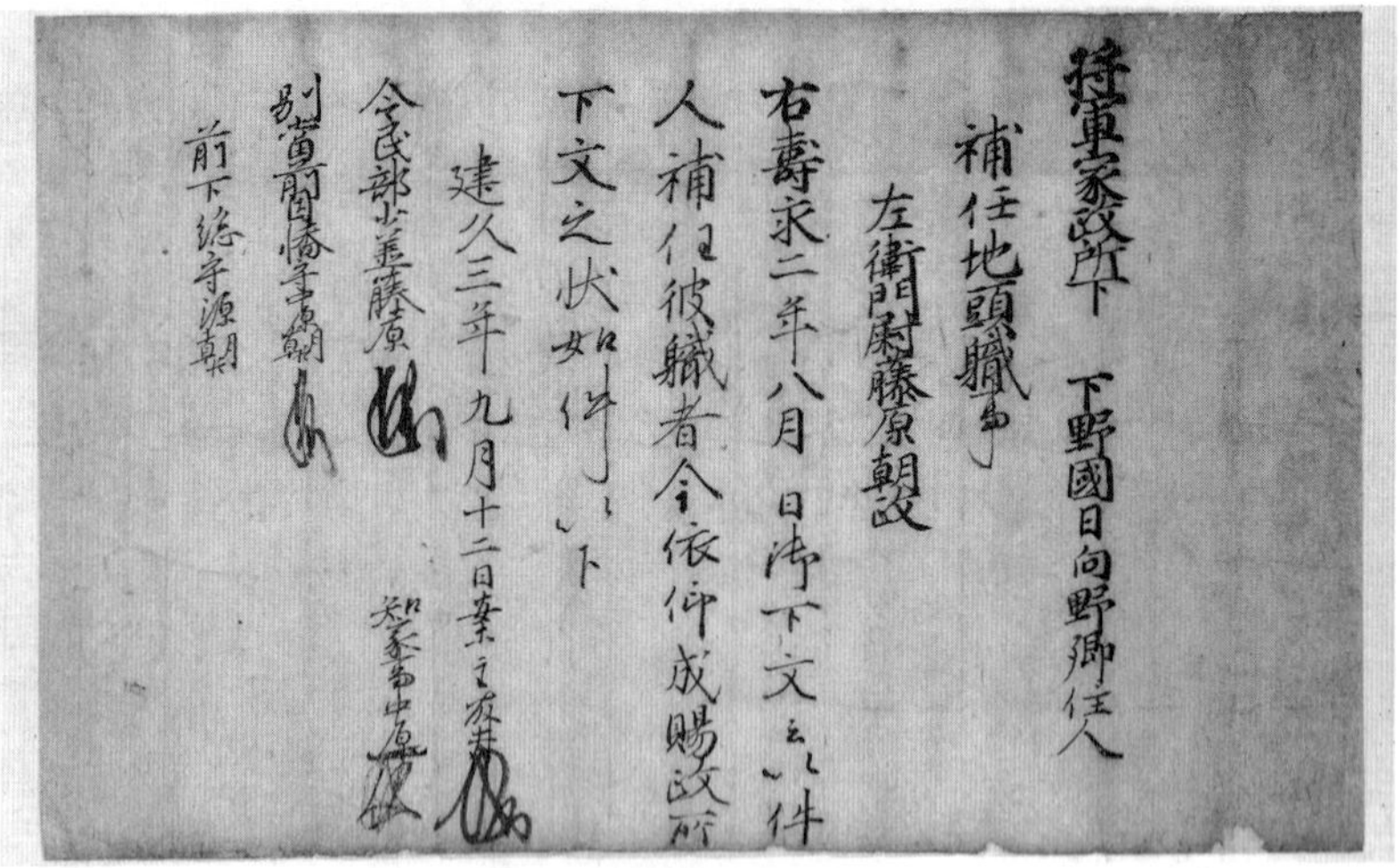
将軍家政所下　下野國日向野郷住人
補任地頭職事
左衛門尉藤原朝政
右、壽永二年八月日浄下文云、件
人補任彼職者、今依仰成賜政所
下文之状、如件、以下
建久三年九月十二日　案主藤井
知家事中原
令民部少丞藤原
別当前因幡守中原朝臣
前下総守源朝臣

図3　将軍家政所下文
（松平基則氏所蔵文書　山川光国氏蔵　写真提供：栃木県立博物館）

これを「重代の屋敷」と称するのは、いわゆる本宅の原理に基づく固有の所領であることの表現である。さらに文治三年（一一八七）十二月、結城朝光（朝政の弟）の母（寒河尼）は頼朝から寒河郡並びに阿志土（網戸）郷の地頭職に補任された（『皆川文書』）。『吾妻鏡』はこの補任を「雖レ為ニ女姓（性）一、依レ有ニ大功一也」としている。

Bと対照的なのは国衙周辺の国衙領と国衙関係寺社領との集積からなるCの「国府郡」内の①〜⑨で、他より一段低く記されている。これらのCの所領は、小山氏がその国衙における卓越した地位を利用し、荒野開発・寺社再興・検断権行使などの名目で、国衙周辺の国衙領を自身の所領として取りこんだものであろう（以下図4参照）。

このうち①日向野郷は、朝政が早くも寿永二年（一一八三）八月に頼朝から地頭職に補任され、建久三年（一一九二）八月政所下文で改めて補任された所領であり（『松平基則氏所蔵文書』所収将軍家政所下文。図3参照）、Cの筆頭に記されていることからも、その重要性がうかがわれ、譲状の国府郡内の筆頭にあることからも権大介の居館を含み、国府郡支配の中核をなす所領だったのであろう。現在では栃木

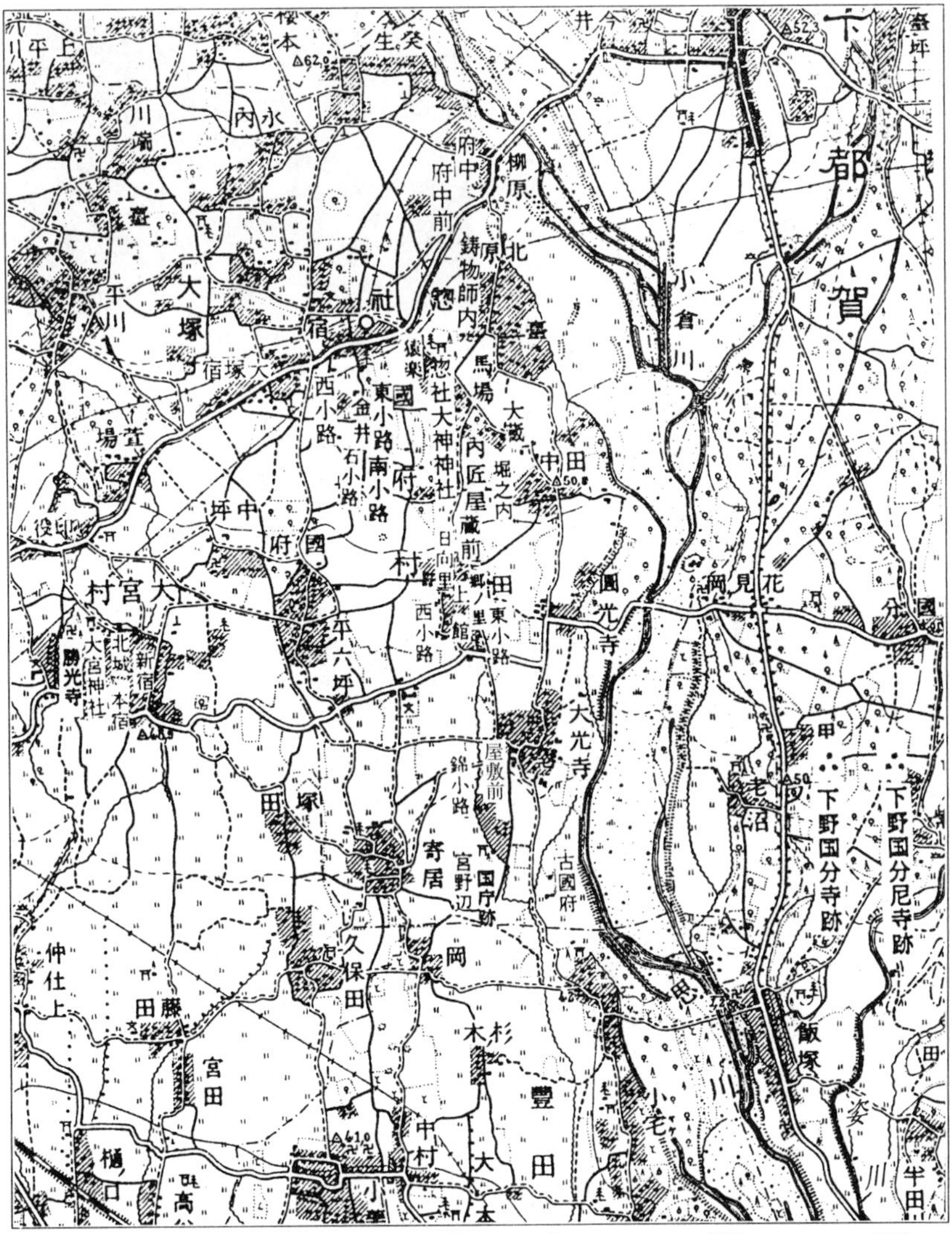

図4　下野国府郡主要地名配置図

（5万分1地形図壬生〈明治40年測図・昭和9年要部修正測図〉を使用し、寺社名・小字名等の一部を付記。）

写2　下野惣社　大神神社

市惣社町の南辺に日向里・郷ノ里という狭少な小字名を残すが、当時は相当広い地域であったに違いない。

②菅田郷の所在地は未詳だが、姿川に臨む地にあった国衙領と思われ、そうとすれば⑥の下野国分寺に近い地域であろう。③蕗島郷は未詳。④古国府は栃木市田村町字古国府であり、名のごとく最古の国府域に由来するものらしく、国庁域のあった宮野辺の東、思川畔の集落名として現存する。

⑤大光寺は④の古国府の北につづく思川沿岸の地名で、栃木市大光寺町に当たる。今はその名の寺院はないが、字古ヶ町の畑から、明治三十五年に小金銅仏一体が出土している（注1所掲『下野国府跡』Ⅰ・Ⅱ）。この大光寺という地名または寺院名は和泉・隠岐・日向の国府想定地の近くにもあり、ことに日向の佐土原に現存する大光寺は、これを建てた田島氏が在庁として国衙に関与したためか、留守所関係文書を所蔵している（「大光寺文書」『日向古文書集成』所収、注3所掲木下良氏著書）。下野でも小山氏と大光寺との間に同様の関係が考えられるであろう。

⑥国分寺敷地は⑤の大光寺の対岸に当たる下都賀郡国分寺町にあり、思川と姿川の間を南に延びる低い台地上に僧寺と尼寺との跡が約五〇〇メートルを隔てて西と東に並び、尼寺の北五〇〇メートル余に薬師堂が現存する。律令制下の諸国国分寺と国府の密接な関係はいまさら述べるまでもないが、下野国分寺（僧寺）跡の発掘調査の結果によると、出土した灰釉陶器から判断した終末期は一〇世紀の後半頃とされているので[10]、国家的庇護を失って衰微した下野国分寺が小山氏の外護を受けて現在の国分寺薬師堂の位置に再建され、その私寺化するにいたった経過も推測に難くない。

⑦の惣社敷地にも同様な経過が考えられよう。惣社は一般に国府の近傍に鎮座するが、その初見は序章第二節

にも触れた『時範記』であり、物社の位置は平安後期以後の国府の国庁ないし留守所の所在地を推測する手掛かりとなる。栃木市惣社町の下野惣社大神神社（六所大明神、室明神）の境内は広く、その中に和歌の名所として知られる室の八島といわれる一区画があり、空堀状の池のなかに八つの小島を設け、それぞれの島の上に小祠を祀ったもので、境内地の字名も室八島という。保元元年（一一五六）頃の成立といわれる藤原清輔の歌学書『袋草紙』（『続群書類従』和歌部所収）に、源経兼が下野守として在国したとき都からの書状をもって国府まで頼みごとに行ったある人を、経兼は全く取り合わなかった上、帰りかけたその人を一、二町先からわざわざ呼び戻して、「アレミタマヘ、ムロノヤシマハ是ナリ、ミヤコニテ人ニカタリタマヘ」といったので、その人はますます腹を立てたという話が載っている。これを引用した河野守弘の『下野国誌』（嘉永元年〈一八四八〉完成）が「是則ち室の八島ハ国府の近辺なると云証なり」と説いているのは、正鵠を射た指摘である。

平安時代の室の八島が後世のそれと同一とは考え難く、また物社と室の八島が結びついた年代も明らかでないが、ともあれ下野惣社の境内や付属地が小山氏の所領に帰したことは、小山氏が他の在庁を従属させて国衙の運営を事実上独占するにいたった結果に外ならない筈である。上記の『時範記』に、因幡に赴任した国守時範はまず惣社の西舎で着任の儀式を行なってから国庁に入っているのが見られるのを始め、多くの国々で惣社と在庁との密接な関係が知られている。『下野国誌』は、物社の祭礼について述べた中で、九月九日には「国府村・田村の両村より、判官と唱ふる者十二人、年番に出て神事をつとむるなり、」としており、これは下野でも惣社の祭礼に国衙の官人が直接携わっていた名残りにちがいない。なお小山朝政譲状の「惣社野荒居」という付記は、小山氏が惣社周辺の荒野を開発しつつ私領化したことを推測させるものである。

⑧宮目社は本章第一節に触れたように、栃木市田村町字宮野辺にある現在の宮野辺神社で、国庁の正殿の跡に祀られた神社である。ミヤノメまたはミヤナベという神社は隣国の武蔵と上野にもあり、武蔵の宮之咩社は総社

大国魂神社（六所宮）の境内社となっているが、この宮之咩社の裏手（東側）には土壇を有する遺構があり、その南八〇メートルの大国魂神社の境内からは、古代国庁内の建物と解される大規模な遺構の一部が発見されている。(11)上野では国府の中心部の遺構は未検出であるけれども、総社神社の北西約三〇〇メートルに総社の元宮と伝えられる小祠宮鍋神社が祀られており、この付近はほぼ想定国府域内とされている。（注3所掲木下良氏著書　5国府と神社、参照）とくに下野では、前述のように宮野辺神社が正殿跡にあることが発掘調査の結果明らかになっている。それゆえ、この正殿跡を神聖な場として保つための宮目社を小山氏が領有したことは、惣社の領有とあいまって小山氏の権威を高める効果を発揮したにちがいない。

⑨大塚野は日向里と宮野辺の中間に当たる田村町字大塚の周辺か、または大字惣社町の西から北一帯の栃木市大塚町かは明らかでないが、いずれにしても⑦の付記と同様「郷」ではなく「野」とするのは、やはり国衙領内の荒野開発による私領化の表現と思われる。

DとEは「国府郡」外の私領化とみられる。Dの東武家郷は『和名類聚抄』にみえる都賀郡高家郷の一部であるらしく、高家郷は下都賀郡大平町北武井付近に比定されている。

Eの中泉庄加納は『栃木県史　通史編』(12)にも説くように、近衛家領中泉庄に近接する国衙領の一部を小山氏が荘官の立場から私領化して、中泉庄本庄に準じて国衙への官物・雑事納入を免除される特権を獲得したものであった。この加納の位置は明らかでないが、中泉庄は小山市西部から下都賀郡大平町にわたる荘園であった。

以上のように下野国内の小山氏の所領には、「重代屋敷」と表現された根本私領を基礎にして強固な一円支配的所領経営を拡大したB、最有力在庁としてのAの地位を利用して国衙領の中枢部に成立した「国府郡」に重点的・個別的な私領化を推進したC、およびCより周辺部にあるがやはり国衙領の私領化であったD・Eという、それぞれ性格を異にする領有形態が併存したのであり、一応立券荘号して荘園化した所領と国衙領として存続しつつ領有した所領とに分ければ、BとEが前者でCとDが後者ということになる。

なお注(9)所掲『小山市史　通史編1・中世』、四八四頁には「国府郡（都賀郡）内の所々」と表現して、二つの郡名を同一とみているようであるが、都賀郡に属するDの東武家郷が国府郡外であることからも、両者は別であることが明らかである。国府郡とは都賀郡のなかでも在庁名などが集中する国府周辺の特殊な領域を意味したのであって、このような「国府郡」の成立自体が、かつての律令制下の郡とは異なる領域的支配形態の反映であったに相違ない。さらにこの特殊領域の主要な部分を小山氏が私領化するにいたったのは、累代の最有力在庁として、さらに一国の守護として、他の在庁を支配下に置く実力を発揮してこそ可能だったに違いないのである。

第四節　「国府郡」内小山氏館跡の想定

Bの小山庄域とCの国府郡域とが成立の過程も支配形態も異にする別個の領域である以上、両者にそれぞれ支配の中核となる居館が設けられていたことは当然であろう。ここに平安後期の陸奥の例であるが『今昔物語集』の一つの説話の冒頭が参考となる。「今昔、陸奥国ニ勢徳有ル兄弟有ケリ、兄ハ弟ヨリハ何事モ事ノ外ニ増《マサリ》テゾ有ケル、国ノ介ニテ政ヲ取行ヒケレバ、国ノ庁《タ》チニ常ニ有テ、家ニ居タル事ハ希ニゾ有ケル、家ハ舘ヨリ百町許去《ノキ》テゾ有ケル、字ヲバ大夫ノ介トナム云ケル、」とあるのがそれである（巻廿六　陸奥国府官大夫介子語『新訂増補国史大系第十七巻　今昔物語集　本朝』）。これは夙に石井進氏が国司の「庁《タチ》」と「館《タチ》」の同一化の事例として引かれているが[13]、「介」級最有力在庁の支配体制が、開発領主としての固有の所領を維持・拡大するための「家」と、「介」として「政ヲ取行」う「庁」=「館」という性格を異にする二つの拠点をそれぞれ中心としていたことを示すという点からも注目すべきであろう。このような状態は千葉氏・三浦氏を始め東国の有力在庁級領主に共通するものであったと考えられる。下総守護千葉氏の場合は、千葉庄の居館のほか下総国府にも館があった筈であり、それ

写3　星宮神社（字上館南端）

は、西垣晴次氏の指摘のように[14]、日蓮の書状に富木常忍の日常生活を「朝出詣二主君一、夕入返二私宅一」と描写し（『鎌倉遺文　古文書編』一二二八四号）、常忍の在住した下総国八幡庄谷中郷若宮（千葉県市川市若宮一～三丁目）の地から程遠くない今の国府台付近に千葉氏の守護館があったことが知られる。

当然小山氏も小山庄内の居館のほか「国府郡」内にも「庁」＝「館」を有していたにちがいない。そしてその「館」は、小山氏の守護職獲得とともに当然守護館ないし守護所となった筈である。小山氏の場合、小山庄内の居館と認められるのは小山市大字神鳥谷字曲輪にある方形単郭の館跡である。JR線小山駅の南約一二〇〇メートル、旧国道四号線（県道）の東にあり、東北本線と東北新幹線によって分断され、今は東側土塁の北半分を残すのみであるが、かつては約二〇〇メートル四方の規模で、堀に囲まれていたと推定されている[15]。

これに対して国府郡内の小山氏館跡はどこに求められるのであろうか。このことに言及した論考は管見に触れないが、栃木市田村町字「上館」は一つの擬定地と考えられる。この字上館には、その名の由来についての伝承も残っておらず、また内山・大島両氏の掲げる地図にその名が記されているものの、全く言及がなく、従来は注目されていなかった。しかし字上館は、周囲の水田とは明らかに比高差のある東西二〇〇メートル、南北五〇〇メートルほどのほぼ長方形の区域で、田本（大字「田」の本村の意）という集落になっており、北部には社会福祉法人星風会の施設があり、現在は館跡としての遺構は認められないが、区域内には微高地状を呈した樹林が残っている。

字上館の北側と東側の北半は、前節B①の日向野郷の遺称と思われる惣社町字日向里および田村町字郷ノ里にそれぞれ接し、郷ノ里の北西隅、上館からは鬼門の位置に愛宕山神社が祀られ、その近傍の上館北端部と郷ノ里内とには日向野姓の旧家各二家がある。一方上館の集落の南端には鎮守星宮神社があって、この神社の境内には数キロ遠方からもよく望見される銀杏の大樹が聳えており、境内と付近の樹林はぎんなん山とよばれていて、この神社が古社であることを物語っている。なお星宮神社から道路を隔てた南には、大塚の字名のもとになった丸山古墳という大きな円墳があり、墳丘上には観音堂が建っている。そして上館から北へ約一キロで惣社の参道に達し、南へは同じく約一キロで旧政庁正殿跡の宮目社にいたる。このような景観と位置からみても、かつての上館は小山氏の国府郡内所領の筆頭である日向野郷内に含まれ、平安末から鎌倉期にかけて国府郡の中核ともいうべき権大介屋敷ないし守護館であったと考えられるのである（図5参照）。

常陸の下館（下館市）には、藤原魚名が東国経営のため上館・中館・下館の三館を設けたとか、あるいは藤原秀郷・平貞盛が平将門追討のために築いたのがこの三館であるとかいう伝説がある。[16]この伝説の上館・中館がどこを指すかは不明であるし、伝説自体も史実ではなかろうが、常陸の下館の北方に当たる鬼怒川西岸の下野（栃木県）河内郡の上三川町には、上館（上城）・中館（中城）があり、上館は濠跡、中館は土塁と濠跡を残し、この中館は南北朝時代の築城かとされる。[17]いま検討対象としている国府郡内日向野郷内の上館は、その位置からは小山庄の思川対岸上流にあり、いわば下館ともいえる小山庄の居館の曲輪の上手に当たる重要な館であったと考えられる。曲輪からこの上館までは北へ約一一キロ、すなわち約百町の距離があることは、偶然とはいえ『今昔物語集』に描写された陸奥の情景と類似していて興味深い。

さて国府郡という特殊な郡名は鎌倉初期だけに用いられたのではない。遙かに降った戦国期の天文九年（一五四〇）四月、時の小山氏当主高朝は粟宮（小山市粟宮所在の式内社阿房神社）の神主に対して、立願成就の謝礼として「当国々府郡惣社郷之内二貫文之所」を寄進しており（阿房神社文書、『栃木県史　史料編・中世一』）、一六世

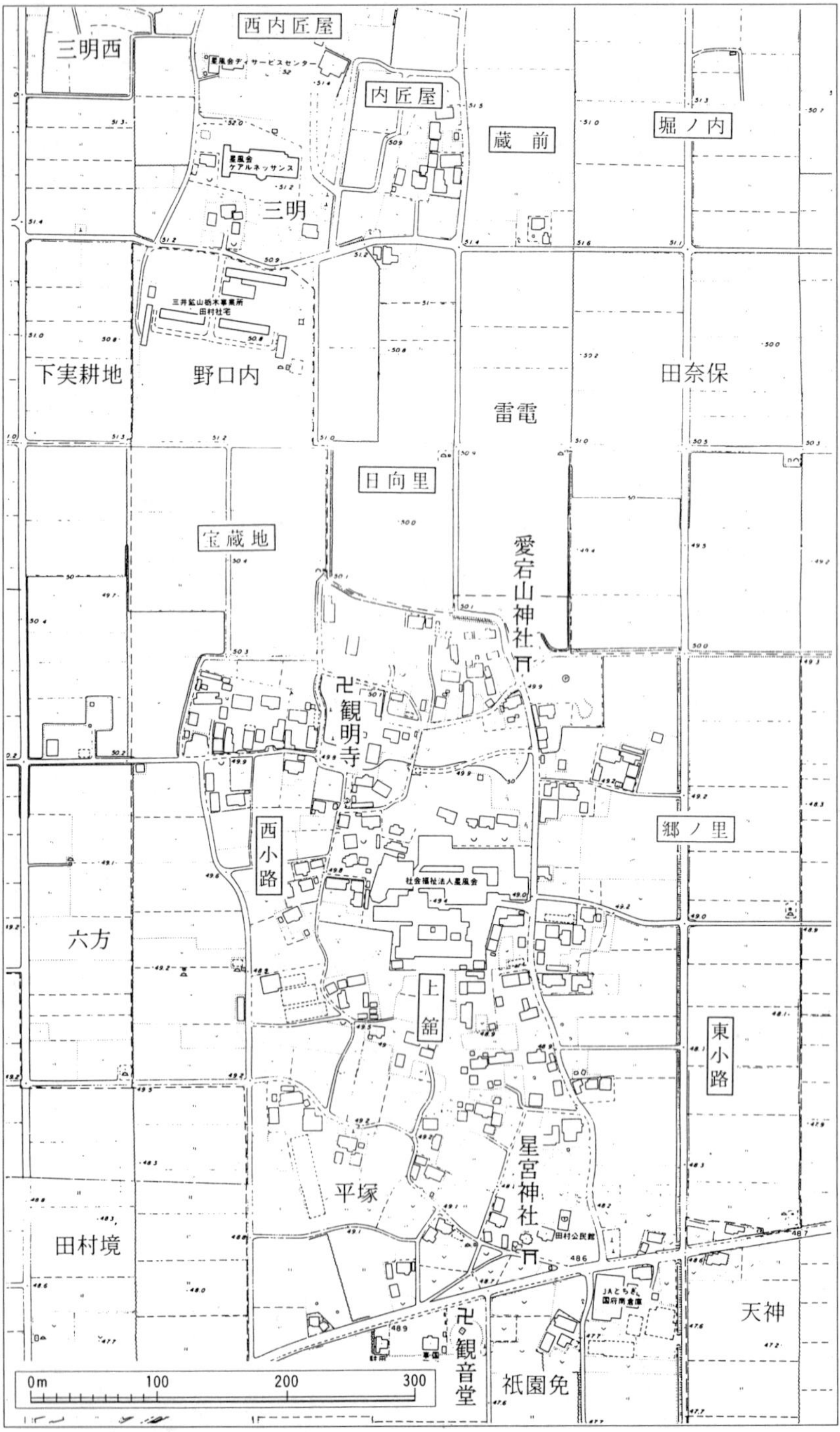

図５　上館・日向里付近小字名および神社・寺院配置図

（栃木市都市計画図其16・其17を使用し、小字名等を記入。小字名は栃木市地籍図による）

紀の半ばにもなお国府郡の称呼が用いられるとともに、この地域はなお一応小山氏の所領となっていた。

しかし実は小山氏は南北朝・室町期に大きな浮沈を経験しているから、これは尋常のことではなかった。すなわち、朝政以来一貫して鎌倉幕府の下野守護職を世襲した小山氏は、秀朝が建武政権から下野守に任ぜられたが、中先代の乱に討死した。その子朝氏（朝郷）は下野の国務を与えられ、ついで足利尊氏から下野守護に補せられたが、旗幟を鮮明にしなかった。朝氏の跡を継いだその弟氏政が守護となったか否かは研究者の間に両説があり、確定しがたいが、氏政の子義政が宇都宮基綱と並んで下野半国守護に補任されたことはほぼ確実である。しかし義政は基綱をたおしたため鎌倉府の追討を蒙り、小山庄内の鷲城・祇園城などで抗戦の末自殺し、その遺子若犬丸も抵抗空しく応永四年（一三九七）会津で自殺した。名門小山氏の断絶を惜しんだ鎌倉御所足利氏満は、小山氏の同族である結城基光の子泰朝に名跡を継がせて小山氏を再興し、再興小山氏は結城氏の統制下に入った。持政にいたり自立を図って結城合戦に攻撃軍の先鋒となり下野守護となるが、小山氏はもはや世襲守護ではなかった。やがて鎌倉府が解体し、関東の動乱が深刻化したなかで、小山氏は一貫して古河公方を支持したが、公方政氏・高基父子が不和になると、小山政長は永正九年（一五一二）政氏を祇園城に迎え入れ、高基方の宇都宮・小田・結城などの諸氏と対立した。しかし政長はやがて高基に近付き、結城政朝の子を養子にし、この養子が高朝であった。このような中世後期の小山氏の動向には佐藤博信・市村高男・松本一夫・新川武紀氏らの論考があり、『栃木県史　通史編』にも記述されている(18)。

それゆえ高朝が「国府郡」の称呼を用いたのは彼なりに大きな理由があったと思われる。彼がこの寄進状をしたためた天文九年の頃も、小山氏の直接の抗争相手は宇都宮氏であり、宇都宮氏の背後には佐竹・小田両氏があった。そして高朝は実兄結城政勝や皆川氏と連合して宇都宮方と連戦し、宇都宮氏に従属した壬生氏の領内などに再三にわたり攻め入っていた（注18所掲『栃木県史　通史編3・中世』第五章第三節）。したがって「立願成就」

とは、宇都宮方ないし壬生氏との対戦の勝利による領土回復ではあるまいか。わずか二貫文の地の寄進には少々大形であるが、高朝がここで「国府郡」の称呼を用いたのは、それが小山氏の盛時に下野一国を管轄した中心領域の名であった事実を想起するとともに、この領域の回復を誇示したいためであったにちがいない。のちに触れる連歌師宗長の『東路の津登』によれば、永正六年（一五〇九）当時は室八島の付近は壬生氏の勢力が及んでいたらしく、また同じくのちに引く『永正十五年道者日記』によると、同十五年には下野府中は小山氏に属していたことが明らかなので、この付近はしばしば攻防の的になっていたものとみえる。

以上のような下野一国の中心領域である「国府郡」が、東は国分寺ないし姿川流域付近、北は惣社、南は宮目社をそれぞれ含む地域であったことは、かの小山朝政譲状自体から知られるが、西辺はどの付近まで及んでいたのであろうか。それを明示する史料は存在しないが、一つの目安として考えるべきものに、栃木市大宮町の印役という字名がある。この地名は国庁の所在を示すものの一つとして前掲の田代論文なども注目している。注(3)所掲木下氏著書によると、諸国の印鑰（印役・印薬・飯役）社は、例外はあるものの、国府の近傍にあることが多い。同所掲牛山氏論文によると、国印を押捺した文書の下限は安芸国の場合保安三年（一一二二）の安芸国司庁宣であり、印鑰神事の初見は建暦二年（一二一二）の対馬島留守所下文であるから、国政の象徴である印鑰が全く実用性を失い、もっぱら神事の対象となるのは、国により遅速はあるにしても、ほぼこの九〇年間に該当すると思われる。したがって諸国の国府に関係のある場合の印鑰社は、早くとも一二世紀の成立と推測することができる。下野の場合印鑰社は残っていないので、この字印役が印鑰社の境内であったのか、または印鑰神事の料田があったのかは、明らかでないけれども、中世の国府に関係の深い地であることは間違いないので、おそらく「国府郡」の西辺は少なくともこの付近まで及んでいたであろう。そうとすれば、「国府郡」の領域は守護所上館を中心として、少なくとも東西約六キロ、南北約四キロ以上に及んだことになる。

第五節　下野府中に関する中世史料の検討

中世の下野にも、他の多くの国々と同様、国府に由来する特定地域の名称として「府中」という称呼が用いられていた。なお鹿沼市にも今では府中町という町名があるが、これは中世の苻所郷の後身である府所という地名に因んだ昭和二十九年以来の町名であって、下野国府とは全く関係がない。

松山宏氏は国府を府中と呼称したのは主に鎌倉時代以降であるが、国府と府中とでは種々の相違点があると主張された(19)。この見解には従うべき点が少なくない。但し府中は古代の国府より狭い所を指すとされたのはより最近の研究成果によって改められつつある。すなわち陸奥と周防を主な対象とした斉藤利男氏や常陸を中心とした義江彰夫氏の詳細な分析の結果(20)、中世の府中は、在庁官人の居館群、国衙関係寺社群、市・宿・港津、そして細工人・商人や在庁名に分属する在家農民の居住地域などを含む径数キロに及ぶ範囲から成っている中世都市とみるべき場合の多いことが明らかになってきた。下野府中も同様の空間構成であったことが予測されるが、これをまず史料について検討してみよう。

松山氏が中世における府中の初見として挙げられたのは『吾妻鏡』治承四年（一一八〇）九月三十日条の、新田大炊助源義重入道が自立の志を挟《さしはさ》んで上野国寺尾城に挙兵したという記事に続く、「又足利太郎俊綱為二平家方人一、焼二払同国府中民居一、是属二源家一輩令二居住一之故也、」とする記事である。文脈からは「同国」とは上野を指すことになるが、松山氏はこれを下野と解された。氏はその理由に触れないが、同じく『吾妻鏡』によると、俊綱は小山氏と並立する「一国之両虎」といわれ、やがて志田義広に加担して小山朝政勢と戦って敗れているので、「同国」を同書の文の疎漏とみて、下野の意と解することも可能である。但し両様に解釈できるので、上野か下野かは保留せざるを得ないが、『吾妻鏡』の建保二年（一二一四）九月十九日条には「常陸国府中地頭」とある。いずれにせよ『吾妻鏡』編纂当時の北関東では、国府域が「府中」と呼ばれ、かつそのなかに「民居」が形成されていたことは事実に違いない。

鎌倉時代における諸国の府中の用例は建久元年（一一九〇）の「丹後国府中」を始め種々の文書や金石文に散見するが（序章表1参照）、『吾妻鏡』の例を除いた確実な下野府中の初見は、南北朝期まで降ることとなる。なお、これから引用する中世および近世初頭の下野府中の称呼を伝える史料は地名辞典など[21]にも指摘されているが、下野府中の実態を探るため逐一検討していきたい。

まず「下野龍興開山佛厳禅師行状」（『続群書類従』伝部、巻二三四所収）に「或建㆓立小刹㆒、無㆘不㆓拝請㆒者㆖、宇都宮大谷有㆑寺、曰大通、野州府中有㆑寺、曰法蔵、」云々という一節がある。この伝によると仏厳禅師は建武四年（一三三七）下野に帰り、延文四年（一三五九）遷化したから、法蔵寺の開山に招請されたのは、この間のこととなる。栃木市東部地域に法蔵寺という寺は現存しないが、上述の字上館の北西に接する字名として宝蔵地がある。それゆえ法蔵寺はおそらく小山氏の外護を受けてこの土地に建立された上館の付属寺院であろう。なお現在は、字宝蔵地に接する上館の一部には観明寺があるが、天台宗寺院であるし、寺伝によれば寛永年間の建立とのことなので、宝蔵寺との関係は考えられない。

次に見られるのは、『下野古文書集解』に載る文明九年（一四七七）の奥書である（『大日本史料』八編之十）。

法華経一部

文明九年丁酉八月廿日

下野國都賀郡府中國分寺一結講衆等、　執筆府中勝光寺住侶宏斎卅六

願主小山庄村崎住光禅房弘蓮

　　日光山満願寺禅定峯寒澤宿御寶前奉二進調一、

これは下野国分寺の檀信徒の構成する一結講衆（同じ目的で結束して講に参加した人びとで、後世の講中の前身ともいうべき信仰集団）が、日光山にある修験の回峰行の道場である寒沢宿に寄進した法華経の奥書であるが、ここに「都賀郡府中国分寺」と「府中勝光寺」がみえており、両寺がともに府中の域内にあることがわかるとともに、かつての「国府郡」は室町期には一般に「都賀郡府中」と呼ばれるようになったと推測される。下野国分寺は前掲小山朝政譲状にあるように小山氏の所領になっていたが、室町期にはこのようにその本尊薬師如来が民衆の信仰を集めていたのである。

一方、勝光寺は栃木市国府町字中坪に現存し、境内に薬師堂がある。この境内ないしその周囲は第二節に触れたように古谷清氏以下数名の先学によって国府跡に擬定された地であるが、その根拠として挙げられたのは主に大きな礎石の存在、瓦の散布、土塁や堀跡らしい遺構の残存などであって、国庁跡としては必ずしも従いがたい。中世豪族の居館とみることは可能であるが、この奥書からみれば、一五世紀の半ば過ぎにはすでに勝光寺が存在していたのである。この府中勝光寺が字印役の東一キロにあることは、字印役の付近までを国府郡の範囲内と推定した卑見の傍証となるものといえる。

写4　勝光寺薬師堂

いま一つ府中に関する中世史料として見逃せないものに、永正十五年（一五一八）東国の檀那のもとを巡歴した伊勢外宮の御師久保倉藤三の記した、檀那の名前や土産品の種類などの覚書である『永正十五年道者日記』（『大日本史料』九編之八同年雑載）がある。

　　下野国在所府中

小山殿　　　　おもてかい一まい
高友（朝）と申御なのりよし、小山殿あににて候、おひ一たけ
源《小戸》さへもん殿御さし（う脱カ）や、　おひ一すち

直接の関係記事はわずかにこの四行で、文意はやや取りがたいが、檀那のもとを巡っている久保倉は、下野の府中に赴いて檀那の一人である「小山殿」に大麻（神宮の頒布する神札）に添えて土産の面懸（馬の顔面につける緒）一筋を進上し、かつその兄である高朝への土産の帯を托し、取りつぎ手の小戸源左衛門にも帯を渡したと解される。

『小山市史　史料編・中世』[22]はこの「道者日記」の一部を載せて、「熊野の御師久保倉藤三、関東へ下向の際、小山に立ち寄る」という綱文を記しているが、この綱文には伊勢を熊野と誤るだけでなく、府中を小山と解した誤りが見られる。管見の限り小山を府中と呼んだ例はなく、また小山高朝は伊勢内宮の御師佐八氏の檀那で、佐八氏宛の天文五年（一五三六）等の書状三通を残し、毎年の嘉例として初穂百疋を進納するほか、立願のため大神楽銭などを納め、かつ小山領上郷・下郷の各村により計一五二貫文の伊勢役を上納している（佐八文書、『栃木県史　史料編・中世二』）。この点からも高朝自身は外宮御師久保倉の檀那ではないことが察せられる。そして、この伊勢役が小山領上下両郷にのみ懸けられていて国府郡ないし府中はその対象となっていないことにも注意したい。府中の「小山殿」の実名・通称などは管見に触れないが、注(18)所掲佐藤博信氏論文に指摘する政長のいま一人の養子で「閑居」の身となった小四郎ではあるまいか。いずれにせよ、府中は狭義の小山領とは別個の領域であり、当時の府中には高朝を「あに」とする「小山殿」が在住していたと推定されるのである。

第六節　中世都市下野府中の空間構成と機能

以上のように小山氏の支配圏のなかでも府中を領域とする支配圏が戦国期まで一応存続していたとみられる以上、先学諸氏が古代国府の存在の反映として注目したこの地域の地名の多くは、実は中世都市としての下野府中に関係するものであったと考えられる。そこで上館周辺、惣社周辺、勝光寺付近等の字名を手掛かりとして、中世都市下野府中の主な各地区ごとの空間構成を再現するとともに、各地区の性格ないし機能を想定したい。

まず上館の周囲を始め田村町の字名をみると、上館の東隣は郷ノ里と東小路、西隣は前に述べた宝蔵地と西小路である。南は大塚を経て宮目神社の鎮座する宮野辺にいたる道路沿いに錦小路と屋敷前の字名がみられる。このように「小路」・「屋敷」という都市的景観を反映する字名がみられることは注目に価する。これは、守護小山氏の居館と推定される上館を中心とした空間が主として小山氏の被官群の居住地域であって、有力家臣の屋敷や一般家臣の住宅から成る侍町が展開したためと認められる。かつ上館の北には字宝蔵地を経て、内匠屋・西内匠屋・蔵前の各字名があり、前節に述べた小山氏の外護する寺院法蔵寺、さらに倉庫群や工匠の居住地区が存在したと推定される。なお字錦小路は、平安後期に国庁がやや北に移動して成立した館跡の存在と関連する蓋然性があり、いずれにせよ上館および侍町と宮野辺社方面を結ぶ通路に特定の「小路」の名称を付与する理由があったと思われる。

次に、この上館周辺の侍町の北に当たる惣社大神神社の付近一帯には、国衙付属の倉庫群とみられる大蔵、工匠の居住地である北内匠屋・鋳物師内などの字名が分布する（図4参照）。これは、この一帯が在庁官人の居住地区、および彼らの管理する国衙の倉庫群や彼らの需要にこたえる技術者集団の居住地区が集結する空間であった事実を示しており、おそらくここにも街区の形成が認められたであろう。

鎌倉期頃の隣国常陸の府中（石岡市）は、在庁の筆頭である常陸大掾馬場氏の居館を中心とした地区と、小目代および税所以下の在庁屋敷を中心に街区を形成する地区とが、明確に分離しながら接続する空間構成をとっていたことが指摘されている（注20所掲、義江氏論文）。下野府中においてもほぼ同様に、かつては在庁の筆頭であり現に守護職である小山氏とその直属被官や工人の集団よりなる地区と、国衙の構成要員として存続した一般の在庁やその傘下の工人集団の構成する地区とが、それぞれ特定の街区を形成しながら複合的に下野府中の空間構成の中心部分を占めていたことが復原できるのである。

また惣社の境内東西に接して西馬場・馬場裏・猿楽という惣社の祭礼に関係のある字名がある。天保九年（一八三八）の「総社明神由緒」（『栃木市史　史料編・近世』）にも「馬場横三間五尺長百九十間」とあり、祭礼に際し、流鏑馬や笠懸のような弓馬の技が在庁や郡郷司、のちには小山氏の被官などによって競われたものと想像される。字猿楽も惣社の祭礼に当たって興行された猿楽の料田にちがいない。なお常陸では惣社は大掾屋敷に近接しているが、下野の場合は、惣社とその付帯施設は一般在庁の居住区域に隣接している。

ところで、昭和五十一年度に実施された下野国府跡の第一次発掘調査にあたり、字蔵屋敷・山中前・石原台・石原・吉原というほぼ東西に並ぶ五地点で発掘が行なわれたが、山中前地区で南北の大溝を検出し、蔵屋敷地区で耕作土中から一片の古瓦を発見したほかは国府跡に関連するとみられる遺構・遺物は検出できなかった由である（『下野国府跡』Ⅰ・Ⅱ）。しかしこれらの発掘地点は非常に限られている上、蔵屋敷以外の発掘地点は国府ないし府中関連の字名とみられる場所ではないので、これだけで判断を下すのは早計であろう。

上館地区から東進して思川を越し、東岸の台地上をさらに東進すると下都賀郡国分寺町字国分の集落に達する。この集落内、通路の北側に現在の国分寺薬師堂があり、この地点は古代の国分僧寺の遺構の北東約七〇〇メートル、国分尼寺の遺構からは第三節にも触れたように北約五〇〇メートルにある。境内に中世の造立とみられる大

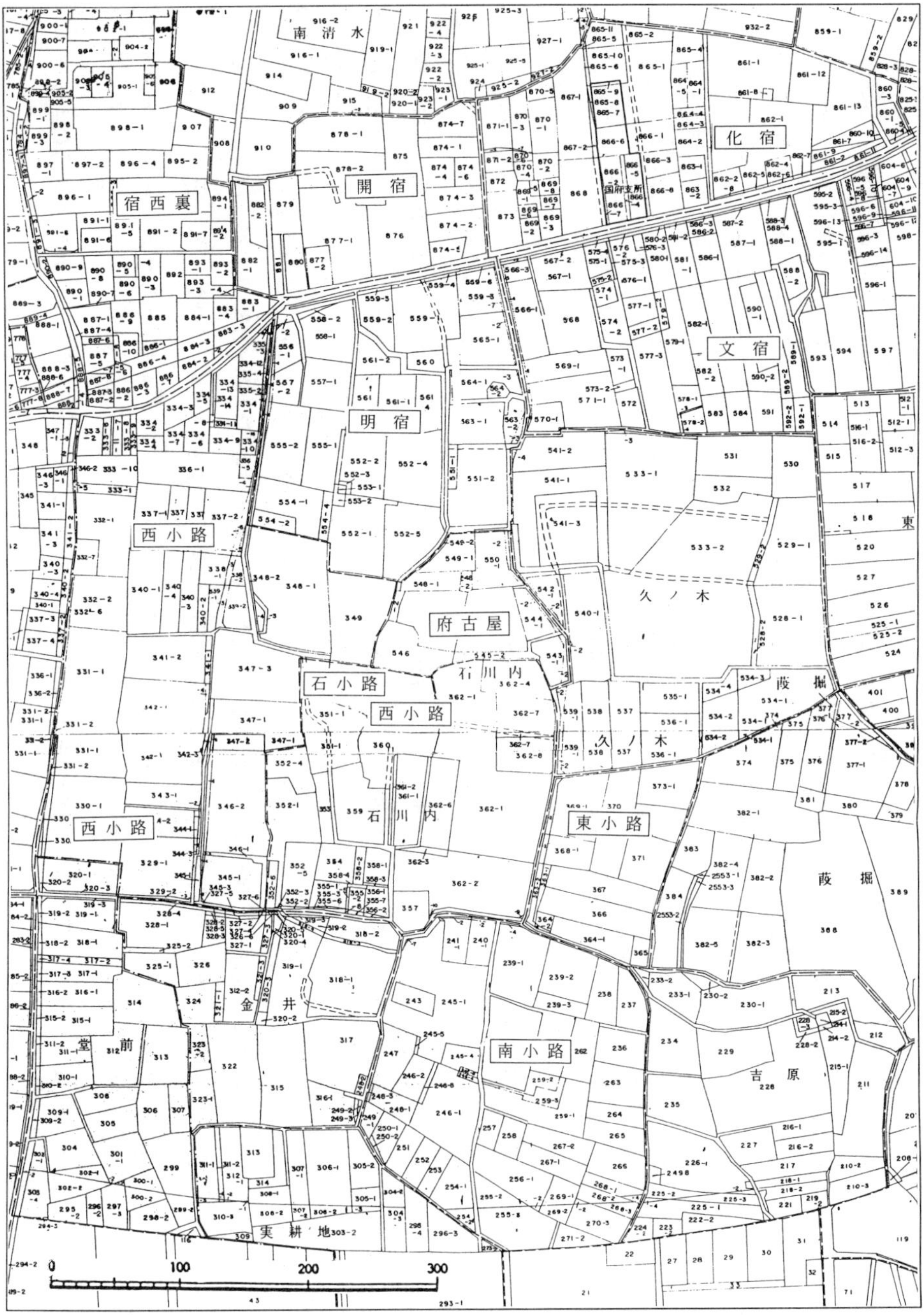

図 6　府古屋付近小字名配置図（栃木市地籍図による）

きな五輪塔などもあり、前節に掲げた文明九年（一四七七）の法華経の奥書に見られる「都賀郡府中国分寺」はこの地に再興され、「一結講衆」の組織のあったことからも、またこの法華経の願主が小山庄内に居住する光禅房弘蓮、奥書の執筆者が府中勝光寺の住持宏奝であることからも、この国分寺の本尊薬師如来が少なくとも府中全域から小山庄域にわたる、かなり広範な地域の民衆の信仰対象となっていたことが判明する。ほぼ国府郡の東辺であったこの国分集落および薬師堂付近が中世後期においても下野府中域の東辺と推定される。

他方、惣社の西五〇〇メートル、宝蔵地の北西一キロには、田代黒瀧氏が武庫または府庫の遺称かとされた字府古屋があり、その南側には東小路・石小路・南小路という「小路」、成相堀・葭堀という「堀」が小字名として集中し、このあたりも街区を形成したと推定され、在庁ないし守護被官の居住区域かと想像される。また府古屋の北には栃木市中心部から壬生町方面にいたる幹線道路を挟んで間宿・化宿・明宿・文宿、その西五〇〇メートルには大塚宿という「宿」の称呼が見られる。この道路について金坂清則氏は、東山道駅路が南西の三島駅から北東に進んで、政庁域の北、宮野辺・錦小路の間を通り、東進（のち北東に直進）して田部駅にいたったと想定されたが、発掘調査の結果、駅路はやや異なる経路が推定されるようになった(23)。しかし駅路が律令制の衰退とともに廃絶して後は、佐野方面から東進して今の栃木市の中心部を通り、惣社明神の北側を経て壬生・宇都宮方面および鹿沼・日光方面にいたる道路が、この地域の最も主要な交通路となったと思われるので、このより新たな交通路に沿う宿の成立は中世に起源を求めてよいであろう。

永正六年（一五〇九）の連歌師宗長の『東路の津登』（『群書類従』紀行部、巻三三九）によると、東国を訪れた宗長は武蔵から上野の新田庄を経て下野に入り、足利・佐野に数日ずつ滞在し、それから壬生に赴くが、「室八嶋ちかきほどなれば」とあって、領主壬生綱房と同行して室八嶋を見物し、発句や和歌を詠み、この室八嶋から綱房の父綱重の領有する鹿沼に赴いて一泊し、日光山へ向かっている。この宗長の辿ったコースからも、以上の交通路はほぼ確かめられる。なお南一キロ余りも、栃木市大字国府町字宿が存在するが、これは中世起源かどうか詳らかでない。

さらに大字国府町から大字大宮町にかけての国府ないし府中に関する地名を探ってみると、これらの地域には惣社町・田村町のように密集した中世都市関係地名が見られないので、中世都市府中の中心地域ではなかったと判断される。けれどもこの地域には前述の「府中勝光寺」や字印役とともに、いま一つ注目すべき中世の遺構がある。それはかつて木下良氏が国府跡と想定された地域の主要部を占める大字大宮の城跡で、勝光寺の南西約六〇〇メートルを北限とする北城から御城《みじょう》（実城）・中城へと続く一連の城郭遺構である。北城と御城は昭和二十年までは土塁で囲まれ、堀の一部も残存し、その規模は御城が約一三二メートル四方、北城は東西約一〇〇メートル・南北約五五メートル、北城の西の郭が東西約三七メートル・南北約五五メートル（中城は南限と東限が不明）という複郭式の中世後期の城である。北城の西の郭に大宮神社を祀り、城跡の西隣に如意輪寺、東に普賢院、東南に光永寺が存在する。(24) また字名としては北城の南に本宿、東に新宿があるが、これらの宿は街道ではなく城郭根小屋地区の施設とみられる。

このように寺社や宿泊施設を伴う相当な規模の城郭をこの付近に築くことのできる領主は小山氏以外には考えがたいので、大宮の城郭は小山氏の居城祇園城とこれに続く長福城・鷲城を中心として領域の外周近くに築かれた防衛拠点の一つと推定される。すなわち小山氏の領域の東の中久喜城・南西の網戸《あじと》城・西の榎本城、北北東の箕輪城などとならぶ北北西の拠点で、小山氏の領域の周囲を防衛する主要な城郭の一つであったにちがいない。この城は大宮小太郎なる者が拠ったという伝承があるのみで、文献史料等を残さないけれども、立地条件や規模から推測すると、府中域をはじめとする小山氏領域北部の防衛に当たる役割を担って構築されたのがこの連郭式の城郭であろう。なおこの御城から南三キロの小薬にも御城と呼ぶ城郭があるが、これは鎌倉府奉公衆梶原氏の居城と伝えられる別の城であるらしい。

以上のように、中世の下野府中は、小山氏が国衙の最有力者として下野大掾職、権大介職、さらに守護職をもってする一国支配の合法的・公的中心領域として形成した国府郡の後身であった。したがって、東は国分寺、西は勝光寺を含む約六キロの空間を占める府中域の中央部に守護館と推定される上館があり、その周囲に直属被官集団の集住地区が街区を形成して、東小路・西小路等の称呼を伝え、かつこの地区には星宮・法蔵寺等の神社・寺院も存在した。一方その北方に位置する下野惣社の境内に接して国衙在庁の居住地区や国衙付属の倉庫群、番匠・鋳物師集団の工房、および惣社に属する馬場・猿楽料田等が、いまひとつの街区を形成する地区として展開した。かつ交通・物流の発展にともない、駅路にかわって惣社の北を通過する街道が開かれ、この街道筋に間宿・明宿や大塚宿等の宿が形成された。以上の複合的な都市構造をもつ空間が下野府中域の中核をなし、東辺には講集団の組織を有した国分寺薬師堂があり、西辺には北城・中城・御城（実城）という一連の城郭が小山氏の領域の北北西の防衛施設として構築され、本宿・新宿の称呼を有する街区よりなる根小屋地区も成立したのである。

以上が中世都市下野府中の空間構成の実態であったが、この中世都市は、さらなる発展を遂げて近世都市へと移行することがなく、近世には上記の街道筋の宿以外は、ほとんど農村地帯の一部と化した模様である。それがいかなる理由によるかは、次に述べる本章の結論的な部分のなかで瞥見することにしたい。

おわりに

天文二十一年（一五五二）北条氏康が古河公方晴氏を降して、晴氏の子で北条氏綱の女を母とする義氏を擁立すると、古河公方を奉じていた小山氏も後北条氏に従属し、その支配地域は後北条氏の領国体制に組込まれ、小山城は後北条氏の支城となるが、小山氏はやがて豊臣秀吉の小田原攻めにあたって後北条氏とともに没落し、子孫は水戸藩士となってようやく存続した。
慶長十七年（一六一二）に作成された「関東八州真言宗諸寺連判留書案」（醍醐寺文書）(25)によると、「普賢院在判《下野大宮》」「如意輪寺在判《下野大宮》」「勝光寺在判《下野国府》」などと並んで「西光寺在判《下野国府中村十月十五日辰刻》」とある。西光寺は惣社大神神社境内の南東約一キロの惣社南宮町に現存している。それゆえ江戸初期にも府中の地名は用いられてはいるものの、すでに従来の数キロ四方におよぶ領域としての府中は解体して、御城周辺は大宮、勝光寺付近は国府と呼ばれ、府中の称呼は縮小して現在の惣社町一帯の村名に限定されたと判断される。

　さらに現在では、府中という地名は一層縮小し、わずかに惣社町の北隅に三方を大塚町に囲まれた東西一三〇メートル、南北二〇〇メートルほどの字名として残り、その南に字府中前があるに過ぎなくなった。かつて三友国五郎氏は栃木市近傍の条里を考察された中で、この字府中から南に走る線上に惣社や字錦小路があるので、「府中は国衙の中央を示すと同時に、国の中央線を示すものである」と説かれたが(26)、現在の字府中はかつての府中域の最北辺に位置し、かつ地図上にも何ら「中央線」のような存在は認められないので、そのような意義付けを行なえそうもない。

写5　府中薬師堂

写6　府中薬師堂の扁額

　字府中の中央北寄りには府中薬師と呼ばれる薬師堂があり、これは旧国府村にある九字の薬師堂の一つであるという(27)。堂の北は樹林、東西は宅地で、南は南端の宅地一軒以外はほぼ水田、一部は畑地である（図7参照）。この堂の正面には「府中薬師如来」と記した木製の扁額

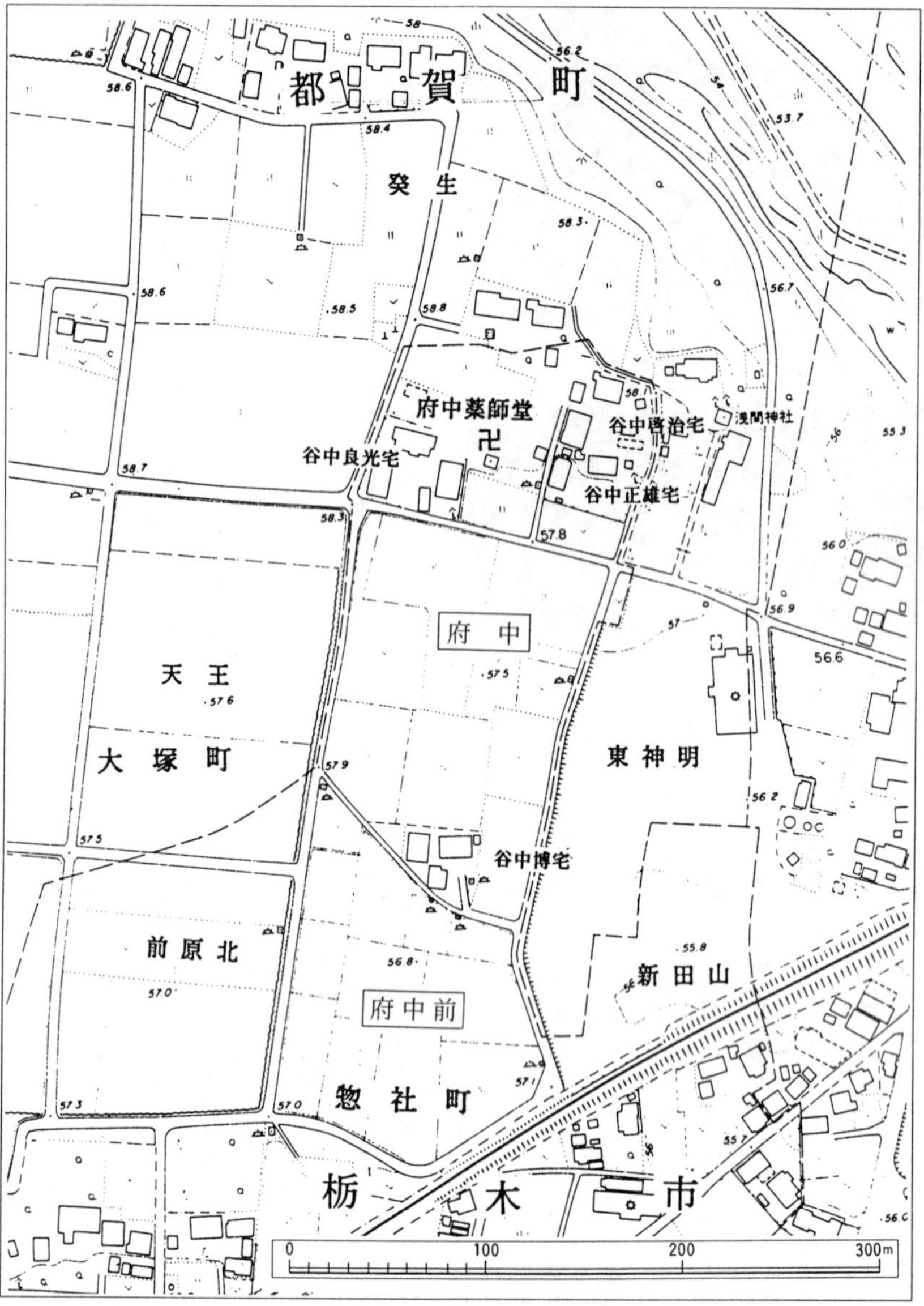

図７　下野府中薬師堂・谷中四家および周辺小字名配置図
（栃木市都市計画図其15を使用し、小字名等を記入。小字名は栃木市地籍図による）

が掲げられている。堂の東隣の谷中正雄氏の談によると、この薬師堂を守って毎年五月八日（昔は四月八日）に祭礼を執り行なうのは、字府中に住む谷中姓の四家である由なので、字名として府中の称呼が今日まで残ったのは、その名をもつ薬師堂が周囲四家の谷中家に守られて存続したためであると思われる。九宇の薬師堂のうちこだけが府中薬師の名を残したのは、前述のように府中の地名が惣社地域のみに限られるに至ったためであろう。

なお前節に掲げた義江論文は、下野国府の移動に触れて、国府が平安時代に至近距離を一転または二転し、後には小山氏の本貫に近い現上下国府塚の地に移転したのではないかと説いている。小山市上国府塚は発掘された政庁域の南約六キロ、同下国府塚はそのさらに南一・五キロにある集落で、小山市中心部からは思川を隔て約三キロであり、周囲は一面の水田地帯であるが、下国府塚集落の墓地に数基の板碑が見られることなどからも、中世以来の集落にちがいない。また両集落の中間やや東寄りに粟宮氏の一族石塚氏の居館という館跡が昭和三十八年の土地改良事業まで残存し(28)、その北方にはやはり星宮神社が祀られている。したがってこの両集落付近に小山氏の被官化した在庁などによって国衙機能の一部が移動した蓋然性は考えられよう。しかしながら、本章で辿ってきた国府から国府郡へ、さらに府中への展開に徴するかぎり、国府域の全面的な上下国府塚地区への移動は想定する余地がないと思われる。なお下国府塚には国府神社があるが、大日権現と称したのを明治初年国府神社と改めた由であり(29)、社名から国府との関係を推知することはできない。

諸国の国府から府中への変貌は、日本における律令国家から中世国家への変遷という、国家構造の一大変化の所産であった。それは領主制の形成に対応する一国支配の新たな中心領域の成立として捉えることができる。下野においても、大掾ないし権大介として国衙機構を運営した在庁最有力者小山氏の館をはじめ各在庁の屋敷、彼らが神事を通じて結集する神聖な場であった惣社、官物その他を収納する大蔵・蔵屋敷、惣社の流鏑馬などに用いられたであろう馬場、同じく祭礼に際して興行される猿楽の料田、国衙の付属工房から自立してきた内匠屋・

鋳物師などの各集住区域、これらの施設や居住区域の間を結んでしだいに街区の形態を呈した多くの小路、また駅路に代わる新たな交通・流通機構の形成につれて町並をともなって成立した宿、さらに最有力在庁の私寺的様相から住民の講集団の信仰対象へと移行した国府関係寺院である国分寺、防衛拠点として構築された御城その他の城郭など、これらをすべて内包した数キロメートル四方にわたる特殊領域である「国府郡」ないし「都賀郡府中」こそ、平安末から鎌倉・南北朝期にかけての下野の中心都市の姿であった。そしてこのような府中の存在形態は、前に触れた斉藤利男・義江彰夫両氏の研究等で最近明らかになってきた陸奥・常陸など、他の東国における府中の姿と共通する点がすこぶる多い。したがって多くの先学が古代下野国府移動の証拠としてのみ理解しがちであった前述のような字名の分布も、当然中世都市下野府中の空間構成の反映として捉えなおさなければならないのである。

駿河府中（駿府、のち静岡）は今川氏の、信濃府中（深志、のち松本）は小笠原氏の守護所が置かれたのを契機として、近世にも城下町として栄え、また甲斐・越後などでは戦国大名によって城下町として新たな府中が建設された。他方遠江見付府や武蔵府中は東海道や鎌倉道上道の要衝であり、宿場町として繁栄した。ところが下野府中はこのような城下町や宿場町への展望をもたず、近世都市への発展を辿ることなくその歴史的使命を終えてしまう。その理由はなお研究の余地があるが、元弘・建武の動乱に直面した小山氏が、主として軍事的理由から、名字の地小山庄内の思川に臨む比高差の大きい段丘崖上に鷲城・祇園城等の堅固な城郭を築いて守護所をここに移し、府中には副次的な意義しか負わせなくなったことが第一の原因であろう。

すなわち序章第四節に触れたように、建武三年（一三三六）「小山之館」は足利方の重要拠点としてあらわれ、翌四年奥州南軍の北畠勢と「小山城」の攻防戦が行なわれていて、守護所の小山への移動が察知される。さらに前述のように小山義政の乱を境として下野守護職自体が殆ど小山氏の手を離れてしまったことは、下野府中の衰退に拍車をかける結果となったにちがいない。戦国期には小山祇園城を中核とする城下町が本格的に出現し、領主小山氏の経済基盤として繁栄した。[30]一方下野府中は、戦国期にも小山氏による支配は片鱗をうかがわせるとはいえ、おそらく中世都市の景観は街道や大宮城の「宿」に存続したに過ぎず、数々の「小路」は街区としての実態を喪失し、もはや往時の活況は「国府郡」の名とともに回想されるのみとなったのである。

このような下野府中の衰運は当然残存史料の乏しさにも反映しており、したがって府中における在庁・小山被官、さらには手工業者・商人などの具体的な活動に触れることはできなかった。けれども、本章によって、古代の国庁廃絶後の下野国府が中世的な特殊領域としての中世都市下野府中へと変貌していった状況、およびこの中世都市下野府中の空間構成、さらにはその衰退の過程を、いくぶんなりとも明らかにすることができたと思うのである。

（1）『栃木県埋蔵文化財調査報告　下野国府跡』Ⅰ～Ⅶ（一九八一～八六年）
『栃木市史　史料編　古代中世』（一九八五年）。

『栃木市史　通史編』（一九八八年）古代・中世（日向野徳久氏執筆）。

『古代を考える45　下野国府跡の検討』（一九八七年、木村等・田熊清彦・木下良氏等の論文収載）。
（2）『栃木県埋蔵文化財調査報告　下野国府跡』Ⅶ　木簡・漆紙文書調査報告（一九八六年）。
（3）牛山佳幸氏「印鑰神事と印鑰社」（『日本歴史』三六五号、一九七八年）。
木下良氏『国府―その変遷を主にして―』（教育社歴史新書、一九八八年）。
（4）阿部義平氏「遺跡からみた国府」（『国立歴史民俗博物館研究報告』二〇集　シンポジウム「古代の国府」研究発表要旨、一九八九年）。
（5）「古代国府関係史料集（その一）」下野国（『国立歴史民俗博物館研究報告』一〇集　共同研究「古代の国府の研究」、一九八六年）所掲諸氏の論考。

「古代国府関係史料集（その二）」下野国（『国立歴史民俗博物館研究報告』二〇集　共同研究「古代の国府の研究」（続））研究概況（木下良氏執筆）、発掘概況（阿部義平氏執筆）。

(6) 木下良氏「古代集落と交通路」（同志社大学人文科学研究所『社会科学』一巻一号、一九六五年）。

(7) 金坂清則氏「下野国府・田郡駅家とこの間の東海道について」（『福井大学教育学部紀要（Ⅲ社会科学）』二五号、一九七五年）。同氏「日本の古代都市・下野国府」（『地理』二五巻九号、一九八〇年）。

(8) 峰岸純夫氏「治承・寿永内乱期の東国における在庁官人の『介』」（『中世東国史の研究』、一九八八年）。

(9) 石井進氏『中世国家史の研究』Ⅱ（一九七〇年）鎌倉時代「守護領」研究序説六　下野国の場合。

『栃木県史　通史編3・中世』（一九八四年）第二章第三節（永村眞氏執筆）。

『小山市史　通史編1・中世』（一九八四年）第一章3（徳田秀子氏執筆）。

(10) 『栃木県埋蔵文化財調査報告』六四集『下野国分寺跡』Ⅰ（一九八五年）。

(11) 『府中市埋蔵文化財調査報告』2集『武蔵国府関連遺跡調査報告』Ⅱ「国府地域の調査1」（一九八〇年）。

(12) 『栃木県史　通史編3・中世』第一章第二節　四（永村眞氏執筆）。

(13) 石井進氏「中世成立期軍制研究の一視点―国衙を中心とする軍事力組織について―」（『史学雑誌』七八編一二号、一九六九年）。

(14) 『市川市史第二巻　古代・中世・近世』（一九七四年）古代中世編第六章　中世の市川（西垣晴次氏執筆）。

(15) 荒川善夫氏「曲輪についての覚書」（栃木県高等学校教育研究会社会部会『高校社会教育』昭和五十七年度、一九八三年）。

『栃木県の中世城館跡』（一九八三年）小山市　曲輪（峰岸純夫氏執筆）。

(16) 『国史大辞典』「下館」の項（久野勝弥氏執筆）。

『日本城郭大系』4　茨城・栃木・群馬（一九七九年）茨城県下館城。

(17) 『栃木県の中世城館跡』上三川町　上舘・中舘・下舘（前沢輝政氏執筆）。

(18) 佐藤博信氏「下野小山氏代替り考」（『史学雑誌』九二編四号、一九八三年）。

市村高男氏「鎌倉府体制の展開と結城・小山一族」（『北下総地方誌』創刊号、一九八四年）。

松本一夫氏「南北朝初期における小山氏の動向―特に小山秀朝・朝氏を中心として」（『史学』五五巻二・三号、

一九八六年）。同氏「南北朝期東国守護の存在形態に関する一考察」（『史学』五七巻三号、一九八七年）。

新川武紀氏「下野国守護沿革再論」（『中世東国史の研究』、一九八八年）。

『栃木県史　通史編3・中世』　第三章第二節・第五節、第四章第二節、第五章第三節（佐藤和彦・新川武紀・高木昭作各氏執筆）。

(19) 松山宏氏『守護城下町の研究』（一九八二年）第二章第三節府中。

(20) 斉藤利男氏「荘園公領制社会における都市の構造と領域」（『歴史学研究』五三四号、一九八四年）。
義江彰夫氏「中世前期の国府」（『国立歴史民俗博物館研究報告』八集、一九八五年）。

(21) 『角川日本地名大辞典』九『栃木県』（一九八四年）の「府中」の項等。

(22) 『小山市史　史料編・中世』（一九八〇年）第五章　室町時代の小山地方。

(23) 注(7)所掲金坂論文、同氏執筆「下野国」（『古代日本の交通路』Ⅰ、一九七八年）。ただし近年の発掘調査の成果として、下野国内の東山道駅路と推定される遺構が、北台遺跡（下都賀郡国分寺町）、諏訪山北遺跡・三ノ谷遺跡（ともに河内郡河内町）、杉村遺跡・上野Ⅰ・Ⅱ遺跡（ともに宇都宮市）等で発見され、駅路は金坂氏の推測とは異なり、三鴨駅から東北東に直進して下野国府・下野国分寺の南を通り、三ノ谷遺跡付近で北に向きをかえて直進し、田部駅家にいたったと推定されることとなった（『県史9　栃木県の歴史』、一九九八年、橋本澄朗氏執筆第二章古代の下野、発見された東山道の項参照）。したがって金坂氏の想定された交通路は、駅路より後に発達したものとみなされる。

(24) 『栃木県の中世城館跡』栃木市　御城（日向野徳久氏執筆）。

(25) 『栃木県史　史料編・中世四』（一九七九年）所収。

(26) 三友国五郎氏「関東平野の条里」（『埼玉大学学芸部紀要　社会科学』八号、一九六〇年）。

(27) 近藤亀吉氏「国府村史蹟」（『下野史談』一一巻五号、一九三四年）。

(28) 『栃木県の中世城館跡』小山市　石塚館（峰岸純夫氏執筆）。

(29) 『栃木県神社誌』（一九六四年）。

(30) 市村高男氏「戦国期城下町の復元的考察―下野国祇園（小山）城下町を中心として」（『小山市史研究』七号、一九八五年。『戦国期東国の都市と権力』〈思文閣史学叢書〉、一九九四年、収載）。

〔付記〕本章の作成に当り、栃木県立足利南高等学校教諭菊地卓氏・栃木県立今市高等学校教諭荒川善夫氏・栃木県立博物館主任研究員千田孝明氏・栃木市図書館司書（現北海道滝川市教育委員会勤務）鳩山稔氏・國學院大学栃木短期大学講師松本一夫氏・國學院大学栃木高等学校教諭川島孝一氏の協力に与った。記して謝意を表する。

第二章　上総府中の成立と国衙機構

はじめに

中世上総の国府・在庁官人・守護所等については、すでに一九七三年に伊藤喜良氏が室町期の国衙領を中心に論じられ、一九八三年には高村隆氏が鎌倉期の上総守護足利氏の守護所を中心とする論考を発表された。また中世上総の祭祀組織の中心であった市原八幡宮については一九七八年に寺田廣氏の論考がある(1)。なお鎌倉・南北朝期の上総守護の変遷については佐藤進一氏の一連の著書に詳しく(2)、中世の上総守護・守護領等をめぐる問題については、多くの研究者の論考が発表されている(3)。このように中世上総の守護や国衙についてはかなり多数の考察が存在するのであるが、それにも拘らず、ここに中世上総の府中域周辺と在庁の問題を取り上げるのは、伊藤・高村・寺田三氏の論考には、なお若干の補足すべき点や角度をかえて論じることのできる点が存在するように感じたためである。以下三氏の驥尾に付して考察を進め、加えて中世都市としての上総府中の空間構成について卑見を述べる次第である。なお上総国府域ないし府中域周辺の主要地名は図1・図2を参照されたい。

第一節　奈良・平安期の上総国府所在地

中世の上総府中域周辺について考察する前提として、まず古代の上総国府の位置に関する諸説を瞥見したい。『倭名類聚抄』に「上総国府在市原郡」とあって、一〇世紀前半頃の国府が当時の市原郡内にあったことは問題がない。しかし具体的な所在地については数説がある。上総国府の所在地を論じた諸氏の論文名は、国立歴史民俗博物館の研究報告に掲げてあり、また近年の発掘成果に基づく諸説については、宮本敬一氏の要約がある。[4] それらを参照しながら私なりに概観すると、上総国府所在地の想定は、大別して、国分寺西隣の養老川右岸台端ないしその西の低地とする説（以下、南西説と仮称）と、国分寺の北東の台地上に求める説（以下、北東説と仮称）との二説があり、さらに南西説はA物社説、B物社・村上説、C村上説、という三説に分かれ、北東説は、D_1郡本説、D_2古甲説、E市原説、F能満＝「府中」説、という四説に区分できる（図2参照）。南西説はすでに一九三〇年代初頭に大森金五郎氏が惣社戸隠神社周辺が国府にもっともふさわしいとして惣社説（A_1説）を提唱し、のち一九六〇年代初頭に伊藤忞氏は惣社字天神台から村上字東山の台地上に想定し（B_1説）、ついで藤岡謙二郎氏が惣社地区に四町域または五町域の国府を想定したが（A_2説）、一九七〇年代に石井則孝氏は惣社の西沖積層平野の惣社集落から村上地区にかけての八町域（B_2説）、須田勉氏は村上地区のみに八町域の国府を想定された（C説）。[5] このうち須田氏は、惣社は戸隠神社と称し信濃の戸隠神社を勧請したという伝承があることや、国分僧寺の発掘の結果、寺域が藤岡氏の想定国府域まで広がることから、惣社地区の国府域を否定し、村上地区のみに国府域を想定している。しかしこの戸隠神社付近一帯は大字惣社と称することからも、古代以来の惣社であり、その本来の機能が失われて後に戸隠明神を勧請したものとみえる。かつ一般に諸国の惣社は国衙の祭祀組織と密接な関係のあったことが明らかにされており、[6] 発掘調査の行なわれなかった時代としては大森氏のA_1説は卓

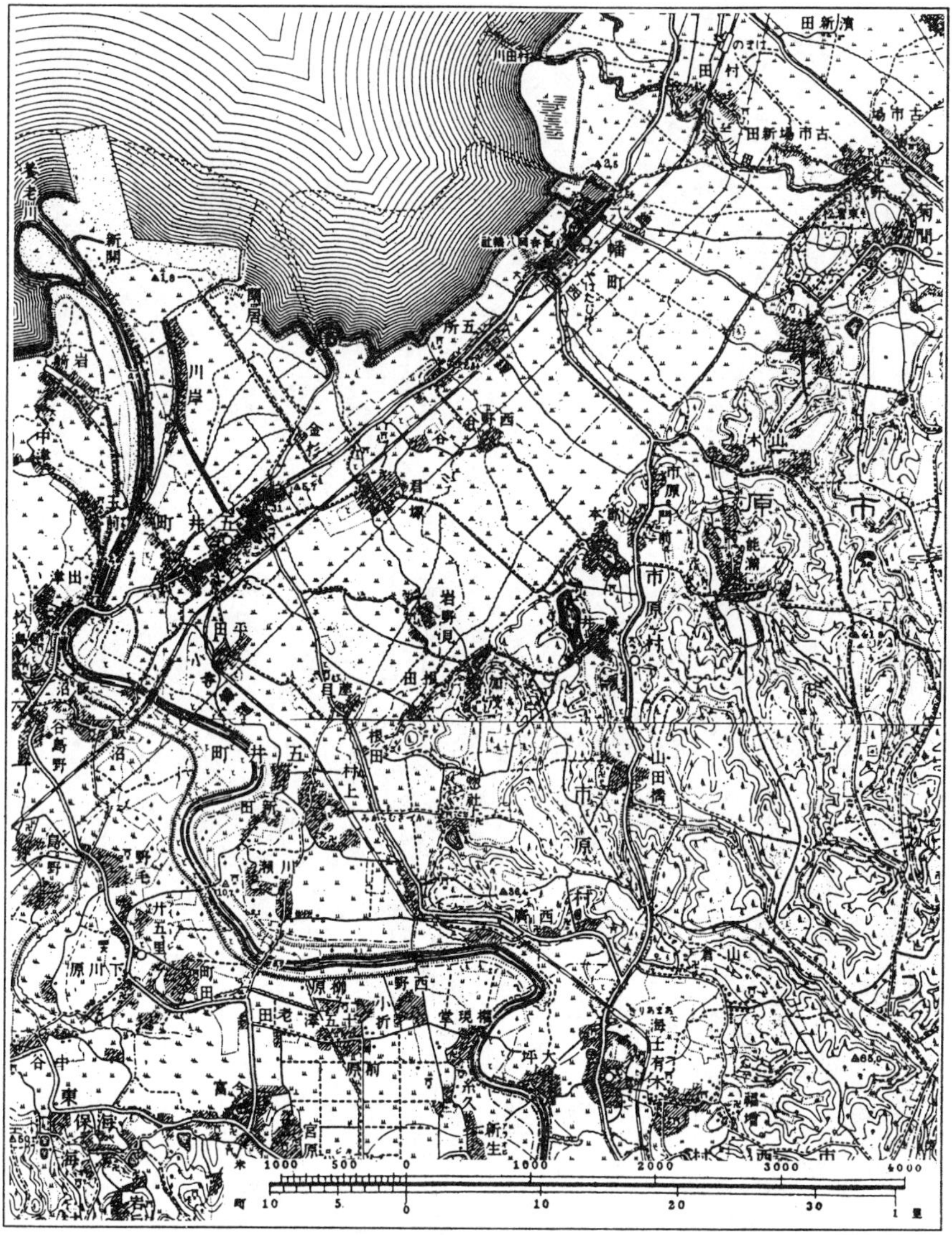

図１　市原市主要部地形図（旧市原村・八幡町・五井町等）
（五万分一地形図「千葉・姉ケ崎」明治36年測図・昭和19年部分測図による）

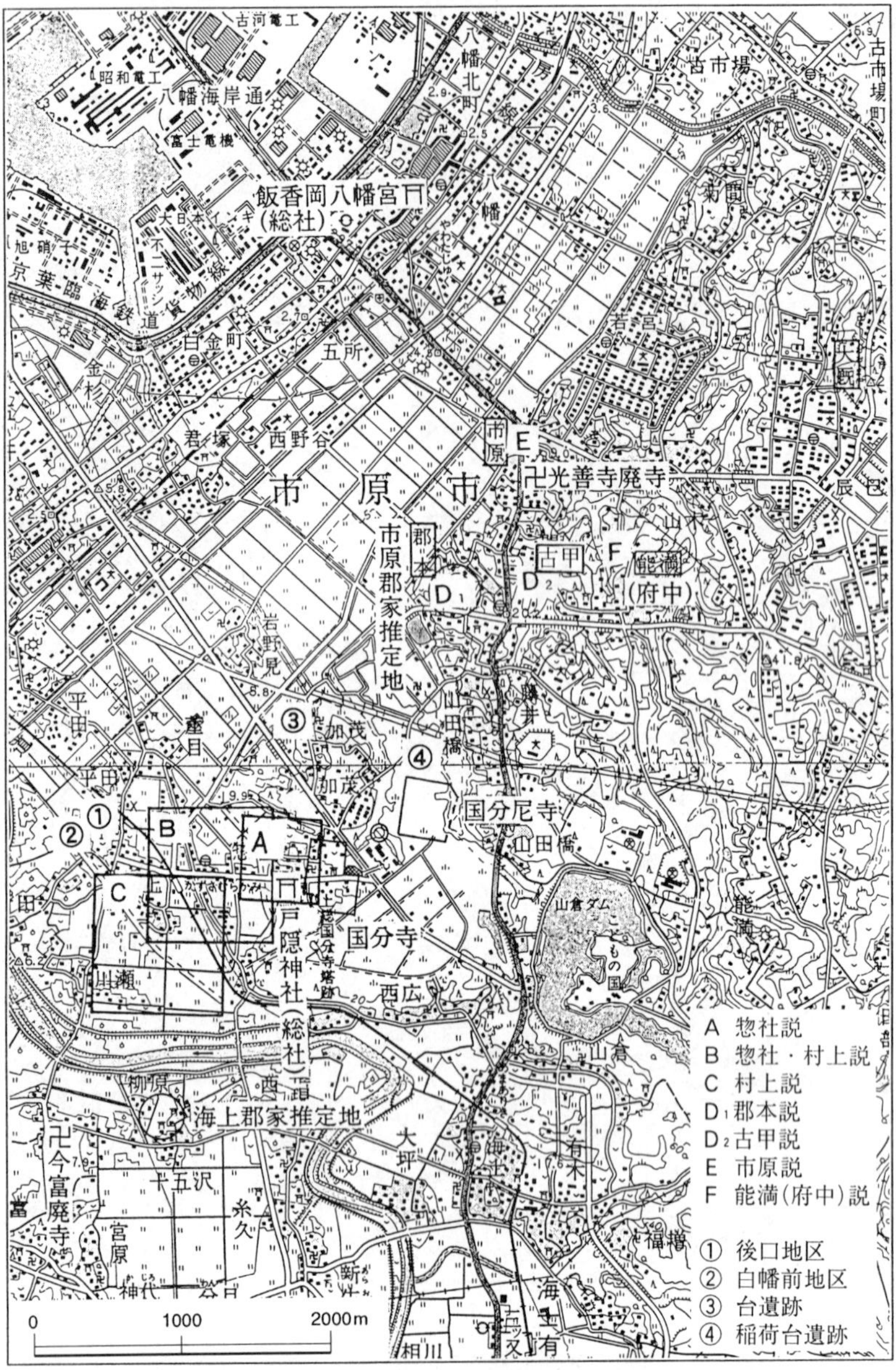

図２　古代上総国府想定図

(『国立歴史民俗博物館研究報告』第10集　共同研究「古代の国府の研究」所載
「上総国府学説地図」による。ただしＡ～Ｆの符号は付け替え①～④の符号を付加した)

見であったと評価しうる。それゆえ、国府域内に惣社を含むとするA説・B説の論拠は否定することができない。なお最近では諸国国府遺構の発掘調査の成果に基づき、国府遺構は一般に約一町四方の国庁を中心とする数町ないし十数町ほどの範囲に納まり、官衙・館・倉庫・工房群などが東西軸または南北軸の道路にそって配置されているものの、何町域というような明瞭な境域の存在は認めがたいとされるようになった(7)。

北東説は、一九六〇年代に平野元三郎氏が、国府域を郡本八幡宮周辺に想定し(D$_1$説)、ついで今井福太郎氏、鴇田恵吉氏は、市原の名を冠する市原八幡神社や『万葉集』防人の歌に「庭中の阿須波の神」とあるのに比定される阿須波神社が、いずれも市原台地の市原地区にあることなどから、この付近を市原郡の中心部とみて、ここに国府を想定した(E説)。また能満地区の台地上に国府域を想定する説としては、すでに前掲の大森金五郎氏が、この付近を「府中」と称したとみられる室町期の史料（次節表1参照）等をあげて、中世の国府所在地とした(F説)。そののち須田勉氏は注(5)所掲論文に市原台地は東西幅約二〇〇メートルの舌状台地で国府の立地として良好といえないとしてE説を否定するが、能満地区については大森氏のF説を補強し、中世の国府所在地としている。なお立石泰三氏は近年F説を遡らせて、能満を古代以来の国府所在地と主張するが、たとえば府中日吉神社の正徳四年（一七一四）の修理棟札に白鳳二年（六七三）の建立とあるのをそのまま実年代とするなど、従えない点がある(8)。

写1　市原八幡神社

さらに北東説のうち古甲説(D$_2$説)は、郡本地区の旧字古甲が「古国府」と解釈できるため、郡本説(D$_1$説)を補強するかたちで主張されていたが、一九八〇年代に田所真氏はあらためて古甲説に注目し、一方村上地区の推定国府域（C説）は発掘調査の知見によれば西南部が養老川の旧流路にかかり、非常に

写2　郡本八幡神社

浅い所で地下水の発達が観察されることなどを指摘し、「確立期に村上に選地された国府が、その後、郡本の「古甲」周辺にうつされたとも考えられ」るとして、村上地区(C)から古甲(D_2)への移動の可能性を提唱した。[9]

そののち最近の発掘調査の結果、村上遺跡群の内、国府想定地の北辺に近い後口地区やその南西の旧河道に臨む白幡前地区からは八・九世紀の掘立柱建物跡が三〇棟以上検出され、その一部の建物群は九世紀後半頃の成立と認められた。村上遺跡の出土遺物には緑釉陶器や官人の銙帯の一部である金属製の鉈尾があり、また村上地区の南東隅近くの川堀遺跡からも掘立柱建物跡が検出され、同じく官人の銙帯の一部の石製丸鞆が出土した。村上遺跡は、規則的な建物配置やこれらの出土品から、一般集落とは異なる遺構と推定されている。ただし推定国府域のほぼ中央を東西に走るとされた「天平道路」の存在は否定された。[10] なお田所真氏は村上地区・郡本地区等の建物群の年代による真北からの振れの差異に着目し、国分寺・国分尼寺のA期（天平年間）からBⅢ期（平安初期）にいたる年代による建物の振れとの連動を年代推定の基準の一つとして指摘している。[11]

一方古甲遺跡は近年の発掘調査により村上地区より降る成立と推定され、奈良時代中頃（八世紀中葉）の小鍛冶工房とみられる竪穴住居とともに、平安時代と推定される掘立柱建物跡二棟が発見され、とくにその一軒は柱掘り方の規模が一メートルを超え、柱の直径が三五センチ前後で、一般の集落には見られない規模の建物であったことが判明した。この発掘調査の成果は前記の田所氏の推測を裏付けるものと考えられる。おそらく当初の国府は村上地区に設置されたが、やがて旧字古甲を主とする郡本地区に官衙群が成立したと推定しうることとなった（C→D_2説）。ただし、古甲の遺構は、土師器の小皿がまとまって出土した一一世紀の溝で終焉を迎えている。[12]

なお郡本から南の山田橋・海士方面へ延びる、幅六メートル、側溝などが両側三メートルくらいあるとみられる八〜九世紀頃の古代道も発掘されて、この古代道に沿う稲荷台遺跡からも官衙とみられる建物群が発見されている(13)。

郡本地区は、その名称から古代の市原郡衙（郡家）に擬せられ、古甲遺跡の南西わずか五〇メートルほどの郡本遺跡からは、竪穴住居跡・土坑などとともに掘立柱建物跡二棟分が検出され、八〜九世紀の官人の金銅製帯金具の一部（巡方）、墨書土器や「吉」字等を箆書した土師器、青磁・白磁・カワラケなどが出土し、これらの出土遺物の年代により、八世紀中葉から一一世紀第一四半期頃まで存続した官衙遺構と推定されている(14)。なお郡本八幡神社境内からは、奈良時代末ないし平安時代の牝瓦・牡瓦片以下、土師器片・須恵器片・青磁片等が出土し、また社殿の礎石が径一メートル前後で不釣り合いに大きく、かつ境内の鳥居にむかって左側には造り出し柱受のある円形の礎石二基が存在することなどが、早くから注目されていた（注8所掲平野氏執筆報告書参照）。

郡本地区の遺跡が郡衙遺構か、国衙遺構の一部かは、なお断定しえないとはいえ、出雲・出羽国府の史料や下野・相模・武蔵国府の出土品（木簡・墨書土器・陶硯）などから、それぞれ郡衙の存在する地域に国府が設置された結果国府域内に郡衙が併置される状態となったことが推定されており(15)、国衙・郡衙の併置は決して珍しくないので、上総の場合も同様に郡衙の所在地域に、国衙が併置されることとなったとすべきではなかろうか。そうとすれば上総国府は当初の村上地区から国分寺・国分尼寺の所在する台地上、とくに市原郡衙の存在する郡本地区の字古甲を中心とする地域に漸次移動したとみられる。なお国分寺の北、国分尼寺の北西にあたる台遺跡からは「大目」と記した墨書土器が出土しており（注11所掲田所論文）国衙官人の居住地域の分散化を想定させる。

さらに中世後期には東隣の能満地区にも城館や宿町が発達、この地区が「府中」（狭義）と呼ばれるようになるが、この能満地区を中心とする狭義の上総府中については第四節・第六節等で考察する。

第二節　鎌倉期の守護所と得宗領市原庄

冒頭に述べたように、中世上総の国衙機構については伊藤喜良氏、守護所の位置等については高村隆氏の論文があり、祭祀組織の中心となる神社については寺田廣氏の論文があるが（注1所掲各論文）、本章では、取り扱う年代等の都合上、まず高村氏の前掲論文（以下高村論文とする）から検討したい。この高村論文の論点は、1鎌倉中後期の上総守護足利氏の守護所の位置、2上総国における北条氏所領、3室町期における上総国衙の所在地、4室町期の上総国衙機構と上杉氏の関係、というように多岐にわたるが、本節では主に鎌倉期の、1および2を中心に考察したい。

高村論文は、足利氏は鎌倉期に七四年間も上総守護であったのに、その所領は「足利氏所領奉行番文」（倉持文書。『市原市史資料集（中世編）』〈以下「資料集」と略称〉三六四号）によると「市東西両郡」のみであること、および足利貞氏下文二通にみえる足利被官倉持氏の所領も上総では市西郡内の二ケ郷に限られることを指摘しながらも、市東西両郡を「上総国の守護所所在郡」とする福田豊彦氏の主張に反論して[16]、市東西両郡には守護所を意味する史料は見いだせないとする。また国府が市西郡に置かれ、足利氏は同国の国衙在庁に対する指揮権をもっていたとする小谷俊彦氏の説[17]に反論して、国衙所在地には諸説があるが、市西郡に国衙が所在したという説は皆無であるとする。

高村氏は市東郡および市西郡に属するという郷村名を右の倉持文書のほか「元禄郷帳」『上総国志』『市原郡誌』等から掲出するとともに、泉水たかむら氏旧蔵懸仏（資料集五〇四号）裏面の長禄三年（一四五九）の「上総国市原郡市原庄」氏神正躰」長禄三天」という刻銘（第四節所掲）、および天正十八年（一五九〇）の豊臣秀吉禁制（榊原ヨシ家文書。資料集七〇六号、表1所引）に「市原庄」として八幡郷・そう志や・きくま・村上・屋ま紀・ごい・

府中・ご志よの地名を列挙する点から、中世上総の旧市原郡内には、市東・市西両郡のほかに「新市原郡」とよぶべき「市原庄」が存在し、この「新市原郡」は旧市原郡の中心地で、国衙所在地と想定される市原・惣社・村上・府中（能満）を含む地域であったとされる。高村氏はさらに「中世鎌倉期の守護所が国衙の近辺に存在し、守護領も国衙近辺の守護領を中核として集中的に分布していたとするならば」という仮定に基づいて、「市東・市西郡は国衙所在郡でないから守護所が置かれていたとは考えられない」と断定される。しかし室町後期や戦国期の史料をもって、鎌倉期の国衙所在地が市西郡内に含まれていなかったという証左にはなしがたいであろう。なお同じ鎌倉時代の足利氏の守護国三河では、守護所は宝飯郡内の三河国府の近傍ではなく、足利氏の所領の一つである額田郡内の矢作宿（ただし矢作川の両岸に東宿・西宿があったので、西宿とすれば碧海郡）に置かれた。この守護所は「国衙所在郡」に置かれていないのみでなく、国府からは約二〇キロ隔たっている。[18]

高村氏は、足利氏の上総守護所が国衙近傍、ことに郡本にあったという自説の根拠として、鎌倉末期元徳二年（一三三〇）の宗宣注進状（金沢文庫古文書。資料集三四四号）を掲げる。この注進状は「足利荘内□々□、信濃国伴□(野カ)□、郡本西方分半分者浄地御分□ 半分□□」という三ケ所の年貢を納めて、一部を下行し、残りの六貫文余を武蔵国金沢の称名寺内にある庫蔵の浄地の箱に納めた旨を報告したものである。高村論文は、このうち信濃国伴野（佐久伴野）には『大徳寺文書』の中に、下県村の相論に関連して「任足利式部(家時)殿所務之例、可被申綸旨歟」という異筆の書き入れのある文書の存在することから、伴野庄を足利氏に関係ある所領であると推測し、さらに足利庄と伴野庄の例から上総の「郡本西方」も足利氏関係の所領であったと想定した上に、「郡本西方」は足利氏との二代続いた婚姻関係から金沢氏の所領となり、ついで称名寺に寄進されたという推論を重ね、さらに前記の泉水氏旧蔵懸仏の表面の応永九年（一四〇二）の銘文（資料集五〇四号、第四節所掲）に「所者上総国府中国庁」云々とある「府中」（能満）の近隣にある「郡本西方」こそ「足利氏の守護所ないしは守護権力としての支配の

表1　旧市原郡等の中世史料一覧表

注1．文書番号欄は＊・＊＊・＊＊＊以外は『市原市史資料集（中世編）』の文書番号
2．同一史料を二回以上掲げた場合は史料名の下に☆印を付す

郡庄等	語句	年（西暦）	史料名	所蔵文書等	文書番号
市東郡	市東西両郡郷検注事	年未詳、鎌倉初期	某陳状☆	九条家冊子本中右記裏文書	＊
	上総国市東西両郡	年未詳、鎌倉後期	足利氏所領奉行番文☆	倉持文書	三六四
	上総国市東郡内年貢用途	正慶四年（一三三五）	三浦時明寄進状	鶴岡八幡宮文書	三六三
	市東郡　市西郡（前後略）	応安八年（一三七五）	市原八幡宮国役庄役注進状☆	三宝院文書	四四〇
市西郡	市東西両郡郷検注事	年未詳、鎌倉初期	某陳状☆	九条家冊子本中右記裏文書	＊
	上総国市西郡長柄山胎蔵寺槌鐘	弘長四年（一二六四）	梵鐘銘	長柄町眼蔵寺蔵	＊＊
	市西郡内勝馬郷	永仁四年（一二九六）	足利貞氏下文案	倉持文書	三一〇
	市西郡内海郷・勝馬郷	乾元二年（一三〇四）	足利貞氏下文案	同	三二一
	上総国市東西両郡	年未詳、鎌倉後期	足利氏所領奉行番文☆	同	三六四
	上総国市西郡新堀郷	建武五年（一三三八）	上総国新堀郷給主得分注進状	金沢文庫古文書	三七四
	市東郡　市西郡（前後略）	応安八年（一三七五）	市原八幡宮国役庄役注進状☆	三宝院文書	四四〇
市原庄	上総国市原庄八幡宮別当職	年未詳、鎌倉後期	長崎高資書状	前田家所蔵文書	三四一
	市原庄事	応安五年（一三七二）	左近将監朝藤打渡状	同	四三七
	上総国市原郡市原庄」氏神正躰	長禄三天（一四五九）	懸仏（裏面）	泉水たかむら蔵	五〇四
	上総国市原庄	天正十八年（一五九〇）	豊臣秀吉禁制☆	榊原ヨシ家文書	七〇六
	（参考）上総国市原庄八幡宮	天正廿年（一五九二）	本多正綱奉納太刀	飯香岡八幡宮蔵	＊＊＊
市原八幡宮	上総国市原八幡宮別当職事	観応元年（一三五〇）	室町将軍家御教書（執事高師直奉）	前田家所蔵文書	三九〇
	上総国市原八幡宮別当職事	観応元年（一三五〇）	足利義詮御判御教書	東寺観智院文書	三九一
	上総市原八幡別当職事	観応二年（一三五一）	観応二年日次記		三九二
	上総国市原八幡宮別当職事	観応二年（一三五一）	武田資嗣打渡状	前田家所蔵文書	三九三
	上総国市原八幡宮別当職事	観応二年（一三五一）	村上源清打渡状	同	三九四
	上総国市原八幡宮社務職同社領	応安四年（一三七一）	室町将軍家御教書（管領細川頼之奉）	同	四三五

	市原八幡宮五月会	応安五年(一三七二)	市原八幡宮五月会馬野郡内四ヶ村配分帳☆	覚園寺戌神将胎内文書	四三六
	上総国市原八幡宮国役庄役事	応安八年(一三七五)	市原八幡宮国役庄役注進状☆	三宝院文書	四四〇
	市原八幡宮造営棟別事	応永四年(一三九七)	鶴岡事書日記		四七八
	上総国市原八幡宮寺別当職不知行	応永廿四年(一四一七)	前大僧正聖快譲状案写	正嫡相承秘書	五四九
府中	守公神御正躰」所者上総国府中国庁	応永九年(一四〇二)	懸仏(表面)	泉水たかむら蔵	五〇四
	上総国市原庄 八幡郷　そう志や きくま　村上 屋ま紀　ごい 府中　ご志よ 以上	天正十八年(一五九〇)	豊臣秀吉禁制☆	榊原ヨシ家文書	七〇六
馬野郡	真野郡椎津郷内	建武二年(一三三五)	三浦高継寄進状	鶴岡八幡宮文書	三六七
	馬野郡内枝郷四ヶ村	応安五年(一三七二)	市原八幡五月会馬野郡内四ヶ村配分状☆	覚園寺戌神将胎内文書	四三六
	馬野郡・海北郡(前後略)	応安八年(一三七五)	市原八幡宮国役庄役注進状☆	三宝院文書	四四〇
	馬野郷《ママ》郡□	応永□《五カ》年(一三九八)	馬野郡段銭返抄	覚園寺戌神将胎内文書	四八〇
	馬野郡内富益	応永十五年(一四〇八)	馬野郡富益郷段銭返抄	同	五一六
	馬野郡(郡本・富益等)	年未詳	馬野郡惣勘文☆	同	四九四
	馬野」郡本郷与富益郷	年未詳	郡本富益両郷公田数覚書☆	同	四九六
郡本	一所　郡本西方分	元徳二年(一三三〇)	宗宣注進状	金沢文庫古文書	三四四
	郡本八大瓶	応安五年(一三七二)	市原八幡宮五月会馬野郡内四ヶ村配分状☆	覚園寺戌神将胎内文書	四三六
	郡本三十三丁八反□《三カ》百歩	年未詳	馬野郡惣勘文☆	同	四九四
	馬野」郡本郷与富益郷公田	年未詳	郡本富益両郷公田数覚書☆	同☆	四九六
	郡本三十三丁八反三百歩	年未詳	馬野郡惣勘文	同	四九七

〈文書番号欄 ＊ 〉『鎌倉遺文　古文書編』三五二一号
〈 〃 ＊＊〉『千葉県史料　金石文篇一』長生郡一六号
〈 〃 ＊＊＊〉『 〃 』市原郡二号

拠点をなした地」と論じるのである。

しかし、郡本がそのように守護足利氏の一国支配の拠点として重要な地域であったならば、守護所を設けた重要な所領を、たとえ半分でも姻戚とはいえ他氏に譲与することは考えがたいのではなかろうか。だいいち、足利氏が前述の三河の場合と異なって、守護領の市東郡・市西郡やそれらに接する地域でなく、あえて支配基盤が弱体で国衙在庁勢力の反発を受けやすい郡本の地に守護所を置いたという主張は理解しがたい。『吾妻鏡』承元四年（一二一〇）七月二十日条（資料集一三七号）によれば、上総国在庁らが参訴して、前月十七日上総国守（親王任国なので上総介）となった院の北面藤原秀康が使者を入部させ、事毎に先規に背いて非義をいたし、在庁等と対立して喧嘩を引き起こし、数人の土民を刃傷したと申し出たとある。幕府はこれは幕府の管轄事項でないので、朝廷に奏達することとしたとある。これは足利氏の上総守護獲得以前のことであるが、上部権力に盲従しない上総在庁らの強い姿勢がうかがわれる。

なお高村論文の表①は、高村氏自身も「超時代的把握という感は否めないが」といわれるように、市東・市西両郡の村名については、主に近世・近代の史料や伝承から遡及するという方法をもちいている。そこで、あらためて近世初頭の天正二十年（一五九二）までの、ほぼ中世史料のみから、市東郡・市西郡・市原庄（付、市原八幡宮）・府中・馬野郡（後述）・郡本の各地名を拾いだして列挙すると、表1のようになる。

表1に掲げたように、市東・市西両郡の初見は九条家本「中右記」元永元年（一一一八）秋巻裏文書（『鎌倉遺文』三五六二号）某陳状である。注(3)所掲田沼睦氏論文によれば、これは文治三年（一一八七）から建久六年（一一九五）までの間の隆覚書状であり、「市東西両郡郷検注事」以下一一項目にわたる長文の陳弁である。右の両郷については注(3)所掲伊藤邦彦氏論文の説くように、「市東西常秀請所也」とあって、この両郡は寿永二年（一一八三）上総介広常が誅殺されたのち、その遺領を継承した千葉常胤（建仁元年〈一二〇一〉没）から孫の常秀

に譲与されたと推定される。この隆覚書状は、市東西は常秀の請所であるが、請所でも国司の一任一度の国検の対象となる。まして請所を辞退したのだから、検注を実施すべきであると、述べている。

やがて千葉常秀は嘉禎元年（一二三五）までに上総介となり、ついで常秀の嫡子秀胤がこれを継承するが、秀胤は宝治合戦で滅亡し、その遺領は足利義氏入道正義に「今度合戦賞」として与えられているので（『吾妻鏡』宝治元年〈一二四七〉七月十四日条。資料集二一四号）、足利氏が上総守護となり、市東・市西両郡が足利氏の所領となったのはそのときであったに相違ない。足利氏の守護所の所在地は上総氏ないし千葉氏の守護所を踏襲したか、または市東・市西両郡内に置いたかであったに違いない。この二つの条件をともに満たすのは、踏襲した守護所が両郡内の地に存在した場合であるが、その直接の証左は管見に触れないので、市原庄ないし、上総府中域に関連する種々の中世史料を検討し、かつ関連する遺跡や小字名等を探ってのち、第六節で推測することとしたい。

同じく表1の市西郡の項に引いたように、長生郡長柄町眼蔵寺の梵鐘に刻まれている弘長四年（一二六四）の銘文に「上総国市西郡長柄山胎蔵寺槌鐘」とある。この胎蔵寺は銘文に「長柄山」とあることからも長柄郡所在の筈で、現在の眼蔵寺も長生郡長柄町にあるが、この梵鐘銘によると当時は隣接の市西郡に属していたのである。それは守護足利氏の庇護を頼んだためではなかろうか。当時の胎蔵寺は律宗寺院であったが、のち足利直義により上総利生塔が境内に建立され、さらに守護上杉朝宗が開基となり大覚派の象外禅鑑を開山として禅宗に改め、眼蔵寺と改称した。(19)利生塔に撰定された理由に鎌倉時代以来の足利氏との縁故を想定してよいであろう。

このほか、表1に掲げた資料集三一〇・三二一・三七四号の各文書によって、市西郡には勝馬郷・海郷・新堀郷が属し、今も長生郡長柄町に隣接する台地上に市原市勝間、養老川右岸の低地に市原市海士有木・新堀の字名が存在するので、市西郡に属した地域の一部が知られる（図3参照）。一方、市東郡の郷名等は判明しないが、

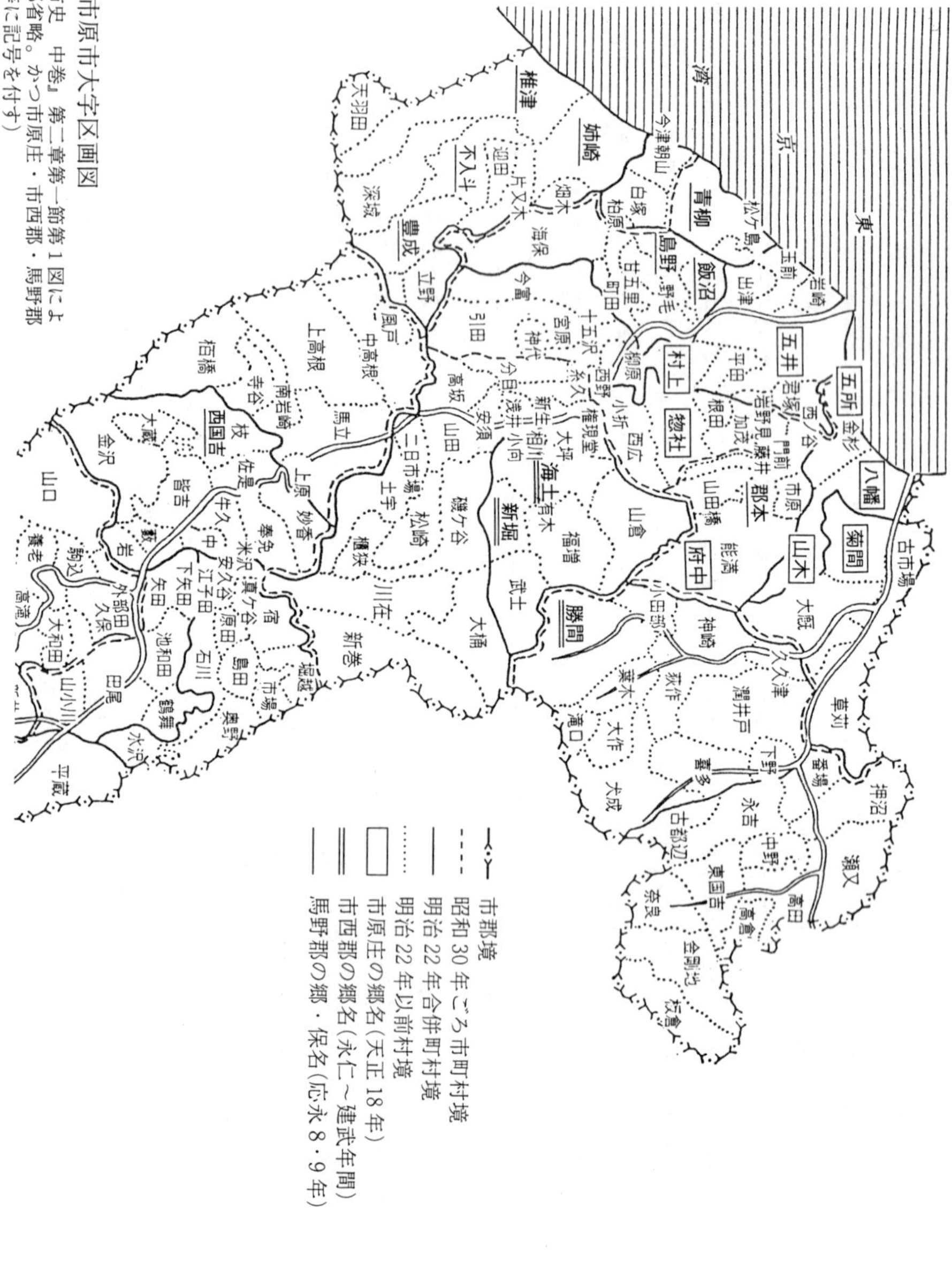

図3　市原市大字区画図
（『市原市史　中巻』第二章第一節第1図により、一部省略。かつ市原庄・市西郡・馬野郡の郷名等に記号を付す）

市西郡の東ないし北東に連なる地域であることは推測に難くない。

この市東・市西両郡の存在にも増して注目されるのは市原庄の存在と、その性格である。表1の「市原庄」の項に見るように、この称呼は鎌倉末期から見られるが、「上総国市原郡市原庄」と称する現存史料は、泉水たかむら氏旧蔵胎蔵界大日如来像懸仏裏面の長禄三年（一四五九）の刻銘（資料集五〇四号、全文は第四節に掲載）のみであり、おそらくこれは古代の郡名を冠して重々しく表現したのであり、他の諸例はすべて「上総国市原庄」または単に「市原庄」と記している。したがって高村氏がこれを「新市原郡」と呼ぶのはあまり適切ではなく、「市原庄」こそ旧来の市原郡内ないし市西郡内に成立した新たな領域の名称であったといえる。

この市原庄の初見は、鎌倉末期の某年十二月十三日付内管領長崎高資書状（前田家所蔵文書。資料集三四一号）であり、この書状は、市原庄八幡宮別当職の大輔律師俊弥への譲与を得宗北条高時に披露して安堵されたことを、一族長崎弥次郎に告げたものである。この書状については、すでに伊藤喜良・岡田清一の両氏がそれぞれ注(3)所掲論文で論及されている。すなわち伊藤・岡田両氏は、石井進氏の明らかにされた常陸国下妻庄内大宝八幡宮別当職の例をあげて[20]、同様に市原庄八幡宮を含む市原庄自体が北条氏領であったと推定されている。この市原八幡宮は、寺田氏の指摘されるように平安末、保元三年（一一五八）十二月三日付官宣旨（『大日本古文書　石清水文書之二』、一二三号）に見られる石清水八幡宮寺領の「上総国市原別宮」の後身であったに違いない。

鎌倉初期の某年正月三十日、幕府奉行人中原仲業は奉書を掃部入道（中原親能）に充てて、上総国市原別宮の安居頭対捍を戒め、その例がないというが、去年は上野国板鼻別宮の預所安達景盛が勤仕したと述べ、自身の勤めに支障があれば代官をして勤仕させよと命じている（前右京進中原仲業奉書案『石清水八幡宮史　史料第二輯祭祀上』。資料集一三二号、ただし「資料集」は出典および案文の旨を脱している）。かつ同日付で北条時政は、掃部頭入道の安居頭対捍につき将軍より掃部入道に仰せられた御教書（右の奉書を指す）を献上する旨の返書を石清水八幡宮別当に差し出している（北条時政書状、同書『祭祀上』）。この二通によって中原親能自身が市原別宮の預所であったことがわかる。なお寺田論文は右の奉書の年代を「文治二年〜承元の頃のものであろうか」とするが、『吾妻鏡』によれば、中原親能が現任の掃部頭として見えるのは正治元年（一一九九）九月まで、掃部入道としては翌正治二年閏二月からで、逝去は承元二年（一二〇八）十二月なので[21]、この奉書の年次はこの九年間に絞られる。

寺田論文が、当時すでに石清水八幡宮は鎌倉幕府に依存しなければ預所や地頭の神仏事懈怠を防げなくなっていたと説くのは妥当であるが、だいいち鎌倉幕府草創以来政権の中枢に参画し、公事奉行人・京都守護などとして活躍した中原親能を市原別宮の預所としたこと自体が、石清水八幡宮の幕府に対する依存性の表れであったに相違ない。なお寺田氏は、鎌倉中期頃の諸国石清水八幡宮領の地頭・預所・公文などの安居頭役対捍の例をあげられているが、先に述べた鎌倉末期の市原八幡宮には、石清水八幡宮との関係は片鱗もうかがわれなくなり、得宗家の支配権のみが顕著であるのは、市原庄がほぼ得宗領としてのみ機能するに至ったためとみられる。

さて高村論文は、郡本地区を足利氏の守護所と主張する立場から、「この府中（能満）と郡本こそ幕府得宗権力たる北条氏と守護権力たる足利氏の上総一国支配のうえにおけるその重要な拠点であった」と論じるが、続いて高村氏自身「これのみでは守護権力および得宗権力と国衙機構との具体的関連とその内容は知ることができない」と述べるとおり、得宗・足利氏の両者が上総の国衙機構掌握にあたって協力したのか競合したのかなど、両者の在地に及ぼした力関係や権力相互の関連性がすこぶる不鮮明である。

このような不鮮明さは、国衙機構の中枢部である「国庁」の存在する郡本地区（第四節に詳述）を、足利氏の守護所と想定するために生じた結果であって、足利氏の守護所は郡本以外の地に置かれたと推定すれば、より鮮やかに得宗権力の意図が浮かび上がってくる。すなわち、鎌倉後期においても足利氏は北条一門の金沢氏との間に高村氏の指摘するような二重の婚姻関係を結んでいたとはいえ、得宗家にとっては所詮足利氏は外様の大名であり、江戸湾における鎌倉の外港ともいうべき重要な港津の六浦をはじめ三浦半島から指呼の間にある上総国の支配権を完全に足利氏に委ねることは決して得策でなく、江戸湾の制海権および房総半島の制圧にも大きく関わる問題であったに違いない。それゆえ、得宗家は、かつての守護上総氏、さらに千葉氏庶流に加えた掣肘ほどではないにせよ、上総国の支配を全面的に足利氏に委ねることなく、この国の中枢部にくさびを打ち込んで得宗領化する必要性を認めていたに違いない。ここにおいて取られた方策が、上総の国衙機構が集中し在庁の居住する古甲ないし郡本付近を、名目上は石清水八幡宮領市原庄として荘園化しつつ、実質上はこの荘園を得宗領とし、守護足利氏の支配下から切り離して得宗家の直轄下に置くことであった。ここに得宗領市原庄ならびに有力得宗被官長崎氏の掌握下におかれた市原八幡宮別当職（資料集三四一号）の成立した理由があったとみられる。なお称名寺領郡本西方が金沢氏の寄進によるならば、それは同氏と足利氏との姻戚関係よりもむしろ得宗家と同氏との本庶関係に基づくと想定すべきではなかろうか。

写3　飯香岡八幡宮

写4　同宮拝殿扁額「國府惣社」

　当時の市原八幡宮の所在地については、現在も大字市原に市原八幡神社が鎮座し、この神社は今は小社であるが、国庁の所在した郡本地区に隣接しており、さらに市内八幡地区に鎮座する大社である飯香岡八幡宮の旧鎮座地という伝承がある（注4所掲宮本敬一氏論文参照）。かつ飯香岡八幡宮で毎年八月に催される大祭の柳楯神事に用いる柳楯は大字市原の氏子が調進することになっており、元禄十年（一六九七）の写本として伝えられる『飯香岡八幡宮由緒本記』にも、至徳四年（一三八七）の記事に托して「柳楯役儀者氏子市原村江申附伐採備尓造立」云々とあることからも（資料集四六七号）、この旧鎮座地という伝承が裏付けられよう。すなわち中世史料に頻出する市原八幡宮の鎮座地には、現在も大字市原の市原八幡神社が存続しているとみられるのである。

第三節　南北朝・室町期の市原庄と市原八幡宮

南北朝期ないし室町期の上総国衙機構・国衙領等については、冒頭に引いた伊藤喜良氏の注(1)所掲論文が、鎌倉覚園寺蔵の十二神将中の戌神将の胎内文書中の上総国馬野郡関係の史料（市原八幡五月会馬野郡四村配分帳等。資料集四三六号その他）を中心に分析されており、高村氏前掲論文も南北朝・室町期の守護・守護代と国衙在庁の関係に触れている。本節では、この問題を検討するためにも、まず鎌倉期の守護領であった市東・市西両郡のその後の状態に触れておきたい。

建武新政期の建武二年（一三三五）八月十五日、三浦時明が次の寄進状を鶴岡八幡宮に納めているのは注目される（鶴岡八幡宮文書。資料集三六三号）。

奉寄進　鶴岡八幡宮

　上総國市東郡内年貢用途伍拾貫文事

右旨趣者、爲天下安穩泰平、自身壽福長遠、息災康樂、子孫繁昌、奉寄進之狀如件、

　正慶三（四）年（建武二）八月十五日　　若狭守時明（花押）

この三浦時明の寄進状によって、上総国市東郡に前三浦介時明の所領が存在したことが知られるが、この寄進はまさに北条時行の蜂起による中先代の乱の最中に行なわれ、しかも時明は建武の年号を用いず、かつて鎌倉幕府が後醍醐天皇を廃して光厳天皇を擁立した時の正慶の年号を用いているので、時明は前月の七月二十五日に鎌倉

を占拠した北条時行方に与同していたことがわかる。かつ時明の嫡子三浦介時継（法名道海）は、時行方の一方の大将として戦い、のち尾張の熱田で捕えられて翌年六条河原で刑死したと伝えられる（『大日本史料』六編之二、建武二年七月二十五日条所掲　三浦系図伝）。そこで右の寄進状には足利尊氏勢との決戦を前にして味方の勝利と自分や子息時継の無事を祈る意味が籠められていたに相違ない。

なお時継の嫡子、すなわち時明の嫡孫である三浦高継は中先代の乱に足利尊氏方として軍功をあらわし、時行勢を駆逐して鎌倉に入った尊氏から同年九月二十七日、相模国大介職および相模・上総・摂津・豊後・信濃・陸奥・上野に分布する「父介入道々海跡本領」を勲功の賞として充行なわれた（足利尊氏袖判下文、宇都宮文書。資料集三六六号）。高継が諸国に分布する父祖の所領を勲功の賞として尊氏から安堵されたことが知られるが、それらの所領のうち上総国の分は「天羽郡内古谷・吉野両郷、大貫下郷」のみであって、市東郡内は含まれていない。それゆえ、右に掲げた三浦時明が年貢を鶴岡八幡宮に寄進した市東郡の所領は、北条時行勢の鎌倉占領のとき足利方から一時没収した所領の一つであったに違いない。

この後の市東・市西両郡については、建武五年（一三三八）六月の新堀郷給主得分注進状（金沢文庫古文書。資料集三七四号）によって、この郷が田八町三段、畠三町二段半等からなることや、称名寺住僧と推測される給主の収益が知られ、降って応安八年（一三七五）の市原八幡宮国役庄役注進状（三宝院文書。資料集四四〇号）によれば、後述する市原八幡宮の造営役のうち左右屏屋二宇各五間が市東郡と市西郡の課役となっているが、両郡の領有者を推測させるに足りる史料は管見に触れず、南北朝・室町期の両郡が依然として守護領であったか否かも明らかでない。

この国の守護は、建武年間（一三三四～三八）から貞治三年（一三六四）までの約三〇年間に、まず高師直が補任され、ついで佐々木（京極）導誉と千葉介氏胤とが争奪したのち、関東管領上杉憲顕の女婿新田直明を経て、貞治三年より犬懸上杉氏の朝房・朝宗兄弟が相伝して応永年間に及び、犬懸家の分国支配が一応持続する。しかし応永二十三〜二十四年（一四一六〜一七）の上杉禅秀の乱で犬懸家が没落したのちは、一旦宇都宮持綱が幕府から補任されるが、足利持氏によって鎌倉公方の料国化が計られ、ついで永享十〜十一年（一四三八〜三九）の永享の乱による持氏の没落後は千葉胤直が補任されるといった、めまぐるしい変遷を再び辿り、安定した世襲分国はついに成立しなかった[22]。要するに上総国の歴代守護は幕府と鎌倉府の対立に巻き込まれてしばしば改替し、ついに永続的な分国支配機構の整ういとまがなかったのである。鎌倉後期に足利氏の守護領であった市東・市西両郡が、南北朝後期以降は史料の上から姿を消してしまうことも、上総守護が有力諸氏の間を転変し、守護職が永続性を欠いたことと関連するに違いない。

これに対して、一方の市原庄は、高村氏が『市原市史　中巻[23]』にも説かれているように、市原八幡宮と密接に関連しながら存続する。観応元年（一三五〇）十月頃、醍醐寺地蔵院の覚雄僧正（久我長通の子、のち醍醐寺座主、東寺一長者となる）は上総国市原八幡宮別当職に補され、同年十月二十六日幕府執事高師直は「当国守護」充に当寺（当社）ならびに寺領（社領）の渡付を命じ（前田家所蔵文書。資料集三九〇号）、ついで翌十一月には足利義詮が関東管領高師冬に右の別当職の覚雄への補任を告げて、使者を差下して厳密の沙汰をするよう命じている（東寺観智院文書。資料集三九一号）。なお『観応二年日次記』五月廿二日条（資料集三九二号）にも、「地蔵院僧正既以上総市原八幡別当職事、今度被成安堵之上者」云々と見えている。しかし観応擾乱中のため遵行は遅れたとみえて、観応二年七月十六日にいたって、ようやく両使武田資嗣・村上源清は「去月十七御教書并京都御施行旨」に任せて右の別当職の下地を覚雄の雑掌慶尊に渡付した（前田家所蔵文書。資料集三九三号・三九四号）。以上の経過によって、旧得宗領の市原庄は室町幕府の直接支配下に置かれ、幕府は鎌倉府をこえて直接市原八幡宮別当職の補任権を掌握したことが知られる。

やがて応安四年（一三七一）九月、幕府管領細川頼之は、市原八幡宮社務職・同社領等を石川左近将監（次に引く左近将監朝藤打渡状によれば実名は朝藤）が違乱するので神事が闕怠しているという醍醐寺地蔵院法印道快の訴えにより、関東管領上杉能憲宛に御教書を下し、雑掌が所務を全うし、先度通達した造営が事行くように沙汰すべしと命じている（前田家所蔵実相院及東寺宝菩提院文書。資料集四三五号）。佐藤進一氏前掲書②上総の項に指摘するように、石川左近将監朝藤は上総守護犬懸上杉氏（朝房またはその弟朝宗、貞治四年〈一三六五〉から永和二年〈一三七六〉の間に交替）の守護代であり、当の石川朝藤が幕府御教書の出された翌年の応安五年八月、仰せに従い市原庄の下地を清浄光院法印の代官に渡付したという打渡状を提出しており（同文書。資料集四三七号）、一応石川氏の違乱は停止された模様である。なお清浄光院は醍醐寺の子院の一つであり（山城名勝志、醍醐）、清浄光院法印は道快その人であろう。次に引くように市原八幡宮の造営は庄役（市原庄内で負担する役）のほか、五ケ国棟別・一国平均役・郡役として賦課されている以上、当然この造営は上総守護、さらに関東管領の関与なしには不可能であったに違いないので、高村論文の想定するように、守護代石川氏の押領行為の背後には守護の国衙機構掌握の試み、さらに時の関東管領山内上杉氏と上総守護犬懸上杉氏との確執も考えられるであろう。

同じ応安五年の五月には、市原八幡宮五月会に在庁・物社神主以下が捧げる神酒・神饌の費用を馬野郡内四ケ村に割り当てた配分状が存在するし（覚園寺戌神将胎内文書。資料集四三六号、詳細は後述）、応安八年（一三七五）二月には、同宮造営のため、宝殿以下の各建造物が一国平均課役・各郡課役・五ケ国棟別および庄（市原庄）役として割り当てられている（上総国市原八幡宮国役庄役注進状、三宝院文書。資料集四四〇号）。右に触れたように守護代石川朝藤が荘内押妨を手控えた結果、造営は一応実施の運びになったとみられる。なお棟別銭の賦課対象となった五ケ国の具体的な国名は明らかでないが、いずれにせよ鎌倉府および関東管領の関与なしには、このような広域の賦課は実現しえない筈である。

しかしこの造営事業は二〇年以上経過した応永四年（一三九七）にも完成を見なかったとみえて、同年六月、鶴岡八幡宮の訴えにより、鶴岡社領埴生郡一野佐坪には市原八幡宮造営棟別を免除するという関東管領兼上総守護上杉朝宗の旨を受けた武兵庫入道正忻の奉書が守護代千坂弥三郎充に下っている（「鶴岡事書日記」、一名「鶴岡事書案」。資料集四七八号）。したがって高村論文の指摘するように、市原八幡宮の造営事業および国役賦課の実質的権限は関東管領兼上総守護の犬懸上杉氏の掌握下に帰しているとみられる。

さらに二〇年後の応永二十四年（一四一七）の前大僧正聖快譲状案写（「正嫡相承秘書」。資料集五四九号）によると、聖快は先師僧正（覚雄か）から譲られた別当職・地頭職等七ケ所の所職をそのまま大僧都持円房に譲っているが、そのうち上総国市原八幡宮寺別当職は関東（鎌倉）永福寺別当職、同明王院別当職とともに不知行となっている。前年十月からこの年の正月にいたる禅秀の乱の影響で、ことさら犬懸上杉氏の分国であった上総に遠隔地知行を有していた京都ないし西国の寺社の打撃は大きく、醍醐寺と市原八幡宮・市原庄の領有関係はここに断絶したのである。この乱によって犬懸上杉氏の没落した後の市原庄・市原八幡宮の実質的領有者は明らかでないが、この乱の勝利者の関東管領山内上杉氏ではなかろうか。

なお現在夷隅郡夷隅町引田の日蓮宗本顕寺所蔵になっている鰐口の銘に「上総国市原若宮寺鰐口　別当権大僧都永順」正長二年己酉三月日　施主孫七」とあり（『千葉県史料　金石文篇一』。資料集五七五号）、一五世紀前半の正長二年（一四二九）には市原庄内に市原八幡宮の若宮の別当寺とみられる寺院があったことがわかる。市原八幡宮の北東約二キロの字若宮は、この若宮の故地であろう。

その後は、第二節にも触れたように泉水たかむら氏旧蔵の懸仏裏面の長禄三天（一四五九）の刻銘に「上総国市原郡市原庄」とあり（全文は第四節に掲載）、降って天正十八年（一五九〇）五月関東制圧中の豊臣秀吉の出した禁制の写（榊原ヨシ家蔵。資料集七〇六号。表1参照）に「上総国市原庄」とある。この禁制によって天正末年当時の市原庄を構成する諸郷、すなわち八幡郷の市原庄八幡宮領の郷村が、今日も大字名として存続する八幡・菊間・山木・府中・惣社・村上・五井・御所の八郷であったことが判明する。(24) なおこのうち府中については、次節で考察したい。

ついで翌々天正二十年八月、朝鮮出兵に従軍する筈であった徳川家康の武運長久を祈った本多正綱の市原庄八幡宮への奉納太刀（全長一六二センチ、『千葉県史料　金石文篇一』飯香岡八幡宮二号）がある。その銘文は次のようである。

（表）　上總國市原庄八幡宮奉寄進者也
　　天正廿季壬辰八月十五日　本多弥八郎正綎

（裏）　大納言家康卿武運長久
　　特者今度唐入早速御出陣丹誠旨趣依《マヽ》如件

この太刀銘により、家康の関東入部以後もなお市原庄の庄名が用いられていることがわかるとともに、ここに「市原庄八幡宮」と呼称されているのは、現在もこの太刀を所蔵する飯香岡八幡宮と推定される。この呼称は前述した中世以来の大字市原の市原八幡宮と混同されるおそれがあるので、やがて主として飯香岡八幡宮と称したのではあるまいか。

第四節　中世の上総府中・馬野郡・郡本

上総府中の称呼については鎌倉期・南北朝期の史料は管見に触れず、もと郡本八幡神社の本地仏と伝える胎蔵界大日如来像の懸仏（御正躰）表面にある応永九年（一四〇二）の刻銘を初見とする。この懸仏は、『千葉県史料金石文篇一』には「泉水某　市原市藤井」「所在不明「上国府」」とし、「資料集」五〇四号には単に「泉水たかむら蔵」とするが、『市原市史　中巻』第二章第六節第四項（川戸彰氏執筆）には、「もと郡本八幡宮の御正躰といわれ、今日、行方不明となっている」とあるので、本章では一応「泉水たかむら氏旧蔵」とする。また右の県史料と市史中巻では応永と長禄の懸仏二点とするが、ここでは「資料集」によって一点の（表）（裏）として掲げる。

（表）守公神御正躰
　所者上總國府中國廳
　國御目代日高彈正朝光沙弥道光
　金資弘覺大勸進沙門
　應永九年六月一日

（裏）上總國市原郡市原庄
　氏神正躰
　長祿三天

表面の銘文によれば、一五世紀初頭の応永九年にも、なお府中に上総国庁が存在し、国目代が在住していることは注目に価する。この目代日高氏については、上総はもとより東国には他に管見に触れる同族は見あたらない。しかし降って享保年間（一七一六〜三六）の絵図、寛政五年（一七九三）の「上総国村高帳」などには望陀郡根岸村（現木更津市根岸）が日高村と記され、今日もここに日高神社があるので（『日本歴史地名大系12　千葉県の地名』）、上総国目代日高朝光はこの地より起こった者と推測される。

目代は平安時代以来、現地に赴任しないいわゆる遙任の国守が私的に派遣した代官で、在庁官人を統括して国守の命を執行する職であったが、南北朝・室町期には、国務を兼ねる守護から派遣されることが多くなった。伊豆では貞和二年（一三四六）頃某姓祐禅が目代・守護代の両職を兼ね、武蔵では延文元年（一三五六）大石信重が目代職に補せられたと伝えられ、大石氏は山内上杉氏が武蔵守護の時に目代兼守護代として活動し、例えば正長二年（一四二九）卯月八日権少僧都光運の武蔵惣社六所明神への大般若経施入の発願文（私案抄）に「爰当国目代石見守源憲重依合願力令同心」云々とある。(25) 西国でも、伊予では、延文元年九月十四日、守護細川頼之の伊予国分寺に対する祈祷料所寄進が目代十河遠久の奉書で発給されており（伊予国分寺文書）、守護頼之の国務兼帯が推測される。(26) また本書第二編第一章第四節に述べるように、応永三十三年（一四二六）から永享元年（一四二九）にかけて実施された備中物社宮の造営に願主としてあらわれる目代安富盛光は、細川管領家の有力内衆安富宝城の一族であった（備中国物社宮造営帳）。

以上の諸例から推しても、応永九年に在職の国目代日高朝光入道道光は当時の上総守護上杉朝宗（永和二年〈一三七六〉九月～応永四年〈一三九七〉六月の在職徴証がある。『国史大辞典』7所収「室町幕府守護一覧」三四九頁）より目代に補せられた有力な犬懸上杉家被官と想定される。ただし上杉氏被官としての日高氏は、他に管見に入る史料がない。禅秀の乱に際し同氏は主家とともに滅亡したのではあるまいか。なお右の懸仏銘にみえる「国庁」は、もちろん古代の国庁のような約一町四方を占める朝堂院様式のシンメトリカルな建物群ではなく、目代屋敷を指すものに違いない。

ところで中世の上総府中の明確な範囲や規模は不明であるが、天正十八年（一五九〇）の秀吉禁制に見える「府中」は八幡郷以下の諸郷とともに列挙されていて、市原庄内の一郷にすぎなくなっている（表1参照）。しかしこれは国衙機構が消滅した後の状態であり、前掲懸仏銘（表面）に見るように「上総国府中国庁」が存在し、国目代が在住していた一五世紀初頭には、この銘文がまったく庄名に言及していないところからも、おそらく当時の「府中」はまだ市原庄に編入されず、かつ能満地区のみでなく郡本地区等をも含む、より広域の地名であったとみてよいであろう。

陸奥・周防・常陸・下野等の例によって知られるように、一般に中世の府中は在庁官人の居館群、国衙関係の寺社、細工人・商人や在庁名付属の百姓等の住居群、さらに市・宿・港津などを含む数キロ四方に及ぶ特殊領域であった(27)。上総の場合、能満地区のみでも南北四キロ余、東西二キロ余に及ぶかなり広い区域である。かつ上総の場合、守公神社はその鎮座地の伝承も存在しないが、次に述べるように、守公山の山号を称した神主院の旧寺域が能満地区の西に接する藤井地区にあり、かつ藤井地区には在庁等の免田の名を伝える小字在長面が能満地区に隣接して存在する。また小字鍛冶屋敷が同じく能満地区の北隣の山木地区に存在する。これらの事実から推測しても、かつての上総府中の範囲は現在の能満地区よりも広く、郡本・藤井・山木などを含んでいた可能性が充分考えられる（図4―a参照）。

守公神社は相模国府・三河国府・大隅国府・薩摩国府などにもあり、また類似の神社として尾張国府に司宮神社、甲斐国府に守ノ宮、紀伊国府と安芸国府に府守神社、長門国府に守宮司社などがあり、これらは国庁神ないし府中神であって、相模・甲斐・尾張などでは、国府祭の際に一宮以下数社の神々を国府に結びつける役割を果たしているといわれる(28)。

上総では年未詳上総国馬野郡惣勘文の馬野郡富益郷の除田のなかに「神守公神一町」（覚園寺戌神将胎内文書。資料集四九四号）「神守公神□□（一町カ）」（同文書。資料集四九七号）があり、中世の守公神社には一町歩の神田が付属していて、祭礼の費用等が賄われていたことがうかがわれる。江戸時代の藤井村（大字藤井）字代畑の神主院（いまは廃寺）のことを伝える寛文八年（一六六八）の縁起には、この寺院が能満の府中釈蔵院の隠居寺で、守公山楊柳寺神主院と号したとあり（上総国市原郡市東庄八幡宮御縁起）、山号に守公神社の名残をとどめているので、守公神社もこの近傍に存在したものと推測される。

能満地区には前述の府中釈蔵院のほか府中日吉神社があるが、当社は江戸時代の棟札には山王権現または日吉山王権現とある。近年、本殿の解体修理によって部材の仕上げや架構等の状況、また柱の風化程度から推して、正徳年間（一七一一～一六）の修理までにかなりの年月を経ているとみられることから、同社の建立の年次は一五世紀末期ないし一六世紀初期にまで遡ると推測されている。(29) この山王権現と「府中国庁」の在庁らとの関わりなどは明らかではないが、かなりの古社であったと推測される。

次に、前掲の懸仏の裏面に「上総国市原郡市原庄」氏神正躰」長禄三天」という長禄三年（一四五九）の刻銘があるのは何を意味するのであろうか。この「氏神」が守公神であるなら、表面の刻銘から六〇年近くを経た長禄年間には、すでに府中が市原庄に編入されていることとなるが、同一神社ならば追刻銘を施す必要はなさそうである。それゆえ「市原庄氏神」と表現されたのは、この懸仏が市原八幡宮または郡本八幡宮の所蔵に帰したことを意味するのであろう。それゆえ郡本神社の旧蔵という伝承は事実を伝えている蓋然性がある。

以上の諸例からも、上総府中は本来常陸・下野・陸奥等々の府中に比してもほとんど遜色のない規模と内部構造を具えていたと推測される。かつ南北朝・

写5　府中釈蔵院

写6　府中日吉神社

写7　同神社扁額「府中日吉神社」

室町期の上総府中は、次の第五節に詳記するように、「御目代殿」以下「所」の目代、および「権介殿」以下数十種の職掌よりなる在庁・神官・細工人等が活動し、国衙機構を運営している特殊領域であった。

第二節に引いた『吾妻鏡』承元四年（一二一〇）七月廿日条に見られるように、「上総国在庁等」の活動は鎌倉初期にも活発に行なわれたが、南北朝・室町初期にも、「十貫五百文　国衙方行之」（康暦二年〈一三八〇〉上総国金田保内高柳村公事銭結解状、金沢文庫古文書）、事書に「佐貫郷南方国衙用途員数事」、端裏に「佐貫郷南方国衙方之日記」（年未詳、称名寺領上総国佐貫南方国衙方用途注文、同文書）、「一　壱通　大崎村国衙請取」（応永七年〈一四〇〇〉円覚寺新文書目録、円覚寺文書）などとあるように、国衙の組織的な活動がうかがわれる。さらに正長三年（永享二年、一四三〇）閏十一月十六日付、「金田保地頭御中」充沙弥道禅（鎌倉府奉行人カ）奉書案（金沢文庫古文書）に「春日社雑掌申、上総国金田保　国衙職号別納、并尼寺国分寺正税等事、」云々とあり、室町中期に入っては寺社の権益と化したにせよ、なお国衙職の名称が管見に触れる。

さて鎌倉覚園寺十二神将戌神将の胎内文書を中心に、上総国衙領の内部構造を分析してその特徴を析出されたのは、本章注(1)に掲げた伊藤喜良氏の論文（以下、伊藤論文とする）である。伊藤論文は、まず上総関係の中世史料の特徴として、第一、在地領主関係の文書がきわめて少ない。第二、外部から入部した有力領主層が足利氏以外の多くは没落した。第三、国衙領である郡・保がきわめて多く、かつ南北朝中期にも整然とした国衙機構が存在した。第四、在家の史料がきわめて少なく、名に関する史料が比較的多い。という四点をあげ、さらに鎌倉覚園寺蔵戌神将胎内文書を主要な史料として、この国の国衙領の内部構造を析出している。この文書群には馬野郡関係の文書が多く含まれている。

古代においては、養老川右岸の市原郡に対して、左岸に展開したのが海上郡であり、この海上郡のうちを割いて成立した中世的郡が馬野郡であった。『倭名類聚抄』には海上郡八郷の一つに馬野郷があり、中世の馬野郡はこの郷名を踏襲したものである。この郡は伊藤論文が指摘し、高村論文表①に示されているように、郡本郷・富益郷・国吉郷・豊成郷・小松郷・青柳郷・入沼郷・嶋穴郷（社）・姉崎保（社）・不入続郷・椎津郷の一〇郷・一保からなり（馬野郡惣勘文、覚園寺戌神将胎内文書。資料集四九七号。三浦高継寄進状、鶴岡八幡宮文書。資料集三六七号）、このうち郡本・国吉・豊成・青柳・入沼（飯沼）・嶋穴（島野）・不入続（不入斗）・椎津の八郷と姉崎保は近世の村名と近代の大字名に残る。また富益郷・小松郷に相当する村名はみられないが、富益郷には「くにみつ名」「あさ山村」「のけの村」（以上、応永八年〈一四〇一〉馬野郡富益郷目録、覚園寺文書）、「かしわ原名」（同文書、応永九年富益郷未進年貢注文）が、それぞれ迎田村内、今津朝山村、野毛村、柏原村に比定され、それらの村は、青柳・島野・飯沼の諸村と姉崎・椎津・不入斗の諸村との間に当るので、富益郷はこの範囲を占めるかなり広大な郷であったと推定される。(30) 以上の馬野郡諸郷保の大部分は旧海上郡の内でも東京湾岸近くに分布し、国吉郷のみが海岸から一〇キロ以上隔たっている（前掲図3参照）。

南北朝期以降の馬野郡の領有者は明瞭でないが、次第に多くの知行者に分割領有されるようになったとおぼしく、戦国末頃には古河公方義氏の御料所が存在したことは、義氏が庚申歳（永禄三年、一五六〇）に近い某年十月、真（馬）野郡内六ケ所を足利晴氏室芳春院の仰せをうけて北条氏康が各に直判を出したとして、土肥中務以下五名の知行を認めていることから判明する（足利義氏朱印状、喜連川文書。資料集六八三号）。

ところで、馬野郡一〇郷・一保のうち郡本郷だけは養老川右岸にあるだけでなく、東は府中域（能満）に接し、他の三方は市原庄の諸郷に囲まれ、馬野郡の飛地を構成していた。前掲の豊臣秀吉禁制には、府中はすでに市原庄内であるが、郡本は記されていない。右に引いた馬野郡惣勘文によれば、郡本郷は三三町八段三〇〇歩で、国吉郷四〇町五段、姉崎社四〇町三段三〇〇歩につぐ馬野郡内で三番目に公田面積の多い郷であったようである。郡本郷がなぜ市原庄でなく馬野郡に属しているのかは、その由来を説明するに足りる史料が現存しないが、憶測するに、市原庄と郡本郷との領有者が別個であったことに由来するのではあるまいか。高村論文が引用したように鎌倉期の郡本郷（少なくとも郡本西方）は金沢氏領ないし称名寺領であったから、石清水八幡宮領（領家職カ）兼得宗領（地頭職カ）の市原庄への編入は行なわれなかった筈である。一方馬野（真野）郡は前述のように建武二年（一三三五）十月の三浦高継寄進状を初見とし（鶴岡八幡宮文書。資料集三六七号）、おそらく鎌倉後期までに建置されたのであろう。それ以上の理由は不明であるが、あるいはこの新郡建置にあたって旧市原郡の郡司たちの検注・正税徴収以下の経験が活用されたのではなかろうか。

第五節　中世上総国の目代・在庁・細工人等

覚園寺戌神将胎内文書には、南北朝期の上総国在庁以下の動静に触れることのできる文書が存在する。それは伊藤論文に言及されているが、同論文はこの胎内文書に見られる郡郷支配機構の分析に主眼がおかれ、中世の上総では郡役徴収は各郷の公田数によったこと、郡役配分の責任者は「惣公文」であること、南北朝～室町初期の郡の内部は郷単位で、さらに各郷の内部構造は整然とした名編制であったことなどを明らかにされた。それらはもちろん重要な成果であるが、当時の上総国の国衙在庁の活動については具体的に言及されていない。そこで国衙機構の存在や在庁の活動を示すと考えられる南北朝・室町期の史料を「資料集」から拾って年代順に列挙すると、表2のようになる。

表2に見られるように、建武五年（一三三八）の市西郡新堀郷の給主得文注文に「於分麦者納国衙」とあるのをはじめ、「国衙」の語句が市西・周西・天羽・君津・北山部の諸郡と望東郡金田保という広範な地域にわたって室町中期まで認められ、それらは「国衙年貢」「国衙方弁之」「国衙別納御年貢」「国衙用途員数事」「国衙職号別納」というように、広く上総国内の諸郷保にわたって国衙が一定の「正税」ないし「年貢」の収納権を有し、

かつ「十壱貫文　国衙方」「国衙請取」というように、現実に国衙がその収納権を行使していることが看取される。また「除在庁以下定」「在庁一丁九反」とあって在庁の給田または免田なども確かめられ、かつ「国分寺・尼寺正税」とか「国分施田」というように、南北朝・室町期においても上総国分寺・国分尼寺の収益が国衙の正税で賄われ、寺田も付属したことがうかがわれる。

ことに、前にも引いた『三宝院文書』応安八年（一三七五）二月十日付市原八幡宮国役庄役注進状（資料集四四〇号）の建造物は、「国役分」と「庄役分」からなり、「国役分」にはつぎの三種がある。1常行三昧堂一宇三間四面の造営が五箇国棟別□（銭カ）、2御宝殿一宇三間・御宮殿三基・内廻廊三十六間の造営が一国平均課役、3御神輿宿一宇三間が馬野郡・海北郡、左右六所宮二宇各三間が一宇は山辺南・北両郡、一宇は武射南・北両郡、左右屏屋二宇各五間が市東・市西両郡、大門一宇が山田郡・望東郡・与宇呂保の各課役となっている。以上の「国役分」に対して「庄役分」すなわち市原庄内の負担する造営役の対象となる建造物は、御副殿一宇三間・御拝殿一宇五間二面以下四四筆に上る。

このうち少なくとも一国平均課役と各郡課役は、守護代の妨害を排除して実施しなければならなかった事実（前掲室町幕府管領細川頼之奉書、前田家所蔵文書。資料集四三五号）から推しても、守護側の協力を必要としたものの、国衙在庁・郡司らの積極的な活動なくしては実現しえなかったと推定される。

したがって、市原八幡宮の祭礼の費用徴集にあたっても、在庁の活動に依存する点が大であったに違いない。覚園寺戌神将胎内文書の応安五年（一三七二）五月付市原八幡宮五月会馬野郡四村配分帳（資料集四三六号、以下「配分帳」とする）に列挙されている「御目代殿」「権介殿」以下、上総国衙所属の在庁・社家以下、細工人（職人）・馬丁等の職掌も、単なる名目的な呼称や過去の遺制ではなく、現実に国衙に所属している人々の職掌であったに相違ない。伊藤氏前掲論文には「南北朝中期にきわめて整然とした国衙機構が存在していた」としてこの「配分

表2　中世上総国在庁関係史料一覧表

郡庄等	語句	年(西暦)	史料名	所蔵文書等	文書番号
	上総国在庁等有参訴事	承元四年(一二一〇)	吾妻鏡承元四年七月廿日条		一三七
市西郡	於分麦者納国衙(中略) 当国衙年貢之注□□(進状)進之候	建武五年(一三三八)	新堀郷給主得分注文	金沢文庫古文書	三七四
周東郡	周東郡内寺領分国□年貢事	年未詳	某書状	金沢文庫所蔵 随自意抄裏書	三八三
望東郡	金田郷内万石大崎村等正税事	文和三年(一三五四)	二階堂成藤書状	明王院文書	四〇七
周西郡	国分寺・尼寺正税事	年未詳	某書状	金沢文庫古文書	四〇八
市原 八幡宮	造営国役・庄役差別	応安四年(一三七一)	室町将軍家御教書	前田家所蔵文書	四三五
馬野郡	御目代殿・駄所目代 (以下多数、表3参照)	応安五年(一三七二)	市原八幡五月会馬野郡内四ヶ村配分帳	覚園寺戌神将 胎内文書	四三六
市原 八幡宮	国役・庄役事(中略)、一国平均課役	応安八年(一三七五)	市原八幡国役庄役注進状	三宝院文書	四四〇
天羽郡	国衙方弁之	康暦二年(一三八〇)	金田保高柳村公事銭結解状	金沢文庫古文書	四五一
同	佐貫郷南方国衙別納御年貢事	永徳三年(一三八三)	佐貫郷南方国衙別納年貢請取状	同	四五六
同	佐貫郷南方国衙用途員数事 (中略)公方沙汰分	年未詳	佐貫郷南方国衙方用途注文	同	四五八 (五八七も同文)
同	十貫文正税(中略) 五百文コンテイ所 十壱貫文　国衙方(中略) 四貫百四十五文　国衙方	年未詳	佐貫郷年貢済物結解状	同	四五九 (五八六も同文)
馬野郡	公田六町参反半 除在庁以下定	応永□(五カ)年(一三九八?)	馬野郡段銭返抄	覚園寺戌神将 胎内文書	四八〇
君津郡	一壱通　大崎村国衙請取	応永七年(一四〇〇)	円覚寺新文書渡目録	円覚寺文書	四八九
馬野郡	神守公神一丁(中略) 寺田(中略)国分施田(中略)	年未詳	馬野郡惣勘文	覚園寺戌神将 胎内文書	四九四 (四九七もほぼ同文)

注1．文書番号欄は『市原市史資料集（中世編）』の文書番号
　2．年未詳の史料は同資料集の掲載順とする

	在庁一丁九反				
市原庄	守公神御正躰」所者上総国府中国庁」国御目代日高弾正朝光沙弥道光（後略）	応永九年（一四〇二）	懸仏（表面）	泉水たかむら旧蔵	五〇四
望東郡	金田保国衙職号別納并尼寺国分寺正税等事	正長三年（ママ）（一四三〇）	沙弥道禅奉書案	金沢文庫古文書	五七七
北山辺郡・周西郡	役夫工米・国衙般若会以下諸公事課役（相模・武蔵・伊豆の浄光明寺領と併記）	享徳二年（一四五三）	鎌倉御所足利成氏御教書	浄光明寺文書	五九七
	以国郡人夫総州峰上材木為可被引、数千人被差越畢（後略）	天文五年（一五三六）		快元僧都記	六四三

帳」を注記され、高村氏前掲論文にはこの「配分帳」に載る目代・在庁の一部を挙げ、『市原市史　中巻』の同氏執筆分にも御目代殿・権介殿・駄所目代・検非違使所等のほか檜物師・番匠・鍛冶などの手工業者等を列記するが[31]、いずれも「配分帳」の内容の分析はほとんど行なわれていない。そこでまず「配分帳」の内容を検討するため、「配分帳」に掲げる機構名・職名等のすべてを整理して表示したのが表3である。

表3に見られるように、この「配分帳」は、市原八幡宮の五月会に際して目代、権介以下の在庁、姉崎・嶋穴二社の社司をはじめ細工人等にいたるまでの国衙関係者が奉納する神酒と神饌の代銭を、馬野郡一〇ケ村中の豊成・嶋穴・青柳・入沼の四ケ村に割り当てた帳簿であり、目代・在庁・社司・細工人等の五三種ほどの呼称が記載されている。なお、表示には省略したが、「配分帳」の冒頭の部分を掲げると、

（端裏書）
「上總國市原八幡宮五月會馬野郡内枝郷四ケ村配分事」

市原八幡宮五月會馬野郡内
□（合カ）

一豊成郷分

御目代殿拾貳合一具　　代三貫文
駄所目代拾合　一具　代貳貫五百文
□□(小カ)瓶□□(子拾カ)三　　代三貫貳百五十文
目代方納所已上八貫七百五十文定
一同所樂所大瓶壹　代三百五十文
一流滴(ママ)馬　大瓶壹　代三百五十文
（中略）
行事分壹貫七百文
右御神酒三瓶　菓子五合　粽三把
御廐黨　酒□瓶　菓子五合　粽三把
鞭切　酒二瓶　菓子五合　粽三把
（中略）
已上十三貫三百文
已上小瓶子廿

というように、逐一神酒および神饌の菓子と粽の数量を記し、郷ごとに代銭の合計額を記し、終わりに「惣都合」として四郷分のトータルを記す。それは豊成郷分一三貫三〇〇文、嶋穴郷分一七貫五五〇文、青柳郷分一一貫三〇〇文、入沼郷分一一貫六〇〇文、惣都合銭五三貫七五〇文である。神酒の代銭は大瓶一が三五〇文、小瓶一が一五〇文であることが、神酒のみの代銭を記す項目からわかる。また菓子は右の御目代殿・駄所目代の数量によると単価は二五〇文となるが、「一具」とあるのは粽の代銭を含むのであろうか。この「配分帳」に見られ

表3　上総国目代・在庁官人・細工人等一覧表

注：応安五年（一三七二）市原八幡五月会馬野郡内四ケ村配分帳（四三六号）による。ただし＊は年未詳称名寺領上総国佐貫郷南方国衙方用途注文（四五八号）、＊＊は年未詳馬野郡惣勘文（四九七号）による。

称号	神酒・神饌				代銭負担の郷	参考文献の所見
	酒（大瓶）	酒（小瓶）	菓子（合）	粽（把）		
御目代殿	一		一二		豊成	朝野群載「目代」、新猿楽記「庁目代」「目代」
権介殿	一		一二	一〇	嶋穴	朝野群載「権介」
国庁分	八				豊成	出雲風土記「国庁」
調（朝）集所		二	五	三	嶋穴	朝野群載「朝集所」
調所目代			一〇	五	嶋穴	新猿楽記「調所」
調所兄部		二	五	三	豊成	庭訓往来「兄部」
田所		二	五	三	嶋穴	朝野群載・新猿楽記「田所」
修理所目代	一		一〇	五	入沼	新猿楽記「修理」
修理所兄部		二	五	三	嶋穴	
検非違使所荒長（綱丁カ）		二	五	三	入沼	新猿楽記「検非違所」、三代実録貞観四・五・廿「差綱丁進上」
検非違使所兄部		二	五	三	入沼	
検非違使所下部		二	五	三	入沼	
行事所		二	五	三	嶋穴	三代実録元慶元・五・二「悠紀主基行事所」
行事分		三	五	三	豊成	
駄所目代			一〇		豊成	武蔵七党系図日奉氏「駄所」
御厩目代	一		一〇	五	青柳	新猿楽記「御厩」
御厩党		二カ	五	三	豊成	
同		二	五	三	豊成	
同	一		五	三	入沼	
権介殿御厩党	一		五	三	嶋穴	
鞭切（ママ）		二	五	三	豊成	平治物語「鞭さし」
流滴馬	一				豊成	中右記永長元・四・廿九「御覧流鏑馬」

馬場埒行事		二	五	三	嶋穴	
白党馬		二	五	三	嶋穴	
雲馬		二	五	三	青柳	
楽所	一				豊成	倭名類聚抄「楽所」
神宝所		二	五	三	入沼	
経所		二	五	三	入沼	とはずがたり「きやう所」
下居所	一		一二	一〇	青柳	
学業院		二	五	三	嶋穴	江家次第「太宰府学業院」
金富		二	五	三	豊成	
得元		二	五	三	青柳	
先使		二	五	三	嶋穴	西宮記「遣先使」
承仕		二	五	三	入沼	御堂関白記長和二・八・廿「壇承仕」
装束持		二	五	三	青柳	
奥人		二	五	三	嶋穴	
雑（ママ）仕女		二	五	三	豊成	小右記万寿元・八・九「御書所雑仕女」
佃工所兄部		二	五	三	嶋穴	新猿楽記「細工所」
檜物師		一	五	三	嶋穴	庭訓往来「桧物師」
御簾端差		一	五	三	嶋穴	吉記承安三・七・九「御簾編等」
鮎取		一	五	三	嶋穴	
形木彫		二	五	三	嶋穴	宇津保物語「かたぎの紋」
鯛細工		二	五	三	嶋穴	
紙漉		二	五	三	青柳	庭訓往来「紙漉」
番匠		二	五	三	青柳	尾張国正税帳「番匠壱拾捌人」、庭訓往来「番匠」
土器師		二	五	三	青柳	庭訓往来「土器作」
鍛冶		二	五	三	入沼	令義解「鍛冶司」
仏師		二	五	三	入沼	日本霊異記「勧請仏師」、庭訓往来「仏師」
浦兄部		二	五	三	青柳	
惣社御分	一四				嶋穴	時範記承徳三・二・十五「着物社西仮屋」

同	九				青柳	
同	一二				入沼	
物申		二	五	三	青柳	常陸惣社文書正和五・十・七清原師幸譲状「物申」
姉崎社		三	五	三	入沼	
嶋穴社		二	五	三	入沼	
嶋穴社司等	二				嶋穴	
	二				青柳	
	一				入沼	
	八				郡本	
両社神子別当	五				青柳	常陸惣社文書正安二・五・二常陸国庁宣「神子職」
コンテイ（健児）所＊	用途五〇〇文				佐貫南方	朝野群載・新猿楽記・庭訓往来「健児所」
紺掻＊＊	真弘一丁				富益	平家物語一二「紺掻之沙汰」

る個別の神酒・神饌の数量は酒小瓶二・菓子五合・粽三把がもっとも多く、六〇例中三四例に上る。

さて、在庁官人を対象とする専論の嚆矢は竹内理三氏の一九五〇年代の論文であり、(32)この論文は在庁官人が多くの「所」を構成して行政事務を分掌したことを指摘している。まず『朝野群載』（三善為康編。永久四年〈一一一六〉自序、増補し保延年間〈一一三五～四一〉頃完成。『新訂増補国史大系』29上所収）二十二諸国雑事上に、国守が着館の日に雑色人らが面謁する儀式を記して「所謂、税所、大帳所、朝集所、健児所、国掌所等也」と注記しているのを引いて、これらの「所」は在庁内の「所」であると指摘して、それぞれの実例を挙げる。ついで『朝野群載』のこの項に見えない「田所」「公文所」「弁済所」を、それぞれ「八代恒治氏所蔵文書」・『朝野群載』二十七・同書二十一等より引き、さらに『新猿楽記』(33)に見える「四郎君ハ受領郎等刺史執鞭之図也（中略）、是以凡庁ノ目代、若ハ済所案主・健児所・検非違所・田所・出納所・調所・細工所・修理等、若ハ御厩・小舎人所・膳所・政所、或目代、或別当、況於二田使・収納・交易・佃・臨時雑役等之使一、不ルニレ望マ自所二懸預一」とある記事を引用して「在庁所の種類と、理想的在庁官人とをあらわしたもの」と説いている。さらに竹内氏は、国守が雑任国司に代るものとして設けた私吏が目代であり、かならずしも一人でなく、『朝野群載』にも分配目代・公文目代が見え、寛弘三年（一〇〇六）大和国では目代が五人を数える事実を挙げる（栄山寺文書）。

そこで「配分帳」を見ると、中世の上総国衙について、いくつかの特色を指摘できる。その第一は目代と権介とに関するものである。「配分帳」には「庁目代（国目代）」に相当する「御目代殿」のほか、調所目代・修理所目代・駄所目代・御厩目代の四種があり、目代が複数で、しかも全体を総括する目代のほか、数種の「所」を分掌する目代が存在する。第四節に述べたように、南北朝・室町期の目代の多くは、国務を兼ねる守護の発遣した国衙代官であり、応永九年（一四〇二）の目代日高氏も守護上杉氏の代官として在庁を指揮して国務を代行する職であったと推定される。それゆえ、遡って「配分帳」にみえる四種の「所」等の目代も、おそらく平安時代ないし鎌倉時代の形態を伝えるものであった。

一方、「権介殿」「権介殿御厩党」の称呼も注目に価する。かつて国衙在庁官人の第一人者であった上総権介平氏が源頼朝の平広常誅殺により滅亡して後も、権介の職は永く存続したとみえる。現に禅秀の乱直後の守護不在職時の応永二十四年（一四一七）閏五月二十四日、鎌倉公方持氏は上総国千町庄大上郷（現長生郡睦沢町）を母一色氏の料所とし、その下地渡付を上総権介某に命じている（『大日本古文書　上杉家文書』之二）。国衙機構の強固であった上総では、鎌倉府は室町期まで権介の地位を支配権力の補完に利用したのである。

第二に、「配分帳」には、かなり多くの「所」が記載されている。『朝野群載』および『新猿楽記』に掲載する一一～一二世紀の「所」などのうち、「配分帳」に見えるものは、表示のように朝集所・調所・田所・修理所・検非違使所・御厩・細工所の七種を数えることができる。一方、右の両書に掲載されているが「配分帳」に見えない「所」は、税所（済所）・大帳所・健児所・国掌所・公文所・弁済所・案主（所）・小舎人所・膳所・政所の一〇種が数えられる。「配分帳」は馬野郡一〇郷・一保中の四郷のみを対象とした帳面であるから、当然上総国衙には「配分帳」に記載されない「所」が存在したと考えられる。

事実、表3の末尾に掲げたように、年未詳の称名寺領上総国佐貫郷南方国衙方用途注文（金沢文庫古文書。資料集四五八号）には、「五百文　コンテイ所」とあって、健児所の存在が確かめられる。そこでこれを加えると、一一〜一二世紀の諸国国衙に存在した典型的な「所」の一七種のうち、上総国では少なくともほぼ半数の八種が一四世紀まで存続したことが確認される。この間に鎌倉幕府・建武政権・室町幕府と、政権も三変し、社会情勢も大きく変動したことを考慮すると、国府所在の八幡宮の祭礼に関連するとはいえ、国衙機構の部局である「所」の称呼が上総国ではこのようにほぼ半ばまで存続したことは注目に値しよう。

第三に、多くの「所」に兄部（このこうべ）が見られる。それは、表3に掲げたように、調所兄部・修理所兄部・検非違使所兄部・行事所兄部・佃（細）工所兄部、それに「所」ではないが浦兄部、以上六項に及んでいる。兄部とは国衙の「所」や供御人・神人集団などの統率者であり、国衙については『朝野群載』国務条々の項に「政所兄部」とあり、安芸国では在国司職・在庁兄部職が鎌倉初期の建久七年（一一九六）にはすでに同国守護の兼帯するところであった[34]。上総国では、右のように調所以下少なくとも五つの「所」と、「浦」すなわち漁民集団をそれぞれの兄部が統率しており、ことに警察・検察機関である検非違使所は荒長（綱丁カ）・兄部の二種の統率者の下に下部たちが属していた。これらによっても、当国の国衙在庁機構がかなり長期にわたって実質的な活動を持続していたことが推察される。

第四は、「配分帳」には逆に『朝野群載』や『新猿楽記』に見えない「所」が、行事所・駄所・楽所・神宝所・経所・下居所の六種も見られることである。以下逐一検討しよう。

1　行事所は、『日本三代実録』元慶元年（八七七）五月二日条に「賜悠紀主基行事所印各一面」とあって、朝廷の大嘗祭に当って悠紀・主基に卜定された国郡に設けられる臨時の職掌が行事所であった。それゆえ配分帳に記す行事所は上総国衙の関与する恒例・臨時の行事を管掌する部局であって、市原八幡の五月会も行事所の管轄に属したことであろう。また行事所とは別に行事分という項目があり、これはおそらくこの五月会を専当する在庁や神官の捧げる神酒・神饌を指すのであろう。

2　駄所は『調布市史』所載の拙稿㉟にも述べたように、『武蔵七党系図』の西党日奉氏の系図に、二庁官由井日別当宗弘の長子為貞を「駄所」とし、為貞の子為実・知実・某および甥宗時をそれぞれ駄太郎・駄次郎・駄八郎・駄五郎と注記する。海上交通の重要な西国の周防国では、『吾妻鏡』元暦二年（一一八五）三月廿一日条に、周防国の舟船奉行である在庁船所五郎正利が、源義経に数十艘の船を献上したとあり、翌日条に、義経はそれらの兵船に分乗して壇ノ浦にいたり、平氏と決戦した旨があるように、国衙在庁の「所」の一つに「船所」があって早くから名字化しているが、東国の武蔵や上総では正税・調庸物・交易雑物等の駄馬による輸送の比率が大きいので、「駄所」が置かれて物流を管理していたものとみえる。上総では駄所目代の存在からも、この「所」が重要視されたことを推察できる。

3　楽所は朝廷では令外官の一つで、雅楽寮にかわって楽事を掌った。『西宮記』八の裏書の延喜四年（九〇四）三月廿四日の記事を初見とし、『西宮記』の「所々事」の記事や『貞信公記』天暦二年（九四八）六月廿七日条等にしばしば見られる（『古事類苑』官位部十三。『国史大辞典』「楽所」の項）。諸国の楽所は「配分帳」以外管見に触れないが、応安八年（一三七五）の上総国市原八幡宮国役・庄役注進状（三宝院文書。資料集四四〇号）の末尾（現在の配置）に「大舞臺」とあり、おそらく上総国では、市原八幡宮の祭礼などの際の舞楽や楽人・舞人を管掌したのが楽所であろう。

4　神宝所も他に管見に入らないが、右の国役・庄役注進状の「庄役分」のなかに「御神宝殿一宇三間」とあることからも、市原八幡宮に属して同社の神宝を管掌した役と推定される。なお神宝とは、祭神の使用に供する御料として神殿または神庫に納められるもので、単なる神社の宝物ではなく、重要な宗教性と権威性を帯びたものであった。[36] 現に前掲の国役庄役注進状にも御神宝殿のほかに宝蔵一宇三間が見られる。

5　経所は、おなじ注進状の「庄役分」のなかに、南経所・北経所があって、同じ八幡宮に二つの経所が存在したことが判明する。当社のなかで写経・読経・経文保管などを任務とし、八幡宮供僧等の運営する「所」と認められる。当社には、このほかにも前掲のように五箇国棟別□（銭カ）で造営される堂宇に常行三昧堂があり、また庄役分のなかに本堂一宇・一切経蔵一宇三間・法華三昧堂二宇・講堂一宇・道場一宇という仏教施設があって、経所もその一部であった。当社は石清水八幡宮・鶴岡八幡宮に倣って多くの供僧を置き仏教行事を盛んに行なったことが推定され、まして南北朝期以降は醍醐寺地蔵院の住持が別当職であったことは、一層その傾向に拍車をかけたことと思われる。

以上の楽所・神宝所・経所はおそらく市原八幡宮の管轄下にあったであろうが、やはり上総国衙と密接不離の関係にある機関であったと推定される。

6　下居所は他に管見に入る例がないが、『大言海』には「おりゐる（下居）」を「(一)下リテ、居ル」として、例文の一つに「古今集、九、羇旅『川ノ辺ニおりゐて、酒ナド飲ミケル』」とある。また『日本国語大辞典』には「おりいる…ゐる（下居・降居）」を「①下に降りてすわる。車、馬、舟などから降りてそこにいる」として、多くの例文を引いている。そこで下居所は交替勤務する在庁または神官の休憩施設でもあろうか。この「所」への配分額は権介殿と同額で、もっとも多く、大瓶一・菓子一〇合・粽一〇把となっている。

7　なお「所」に準ずる施設として学業院がみえる。『江家次第』五、釋奠に「或説曰、吉備大臣入唐、持二弘文館画像ニ来朝、安ニ置太宰府学業院ニ」とあり（『古事類苑』、文学部二十八、国学）、諸国の国学に当るものを大宰府では平安時代より学業院といった。上総国では国学と称すべきところを、いつしか大宰府と同様に学業院と称したものとみえる。その組織・規模などは不明であるにしても、諸国の国学が衰退したのに、当国で学業院の名称が存続したことは特筆してよかろう。

　以上のように、「配分帳」に見える「所」のなかには、東国の国衙の特色を示す駄所などとともに、市原八幡宮所属とみられる楽所・神宝所・経所があり、国衙と市原八幡宮との密接な関係をうかがわせるのである。

　第五に、在庁に関連する名称や職掌が多く見られる。まず金富・得元があるが、中世常陸国の在庁のうち税所氏に組み込まれた大中臣氏は国府域に香丸名を保有し、また在庁の一氏は金丸名を保有し、かつて国府域であった石岡市の中心部に今も香丸町・金丸町の地名を残している。その外、常陸国府では税所氏の稲久名、健児所平岡氏の元久名、在庁大春日氏の稲富名などの在庁名が知られている（注27所掲義江氏論文）。この常陸の例から推すと、配分帳の金富・得元も在庁名が在庁の名字化したものであろう。また先使・承仕・装束持・奥人・雑仕女などは、いずれかの「所」に配属され、先使は本来は国守などの差し遣す使者、承仕は儀式や祭礼の際の雑役、装束持は同じく儀式・祭礼などの際に目代・権介・宮司などの装束を持つ役目というように、それぞれ固有の役割が世襲化した人々であろう。

　「配分帳」の第六の特色は、馬匹に関する職掌が多く見られることである。それらを列記すると、前掲の駄所のほかにも御厩目代（前掲）・御厩党・権介殿御厩党・鞭切・流鏑馬・馬場埒行事・白党馬《ママ》・雲馬の九種に上る。御厩党・権介殿御厩党・白党馬の「党」とは集団を意味するので、権介殿御厩党とはおそらくかつて平安後期に上総権介の平氏に所属して、その厩を管理し馬を飼育した馬丁たちの後身であり、平広常の滅びた後も、かつての栄誉ある称呼を踏襲して五月会等の行事に参加した集団であろう。一方単に御厩党とあるのは国衙直属の厩を管理して国守・庁目代等の利用に供する乗馬を飼育する集団かと考えられる。白党馬（白馬党か）は、想像するに儀式や祭礼のために白馬（あおうま）を飼育する馬丁の集団であろうか。雲馬はなお一層不明であるが、あるいは雲雀毛の馬を飼育する集団で、雀の文字が脱落したものでもあろうか。

鞭切も類例が見いだせないが、『日本国語大辞典』は、「鞭差（むちさし）」を「鞭をもって主人につき従う馬丁、厩舎人」とし、『平治物語』中巻に「源氏は鞭さしまでも、おろかなる者はなき物かな」とあるのを引用している。鞭切はこの鞭差と同様な従者かとも考えられるが、あるいは馬の鞭を製作する細工人かもしれない。流鏑馬は周知のとおり馬場に馬を馳せながら鏑矢で三ケ所の的を順に射る行事であり、ここでは市原八幡宮の五月会に催される流鏑馬の出場者を指すのであろう。馬場埒行事は、馬場の埒（柵）を管理する職掌であり、右の流鏑馬などの行事の管掌者ではなかろうか。

以上のように馬匹に関する職掌が多数存在することは、かつての上総権介以下の在庁らが騎馬集団であり、他の東国の国々と同様、当国でも馬匹の飼育と利用が盛んであったことを反映するものに相違ない。

第七としては、細工所に属すると判断される多数の細工人ないし職人の名称が知られることである。豊後守護大友氏の仁治三年（一二四二）の「新御成敗状」（『中世法制史料集　第一巻　鎌倉幕府法』所収）に「道々細工等」といわれているように、細工人は多数の職能の技術者たちであった。細工所は鎌倉中期建治三年（一二七七）の武蔵国では大細工所と内細工所とに分かれていたが[37]、上総国では細工所は一つであった。しかし当国の細工所は前にも触れたように細工所兄部の統率下にあり、表3に掲げたように、檜物師・御簾端差・鮎取・形木彫・鯛細工・紙漉・番匠・土器師・鍛冶・仏師の少なくとも一〇種類があって、国衙工房への隷属からは解放されたとはいえ、なお国衙の細工所兄部の統制下に属して各種の生産に従事する多数の手工業者が存在したことがうかがわれる。

写8　大字「惣社」の戸隠神社

彼らのうち、表3の檜物師と紙漉以下の五種類の手工業者は説明を要しないが、そのうち仏師が国衙に所属していることは注目に値する。市原市内の寺院に現存する中世の仏像には、弘長二年（一二六二）六月大仏師常陸公蓮上・小仏師信濃公新蓮の造像という背板内面墨書銘のある皆吉橘禅寺の薬師如来坐像、それぞれ弘長三年と文永某年（一二六四〜七五）の胎内墨書銘のある同寺の金剛力士像をはじめ、光厳寺の金剛界・胎蔵界両大日如来像および不動明王像、永禄二年（一五五九）の胎内墨書銘のある奉免万蔵寺の薬師如来像などがあり[38]、それらの中には上総国衙所属の仏師の作品も含まれていることであろう。

御簾端差・鮎取・形木彫・鯛細工の四種類の細工人はあまり見かけないが、御簾端差は、おそらく御簾の周囲の布の部分を製作する職種、鮎取は鮎などの川魚をすなどる職種であろう。形木彫は布に模様をすりだす板や経典などの板木を彫る職種で、『日本国語大辞典』「かたぎ（形木）」の項には、『宇津保物語』吹上巻の「かたぎの紋を織りつけたるみ狩の御衣」などの例文を挙げている。鯛細工はおそらく鯛などの形を彫る細工人、魚のなかでも鯛が珍重されたので、鯛を彫る技量が特別視されたのであろう。なお前掲の鞭切が馬の鞭を製作する職種ならば、この細工人の項に入ることになるであろう。

なおこの「配分帳」には見えない細工人として某年の「馬野郡惣勘文」（資料集四九四号・四九七号）には人給のうちに、「在庁一丁九反」などとともに「紺掻真弘一反」があり、配分帳に載らない紺掻のような職種も存在したことが知られる。

第八に、惣社および姉崎社・嶋穴社が、市原八幡宮ほどではないとしても、国衙と密接な関係を保っていることが看取される。現在の惣社戸隠神社は江戸中期の延享二年（一七四五）八月の創建というが[39]、これは本来の惣社の機能が忘れ去られたのち、改めて戸隠明神が勧請されたものに違いあるまい（第一節参照）。大字名として惣社が今日まで存続しているし、本節に引いた「配分帳」に見るように、南北朝期には惣社が嶋穴・姉崎の両社とともに、市原八幡宮の五月会の神酒・神饌に関与している。しかも「配分帳」によれば、国庁分さえ大瓶八の代銭賦課に過ぎないのに「惣社御分」としては嶋穴・青柳・入沼の三郷が合計大瓶三五の代銭を負担している。これは大瓶の代銭負担中きわだって大量であり、当時の惣社が相当な規模をそなえていたことを推測させる。また「配分帳」には物申の職が見えるが、常陸国では正和五年（一三一六）十月七日付清原師幸譲状に「一、常陸国惣社神主職・同物申職・同敷地・名田畠□」とあって（惣社宮文書、『茨城県史料　中世編Ⅰ』所収）、物申は惣社神主の兼帯する職掌であった。「配分帳」では物申は惣社御分とは別に記してあるので、上総国では惣社神主とは別の神官であろう。一方姉崎・嶋穴の両社は、『延喜式』神名帳に上総国五座のうち海上郡二座として「嶋穴神社　姉埼神社」とある式内社で、「配分帳」には、この二社はそれぞれ小瓶三または二と菓子各五合・粽各三把のほかに、嶋穴社司等盛酒として大瓶計一三を数え、これは嶋穴・青柳・入沼の三郷の計大瓶五と郡本郷の大瓶八からなっている。また両社神子別当の「両社」とは姉崎社と嶋穴社を指すものとみえる。なお両社の神官のなかに神子別当という職種が置かれていること、および大瓶五の割当であることは、この両社の神子がかなりの人数に上ることを推測させる。

国衙と惣社および国内の主な神社との密接なつながりは、もとより上総国に限るものではない。たとえば常陸国では治承三年（一一七九）五月の惣社の造営注文に筑波社・吉田社・佐都社・静都社・稲田社・三村竹来社・大国玉社という七社が、惣社の各社殿の造営を割り宛てられている（惣社宮文書）。また右に一部触れたように、惣社神主清原氏は常陸惣社神主職・同物申職・在庁職とそれらの敷地・名田畠を相伝し、有力在庁である掾官八人中の一人であった（注6所掲岡田荘司氏論文参照）。一方武蔵国では、調所・国掌・内細工所・大細工所・吉書使・

鹿島使などの国衙在庁とともに六所宮神主のほか一宮神主・坪宮神主・金鑽宮神主・八幡宮神主・秩父宮神主・大井八幡神主・椙山神主・天神神主等という、武蔵国内の主要な神社の神主が国衙から米穀の下行を受けており（『金沢文庫古文書』五二一六号）、注(37)所掲石井氏論文に「国衙と一宮以下の神社との結びつきのつよさが、これだけの断簡のなかにもありありとうかがわれる」と説かれたごとくである。「配分帳」に見られる上総の例では、上総国内に分布する多くの神社でなく、惣社のほかは馬野郡内の姉崎・嶋穴二社と国衙との関係にとどまるが、それはおそらく「配分帳」の対象が馬野郡内四郷の負担に限定されているためであって、これら三社と国衙および市原八幡宮との密接な関係は、他の上総国内の主要諸社にも敷衍しうるものと考えられる。

以上、「配分帳」を対象として上総の国衙在庁および市原八幡宮に所属する九種の「所」とそれらを構成する目代・在庁・細工人らの存在形態を八項目にわたって分析してきたが、その結果判明したのは、上総国衙在庁をはじめ、国衙・市原八幡宮・惣社等に属する人々の多面的な活動である。この事実が、一般に諸国の国衙機構が守護勢力の支配下に組み込まれて活動の独自性を喪失し、急速な衰退に向かう一四世紀後半の事象であることに、あらためて思いをいたす必要があろう。それはおそらく注(1)所掲伊藤氏論文の指摘のように、この国では郡−郷−名の整然とした組織が存続し、荘園組織があまり発達しなかったという事実と大いに関連性を有すると考えられる。ただし荘園組織のなかでも市原庄および市原八幡宮のみは特別で、国衙在庁が市原八幡宮と密接な関係を保ちながら存続し、活動したことは、本節の「配分帳」の分析からも明白である。南北朝期を通じて国衙機構が室町幕府および鎌倉府の直属下にある市原庄・市原八幡宮と結合したため、かえって在庁の自立性が保たれたとみられる。南北朝期には守護の改替が激しかった上、貞治三年（一三六四）に就任した守護上杉氏も国目代と調所等いくつかの「所」の目代を派遣するようなゆるやかな国衙支配に止めたため、国衙機構が一応温存されたと推測されるのである。

第六節　中世都市上総府中の空間構成

中世の上総府中域（広義）内の空間構成を同時代史料のみから明らかにすることは容易でないが、第五節に検討したように、中世上総の府中域には、国庁（目代屋敷）、権介屋敷、御厩、権介御厩、および少なくとも一三種の「所」があり、それら「国庁」「厩」「所」等に勤務する在庁、および「所」の目代や兄部の監督下・指揮下に属して特定の職掌や技能で生活を営む馬丁・細工人（職人）など多数の人々が居住していたと推定される。また国衙と密接に関係する市原八幡宮の神官・神子等もかなりの人数に上ったに違いない。さらにこれらの目代・在庁・神官およびその下に組織されている人々の家族を考慮に入れると、府中域およびこれに隣接する市原などの特定地域には、少なくとも数百名に上る人々が居住して種々の生業に携わり、それぞれの生活を営んでいたと考えられる。したがって彼らの集住する府中域は、一般の農村・漁村などと異なる都市的様相を呈していたに違いない。

関東での二例をあげると、常陸の場合、かつての府中域には大掾屋敷・健児屋敷・国掌屋敷・税所屋敷・香丸・金丸・小目代などの伝承地が分布し、主な在庁はそれぞれの屋敷でその職掌に携わったことが推定される。さらに大掾屋敷を中心に府中城が築かれ、一方健児屋敷・国掌屋敷などの傍らに外城が築かれて、二つの城が相ともなって府中域を防衛している（注27所掲義江氏論文）。また下野府中域の小字名には、上館・蔵屋敷・大蔵・馬場という在庁関係の小字名、内匠屋北・鋳物師内・猿楽など、細工人や芸能人の居住区域をあらわす名称、錦小路・東小路（二ケ所）・西小路（二ケ所）・南小路・石小路という街路を思わせる「小路」の名称、さらに明宿・文宿・間宿・化宿等という「宿」の名称が存在し、それらが主に上館を中核とする地区と大蔵等を主とする地区とに分布する(40)（本編第一章参照）。

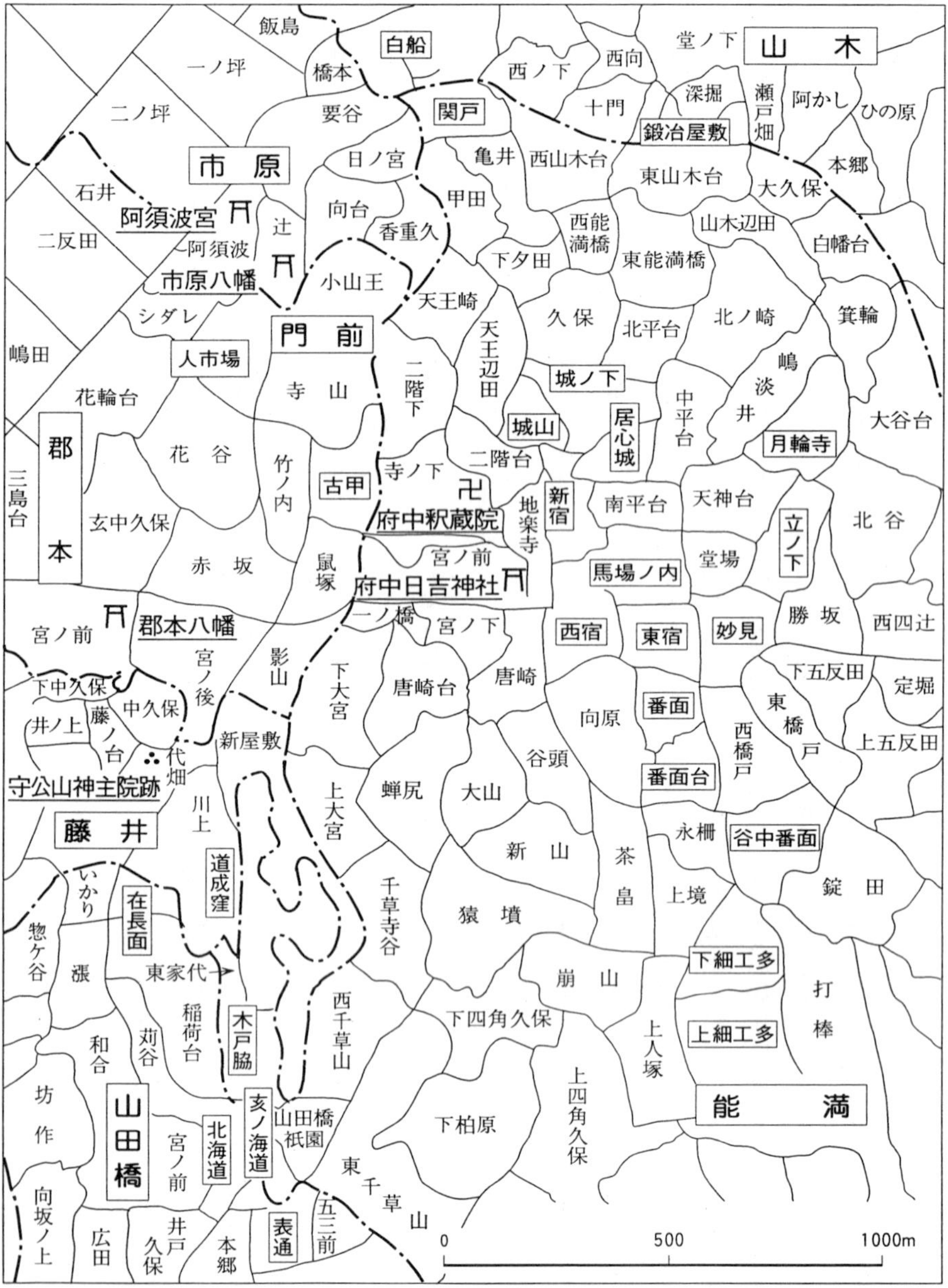

図４―ａ　市原市能満・郡本主要部等の小字名

□内は大字名および府中域関係とみられる小字名　　下線部は主要神社・寺院等

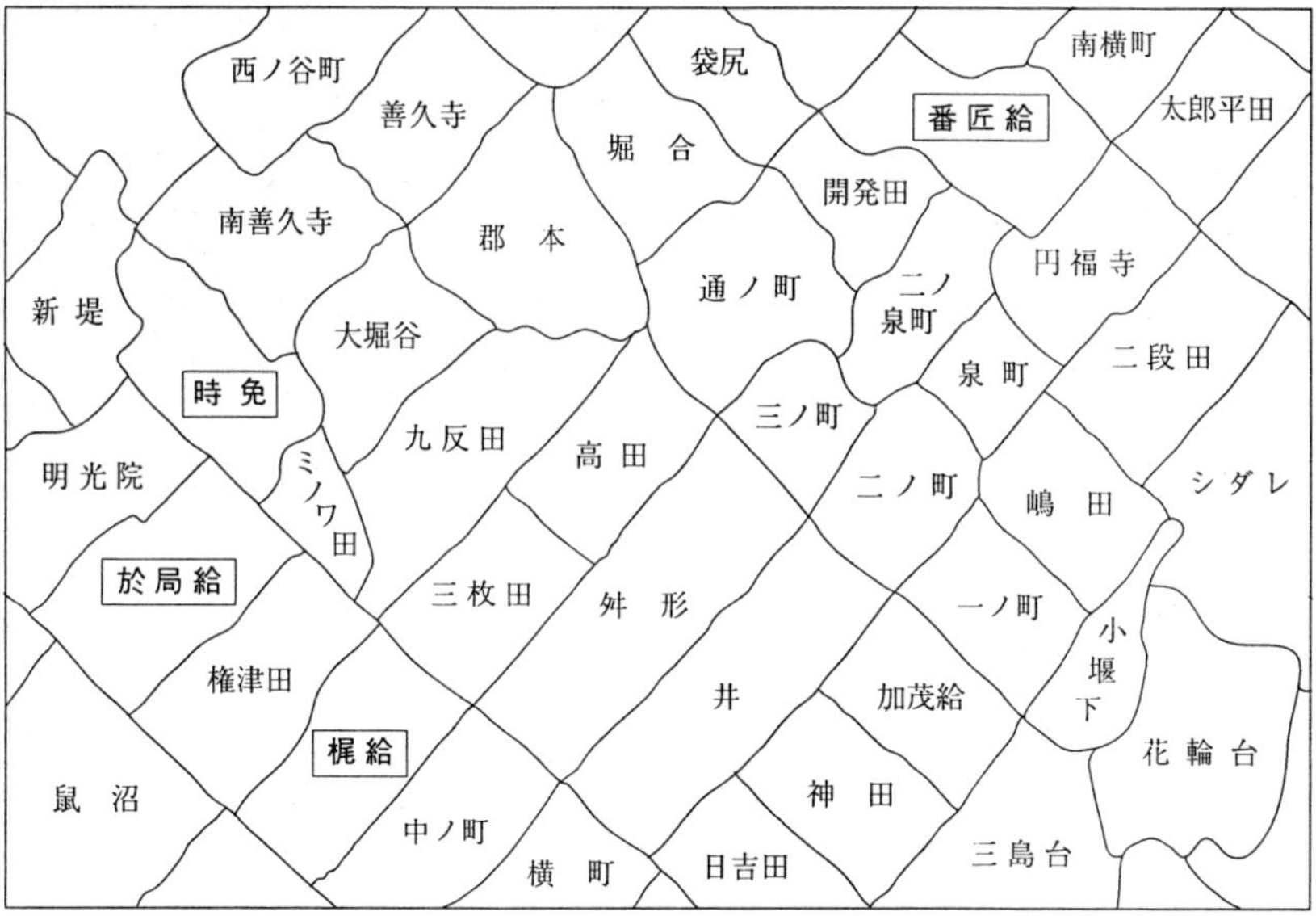

図4－b　郡本のうち於局給・梶給・番匠給等の部分
（圃場整備前市原市郡本地区地籍図による）

同様に上総府中域では、能満地区北部の台地上に東宿・西宿・新宿・馬場の内という小字名がまとまって存在し、それらの北に接して居心城・城山という居館および山城とおぼしい小字名が存在し、この区域が上総府中の中核地域であることが知られる。

以下、鈴木英啓氏の遺稿(41)およびその後の田中清美氏・田所真氏らによる能満城（府中城）実地踏査の結果は次のごとくであり。なお私も田所氏の案内で今回現地を訪れ、以下の遺構を逐一確かめることができた。城域は東西・南北とも約六〇〇メートル、中央西側よりに北から入る谷が台地を二分し、西側の半島状台地の小字を城山という。この台地のほぼ中央東よりに高さ約二メートル、下幅六メートルの土塁を残している。台地の南西部、日吉神社の境内西側にも空堀と土塁が、かなり埋め立てられてはいるが明瞭に痕跡をとどめている。日吉神社の北、釈蔵院から台地の北側にいたる縁辺部には腰曲輪・帯曲輪が認められる。このように、比較的狭小であるが、防衛施設の整った小字城山は、外敵と交戦する際の防衛拠点としての機能が充分考え

写9　能満城城山の土塁（部分）

られる。なお釈蔵院の寺紋は三日月に九曜で、上総氏ないし千葉氏との関連がうかがわれる。

一方、東側の台地は遺構が乏しいが、一部に土塁や竪堀の跡をとどめる。この台地の北部一帯の小字居心城は平坦面が多く、日常の居館跡を想定してよかろう。小字馬場ノ内などからは関連施設の存在が想定される。この居心城の付近に主要な家臣の屋敷が存在したと仮定してよいであろう。居心城の南に小字馬場ノ内と小字新宿があり、さらにそれらの南、日吉神社の東方の台地上に小字西宿・東宿が並び、現在も集落を形成している。なお南の、台地がもっとも狭まっている地点には、台地を東西に掘り切る空堀が設けられている（以上、図5参照）。

城跡の東、浅い谷を隔てた舌状台地には月輪寺、その南に妙見の各小字名が残り、いずれも上総氏および千葉氏に深くかかわると思われることが上掲の鈴木英啓氏の考察に指摘されている。以上の鈴木氏および田中・田所両氏らの実地踏査によって、府中城の縄張りおよび城下の概略の構造はほぼ明らかとなった。

そこで、やや大胆な推測を試みると、この能満地区の中心部の小字「居心城」付近は、もともと上総権介平氏の居館の置かれた地点であり、その周囲に「権介御厩党」などと称する家子・郎等が居住し、「馬場ノ内」に彼らの弓馬を鍛練する施設が設けられていたと考えられる。(42) このいわゆる旧族領主の上総権介平氏とその一族・家臣の構成する武士団は、西から北にかけて洪積層平地に接する比較的単純な地形の郡本地区を避けて、その東側の、浅い谷が周囲をめぐり、かつ谷の一部が内部にも入り込んだ丘陵を主とする複雑な地形の能満地区に本拠地を移したのであろう。平広常が寿永二年（一一八三）源頼朝に誅殺された後は、その遺領と上総介ないし権介の官途を継承した庶流千葉氏の常秀・秀胤父子はここに居館を設け、ついで宝治元年（一二四七）の宝治合戦で秀

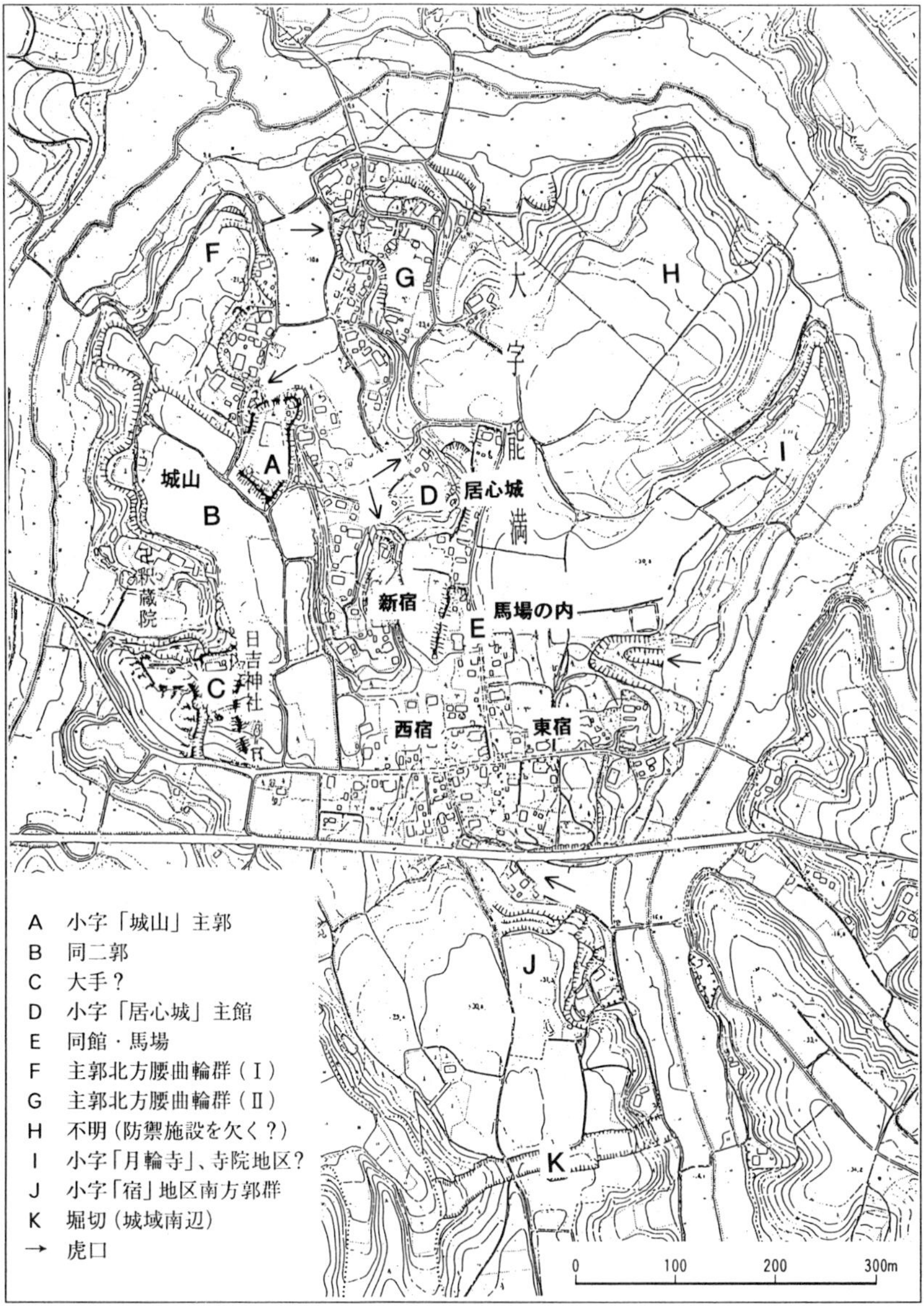

図５　上総府中城跡全図

（市原市地形図14に書き入れ。市原市埋蔵文化財調査センター田中清美氏作図、田所真氏提供）

胤が滅びた跡を継承して上総守護に補任された足利義氏がこの居館を踏襲してここに守護代所を置き、さらに南北朝・室町期にも歴代守護の守護所ないし守護代所がここに置かれたのではなかろうか。中世後期には、居館は防禦設備を拡充して「居心城」と称し、その西側の小丘陵に詰城の「城山」を築き、「馬場ノ内」と府中日吉神社を経て郡本の中心部に通じる街路を挟んで「東宿」「西宿」、居心城と西宿の間に「新宿」と称する宿町が展開した。また南に延びる低地には守護所を交替で警備する番衆のための「番面（免）」や、守護所に付属する細工人のための「上・下細工多（田）」が置かれ、また守護館の北約六〇〇メートルには武器などの生産にあたる付属の鍛冶の「鍛冶屋敷」が存在した。またこの府中の東辺、居心城・馬場の内の東に延びる台地上に「月輪寺」が開かれ、東宿の東の道路沿いには「妙見」社が祀られた。また城山の南、月輪寺・妙見社とほぼ対照的な位置を占める能満地区の西辺には、釈蔵院と日吉神社が現存する（図4－aおよび図5参照）。

以上の検討によって、能満地区には、上総権介ないし上総守護の居館または守護代所として城砦・馬場などの軍事施設や宿町が展開し、その東西に寺社が配置され、南北には番衆・細工人の給田・免田や鍛冶工房などが連なるという、整然とした計画的な都市空間が形成された事実、および古代国府域の郡本地区でなく能満地区の都市空間が上総府中（狭義）と呼ばれた事情をほぼ明らかにできたのである。

なお能満地区・郡本地区等の周囲にも、北に白船城、南西に村上城、南に有木城、東に犬成城という城々が築かれていて、このうち村上城跡と白船城跡は部分的な発掘調査が行なわれている(43)。犬成城は酒井氏が市原郡へ進出するために構えたとみられるが、白船城には市原備前守、有木城には有木中務丞という城主の存在が伝えられ、ことに村上城主となった村上氏については、鎌倉後期の足利氏所領奉行番文の上総国以下の担当奉行の一人に村上助房があり（資料集三六四号）、南北朝期の観応二年（一三五一）七月に市原八幡宮別当職の打渡を実施した両使の一人に村上式部大夫入道源清があり（前田家所蔵文書。資料集三九四号）、戦国末期某年十月九日の古河公方足利義氏朱印状（喜連川文書。資料集六八三号）によって二ケ所に計一〇〇貫文を与えられた家臣に村上民部大夫が見られる。かつ大永（一五二一～二八）頃の城主は村上大蔵大輔と伝えられ、江戸時代の家譜によると、村上民部持清が古河公方成氏に仕え、その子成清は上総久留里に在城して小弓御所義明に仕えたが北条氏に攻められて自殺、その子信清は里見氏に仕え、のち徳川氏に仕官したという。[44] 彼らと上総国衙在庁や市原郡・馬野郡などの郡司との系譜関係は明らかではないが、在庁・郡司らの一部が守護被官となり、さらに戦国期には古河公方等の傘下に属して小領主化への路を見いだしたことは充分に考えられよう。

ところで、半田堅三氏の論考[45]によれば、国分寺台の標高二〇メートルの台地上の台遺跡は南北約四六〇メートル、東西約三五〇メートルのほぼ三角形の台地上全域に古代から近世～現代にいたる遺構が存在し、そのうち中世の墳墓群は北部・中央・南部の三ケ所の遺構群に分かれて分布し、多数の土壙墓・地下式壙などが板碑・五輪塔・古銭などを伴って検出されるという。周知の豊後守護大友氏の仁治三年（一二四二）の法令のように、府中域内に墳墓を営むことが禁止されたため墳墓が府中域周辺に設けられた例は数多く、[46] この台遺跡の中世墳墓群もその一例と考えられる。そのような規制がゆるむにつれて、府中域内にも墳墓が営まれるようになるのである。

写10　小字「人市場」の現況
（この樹林の向こうが市原八幡神社）

一方、能満地区の西側の谷を隔てた台地上が、前にもしばしば言及した市原・郡本・藤井等の地区にわたる一連の地域であり、中世後期においても、これらの地区の空間構成や景観には、多くの注目すべき特色が存在する（以下、図4－a参照）。まず、市原八幡宮の南側に大字門前の称呼がある。この八幡宮の門前には、江戸時代以降とくに顕著な施設等は見られないので、これは中世の景観を伝える称呼に違いない。かつこの八幡宮の南南西約二〇〇メートルには「人市場」の小字が残る。この市場が、市原の郡名の起源となった市であるとすれば、国衙付属市の蓋然性があろう。ともあれ、この市の名称は約八キロ南の養老川中流々域にある大字の二日市場（図3参照）に対する一日市場の訛りともみられないではないが、しかし文字通り人身売買の市場とみる方が妥当であろう。(47)鎌倉幕府は人身売買の禁令をしばしば発しているので、府中近傍の市が人身売買を主とするにいたったとすれば、それはこの行為が激増した戦国期かも知れない。しかし江戸時代には、年季奉公人や日傭取の人々を雇うための市場（『日本国語大辞典』「ひといち」の項参照）に変化したと推定してよいであろう。

次に、市原八幡および郡本八幡の西方の沖積層の水田地帯には、番匠給・時（土器）免・於局給・梶（鍛冶）給・加茂（掃部か）給という、細工人などの給田・免田を意味するとみられる小字名が分布する（図4－b参照）。また郡本八幡宮の南にほぼ接して、前述の守公神社の別当寺と推定される守公山神主院跡があって、この付近に「上総国庁」と自称する国目代の屋敷が存在したとみられ、その南には在庁の免田を示す「在長面」の小字名が見いだされる。さらに小字在長面の東から南東にかけての大字藤井・山田橋・能満が複雑に入り組んだ部分の谷間には、道成窪・木戸脇・亥ノ海道・北海道・表通という小字名が北から南へほぼ連続して存在し、小字表通から検出された古代道（注13）が、中世以降もほぼ踏襲されて、南の二日市場・新堀・海士有木方面から郡本・市原の台地上へ通じる街道がこの地域の交通と物流の動脈をなす主な幹線道路として用いられ、かつ地域の入り口付近には木戸が設けられていたことが確かめられる（なお後述注49所掲大谷弘幸氏論文等参照）。以上のように、大字市原・郡本・藤井の一帯は、能満すなわち狭義の府中と相対するいまひとつの都市空間の中心地域を構成していたことが確認される。これは目代・在庁・社家等を主とする平安時代以来の上総国府域の継承・発展としての中世都市の空間構成であったといえよう。

以上の二つの中心地域に対して、より新たな第三の中心地域ともいうべき地区が、飯香岡八幡宮を中心として展開した八幡地区である（図6参照）。まず八幡地区には天正九年（一五八一）七月の朱印状［史料B］によって新市開設が許可されたことが知られる。この朱印状は天正四年（一五七六）九月の「上総州八幡宮」造営のため諸郷勧進を認めた朱印状［史料A］とともに、正文は榊原ヨシ家所蔵（資料集六八九号・六九五号）で、『飯香岡八幡宮由緒本記』（以下「由緒本記」とする）に写が記載されており、この二通については粟野俊之氏の論文がある(48)、次にこの二通を掲げる。

［史料A］

上總州八幡宮可造営趣肝要候、依之諸郷勸進之事、得其意者也、仍如件、

天正二（四）年［九月］（朱印、印文未詳）吉日　斎藤善七郎（胤次）奉之

［史料B］

法度

右、八幡之郷守護不入相定、新市之事爲立候、押買狼籍（藉）堅停止、殊於近郷取候役之事、如前々其所にて可改之、近郷にて未進役、於八幡中致策媒事不可叶、郷中商人諸役免許之儀、不可有相違者也、仍如件、

天正九辛巳年

［七月］（朱印、印文未詳）五日　刑部少輔
谷澤丹波守　奉之

「由緒本記」はこの二通の朱印状を北条家から下し置かれたものとするが、粟野論文の指摘するように、いずれの奉者も小田原北条氏の家臣には見られない。粟野氏は天正四年朱印状の奉者斎藤善七郎を、天正三年霜月拾

五日付、妙興寺充の斎藤善七郎胤次寄進状（妙興寺文書、千葉市野呂町）と同一人とし、さらにこの朱印状の発給主体を千葉・高城・原・後北条・古河公方の五氏のなかから、同じ妙興寺に天正四年正月禁制を発している臼井城主原氏の可能性が大とする。ただし原氏の主家千葉氏の可能性もないとはいえないが、いずれにしても後北条氏の影響下にあったことは確実とされている。そこで粟野論文の説くように、天正九年の朱印状も発給主体は明らかでないが、後北条氏自身ではなくその影響下の領主であることは間違いない。

この天正九年の朱印状は、1八幡郷を守護不入として郷内に新市開設を認める。2押買狼藉の禁止。3近郷の役はその郷で取り立て、八幡郷での未進役取り立ての仲介を禁止する。4郷中商人の諸役免除。以上の四項からなり、楽市の文言はないが、内容をみれば事実上の楽市として開設を認められていることがわかる。粟野論文は、この朱印状が楽市の史料として貴重であるとともに守護不入すなわち守護の検断使入部の禁止および守護役免除の地となったことも重要とするが、すでに上総守護の権限の及ぶ時代は遥かな過去であったので、守護不入文言は楽市を示すひとつの慣用句とみるべきである。

なお「由緒本記」の説くように、これが八幡宮造営のための新市であったという可能性は大であり、したがってこの新市は門前市の性格を有したものと推定される。現在も八幡地区には、飯香岡八幡宮の傍らから順に北へ、小字南町・片町・仲町・浜本町・観音町が並び、また観音町付近から菊間地区に通じる道路に添って小字市道が存在する（図6参照）。これらの「町」地名は、能満地区の「宿」地名よりも新しく、おそらく天正年間に開設された前述の新市開設を契機として発達した街区に由来するものであろう。

一方、これらの市をむすぶ物流経路については、大谷弘幸氏は近年の発掘調査の成果により中世遺跡の分布から上総国府と富津方面とを結ぶ中世の主要道路である鎌倉道は、海岸添いの道路とともに、ほぼ古代の官道を踏襲した内陸部を通る輸送路が存在したことを推定され、柴田龍司氏はこの考察に呼応して、袖ケ浦市山谷遺跡に

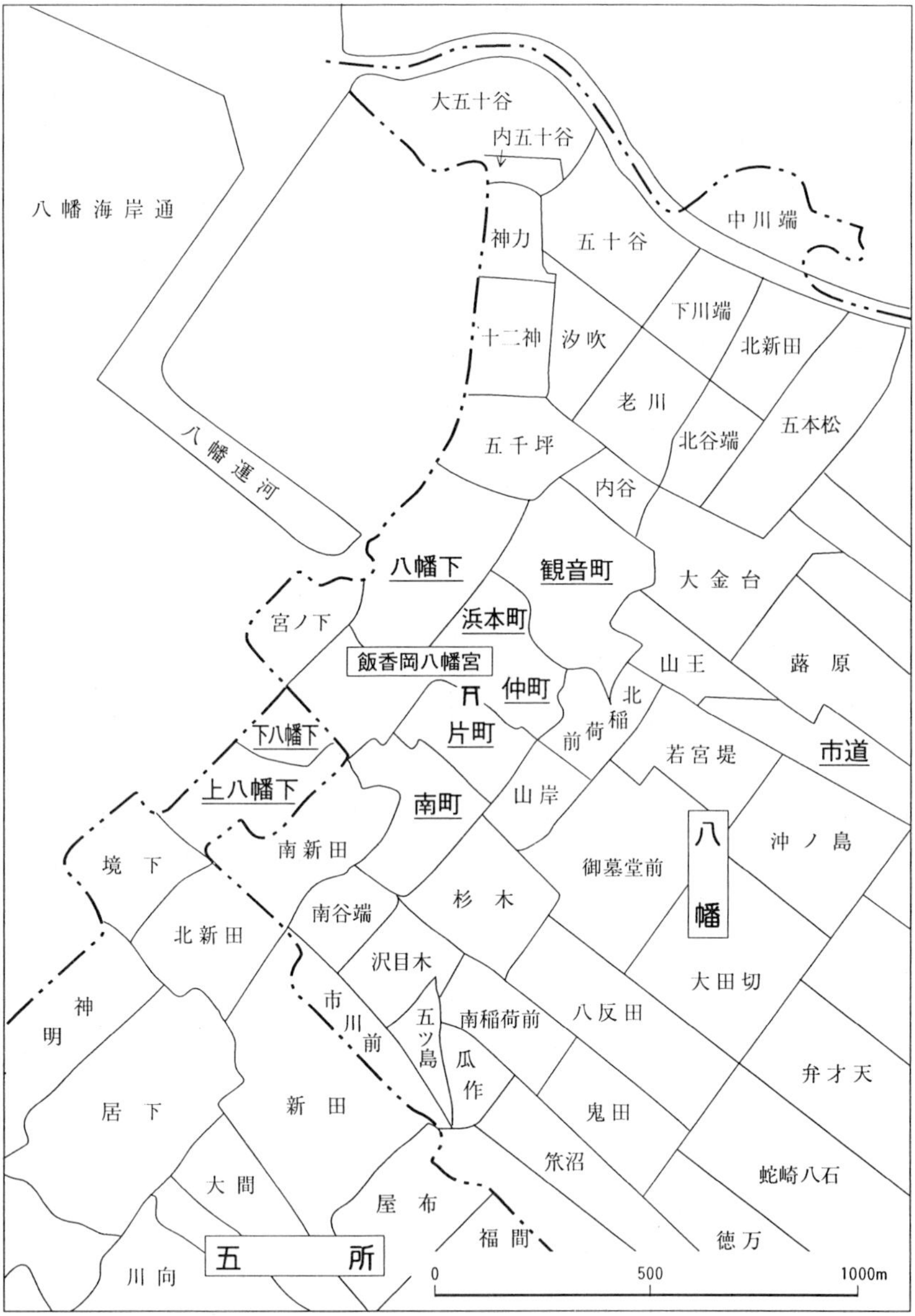

図6　市原市八幡主要部の字図にみる市・町等の小字名（下線部）

発見された遺構が「鎌倉―富津・木更津の湊―上総国府・守護所を結ぶ当時の官道」である鎌倉道に設けられた市の遺跡であることを指摘されている。[49] 八幡郷の新市はこのふたつの鎌倉道の分岐点に存在し、やはり上総における物流の拠点に設けられた市であったことがわかる。因みに富津は南北朝期には「ふんと（古戸）」と呼ばれ、鎌倉の江戸湾における外港の武蔵六浦と上総を結ぶ港津であり、「とい」すなわち問丸の存在が知られる（応安三年〈一三七〇〉十月三日付上総国周東郡波多沢村検見帳、金沢文庫古文書）。

ところで、八幡郷の北西に接する大字として古市場があり、これは古甲地区にあった平安後期頃の国府域からは、やや距離があるが、やはり古来の国府に関係のあった市であったかも知れない。この古市場地区は今では村田川の右岸になっているが、河川改修以前は左岸に位置した筈であり、もともとの右岸には下総国に属した今の千葉市古市場町がある。

したがって、のちに古市場と呼ばれるにいたったこの市場は、上総・下総にまたがる境界の市場であったことが明らかである。網野善彦氏は、一般に市の成立する場として中洲・河原・浜を挙げ、また市が多く境の地に立てられたことを強調し、これらの境界の地が「無主・無縁」の地であったとする。[50] 上総・下総両国の境界をなす村田川の両岸に開設された市場は、「無主・無縁」の地であったという証拠は見当らないとしても、まさに海岸に近い太田川下流の河原ないし自然堤防上に位置し、かつ上総・下総両国の境界の地であったここには、海陸両方から搬入される商品が集積され、物流の中心のひとつとなっていたであろう。村上城跡などから出土する中世の瀬戸・美濃等の陶器はそのような商品であったに違いない。

また斉藤利男氏は、中世都市国府は国府域内を特殊領域とする「府中の論理」すなわち国家の論理・政治支配の論理と、宿・津・市の内包する社会的・経済的論理である「境の論理」とが矛盾をはらみつつ併存したと説くが、[51] 中世の上総府中内外も「府中」域と「境の市」が併存する、一国の政治上・経済上の中心となる場であった。かつ最近では中世の都市空間は個々の部分が個別的・分散的で、全体としてのまとまりを欠く多元的な構成であったことが指摘されているが[52]、中世の上総府中を中心とした地域は、まさしく多元的・分立的な構成をもつ中世都市としての空間構成を備えていたのである。

したがって戦国末期の天正九年に八幡郷に開設を承認された楽市の「新市」は、「市原庄」八幡宮の門前市であるにとどまらず、新たな物流の拠点を加えて都市府中の構成要素となった新市場であり、前述のように街道の分岐点でもあるこの地域にやがて街区の発達する町々の形成される契機となったに違いない。江戸時代に入って、八幡郷は江戸湾岸の小廻しの廻船である五大力船が寄港し、その後背地の諸村と江戸との間の物資輸送のための湊の一つとして栄えるが[53]、八幡郷のそうした繁栄は、中世に端緒を求めることができるのである。

おわりに

以上六節にわたって、古代の上総国府に端を発した中世の上総国衙の所在した郡本地区、鎌倉幕府が管轄し得宗領化した市原庄および市原八幡宮、上総守護所の所在したと推定される府中（能満）地区、江戸湾岸に展開した八幡地区等の性格を検討し、かつ上総府中域（広義）の都市空間構成等を分析した。論述はかなり多岐にわたるので、以下に各節の要旨をまとめて結びに代えたい。

まず第一節で明らかにしたのは、古代以来の上総国府の位置には諸説があるが、発掘調査の成果に照らして考察すると、当初の国府は村上地区に設置されたが、ここは沖積層平野で一部養老川の流路にもなっているためか、平安時代のうちに市原郡衙の置かれていた洪積層台地の郡本地区、ことに小字古甲を中心とした地域に漸次移動したと推定されることである。

第二節では、鎌倉時代の守護所の位置を取り上げた。鎌倉初期の上総氏の没落と鎌倉中期の上総介千葉氏の没落の後に上総守護に補任された足利氏は、旧市原郡内の市東・市西両郡を守護領としたことが知られるが、上総守護所については、足利氏が郡本地区に設置したとみる高村隆氏の説に疑義を呈し、守護領の市東・市西両郡内か、後に「府中」（狭義）とよばれる能満地区内と考えられ、おそらく当時の能満地区は市西郡内ではあるまいかとした。一方、旧国府域をふくむ旧市原郡の中枢部は、石清水八幡宮別宮の後身である市原八幡宮領市原庄となるが、執権北条氏はこれを実質上得宗家の支配下に置いたと認められることを確認した。なお豊臣秀吉の禁制では「府中」は市原庄内に含まれているが、それが戦国期以前まで遡れる証左は見られない。

第三節では、主に南北朝期の市原庄と市原八幡宮をめぐる情勢を考察した。この頃には市東・市西両郡の動静は片鱗を伝えるのみとなるが、市原庄および市原八幡宮は室町幕府の直轄下に帰し、醍醐寺地蔵院主が幕府から別当職に補任されたこと、幕府管領より関東管領充の幕府御教書で、守護代石川朝藤の社務職・社領違乱を排除して造営を遂行させたこと、さらに同宮造営のため、五ケ国棟別、国役、郡役および庄役が賦課され、同宮造営事業が幕府および関東管領の管掌下にあったことを明らかにした。なお室町時代には醍醐寺前大僧正聖快の譲状に市原八幡宮別当職は不知行と記され、醍醐寺と市原庄・同八幡宮との関係は断絶した。しかし市原庄の呼称は、一五世紀半ばの懸仏銘や右の豊臣秀吉禁制、徳川家臣本多正綱奉納太刀にも見られ、近世初頭まで続いた呼称であることを指摘した。

第四節では、府中および馬野（真野）郡・郡本郷を対象とした。とくに、中世以来の諸国国衙所在地の呼称として多く用いられた「府中」は、上総の場合応永九年（一四〇二）の懸仏（御正躰）銘を初見とし、かつこの懸仏銘には、守護犬懸上杉氏の被官と推定される国目代日高氏の存在が見られること、国衙在庁の活動は鎌倉前期の承元四年（一二一〇）以来うかがわれ、ことに南北朝・室町期にかけては国衙による徴税等の事項がしばしば現れ、正長三年（永享二年、一四三〇）にもなお「国衙職」の名称が触目されることなどを指摘した。また馬野郡は古代の海上郡馬野郷の名称を郡名とした中世的郡で、主に養老川下流の左岸に展開する十郷一保からなるが、国衙の中心領域ともいうべき郡本郷を含み、この郡本郷のみは他の郷保とかけ離れて一方は能満＝府中（狭義）に接し、他は市原庄に接する地域であったことを述べた。

第五節は南北朝期の上総の国衙機構の分析を主とした。さきに伊藤喜良氏は『覚園寺戍神将胎内文書』を紹介され、この文書群に含まれる「市原八幡宮五月会馬野郡内四ケ村配分帳」に言及されたが、本節ではこの「配分帳」に見られる目代・在庁・神主・細工人等を逐一考察して、以下の八つの特色を指摘した。

その一は、国目代である「御目代殿」のほか調所・修理所・駄所と御厩にそれぞれ目代が配置され、しかも「権介殿」としてかつての上総氏の遺称が存在するので、主に神事・祭礼に関するとはいえ、国衙機構を温存し、利用しながら守護犬懸上杉氏の国衙領支配が行なわれているとみられること。その二には、「配分帳」等には平安後期の『朝野群載』『新猿楽記』に見える一七種類の「所」のほぼ半ばの八種類が記載されていること。三には、調所以下五種類の所と浦とに兄部が置かれて各集団の統率に当っていること。四には、『朝野群載』等に見られない「所」が六種類存在し、そのうち駄所は陸運をつかさどる機関であり、行事所・楽所・神宝所・経所などは市原八幡宮に関係する機関とみられ、また大宰府と同じ名称の学業院が存在すること。五には、在庁名とみられる金富・得元、および先使・承仕などの国衙所属とみられる職掌が見られること。六には、駄所のほかに御厩党・権介御厩党・流鏑馬・埒行事等の馬匹に関する職掌が多く見られること。七には、細工人が一〇種類挙げられ、他の史料には紺掻が見えていて、多くの細工人が国衙の細工所兄部の監督下にあって手工業生産に従事していること。八には、惣社および式内社二社が国衙と密接な関係を保ち、神主のもとに物申、神子別当の職掌が存在したことである。以上のように、市原八幡宮の祭礼に関連してではあるが、上総では南北朝中期においてもきわめて顕著に国衙機構の内容と在庁の存在形態が知られるのは、貴重なこととといえる。

第六節では、中世の上総府中域の中世都市としての空間構成を、主として小字名と遺構から三つの地域に分けて復原した。まず第一の能満地区は、一六世紀末以降は府中という称呼がここに限定されるいわば狭義の府中地区であるが、ここには東西・南北とも約六〇〇メートルにわたって土塁・空堀・腰曲輪・堀切などの城郭遺構が認められる。この遺構は居館跡の居心城と詰城の城山を中核とし、城内に弓馬の訓練施設の「馬場の内」や宿町の東宿・西宿・新宿が展開し、街区の存在が明瞭である。寺社としては城郭の西辺に府中釈蔵院および府中日吉神社が現存するほか、東辺に「月輪寺」「妙見」の小字を残して平安後期・鎌倉期初頭の上総権介平氏および鎌倉初期・中期の庶流千葉氏との関係がうかがわれる。宿町の南には小字「番面（免）」「番面台」「上細工多（田）」「下細工多」がつらなって番衆と細工人の存在を示し、居心城の北約六〇〇メートルには小字「鍛冶屋敷」が城主付属の鍛冶の居住地を示す。がんらいこの能満地区には、平安後期以来の上総権介平氏の居館が設けられ、この居館を庶流千葉氏が踏襲し、さらに足利氏以下の歴代守護がここに守護所または守護代所を設置したと考えられる。さらに戦国期には、現在遺構を残すような城郭設備が整えられたに違いない。なお能満地区・郡本地区等をあわせた府中域の周囲には、酒井氏の府中域進出の拠点とおぼしい犬成城および在地領主市原氏・村上氏・有木氏の各居城と伝えられる白船城・村上城・有木城が築かれた。郷名を名字とする市原氏らは、おそらく国衙在庁ないし郡司・郷司の後裔で、守護被官や古河公方家臣などとなった上総国人と推測される。

第二に、大字市原・門前・郡本・藤井・山田橋等を含む郡本地区は、大字能満の府中地区を形成する丘陵とは、南北に走る浅い谷で隔てられたいまひとつの丘陵を主とする自然地形をなすが、この地区には、市原八幡宮の門前集落とみられる大字門前、同じく門前市とみられる人市場があり、大字郡本には郡本八幡神社が祀られるとともに、「於局給」「梶（鍛冶）給」「時（土器）免」「番匠給」などが分布し、郡本八幡の南の大字藤井には守公神社の別当寺と判定される守公山神主院の跡地および小字「在長面（在庁免）」があり、小字在長面の傍らには、南の二日市場方面から郡本地区へ北進してきた古代以来の街道を反映する小字名が連続し、在長面の南東には小字「木戸脇」があって府中（広義）域と外部を隔てる木戸が設けられていたと推定される。このように、平安時代の国府域の後身である在庁の居住区や古来の市原八幡宮の門前に開かれた門前集落・門前市を主体とする都市空間、およびこの都市空間への交通・物流の主要ルートが明瞭に看取される。

以上のように上総府中域は権介の居館ないし守護所・守護代所を中核とする能満地区と、国目代・在庁の屋敷や八幡宮の門前市を中心とした郡本地区という、二つの都市空間の並立する空間構成をなしていた。これは、あたかも常陸の中世府中域における常陸大掾馬場氏の居館を主とする府中城の地区と小目代・税所等の屋敷が分布する外城の地区との並立（注27所掲義江彰夫氏論文参照）、および前章に述べた中世下野府中域における下野権介ないし下野守護の小山氏の居館「上館」を中心とする都市空間と在庁の屋敷やその付属施設の集中する都市空間との並立にきわめて類似した空間構成であり、このように権介または大掾の本拠と国目代・一般在庁の本拠をそれぞれ核とする分立的な都市構成は、東国における中世府中域に共通する中世政治都市の主要なパターンを示すものとみてよいと考えられる。

ただし上総の場合は、江戸湾岸に接する八幡地区に第三の新しい都市空間の形成されたことが、内陸部に位置する常陸および下野との相違点である。すなわち八幡郷は、武蔵六浦（横浜市金沢区）ないし鎌倉方面から海上を富津（古戸）に渡ったのち、江戸湾に沿って千葉氏の本拠である千葉、さらに下総国府（市川市国府台）方面にむかう交通路に面しているばかりでなく、おそらく江戸時代の五大力船の寄港地の前提となる中世の港津であったと推測される。八幡地区に見られる「南町」「仲町」等々の小字名は、天正九年（一五八一）の飯香岡八幡宮門前の新市開設を端緒とする、比較的新しい街区の形成をあらわすとみられるが、付近にはそれより相当古くから、交易のための空間が成立していた。すなわち飯香岡八幡宮の北東一・五キロの村田川沿いの「古市場」は、古代ないし中世前期以来の上総・下総にまたがる境界のいわゆる無主の地の市場であったと推測されるのである。

以上のように、古代の上総国府から発展した中世の上総府中域は、守護勢力の転変が激しく、鎌倉期には北条氏得宗家の介入を招いたが、南北朝・室町期にも国衙在庁の活動がかなり存続し、守護を兼ねた関東管領上杉氏も、守護代とともに国目代を派して国衙在庁の掌握を図った。これらに関連して府中域は、守護館・守護代所を核とする城下町的な能満地区と国衙・市原八幡宮を中心とする郡本地区とよりなる、並立的な二つの都市空間を形成した。さらに湾岸の道路と港津の発達による物流の活発化にともなって、飯香岡八幡宮の近傍に形成された新市ないし八幡宿という第三の都市空間を生み出すにいたるのである。

（1）伊藤喜良氏「室町初期における上総国国衙領について―覚園寺戌神将胎内文書の検討を中心に―」（『房総地方史の研究』、一九七三年）。
高村隆氏「中世上総国における守護と国衙についての覚書―国衙在庁と守護所の所在地を中心として―」（日本大学生産工学部報告』一六巻一号、一九八三年）。

寺田廣氏「中世における上総国飯香岡八幡宮（市原八幡宮）について」（『市原地方史研究』九号、一九七八年）。

（2）佐藤進一氏①『増訂鎌倉幕府守護制度の研究―諸国守護沿革考証編―』（一九七一年）、同氏②『室町幕府守護制度の研究　上―南北朝期諸国守護沿革考証編―』（一九六七年）。

（3）注（1）所掲以外の、管見に入った上総守護等を対象とした主な論文のみでも以下のように多数に上る。
野口実氏「豪族的領主上総氏について」（『史友』六号、一九七四年）、同氏「上総氏所領の復元」（『千葉県の歴史』一〇号、一九七五年）、同氏「上総千葉氏について」（『千葉史学』五号、一九八四年）。

伊藤邦彦氏「上総権介広常について」（『史潮』新九号・一〇号、一九八一年）。

田沼睦氏「鎌倉初期上総国々検史料について」（『中世の東国』七号、一九八三年）。

伊藤喜良氏「上総国中世史研究の二、三の問題点」（『地方史研究』一一八号、一九七二年）。

岡田清一氏『鎌倉政権下の両総―北条氏領の成立と御家人の動向―』（『國學院雜誌』七四巻七号、一九七三年）、

同氏「両総における北条氏領」（『房総の郷土史』三号、一九七五年）。

山田邦明氏「千葉氏と足利政権－南北朝期を中心に－」（『千葉史学』一二号、一九八八年）。

木村修氏「佐々木導誉と上総・下総両国－『太平記』導誉上総配流説の検討－」（『成田市史研究』一七号、一九九三年）。

小国浩寿氏「上総守護と世良田義政事件－『円覚寺蔵大般若経刊記』をめぐって－」（『金沢文庫研究』二九五号、一九九五年）、同氏「持氏期鎌倉府の守護政策と分国支配－上総守護補任問題を契機として－」（『地方史研究』二二九号、一九九一年）。

湯山学氏「禅秀の乱後における房総三国の守護」（『千葉県の歴史』一二号、一九七六年）。

山家浩樹氏「上総守護宇都宮持綱－満済と義持－」（『日本歴史』四九〇号、一九八九年）。

島村圭一氏「上杉禅秀の乱後における室町幕府の対東国政策の特質について」（『地方史研究』二四九号、一九九四年）。

千野原靖方氏「中世後期上総国在地支配の転変－畔蒜庄佐々木氏と伊北庄二階堂氏の動向を中心に－」（『中世房総の権力と社会』、一九九一年）。

（4）「国府研究の現状（その一）」（『国立歴史民俗博物館研究報告』一〇集　共同研究「古代の国府の研究」、一九八六年）。
「国府研究の現状（その二）」（同報告二〇集　共同研究「古代の国府の研究」（続）、一九八九年）。

宮本敬一氏「上総国」（日本考古学協会　一九九六年度三重大会シンポジウム2『国府－畿内・七道の様相－』、一九九六年）。

（5）大森金五郎氏「上総国府所在地の研究」（『千葉県史蹟名勝天然記念物調査報告』八輯、一九三一年）。
伊藤忞氏「上総国府所在地」（『市原地方史研究』一号、一九六六年）。

藤岡謙二郎氏『国府』（一九六九年）。

石井則孝氏「上総国の国府について（予察）」（『史館』七号、一九七六年）。

須田勉氏「上総国府の諸問題－特に所在地をめぐって－」（『古代』六一号、一九七六年）。

（6）岡田荘司氏「中世国衙祭祀と一宮・惣社」（『神道及び神道史』三〇号、一九七七年）。

（7）伊藤邦彦氏「諸国一宮・惣社の成立」（『日本歴史』三五五号、一九七七年）。
（8）金田章裕氏「国府の形態と構造について」（『国立歴史民俗博物館研究報告』六三集、一九九五年）。
平野元三郎氏「市原市上総国府関係遺跡」（『千葉県遺跡調査報告書』一九六五年）。

今井福二郎氏『房総万葉地理の研究』（一九六五年）。

鴇田恵吉氏「上総国府の研究」（遺稿、『市原地方史研究』四号、一九六八年）。

立石泰三氏『上総と国府』（一九八九年）。
（9）田所真氏「上総国府推定地」（『市原市文化財センター年報』昭和五七・五八年度、一九八五年）。
（10）笹生衛氏「市原村上遺跡（村上遺跡群）」（『千葉県文化財センター年報』一六、一九九一年）。
田所真氏「村上遺跡群」（『市原市文化財センター年報』平成二年度、一九九四年）。

高橋康男氏「村上地区の検討」（『上総国府推定地確認調査報告書』（1）、一九九四年）。

小川浩一氏「村上川堀遺跡」（『市原市文化財センター年報』平成六年度、一九九七年）。

田所真氏「村上遺跡群」（注10所掲）、同氏「郡本遺跡群（古甲遺跡　第3次）」（『市原市文化財センター年報』平成六年度、一九九七年）、同氏「郡本遺跡群」（『千葉県の歴史』資料編　中世　考古資料、一九九八年）。
（11）田所真氏「幻の国府を求めて　安房・上総国」（『歴史講座　幻の上総国府を求めて』、一九九三年）。
（12）高橋康男氏「古甲地区の調査」「市原台地の状況」（注10所掲確認調査報告書）。
（13）近藤敏氏「山田橋表通遺跡」（『市原市文化財センター年報』昭和六〇年度、一九八六年）。
（14）木對和紀氏『市原市郡本遺跡』（『市原市文化財センター調査報告書』一四集、一九八七年）。
田中清美氏「市原市郡本遺跡（第2次）」（『市原市文化財センター調査報告書』五六集、一九九五年）。
（15）深澤靖幸氏「国府のなかの多磨寺と多磨郡家」（「シンポジウム古代東国の国府と景観」、『国史学』一五六号、一九九五年）。
（16）福田豊彦氏「鎌倉時代における足利氏の家政管理機構」（『日本歴史』三四七号、一九七七年）。
なお市東・市西両郡はもと上総権介広常の遺領の一部で、広常の滅亡後遺領を継承した千葉常胤から孫常秀に譲られ、常秀の嫡子秀胤が三浦氏とともに滅んだのち、上総守護となった足利氏の守護領になったものである（注3所掲野口実氏「上総千葉氏について」参照）。

(17)『近代足利市史』第一巻（一九七七年）第二編第二章（小谷俊彦氏執筆）。
(18)三河国府の所在地については注(5)所掲藤岡氏著書、および木下良氏「参河国府跡について」（『人文地理』二八巻一号、一九七六年）を参照。
三河守護所については『吾妻鏡』に、暦仁元年（一二三八）の将軍頼経の上洛・下向に際し、頼経は矢作宿の三河守護足利義氏の邸宅に宿泊し、建長四年（一二五二）の宗尊親王の鎌倉下向に際しても義氏は矢作と宮路中山に設営した。注(2)所掲佐藤進一氏著書①はこれを足利義氏の三河守護在職の徴証とする。さらにこれを足利氏の三河守護所が矢作（岡崎市矢作）に置かれた証左と推定しうることは、拙著『足利一門守護発展史の研究』（一九八二年）第一編第一章第一節細川一族の擡頭、および『新編岡崎市史　中世　2』（一九八九年）第一章第一節足利氏の三河支配（小林吉光氏執筆）、同書第一章第二節鎌倉街道矢作宿（新行紀一氏執筆）参照。
(19)今枝愛真氏『中世禅宗史の研究』（一九七〇年）。
大野達雄氏「長柄町の歴史と文化財」（『千葉県の歴史』三四号、一九八七年）。
なお上杉朝宗は晩年この眼蔵寺に隠棲し、応永二十一年（一四一四）寺内で没した。
(20)石井進氏「鎌倉時代の常陸国における北条氏所領の研究」（『茨城県史研究』一五号、一九六九年）。
(21)御家人制研究会編『吾妻鏡人名索引』（一九七一年）参照。
(22)注(2)所掲佐藤進一氏著書②、注(3)所掲諸氏論文参照。
(23)『市原市史　中巻』（一九八六年）第二章第三節「室町期の市原の荘園と村落」（高村隆氏執筆）。
(24)八幡郷の飯香岡八幡宮の現在の本殿は長禄～文明年間（一四五七～八七）頃の建立と認められ、国の重要文化財に指定され、また拝殿・幣田は元禄四年（一六九一）の再建になるもので、県の有形文化財に指定され、本殿は昭和四十二～四十三年（一九六七～六八）に、拝殿は同四十三～四十四年に解体修理が行なわれた（『千葉県有形文化財飯香岡八幡宮拝殿修理工事報告書』、一九七〇年）。このように現在の本殿の建立が一五世紀後半であることから、同社の由緒が確実に室町期に遡ることが確かめられる。なお文化十二年（一八一五）四月十五日付八幡郷八幡宮社役人廻状（飯香岡八幡宮文書）は、来る十七日は徳川家康の二百年祭につき、四ツ時に出席して御神酒を頂戴するように「八幡郷・きくま・屋まき・府中・そう志や・村上・ごい・ご志よ」の八郷役人衆に通達し、各郷役人が印章を加えたものであって、このように豊臣秀吉禁制に記された八郷は、江戸後期まで祭祀の通達対象として踏襲されている。

(25) 杉山博氏「目代大石氏に就いて」(『府中市史史料集』四、一九六四年)。

(26) 奥野高廣氏「武蔵目代大石氏(補考)」(同史料集十二、一九六六年)。

(27) 『府中市史　上巻』(一九六八年)第二章第八節「武蔵目代兼守護代」(奥野高廣氏執筆)。

(28) 拙著『足利一門守護発展史の研究』(一九八〇年)第一編第三章第二節一「頼之・頼有兄弟とその分国」。

(29) 斉藤利男氏「荘園公領制社会における都市の構造と領域—地方都市と領主制—」(『歴史学研究』五三四号、一九八四年)。

(30) 義江彰夫氏「中世前期の国府—常陸国府を中心に—」(『国立歴史民俗博物館研究報告』八集、一九八五年)。

(31) 拙稿「下野の国府と府中について」(『栃木史学』二号、一九八八年、一部補訂して本書第一章収載)。

(32) 木下良氏『国府—その変遷を主にして—』(教育社歴史新書〈日本史〉44、一九八八年)。

(33) 『千葉県指定有形文化財府中日吉神社本殿修理工事報告書』(市原市教育委員会、一九八七年)。

(34) 滝本平八氏「府中日吉神社に関する覚書—建築史を中心として」(『市原地方史研究』一五号、一九八八年)。

(35) 『日本歴史地名大系12　千葉県の地名』の馬野郡および各郷保の項参照。

(36) 『市原市史　中巻』第二章第二節　南北朝室町期の市原(高村隆氏執筆)。

(37) 竹内理三氏「在庁官人の武士化」(『日本封建制度成立の研究』、一九五五年)。

(33) 『新猿楽記』は平安後期の漢文体随筆。藤原明衡著、一一世紀半ば頃の作と推定されている。猿楽見物の一家三〇人に託して当時の主な職業や世相を誇張を交え滑稽に描いた作品。往来物の祖ともいわれる(『群書類従』文筆部。『日本思想大系八　古代政治社会思想』)。

(34) 石井進氏『日本中世国家史の研究』(一九七〇年)Ⅰ、第五章「幕府と国衙在庁の個人的関係」。

(35) 『調布市史　上巻』(一九九〇年)第三編第一章「武蔵武士の発展と市域」(拙稿)。

(36) 景山春樹氏「じんぽう(神宝)」(『國學院大學日本文化研究所紀要』二六輯、一九七〇年、「神道要語集」〈一一〉)。

(37) 『金沢文庫古文書』五二一六号。

石井進氏「金沢文庫古文書にあらわれた鎌倉幕府下の武蔵国衙」(『金沢文庫研究』一一巻四号[通巻一一一号]、一九六五年)。

『金沢文庫古文書』の文書名は「建治三年々貢注文」とするが、石井氏の指摘のように、年貢でなく下行米の散用であり、年月も建治三年七月より同四年正月八日にわたるので、建治三・四年下行米散用状とすべきである。
(38)『市原市史　中巻』第二章第六節第四項「中世の市原文化」（川戸彰氏執筆）。
(39)『市原市史　中巻』第三章第八節第一項「神社」（小幡重康氏執筆）。
(40) 中世東国の「宿」については、次のような論文がある。
市村高男氏『戦国期東国の都市と権力』（一九九四年）第三編「東国の戦国期城下町」。

阿部浩一氏「中世後期における関東内陸の水上交通と伝馬・宿―下総関宿を中心として」（『中世東国の物流と都市』、一九九五年）。

飯村均氏「陸奥南部の竪穴建物跡を主体とする集落」（『中世都市研究3　津・泊・宿』、一九九六年）。
(41) 鈴木英啓氏「私の考古学日記（遺稿）6　能満府中城と市原の城郭について」（『市原市文化財センター研究紀要』Ⅱ、一九九三年）。
(42) 小字名は『千葉県市原市地名集』（市原市教育委員会、一九七八年）による。
(43)『村上城跡―市原市文化財センター調査報告書』一一集（一九八六年）、によれば、村上城跡は養老川旧河道の自然堤防上に位置し、最も高所に位置するのは小字堀ノ内・宿であるが、付載する図7には他に大庭・門前・後口・白幡前・馬場台などの小字が分布する。発掘調査はこのうち小字門前・大庭の一部で実施され、堀・土塁・土葬墓などの遺構から、土師器、須恵器、布目瓦、瀬戸・美濃などの中世・近世陶器、中世石塔（板碑・五輪塔・宝篋印塔）、寛永通宝、銅香炉などが出土し、豪族居館・根小屋などの日常生活の場としての性格が想定され、ことに今回の発掘調査では中世寺院の存在が推定されるという。この発掘調査地点小字門前の東には小字寺中があり、寺院跡の可能性が強いのも当然であろう。今回調査地点の北から北西にあたる城郭中心部の堀ノ内・宿などの発掘調査が待たれる。
一方『白船城跡―市原市文化財センター年報』昭和六一年度（一九八八年）によれば、白船城跡は水田面との比高差一五メートルの台地上に立地する、戦国時代の平山城形態の城跡である。遺構はかなり削平されているが、今回の発掘調査では弥生時代や奈良・平安時代の住居跡、中世・近世の土壙三〇基、地下式壙一基、掘立柱建物一棟などが検出され、出土遺物には弥生時代中期の土器、奈良・平安時代の土師器・須恵器・緑釉陶器、中世・近世の陶磁器などがある。
(44) 『市原市史　中巻』第二章第五節「市原の諸豪と城郭」(伊礼正雄氏執筆)。
(45) 半田堅三氏「地下式壙再考―市原台遺跡中世遺構の分析―」(『市原市文化財センター研究紀要』Ⅱ、一九九三年)。
(46) 石井進氏「中世墓研究の課題」(『中世社会と墳墓　帝京大学山梨文化財研究所シンポジウム報告集　考古学と中世史研究』3、一九九三年)。
(47) 参考のため、牧英正氏『人身売買』(岩波新書、一九七一年)、同氏『国史大辞典』人身売買の項等により人身売買の歴史を瞥見すると、律令制では奴婢以外の売買は禁止し、奴婢は官司に届けて立券することとした。平安末には人をかどわかして売る人商人が横行したので、朝廷はしばしば禁令を発し、鎌倉幕府も「人倫売買」の禁を繰り返したが、飢饉のときは黙認した。中世の説話集・謡曲・お伽草紙・古浄瑠璃等にはしばしば人商人が登場し、事実、人売り文書は中世を通じて存在する。ポルトガル商人が日本人を奴隷として諸国に搬出したことを知った豊臣秀吉は、天正十五年(一五八七)六月の朱印状のなかで、日本人を海外に売ることおよび国内の人身売買禁止を定めた。江戸幕府は農民を土地に固定する必要からも、元和二年(一六一六)以来人身の永代売買を禁止し、年季売を当初は三年、のち一〇年に制限し、元和五年には人をかどわかして売るものを死罪としたが、江戸初期にはまだ人身の永代売りが行なわれた。元禄十一年(一六九八)幕府は制限を撤廃したが、商品生産が進展し農村の構造が変化するにつれて、江戸中期には譜代下人は急速に減少し、身分的な隷属関係から経済的な奉公関係すなわち年季奉公に変化した。ただし遊女・芸者等の年季奉公は後まで人身売買の実質をとどめ、「身売り」といわれた。
(48) 栗野俊之氏「飯香岡八幡宮の戦国期文書」(『市原地方史研究』一五号、一九八八年)。
(49) 大谷弘幸氏「西上総地域の古道跡―いわゆる鎌倉街道を中心として―」(『研究連絡誌』四一号、一九九四年、(財)千葉県文化財センター)。
柴田龍司氏「鎌倉道と市―袖ケ浦市山谷遺跡の成果から―」(同『研究連絡誌』四一号)。

福島金治氏は上総国周東・周西両郡内の金沢称名寺領の年貢の海上輸送に関連して、富津の「問」の活動や波多沢浦の「海船」に注目されている。福島氏「金沢称名寺領上総国佐貫郷について」(『三浦古文化』四二号、一九八七年)、同氏「上総国周東郡内の金沢称名寺領について」(『日本歴史』四九四号、一九八九年)。

また湯浅治久氏「中世東国の「都市的な場」と宗教」(『中世東国の物流と都市』、一九九五年)は、以上の大谷・

柴田・湯浅の諸氏の論述を紹介して、中世の上総国府と富津を結ぶ内陸道および富津周辺の港湾の発達を指摘している。

(50) 網野善彦氏『増補　無縁・公界・楽』(一九八七年)。

(51) 斉藤利男氏「古代・中世の交通と国家」(『日本の社会史』第二巻『境界領域と交通』一九八七年)。

(52) 玉井哲雄氏「都市空間における中世から近世への転換」(『中世都市研究　1　都市空間』、一九九五年)。

(53) 『市原市史　中巻』第三章第五節第三項「水上交通の整備」(加藤貴氏執筆)参照。

〔付記〕本章の作成に当たり、國學院大学文学部教授吉田敏弘氏より小字名等の教示を賜り、市原市教育委員会生涯学習部ふるさと文化課の田所真氏より多大の協力に与った。記して謝意を表する。

また、本章成稿後、市原市教育委員会より『上総国府推定歴史地理学的調査報告書』(一九九九年)が刊行された。この報告書には木下良氏「上総国府の調査」、島田潔氏「国府との関係から見た飯香岡八幡宮と柳楯神事」、中嶋宏子氏「飯香岡八幡宮の秋季例大祭」、吉田敏弘氏「上総国府・府中比定地周辺の地割と地名」、中村太一氏「上総国府関係古代・中世史料集」を収め、参照すべき点が多い。

第二編　西国の中世都市府中と神社・寺院

第一章　丹後府中の発展と時宗・法華宗

はじめに

丹後府中は日本三景の一つの天橋立（大天橋砂州）によって形成された内海阿蘇海の北岸に位置し、京都府宮津市の府中地区に該当する。府中の称呼はすこぶる古く、すでに建久元年（一一九〇）霜月七日の沙門覚厳の書写奥書に「於丹後府中今熊野之辺書写了」（『金沢文庫古文書』十二輯二八二八号　題未詳、文永十二年〈一二七五〉金剛仏子静澄転写）とある。この府中地区のほぼ中央、宇中野にある日蓮宗妙立寺本堂には「髹漆厨子」（重要文化財）が安置され、この厨子には南北朝期と戦国初期の数種類の墨書銘が存在し、それらは中世の丹後府中における時宗集団と法華宗集団の展開および守護勢力の外護をうかがわせる。この厨子は墨漆塗り、総高三六七センチ、幅二〇〇センチ、奥行一七一センチ、高欄を備えた宮殿《くうでん》形で、須弥壇の上に置かれている。昭和初年に修理され、さらに平成二、三年には財団法人美術院により解体修理が行なわれた（『宮津市史　史料編』第五巻〈一九九四年〉参照）。墨書銘は厨子の裏板等に記されており、昭和初年の修理の際に発見されたが、再度の修理の完了とともに再び覆われ、今では再修理に際して撮影された写真によって判読せざるをえない。

写1　丹後府中全景（右は天橋立）

この墨書銘に早くも注目して内容の概要を紹介したのは赤松俊秀氏であり、その後金井清光氏・中嶋利雄氏は同じくこの厨子銘の内容を紹介してその歴史的価値に言及し、さらに石川登志雄氏は中世丹後に於ける時宗勢力発展の証左として厨子銘を紹介するとともに、銘文のほぼ半ばの釈文を掲げられた。ついで京都国立博物館の『学叢』は厨子銘全文の釈文を掲載するが、誤読や脱字があって、そのままでは引用しがたい。その後、中嶋利雄氏は同人誌『私のリポート』二三号に厨子銘全文の釈文を掲げられたが、同人誌の性質上、多くの人の目に触れる機会はなかった。ついで同氏を編纂委員の一人とする『宮津市史　史料編』第一巻（以下「史料編」と略称）に、ほぼ同氏の釈文によったとみられる釈文を掲載し、ここにはじめて銘文の判読可能な部分がかなり正確に近く翻刻されて広く紹介されるに至った。(1)

ただし「史料編」の釈文にも少々疑問の部分があり、またこの釈文は銘文の作成年代順でないため、通読に不便と思われる。そこで私は文化庁美術工芸課ならびに宮津市史編纂委員会所蔵の墨書銘写真を閲覧し、上記の翻刻を参照しながらも、私なりに判読した釈文を以下に掲げ、かつ解読の結果判明したことどもを提示して、中世の丹後府中をめぐる情勢を探る一助としたい。但し数百年の歳月を経たため銘文の文字には風化して文字が消えた箇所や薄れた箇所がかなり多い。この墨書銘写真は平成二、三年の修理の際に赤外線フィルムで撮影したものの由であるが、なお風化の進んだ部分は不鮮明で、完全に正確な釈文の作成は不可能に近いことを了承されたい。

第一節　妙立寺厨子銘の釈文

まず妙立寺髹漆厨子（以下妙立寺厨子と略称）の墨書銘の図版写真と釈文を掲げる。この墨書銘は南北朝期および戦国期に各三回、計六回にわたって記述されているので、かりに記載順に従って1〜6の記号を付し、さらに1〜3については、A・B等の記号を付した。1〜3は南北朝時代の記載で、そのうち1は延文某年、但し同五年（一三六〇）以前とみられ、2は貞治三年（一三六四）と明記、3は永徳三年（一三八三）とみられる。また4〜6は戦国時代の記載で、そのうち4は明応九年（一五〇〇）、5は永正十年（一五一三）と明記、6はそののちの亥年の某年の記載である。翻刻にあたり適宜読点および並列点を付し、推定される文字などは（　）内に傍注した。なお妙立寺厨子、および同厨子墨書銘の図版（図1・図2）は財団法人美術院所蔵の写真に処った。

図1-1　妙立寺所蔵髹漆厨子正面

図1-2　妙立寺厨子側面

図1-3　妙立寺厨子背面

銘文1A（上向繰形下段上面前）〈図2-1a〉

一　守護□《(代カ)》之事

最初□《(ノカ)》名⌈《(字カ)》

箕浦⌈

法名□《(俊カ)》阿弥陀□

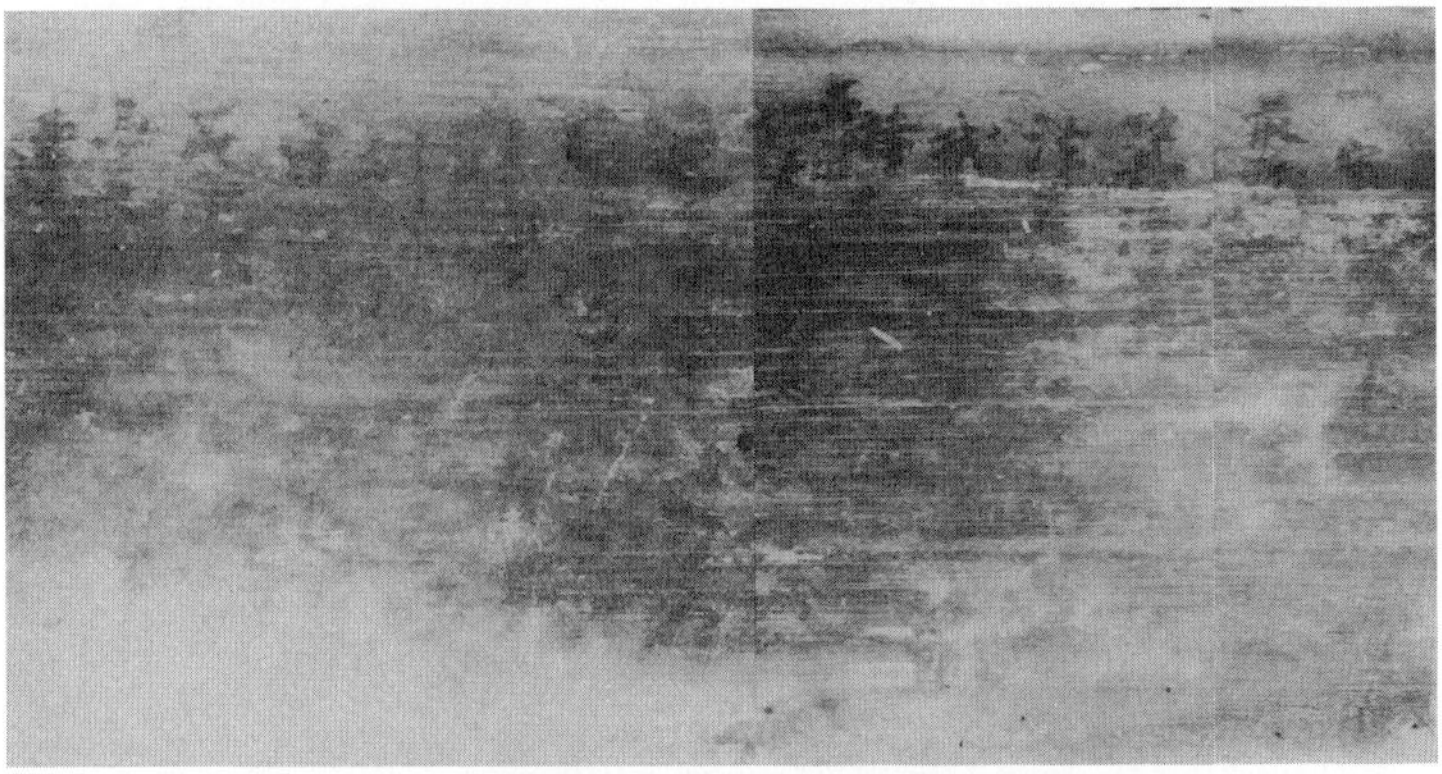

図2-1a　妙立寺厨子銘文（上向繰形下段上面前）

材□
時故□
其□
仁木ノ□□
延文□年八月九□（日）
建立□
□
引□
守護代□
□
□
遷□
（六行省略、判読困難）
（当板）
左衛門（入道カ）□道阿
（以下不詳）

図2-1b　妙立寺厨子銘文（上向繰形下段上面後）

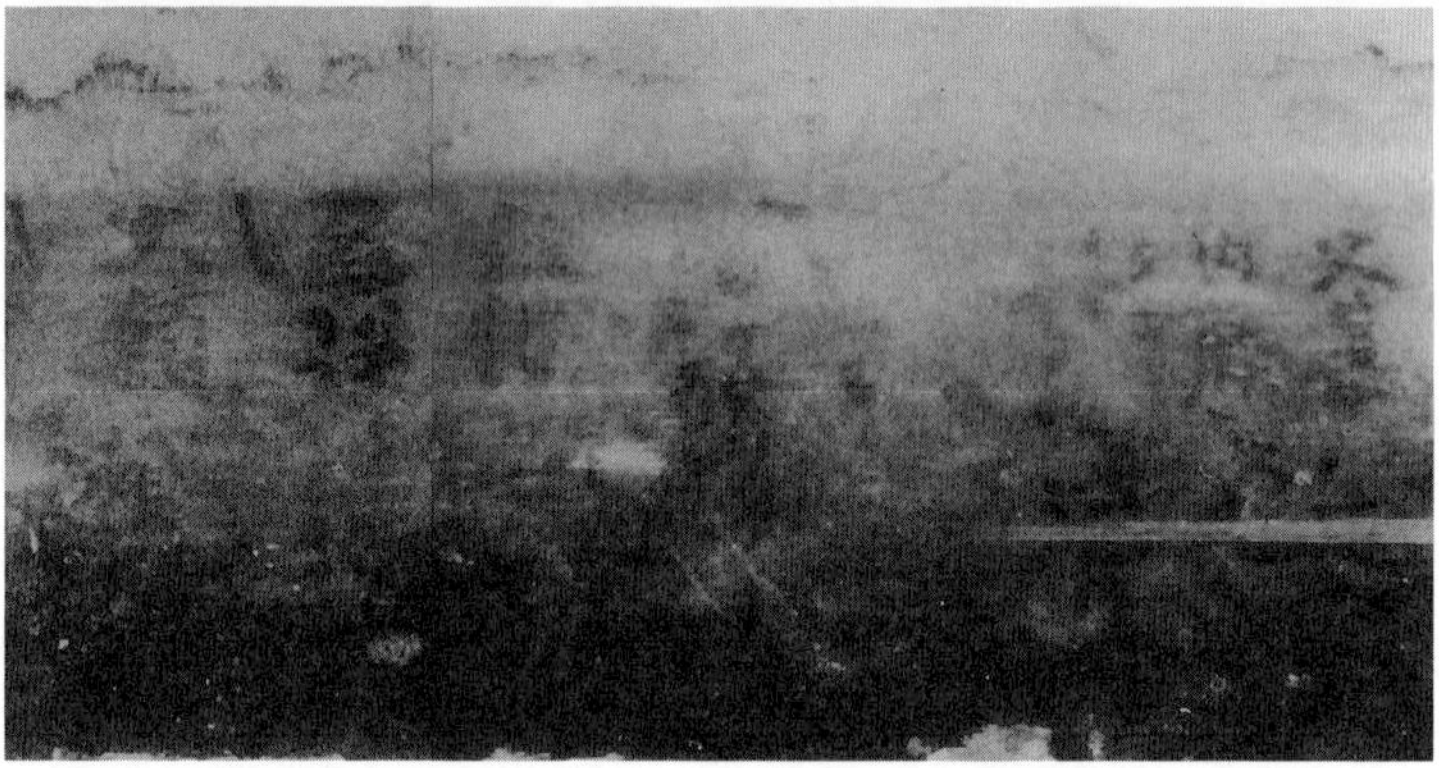

銘文1B（上向繰形下段上面後）〈図2-1b〉

一（当板）

殿□

同息□

佛壇□

□師□

勸進□

塗師□

□（守）護代□

（当板）

大葦殿　定阿□

内藤次郎也

□道阿

白ケサヲ□

□

□

經□

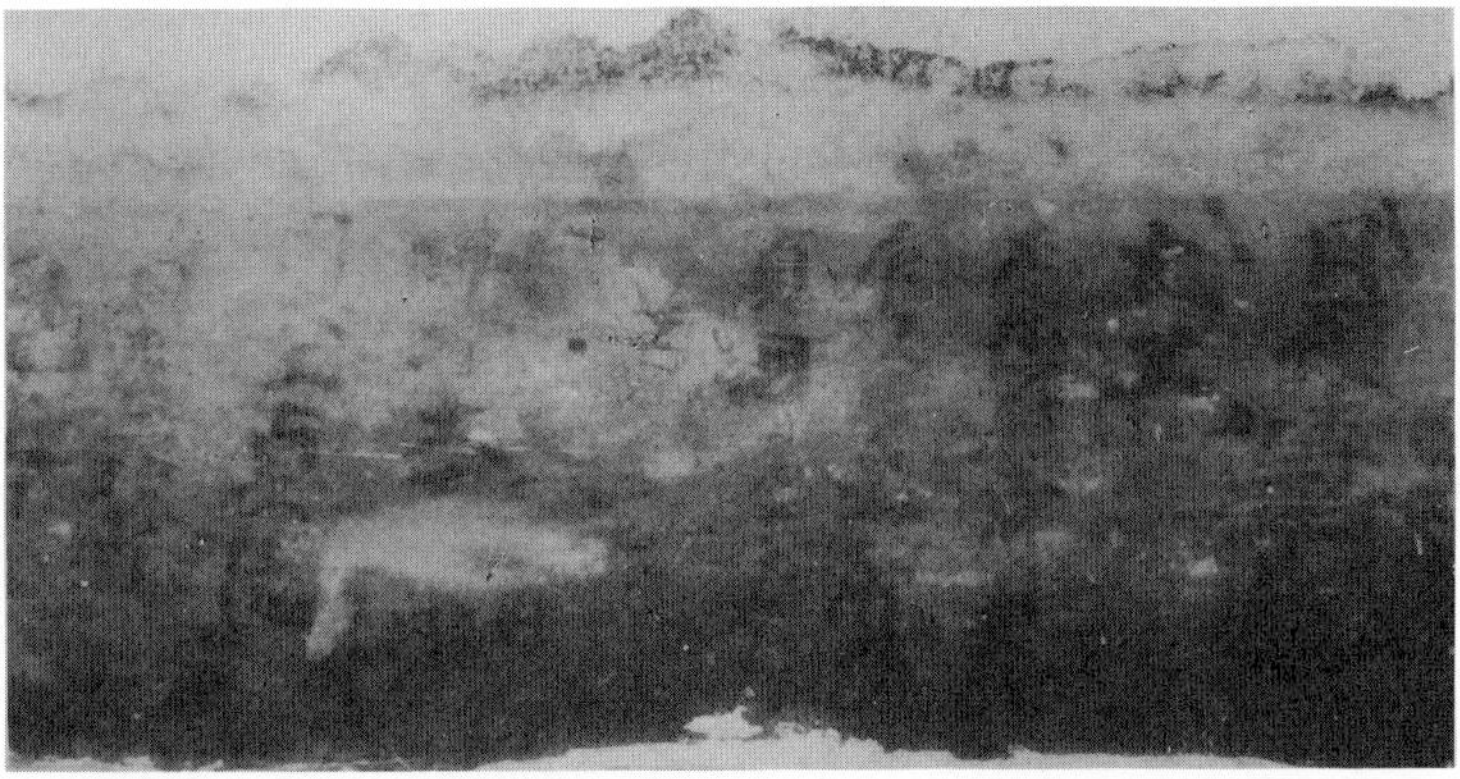

臨阿弥陀佛厶(私カ)
〔大願主頼勝仁木
〔同願專阿 □也
大工〔妙阿弥陀佛
左衛門尉土師貞次
辰次郎衛門尉土師
貞國□
佛師大工□次 □尉 □門
同大工貞國
同左衛門次郎
同左衛門五郎
十方檀那
佛壇ヲ塗ル時ノ
檀那ノ人〻
(当板)
□此□
塗師左衛門□□秀
同□□□守光
(以下不詳)

図２－２ａ　妙立寺厨子銘文（厨子裏屏風腰板向って左）

銘文２Ａ（厨子裏屏風腰板向って左）〈図２－２ａ〉

満福寺 号天橋立道場 本毗沙門堂也

（第七カ）□遊行上人（託何）御行トキ、貞和

二年戌六月晦日苻中ヘ御

入アテ、即大谷往生院道場トメ

来迎院之□客殿□御シ坐、

ミ堂ノ西面ハ念珠屋也、東面ハ

塗屋也、鎮守ノ内ヲハ念佛屋トス、

往生院ノ内未申ノ隅ハ□トス、

餘ノ人ミハ大谷ノ坊中ヲ宿トス、

其ノ時ノ國ノ守護ハ山名三河（兼義）殿、住吉ニテ

打死シ給、守護代ハ箕浦之

四郎左衛門尉法名俊阿ミ（弥）、

満福寺大願主花□入

道行阿ヲ相語テ、□

時衆申止《ト、ム》、彼□

入院ス、即蓮花□

図2-2b　妙立寺厨子銘文（厨子裏屏風腰板中央当板）

奉《ル》懸《ケ》想願十□
其《ノ》坊《時》主《ハ》臨阿弥陀佛、□
名字《ヲ》改《メテ》、号《ス》師阿弥陀佛、時
衆二人一人《ハ》宿阿、一人□□
也、入院《ノ》事忍《ヒテ》□
他所《ノ》坊主《ハ》我《ニハ》□
在家《ハ》守護代 俊阿 定□（阿カ）入道
等也、其《ノ》時《ノ》道場《ハ》太子堂《ノ》
東《ノ》脇水（湧カ）《ノアル》所《ニ》五間堂也、
其《ノ》坊主師阿旀陀佛、當所《ニ》

銘文2B（厨子裏屏風腰板中央当板）〈図2-2b〉

住《スル》事十年也、貞和二年戌ヨリ文和四年二月十一日《マテ》□
年也、同年二月十一日染原（漆、下同）《ノ》道場《ニノ》往生《ス》、兼《テ》ヨリ□
寂後《ノ》念佛等勸之由、益（約カ）アル故、某厺（私カ）浦明ヨリ染原《ニ》罷
越《テ》寂後《ヲ》勸《メ》畢《ヌ》矣
其時《ノ》御遊行様第八円上人、境節越後荷《ノ》道場《ニ》御、
當寺《ヨリ》坊主《ヲ》所望《スル》時、上人言《ク》、遊行《ニハ》今□

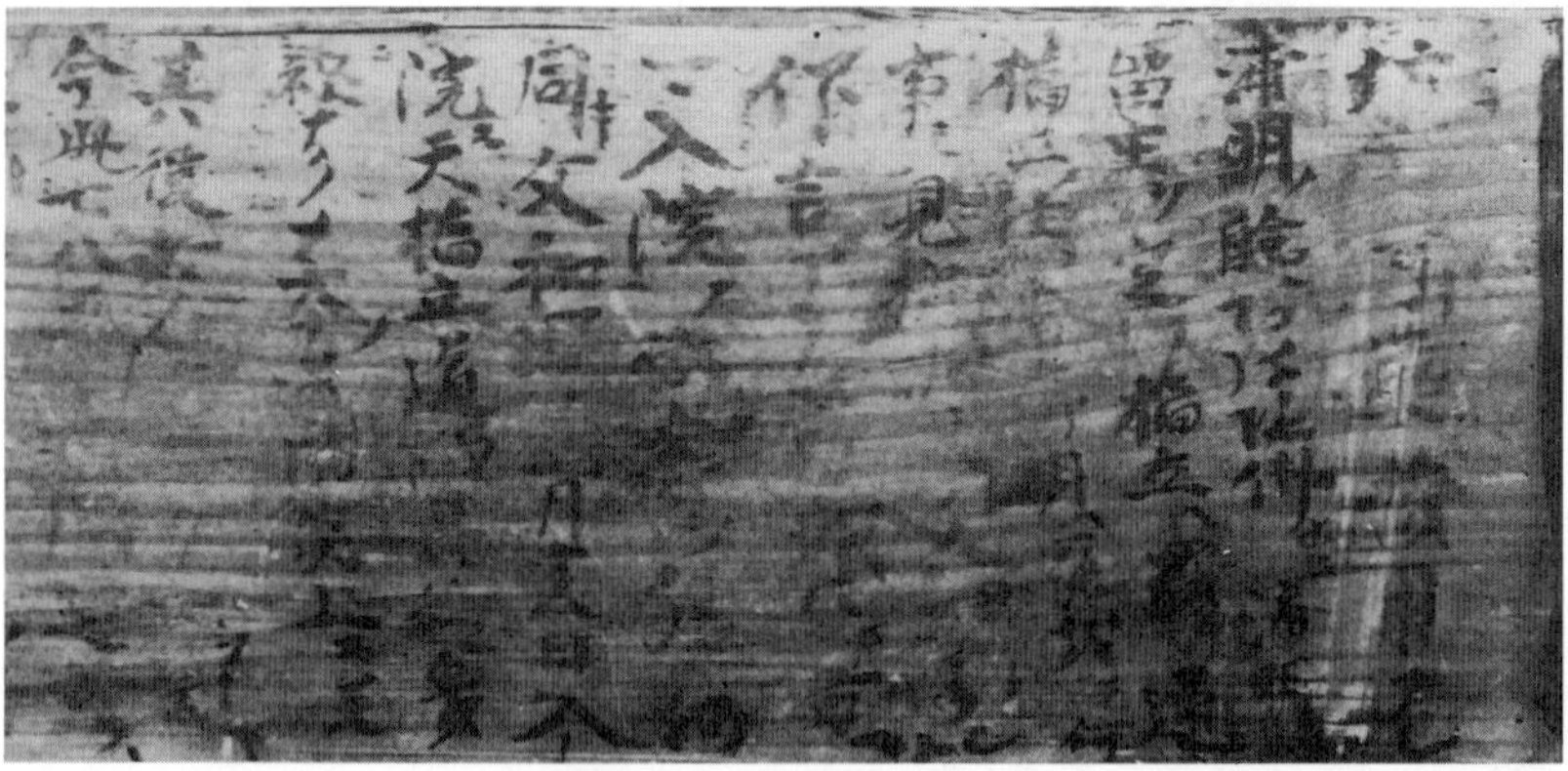

図２-２c　妙立寺厨子銘文（厨子裏屏風腰板向って右）

銘文２C（厨子裏屏風腰板向って右）〈図２-２c〉

坊主《ニ》可《キ》遣機用ナシ、
浦明《ノ》臨阿弥陀佛忢、浦明《ニ》
留主《ヲ》定《テ》橋立《ヘ》罷《リ》通、
橋立《ニ》住《メ》常《ニ》浦明《ヘ》罷越《テ》、何
事《モ》見撰候《ニ》子細アラシ《ト》
仰言アリ、即我《ミカ》方《ヘ》
可入院《ス》御書《ヲ》賜《ニ》仍、
同《キ》文和四年三月十八日入—
院《ス》、天橋立道場、其後幾
程ナクメ、本《ノ》道場炎上《ス》矣、
其後必□□ヲ割キ、
今此七八五十六間道場《ヲハ》

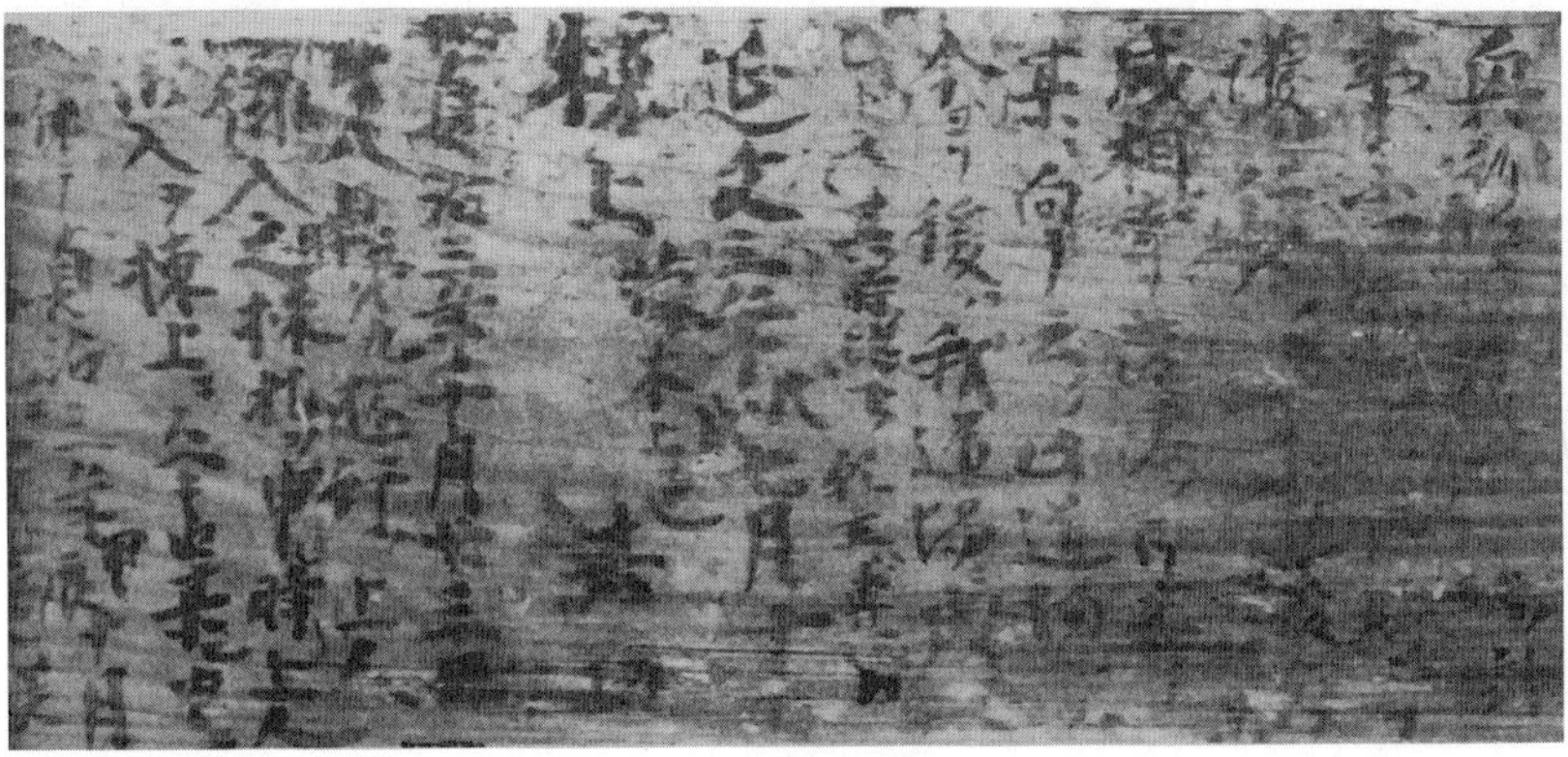

興行ス、□□(道)場ノ倒
事不可有□□時ニ守
護ハ仁木ノ□子也、□後□□□□□
成相寺□□御来アテ、
某ニ向テ云ク、此道場ヲハ
今ヨリ後ハ我道場ニ成スヘ
シト云ニ、其時ノ□□ノ願主ハ専阿、
延文三年戊戌七月十日
棟上棟木上ル也、其後
貞治三年十月廿三日、
十八日第九遊行ノ上人(白木)
御入之(時)棟札ヲ申シ時、上人
御入ヲ棟上ニスヘキ由、某ニ申ニ
付テ、貞治三年甲辰十月
廿三日ト札ニ載給也矣、

図2-3a　妙立寺厨子銘文（須弥壇上框上面前右）

図2-3b　妙立寺厨子銘文（須弥壇上框上面中央）

図2-3c　妙立寺厨子銘文（須弥壇上框上面前左）

銘文3A（須弥壇上框上面前右）〈図2-3a〉

□佛壇之下絵者式部法眼宗秀也、上ノ□□
永徳三年关（癸）亥五月八日安置二佛壇ニ佛ヲ一、

銘文3B（須弥壇上框上面中央）〈図2-3b〉

子息民部卿法眼京ヨリ下向メ、此壇ヲサイシキ畢ヌ
佛号ス十二（四）代□
□佛□

銘文3C（須弥壇上框上面前左）〈図2-3c〉

□（毗）沙門三尊アリ中尊者大□
□□

図2-3d　妙立寺厨子銘文（須弥壇上框上面後左）

図2-3e　妙立寺厨子銘文（須弥壇上框上面後中央）

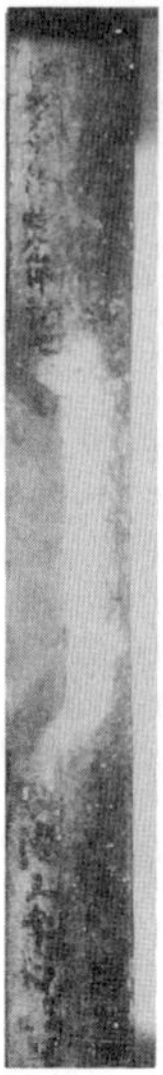

銘文3D（須弥壇上框上面後左）〈図2-3d〉

〔　　〕
同守護代大□□（葦殿カ）代官國□（依カ）〔　　〕

銘文3E（須弥壇上框上面後中央）〈図2-3e〉

〔　　〕弥陀佛〔　　〕
〔　　〕終ノ時念佛勸也、　□（永カ）徳三年〔　　〕

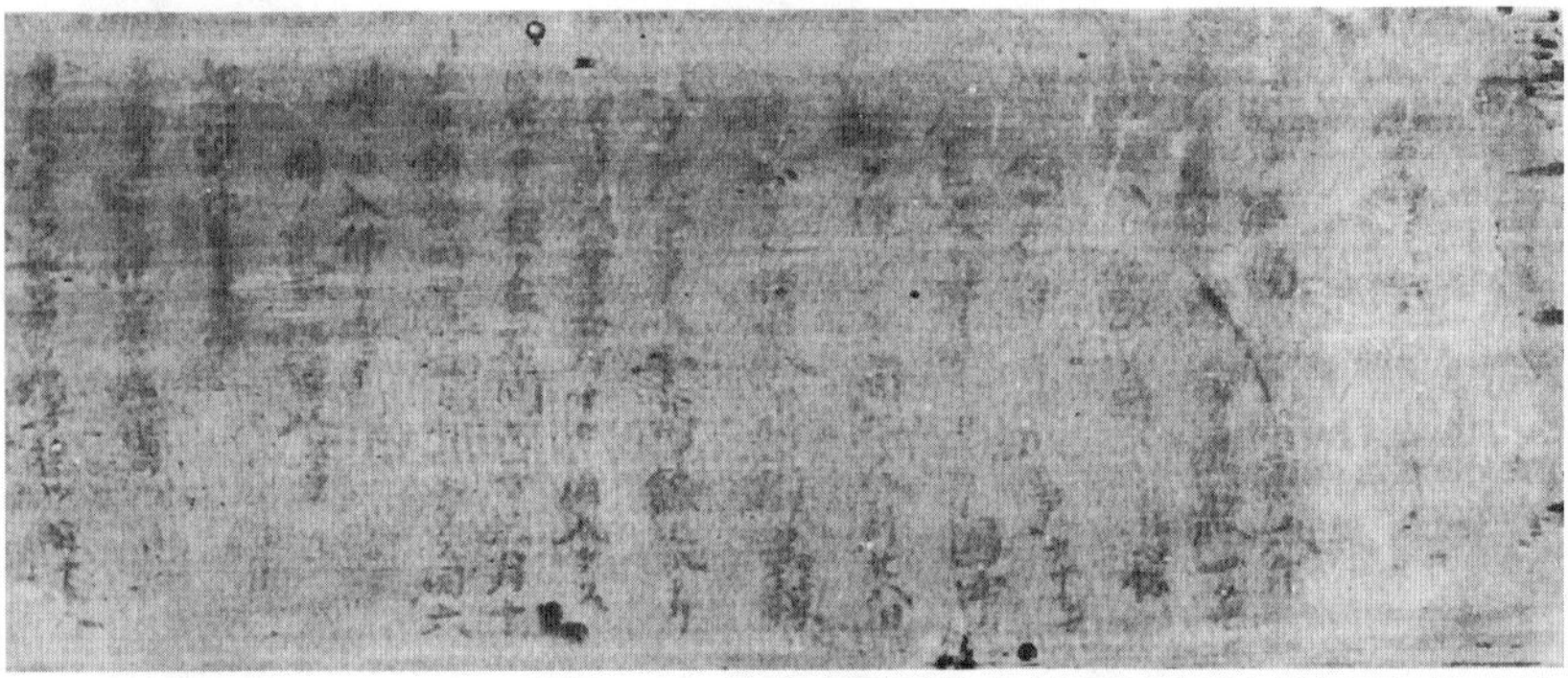

図2-4　妙立寺厨子銘文（宮殿部地覆上前部羽目板裏面）

銘文4（宮殿部地覆上前部羽目板裏面）〈図2-4〉

當寺［　　］事
□□（橋立カ）道場ニ□明應六年
□□五日、時ノ守護殿一色
□□（義直カ）、在國ノ時ヨリ［　　］
［　　］、此事カナシマ□（サル）
人ナシ、［　　］國中ニ
□（棟カ）別ヲ催ス也、同年八月廿八日
□ヲ出サル、時衆［　　］棟
□ヲ記ス事、八千ヶ所ニ餘レルナリ、
□□同八年十一月廿日ニ杣入ヲス、
同廿一日ニ柱ヲ取始、同九年正月十
五日釿始、同四月廿五日柱立ヲス、同六
月□（七カ）日入佛アリキ、
　時ノ衆分□□次第
馳阿、珂阿、作［　　］
□□、□阿　□阿、浄阿、珠阿、弥阿、宣阿、
名阿、□阿、金阿、如阿、理阿、獨阿、智阿、以上十□（七カ）人、

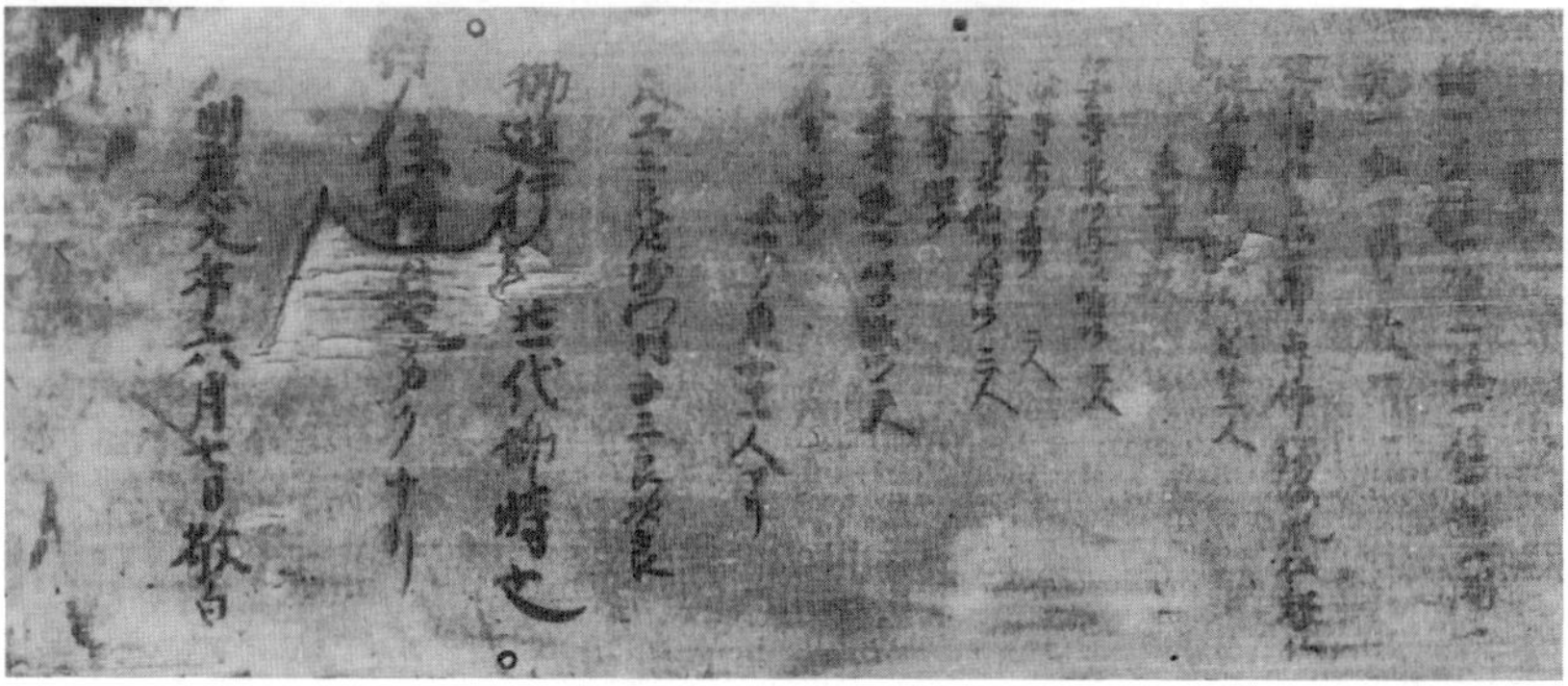

尼衆

護一、□一、住一、頂一、億一、住一、制一、聞一、

光一、如一、明一、教一、

迎仏、得仏、玉仏、二佛、専佛、縁阿、礼仏、智仏、

従仏、勢仏、能仏、以上廿二(三カ)人

末寺衆

法雲寺裏阿、与阿、唯阿、三人、

大佛寺乘阿、壽阿、　二人、

安養寺弥阿、但阿、持阿、三人、

圓長寺眼阿、

寳蓮寺連阿、以阿、識阿、三人、

□蔵寺也阿、

本末ノ衆四十一人アリ、

大工三良左衛門、同子三良次良、

御遊行　廿一(知蓮)代御時也、

時ノ住持是ヲカクナリ、

明應九年六月七日敬白

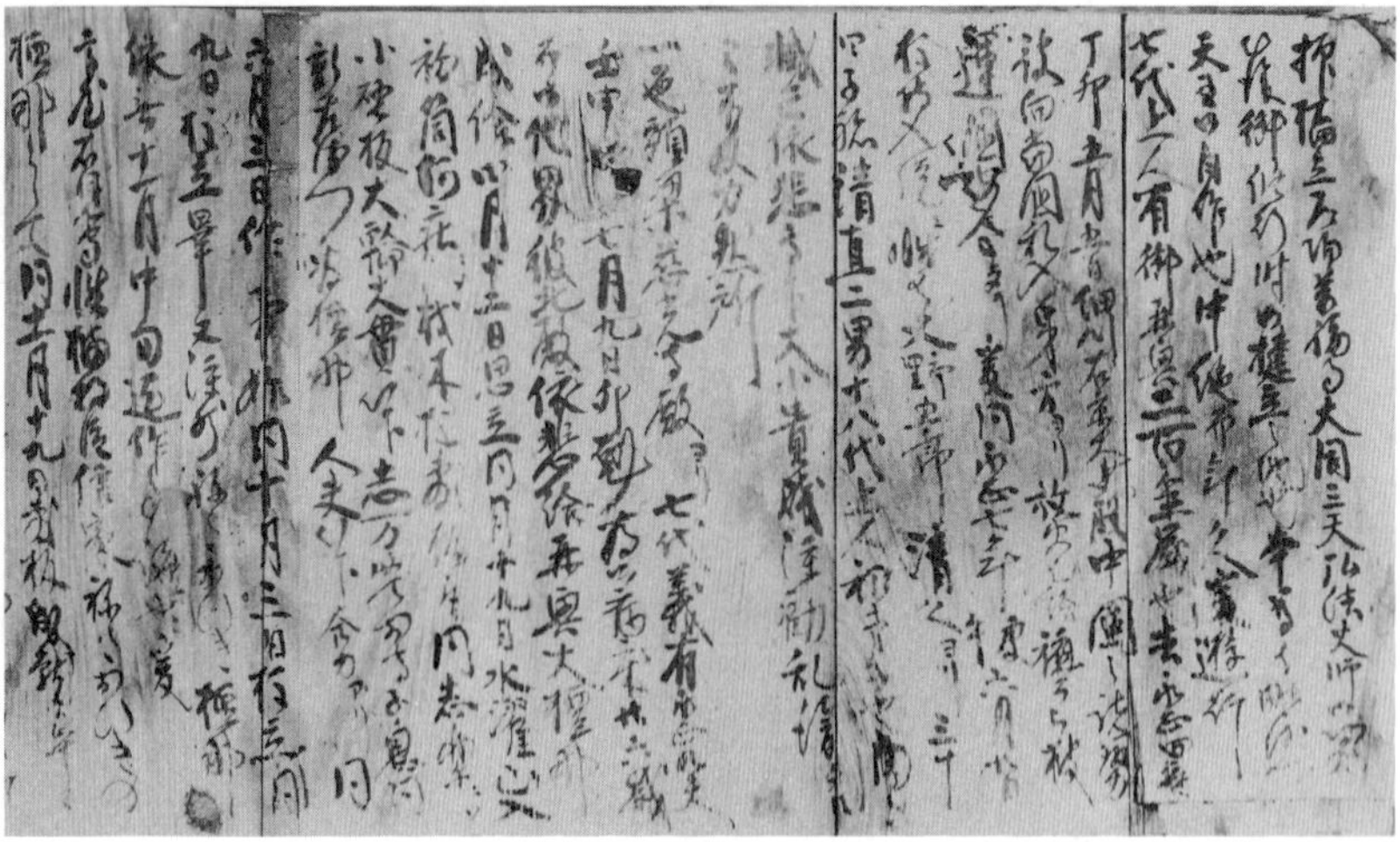

図2-5　妙立寺厨子銘文（厨子外陣底裏）

銘文5（厨子外陣底裏）〈図2-5〉

抑橋立道場萬福寺、大同三天弘法大師御帰朝
以後、御修行時御揵（ママ）立之地也、本尊者毗沙門
天王、御自作也、中絶而年久、爰遊行
七代（託何）上人有御再興、二百余歳也、去永正四年
丁卯五月五日、細川右京大夫殿中國之諸勢
被向、當國乱入、身方ヨリ放火シ給、廰而被披
運、國安全タリ、爰同永正七年庚午六月廿日
住持入院ス、性（姓、下同）者又野五郎清久ヨリ二十
四子孫清直二男、十八代（如象）上人初弟子也、當寺
滅亡依悲、高下大小貴賤雖勧、乱後タル
間不及力、然所
一色頭梁慈光寺殿（満範）ヨリ七代義有、永正九天
壬申　七月九日卯剋、爲御病床、廿六歳
而御他界、彼北殿依悲給、再興大檀那
成給、四月十二日思立、同月十九水灌・山入
初、筒河庄ニテ材木・柱・敷板・瓦、同志楽ニテ
小壁板・大輪・大貫以下、志万豊前守子息同
新左衛門爲檀那、人夫以下合力アリ、同
六月三日作事始、同十月三日柱立、同
九日柱立畢ヌ、雖然、ねた（根太）・おひき（尾引）檀那
依無、十一月中旬迄作事絶也、爰
高屋石見守性楠（ママ）朝臣信家、ねた・おひきの
檀那として、同十一月十九日敷板成就候畢、

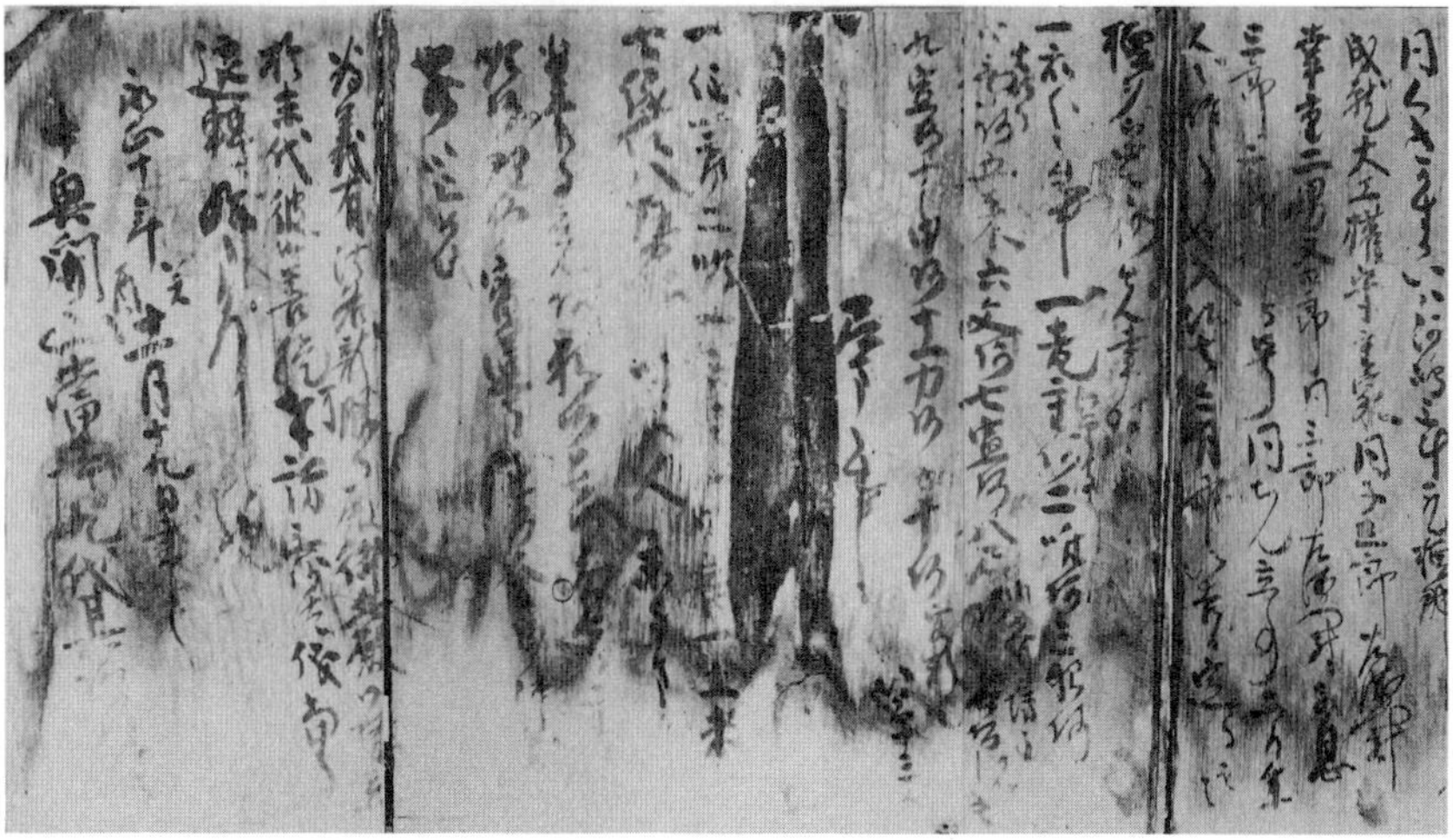

同くき(釘)・かすかい(鎹)ハ、河嶋主計允檀那として
成就、大工權守重家、同子三郎左衛門尉
幸重、二男又四郎、同三郎左衛門尉子息
三郎二郎与号、同ちん(陣)立事、二百余
人之作事也、入仏者今月中以吉日定与云〻、
檀ヲウツス〻仍、先書付候也、

尼方之事

一、衆分之事、一老重阿、法雲寺 二唯阿、三眼阿、
四乗阿、大仏寺 五来、(阿脱カ) 六文阿、七宣阿、八尺阿、御かへり坊主 長阿かつしき(喝食)、
九宣阿、十由阿、十一力阿、十阿客料也、

以上十三人

(二行抹消)
一住一房、二順一、三□一、四音一、五米一、(ママ)
七縁仏、八勢仏、以上八人、

末寺方

安養寺覚阿、願阿、長阿、圓長寺重阿、
順阿、理阿、寳蓮寺随阿、金阿、陣阿、
也阿、以上如此、
爲義有法名龍勝寺殿、御北殿御捷(ママ)立、
於末代彼御菩提奉訪可、無沙汰儀當寺
退轉始たるへく候也、
永正十年关(癸)酉十一月十九日書之、
中興開山當寺九代其阿弥陀仏

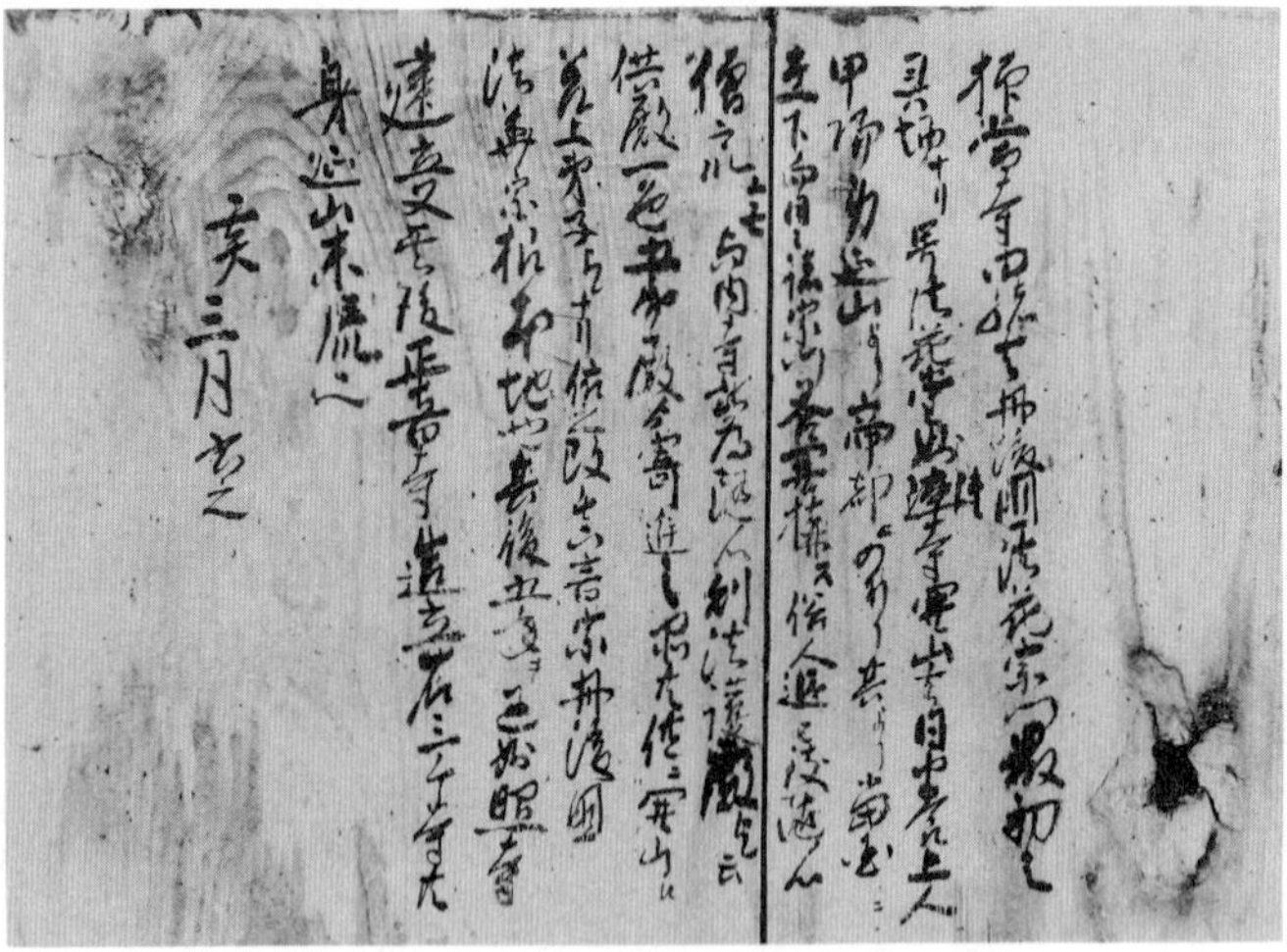

図２－６　妙立寺厨子銘文（厨子内陣底裏）

銘文６（厨子内陣底裏）〈図２－６〉

抑當寺由緒者、丹後國法花宗門最初之
灵(霊)場ナリ、号法花堂妙陸(隆)寺、開山者日養上人、
甲陽身延山より帝都ニのほり、其より當國ニ
在下向、日ミ諸宗問答開構(ママ)ス、俗人追ミ致随心、
僧衆ニモ与内寺就爲随心、則法護殿与(と)云、
供殿、一色五郎殿ゟ寄進之品共、供ニ開山江
差上、弟子与ナリ、依之改真言宗、丹波國
法華宗根本地也、其後五年ヲ過、妙照寺
建立、又其後正音寺造立、右三ケ寺共
身延山末流也、

亥三月書之、

第二節　南北朝期の情勢と銘文にみる橋立道場満福寺

南北朝時代の妙立寺厨子銘を検討する前提として、まず当時の丹後府中をめぐる政治・軍事情勢を概観しよう。元弘三年（一三三三）五月、六波羅探題滅亡後まもなく、後醍醐天皇の綸旨を受けた熊谷直清・同直久らは丹後に侵入して府中に迫り、在庁で御家人を兼ねる日置末清らもこれらに呼応して挙兵し、国内の要所は官軍の制圧下に帰した。(2) こうして丹後は建武政権の支配下に入り、鎌倉末期以来の知行国主洞院公賢の外護により再建中であった丹後国分寺の金堂が翌建武元年四月に完成し、落慶供養が執り行なわれた。(3)

ところが同年五月、府中の背後の山嶺を占める成相寺で合戦があり、さらに南北朝内乱の勃発を承けて、丹後国内が建武四年（一三三七）頃からしばしば戦乱の巷となった（図3参照）。そして室町幕府の丹後守護も今川頼貞、荒川詮頼、上杉朝定、

写2　成相寺山門

さらに頼貞の再任とめまぐるしく改替するが、南朝勢力の衰退にともない、丹後守護は暦応二年（一三三九）以来伯耆守護の山名時氏が兼補して一〇年余り在任し、丹後国内はいわば第一次の安定期を迎えた。けれども観応元年（一三五〇）勃発した観応擾乱に伴い、足利直義党の時氏は丹後守護を罷免され、上野頼兼がこれに替るが、やがて頼兼は南朝方ないし足利直冬方に討ち取られた。ついで仁木頼章、高師詮、仁木頼勝（頼章の弟）とまたも丹後守護は激しく改替したのち、延文五年（一三六〇）頼勝は兄頼章らの没落とともに分国丹後に落ち延びた末消息不明となり、渋川義行が次の守護となる。このような不安定な丹後の支配に新局面をもたらしたのは、貞治二年（一三六三）、無二の足利直冬方であった山名時氏の幕府帰参であり、翌貞治三年三月時氏は丹波守護に補任され、同じ頃その嫡子師義は丹後守護となる。こうして室町幕

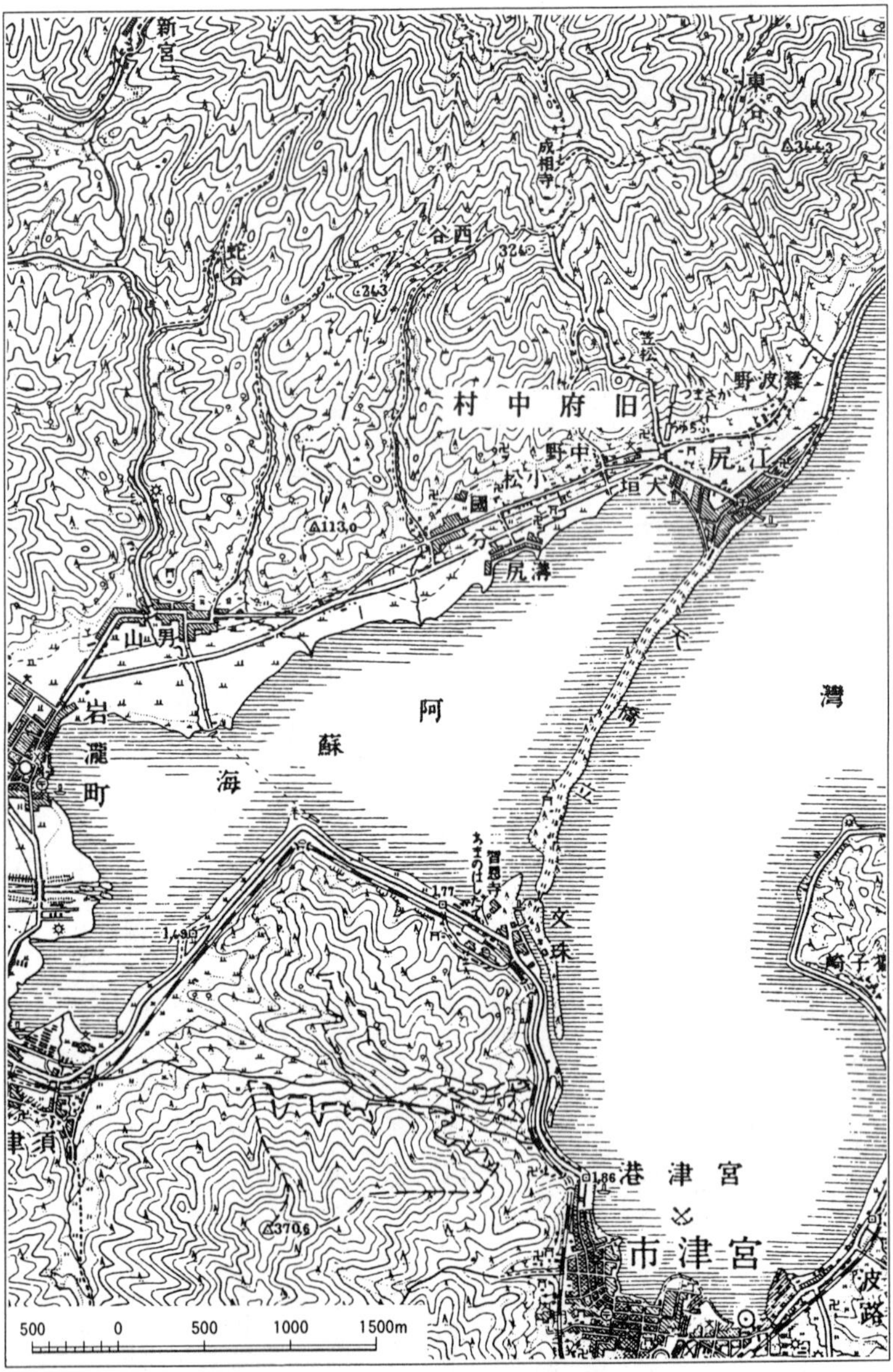

図3　丹後府中・天橋立・宮津港等要図
5万分1地形図「宮津」（明治25年測図、昭和25年応急修正）による

府の丹後支配にはようやく第二次安定期が訪れた。山名師義は子息義幸に、義幸は弟満幸に守護職を譲った後、一旦義幸が、まもなく満幸が再び守護となり、明徳二年（一三九一）十二月の明徳の乱による山名満幸の没落まで約三〇年にわたって山名氏の丹後支配が継続した。(4)

以上の南北朝時代の情勢を考慮しながら、前掲の妙立寺厨子の銘文1～3を解読してみよう。

銘文1の文面には「仁木ノ□□」とあり、かつ延文某年八月という年月が記されているので、仁木頼勝の丹後守護在任中の延文年間の記載と推定される。しかし銘文1は摩滅・欠失が多いのに対し、銘文2は文字が遥かに鮮明で、かつ貞和二年（一三四六）以来の経過を記述しているので、銘文2から先に検討する。この銘文2は満福寺の真言宗からの転宗による橋立道場の創建と焼失・再建の次第を述べたもので、執筆者は文中に「某忢《私カ》」と記す臨阿弥陀仏であり、執筆年次は貞治三年（一三六四）十月ないしその後まもなくとみられる。

以下銘文2の文面によると、天橋立道場と号する満福寺は、もと毘沙門堂であったが（銘文5によればその本尊は弘法大師の御自作という）、第七代遊行上人（託何）が貞和二年（一三四六）六月晦日に丹後府中を訪れ、大谷寺の支院往生院を道場とした。そのとき守護山名氏の守護代箕浦四郎左衛門尉入道俊阿が、満福寺大願主の某姓行阿入道とともに尽力して、託何上人の入院が実現した。(5)そのときの橋立道場の坊主は臨阿弥陀仏（執筆者の臨阿とは別人）改め師阿弥陀仏で、ほかに二名の時衆が居住した。道場は太子堂の東の湧水のあるところで、五間の堂であった。坊主師阿は貞和二年から文和四年（一三五五）まで一〇年間止住し、同年二月十一日に漆原道場（舞鶴市上・下漆原）で往生した。このとき、「某忢」と記すこの銘文の執筆者臨阿は、浦明（熊野郡久美浜町）から漆原道場へ赴いて、かねての約束どおり最後の念仏を勧めた。

さて、当道場では越後府中（上越市直江津）の道場に滞在中の第八代遊行上人（渡船）に師阿の次の坊主を定めるよう所望したが、上人の仰せは、遊行の時衆には器用の人物がいないので、浦明の臨阿弥陀仏（執筆者）が橋立道場へ移って坊主となり、浦明には留守居を定め、かつ出向いて処置するようにというものであった。そこで臨阿は同じ文和四年の三月十八日入院した。その後まもなく橋立道場は炎上したが、やがて地を割いて今の七間×八間の道場を建立した。この時の守護は仁木の子息であった。また成相寺の某房はこの道場を今からは我が道場にしようといわれた。その時の願主は専阿である。延文三年（一三五八）七月十日に棟上を行なったが、貞治三年（一三六四）十月に第九代遊行上人（白木）が御入りのとき、上人の御入りの日を棟上とするようにと申されたので、貞治三年甲辰十月廿三日と棟札に記載した。以上が銘文2の文意である。

この銘文2の記述は橋立道場の創立と再建についての詳細な記録であるが、一部の記事には他の史料で裏付けられる部分がある。そもそも丹後国への時宗の伝播は宗祖一遍の山陰遊行の途次、弘安八年（一二八五）丹後久美浜（久美浜町）での行道が知られる（『一遍聖絵』）。それゆえ銘文2の文中に見える浦明の道場は一遍の布教以来の由緒があるに違いない。また託何の丹後府中来訪と時宗満福寺の成立は、宮津市文殊の智恩寺に「萬福寺」という扁額が所蔵され、その裏面には「貞和二年七月十二日遊行第七他阿書」という墨書があることからも裏付けられる（「史料編」中世別掲五九二）。これにより満福寺は萬福寺とも書かれたことがわかる。なお後に掲げる応安三年（一三七〇）の本尊修復の墨書銘には「満福寺」とあるが、永正十年（一五一三）の銘文5は「萬福寺」とする。そこで本章の説明文などでは「満福寺」と統一表記することとする。

さらに、島根県松江市善光寺には「丹後橋立道場遺ハサル」という題目で「漆原道場間事、両人相共被驚申之上、無相違覚候、」云々という、かなり長文の『託何法語』を所蔵する（「史料編」中世一九六）。したがって橋立道場と漆原道場とが丹後における時宗の重要な拠点であったことは、これからもうかがわれる。

しかもこの満福寺の成立と託何上人招請にあたっては、山名氏の守護代箕浦四郎左衛門入道が活動したことが知られて興味深い。この守護代箕浦は、観応元年（一三五〇）七月二十八日山名時氏遵行状案の充所に「箕浦四郎左衛門入道殿」、翌二十九日付遵行状案の差出者名に「沙弥」としてあらわれる人物であり（西大寺文書、注4所掲百田氏論文参照）、銘文2によって彼が時宗に帰依して俊阿と号したことや、貞和二年（一三四六）当時は丹後府中に滞在していて、在地の有力者某姓行阿とともに託何の来訪のために尽力したことが知られる。これは前述した守護山名氏のもとでの第一次安定期のことであった。なお銘文2に時の守護を「山名三河殿」とするのは、時氏の弟三河守兼義を指すもので、注(5)に記したように彼は貞和三年十一月楠木正行との住吉・天王寺の合戦で討死した。生前丹後守護に在任したため銘文2に守護と記されたのであろうか。なお託何の府中来訪にあたり、大谷寺の支院が道場や宿所として提供され、参集した人々の宿泊にも大谷寺の坊中が提供されたことは見逃されない。これは大谷寺付近一帯が平安時代以来の迎講の行なわれる所であったため、時衆の行事にも寛容で、道場や宿泊の場所を提供したものとみえる。(6)

また『国阿上人絵伝』（京都市正法寺所蔵詞書、「史料編」中世二四七）には、託何の弟子国阿の丹後遊行を記す（注1所掲金井清光氏・石川登志雄氏論文参照）。文和元年（一三五二）夏頃、国阿は丹波から丹後に到り、久志渡（久世戸）智恩寺に参詣し、天橋立をわたって成相寺にいたり、その後村里を念仏勧進して、翌二年同国村岡の禅宗浄福寺を時衆に改宗させ、住持となって四年を過ごしたのち、再び遊行して但馬に赴いたとある。しかし林譲氏は『国阿上人絵伝』は雙林寺との本寺争いを有利にするため一七世紀半ばに正法寺で作成されたもので、信憑性には問題があるとされる。(7)したがって国阿の動静は除外しても、当時丹後国内には時宗教団がある程度浸透していたことは浦明道場・漆原道場の存在からも間違いなく、橋立道場の焼失後まもなく、より大規模な道場を建立できたのもそのために違いない。ただし、成相寺の某房が、今後この道場をわが道場にしようと告げたと記すのは、観音霊場として栄える真言宗成相寺からも再建費用の援助を受けたためではあるまいか。

なお道場再建の頃の守護を「仁木ノ□子也」とするのは、前述した文和三年（一三五四）四月から守護の在職所見があり、延文五年（一三六〇）七月に没落した仁木頼勝に違いない。頼勝は頼章の末弟であり、この頼勝を特記するのは、次に述べる銘文1Bの記事と照合すると、仁木頼勝を大願主と仰いで、多大の援助を得たためと推測される。また初代の住持師阿弥陀仏の寂年を、藤沢市清浄光寺所蔵『時宗過去帳』（『史料編』中世別掲五六二）には「同二月《（文和三年）》十一日師阿弥陀仏丹後国府」とし、厨子の銘文2の記事とは往生の年に一年の齟齬があるが、史料の精度からみて、おそらく銘文2の記述が正しいと判断される。

次に、銘文1は摩滅が甚だしく文意は取りがたいが、主に橋立道場満福寺の再建に関わる記事で、執筆者は銘文1Bに「臨阿弥陀仏忢《（私カ）》」とあって、銘文2と同じ住持臨阿弥で、筆跡も同筆である。銘文1Aの冒頭の記事はおそらく「一、守護代之事、最初ノ名字者、箕浦左衛門入道法名俊阿弥陀仏」というような文言であって、銘文2の当該箇所と相まって、橋立道場の最初の外護者が山名の守護代箕浦入道俊阿であったことを確認できる。次に「仁木ノ□」「延文□年八月九□《（日）》」とあるのは、銘文2の「延文三年戊戌七月十日棟上」という記事に照らして、仁木氏延文三年八月に守護仁木氏のもとで堂宇再建が成ったことを主とする記述とみられ、さきに述べたように仁木氏からかなりの援助を受けたのであろう。

銘文1Bは再建のなった堂宇の「仏壇」に関する記事である。「仏壇」とは、この厨子自体を指すとみられる。「勧進」云々「塗師」云々の次に「守護代」「大葦殿　定阿」とあるが、大葦氏は箕浦氏と同様に山名氏の被官であり、のちに大葦信貞は、康暦二年（一三八〇）から至徳三年（一三八六）頃まで守護代として奉書発給・遵行・打渡などの活動をしている（注4所掲百田昌夫氏論文参照）。さらに銘文は再建当時の坊主臨阿弥陀仏の名に続いて「大願主頼勝仁木」とあって、文和二年（一三五三）から在任した守護仁木頼勝が道場再建の大願主を引受けたことが知られる。なお本節冒頭に述べたように頼勝の没落は延文五年（一三六〇）七月である。

1Bの後半には大工・仏師・塗師の名が数名ずつ記載してあり、これは道場の建築や厨子の作製に携わった技術者の名に違いない。そのうち大工二名は土師貞次・土師貞国であった。建武元年（一三三四）の丹後国分寺再建の際に摂津四天王寺から招かれたのは土師氏の大工貞光・音頭貞宗・長宗継であり（注3所掲石川氏論文参照）、今回の大工二名は彼らの子弟に相違ない。もっとも国分寺再建には大江氏の大工家氏・音頭重家・長安家という府中の番匠も携わり、またすでに正和二年（一三一三）の岩津森大明神建立の棟札（舞鶴市河辺神社所蔵。「史料編」中世別掲六二三）に「大工府中国貞」が記されていて、寺社の建立・修築などの需要に応えて丹後府中に定住する建築技術者の存在は鎌倉後期から認められる。

厨子の銘文3は、京都の絵師式部法眼宗秀に下絵を依頼し、その子息の民部卿法眼が下向してこの厨子に彩色を施し、永徳三年（一三八三）五月八日に阿弥陀三尊の像を安置したことを記す。銘文1にみるように、この厨子はすでに延文年間に「十方檀那」を募って一応完成しているが、ここで更に絵師による彩色が行なわれたのである。銘文3D～Eは摩滅が甚だしいが、Dの「同守護代大□□（葦殿カ）代官国□（依カ）［　　］」とあるのは、前述の守護代大葦信貞と、その遵行状を承けて打渡を実施したことの知られる国依五郎兵衛尉遠景と推定される（注4所掲百田氏論文所収一覧表参照）。この厨子の完成に当っても、ときの守護山名義幸の守護代大葦信貞および又守護代国依遠景から寄進を受けたものとみえる。これは山名氏の守護再任による第二次安定期のことであった。

また住持臨阿が応安三年（一三七〇）満福寺本尊の修復を実施したことが、舞鶴市瑞光寺所蔵木造阿弥陀如来立像の次の銘文で知られる（「史料編」中世別掲五九四。注1所掲石川氏論文参照）。

（左足枘外側）丹後国／府中満福寺／本尊修覆

（右足枘外側）仏舎利一粒眉／間奉納者也、／天竺ヨリ某ニ至ル／マテ相伝分明／也、白色也、／応安三年庚戌／十二月五日／□□□（臨阿弥）

満福寺の本堂再建・厨子作製・本尊修復などに活動した住持臨阿が、以上のようにそれらを厨子の内部に書き残したことは、後世にその経緯を伝えるのみならず、丹後府中における時宗伝播の事情をも報せるよすがとなった。なお臨阿は宮津市波路の海岸寺（今は臨済宗戒岩寺）の住持を兼ね、永徳三年（一三八三）同寺本堂を再建している。[8] このように、その時々の守護・守護代以下に働きかけて、橋立道場満福寺の再建、本尊修復、厨子作製、海岸寺本堂再建等に後半生を捧げた臨阿は、『時宗過去帳』によれば「至徳元六月一日臨阿弥陀仏橋立」とあって、厨子完成の翌年の至徳元年（一三八四）六月に往生を遂げたのであった。

第三節　戦国期の情勢と銘文にみる満福寺・妙立寺

明徳の乱の結果、丹後守護には一色満範が補任され、これよりこの国は室町（狭義）・戦国時代を通じ約一九〇年間にわたり一色氏の世襲分国となる。この一色氏の分国としての丹後については、注(1)および注(4)に引いた論考のほか、管見に入ったもののみでも数編の論考がある。[9] 以下それらを参照しながら概観するとともに、銘文4・5・6の内容を検討しよう。

一色満範は応永八年（一四〇一）父詮範の逝去に伴い、その分国三河・若狭の守護および尾張知多郡を継承し、一時は侍所頭人をも兼ね、次の義貫の時期にかけて一色氏の最盛期を現出し、丹後国内も安定した。[10] 満範は応永十六年（一四〇九）に逝去し、嫡子義貫（初名義範）が分国を継承した。義貫も再度侍所頭人となるが、周知のように永享十二年（一四四〇）大和の陣中で将軍義教の密命を受けた武田信栄に謀殺され、分国は三河が細川氏、若狭が武田氏に与えられ、丹後は義貫の甥で義教の近習の一色教親が相続したが、教親は嗣子のないまま宝徳三年（一四五一）に急死。将軍義成（のち義政）は義貫の子千徳（のち義直）を丹後・伊勢守護とし、さらに尾張知多郡・三河渥美郡および若狭小浜の支配権も与えた（注9所掲高橋氏論文参照）。義直の動静は応仁の乱を挟んで明応九年（一五〇〇）まで半世紀にわたり確認される。なお義貫の丹後守護代は延永益信、ついで同益幸であったが、さらに同直信が、義直の守護代として活動する（注4所掲今谷・百田両氏論文参照）。

応仁の乱に義直は西軍に属したため、分国を幕府から没収され、丹後守護は若狭守護武田信賢が兼ね、一郡（府中のある与謝郡か）は細川政国に与えられた。文明六年（一四七四）細川・山名の和睦が成ると、丹後守護には義直の嫡子義春が還補されたが、義春は文明十六年（一四八四）十九歳で早世し、義直が守護に復した。しかし同十八年、幕府は義直の知行していた若狭小浜を禁裏御料所として守護武田国信に管理させたので、義直は面目を失ったと称して分国丹後に下り（長興宿禰記、「史料編」中世七四六）、翌長享元年（一四八七）の将軍義尚の近江六角征伐には子息義秀を参陣させ、丹後守護も義秀に譲ったようである。義直の館が府中にあったことは、歌僧正広（正徹の高弟）が延徳二年（一四九〇）丹後府中を訪れ、義直の館で歌会を催したことなどで確認される（注9所掲片岡氏論文参照）。

延徳三年、義直は上洛して将軍義材（のち義尹、義稙）の六角征伐に参陣するが、明応二年（一四九三）丹後で重臣伊賀氏が反逆したため再び下国した。いよいよ丹後でも国衆の自立化が進み、分国支配は危機におちいった。果たして明応七年（一四九八）一色義秀は国衆に攻められ、府中の南一〇キロの普甲山で切腹した（東寺光明講過去帳。「史料編」中世別掲五六一）。子息二人に先立たれた義直は、在国のまま入道して慶誉と号し、明応九年（一五〇〇）五月、周防に亡命中の前将軍義材の派した使節伊勢貞仍に会ったが、その後の動静は不明で、やがて逝去したとみえる（前掲片岡氏論文参照）。

妙立寺厨子の銘文4は、前守護一色義直の最後の消息が知られる翌月の明応九年六月七日付で、時の住持某の執筆である。標題を「当寺□□事」とし、

写3　一色氏菩提寺慈光寺山門(右)　**写4**　慈光寺開基一色満範の位牌(左)

本文の始めの方に「□□《(橋立カ)》道場ニ□」とし、次に明応六年当時の守護（前守護カ）一色義直の在国を記すので、橋立道場と在国の義直とのなんらかの関係を記したものと思われるが、前後の銘文は闕字が多く、文意が通じがたい。そのため次行からの「此事カナシマ□《(サルカ)》人ナシ」の「此事」とは何を意味するか不明であるが、その後に建築の次第を述べていることから推すと、橋立道場満福寺が倒壊または炎上したというのではあるまいか。その次は、おそらく義直が国中に棟別銭を課して道場再建を援助したという記述である。かくて翌々明応八年十一月から柱の材木の伐採を開始し、同九年四月に立柱上棟、六月七日に本堂の建築が完成し、入仏供養を営んだのである。その次に「時ノ衆分」として僧侶・尼衆および末寺の僧侶の名を列挙しているのは、彼らがこの再建に関わったためであろう。但し「本末ノ衆四十一人アリ」とするのは、列挙した人数計五三人と合わないが、「五十一人」の誤りでもあろうか。ともあれ入仏供養当日の記事とみられるこの銘文4によって、明応六年当時府中に在住していた前守護義直が、同地の時宗道場満福寺の再建に多大の援助を行なった事実が判明するのである。

　さて、明応七年に横死した義秀の次の丹後守護は『細川大心院記』の永正二年（一五〇五）の記事にみえる一色五郎義有である。この頃守護代延永春信が権勢を強めたが、加悦城主石川直経はこれに反発し、文亀三年（一五〇三）両者は交戦した。これに乗じて丹後制圧を計ったのは隣国若狭守護の武田元信であり、彼は将軍義澄から丹後守護に補せられ、永正二年以来丹後に侵攻し、翌三年丹波守護細川澄之も加勢し、ついに永正四年（一五〇七）五月、武田元信と細川勢は「府中城」を包囲し、一色義有は府中背後の山中の今熊野城に拠り、延永春信は同じく阿弥陀城に拠って抗戦した（「史料編」中世八八五～八八八）。将軍家の分裂が守護大名間の対立と結びつき、足利義尹・一色義有対足利義澄・細川政元・武田元信の抗争が現出したのである。しかし六月、細川政元が暗殺されたため、武田・細川勢は撤退した。永正五年、足利義尹が入京し将軍に復すると、一色義有に再三参洛を促しており、義有が丹後守護に復したことがわかる（注4所掲今谷氏論文参照）。

妙立寺厨子の銘文5は、この後永正十年（一五一三）十一月に時の満福寺住持其阿の執筆した記録である。まず弘法大師建立などという真言宗時代の開創伝説と遊行七代上人託何のとき時宗として再興した事実とを記すが、右に述べた永正四年五月の府中合戦に際して、一色勢が「身方ヨリ放火」という焦土戦術を採ったことは、この銘文で初めて知られる。折角明応九年に再建成った満福寺は、僅か七年後にこの戦乱でまたも焼失したのであった。

次に銘文5は次の再建の事情に入り、まず永正七年六月に住持となった執筆者其阿（俗姓又野氏）は、再建のため貴賤に勧進したが、戦乱後なので力が及ばなかった。ところが時の守護一色義有は永正九年七月九日卯の刻に二十六歳で病没し、その北殿（夫人）はこれを悲しんで、当寺再興の大檀那となったとある。この記事は義有の没年月日を明記しており、かつ彼が慈光寺殿すなわち一色満範から七代目、すなわち義秀の次の代であることをも明らかにしている点で重要である。なお『東寺過去帳』（「史料編」中世別掲五六〇）には「一色殿（裏）永正九六」丹後屋形廿六才病死」とあるが、おそらくこの厨子銘文5の方が正確であろう。

一色義有夫人が大檀那となることを思い立ったのは翌永正十年四月十二日とあり、これは、住持其阿弥の勧誘によるに違いない。同月十九日から建築の準備に入り、筒河庄で材木・柱・敷板および瓦（瓦木か）を、志楽庄で小壁板・大輪（車輪の輪の部分、材木等の搬出用か）・大貫（厚さ約二センチ・幅約一〇センチ・長さ約一八〇センチの板）以下を採取した。筒河庄は『丹後国惣田数帳』(11)（以下「惣田数帳」と略称）の与佐（謝）郡の項に「一筒河保　卅四町四段五十五歩　公方御料所」とあって、守護一色氏の管理する幕府料所であり、義有没後その夫人の管理下に属したとみえて、この地が主な建築用材の採取地となったのである。また志楽庄は、同じく「惣田数帳」の加佐郡の項に「一　志楽庄　二百町九段百二十歩内」とあって、西大寺領九四町三段余以下、六名の知行者に分割されているが、その一つ、五町一五〇歩は「大方殿様」の分となっている。この大方殿は一色氏当主の母を指すとみられるので、永正十年当時は義有夫人の知行所となっていたと推定され、この地からも用材等が提供されたのである。

さらに志万豊前守の子息新左衛門が檀那となって、人夫などを調達したとある。この志万氏は「惣田数帳」には見当たらないが、天文七年（一五三八）作成の『丹後国御檀家帳』(12)（以下「御檀家帳」と略称）には「石川殿おとな衆」の中に志万新兵衛尉殿・志万八郎左衛門殿の二名があり、「新治殿」の家臣のなかに志万源三郎殿、「くみのはま」に志万右京亮殿があって、彼らは丹後の国衆とみられる。こうして六月三日作事始、同十月三日から同九日にかけて柱立が行なわれた。

しかし「ねた・おひき」の檀那がないため十一月中旬まで建築作業は中断したが、高屋石見守信家がその檀那になったので十一月十九日に敷板が完成した。また同じく釘・かすがいは河嶋主計允が檀那となり、建築は完成したとある。「ねた」は「根太（ねだ）」で床板を支える横木。「おひき」は「尾引（おびき）」で『日本国語大辞典』に「家の床下に渡して根太をうける横木。大引（おおびき）」とある。

高屋氏は「惣田数帳」にも「御檀家帳」にも見えないが、『丹後旧事記』巻の三に「（竹野郡）木津庄下岡城主高屋駿河入道良閑」とあり、巻の四にはさらにこの高屋駿河守の天正年間の動向などを記す。また河嶋氏は「御檀家帳」に、小倉殿御内の一人に川嶋左衛門尉があり、『丹後旧事記』巻の四には、与謝郡の高妻山は天正年中河嶋備前守の居城であるとし、事実その城下の龍源寺に永正十年仲春初六日の河嶋備前守宣久十三回忌に描かれた画像と景趙宗諗の讃を所蔵する（「史料編」中世別掲六一五）。これらによって高屋氏は竹野郡、河嶋氏は与謝郡の国衆であり、ことに河嶋主計允は同備前守宣久の近親らしいことがわかる。橋立道場は再三の炎上にもかかわらず一色義有後室をはじめ、志万・高屋・河嶋という在地武士が檀那となり、材木・人夫などを提供するという多大の援助を受けて再建できたのであった。

この後にこの建築に従事した大工とその子弟計五名の名を録すが、二百余人の作事とするのは、延べ人数であろう。住持其阿弥は、入仏は今月中の吉日を選んで行なうこととするが、「檀」すなわちこの厨子を本堂に移したので、まずこの建築完成の日にこれまでの次第を書き付けたとしている。その次に、再建に協力した僧尼を衆分・尼方・末寺方に分けて列挙しているのは前回の銘文4と同様で、当時の満福寺とその末寺の時衆が三一名と知られる。最後に「為義有法名龍勝寺殿、御北殿御建立」と明記し、末代まで義有の菩提を弔うべきことを特筆し、終りに其阿みずから「中興開山当寺九代」と称して署名したところに、この戦乱の時代に当寺再興の事業を成し遂げた彼の自負と満足感を読み取ることができよう。しかし「無沙汰儀当寺退転始たるべく候也」と本文を結んでいることは、いつの日か退転のおそれがあるという不安感のあらわれでもあろうか。

こうして満福寺の再興が成った頃、またも丹後国内では延永春信と石川直経の抗争が再燃し、春信は一色九郎某を、直経は一色五郎（のち左京大夫）義清を擁して戦うにいたった。永正十四年（一五一七）春信が義清・直経を加悦城から駆逐すると、若狭守護武田元信・越前守護朝倉孝景は将軍義稙（義尹の改名）の命を受けて石川方を援助し、延永方の丹後倉橋城を陥れた（「史料編」中世別掲四七三・四九三等）。その後、翌々永正十六年一色義清の年始の祝儀に答えた将軍義稙の御内書を最後に、義清の明白な動静は見られなくなるばかりか（御内書案、「史料編」中世別掲四九五）、この後は一色氏当主の実名さえ同時代史料からは明らかでなくなる。

しかし「御檀家帳」によれば、「一宮（一色カ）殿様」（義清カ）は石川氏に擁せられて石川城に住むが、その子息で武田氏（元光カ）の甥である某が武田氏と「おとな衆」の計らいで家督をつぎ、府中城に住んでいる。そして石川氏は本拠の加悦城にあって、宮津城の小倉氏とともに「国の御奉行」として丹後の政務を司り、これにひきかえ、勢力の失墜した延永氏は、わずかに府中城の一色当主の一家臣として存続しているという一六世紀半ば頃の情勢が知られる。

その後の丹後の政治・軍事情勢を伝える確実な史料はますます乏しくなるが、永禄十三年（一五七〇）正月、織田信長に参洛を命じられた畿内・近国の諸大名以下のなかに「一色左京大夫殿・同丹後国衆」があり、この頃まで丹後一色氏は名目を保っていた（二条宴乗日記、「史料編」中世一〇五三）。しかし天正初年以来、長岡（細川）藤孝（のち幽斎）が信長の命をうけて丹後平定を推進するにいたって、(13) 国内の情勢は一変した。『丹後旧事記』などによれば、一色氏の当主義道は天正七年（一五七九）加佐郡八田城から出撃して討死し、その子義俊は与謝郡弓木城に立てこもったが、同十年、藤孝に誘殺されたと伝えられ、ここに名門一色氏はついに滅亡したのである。

写5　妙立寺本堂

さて、妙立寺厨子銘中最後に記されたとみられる銘文6は、僅か全文一一行の比較的簡単な文章であるが、時宗橋立道場満福寺に関連する銘文1から銘文5までとは全く性格を異にし、現在までこの厨子を所蔵している法華宗（日蓮宗）妙立寺の由緒を記したものである。記載年月は末尾に「亥三月書之」とあるのみで、正確な年代は明らかでないが、文中に「一色五郎殿」の名を記すところなどから、戦国時代のうちに執筆されたものとみられる。冒頭に、当寺は丹後国法華宗門の最初の霊場で、法華堂妙隆（立）寺と号すると記し、開山は日養上人で、身延山から京都に上り、さらに当国に下向し、日々諸宗と問答（宗論）を開講した。そこでまず俗人が次第に帰依し、ついで僧侶たちのなかでも真言宗与内寺の住持が帰依して法護殿といわれ、その「供殿」（与内寺住持に従う僧侶たちの意か）も一色五郎殿からの寄進の品々を開山日養上人に差し上げて弟子となり、当寺は真言宗から転宗して丹後国法華宗の根本の地となった。それから五年後には妙照寺、またその後には正音寺が建立された。この妙隆寺以下の三ケ寺はいずれも身延山の末流である。以上が銘文6の内容である。銘文によれば妙立寺はかつて妙隆寺と記されていたとみえる。

現在も日蓮宗妙立寺は、かつての丹後府中域のほぼ中央の山麓にある宮津市字中野の小字ヨナイジを境内の主要部分とし、妙立寺が与内寺の後身であることを如実に示している(14)。境内の無縁仏の墓地には「喜阿弥陀仏　応永三十二年五月二日」「南無阿弥陀仏　東一房霊位　宝徳二年一月」などの板碑があるが（「史料編」中世別掲六八一・六九二）、板碑は散在したものが一ケ所に集められたりして、本来の造立地点から移動することが少なくないので、これらの板碑の存在をもって妙立寺の前身が時宗満福寺であったとみることはできない。また妙照寺は、妙立寺の西南西約三〇〇メートル、大字小松のうちに妙照寺の小字を残すが、同寺は戦禍を避けて永正五年（一五〇八）金屋谷に移って今日に至ったと伝える。また正音寺はこの小字妙照寺の南隣に現存する（図6参照）。

それではこの真言宗与内寺の法華宗への改宗による妙立寺の開創はいつ頃の事実であろうか。この手がかりとなるのは、妙照寺所蔵の木造日蓮上人坐像の胎内銘であって、それは「宝徳三年辛未五月廿三日　功徳山妙照寺常住　大聖人日朗御作也　日養（花押）」とある（「史料編」中世別掲六〇〇。記載順は「史料編」に従う）。日朗は日蓮の六老僧の一人。その作という伝承はともかくとして、注目されるのは、妙立寺・妙照寺等の開山である日養が宝徳三年（一四五一）にこれを記している事実であり、妙照寺の創立がこの年より下らないことが確実なので、妙立寺の開創はそれより五年以上前となる。なお妙照寺の寺伝では、創建は文安元年（一四四四）という。そうとすれば妙立寺の開創は永享十二年（一四四〇）ないし翌嘉吉元年頃となる。ともあれ日養の活動による丹後府中への日蓮宗の伝播が、一五世紀の四〇〜五〇年代の事実であったことがわかる。なお日養は但馬法華寺に移り、長禄三年（一四五九）〜寛正四年（一四六三）頃没したという（注1所掲中嶋利雄氏「歴史時代の府中」）。

ところで、髹漆厨子が妙立寺の所蔵に帰した年次の手がかりは、銘文6に亥三月とあるだけで特定できない。しかし銘文6は妙立寺以下三ケ寺の創立からかなりの年代を経て後に、往時について記載したものに相違ない。

というのは銘文5の記載が永正十年（一五一三）であり、この時再建なった満福寺が、その後退転したため、同寺の大切な「仏壇」であったこの厨子が、法華宗妙立寺の所蔵に帰した結果、銘文6が記載されたのである。したがって妙立寺の僧侶による銘文6の記載は、いうまでもなく時宗満福寺が衰退ないし廃絶して後の亥年であり、戦国・織豊期であるとすればそれは天文二十年（一五五一）、永禄六年（一五六三）、天正三年（一五七五）などのいずれかではなかろうか。

それでは時宗橋立道場満福寺は、永正十年以後どのような経過を辿ったであろうか。これを推測させる史料はもとより、伝承すら存在せず、ただ確かめられるのは髹漆厨子が日蓮宗妙立寺の所蔵に、託何書の「萬福寺」の額が智恩寺の所蔵に、また臨阿の修復した本尊阿弥陀如来像が舞鶴市瑞光寺の所蔵に、それぞれ帰したという前述の事実のみである。銘文2にみえる、再建前の最初の満福寺の前身が毘沙門堂であったということや、太子堂の東の湧水のあるところという地点の特定は、後世の伝承や小字名には見られず、手がかりとはなりがたい。なお妙立寺の東にある大乗寺は、江戸時代天和二年（一六八二）に浄土宗として再興した寺院である。この大乗寺はもと鉾立道場という時宗寺院であったとも伝えられているが、確証はない(15)。なお、大乗寺を含む中野地区の中央部は、発掘調査の結果、奈良時代の国府域の可能性を示す遺物とともに、平安末～鎌倉期の国衙関係の施設と室町期の守護一色氏関係の施設の存在が推定され、礎石建物などの遺構と多数の遺物が出土し、この付近は中世府中の中心地域に属したと推測される(16)。

第四節　中世都市丹後府中の空間構成―雪舟の「天橋立図」等を手がかりに―

丹後府中は、古代以来国衙の所在地であり、さらに中世には守護所の所在地となった地域であって、政治都市としての性格を有していたことはもちろんである。しかしそれにもましてこの丹後府中は、多数の寺社が建立されて宗教都市としての性格を色濃く帯び、のち江戸時代に日本三景の一つに数えられることとなるような景勝の地であることと相まって、早くから多数の参詣客兼遊覧客を集めた。有名な雪舟の「天橋立図」（京都国立博物館所蔵、図4・図5参照）には、多くの神社や寺院が描かれている。雪舟自身が名称を書き入れた神社・寺院も次のように多く存在する。まず「一宮」の「正一位籠之《この》大明神」があり、この一宮の境内右手前に別当寺である「大聖院」、その前面の海岸に「嶋堂」、その西に「弁才天」、嶋堂の東、天橋立が陸地に接するあたりに、いまひとつの「弁才天」、画面の右端に「通堂」、そして一宮境内の西に接して、宝形造の屋根をもつ白亜の堂宇があり、「不劫《（動カ）》」と注記する。この不動堂の西の細流に架かる橋は「忍橋」、下流の一宮の玉垣の側に架かるのが「忘橋」で、なにやら由緒ありげである。不動堂の奥には、かの迎講で知られる「大谷寺」、その背後の山の中腹に「今熊野」、さらに山頂近くに観音霊場として名高い「世野山成相寺」、山麓に西へ並んで順に「慈光寺」（一色満範の法名慈光院を冠した守護一色氏の菩提寺）、「十刹《（マヽ）》安国寺」「諸山宝林寺」「北野」、そして「国分寺」として金堂と五重の塔が描かれている。また書き入れはないが、天橋立の切れ目である久世戸の西側に智恩寺の堂宇と多宝塔が描写され、また国分寺の西にやや隔てて男山（岩滝町男山）の板列八幡社の杜と鳥居が描いてある。そしてこれらの神社・寺院・堂宇の間・周囲などには、多数の家並みが克明に描き込んであり、その大部分の約一二〇宇は府中地区に集中し、天橋立の北側の江尻から国分寺の西、現在の宮津市と岩滝町との境界付近まで二・五キロにわたって家屋が櫛比する稠密な都市空間が描かれている。なお、国分寺の北西の谷間には、丹後府中の古来の墓域とみられる小字名が分布しており、これは京都東郊の鳥辺山と西郊の仇野、および豊後府中・遠江府中の墓域のように、本来は丹後府中でも都市の境域の外縁部に墓域が設けられていたことを示すものに相違ない(17)。

この東西に長く連なる都市空間は、雪舟の滞在した丹後府中の景観をかなり正確に近い姿に描写したものと考えられ、伊藤太氏の指摘するように、「「都市図」として「天橋立図」を評価する」視点の重要性を認識すること

図 4　天橋立図(雪舟、京都国立博物館所蔵、国宝、部分)

図 5　天橋立図(図 4 部分、丹後府中の中心部)

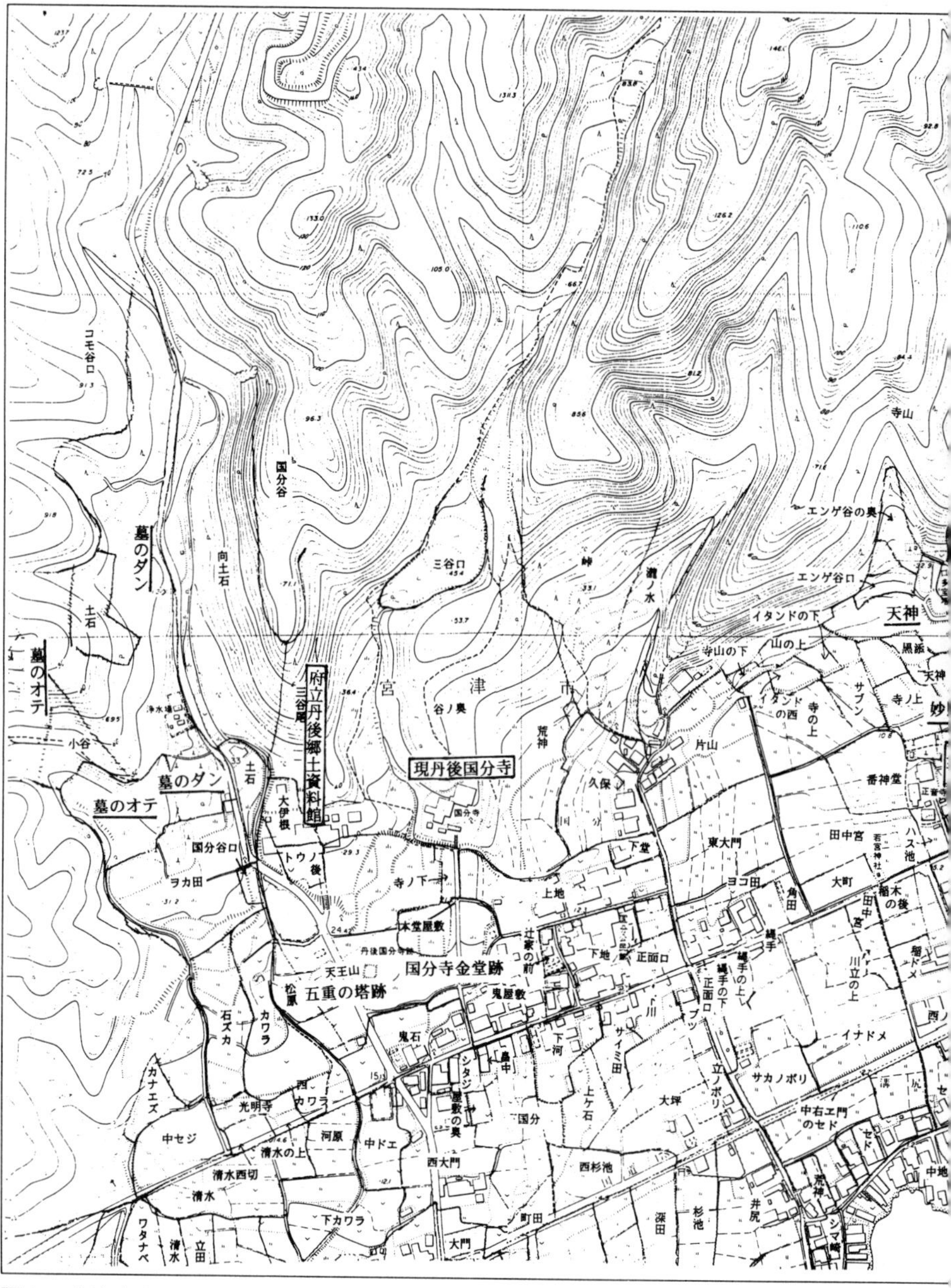

図6　宮津市府中地区小字一覧図（部分）〔宮津市都市計画図34・35を使用し、小字名等を付記〕

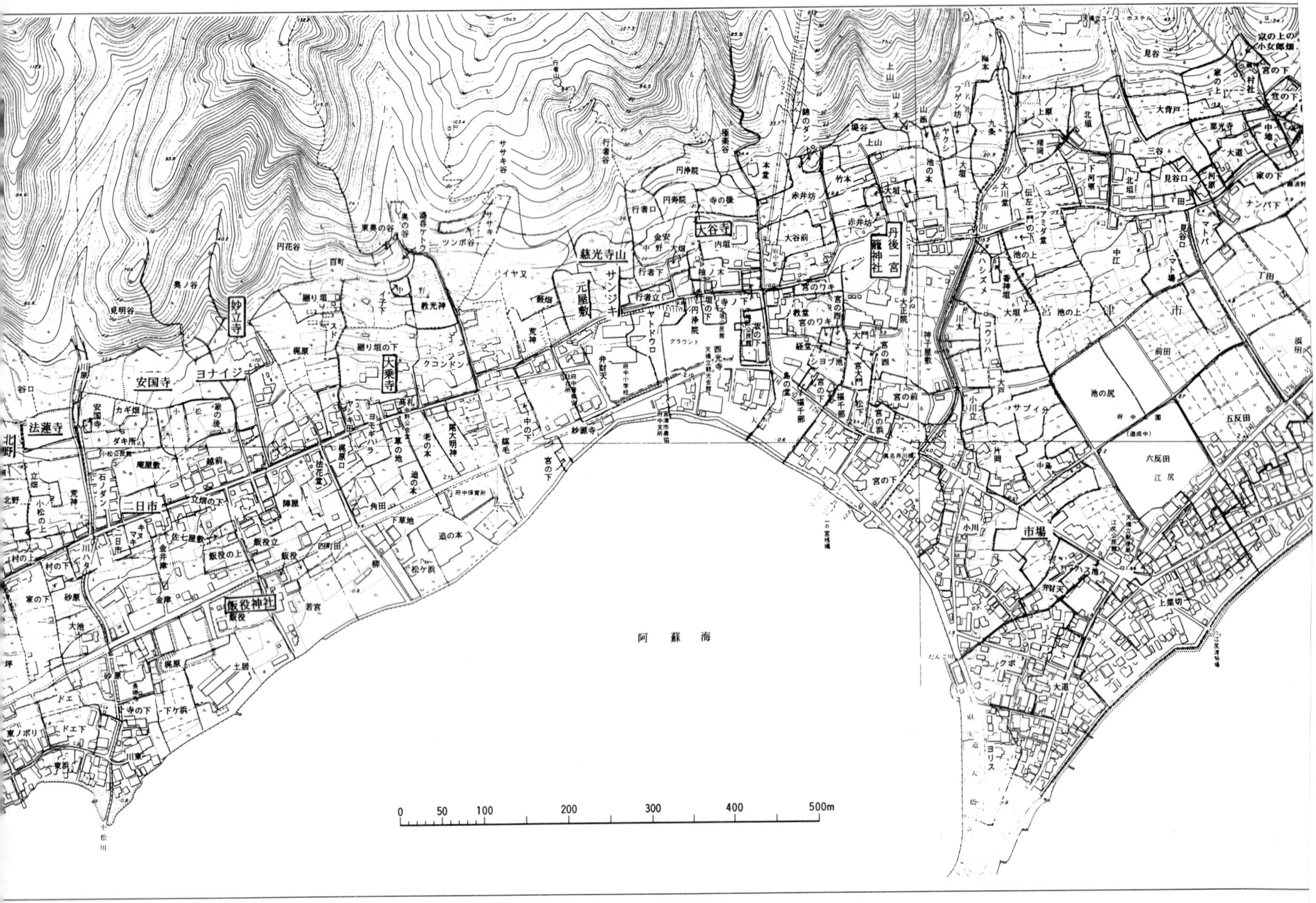

法蓮寺
安国寺
ヨナイジ
妙立寺
大乗寺
慈光寺山
元屋敷
サンジキ
大谷寺
丹後一宮
籠神社
飯役神社
二日市
北野
市場
宮
津
市
阿蘇海
円浄院
円寿院
寺の後
行者口
行者下
行者立
内垣
赤井坊
大谷前
宮のワキ
教光神
クコンドン
廻り垣の下
尾大明神
老の本
梶原
梶原口
法花堂
陣屋
飯役立
飯役の上
佐七屋敷
金井津
金津
若宮
土居
寺の下
下ケ浜
砂原
大池
家の下
村の下
小松の上
石ノダン
荒神
立畑
庵屋敷
越前
ダキ所
カギ畑
家の後
谷口
見明谷
奥ノ谷
円花谷
百町
東奥の谷
奥の谷
ツンボ谷
イヤ又
ササキ谷
行者谷
蘇畑
弁財天
妙源寺
宮の下
中の下
角田
下草地
迫の本
松ケ浜
西光寺
ヤトドウロ
グラウンド
坂の下
経堂
教堂
島の畳
福千部
宮の前
宮の浜
大門
松下
シヨブ池
上山
山ノ木
山添
堤谷
竹本
大垣
池の本
ヤクシ
フゲン坊
九条
梅本
上原
北垣
三谷
大道
中地
見谷
宮の下
村社
家の上
大青戸
見谷口
下田
北垣
家の下
ナンバ下
マトバ
マト場
丁田
中江
池の上
香神垣
コウソハ
ハシズメ
大川堂
アミダ堂
伝左エ門の下
神子屋敷
大正院
小川立
大戸
サブイ分
池の尻
前田
五反田
六反田
江尻
片岡
中島
小川
弁財天
上菜切
クボ
大道
ヨリス
東ノボリ
東浜
ドエ
ドエ下
川東
小松川
0　50　100　200　300　400　500m

が必要である。[18]そのためには、「天橋立図」を現在に残る小字名と対照しながら丹念に考察する方法を採るべきであろう。まず、「天橋立図」には「慈光寺」と書き入れてある山麓の小高い部分の東西棟の建物の前面に東西棟および南北棟の立派な建物が五宇ほど描かれ、さらにその前面にひときわ目立つ白壁の築地塀が描かれている。これらの建物群の小字名は「慈光寺山」とその前面すなわち南側の「元屋敷」と「サンジキ（桟敷）」にほぼ該当する（図6参照）。そこで「天橋立図」のこれらの建物群のうち、前面に築地塀をめぐらすのは、従来は位置不明とされてきた一色氏の守護館であって、その奥に一色氏の菩提寺慈光寺が建っている姿を描写したものと推測されるのである。また大谷寺の付近には注6に引いた「慕帰絵」に「仏閣梵宇軒をならべ、第宅松門巷にあふる」とあるように、堂塔伽藍とともに武士や社家の邸宅も連なっていたらしい。

写6　丹後国分寺塔跡の礎石群(消え残る雪とともに)

写7　智恩寺多宝塔

　また注16に触れたように、中野地区の大乗寺付近からは奈良時代の国府関係の遺物とともに平安末・鎌倉初期の国衙関係および室町時代の守護一色氏関係と推定される礎石建物跡や多数の遺物が検出された。したがって、現在の府中小学校校舎とその背後の小字「元屋敷」「サンジキ」付近にあった一色氏守護館を中心に、西は大乗寺付近まで守護被官の侍屋敷が櫛比していたことが想定される。なお、小字「安国寺」の約一〇〇メートル南には東西に延びる道路を挟んで「二日市」の小字名があり、中世の市場の跡であることが知られる。府中域の東部、天橋立の基部に接する大字江尻にも「市場」の小字名があり、中世の府中域には少なくとも二ケ所の市場が存在したことがうかがわれ、これも中世都市丹後府中の繁栄を裏書きするものである。

ところで、中世の丹後府中の都市空間を描写した絵図には、「天橋立図」のほかにこれより古い「慕帰絵」（注6参照）と、より新しい「成相寺参詣曼荼羅」がある。「慕帰絵」は本願寺三世覚如の伝記を一〇巻の絵巻にしたもので、覚如の次男従覚が制作させ、観応二年（一三五一）正月の覚如の没後九ケ月にして成立したものである。絵は藤原隆章・同隆昌・同久信の筆、詞書は三条公忠ら七名の分担執筆になり、覚如が天橋立から大谷寺を経て成相寺に参詣した部分のある第九巻の絵は隆昌、詞書は桓信阿闍梨である。図7の部分は大谷寺とその付近の道路で、右手は浜から橋立に続く。道路は広く表現し、その両側には民家が一〇棟ずつほど並んでいる。道路には従者を連れた馬上の武士や荷を背負った人々などが行き来していて、府中の街区の一部を表現していることがわかる。

図8は「成相寺参詣曼荼羅」の一部である。下坂守氏の論考によれば、この絵は他のいくつかの参詣曼荼羅と共通の表現を採っており、同じ工房で一六世紀後半頃に制作されたものである[19]。図の手前左には智恩寺、その右には天橋立を描き、河のように表現している阿蘇海の向うに府中の町並みが描かれている。全体に参詣曼荼羅にほぼ共通のデフォルメが行なわれていて、町並みも、海辺に突き出た一戸建の二軒のほかは、二軒ないし四軒ずつ軒を接する一三軒ほどの家々として表現され、これらの連なる家並は、すべて店舗として表わされている。暖簾をかけただけの店も四軒あるが、その他は店のなかに座ったり立ったりしている人物が描かれ、参詣客を相手に営業する姿が表現される。大阪市立博物館編『社寺参詣曼荼羅』には「府中の町の川に挟まれたこの一画は遊女町かもしれない。町家には赤い着物を着た女がみられる」とあるが[20]、この町の家々の中の人物には赤い着物や赤い袴の男たちもあり、通行人や小舟の漕ぎ手にも赤い着物が多く描かれているので、必ずしも遊女町とのみはいえまい。しかし娼家も交じる町並の光景とみるのは興味ある絵解きである。町中の通行人のうち、荷を負って

図 7　慕帰絵詞　巻第九(西本願寺所蔵、重要文化財、部分)

図 8　成相寺参詣曼荼羅(成相寺所蔵、京都府指定文化財、部分)

いるものは振り売りの商人くらいで、大部分の人物には、いかにも寺社参詣がてら見物といったのどかな風情が看取される。戦乱にさらされた一六世紀後半においても、たまたま剣戟の音の鳴り止んだ折の丹後府中には、このような光景が出現したに違いない。たとえば里村紹巴が永禄十二年（一五六九）閏五月この地を訪れて「天橋立紀行」を著したように、丹後府中は参詣と観光を兼ねる人々で賑わったのであった。

さて、再び「天橋立図」に戻って、すこし考察を続けよう。

雪舟が「天橋立図」を描いたのは、丹後守護代延永春信が智恩寺多宝塔を造立した明応九年（一五〇〇）より後、雪舟が逝去したと推定される永正三年（一五〇六）頃より前の雪舟最晩年であり、この一五世紀末〜一六世紀初頭の景勝の地丹後府中がいかに繁栄した政治都市兼宗教都市であったかを如実に示すものである。しかも、中嶋利雄氏前掲論文に指摘されているように、雪舟の描いた寺院は当時丹後府中に存在したすべての寺院ではなく、主に禅宗・律宗・真言宗のそれらであり、時宗や法華宗の寺院は意識して描写の対象から外しているのである。そしてこの事実を最も明瞭に証明するものが、本章に紹介した妙立寺の髹漆厨子の墨書銘なのである。

私達は地図上に小字名を記入することで、雪舟の描いた諸寺と、妙立寺の厨子銘によって知られる諸寺との位置関係をもほぼ推定できる（図6参照）。雪舟は慈光寺・安国寺・宝林寺の三つの禅宗寺院が画面の中央右寄りに、ほぼ等間隔に並んでいるように描くが、これは事実に反する。慈光寺は府中地区の東端に近い字江尻に移って現存し、故地には前述の慈光寺山の小字名を残す。また安国寺・宝林寺は廃絶したが、安国寺・法蓮寺（宝林寺の訛り）の小字名を残す。そしてこの安国寺・法蓮寺の二つの小字は東西に相接するが、小字安国寺と同慈光寺とは約四五〇メートル隔たり、この間に、雪舟が描いた時点で、実は安国寺境内の東に接して当時すでに法華宗妙立寺があり、時宗満福寺もその近くに存在したらしい。一方、安国寺の西隣宝林寺と丹後国分寺とは約五五〇メートル隔たり、雪舟はこの間の堂宇としては山麓に北野（天神または北野談義所）を描くのみであるが、実は宝林寺の南西に法華宗妙照・正音の二寺が南北にほぼ相接して存在したのである。

おわりに

時宗橋立道場満福寺の本尊阿弥陀如来像を安置するための「仏壇」として南北朝時代の延文・貞治年間頃に作製された髹漆厨子に、南北朝時代および戦国時代に計五回にわたり、満福寺創建から再三の焼失と再建の経緯などを書き込んだ同寺住僧らの心理、さらに丹後法華宗の創始の由来を書き込んだ妙立寺住僧の心理は、どのようなものであったか。それらの墨書銘の大部分は、腰板や羽目板の裏面など、解体修理の際でもなければ人々の目に触れることのない部分に記されている。これらの銘文の記載は、現代人のようにタイムカプセルとして後世に記録を残そうとするような意識からでたものでないことは明らかであろう。それは多くの仏像にみられる造立・修理などの由来をしるした胎内銘と同様、いわば仏との対話ないし仏への報告であり、当地における宗門寺院の創設や堂宇の建立ないし再建の由来、さらにはこの厨子（仏壇）作成の次第などを仏前に告げて功徳にあずかろうとする意識の表れであったに違いない。

満福寺が再三炎上したにもかかわらず、少なくとも第一回の焼失後の再建にともなって作製されたこの厨子が、須弥壇とも高さ三・六メートル、幅二メートルという巨大さにもかかわらず、焼失を免れて今日に伝えられている事実からは、それらの火災に際して必死でこの厨子を運びだし、避難させたであろう人々の宗教的情熱を考えないわけには行かない。このような火中からの厨子搬出や、その後の修理等の結果、我々は既述のような丹後府中における時宗および法華宗に関する貴重な情報を得ることができるのである。

それでは、ともに雪舟の描かなかった丹後府中の時宗寺院と法華宗寺院とに、一方は中世末期に退転し、他方は今日まで存続するという差異が現出したのはなぜであろうか。赤松俊秀氏は注(1)所掲論文で、時宗寺院の多くが蓮如以後真宗に改宗したため時宗は衰えたとされ、これに対し金井清光氏は注(1)所掲『一遍と時宗教団』において、転じた他宗は真宗に限らないとし、時宗教団のなかに権力者と結んで初期教団の宗教精神を忘れ去った者が多く出たうえ、戦国時代には時宗に外護を加えた有力大名がほとんど没落したため時宗教団は急速に衰えたと論じられた。たしかに橋立道場満福寺も、南北朝期には山名氏の守護代箕浦氏と結んで信徒にして堂宇を再建し、戦国期には守護一色氏・一色夫人などの外護を仰いで二度まで再建事業を完成している。これに協力した僧衆・尼衆や一部の国衆（いわゆる国人領主）の存在は知られるものの、一般庶民への働きかけや、庶民の協力振りが見えてこないのは、厨子銘の記述の性格のみによるものではなさそうである。

しかし、もちろん守護勢力への依存が没落の最大の原因とばかりはいえない。他宗の例ではあるが、丹後府中の臨済宗寺院の中では、安国寺や宝林寺は早く没落したのに対し、一色氏の菩提寺であった慈光寺は同じ府中の内に移転しながら今日まで存続している。それゆえ一概には言えないが、権力者のみに限らず、他宗の僧侶や信徒にまで積極的に働きかける情熱や教団を掌握し続ける組織力が問題だったのではないか。日養に始まる当地の法華宗の僧侶や信徒は、おそらくこの点で最も積極的であったのではなかろうか。

（1）ここに引いた諸氏の業績および翻刻等は次の通りである。赤松俊秀氏「一遍の時宗について」（『史林』二九巻一号、一九四四年）、金井清光氏『一遍と時宗教団』（一九七五年）、同氏『時宗教団の地方展開』（一九八三年）、中嶋利雄氏「歴史時代の府中」（宮津市教育委員会『中野遺跡第一次発掘調査概要』、一九八〇年）、同氏「史料紹介　宮津の時宗関係遺物その一　妙立寺（宮津市中野）」（『私のリポート』一三号、一九九四年）、石川登志雄氏「中世丹後における時宗の展開」（『丹後郷土資料館報』六号、一九八五年）、『京都国立博物館　学叢』一五号（一九九三年）、『宮津市史　史料編』第一巻（一九九六年）中世別掲五九六。

（2）熊谷直経代直久軍忠状（熊谷家文書）、丹治（日置）末久着到状（足利高氏証判、百鳥講文書）等。

（3）永井規男「丹後国分寺建武再興金堂の成立背景」（『橿原考古学研究所論集　創立三十五周年記念』、一九七五年）、石川登志雄氏「丹後国分寺建武再興縁起について」（『丹後郷土資料館報』五号、一九八四年）。

（4）南北朝期の守護・守護代の動静については、次の論考等がある。今谷明氏「室町・戦国期の丹後守護と土豪」（加悦町教育委員会編『金屋比丘尼城遺蹟発掘調査報告書』、一九八〇年、同氏『守護領国支配機構の研究』、一九八六年、収載）、京都府立丹後郷土資料館『（特別陳列図録9）丹後の守護・守護代』（一九八一年）、百田昌夫氏「丹後守護・守護代等の発給文書について」（『丹後郷土資料館報』四号、一九八三年）、佐藤進一氏『室町幕府守護制度の研究』下（一九八八年）。

（5）この箇所の銘文には、時の守護山名三河殿は住吉で討死とある。暦応二年（一三三九）以来の守護は前述のように山名時氏であったが、時氏・兼義ら兄弟は貞和三年（一三四七）十一月、楠木正行と摂津住吉・天王寺に戦って敗れ、時氏は負傷し、兼義らは討たれた（『園太暦』同月廿七日条・『太平記』巻二十）。この銘文2が兼義を守護と記すのは、彼が当時兄時氏の後任の丹後守護職であったためではあるまいか。

（6）迎講は念仏者の臨終に阿弥陀仏が二十五菩薩とともに来迎して極楽浄土へ伴う有様を表現した浄土教の講会で、迎接会ともいう。恵心僧都源信が創始したといわれ、平安中期一一世紀以来六波羅蜜寺・雲林院等で盛んに催された。丹後には源信の弟子寛印が迎講を伝えたといわれ、また『今昔物語集』巻十五には「始二丹後国迎講一聖人往生語」という説話がある。丹後に住むある聖人は、帰依を受けた国守大江清定に、この国でも迎講を始めてほしいと願った。そこで守は京都から舞人・楽人などを呼びよせて盛大に催させた。聖人は自分はこの迎講の時に命が終ると語ったが、果たして行事の最中に気絶し、往生したというのである。大江清定は永承三年（一〇四八）三月に丹後守在任の所見がある（「史料編」古代、表1）。このように丹後の迎講は平安時代に創始された著名なものであったが、『慕帰絵』第九巻の、浄土真宗本願寺の第三代法主覚如が貞和四年（一三四八）四月丹後府中を訪れた記事の中に「大谿といひて、きこゆる迎講のところに到れり、此所も誠にゆゝしげにみえて、仏閣梵宇軒をならべ、第宅松門巷にあふる」とあって（「史料編」中世一九八『慕帰絵詞』）、南北朝期においても迎講が大谷寺を中心として盛んに催された事実を確認できる。

（7）林譲氏「時宗国阿・霊山両派派祖国阿弥陀仏伝記史料の再検討」（『国史学』一一三号、一九八一年）。

（8）注（1）所掲石川氏論文、中嶋利雄氏「史料紹介（中略）その四　戒岩寺（宮津市波路）」（注1所掲『私のリポート』）。

（9）中嶋利雄氏「丹後守護職考―一色範光について―」（『両丹地方史』二五号、一九七六年）、高橋修氏「足利義持・義教期における一色氏の一考察―一色義貫・持信兄弟を中心として―」（『史学研究集録』八号、一九八三年）、一色同氏「応仁の乱前の一色氏に就いて―一色義直を中心として―」（『日本中世政治社会の研究』、一九九一年）、一色芳雄・梅本政幸両氏『丹後守護一色氏累代記』（一九九〇年）、片岡秀樹氏「丹後一色義直の守護所―府中の館と慈光寺について―」（『地方史研究』二二九号、一九九一年）、岡野允氏「一色義遠の父子関係」（『舞鶴地方史研究』二三号、一九九一年）。

（10）さらに至徳三年（一三八六）を嚆矢とした足利義満の久世戸文殊堂（智恩寺）参詣・天橋立遊覧が、一色満範の丹後守護在任期に明徳四年（一三九三）・応永二年（一三九五）・同九年（一四〇二）・同十二年（一四〇五）・同十四年（一四〇七）と繰返し行なわれたことからも、丹後国内の安定が察知される。

（11）『丹後国惣田数帳』は、表題によれば正式には『丹後国諸荘園郷保惣田数帳』という名称であったらしい。丹後国内の国衙領・荘園の耕地面積（公称）と知行者名を列記した帳簿である。冒頭に「正応元年（一二八八）八月日」の年記があるが、内容は室町中期頃のもので、末尾に記載する最初の書写年代の長禄三年（一四五九）をあまり溯らない年代に作成されたとみられる。府中の成相寺所蔵の写本（重要文化財）が最良本で、活字本ではこの成相寺本を翻刻した『舞鶴市史　史料編』（一九七三年）所収および「史料編」中世別掲五五六が良本である（「史料編」中世解説参照）。

（12）『丹後国御檀家帳』は、天文七年（一五三八）に伊勢の外宮の御師（手代カ）福井末高が加佐郡を除く丹後国四郡の檀那の状況を列挙した帳面である。中嶋利雄氏「丹後国御檀家帳について」（『金屋比丘尼城遺跡発掘調査報告書』加悦町教育委員会、一九八〇年）によれば、A、表紙に「度会神主福井末高」とある神宮文庫本（イ）・（ロ）等と、B、「度会」云々のない舞鶴市西図書館糸井文庫本・天理図書館本の二通りあるが、いずれも少なくとも三回の転写を経た大正八年（一九一九）の写本ないしその謄写本である。しかしこの「御檀家帳」は同時代史料の乏しい戦国期の丹後国内諸氏の動静をうかがうための貴重な史料である。刊本は『丹後史料叢書』第一輯所収、「史料編」中世別掲五五七などがあり、とくに右の金屋比丘尼城の調査報告書に収める刊本は、中嶋氏が諸本校合・地名考証などを施された詳細な頭注が付されている。

（13）天正三年（一五七五）以来、織田信長の命を承けた惟任（明智）光秀と長岡（細川）藤孝が丹後攻略を開始し

（細川家文書〈天正三年〉十月八日付織田信長黒印状、「史料編」別掲五二七）、天正八年（一五八〇）には藤孝が丹後一国を充行なわれて宮津に築城した（『兼見卿記』天正八年八月四日条、「史料編」一一〇一。細川家文書　同月二十一日付織田信長黒印状、「史料編」別掲五三〇）。

(14)　江戸中期宝暦十三年（一七六三）宮津藩の編纂した『宮津府志』（『丹後史料叢書』第八輯所収）には妙立寺を「天橋記ニ曰、是昔橋立の道場万満寺と云る寺也」云々とし、天保十二年（一八四一）完成の『丹哥府志』（同叢書第六輯所収）もこの万満寺説を踏襲しているが、これらは髹漆厨子の銘文の存在を知らなかったための誤認である。

(15)　浄土宗鉾立山大乗寺は、『宮津府志』に記す寺伝では貞観年間（八五九～七七）開基、寛弘年間（一〇〇四～一二）寛印供奉が再興したとし、鉾立山という山号の由来に関する伝承を記し、当寺はその後大破に及び、天和二年（一六八二）当国久美浜村（久美浜町）の本願寺唯称という僧が再興して常念仏を興行したと伝える。しかし貞享四年（一六八七）に刊行された怪談集『奇異雑談集』には、次のような説話が記されている。丹後府に鉾立道場という時宗の寺があり、その住持の愛阿弥陀仏は福力で道心堅固の人であって九世戸（智恩寺）の文殊菩薩を深く信仰し、しばしば仏前に籠って、夜もすがら称名念仏した。文殊堂には諸国の巡礼が訪れたが、夏の頃は蚊が多いので、愛阿は大きな蚊帳を寄進した。あるとき就寝中の一人の巡礼の僧の胸の上に火がともり、それが一比丘尼の上に移ったのを愛阿は見て、翌朝その僧に問うと、僧は自分の小念が胸の火となったのだろうと告白した。そこで愛阿は、男女別々に臥すため、さらに一張りの大きな蚊帳を寄進したというのである。『惣田数帳』の与佐（謝）郡千代富保内には、「三町五段鉾立道場」とあり、鉾立道場が少なくとも一五世紀以来実在したことが知られるが、この『惣田数帳』には橋立道場は記載されていない。おそらく『奇異雑談集』のこの説話は、浄土宗の鉾立道場大乗寺と時宗の橋立道場満福寺とを混同して伝えたのであろう。

(16)　宮津市教育委員会は、昭和五十四年（一九七九）から同五十七年（一九八二）にかけて大乗寺境内を含む中野地区に発掘調査を実施し、その成果は『中野遺跡第一次発掘調査概要』（一九八〇年）から『中野遺跡第四次発掘調査概要』（一九八三年）まで四冊の報告書にまとめられている。国分尼寺跡の検出という当初の目的に適合する遺構は発見されなかったが、古代・中世の礎石列・石敷遺構などが発見された。特に平城宮第二次朝堂院の瓦と同系の軒平瓦や墨書土器のほか、奈良時代の国府域の一部の可能性を推定しうる遺物が多く検出された。また中世の出土遺物は多岐にわたるが、量的には平安末・鎌倉初期と室町時代との二つのピークが認められ、前者には前代の官衙的性格の延長が考えられ、後者では一五世紀の輸入陶磁器が多いことなどから守護一色氏との関係が推定されるという（前掲『第四次発掘調査概要』Ⅳ小結）。おそらくこの中野遺跡の地域は、国衙の施設ないし在庁官人の居住区の一部であったのが、守護一色氏関連の施設ないし一色被官の居住区に変化したのではあるまいか。

(17)　丹後国分寺跡の北約五〇メートルには現在の国分寺がある。またこの現国分寺の約五〇メートル西には京都府立丹後郷土資料館があるが、その西に展開する谷間の西側斜面には「墓のダン」「墓のオテ」という小字名が南北四五〇メートル、東西の最大幅二五〇メートルほどにわたって存在する。現在は府中域の各寺院の境内や路傍などに墓地があり、南北朝・室町期等の銘文を刻する板碑・五輪塔・石造地蔵菩薩立像などを見受けるが（「史料編」中世別掲六六三以下参照）、鎌倉期まで遡るものは見られないようである。おそらく鎌倉期までの墓域（少なくとも埋墓）は府中域の外部にあたる右の「墓のダン」「墓のオテ」などに存在し、豊後・遠江等に見られたのと同様に府中住民の墓地は府中域の外縁部に設けることが規定されていたものとみられる（仁治三年〈一二四二〉大友氏新成敗状、『中世法制史料集　第一巻』。義江彰夫氏「国府から宿町へ」『東京大学教養学部人文科学紀要八十七輯』等参照）。

(18)　伊藤太氏「天橋立図に描かれた舟屋」（京都府教育委員会編『丹後の漁撈習俗調査報告書』、一九九七年）。

(19)　下坂守氏「参詣曼荼羅」（『日本の美術』三三一号、一九九三年）。

(20)　大阪市立博物館編『社寺参詣曼荼羅』（一九八七年）「24成相寺参詣曼荼羅」。

〔付記〕本章の作成に当り、妙立寺住職厚海経信師ならびに中嶋利雄・伊藤太・大石信・中嶌陽太郎・下坂守・湯山賢一・林譲・池田寿・藤村重美・漆原徹・大音百合子等の諸氏（職名等省略）より協力を賜った。記して謝意を表する。

第二章　中世備中の国衙機構と惣社造営

はじめに

備中国府についての言及は、江戸末期の『備中誌』（著者未詳、嘉永六年〈一八五三〉の記事が下限）に見られるのを始め、永山卯三郎氏が昭和初年の調査報告書に条里遺構に関連して考察し、その後『吉備郡史』にも触れている(1)。藤井駿氏は備中国府の所在地を比定し、古代・中世を通じて見られる同国の国衙機構を永禄年間（一五五八〜七〇）まで追究され（以下藤井論文①とする）、かつ室町時代の備中守護細川氏の歴代を考証された(2)（以下藤井論文②とする）。なお古代の備中国府の所在地は、歴史地理学の見地から米倉二郎・藤岡謙二郎・木下良の諸氏が言及され、また近年では『新修国分寺の研究』に考察がある(3)。

国府の所在地は『和名類聚抄』には「国府在二賀夜郡一」とするのみであるが、『備中誌』の賀陽郡金井戸村の項には、村内の北国府にある「御所の内」「内堀」などとよばれる地を「国守の居給ひし時の遺跡なるべし」としている。永山氏前掲報告書は、国府の位置は「御所の内」を中心として東国府・才国府・南国府・北国府一体の地であるとして、付辺の条里研究の結果からも国衙址は字御所の辺、方三町ばかりの地と推定し、この永山説

写1　推定国府域字御所の「備中国府遺址之碑」(左)と「御所宮」の碑(右)

は、藤井論文①にも敷衍され、米倉氏前掲論文も永山説を支持し、また藤岡氏前掲書は、字御所を国庁跡と断定しないが、同書第58図で南国府・北国府両集落を含む方八町域を国府域と推定している。この推定国府域の一部には発掘調査が試みられているが、まだ十分な成果は得られていないようである(4)。

備中国分寺・同尼寺跡は推定国府域の南南東約一・五キロに五〇〇メートルの間隔で西・東に並び、備中惣社（明治以降は総社宮と称す）は推定国府域の西約一・五キロに園池と堀に囲まれた広い境内に鎮座し、また壮麗な社殿や鳴釜神事で知られる備中一宮吉備津神社は、国府推定地の東約六キロ、備前との国境をなす吉備中山の西麓に鎮座する。こうした点からも国府域に関する推定は概ね妥当と認められよう。注(1)所掲永山報告は明治初年頃の備中惣社祠官堀安道の手記である『総社記』（『吉備郡史』上巻所収）に記す国府は三須村国府屋敷、総社町大字井手清水の国府屋敷土居、服部村大字金井戸の御所と三遷したという説を紹介するが、論評は加えず、藤井論文①はこの三遷説を論拠薄弱としている。

ところで右の国府域についての推定説は主として古代の国府を対象としており、中世の備中国府については、藤井駿氏が右の論文①に考察されているのみであり、支配機構・空間構成の問題などを含めて、考究の余地がかなりあるように思われる。本章は、中世における備中国衙の支配機構の一端を、主として「備中国賀陽郡服部郷図」ならびに「備中国惣社宮御造営帳」を通じて探り、中世都市備中国府の空間構成に迫ろうと試みるものである。後述のように室町期に「備中州符中」と記した史料があるが、備中府中の呼称は他には管見に入らないので、本章では中世についても主に地域の名称としては国府ないし国府域とし、支配機構については史料に即して国衙の用語を用いることとしたい(5)。

第一節　鎌倉期の備中国衙と在庁

まず鎌倉時代の備中の国務について通観すると、『吾妻鏡』には周知のように、源頼朝は元暦元年（一一八四）二月十五日一ノ谷の戦の捷報を聞くとまもなく、同月十八日播磨から備後にいたる山陽道内の五ケ国に梶原景時・土肥実平を「専使」として派し、ついで実平は三月二十五日、備中に滞在して鞫務を行ない、平家のために罷免された藤原資親以下数名の在庁を本職に還補したとある。これは鎌倉幕府が開創当初から平氏に代わって備中の国務を掌握しようとした現れに違いない。なお藤井論文①も、佐藤進一氏の守護制度の研究書(6)も、実平を同国守護とみている。

『後鳥羽院宸記』によると建保二年（一二一四）四月現在、当国は修明門院の知行国であったが、藤井論文①にいうように実質上は後鳥羽院の御料国であり、院はその国衙領のうち三ケ所を前右大臣藤原忠経に、また一部は女房や長厳僧正に給付している。承久の乱直後の承久三年（一二二一）十月備前・備中両国の国務は幕府の管轄下に入ったが（『承久三年四年日次記』）、寛喜三年（一二三一）八月には中宮（藤原竴子）の御分国となり、ついで貞永二年（一二三三）正月、前関白近衛家実の分国となっており（『明月記』『民経記』）、公家側が国務支配を回復したことが知られる。

建治二年（一二七六）十二月四日、窪屋郡守重名内に対する備中守護代時綱の濫妨を止めるべき旨の国宣が備中目代宛に出され、翌々六日、目代と推定される左衛門尉公正は某人（知行国主カ）の袖判を加えた奉書で備中小目代に宛ててこれを伝達している（三聖寺文書）。この二通の日付から、目代は在京し小目代を在国させたことが判明する。

守護代時綱は、注(6)所掲佐藤進一氏著書に推定するように得宗被官の長崎次郎兵衛尉時縄とみられ、佐藤氏が「得宗分国目録」と併せて推定されたように、備中は文永九年（一二七二）から建治二年までの間に得宗分国となり、弘安二年（一二七九）から正応五年（一二九二）までの間に得宗の手を離れたこととなる。このように北条得宗家は備中を得宗分国とし、有力得宗被官長崎氏を守護代として支配強化を計ったにも拘わらず、前述の国宣に「守護代時綱致濫妨由事（中略）而如在庁官人等勘状者、守重名勘返内有其沙汰云々（前後略）」とあって備中の在庁は朝廷の権威を後楯とし、守護である得宗の支配に必ずしも帰服していないことがうかがわれる。

こうした推測を一層明確にするのは、下道郡上原郷の事件である。上原郷は、推定国府域の南国府付近から五〜六キロ西方の高梁川に沿う旧窪屋郡（現総社市内）上原・富原・中原一帯の地で、永仁七年（一二九九）四月幕府から東福寺に「淡路国志筑庄参分壱内半分」の替として寄進され、東福寺は地頭代を入部させたが、この上原郷は、もともと国衙目代と地頭側との間に年貢色代や検注をめぐって係争が続いていた地であったため、東福寺住持山叟恵雲は国衙の奉行宗像長氏と書状を取り交して、今後は訴訟事件を起こさない旨を長氏に保証させた（『九条家文書』六、一六三二号・一六三五号等）(7)。けれどもやはり上原郷には正和二年（一三一三）ついに紛争が起こり、次のように東福寺の地頭代と国衙側との衝突を招くのである。

同年七月二十七日付六波羅下知状（『九条家文書』六、一六三六号）は、冒頭に「東福寺領備中国上原郷地頭代宗覚申、当国在庁重氏・弥氏・則行・案□(主)・国成・弥行・左近允・西信・平太次郎・六四郎大夫・弥五郎・勘四郎・山大夫・湯右衛門尉、湯三郎・山五郎・弥三郎・官守源次郎・六郎次郎以下輩、乱入当郷、致刃傷追捕狼藉由事、」という事書を掲げて、当郷地頭職は永仁七年幕府から東福寺に寄付され、国衙年貢は地頭請所として国衙の使者が入部しない地であるにも拘わらず、在庁重氏以下は数多の勢を率いて当郷に乱入し、地頭政所と民屋を追捕し、寺家の下部松夜叉法師を刃傷したという寺家雑掌の訴えにもとづき、両六波羅は延慶三年（一三一〇）九月から今年六月まで度々国司兵部卿（藤原嗣実カ）に触れ、ようやく交名人のうち重氏・国成・則行・弥行らは参洛を企てたが、弥氏・案主以下の輩は不参で、本所も召し進めず、違背の科を遁れがたいと六波羅は裁定している。しかし六波羅の処置は、「然則、可令停止彼等乱入之儀、次刃傷者事、為処流刑、可召賜交名輩之旨、可触申国務、次追捕物事、任員数可被糺返之旨宗覚雖申之、交名輩被処罪科間、不及其沙汰」というものであり、少なくとも建前上は国司側の権限を尊重した、かなり穏健な態度をとっている。これは、この事件がおそらく東福寺側の国衙年貢未進に端を発しているため、六波羅としても強硬手段を採りがたかったためであろうが、それにしても在庁が鎌倉後期にもなお幕府・守護勢力に対してある程度まで独自の動きを起こすことができた事実は注目に価する。鎌倉後期における備中国衙は相対的自立性を示していて、国衙領も守護領に吸収されず、独自性を維持していたことがうかがわれる。

なおいま一つ、備中国衙領における相論の事例として、殿上熟食米料所備中国都宇郡隼嶋保についての申状案も注目に値する（『壬生家文書』一、七三号(二)）。この申状は長文にわたるが、その主旨は、当保は国衙進止・本所一円の地であり、吉備津宮神供ならびに殿上熟食米の料所であるのに、先雑掌定宗・観成らは悪党を城郭に籠め置いて、熟食米の使者を立入らせないので、宣旨を下して奸濫を止め新雑掌を入部させるように計らわれたいというものである。これに対して論人側は、当保が承久没収地で関東の成敗地であることは、正応年中（一二八八～九三）の下知で分明であり、したがって殿上熟食米は停止され、もっぱら吉備津宮の社家が領主となっていると反論している。案文に年号月日は記されていないが、文中に「元亨□□　院宣云」とあり、「今度　綸旨云」とあって鎌倉末の後醍醐天皇親政期と推定される。

文面によって訴人はおそらく殿上熟食米を徴収する大炊寮の官人で、論人は備中一宮吉備津神社の神官と推定される。隼嶋保は都宇郡深井郷早島で、『備中誌』に、同地はもと耕地は少なく、宇喜多秀家時代の新開で六ケ村となったとある。なお現在の都窪郡早島町に相当し、吉備津神社の南五キロほど、国府推定地の総社市金井戸北国府・南国府からは南東八キロほどの近距離にある。

以上の経緯から察するに、備中国衙領が容易に守護領化せず鎌倉末期にも一応の自立性を保った一因として、同国在庁と同国一宮吉備津宮との連携があるように思われ、それが守護勢力のみでなく、朝廷からの賦課をも拒む動きとして現れたものとみえる。但し吉備津宮は少なくとも鎌倉中期から鎌倉幕府の庇護を受け、放生会大頭や流鏑馬は国内諸荘保の地頭御家人役となっており、その対捍は幕府から戒められているので（『九条家文書』六、一六四三号(2)貞応二年六月卅日付関東下知状案）、幕府は吉備津宮の後援を通じて、備中国衙領にもある程度の支配力を及ぼしたことが推測されるのである。

第二節　服部郷図と国衙機構

鎌倉後期の備中国府近傍における国衙領の構成をうかがうことのできる史料に「備中国賀夜郡服部郷図」（以下「郷図」と略称）があり、備中国在庁官人祢屋氏の子孫の祢屋光良氏所蔵本、塚本吉彦旧蔵岡山県総合文化センター所蔵本、および後者を臨模した東京大学史料編纂所所蔵本（図1参照）の三本が知られている。(8)(補注)祢屋本は未見であるが、後二者は約一〇七センチ×一一五センチの図であり、図面の傍らに次のような記載がある。

古本云

永仁六年大檢《本ノママ》染以破形書改之 暦應二年七月中旬書寫之公久長 本ノマ、」元義按公文ナルベシ 天文五年丙申霜月十二日 重書之紙数九枚 祢屋与七郎久光（花押影）

元禄八年乙亥三月廿三日 古本虫破有之改寫者也墨付紙数十二枚 祢屋武左衛門光治（花押影）

この傍書によって、塚本吉彦旧蔵本の親本が祢屋氏所蔵本であることが確かめられるが、文中の「元義按公文ナルヘシ」の注記が岡山藩出身の歌人・国学者平賀元義の書き入れであることは、同じく塚本吉彦旧蔵総合文化センター所蔵の「服部郷図聞書」（史料編纂所謄写本を閲覧）によって確実となる。この聞書は元義が備中笹沖の井上真澄に宛てたもので、井上から祢屋七郎兵衛に宛てて「郷図」を返却するとともにこの聞書を送る旨の書状の写が副えられていて、元義の閲覧した「郷図」が祢屋氏所蔵本であったことが判明する。

平賀元義は「郷図」を「孝徳天皇の大化元年に郡県になりし時に造られし図をもととして後に事を改め書きしもの」とみた。これに対して永山卯三郎氏は注(1)に掲げた論文の中で、「郷図」の字句を逐一掲げるとともに、平賀の見解を批判して、本図は条里の旧制に従わず、かつ大部分「武人ノ名ト法名トヨリ成ル」こと、国分寺領・御衣田・御厩田・国領などの名称の見えることなどから、寿永三年源頼朝が土肥実平に備中の釐務を行なわせてのち両三年の間に作成されたものであろうとした。

この「郷図」を委しく分析されたのは高重進氏であるが、[9]「郷図」の成立年代については、高重氏も前掲の記載にみえる永仁六年（一二九八）を第一回の書写年代と解し、作成年代は「第一回目の書写年代である永仁六年以前」であるとして、永山説を紹介されるに止まっている。けれども右に引いた傍書によると、永仁六年の大検注のとき作成されたものが破れたので、暦応二年（一三三九）に時の公文久長が改めて書写したと解することが可能であり、そうとすれば「郷図」は永仁六年の状況を示すこととなる。但しその場合、作成から書写まで三九年間にすぎないが、恒常的に実用に供されたとすればこの間に破損したことは充分に考えられよう。

記載様式は高重氏の分析されたように、方六町の里ごとに「河面」から「十三　宮妖《ママ》」まで一三の固有名詞を付けている。各里の中は方一町に区切るが、各区画は一般に用いられる一坪ないし三六坪の代わりに南北は一条から六条まで、東西は一丁から六丁までの数詞で表し、一条一丁ないし六条六丁と記す。そして四辺の中央にそれぞれ子・卯・午・酉と方位を示し、かつ、北西隅に山崎、北隣の里毎の区画に刑部郷・久米保、北西隅近くに阿宗郷と記し、南側の各里の区画には西から三須・赤濱保と記入してあり、且つ現在長良山と呼ばれる独立丘陵等はその形状のまま空白にし、または「無図」と記入しているし、砂川・前川等の流路も鮮明に書き込んである。

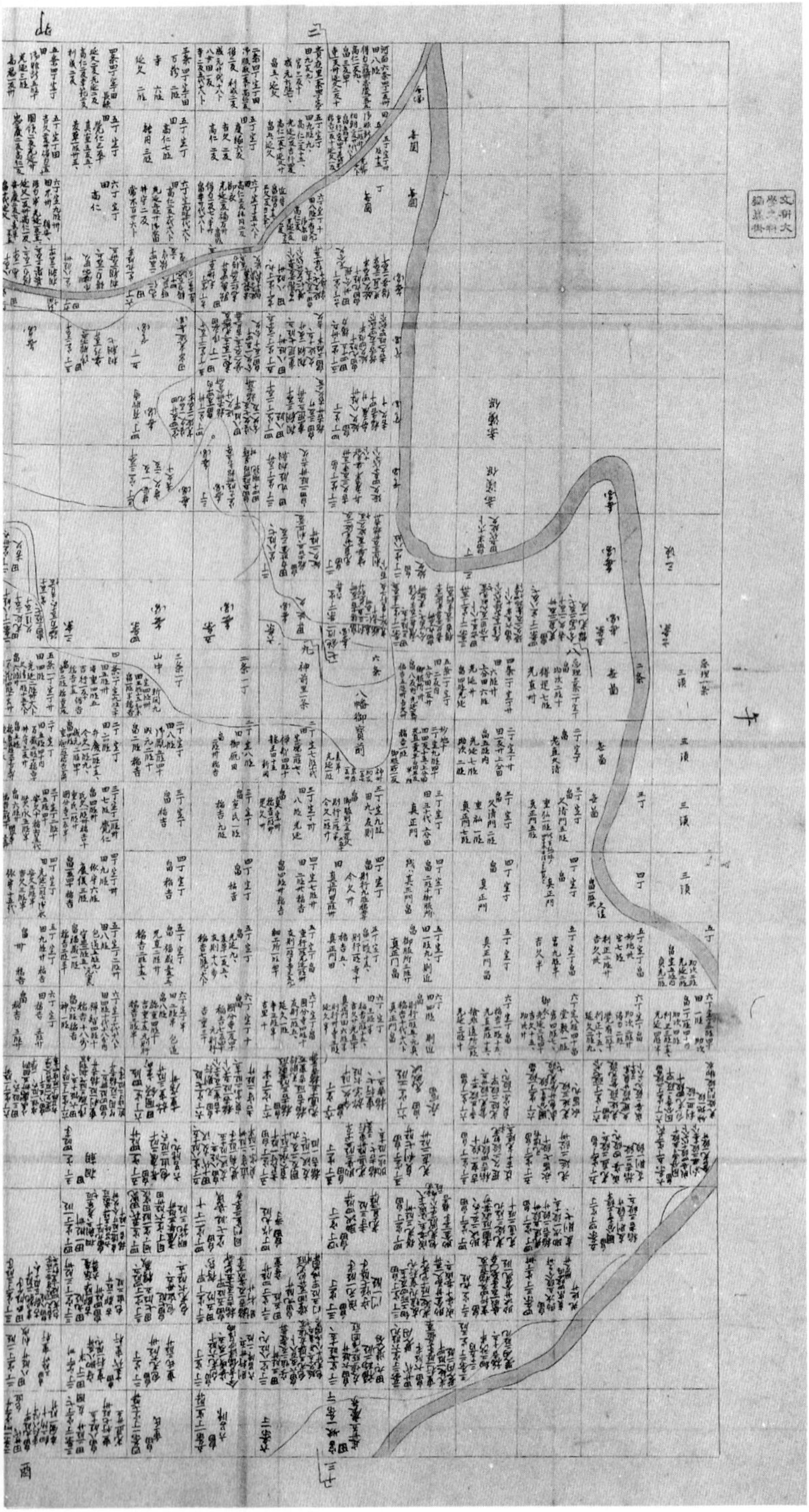

図1　備中国賀夜郡服部郷図模本（東京大学史料編纂所所蔵）

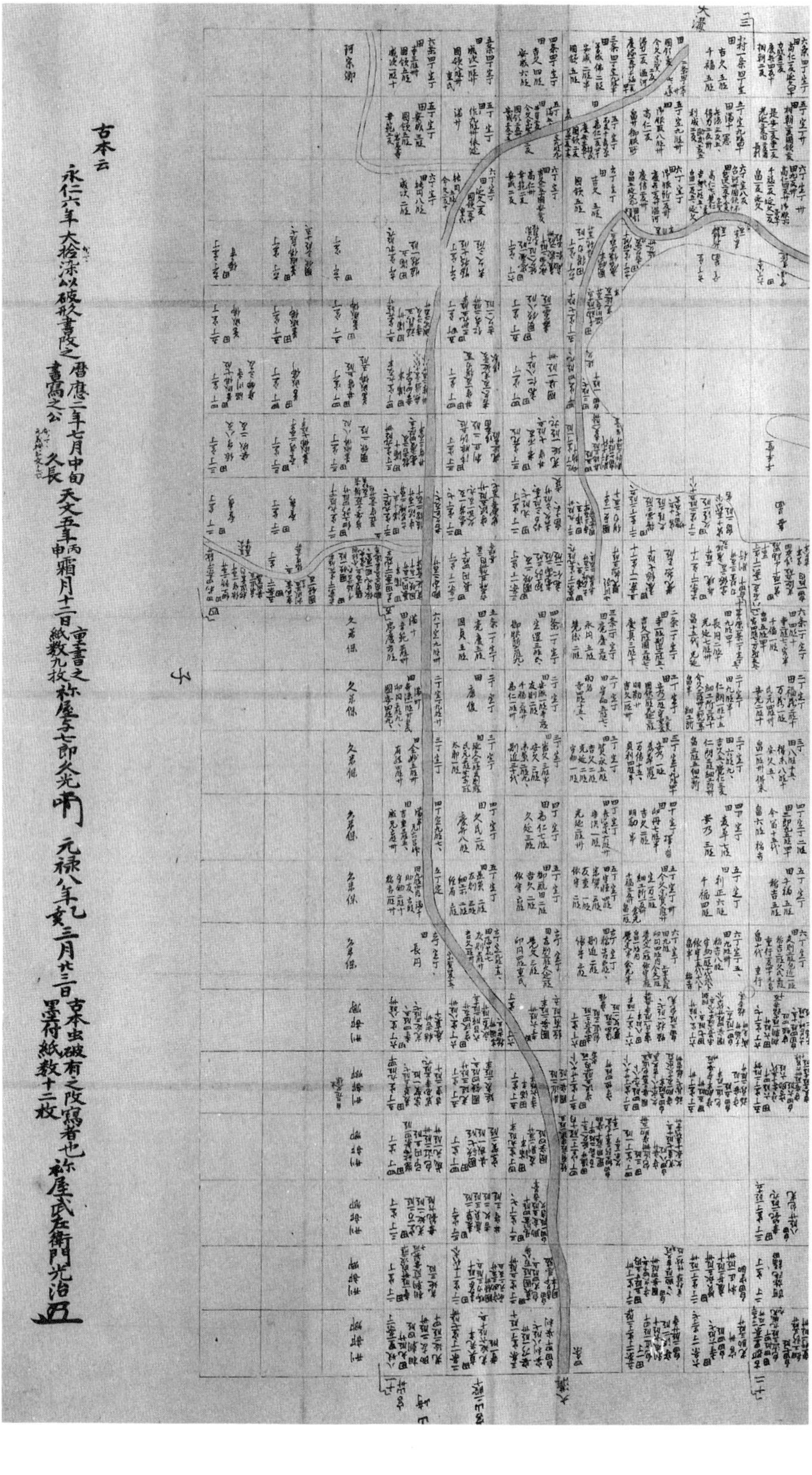
古本云
永仁六年大捨漆以破形書改之 暦応二年七月中旬書写之公 久長
天文五年丙申霜月十二日重書之 紙数九枚 祢屋与七郎久光
元禄八年乙亥三月廿三日 古本虫破有之改写者也 祢屋武左衛門光治
墨付紙数十二枚

それゆえ、現地比定による復原が比較的容易であり、高重氏の指摘のように、ほぼ服部郷の範囲は総社市に合併する以前の旧服部村と大同小異で、現在の総社市金井戸・北溝手・南溝手・窪木・長良を含む範囲であったとみられる（図2参照）。

この現地比定によると服部郷の西辺は永山・藤井・米倉等の諸氏が一致して国府域に比定された総社市金井戸南国府・北国府をほぼ含むものとみられる。また服部郷の南西隅の南約一キロには、備中国分寺がある。したがって、服部郷の中に国府関係の名称がかなり多く散在しているのは当然であろうし、名田のうちには在庁名が多く含まれていたことが想定される。なお田畠の面積は町・反・代・歩の単位で記されている。高重氏の集計によるとこの郷の田畠の総面積は二八一町一五歩である。同郷の国衙関係とみられるものを、高重氏の集計によりながら掲げてみると表1のように田二六町三反一〇・五代、畠六町八反四五代、計三三町二反五・五代となり、総面積の約一二％を占めることとなる。

このほか、宮・神・析紙神・燈油・堂敷・寺・阿弥陀講田などという名称の地の中にも国衙関係の耕地が含まれている蓋然性はあるが、明らかでないので一応除外する。しかし少なくとも郷内の総耕地面積の一割以上の田畠が国衙に直接関係のある料田畠・給田畠であったのである。

なおこれらの料田・給田等には、御服所・細工所・国領のように郷内にかなり分散するものがあるが、多くは一定範囲にほぼ纒まっており、例えば御衣田は貴夜里の西辺を主とし、上分田は殆ど忌理里の四条・五条に集中している。これは料田・給田が一応の地域的纒まりをもって設定されることが多かったためであろう。

一方、稲吉二〇町五反一〇代一八歩、光延一六町四反二〇代などをはじめ相当広い面積を占める名田畠があり、これらは在庁名に相違ない。それらの中には、重氏二町二五代、則行一町八反が見られるが、これは前述の正和二年（一三一三）の上原郷に乱入し狼藉を働いたとして訴えられた在庁の筆頭の重氏、および三人目の則行と一

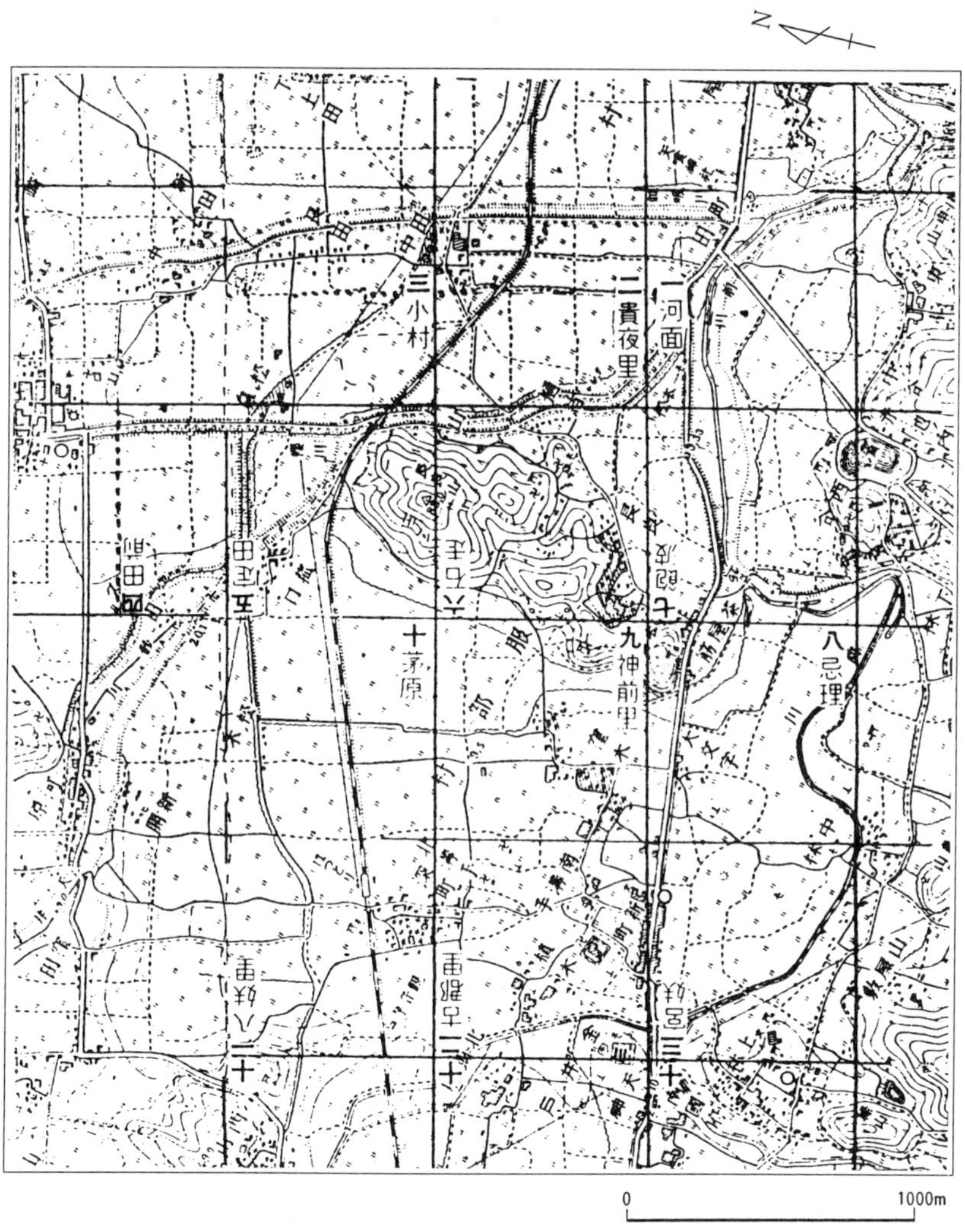

図２　「服部郷図」現地比定図
（注９所掲高重論文第３図を転載し方位とスケールを付記）

表1　「服部郷図」所載備中国衙関係等料田・給田一覧表

種別	田（町反）	田（代）	畠（反）	畠（代）	計（町反）	計（代）
国領（国）	八三	三〇	三	二五	八七	五
御服所	三八	四〇	九	〇	四七	四〇
御衣田	三〇	三五	七	二五	三八	一〇
細工所	一七	二〇	一七	〇	三四	二〇
井守	二九	〇・五			二九	〇・五
国分寺			二三	三〇	二三	三〇
六呂師	一四	四五	八	一五	二三	一〇
御厩田	一六	四五			一六	四五
上分田	一六	一〇			一六	一〇
駅ノ沓	七	二五			七	二五
脚力	三	五			三	五
検非違所	二	〇			二	〇
吉備津宮御物	一	五			一	五
惣社御祭田	一	〇			一	〇
八女田	一	〇			一	〇
合計	二六三	一〇・五	六八	四五	三三二	五・五

致している。彼らはおそらく上原郷に近い国衙の西方に本拠をもっていたので、服部郷には二町歩前後の名田を持つに過ぎなかったが、彼らの在庁名のトータルはかなり大規模であったと推測される。

国衙直属の耕地も在庁名も、周囲の諸郷にまたがっていた筈であるから、「郷図」はそれらの一斑を示すに過ぎないが、それでも、表1のように御服所・細工所・轆轤師のような国衙工房所属の手工業者、あるいは検非違所・御厩・脚力という国衙の警察・運輸などに携わる施設、さらに惣社御祭田・八女田というような惣社の祭礼関係等の料田・給田の存在が知られ、在庁の活動の基礎をなす在庁名の存在とあいまって、鎌倉後期における国衙領の具体的な存在形態と空間構成の一端が看取されるのである。

第三節　南北朝・室町期の備中国と守護・守護代

建武政権下の備中の在地情勢は殆ど伝えられないが、『太平記』巻十四によれば、鎌倉で建武政権に離反した足利尊氏から四国に派遣された細川定禅が、建武二年（一三三五）十一月讃岐で挙兵すると、定禅の誘いを受けた備前の佐々木信胤・田井信高らは備中に侵入して福山城に陣し、これを攻めた備中目代の軍勢は敗退したので、小坂・川村・庄以下の備中国人は悉く朝敵となったという。福山城は備中惣社の真南に聳える標高三〇二メートルの福山に築かれた城で、推定国府域の金井戸・南国府付近からも山頂部まで直線で約三・五キロという至近距離にあり、北麓を古代以来の山陽道の駅路が通り、備中の中心地域の死命を制する要地にあった（図3参照）。

一旦京都に入った足利軍が敗れて九州に退いた建武三年二月、官軍の名和長年は庄八郎入道に軍勢催促状を送って、備中の朝敵人誅罰のため一族を催して軍忠を尽くすように求めたが（保坂潤治氏旧蔵文書）、この督励にどれほどの実効性があったかは疑わしい。またこの緊迫した情勢下で、同年四月十二日備中留守所は目代沙弥某の署判で散位家長を「原郷上下郷司職」に補任し、家長は同月十九日その案文を上原郷沙汰人に送り、正文は入部のとき見せる旨を述べている（『九条家文書』六、一六四〇号・一六四一号）。下原郷は東福寺領上原郷に隣接するが、上原郷では前述のように鎌倉末期にも国衙の在庁と寺側の地頭代との抗争が続いていた。それゆえ、建武動乱に際し、建武政権の備中留守所は、国府周辺地域の制圧を試み、この両郷に郷司の入部を計ったものに違いない。しかしこの計画がどれほど成功したかは明らかでない。

写2　福山遠望（右手前の頂上の平らな支峰が幸山城跡）

『太平記』巻十六は、新田義貞の備前進発に伴い、その部将大江田式部大輔の率いる官軍が備中にいたり福山城に布陣したが、九州を進発した足利方のうち、備後の鞆から陸路を進んだ直義勢は、五月十五日から同城を攻めて、激戦の末翌日これを陥れたと伝える。この福山城合戦は、再び入京を計る足利軍とこれを阻止しようとする官軍との間

図3　備中国府周辺地形図

（明治31年等測図、昭和47年等修正測量、5万分1地形「図岡山北部・岡山南部・高梁・玉島」の各一部を縮写し関係地名・神社名・寺院名・城跡等を記入）

の最初の本格的な戦闘であり、足利方の勝利はその後の戦局に大きな影響を及ぼした。

この合戦については、湊川合戦直後の同月廿五日付の足利尊氏書下案および少弐頼尚書状案（深堀文書）を始め、翌六月から翌々七月にかけての足利方の吉川経時・椙原光良の軍忠状写（「正閏史料」一之下、『萩藩閥閲録』百二十一之二）、斯波高経吹挙状（前田家所蔵　天野文書）、官軍方の周布蓮心軍忠状写（『萩藩閥閲録』百二十一ノ一）等が残されていて、この戦いがその後の戦局に及ぼした影響の重要性がうかがわれるとともに、国府域の制圧が一国の軍事支配の重要な前提であったことも察知される。なお、福山合戦はこれらの書下・軍忠状・吹挙状等にいずれも五月十八日とあり、『梅松論』も五月十七日夕から十八日にかけての戦いとするので、『太平記』は日付を二日ほど誤っている。

さて、室町幕府の備中守護としては、康永二年（一三四三）五月より観応二年（一三五一）正月まで在職徴証のある南宗継（南禅寺文書　五、東寺百合文書　ゐ、観応二年日次記　同年正月八日条等）、貞治元年（一三六二）六月頃の守護と伝えられる高師秀（『太平記』三十八）、同三年（一三六四）九月より同四年七月まで在職徴証のある宮兼信（東寺百合文書　せ武家御教書并達四〇、士林証文、諸家感状録、細川家文書）が知られる。この間、延文元年（一三五六）九月四日、引付頭人細川清氏奉書が細川頼之に充てられ、東寺領備中国新見庄領家職に対する新見太郎左衛門尉の濫妨停止が命じられている（東寺百合文書　せ）。これを注2所掲藤井論文②は細川頼之を備中守護と推定されたが、これは拙著に指摘したように、[10]中国大将としての頼之に賦与した遵行権の行使を命じたもので、備中についてはいま一例、延文二年七月五日付引付頭人佐々木導誉奉書による東福寺領備中国上原郷の押領停止命令がある（『九条家文書』六、一六五一号）。

ついで貞治五年九月には渋川義行が守護在職の所見を残し、永和元年（一三七五）義行の逝去に伴い守護職はその嫡子満頼が継承したが、明徳元年（一三九〇）からは、細川頼之が満頼と並んで半国守護職ないし分郡を獲得し、ついで同三年頼之の逝去とともに頼之の末弟満之がこれを継承し、さらに明徳四年（一三九三）には備中全域が細川満之の分国となり、そののち守護職は頼重・氏久・勝久・之持・政春と嫡々相承して戦国期に及んだ（藤井論文②参照）。但し浅口郡は応永十四年（一四〇七）十二月伊予国宇麻郡等とともに細川右馬頭入道常輔（満国カ）に足利義満御判御教書をもって与えられている。

南北朝期には、備中守護の改替がかなり頻繁であり、したがって守護による国人の被官化は充分な進展を見なかった。例えば嘉慶元年（一三八七）十一月、幕府は梅津長福寺領備中国園東庄の押妨停止を守護渋川満頼に命じたが、守護家人の押領であるため事行かずとして、備中国人の陶山備中守と隣国備前国人出身の松田備前守（吉信）の二人を両使として、同月と翌十二月に重ねて遵行を命じている（長福寺文書　三。藤井論文②）。この家人が守護渋川氏とともに入部したものか、備中を本貫とする国人かは詳かではないが、いずれにせよ渋川氏は権力基盤が脆弱なため、強硬措置を採りえなかったのであろう。

南北朝合一直前から備中支配をようやく開始した細川氏にしても、当初は同様であった筈である。応永六年（一三九九）七月、満之の旨を受けた奉行人薬師寺永可が、庄六郎左衛門・石川某の両名に長福寺領備中国園東庄の遵行を命じた奉書に「応永六年守護代方エ被遣之状也」云々という端裏書が記されているように、細川氏は当初から庄・石川両氏を守護代に補任し、しかも両守護代を連記して遵行を命じている（東京大学所蔵長福寺文書）。このような地域分割でない両守護代の起用は、やはりこの国では国人統率が困難な事実に対処しようと試みたものではなかろうか。

庄氏は『岡山県古文書集』第一輯所収「庄氏系譜」等によると、祖先は児玉党で、庄家長は一ノ谷合戦に平重衡を捕えた功により備中国草壁庄（小田郡矢掛町付近）を賜り、猿懸（猿掛）城に拠ったという。庄氏が鎌倉期に備中南西部の有力御家人であったことは、弘安六年（一二八三）と同八年の再度にわたり六波羅探題が京都三聖寺領の備中国小坂庄（現浅口郡鴨方町内）地頭庄孫四郎行信の所務押領・年貢未進を戒めた事実からもうかがわれる（三聖寺文書。注2所掲藤井駿氏著書所収「三聖寺と備中小坂庄」）。南北朝内乱とともに庄氏は『太平記』に有力国人として登場し、事実、名和長年から前述の軍勢催促を受けている。その後も文和元年（一三五一）十月には庄駿河権守が幕府から備中国河近郷内の下地沙汰付を命ぜられた両使の一人となっているなどの活動が知られる（「古証文」所収室町幕府引付頭人奉書）。また、草壁庄を本拠としたことは、正平九年（一三五四）十二月二十一日付の後村上天皇綸旨案（金剛寺文書）に「備中国草壁庄西方地頭職庄兵衛四郎并一族等跡」とあることからもうかがわれる。

　他方石川氏は、建武五年七月十九日付和泉の田代了賢軍忠状（田代文書）に、男山合戦の軍功は「足立卿公・佐藤六郎・石河太郎等」が存知と述べて、時の河内守護細川顕氏が証判を施していることからも、細川氏の麾下に属して備中に入部した河内源氏石川氏とみられる。応永三十二年（一四二五）十二月二十九日付の備中国吉備津宮正殿御上葺棟札写（吉備津神社文書、『岡山県古文書集成』第二輯〈以下「集成」と略称〉四二号）に「社務代石川豊前守沙弥源道寿 庄甲斐守沙弥藤原道充」とあって、庄氏が藤原姓を称するのに対し、石川氏は源姓を称しているのもその証拠となるであろう。また次に引く同日付の御遷宮次第（同文書、「集成」四三号）ならびに次節に述べる『備中国惣社宮造営帳』によると、庄甲斐守・石川源左衛門が両守護代であった。

　このように備中守護細川氏は在地有力国人庄氏と建武以来の細川氏部将石川氏とを両守護代として、両者の協力かつ相互牽制により国内支配の強化を計ったのである。それは新たに入部した石川氏のみでは国人統率に不安があり、また在地出身の庄氏だけでは守護権力が浸透しがたいという懸念があったためと推察される(11)。

　また守護細川氏は、一宮吉備津宮の社領に支配の手を伸ばしていった。すなわち応永三十年四月仁和寺領吉備津宮の年貢を守護請とし、石川光隆・庄永充の両守護代が連署で請文を差し出していることや（田中教忠氏所蔵文書。吉備津神社文書、「集成」四一号）、右の応永三十二年の同宮正殿棟札写に「細川治部少輔沙弥源常琳（頼重）、子息同九郎源（氏久）」と記し、その下に社務代として前述のように両守護代を併記し、そのときの正遷宮の記録である「吉備津宮正殿御遷宮次第」（吉備津神社文書、「集成」四三号）に「于時社務細川治部少輔兼守護、社務代庄甲斐入道々充・石川豊前入道々寿両代官兼守護代、依有種々懇望、雖無神拝儀式、豊前守道寿御幸弁墻中仁参入云々」とあることなどから、守護頼重が吉備津宮の社務を兼ねて社領を請所化し、両守護代が社務代として年貢徴収の実務に携わったことが知られる。

康安二年（一三六二）ないし明徳年中（一三九〇～九四）の社務は松田吉信であったから（同文書、「集成」一七号・前掲四三号等）、守護渋川氏はまだ吉備津宮の社務職を獲得するにいたらず、細川氏になって初めて同宮の社務職を兼ねて社領の請所化を実現したと推定される。

永享元年（一四二九）冬以来「心神狂乱」となった守護頼重は、翌二年正月二十五日京都の自邸で自害を図って果たさず、この自殺未遂事件を伝えた醍醐寺座主満済は、「吉備津宮神罰云々」と記していて、頼重の吉備津宮支配強化が神罰という風評を生む結果となったことが察せられる（『満済准后日記』同日条）。

しかし、「吉備津宮社務代」を含む頼重の所領所職は、その嫡子氏久が翌日将軍義教により継目安堵を受けた（長門細川文書）。この氏久のもとで庄信濃入道・石川豊前入道、その次には庄藤右衛門尉・石川源三が両守護代として活動し、また長禄四年（一四六〇）氏久の逝去に伴い備中守護となったその子勝久のもとでは、庄右京亮経郷・石川左近将監資次が両守護代であり（藤井論文②）、常に庄・石川の両氏が守護代に在任している。また宝徳二年（一四五〇）三月には石川掃部助久経が年貢五〇〇貫文のうち半分請切りの契約で吉備津宮社務代職を請負っていて（吉備津神社文書、「集成」五一号）、石川氏は吉備津社領の掌握をも継続したのである。

第四節　『備中国惣社宮造営帳』の概要

備中においても惣社は国衙と密接な関係にあった筈であるが、室町時代応永十九年（一四一二）には惣社を含む国府域が府中と呼ばれたことを示す史料が一つ見出される。それは洛北北野天満宮に奉納された一切経のうち大般若経巻九十八の奥書で、

　峕應永十九年次歳《(ママ)》壬辰卯月五日、於落《(洛)》陽北野道場備中州符《(府)》中惣社邊天神宮住呂《(侶)》令書寫畢、　　秀海

とある（『大日本史料』第七編之十六）。現在は総社宮境内にある式内社沼田神社に天満神社が合祀されており、また明治維新までの神宮寺の建物も同じく境内に現存する。大般若経巻九十六の奥書にも「執筆秀海」備中州惣社天神宮住呂《(侶)》」とあり、秀海はこの天満神社に仕える供僧であろう。藤井論文①は「府中辺惣社天神宮」として、惣社の位置は「府中の辺」にあって「府中の中」ではなかったと説くが、『大日本史料』による限り、「符中惣社辺」とあるので、備中においても惣社は府中の中に含まれていることが確かであると思われる。但し備中については、この史料以外に「府中」の称呼は管見に触れないので、多用されなかったものとみえる。

ところで、室町時代における細川京兆家（管領家）と国衙領ないし惣社との関係を示す貴重な記録に、総社宮に伝来した永享元年（一四二九）の「備中国惣社宮御造栄《(営)》帳之事」と題した記録一巻がある。この『備中国惣社宮造営帳』（以下「造営帳」と略称）は『岡山県古文書集』四と『岡山県史　編年史料』に池上家所蔵の写本による翻刻を載せるが、『総社市史』史料編には総社宮所蔵本の翻刻をも掲載する。かつ、藤井論文①は総社宮所蔵本によって、内容を紹介し、この「造営帳」は「当時の国衙との関係が知られるばかりでなく、国衙の勢力と守護との関係なども暗示」すると指摘された。藤井氏が守護細川氏とされたのは、後述のように京兆家細川氏と訂正すべきであるが、この「造営帳」はすこぶる重要な内容を含むので、以下やや詳細に検討したい。

写3　備中総社宮の鳥居と参道

写4　備中総社宮境内の園池

私は総社宮に赴き、同宮宮司渡邊雅夫氏の厚意により社蔵の「造営帳」を閲覧することができた。これは薄手の楮紙、続紙一八枚に記され、高さ二四・八センチ、総長六三九・五センチ。藤井氏の述べられたように、この「造営帳」は、応永三十三年（一四二六）から永享元年（一四二九）にかけて行なわれた備中惣社宮の造営に関する記録で、本文冒頭に、

　備中國惣社宮御造榮（營）帳之事
　　合應永卅三年丙午九月廿日
　　　願主安富次郎兵衛尉盛光

とあり、また本文末尾には、

　永享元年歳次己酉十二月二日　大江民部盛利
　　　書寫畢

と記し、その後にさらに七行の記載がある（図4-a、図4-b参照）。紙質・書風とも永享元年作成の原本よりさして隔たらない室町期の写本と判断される。但し後に表紙等を加えて軸装され、紙継目裏ごとに黒印二顆を捺してある。

右に述べたように、この「造営帳」にはすでに三種の翻刻があるが、以下の行文の都合上、総社宮所蔵本によって原文の大要を紹介したい。なお引用文には便宜、読点・竝列点・改行印（」）を加える。

まず冒頭の、題名・年月日・願主を記した三行に続いて、造営のための賦課が次のように記載される。

一、當社御神領七ヶ年一度御供、下地ニ」段銭、田反別ニ五十文、畠ハ廿文、」納所奉行　社家、

一　杣始新山寺　自十一月四日同十二日マテ」杣人百十人仕事、才(材)木百三十本、」同十二月一日ニ當社ニ引來ス、

一　同(応永)三十四年丁未三月十日水内郷放山」杣、同十二日マテ才(材)木六十三本、杣人」七十人仕事、六月廿日ニ引來ス、

一　八月廿日ヨリ晦日マテ、ウイタ山杣、薄」風四ッ、垂木四百本、杣人三百十人仕事、

一　國衙御領棟別、一間ニ廿文充、

大市郷・二万郷・山手保・服部郷・」八田部郷・刑部郷・穴田郷・石蟹郷・」野邊郷・矢田郷・神代郷・

多治部郷、

一　土壇ツキ　一番二万郷人夫、二番山手岡松、

三番　國成名・氏延名・宮地廻・得安人夫、

四番　弁勝・利重・包光・今久名人夫、

五番　東阿知郷人夫、包恒・大市郷人夫、

六番　國安人夫、社家人夫、土壇ハトウライ(当来)、

一　正長元年戊申二月廿四日ヨリ同廿九日當來、」同正月十一日ニ作事始、御祝之色〻、」瓶子二具・魚二懸・馬一疋、

一　石引　一番　近郷之寺〻、井山・赤堂・」觀藏院・善根寺・極樂寺・福重寺・」如常寺・其外寺〻人夫

石三ツ

二番　國安・神主・惣政所人夫　石六ツ

三番　吉久・祢屋人夫　石四ツ

四番　弥氏・中嶋人夫　石三ツ

五番　重氏・三須郷人夫　石五ツ

六番　延久名・長良百姓　石四ツ
七番　修理田・御神樂畠・神宮寺畠　石五ツ
八番　國衙人夫　石十八
以上石数四十八

以上の用材採取・土壇構築・礎石運搬の記事の次には、「一、同三月十日ニ石スヘ、御祝之色々」云々とあり、次に「同二十日地弥（鎮）之色々入目」とあって、下土に金銀銅鉄を埋める行事や種々の供え物を記し「其外色々在之　物持院僧正」とある。ついで「一、同日御柱立、御祝色々」とあり、懸銭一〇貫文、馬二〇疋等々の祝い物を記す。その次に、この年最大の行事である同年九月二十四日の棟上の次第を述べる。行事に要する祝い物や目代以下の桟敷の設置を記したのち、次のように人々の番匠に与える引馬を列挙する（引馬の人名は便宜、二段に組む）。

一、御疋馬之次第
已上六十八疋之内　クラヲキ十五疋　ヒキナカシ廿疋
一番　澁河殿（満頼）　御馬疋長
二番　右京大夫殿（細川持光）　御馬疋長
三番　安富安藝守　御馬疋長
石河源左衛門尉　御馬疋長
神主藤井安藝守　御馬疋長
松田但馬守　御馬疋長
願主安富次郎兵衛盛光　御馬疋長
（次頁へ）

東条入道　御馬
平岡入道　御馬
氏延左衛門尉　御馬
吉久尉　御馬
祢屋十郎左衛門尉　御馬
清水修理助　御馬
清水勘解由左衛門尉　御馬
（次頁へ）

同太郎丸　　　御馬疋長
庄甲斐守　　　御馬疋長
神主阿曽治(沼カ)兵庫　御馬
三嶋
藤井四郎左衛門尉　御馬（前頁下段へ）

番大郷大夫助《イウノスフ》(ケカ)　御馬
社中御馬　十三疋
朝原寺　御馬
新山寺　御馬

其外方ミ御馬四十五疋
キヨ釼三ふり　大工院道(引頭)三人幾(マヽ)
一、大工備中守　束躰(帯)　院遵(マヽ)新左衛門介　束躰
張新左衛門尉　衣簡(冠)　其外カリキヌ十五人
ヒタ、レ数廿人　已上四(三カ)十八人　其外ケイコ三百人
一、馬疋人数　神宮太郎左衛門尉コクシャウ(国掌)
下道四郎左衛門尉　大郷五郎左衛門尉其外一疋ツ、
神宮中社人中二人シテ番匠ニ取渡、
一、文帳ハ大郷大司寺弟民部助盛行
キヨ(御)釼之役ハ下道九郎左衛門尉　一、釿ノカヘシ馬五疋
一、棟上御祝色ミ入目　已上貳百五十貫文
（中略）
色ミ入目已上廿八貫文ニ注、

以上の棟上の記事に引き続いて、次のように永享元年（一四二九）の遷宮の次第が記録される。まず、

一、永享元年己酉
一、御遷宮之色ミ次第、社中へ下行事、

として社中への下行物等を記し、ついで、

一、借(仮)殿ニテ七日　ヒツノ(櫃カ)　御供　御神樂
一、御殿へ御ウツリニテ初日　御供壹石貳斗　目代
　　　　御願主御渡　大司寺請取

とあって、この行事にも、準備段階から目代安富盛光が主役を演じている。次には潔斎のための「しをかき」の人員を列挙する。これは備中惣社の社家の主な人名のわかる史料なので、次に引用する（社中の人名は便宜、二段に組む）。

一、同十一月十八日ニシヲカキ御人数
　目代願主安富次郎左衛門尉盛光
社中面ミ
　賀陽右京助 祝師
　賀陽 左行事清水次郎左衛門尉
　賀陽 御前親三郎左衛門尉
　大郷 大司寺盛家
　老者 下道民部尉守安
　當番 大郷大夫助盛経
　下道九郎左衛門尉

　大郷民部尉盛行
　下道五郎左衛門尉
　大郷三郎左衛門尉
　下道次郎四郎利秀
　下道藤太郎検校
　大郷太郎次郎ミミ
　下道藤太郎ミミ

それらの後に、いよいよ同月二十八日の遷宮の儀式次第を詳細に述べるが、要は、目代安富盛光が「上卿」として神拝する行事が中心で、御剣役、御沓、御裾の役の外御供の数が直垂二十人、袢三十二人、中間その外警固百人という人数からも、儀式の盛大さが知られよう。また、神主以下の社家の外、新山寺の供僧中が参加し、導師は惣持院僧正増忍御坊、式衆六十人、御共の警固二百人とあって、仏式の祈祷も行なわれた。

次に、福酒三献の儀ののち、舞楽が催される。この舞楽の様子は藤井駿氏が「造営帳」のその部分を掲げて、舞楽の地方普及の観点を中心に説かれているので、[12] ここでは概略触れることとするが、要するに、左右の舞児各四人、後見の大衆、伶人等は、新山寺・朝原寺・広谷寺・日間寺という後述する国府周辺の主要な山岳寺院が分担し、見物のためには、社家の桟敷および方々の桟敷が設けられ、両守護代庄甲斐守・石川源左衛門尉以下、国人らや近傍の寺僧が居並び、もっとも主要な南面の桟敷には目代安富次郎兵衛尉と上野・桃井という足利庶流や薬師寺らの足利家臣の一群、および惣公文祢屋以下弥氏・吉久・武延・清水という在庁らが居並んで見物し、社壇の西には新山寺以下舞楽を主催する寺院の僧侶が控え、警固八百人余と称する盛儀であった。もちろん警固の人数などには誇張があろう。

さらにこの遷宮当日の終りから翌二十九日にかけての記事には、商人と手工業者らが登場することも注目に値する。まず当日の終わりに、

一、シシハ《（マゝ）》、コモノウリハ《（小物売）》、カルヘ《（軽部）》・カウヘ《（川辺）》・ニシアチ《（西阿知）》・ソウシヤ《（惣社）》、」一宮・惣社ハ同、其外國中ノコモノウリ役、

とある。続いて翌日には、

一、同廿九日ニ、スイヒヤウ《（随兵）》　コンカキ《（紺掻）》役　魚ウリ《（売）》役

一番先チ　大市ノ藤左衛門《ミノウ原》　万壽庄　次郎《ホウラ》左衛門」　西阿知ノアキント　カルヘ・カウヘ《（川辺）》アキント、」　已上

十キ《（騎）》、共ノケイコ三百人、

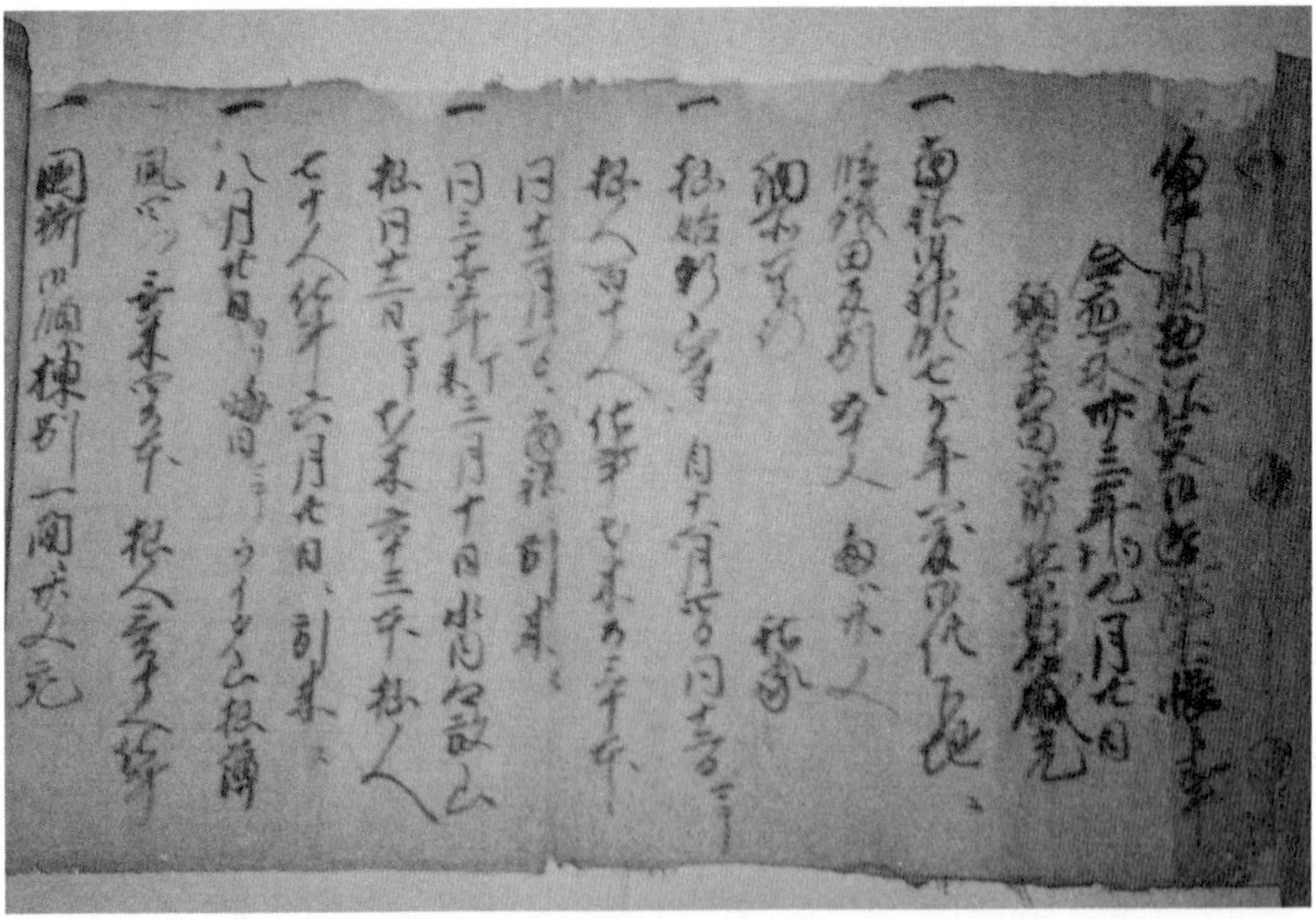

図 4 - a　「備中国惣社宮造営帳」冒頭部分（総社宮所蔵）

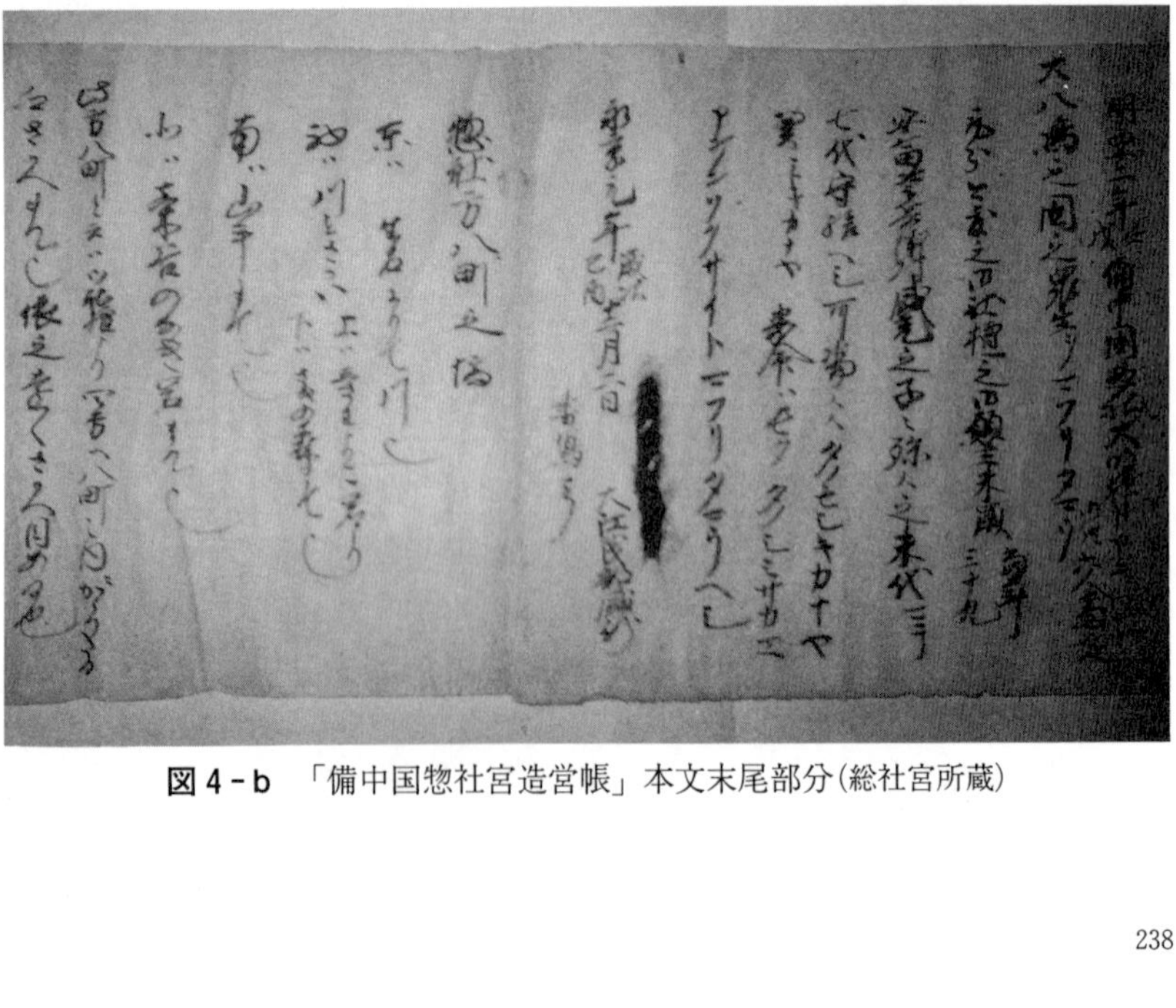

図 4 - b　「備中国惣社宮造営帳」本文末尾部分（総社宮所蔵）

一、後チン《（陣）》

一番　ソウシヤ《（惣社）》四郎左衛門　同村ノ藤左衛門　ヲシカヘ《（刑部）》・」ハントリ《（服部）》・マカヘ《（真壁）》・ヤマテ《（山手）》・ミハ《（三輪）》ノカウカキ、」

已上十二キ、共ノケイコ四百人、

南ノ大鳥居ヨリ御社檀之前マテサ《（支）》ヘテ、

とある。

以上二日間にわたる遷宮関係の記事の終わりには、

其外此度之御遷宮之次第、千代之見物、」後ノ代物語、何事カ如之哉、

とある。「造営帳」はこの後に、天神七代、地神五代を記し、次に神武天皇より七代目の孝霊天皇を挙げて「此フウフ《（夫婦）》、当社御事也」云々と祭神の由来と神徳を説き、願主安富盛光の子々孫々への加護を願う言葉で全文を結び、本節冒頭に掲げた永享元年十二月二日、すなわち記事の終わりの十一月二十九日の翌々日の日付と筆者大江盛利の名を記している。これによってもこの「造営帳」の作成が遷宮直後であり、かつこれが願主安富盛光に提出されたであろうことが推定される。因みに社伝によれば祭神は大名持（大己貴）命と須世理姫（須勢理毘売）命で、相殿に備中国内三〇四社を祀る由である。なお「造営帳」はこの後に「惣社方八町之塙《（墻カ）》」として計七行の書き入れがあるが、これは後に触れることとして、次節以下二節にわたってこの「造営帳」の本文に記された造営および遷宮に関する主要な事項を検討しよう。

第五節　『造営帳』にみる造営主体と国衙・寺院等

「造営帳」の内容を概観すると、ほぼ次のごとくである。備中目代で当年三十九歳の安富次郎兵衛尉盛光が願主となって応永三十三年九月に造営が企画され、同年十一月に杣始が行なわれ、翌三十四年八月末までに所要の

写5　総社宮の拝殿内部と「総社」の額

材木が新山寺・水内郷放山杣・ウイタ山杣から惣社に引き集められた。次に国衙領諸郷保から一間（軒カ）に二十文充の棟別が徴収され、かつ特定の郷・保・名および社家の人夫を六番に編成して土壇が築造された。正長元年（一四二八）正月には作事始の祝があり、近郷の寺々・郷村等の人夫を八番に分けて礎石が引かれ、三月に石据えの祝と地鎮・御柱立があり、九月には盛大な棟上の祝いが行なわれ、目代・神主以下番匠にいたるまでの桟敷を設けて渋川満頼・細川右京大夫持元・願主目代安富盛光以下の引馬六十八疋などの行事があった。永享元年十一月に入るといよいよ遷宮の準備が進められ、同月二十八日に遷宮の神事が厳かに執り行なわれ、「上卿」である目代盛光の神拝があった。ついで新山寺の安富太郎丸以下の舞児と伶人による舞楽があり、目代盛光、両守護代庄甲斐守・石川源左衛門以下国人・在庁・寺僧等が四面に設けられた桟敷でこれを見物し、近在諸郷の商人が当日から翌日にかけて小物売役・紺掻役・魚売役等を勤め、供の警固数百人が南の大鳥居から社壇の前まで堵列するという盛儀であった。

この造営について第一に注目されるのは、願主として造営事業を主導している備中目代安富盛光が室町幕府の前管領細川満元の有力内衆安富宝城の一族であったことである。当時の細川氏は管領になる家柄である宗家の京兆家が摂津・丹波・讃岐・土佐などの守護職を兼帯し、一方阿波守護家・備中守護家・和泉各半国守護家などの庶家が分立しつつ、宗家に協力して、一種の同族連合を構成し、細川被官はそれぞれ京兆家または各守護家等に分属していたのである（注11所掲拙著当該章参照）。

細川氏分国における目代発遣の例はこの備中の例が初見ではなく、すでに細川頼之は伊予が分国になるとともに、延文元年（一三五六）九月目代十河遠久の奉書をもって同国桜井郷内の地を伊予国分寺に寄進し、家門繁昌の祈禱を命じている（「伊予国分寺文書」乾）。しかしそれは守護が当該国の国務を兼ねたと推測される場合であって、宗家による庶家分国への目代発遣は、他に類例を見ない。

盛光もその一人である安富氏は、細川京兆家の「御内」であり、明徳三年（一三九二）に安富安芸守盛家・又三郎盛衡父子が時の管領細川頼元のもとで活動し、やがて応永十年代からは管領細川満元の「内方」安富安芸入道宝城が京兆家分国讃岐の東半国の守護代となり、かつ周知のように東寺領備中国新見庄領家方の請所代官をも兼ねて、応永末年にいたる。続いて永享年間には安富筑後守―入道して智安―が、一万六〇〇〇貫の在所といわれる広大な備中国衙領の代官となり、新見庄領家方の請所代官を兼ねたが、智安は嘉吉元年（一四四一）以来年貢未進を重ねた上、庄民に段別百文の段銭を賦課するなどの苛政を行ない、結局寛正二年（一四六一）新見庄では庶民による激しい代官排斥運動が起こり、又代大橋某が退去し、結局国衙代官は同じく細川内衆の薬師寺氏に改替される(13)。一方讃岐国でも智安は備中での排斥事件の直前、長禄四年（一四六〇）十二月付の讃岐国一宮田村大社壁書に「奉行安富筑後入道智安」として現れ、かつ、この壁書に連署する社家奉行三名のうち二名が安富山城守盛長・安富左京亮盛保という同族であった(14)。

以上の略述からも、備中目代安富盛光が京兆家の近臣の一人であったことが知られ、したがって彼は間もなく「国衙代官」として現れる安富筑後入道智安と同一人ではないとしても、少なくとも近親の一人であることは間違いない。なお降って一五世紀末には管領細川政元のもとで京兆家の評定衆の筆頭として政務を代行したのは安富元家であり、さらに一六世紀に入り細川両家の乱で元家が没落した後も、讃岐東半国守護代家の安富氏は、現在の大川・寒川・津田三町に跨がる雨滝城の城主として、戦国末に長宗我部氏の侵入を蒙る際まで命脈を保った（本書第三編第二章参照）。

そこで右の惣社造営に当たって、細川庶家の一つである備中守護家の両守護代庄甲斐守・石川源左衛門尉が在国するにも拘わらず、細川京兆家に直属する安富盛家が備中目代として派遣され、願主として造営事業を統轄しているのは、尋常のことではなかったと思われる。同じく造営事業でも惣社造営より少し前に行なわれた備中一宮吉備津宮の場合はこれと対照的であって、第三節に触れたように守護細川頼重が社務、庄・石川両守護代が社務代となり、社領は守護請となっていたけれども、造営に対する守護代の関与は積極的ではなく、正遷宮に当たっても社家から「種々懇望」したのに守護側は神拝の儀式を行なわず、わずかに守護代の一人石川道寿が「墻中仁参入」したに過ぎなかった（前掲「備中国吉備津宮正殿御遷宮次第」）。まして細川本宗の京兆家の関与は皆無であったとみられる。これに対して、惣社造営の場合は、京兆家の内衆安富氏がきわめて積極的ないし主体的に造営事業を企画し推進したのであった。しかもこの造営事業の発足直後の応永三十三年（一四二六）十月には前管領細川満元が逝去し、嫡子持元が家を継ぐが、完成間近の永享元年（一四二九）七月に持元も逝去、その弟持之が京兆家当主となるという、短期間に二回の代替わりがあったにも拘わらず、造営事業は継続され、ついに完成を見たのであった。

しかしこの造営事業は京兆家や安富氏の上からの力のみによるものではなかったに違いない。以下、この事業に関係した国衙や主要寺院などを検討して、どのようにこの事業が推進され、完成したかを分析することにより、当時の国衙の支配機構の一斑をも推知したい。

まず、社領を対象とする段銭を別とした賦課の対象は、国衙領の諸郷保、主要在庁名、近郷諸寺等から成っているので、第一に諸郷保を対象とする賦課を表示すると、次の表2のように賀陽・窪屋・下道・哲多・英賀の諸郡に分布する一五郷・一保に上っている。

表示のように、郷単位の賦課は、郷の表記法が一部『和名類聚抄』と異なるものの、すべて同書記載の郷名と一致する。(15)すなわち備中国衙領は殆どすべて少なくとも平安中期以来の諸郷を踏襲しているのである。山手保の

表2　「造営帳」記載郷保対象賦課一覧表

賦課	賦課対象郷保	和名類聚抄郡郷名	同上の訓（高－高山寺本　刊－刊本）
棟別・土壇ツキ	山手保		
棟別	服部郷	賀夜郡　服部	波止利(高)
			波土利(刊)
〃	八田部郷	〃　八部	夜多倍(高)
			也多倍(刊)
〃	刑部郷	〃　刑部	於佐加倍(刊)
棟別・土壇ツキ	大市郷	窪屋郡　大市	於布知
土壇ツキ	二万郷	下道郡　邇磨	尓万国用二万(高)
			邇磨(刊)
棟別	矢田郷	〃　八田	也多
〃	穴田郷	〃　穴田	安奈多
〃	石蟹郷	哲多郡　石蟹	以之賀(高)
			伊波加爾(刊)
〃	神代郷	〃　神代	加无之呂(高)
			加無之呂(刊)
〃	野辺郷	〃　額部	乃倍(高)
			奴加多倍(刊)
〃	多治部郷	英賀郡　丹部	多知閇(高)
			多知倍(刊)
材木	水内郷放山杣	下道郡　水内	美乃知(刊)
〃	ウイタ山杣	〃　穂太(高)	保以太(高)
		〔穂北(刊)〕	保伊多(刊)
土壇ツキ	東阿知郷	窪屋郡　阿智	安知(高)
石引	三須郷	〃　美籌(高)	国用三須(高)
		〔三須(刊)〕	

みは同書の郷名に見えないが、文永六年（一二六九）の小槻有家奏聞状案（『壬生家文書』二、三二二号）に「一、備中山手保」とあって、有家の祖父国宗（貞応二年〈一二二三〉卒去）が官務のとき建立した地であると述べているので、鎌倉初期頃に成立した保と推定される。その範囲はほぼ今の都窪郡山手村に相当する。

これらの諸郷保は、国府所在郡の賀夜（のち賀陽）郡に三郷、これに隣接する窪屋郡に三郷・一保、同じく隣接する下道郡に五郷あって、大部分が国府の近傍に集中し、備中北部の山間部には哲多郡に三郷、英賀郡に一郷が分布するに過ぎない。この中には東福寺領下道郡上原郷や康永三年（一三四四）に庄号を許された南禅寺領小田郡三成郷は含まれておらず、現実に国衙の掌握下にあった郷保のみが賦課の対象となったと推測され、ここから当時の国衙領の主な郷保を逆推することが出来る。しかもそのうち土壇構築と礎石運搬のための人夫はすべて惣社に近い賀陽郡南部と窪屋郡とから徴集されていることが分かる。

第二は名を対象とした公事の賦課である。その一つは「土壇ツキ《（築）》」の人夫で、二万郷・山手岡松・東阿知郷・大市郷の人夫と共に人夫徴集の対象となっているのは在庁名とみられる国成名以下の社家人夫である。また石引の人夫も、後述する近郷の寺々および神主・惣政所・国衙等の人夫と共に、国安・吉久等の名を対象とした賦課が見られるのである。

土壇構築と礎石運搬のための人夫の人員は記されていないが、ほぼ労力を均等に配分するため、前掲のような番編成を採ったのであろう。ここにみられる国成名・氏延名以下の名は在庁名に違いない。それは、その中に前述の服部郷図によって同郷公文と確認される祢屋氏が見られることや、東福寺領上原郷濫妨の交名に記されている在庁の名前（仮名カ）と一致するものが土壇ツキの三番国成、石引の四番弥氏・五番重氏であることなどからも明らかであるが、この「造営帳」自体にも、棟上の「疋（引）馬」の中に氏延左衛門尉や祢屋十郎左衛門の馬があり、また遷宮のときの舞楽見物の桟敷の中に「惣公文祢屋・次弥氏」などと見える。

したがってこの土壇構築と礎石運搬のなかに見られる社家・神主・惣政所・修理田・御神楽田・神宮寺畠なども、それぞれ近郷に分布している名田ないし料田を対象として、その耕作農民を人夫として徴収したものであると推察され、鎌倉後期の服部郷図に記されているような料田が室町期にも存続していることを示すものといえる。

第三に寺院を対象とする賦課がある。これは二種類あって、その一つは、前掲の石引人夫の「一番」に記されている「近郷之寺々」であり、いま一つは石引とは性質を異にする棟上の「疋馬」や遷宮のときの舞童と後見の大衆とを出す寺院（「杣始」の新山寺を含む）である。これらの寺々の賦課や行事の役割、遷宮の際の寺々の桟敷を、『備中誌』に見える各寺院の所在地とともに表示したのが表3である。

これらの寺院の現在の位置を地図上に落とすと、①宝福寺は総社市井尻野字井山にあり、総社宮の北西約二・五キロ。②廃寺赤堂寺の位置は明確でないが、旧井手村は総社宮の南二〇〇メートルから東一キロ程にかけて広がる総社市井手である。⑤極楽寺は総社宮の南三〇〇メートルに現存（但し近年は無住）。③観蔵院（現観蔵寺）と④善根寺は総社市門田の、それぞれ総社宮の西方約一キロと約八〇〇メートルとに現存。⑥福重寺は総社宮の南西わずか一五〇メートルの旧字名福寿寺（『総社市土地辞典』には福住寺）に比定され、観音堂が現存する。⑦廃寺如常寺の跡は残っていないが、総社宮の北東七〇〇メートルに如常寺という字名が現存する。

また永享の遷宮に際し導師を務めた惣持院は、もと井手村（総社市井寺）清水にあり、現在も清水にある日照山南之坊は惣持院八坊の一つであった。宝永七年（一七一〇）惣持院の住職増鉄が廃寺となっていた国分寺を再興して惣持院を移し、日照山国分寺惣持院と称したものであるから、応永の造営時の惣持院は惣社の東約一キロの清水にあった寺院である（『備中誌』『吉備郡史』等参照）。要するに①〜⑧の諸寺は、最も総社宮から離れている宝福寺でも二・五キロ、他はすべて一キロ以内という至近距離にあった寺院である（図5参照）。

表3　「造営帳」記載寺院対象賦課等一覧表

寺院名	賦課・役割	桟敷	『備中誌』等による所在地・寺院名
①井山	石引	北面	賀陽郡井尻野村井山宝福寺
②赤堂	〃	〃	〃　井手村(廃)赤堂寺
③観蔵院	〃	〃	門田村観蔵寺
④善根寺	〃	〃	門田村善根寺
⑤極楽寺	〃	〃	井手村極楽寺
⑥福重寺	〃	〃	八田部村福住寺
⑦如常寺（其外寺々）	〃	〃	〃　八田部村(廃)如常寺
⑧惣持院	地鎮・導師		もと賀陽郡清水惣持院
⑨新山寺	杣・引馬・舞童	正面	賀陽郡黒尾村新山寺
⑩朝原寺	〃　〃	〃	窪屋郡浅原朝原寺（安養寺等の前身）
⑪広谷寺	〃	〃	もと窪屋郡西郡広谷山、毘沙門坊等あり
⑫日間寺	〃	〃	窪屋郡羽島日間寺
⑬福山寺	〃	〃	〃　西郡福山寺

これに対して⑨新山寺は総社宮の北方、

写6　総社市街「市場」辺りの古い町並

直線距離で約五キロ、標高四〇三メートルの新山山頂付近に多数の僧坊の跡を残し、もと三八坊あったという（『吉備郡史』）。成尋阿闍梨（承保三年〈一〇七六〉寂）や、かの俊乗坊重源ゆかりの寺院で、その一角の堂屋敷という寺跡には鎌倉時代の湯釜と推定される巨大な鉄釜が現存する。[16]私は総社宮宮司渡邊雅夫氏の案内でこの寺院跡を訪れ、鉄釜を実見したが、付近にはなお多数の石塔類が叢間に残っており、「杣人百十人仕事、才（材）木百三十本」の伐採・搬出を行なうのにふさわしい大寺院であったことを偲ばせる。

⑩朝原寺は前述した福山城跡のある福山の南面の中腹浅原一帯にあった四十余坊、その跡の知られる坊のみでも二十余坊という大寺院であったが、建武の兵火に罹り、やがて次第に退転したという。しかし現在も倉敷市浅原に古義真言宗朝原山安養寺が存在する。⑪広谷寺は福山の東の尾根続きの広谷にあり、開山は報恩大師と伝え、毘沙門坊・観音寺・高山寺などがあったが、のち廃寺となった。⑫日間寺は倉敷市羽島字日間にあり、衆徒十二坊あったというが、今は日間山法輪寺等を残すのみとなった。⑬福山寺はもと前述の福山山頂付近にあって、やはり一山十二坊と伝える大寺であったが、建武の兵火に焼亡し、のち諸坊は四散し、本坊も軽部に移って法積院と改めた（以上『備中誌』のほか『吉備郡史』上巻、『倉敷市史』第五冊、『清音村誌』等による）。要するに⑨〜⑬の諸寺は、総社宮から四〜六キロほどの地にあった密教系の大寺院で、大部分は山岳寺院であった（図3参照）。

このように、国衙の膝下にあった寺々と、国衙や総社から数キロ離れた山岳寺院とでは、明らかに待遇を異にし、前者は造営の労力を負担し、後者は主に棟上の祝いの引馬や遷宮当日の舞楽を奉仕する華やかな役目であった。但し国衙や物社と同じ賀陽郡内の⑨新山寺のみは材木一三〇本の杣役をも負担している点が、窪屋郡内の⑩

〜⑬の諸寺とは異なっている。また舞童も⑩〜⑬の寺々が一人出すのに対して、新山寺は三人出して、その筆頭の安富太郎丸が、棟上の引馬次第にも、

願主安富次郎兵衛盛光御馬疋長
同　太郎丸　　御馬疋長

とあって、目代盛光の子息と推定され、新山寺は目代安富氏と密接な関係を結んだ寺院であったことが知られる。

惣社周辺およびその西南の高梁川沿岸等の商人や手工業者が遷宮の行事に登場することも注目される。二十八日の遷宮当日の儀式の末尾によれば、前節に引いたように遷宮当日に境内の特定の場所に、参詣の群衆に雑多な小商品を売る商人が市を開いた光景が想定され、その商人は、一宮・惣社の社辺の商人のほか、高梁川沿いの現在の清音村軽部・真備町川辺・倉敷市西阿知などから参集したのであった（図3参照）。続いて、翌二十九日には、紺染業者や魚商が参拝し、ことに商人頭のような存在とみられる大市郷（倉敷市東部の平田・大島・羽島付近）の藤左衛門、万寿庄《ますのしょう》（倉敷市浜町・北浜町付近）の次郎左衛門以下、西阿知・軽部・川辺の代表一〇人と、惣社の四郎左衛門・藤左衛門以下、現在の総社市刑部・服部、山手村、清音村三輪の各紺染業者の代表一二人が、それぞれ騎馬で、供の警固数百人を従えて境内南端の大鳥居から社殿の前まで堵列したとあり、これは中世の商人集団の姿を彷彿させる。

この商人集団参加の記事によって、現総社市域の備中惣社周辺、推定旧国府周辺から現山手村・清音村・倉敷市域にわたる一連の郷村に小物売・紺染・魚売等の商人が分布している事実が明瞭に看取される。そして後述のように総社市の中心部に市場・市成の小字名を残すことからも（図5・図7参照）、惣社の祭礼に関係して市が発達し、専門の商人・手工業者を始め、近在の諸郷から農民・漁民中の市場商人化しつつある人々が集まって営業し、かつ遷宮翌日の行事にも参加したことを推定しうるのである。

図5　備中国府跡・備中総社周辺要図

（岡山県南広域都市計画図「総社」を縮写し関係地名を付した。なお上部の正方形は八町域の仮説による古代国府域）

法輪庵
宝福寺
宝福寺谷
井山
井尻野
横大道
太鼓谷
刑部
角力
城ノ辻
観蔵寺
鋳物師
門田
善根寺
元屋敷
高
如常寺
国府上
諸上後
諸上
宮ノ前
宮本町
総社
後殿城
宮ノ寺
東町
福住
北田町
本町北
本町
本町市場
田町西
小市成
市成
田町
町西
頓宮
頓宮前
頓宮東
町並
町西
市場
市場堤外
北彼ノ城
南彼ノ城
東彼ノ城
馬場
馬場西
荒神ケ市
三所
極楽寺
井手
清水川
御船端
船山
船山東
三輪
殿山

第六節　造営事業にみる武士・神官の人的構成

以上のように国衙領の諸郷保に棟別を賦課し、近傍の諸郷保から杣人・石引・土壇築造等の人夫を動員し、遷宮に当たっては賀陽・窪屋両郡内の大寺院から舞童・衆徒を出させ、両郡内の主な諸郷保の商人にも奉仕させるという、盛大な備中総社造営事業の遂行は、いかなる勢力の主導と協力とによって実現可能となったのであろうか。これを解く鍵の一つとして、前述の人夫を出した人々、および棟上の際に引馬を出し、遷宮の際に桟敷に座した人々の構成に注目したい。

まず正長元年（一四二八）九月二十四日の棟上御祝の引馬を見ると、先に掲げたように、筆頭に、

一番　澁河殿　　御馬疋長
二番　右京大夫殿　　御馬疋長

とあって、足利一門の宿老で九州探題の渋川満頼と京兆家当主の細川持元が見える。渋川満頼については藤井氏は「彼の父の渋川義行は貞治・応安の頃、備中守護をやっているから、正長の頃、なお抜くべからざる勢力を備中国内に持っていたのではあるまいか」と説かれたが、国内に勢力を保ったというのは疑問で、単に過去の備中との関係ないし造営の先例により、祝儀の引馬を出すようにとの細川家を通じての依頼に応じたもので、前九州探題で足利一門の宿老ゆえ一番とされたのであろう。二番に細川持元が見えるのは当然で、ここでは願主安富盛光の主君という立場での引出物であるとしても、現実に造営の主体がどこにあったかを暗示している。

次の三番以下には、安富安芸守・石川源左衛門尉・神主藤井安芸守・松田但馬守・願主安富盛光・同太郎丸・庄甲斐守・神主阿曽沼兵庫・三嶋・藤井四郎左衛門尉・東条入道・平岡入道・氏延左衛門尉・吉久尉・祢屋吉左衛門尉・清水修理助・清水勘解由左衛門尉・番大郷大夫助・社中御馬・朝原寺・新山寺の順に記し、「其外方々

御馬四十五疋」としている。これはやや順不同のようであるが、次に引く遷宮の桟敷と照合してみると、願主盛光のほかその同族の安富氏や両守護代以下の細川被官、社家の人びと、および主だった在庁の面々が引馬を出していることが分かる。

但しこの棟上に当たり桟敷に列席したのは、目代安富のほかは、神主・左長以下の社中の人びとと、祝儀を受ける番匠の頭である大工一人と小頭である引頭二人以下の番匠三八人だけで、他は引馬を出すのみに止まっている。しかしそれにしても、ここに備中守護細川頼重の名が現れないことは奇異の感を免れない。細川京兆家直々の造営事業に対する頼重の非協力的態度が垣間見られるのではないだろうか。引馬に限らず、この「造営帳」に両守護代は記されるのに守護頼重は全く姿を現さないので、その感を強くせざるをえない。この惣社造営事業の完成も間近となった永享元年（一四二九）冬、頼重が狂気を発し、同二年正月京都の自邸で自殺未遂事件を惹起した前述第三節に述べた事実も、宗家たる京兆家との軋轢とあながち無縁でなかったであろう。

さて遷宮当日の舞楽見物のための桟敷は、「造営帳」の記載順によると、1社壇の左側、2北面、3南面、4向いの面（正面）という四面に設けられている。現在の社殿は東面して建てられている。近世貞享年間にも造営が行なわれているが、社殿の位置には変化がないであろうから、1は東面、4は西面する桟敷であった筈である。そして1の東面は社家の桟敷で、神主・藤井・阿曽沼以下社人衆中、2の北面には守護代庄・石川両氏以下、河西・土肥・土師・伊達・間倉・長門の諸氏と前述の井山宝福寺から福重寺にいたる近傍諸寺の住持、3の南面には目代安富盛光以下、上野・桃井・高橋・薬師寺・平岡・東条・惣公文祢屋・弥氏・吉久・武延・清水の諸氏、そして4の西面は新山寺から日間寺にいたる大寺院の寺僧たちであった。このうち寺々の性格については前述したので、武士および神官の性格を概略考察したい。これは藤井氏「国衙」にも触れられているが、筆者なりに整理してみると、ほぼ次のようになる。

目代安富盛光は造営事業の総責任者である願主で、前にも触れたように細川京兆家（管領家）の有力な内衆（近臣）の家系に属し、遷宮に当たり「上卿」として参拝しているので、この盛光と同じ桟敷に座した人々は目代と最も関係の深い武士と考えられる。まず、上野・桃井の両氏は足利庶流で、のち五箇番衆の二番の筆頭が桃井民部大輔・三番の筆頭が上野治部大輔であるように（文安年中御番帳）、将軍家の直臣として活動した家柄である。

次に薬師寺氏は下野小山氏の庶流で、細川京兆家の内衆となっており、摂津守護代などとして活動する家系である。備中についてては応永六年（一三九九）七月薬師寺永可が備中国薗東庄の下地打渡を命じる奉書を庄・石川の両守護代に下し（長福寺文書）、同年九月薬師寺（永可か）が東福寺領上原郷段銭の国催促停止を上野某に通達していて（『九条家文書』六、一六八七号）、薬師寺永可は備中守護の奉行人として活動したことが知られる。

高橋氏は全国各地にあるが、備中では賀夜郡（のち上房郡）高梁から起こった高橋氏が知られ、太田亮編著『姓氏家系大辞典』に引く石見の高橋氏の系図に「光国（備中松山城主、近江番場戦死、高橋九郎左衛門）」などとある。但し同辞典が「観応年中、高橋英光・備中国の守護となる」とするのは、高師秀と混同したもので誤りである。

惣公文祢屋氏以下、弥氏・吉久・武延・清水の各氏は備中の有力在庁に相違ない。祢屋氏は前述服部郷図の奥書に見え、吉久は同郷図に九町九反十八歩の名田畠の名称として記されている。弥氏氏は前述正和二年（一三一三）の六波羅下知状に「当国在庁重氏・弥氏」云々とあり、また清水氏は現総社市井手清水を本拠とする国人で、羽柴秀吉の水攻めで有名な備中高松城将清水宗治はその子孫である。

要するに安富氏に直接協力したと推測されるのは、目代安富氏と前後して備中に入部したとみられる足利庶流一族以下の細川京兆家被官のグループと、古来目代とともに留守所を構成した有力備中在庁を主とする国人のグループが主であった。

一方、北面の桟敷に両守護代とともに座した人々の中には河西・土肥・伊達・長門など他国より来住したと思われる武士が多いが、彼等は京兆家被官というよりは備中守護家の被官であって、目代安富氏の支配下には属していなかったと考えられ、前掲の引馬に両守護代のほか彼らの名が出ないところから、造営自体には関与していなかったと判断される。

社家としては、神主藤井・阿曽沼両氏のほか遷宮の前の「シヲカキ」に当った社人などとして祝師賀陽氏、左行事清水氏、御前氏・大郷大司寺氏・老者下道氏等々が見えており、彼らも在庁や近郷の寺々とともに造営役を負担している。例えば六番からなる社殿築造の人夫の六番目は「国安人夫・社家人夫」であったし、石引の人夫は、前掲のように一番は近郷の寺々の人夫であるが、二番以下八番までの大部分は国安・吉久・祢屋・弥氏・重氏・延久という在庁名、惣政所、狭義の国衙領および神主以下社家・神宮寺の所有地、惣社の修理・祭礼の料田などが賦課の対象となっているのである。

なお「造営帳」は、棟上に当って警固三百人、遷宮に際しては神拝・導師・舞楽および翌日の騎馬の商人に、それぞれ供の警固が数百人付いた旨を記している。この延べ二千数百人を数える警固は、たとえその人数に誇張があったとしても、実人員もかなり多数に上ったであったろうから、目代の組織力だけでなく在庁・社家を中心とする国衙機構の動員力によって可能となったものであろう。

以上の「造営帳」の分析によって、細川管領家が有力内衆安富一族の中から目代を起用して惣社造営を主導させた主な理由が、備中守護家のみでは掌握しきれない強固な備中国衙機構の存在にあり、これを直接京兆家の権力下に組み入れる狙いがあったことがほぼ明らかとなった。それは備中守護家にとっては、自己の支配圏内の中核部分が宗家京兆家の掌握下に帰す結果をもたらすこととなるので、必ずしも喜ぶべき事態ではなく、非協力の態度を採らざるを得なかったのであろう。

しかし国衙機構と密接な関係を持ち、かつ一国住民の精神的紐帯となりうる惣社の造営事業は、在庁・社家はもとより、近傍の寺院、さらに賀陽郡南部から窪屋郡一帯にかけての大寺院や、諸郷諸村の商工業者までを細川氏傘下に結び付けるために、すこぶる重要な役割を果たしえたのであり、この意味で細川京兆家の備中国衙領直轄化の試みは成功を収めたといえる。

降って、かの国衙代官兼東寺領新見庄代官安富智安の更迭直後の寛正二年（一四六一）十一月、同庄上使祐成・祐信が東寺に送った注進状（東寺百合文書　ゑ二八号）には、しばしば引用される一節であるが、次のようにある。

一　當庄の堺ハ、長さは七里也、よこは一里（中略）、守護所へハ十五里の山をへたつ、然といゑとも、近所に入勘して、在々所々守護領有之事、

一　國衙の御代管事、《ママ、下同》以前ハ安富入道、《智安》当年よりハ薬師寺方也、同國の又代管事、安富方之時も大橋也、当年も大橋也、彼仁新見庄此夏までの代管由申、たちめと《多治部》□《申カ》所に國衙政所候也、路一里をへたてゝ候、國衙は一万六千貫在所と申事、

一　國衙ハ新見庄東西南十里の間有之、但一方北ハ出雲・石見を限る、皆〳〵大山也事、

ここに「国衙の御代管」とあるのは惣社の「造営帳」に見える目代の後身であろう。応永・永享の造営から三十余年を経た寛正年間にも、なお京兆家直轄の広大な国衙領が維持され、備中北部の国衙領支配のために英賀郡多治部（現阿哲郡大佐町田治部）に国衙政所が設置されていた。したがって惣社宮造営帳に見える「惣政所」は備中国衙領全体を統括する機関として、国府域に置かれていたのであろう。そして惣社造営のような大事業を行なう時期以外は、ここに見る大橋のような又代官が、惣公文祢屋以下の在庁を指揮・監督して国衙行政に当たっていたと思われる。

第七節　中世都市備中国府の空間構成

それでは、鎌倉期はもとより、室町期まで強固に存続した備中国衙機構の中心をなす国府域はどのような空間構成を示していたのであろうか。それは古代とはかなり異なる様相を呈したであろうことは推量に難くないとしても、この中世の国府域の具体的な様相を捉えるに足りる文献は乏しく、復原は決して容易な業ではない。しかし一つの手掛かりとすることのできるものは小字名その他の地名である。

いま試みに推定古代国府域周辺から、総社宮西方の総社市市街地にわたる地域について、国府ないし中世城館・市場等に関係する蓋然性のある字名を拾ってみると、図5のように相当多数を検出することができる。この付図の総社市金井戸付近の推定国府域に記入した八町四方の枠は、『国立歴史民俗博物館研究報告』一〇集(17)によったものであるが、近年かなり進展をみた諸国国府の考古学的発掘調査の成果によっても、現在のところ国府域に八町域・六町域のような正方形の外郭の存在は否定されている。しかしながら、多くの場合国庁の周囲数町（数百メートル）の範囲内に官舎・倉庫群等の集中していることは否定できない(18)。

備中の場合、推定国府域内の基準線は付近の条里地割と約二度ずれる北二〇度西の方位を採る畦畔を南北軸にしているが（注3所掲藤岡謙二郎氏著書参照）、この南北軸に沿って、ほぼ東西六町、南北八町ほどの範囲内に、国府・北国府・国府西・御所・南国府・南国府西といった国府を示すとみられる字名が集中していることは事実である。またこの推定国府域の東辺に近い外側の字栢寺元《かやでらもと》の廃寺門満寺旧境内は、栢寺廃寺とよばれ、塔の基壇や心礎が発見され、白鳳期前半とみられる古瓦が出土している(19)。注(3)所掲木下氏論文に記すように、古くこの地に勢力を築いた賀陽氏の建立した国府付属寺院であろう。なお推定国府域南西約五〇〇メートルの三須字中所の観音堂・公会堂付近からも天平期から平安後期にいたる瓦が採集され、三須廃寺と呼ばれている。さらに推定国府域の北西には、字国府殿田があり、南側には東鴻崎・西鴻崎・甲取という、国府に関係するとみられる字がある。ただし東西鴻崎や甲取の字の形状は不整形を呈していて、律令時代の国府との性格の違いを表わしている。一方南国府西の南西約七〇〇メートルには字古項があり、これは下野の古国府、上総の古甲、能登の古府などと同様、ある時期の古代国府所在地点を示すごとくである。また古項《ふるこ》の北西約三〇〇メートルには字国府上があって、これは国府域の拡散を暗示しているごとくである。

そこで視点を変えて、中世的な地名と覚しい字名を拾ってみると、それらは推定国府域の西から南西にかけてと、総社宮の西方一帯、高梁川近傍までに分布している。まず、推定国府域の西三〇〇メートルに城ノ越、その南の井手付近の談議所・出張、西屋敷、その南の三須には北所《きたんじょ》・中所《なかんじょ》・門所《もんじょ》という一連の集落から南は五所山へと連なり、中所・門所の西には西所《にしんじょ》、その南に古城・城東・城南・城廻り・城ノ越などの城郭遺構を示す字が分布している。また井手の清水・清水角という地名そのものが湧水の存在を示している。国府ないし府中に湧水地が関係深いことは、既に注(3)所掲米倉氏著書等に指摘されており、美濃・和泉・安芸・筑後等では現に湧水が国府ないし府中の中心地域やその近傍にあることが知られている。備中の清水の地名もその例に数えられよう。談議所は仏教施設であろうから除外するとしても、北国府・南国府等を中心とした令制の国府の諸施設が衰退したのに替わって、その南西一帯に位置する北所・中所・門所・西所・西屋敷・清水角等の地域に国衙の中心施設が成立し、主要な在庁がそれぞれの屋敷で国衙行政を運営したと推定することができる。写真7のように、中所を中心とする集落群は、土蔵造りの家々が櫛比し、落ち着いた街区の連続する景観をいまに伝えている。この地域に、付近の農村地帯とは異なる中世都市的空間構成が成立したと認めてよいであろう。

写7　三須字中所の景観

中世備中国衙の惣政所・惣公文所等の位置を的確に示すことは困難であるが、前述の北所・中所・西所・門所など「所」を称する集落名の集中は、国衙在庁の分担する「所」の存在を想定させる。ことにこの想定を補強する事実として、付近に有力在庁清水氏の本拠地の伝承があり、かつ、これを裏付けるとみられる発掘成果が存在する。すなわち、字西ノ条の石槌神社の社殿に接する小規模な塚の上には清水宗治の父宗高の祀ったという摩利支天の小祠がある。そしてこの神社の北西一五〇メートルの清水角遺跡からは、溝・土壙・柱穴などが検出され、土壙・柱穴内などから、土師質高台付椀・土師質皿・小皿、須恵質こね鉢、青磁・白磁の破片、土鍋、竃、亀山焼の甕等が出土し、ほぼ鎌倉後期頃の遺構と判定されている。[20]この付近から南へ作山古墳の傍を過ぎて進むと、旧山陽道に達する。また、古代の推定国府域の延長線上に国分寺があって、同じく旧山陽道駅路に接するが、そのすぐ南を南北にやや屈曲して走る道はおそらく中世以来の幹線道路で、ここには宿の字名があって国分寺と相対している。

このように、清水を中心とした一帯が在庁清水氏の本拠地であったことは間違いない。それゆえ付近の城郭関係地名はその後の清水氏の勢力拡大を示すものであろう。冒頭にも引いた三須の国府屋敷から清水の国府屋敷へ、さらに金井戸の御所と国庁が三転したという伝承は受入れがたいが、中世の国衙関係施設が清水・三須付近一帯に設けられて中世都市的様相を呈し、さらに字古城の周辺は小規模ながらも城下町的空間構成が成立したことが想定されるのである。そこで、国府域の中心部の移動の理由としては、清水・三須付近が周辺の水田地帯と比高差のある低位台地上にあること、豊富な湧水があって生活に便利であること、および山陽道の幹線道路により近いことを挙げることができる（図5・図6参照）。

他方総社の周辺から、西へ二キロの高梁川沿岸までの、現総社市街地を中心に分布する地名にも注目すべきものが多い（以下、図5・図7参照）。

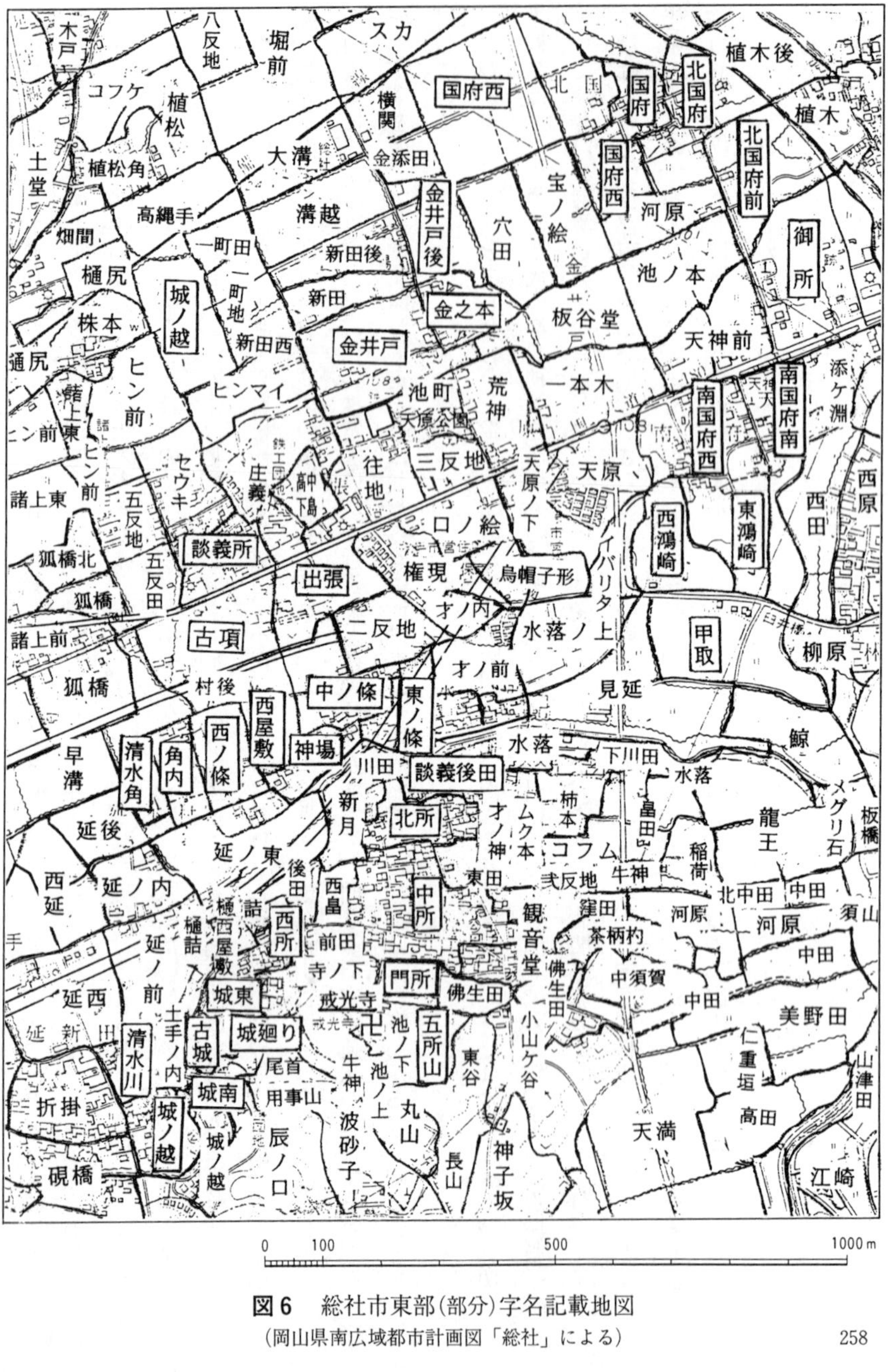

図6　総社市東部(部分)字名記載地図
(岡山県南広域都市計画図「総社」による)

総社宮は数百メートル四方におよぶ広大な境内よりなり、この神域の南側は広い園池をへだてて宮本町公園となっている。境内の東・北・西の三方は石組みを完備する幅四～五メートルほどの堀がめぐって、南側の園池に続いている。また総社宮の西に接して字殿城があるが、堀に囲まれた総社宮自体が中世後期の領主の館と密接な関係があるのではなかろうか。この、総社宮および殿城の西には、東西に広がる旧市街が展開し、約七〇〇メートルに亙って本町・市場・田町・町西・小市成・市成などの市や町を示す小字が連なっている。これらの中には近世起源の名称もあろうが、少なくとも市場・小市成・市成等は、前掲の「造営帳」に見られる諸商人の活動に照らしても、中世起源であることはほぼ間違いないと思われる。このような市場を核として漸次常設店舗の並ぶ町が形成され、惣社の門前町として発達したことが推定される。なお市成の北には字元屋敷がある。

字元屋敷の付近には「造営帳」に記された善根寺や観蔵寺があり、その北方の新山山麓には字城ノ辻・角力などがあって、やはり領主層の存在がうかがわれる。また字市成の南には字東彼ノ城・南彼ノ城・北彼ノ城という一角があり、ここにも城館が設けられていたらしい。その西方、現在のＪＲ総社駅付近は字頓宮であるが、その西方に字町並、その南には字馬場がある。

やや大胆な推測を試みると、総社宮の西隣の殿城や近傍の元屋敷、旧市街地南辺の東・南・北彼ノ城や馬場など、当時の総社市街地の周辺に、街区を取り囲むようにして配置された城館群などは、前述した中所・西所・清水角等の在庁屋敷群よりも年代の降る産物であって、これらこそ備中目代・守護代およびそれに伴う侍屋敷群の存在を意味するものと想定される（図5・図7参照）。それは「造営帳」に見てきた総社宮と目代や守護被官らの緊密な関係からも推測できるであろう。たとえば本編第三章に考察する長門府中では、同国二宮忌宮神社を中心に発達した市街地の南西端に守護館、北東端近くに守護代所が設置されていたことが、建武政権当時と推定される絵図（忌宮神社所蔵）に明瞭に描かれている。同様に備中においても幕府権力により国府域の主要神社と其の

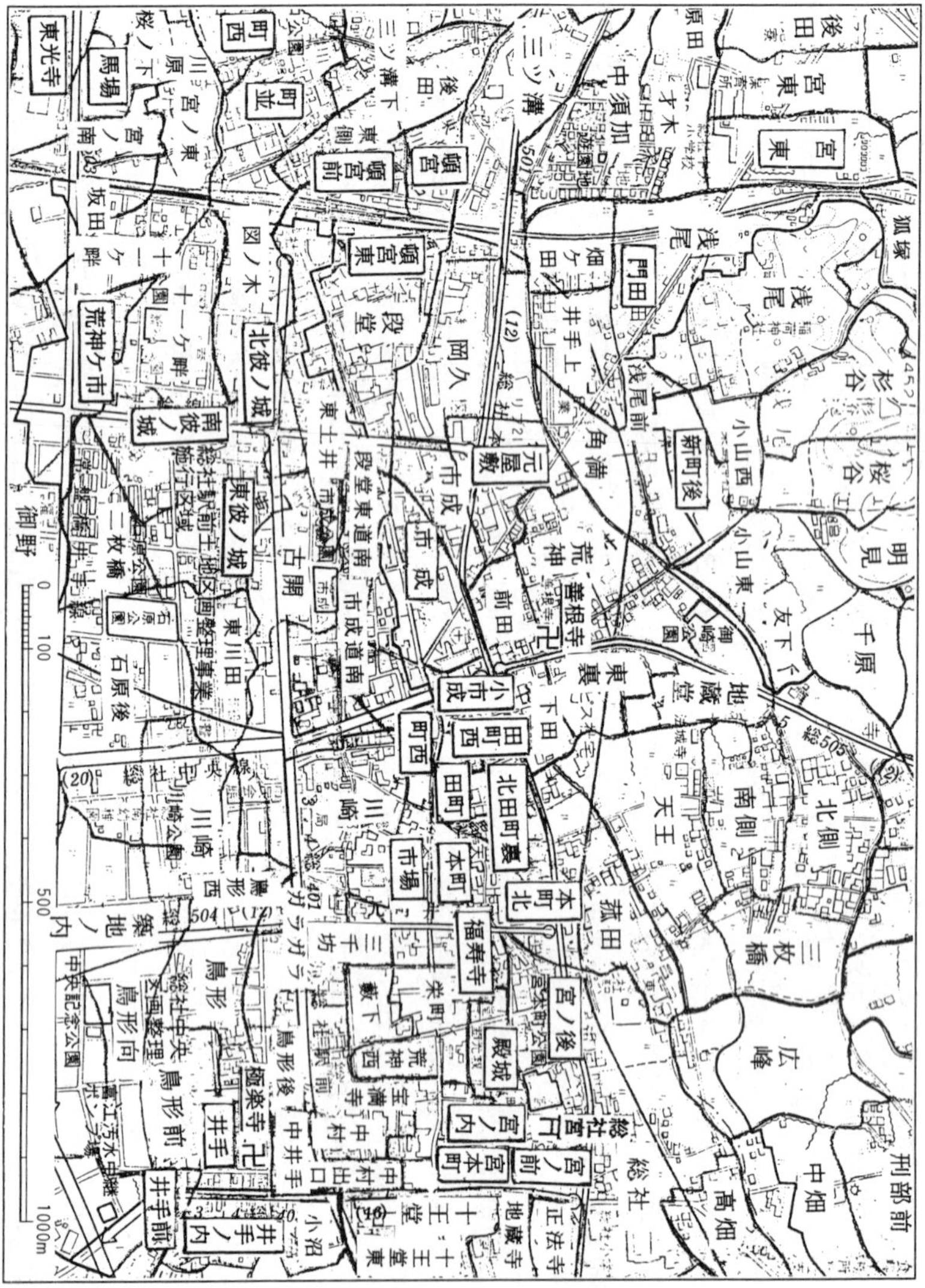

図７　総社市中心部付近字名記載地図（岡山県南広域都市計画図「総社」による）

門前の市街地を制圧する位置に国目代や守護代の居館が設置されたことは十分考えられるのである。

字町並の西の総社市真壁の高梁川近くには字市場・市場堤外・三所（散所カ）、それらの北七〇〇メートルに鋳物師の字名がある。この真壁の字市場を中心とする一帯は高梁川の水運によって栄え、市場集落を形成したのであろう。なお字鋳物師の北一・五キロの井山には「造営帳」に見える宝福寺があり、字名も宝福寺である。その北は字法輪庵、字城ケ谷と連なり、新山の南西麓をなしている。真壁の市場や鋳物師の集落は、惣社や守護代所等との関係だけでなく、新山寺・宝福寺等の多数の僧坊の需要に応じる関係からも発展したのであろう。

一方、総社宮の南約一キロの高梁川の旧河道南岸の総社市八神には字御船端があり、その南の丘陵は船山とよばれるが、そこから宮山古墳群を経て六〇〇メートルほど南の下三輪には殿山の字名がある。この付近の三輪は、真壁や推定国府域北方の刑部《おしかべ》などとともに、「造営帳」に紺掻の居住地として記載され、商工業活動の盛んな地であったようである。

この付近から尾根伝いに南へ一キロ余り登ると、福山の北の支峰標高一五〇メートル余に構築された幸山城《こうやま》があり、頂部は西の丸・東の丸の両郭に分かれ、堀切・石列などの遺構を残している。(21)『備中誌』等にはこの城は、鎌倉時代には庄氏の城で、やがて細川氏の守護として入部した石川氏の居城となったと伝える。(22)構築の時期は明らかでないが、戦国期以前に、守護代がこのような山城を居城としたとは考えられないので、もともとは一朝事ある際に備えた詰城であろう。幸山城の西麓、清音村三因に「小屋」の字名があり、これが根小屋に違いない。総社市街周辺一帯を眼下にするこの城郭は、備中守護代石川氏の勢力を誇示するのにふさわしいものであった。なお石川氏は天正三年（一五七五）毛利氏に滅ぼされるまで存続したので、現在の遺構は戦国末の状況を示すと思われる。

幸山城はまた高山城・甲山城とも書くが、まさに国府山《こう》であろう。そうとすれば、備中においては国府《こう》と総称される地域が室町期には数キロ四方に拡大して、物社を中心に東は古代国府域周辺、西は高梁川東岸の真壁付近、南は幸山城までを含み、京兆家の目代ないし国衙代官、備中守護家の両代官、さらに古来の在庁や惣社社家、諸寺庵、さらに彼らに分属する農民層のみならず、商人・職人も多く居住し、他の諸国に多く見られる府中と同様の一国支配の中心領域を形成したものと推定される。

前掲寛正二年の東寺領新見庄の上使祐成・祐深連署注進状に、守護所は新見庄域から一五里の山を隔てるとある。総社市街と新見市街とは直線距離約四〇キロであるから、高梁川に沿って蛇行すれば、まさしく一五里すなわち六〇キロを要したであろう。因みに現在のＪＲ伯備線の総社・新見両駅間の距離は五三・七キロである。この点からも国衙の物政所だけでなく、守護所も惣社の近傍にあったことは推定に難くない。前述のように総社宮の西隣の字殿城を始め、字元屋敷、字東・北・南彼ノ城が、字市場・小市成・市成を囲うように存在する様相は、目代・守護代の居館や侍衆の屋敷を想定させるのに充分であろう。なお足守川の東岸、吉備線備中高松駅の南五〇〇メートルに政所の字名があるが、これは生石庄の政所であろう。

ところで、かの永享元年の「造営帳」は、末尾の年号月日、日下の大江民部盛利の署名および次行の「書写畢」の次に、いま一枚継いで第十八紙とし、これに次のように追記する（図4-b参照）。

惣社方八町之墻(墻カ)
東ハ　生石わりて川也、
西ハ　川をさかい　上ハしさわ(宍粟)よこ岩より
　　　　　　　　　下ハさき(鷺)の森まて也、
南ハ　山手まて也、
北ハ　眞木谷のなき(鳴)岩まて也、
此方八町と云ハ御社檀(マヽ)より四方へ八町之内ニかゝりたる」郷さかへ(境)まて也、依之遠くさかへ目ある也、池上家蔵の写本によった『岡山県古文書集』や、それを転載した『岡山県史　編年史料』は、この追記の部分を「異筆カ」とする。しかし総社宮社蔵本を閲すると、この第十八紙は料紙もそれまでの一七紙と全く同質の薄手楮紙であるし、書風も、第十七紙までの片仮名交じりに対して平仮名交じりなので全体にやや柔らかい感じとなっているものの、同一の漢字を比べてみると殆ど同じ筆遣いであり、墨色にも格別の差異は認められず、第十七紙までと同筆と判定できる。あるいは本文とは別人の追記で、写のため同筆となったものか。

この四至の地名のうち、東の生石《おいし》は服部郷の東隣の生石庄で、有名な嘉応元年（一一六九）の神護寺領足守庄図にも「生石御庄堺（中略）未申牓示」と見えている。「わりて川」は明らかでないが、おそらく割出川すなわち開鑿した川筋と思われ、『備中誌』などに、後世の血吸川かといわれているので、ほぼ服部郷の東境付近であろう。

西の単に「川」とあるのは高梁川に相違ない。「しさわ」は前述宝福寺の北約二キロの宍粟であり、西北の境界と見立てるのに相応わしかろう。しかし「下ハさきの森まて也」という鷺の森は、古代の推定国府域の南東二五〇メートルほどの総社市上林にある。『備中誌』は、延喜帝の神泉苑から飛来した鷺の伝説を載せ、また当国都宇郡妹尾の住人であった平家の方人妹尾兼康ら主従三人の首をこの森に掛けたので村人はサゲノ森というとし、近き頃までは椋の大樹が茂り兼康の塚というものがあったと記す。現在も上林の山本神社境内から諏訪神社境内へと連なる樹林を鷺の森と呼んでいる。この地は総社宮の東二キロ強にあって、西の境界とするには方角が逆にあるが、高梁川の流路の一つが、かつては今の総社市内を東流して前川・足守川に合流していたともみられるので、そう解釈すれば、上は宍粟云々に対して、下は鷺の森とした理由も理解されよう。但しこの場合、南を山手保との境とする記述とは二重になるが、鷺の森までというのは河川による自然の境界で、これに対する行政区分としての境界が今日の総社市と山手村との境界をなす山陽道の推定駅路にあることを、この記述は示すものであるかも知れない。

北の境界と説く真木谷とは、宍粟付近で高梁川に注ぐ槙谷川の谷筋を指す。槙谷は総社市域の北端に近く、総社宮からは六〜七キロも隔たる山間部であるが、この付近の杣山までを総社宮の境域と見立てたものであろう。

国府域などを示すといわれる「方八町」という呼称を、惣社の境域として応用したことは注目されるが、現実には径数キロにおよぶ中世の国府域を説明する用語として相応しくないので、御社壇から四方へ八町の内にかかる諸郷の境目までが方八町であるという、牽強付会ともいうべき説明を加えて、両者の矛盾の解決を計ろうとしている。とはいえ、この「造営帳」の追記部分は、中世の国府域ないし府中の境界がどのように理解されていたかを示唆する一例と考えてよいとみられるのである。

おわりに

鎌倉時代のみならず室町時代に入ってもなお相当強固に存続した備中の国衙機構を傘下に収めるため、細川京兆家は目代ないし国衙代官を派遣して、細川庶流の一家である備中守護家の両守護代を通じて行なう分国支配とは別個の支配系統を設定し、国衙領の直轄化を推進した。ここに一般に諸国に見られる国衙領の守護領化とは異なる独特の支配体制が成立したのであり、この国衙領京兆家直轄化に大きな役割を果たしたのが、惣社造営事業を通じて成立した国衙在庁ならびに惣社社家の京兆家目代に対する協力関係であった。すなわち平安以来の伝統的な国守ないし知行国主の目代と在庁官人とによる留守所の支配形態に準じた体制を創出することによって、細川京兆家は備中国衙・国衙領の支配に成功し、備中守護家の支配体制をも側面から補強できたのである。

このような中世備中国衙の支配形態は、中世都市備中国府の空間構成にも反映したに相違ないので、金井戸字北国府・国府・御所・南国府付近に想定される古代の国庁・国司館・官衙群などに代わって、その南西一キロの井手・三須付近や、さらに西一・五キロの総社宮周辺などへと拠点が移動しつつ拡大したことが看取される。それに伴って寺院も多くこの方面に建立された。また国府域が備中における商品流通の重要拠点になるとともに、瀬戸内海に連なる水運の便に恵まれた地域が物流の中心地となり、したがって市場さらに街区なども惣社から高梁川沿いにかけて発達したのである。且つこれに伴い、守護代や国目代の居館などもこれらの市場や街区の周囲に設けられたと推定される。要するに、備中国府域はまず古代の国庁の西約一〇キロに中世前期の国衙在庁の居住地区が形成されてその付近に街区が展開するとともに、周辺の山岳寺院も繁栄する。なお在庁居住区の一角には戦国期に在庁出身の国衆清水氏の拠点が成立する。さらに、第二段階の発展として、清水の西約一・五キロの総社宮の近傍に市場から街区への発展が現出し、周囲の主要な町や郷村に本拠を置く商工業者の活動とあいまって水陸交通・物流の一大拠点を形成し、守護所、国の惣政所等も置かれ、外周には幸山城等も構築されたのである。

ところで備中守護家が、惣社造営事業に必ずしも協力的でなかった事実は、備中支配に分裂要素をもたらしたことを暗示している。中世の国府域と想定される地域の中に、城の名称を冠する地名が数ケ所に分散して存在するのは、そうした現象の結果ではあるまいか。且つ備中守護家子飼いの守護代石川氏の居城と伝える幸山城が、国府域一帯を見下ろす福山の支峰に築かれていることも、守護所防衛のほか、京兆家に結び付いて守護家の被官化しない在庁層に対する無言の威圧を兼ねていたと解することもできよう。

寛正二年（一四六一）の国衙代官安富智安排斥運動に対しては、京兆家は代官更迭・又代大橋再任という方法で危機を乗り切ったけれども、応仁の乱後になると備中国内の動揺は深刻の度を加えた。延徳三年（一四九一）庄元資の反乱が起こり、下国した守護勝久は翌明応元年ようやくこれを鎮圧したが（注2藤井論文②）、庄氏の勢力は抜きがたく、例えば永正五年（一五〇八）の吉備津宮秋季祭礼には社務代庄藤右衛門尉の執り成しで御贄を供え、同人が祭礼に出仕している（吉備津神社文書、「集成」七六号）。けれども永正十七年（一五二〇）卯月九日付の吉備津宮の鐘銘には「社務代生石兵庫助藤原家秀」とあって（同文書、「集成」八〇号）、永正五年から同十七年の間に、社務代は前述服部郷の東隣の生石庄（賀夜郡生石郷の後身）を本拠とする国人生石氏に改替している。なお右の永正五年の一宮の秋季祭礼の御供役は「国衙役人卅六人」を弥氏氏が召具して奉仕しており（同文書、「集成」七六号）、この時期の惣社の祭礼については不明であるが、国衙在庁の根強い活動がうかがわれる。

やがて国府域では、幸山城の石川氏が有力在庁の後裔祢屋氏や清水氏を配下として勢力を強めたが、備中一国はこの石川氏と小田郡猿掛城の庄氏、川上郡成羽から上房郡松山城（高梁市）に進出した三村氏との三者鼎立状態となり、東の宇喜多勢、北の尼子勢、西の毛利勢の備中進出とあいまって、国内は戦乱の渦中に巻き込まれた。国府域ではこの間に勢力を蓄えたのが清水氏であったようで、前述のように井手清水の北に「出張」、南に「古城」「城廻り」「城の越」などの字名が残るのは、清水氏の本拠地周辺防備強化の反映とみられる。かくて、天正三年（一五七五）毛利勢に敗れて滅びた石川氏に代わって、毛利氏に属した清水宗治が幸山城に入るが、それも僅かの期間で、かの羽柴秀吉の備中高松城水攻めの際の守将宗治の自刃以後は幸山城も廃城となるが、備中国府域は、総社宮の門前町であるとともに物流・生産の一中心をなす近世都市として繁栄するのである。

（1）永山卯三郎氏「備中付近ニ於ケル條里ノ遺址」（『岡山県史蹟名勝天然記念物調査報告』七冊、一九二八年）、同氏編『吉備郡史』巻上（一九三七年）。

（2）藤井駿氏①「備中の国衙について」（京都大学文学部読史会編『国史論集』一、一九六一年、『吉備地方史の研究』、一九七一年、収載）、同氏②「備中守護の細川氏について」（『岡山大学法学部文学部紀要』一〇号、一九五八年）。

（3）米倉二郎氏『東亜の集落』（一九六〇年）、藤岡謙二郎氏『国府』（一九六九年）、木下良氏「国府附属寺院について」（『角田文衞博士古稀記念古代学叢論』、一九八三年）、高橋護・葛原克人・松本和男諸氏「備中 一、国府とその周辺」（『新修国分寺の研究』第四巻、一九九一年、第八）。

（4）『岡山県埋蔵文化財報告』一〇（一九八〇年）（3）「総社市金井戸備中国府跡の確認調査」。

（5）本章の基をなした拙稿「中世の備中国衙と惣社造営」（『國學院雑誌』八九巻一一号、一九八八年）の脱稿と前後して『岡山県史編年史料』（一九八八年）が刊行された。今回本章作成に際し同書所収史料を逐一参照したが、他の史料集等と重複する場合は引用を概ね省略した。

（6）佐藤進一氏『増訂鎌倉幕府守護制度の研究』（一九七一年）。

（7）『図書寮叢刊　九条家文書』六「諸寺院関係文書」（一九七六年）所収〔東福寺領備中上原郷関係文書〕（『岡山県史　編年史料』にも転載）。石田善人氏「東福寺領備中上原郷について」（『岡山県史研究』創刊号・二号・三号、一九八一・八二年）参照。

（8）『日本荘園絵図集成』（一九七六年）は塚本氏所蔵本の写真を掲げ、佐藤和彦・奥富敬之両氏の解説を付している。

（9）高重進氏「中世農村の復元—服部郷図による農業経営の分析—」（『史学研究』七三号、一九五九年、同氏『古代・中世の耕地と村落』、一九七五年、収載）。

（10）拙著『足利一門守護発展史の研究』（一九八〇年、第三刷一九九八年）一編四章一節参照。

（11）以上、注10所掲拙著一編五章二節・三節参照。ところで、末柄豊氏は「細川氏の同族連合体の解体と畿内領国化」（『中世の法と政治』、一九九二年）の中で、備中両守護代制を「小川氏のように備中守護家の国内支配を強化するための装置としてでなく、京兆家による備中守護家統制のための装置として捉えるべきもの」といわれる。しかしながら、末柄氏が挙げるのは、石川氏は備中入国以前から細川満之の有力被官であったことや、庄氏一族は備中国内を本拠とし、京兆家・典厩家と備中守護家に両属（三属か）したことなどであって、京兆家による備中守護家の統制ないし制約のために備中守護代がなんらかの役割を果たしたという証左は、全く提示されていない。また末柄氏は、応仁の乱後、備中に所領を有しながら京兆家被官として活動する庄氏の事例を挙げるが、これは細川氏の同族連合体制解体期の問題であって、ここで取り扱う分国形成期の問題とは次元を異にする。それゆえ、備中の両守護代制は、石川・庄の両守護代の協力と相互牽制によって細川一族による備中支配の強化を計ることが第一義であったと推定する卑見は、何ら改変する必要がない。なお、前掲拙著一編五章二節・三節にも述べたように、細川一族の同族連合体制の成立とともに、京兆家の育成した内衆が京兆家と各庶家に分属して活動するのであって、石川・庄両氏の備中守護代就任もその一例である。

(12) 藤井駿氏「中世における地方の芸能について」（前掲同氏『吉備地方史の研究』収載）。

(13) 杉山博氏『庄園解体過程の研究』（一九五九年）第三編　備中国新見庄の研究。ほか多くの論考がある。

(14) 拙稿「「讃岐国一宮田村大社壁書」について」（『神道学』四四号、一九六五年）。

(15) 池辺彌氏『和名類聚抄郷名考証』（一九六六年）参照。

(16) 藤井駿氏「倹乗坊重源遺跡の研究」（『岡山史学』一三号、一九六三年）。

(17) 『国立歴史民俗博物館研究報告』一〇集　共同研究「古代の国府の研究」（一九八六年）所収「国府遺跡等関係文献目録及び地図」備中国の項。

(18) 金田章裕氏「国府の形態と構造について」（『国立歴史民俗博物館研究報告』六三集　共同研究「都市空間の形成過程についての研究」、一九九五年）。

(19) 『総社市史　考古資料編』（一九八七年）。

(20) 『総社市埋蔵文化財発掘調査報告』1（一九八四年）第四章清水角遺跡。前掲『総社市史　考古資料編』71清水角遺跡。ともに村上幸雄氏執筆。

(21) 『日本城郭大系』第十三巻岡山県（一九八〇年）幸山城の項参照。

(22) 『倉敷市史』第二冊（永山卯三郎氏編著、一九七三年）幸山城の項参照。

（補注）本章再校校正後、井上聡氏「「備中国賀夜郡服部郷図」の写本伝来について」（『東京大学史料編纂所付属画像史料解析センター通信』一〇号、二〇〇〇年）に接した。これには本文に掲げた三本のほかに、西岡虎之助氏蒐集本、秋岡武次郎旧蔵本、矢吹平賀文庫本の三本を紹介するとともに、それらの来歴が述べられ、また現存諸本中最古の祢屋本の作成年代を天文から元禄までと推定し、かつ『日本荘園絵図聚影　五上　西日本一』（二〇〇一年二月刊行予定）に祢屋本を採録する旨報告されている。

〔付記〕本章作成に当り、総社宮宮司渡邊雅夫氏、総社市総務部市史編さん事務局加藤信二氏、前東京大学史料編纂所教授小泉宜右氏、同所教授林譲氏、岡山県立博物館学芸員三宅克広氏より協力を賜った。記して謝意を表する。

第三章　長門府中の空間構成と守護所および二宮忌宮社

はじめに

鎌倉・室町時代の諸国府中には、その国の守護所が置かれた場合が少なくないが、当時の府中の空間構成や、府中内部の守護所の位置を同時代の絵図面などにより視覚的に明確に捉えることのできる事例は頗る稀であろう。ここにその稀有な事例に属すると思われるものに、山口県下関市長府の長門国二宮忌宮《いみのみや》神社所蔵にかかる「忌宮神社境内絵図」（『忌宮神社文書』とともに昭和五十三年六月重要文化財指定。以下「境内絵図」と略称）がある（図1参照）。この「境内絵図」については『解説版新指定重要文化財9』に次の解説がある。(1)

忌宮神社境内図は楮紙に着色で描かれ、図中の山、海、舟、樹木等に大和絵の画法を示して、鎌倉時代後期の製作とみられる。境内の建物の一部未竣工場面などからみて、恐らく嘉暦再興直後の姿を伝えたものであろう。境外にあわせ記された所領および惣社、国分寺、特に守護館と守護代所等が描かれている点は、鎌倉期の長門国国府周辺の状況を示して珍しい。伝存稀な中世神社絵図として貴重である。

また忌宮神社宮司宮崎義敬氏の著書(2)にも、同様の記事とともに、旧宝物館が戦後何度目かの台風の被害を受け

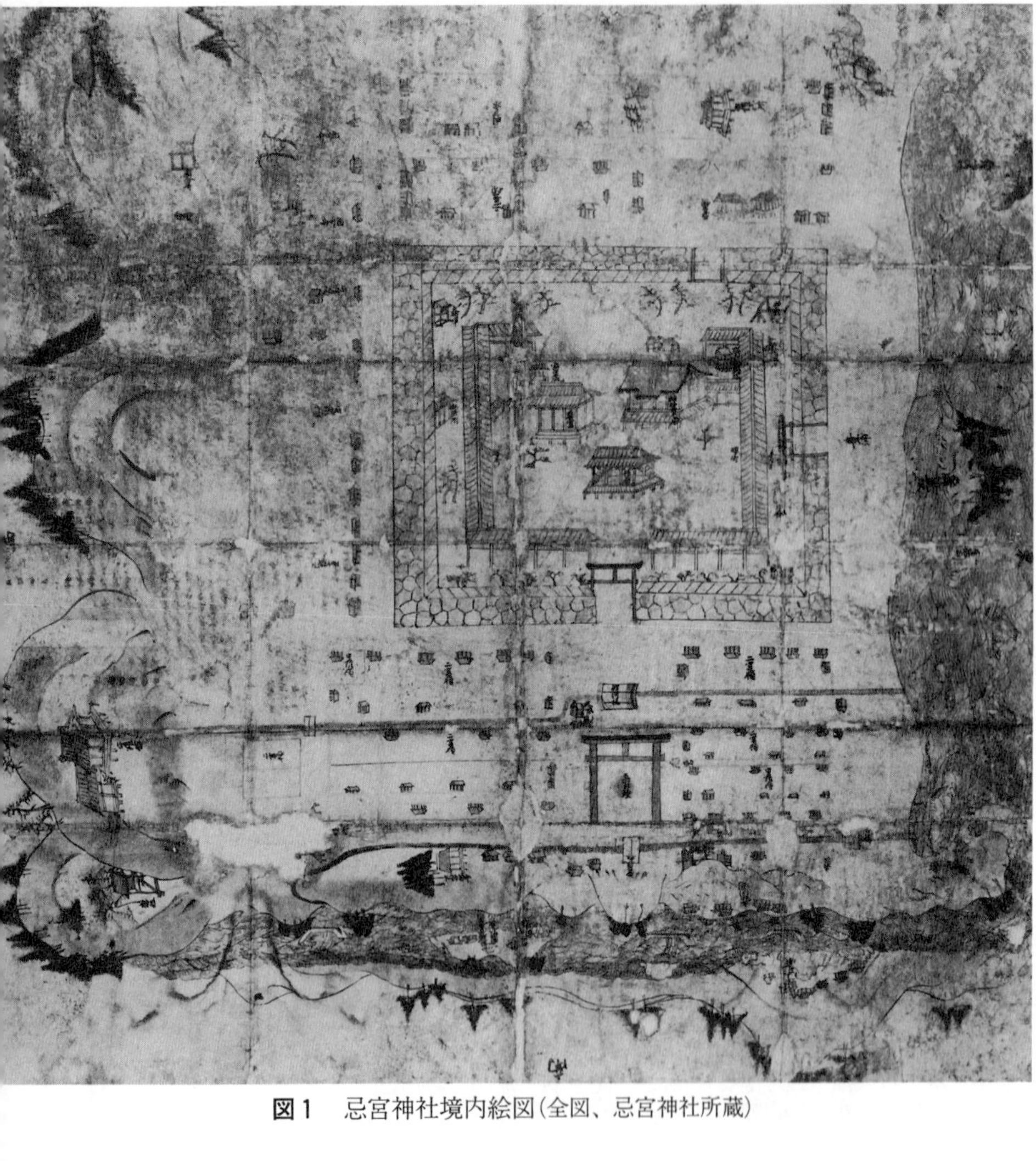

図1　忌宮神社境内絵図(全図、忌宮神社所蔵)

た際に泥水を被った「境内絵図」が、重文に指定され、細心の配慮と高度の技倆によって保存修理された事情等が述べられ、かつ守護館付近の部分図が掲げられている。

　この「境内絵図」はすでに三坂圭治氏監修、田村哲夫氏編集により昭和五十二年（一九七七）三月同神社より刊行された『長門国二ノ宮忌宮神社文書』（以下『忌宮神社文書』と略称）の巻頭にカラー口絵写真として掲げられており、全体の色調などを知ることができる。筆者も田村氏より同文書の恵与を受けたが、この口絵写真はサイズが小さく残念ながら細部の状況や記入してある文字を判読できなかった[3]。その後、右の『新指定重要文化財』の執筆者の一人である文化庁文化財調査官（現在京都国立博物館学芸課長）湯山賢一氏より、この絵図が守護館・守護代所等の貴重な史料である旨を教示されたので、私は昭和五十九年（一九八四）十一月と翌年六月の二回にわたり同神社を訪れ、この絵図をつぶさに拝観し、同神社禰宜兼宝物館学芸員三河内百合彦氏から詳細な説明に与るとともに、この絵図に描かれている主要地域を実地踏査した。本章は、この絵図と実地踏査結果の照合に、『忌宮神社文書』「長門国守護職次第」（以下「次第」と略称）「長門守護代記」（以下「守護代記」と略称）等の文献[4]による知見を加えて行なった、中世都市長門府中の空間構成復原の試みである。

第一節　長門府中と守護・守護代・国衙在庁

　長門国府は『和名類聚抄』に「国府在豊浦郡」とあるのをはじめ、『色葉字類抄』『拾芥抄』も「豊浦」としており、その位置は後世の長門府中、今日の下関市長府に比定されている。現在市街のほぼ中央部に、豊浦宮跡の伝承地であり、仲哀天皇・神功皇后・応神天皇を奉斎する長門二宮忌宮神社が鎮座し、約一五〇メートル四方の広大な境内地の中央東寄りに社殿がある。境内の北西端から北西約七〇メートルに、約一〇〇メートル四方の旧境内をもった長門国分寺跡がある。また忌宮の南西約二五〇メートルには昭和四十年代まで長門惣社があり、この惣社は現在は一〇〇メートルほど東の守宮司社の境内に移されている。

古代の長門国府の規模は明らかでないが、直角に曲る旧国道（後述）を東と南の界線とする忌宮台地の方三町域か、またはその北の亀の甲台地を含めたやや不整形な地域[5]あるいは右の三町域を東と南に一町ずつ拡大して壇具川を南限とした方四町域[6]が想定されている。

長門国府やその周辺地域の解明に資するため、下関市教育委員会では昭和五十二年（一九七七）度から同五十六年（一九八一）度にかけて長門国分寺跡、忌宮神社境内等の一部の発掘調査を実施した。国府域の境界や国衙の所在地点を推知するまでにいたっていないが、社殿北側のA地点からは鎌倉時代の溝と柱穴が検出された[7]。また境内北西寄りのB地点では、鎌倉時代の堆積層の下に平安後期の遺物包含層があり、九世紀中頃まで遡りうると考えられる軒丸瓦・軒平瓦等も発見され、平安前期より降らないとされる溝が検出され、この溝は府域の一画を区分する遺構と推測された。なおB地点では鎌倉時代の古瓦・石帯・木製品が多く出土した。

ところで長門守護所の所在地に関する同時代史料の初見は、弘安三年（一二八〇）の付年号のある七月三十日付頼遍書状案である（『大日本古文書』『醍醐寺文書』之二、二二四号㈣[8]）。すなわち頼遍阿闍梨は師の醍醐寺の頼誉僧正宛てに、「抑如申入候、為相模七郎（北条時業）祈、自去四月之比、移住彼館長門国苻候之間、六月廿八日小所領一所、雖分渇候、未渇秋分程、事々纒頭候了、（前後略）」と書き送り、これに対し頼誉は「御有様具承候了、就中、一所令相儲給候覧、目出候、〳〵（前後略）」という返書（同上二二四号㈤）を与えている。頼遍書状案の文中の「相模七郎」すなわち北条時業（東寺文書　五常、弘安四年閏七月十一日関東御教書、『鎌倉遺文』一四三八八号）は、北条時頼の孫、長門守護北条宗頼の子息であり、弘安二年六月宗頼が卒去するとその後任の長門守護に補せられた。のち実名を兼時と改め、官途修理亮、越後守。六波羅探題、評定衆となる（「長門国守護職次第」、「鎌倉年代記」）。右の頼遍書状案によって弘安三年（一二八〇）以前から長門守護の居館が同国国府に存在していたことが確認さ

れる。(9)

次に「次第」も同国守護所の所在地についての有力な依拠史料となりうるものである。ただし、同書には数系統の伝本があり、その記事にはかなりの異同が認められる。そのうち「長門一宮住吉神社文書」所収長門一宮本は『続群書類従』本の底本であるが、これは大内政弘時代明応年間（一四九二～一五〇一）に成立し、義興時代に入って追記された善本と認められるので（注4所掲田村氏論文参照）。本章では特記しない限り、東京大学史料編纂所影写本によって長門一宮本を用い、必要に応じて他系統本を引用することとする。

「次第」は、まず最初の長門守護佐々木高綱を「十　佐々木四郎左衛門尉高綱、自大将殿文治二年給之、七月十三日下国、号守護職、」（傍点筆者、一宮大宮司関係の記事省略、以下同）とする。諸国守護人設置の事情や高綱自身の事績に鑑みて、高綱の下国は事実の可能性が十分考えられる。(10) しかし同書には以後「十六　信濃四郎左衛門尉行忠、（二階堂）代官三井宮内左衛門資平、」まで守護の下国の記載はない。『吾妻鏡』文永三年四月十五日条に「長門国一宮神人等致殺害寄沙汰之由叓、守護人資平就注申子細、有其沙汰」、とあって、正守護行忠は下国せず、守護代資平が在国して職務を代行していたことは注(8)所掲佐藤進一氏著書「長門」の項に述べられている。しかし、「次第」には北条一族の初代守護である宗頼以後は、ほぼ歴代について正守護の北条氏または守護代の「下国」「着府」等の記載が見られる。いまその部分を掲げると次の如くである。

十七　相模修理亮殿宗頼、建治二年正月十一日當國下着、御代官太郎殿頼茂、
十八　越後守殿兼時、弘安三、六　五、御代官長井出羽太郎、其後岡田次郎右衛門入道浄蓮、
十九　武蔵守殿師時、御代官駿河三郎殿　弘安四　閏七　晦日下國、又代官平内左衛門尉、
廿　万壽殿、（金沢実政）武藏守殿御子息、御代官嵐野五郎左衛門家盛、後武蔵十郎申、弘安五　八　廿四着荷、
廿一　上総介殿眞政、弘安七　正　十七下國、守護代平岡二郎左衛門尉爲時、

廿二　左京権大夫殿時村 御代官左近〔右〕大夫将監（北条時仲）、永仁六 八 十一着府、任近江守　又尾張守、守護代吉良殿、又小笠原入道蓮念下國、

廿三　上野殿時直、守護代横溝小三郎清村、

これによると、北条一門の正守護が下国したのは宗頼と実政のみのようであるが、前掲頼遍書状案によって兼時（初名時業）の国府在住が察せられる。また、注(8)所掲佐藤氏著書「長門」の項に明らかにされたように、「次第」が北条時村の在職とする期間に時仲（時村の孫）・時村・凞時（時仲の兄）・時仲（還補）という改替があり、時仲が正守護または代官としてそのまま在国したと認められる。さらに最後の時直も、正慶二年（元弘三年、一三三三）閏二月伊予に渡って土居通益（通増）らと戦い、三月から四月にかけて高津道性・厚東崇西（武実）らに長門の館を攻められたこと等が「博多日記」によって知られ、やがて彼は五月末の鎮西探題滅亡を聞いて少弐・島津両氏を通じて官軍に降ったと『太平記』巻第十一に伝えられており、やはり在国した事実が知られる。それゆえ、「次第」に「下国」「着府」などと書き分けられていることには格別の意味はなく、建治以後の歴代守護北条氏の居館は長門国府に存在し、守護自身または守護代が在住したと認められる。ことに正守護の在住期間は宗頼・兼時・実政・時仲・時直の五代がそれで、これに時仲が時村・凞時の代官として在住した期間を加えると、僅か二年半を除いて殆んど常に北条一門が守護または代官として国府の守護館に在住して執務したと推定されるのである。この北条一門の長門発遣は、文永の役後まもなく蒙古襲来に対する防衛策の重要な一環として行なわれ、一門守護は長門・周防両国を兼帯し[11]、六波羅探題管下から離れて幕府直属下に行政・訴訟等を実施し、「長門周防探題」（忽那文書　乾）。「長門探題」（『太平記』巻第十二）と称せられた。それゆえこの時期に守護館と守護代所が分離し、支配組織が整備されたとみられる。北条時直は元徳二年（一三三〇）十月、長門国串崎村若宮に当国粟野村および符中南浜在家を大般若経転読料所として寄進しており（保坂潤治氏所蔵手鑑『鎌倉遺文』古

文書編三一二六二号）、在職活動の一端が知られる。

建武政府は、初め「輔大納言殿」を守護とした。これは注(4)所掲南野本・岡本によれば二条師基とあり、師基は『公卿補任』元弘三年の項に「五月十七日詔命為本職（権大納言）、大宰権帥」とある。「次第」に守護とするのは国務の誤りであろうか。ともあれ公卿なかんずく摂家の師基は長門に下向せず、「守護代」（目代か）の山田入道千恵（南野本は了恵、岡本は了意）が実務を執ったものとみえる。

次の守護は長門探題追討に功のあった厚東武実入道崇西（博多日記）で、「次第」に「建武元　五　十四当苻入部」とあり、それより武村・武直・義武が短期間ずつ合せて二十数年守護に在任した。(12) なお武実入部の翌年の建武二年（一三三五）正月には越後左近将監入道（北条時仲の近親カ）・上野四郎入道（北条時直の近親カ）が長門国府佐加利山城に挙兵したが、まもなく落城している（武藤吉田宗智庭中申状写『大日本史料』六編之二所収「土佐国蠹簡集残篇」）。武実の守護代は富永弥六入道、次の三代の守護代は同武道であった。厚東氏は周知のように当国厚東郡を本拠とする豪族で、厚東川西岸棚井の「御東」に居館跡があり、東岸の霜降山（標高二五〇メートル）に、防長両国の山城中、最大の規模といわれる霜降城を残す。(13)

武実は棚井に浄名寺・蔵福寺を建て、また南禅寺の南嶺和尚を請じて居館の近くに東隆寺を開き、この寺はまもなく長門安国寺に選ばれた。そのほか棚井の恒石八幡宮や霜降城下吉見の持世寺等を厚く保護した。(14) 棚井には文和三年（一三五四）二月の浄名寺宛長門守某寄進状に「市庭小路」「市庭以東」とみえ、町屋という地名もあり、松山宏氏は、この地を厚東氏二十余年の守護所とされる。(15)「次第」は武直にも「観応二年十二廿苻中入」とし、「豊府志略」収録本等は武村にも「貞和四年三月五日着府」（他の諸本では「給之」）とするので、公的な守護所は引き続き長府に置かれたとしても、厚東氏の場合は本拠地の棚井に分国経営の中心が存在したことは間違いあるまい。

ところで「次第」以下の諸本は厚東武村と武直の間に「兵衛佐殿直冬」とその「御代官」「守護代」の名とを記している。足利直冬は実質上その養父直義から、高師直党の備中・備後・出雲等の守護を制圧するため発遣されたものと推定される。⑯彼は中国地方の八ケ国を成敗する権限を与えられ、鎌倉幕府の職名に倣って「長門探題」と称し、貞和五年（一三四九）四月進発した（建武三年以来記　貞和五年四月十一日条）。それゆえ厚東武村の守護職はそのまま存続したとみるべきである。洞院公賢は「伝聞、右〔左〕兵衛佐直冬今日進発向長門国、於彼国可成敗八箇国事之由風聞、可尋、」と記している（『園太暦』同日条）。けれども中原師守は「今暁左兵衛佐直冬下向西国、暫可被座備後国云々、是備後、備中、安木〔芸〕、周防、長門、出雲、因幡、伯耆等成敗之料云々、評定衆・奉行人等多下向云々、」と、より詳しい情報を摑んでおり（『師守記』同日条）、『太平記』巻第二十六・二十七も、直冬は備後の鞆に居たが、同年九月尊氏の追討命令が下ると肥後国へ落ちたと伝えている。この追討命令とともに探題職を剝脱されたに違いない。やがて直冬は「貞和七年」すなわち観応二年（一三五一）六月一日、尊氏・直義に倣って長門二宮に和歌二首を奉納しているが（『忌宮神社文書』④三六号）、この前後九州に在住していることは多数の感状・宛行状・禁制等によって明らかなので、長門府中在住の証拠とならない。直冬はさらに延文元年（一三五六）以後しばらく安芸・石見等で策動するが、⑰長門に本拠を置いた形跡はない。

正平十三年（延文三年、一三五八）大内弘世が、霜降城に拠った厚東義武を駆逐して長門国を占領して以後は、大内氏が歴代長門守護職を兼帯する。けれども大内氏の本拠は当然周防山口にあり、長期にわたって長門府中に滞在することはなかった。「次第」に弘世を「正平十三年六　廿三　当苻御入部、同日御社参」とし、その嫡子義弘を「御社参永和元年三月廿一日」（「守護代記」は「永和元年乙卯三月廿一日御入府、両社御社参之次第」）として何れも行列次第を記すが、これらは長門一宮・二宮社参を行なって威容を示すための一時的入府に外ならなかった筈である。但し「守護代記」は弘茂について「応永八辛巳十二月廿九日於当府下山《さかりやま》合戦討死」とし、次の盛見には「応永八年辛巳十二月廿六日従豊後御渡海、於当府毘沙門堂御合戦、敵悉被捕之、於同所律成寺御越年、同九年壬午正月十一日入部于周防山口」とするが、これは、長門府中が盛見・弘茂兄弟の決戦の舞台となったために外ならない。「守護代記」が持盛の永享四年（一四三二）二月十三日豊前からの「御入府」を記し、「次第」が持世の同年六月七日の「御下向」、同九日の「御社参」を記すのも、持世・持盛兄弟の内訌に伴うものである。[18]

　これより後は、守護の入府記事は皆無となり、守護代・小守護代の入府記事に代る。大内氏の守護代の入府記事は、南野本「守護代記」に守護代森入道良恵の「正平十三年戊戌六月廿三日入部」（他の諸本の弘世入府と同日）を伝えるのを初見として頻出する。小守護代の初見は「次第」「守護代記」ともに義弘の代の小守護代久佐備後入道源祐であるが、小守護代の入府記事は「守護代記」に盛見の代の小守護代江良左衛門入道広慶を「応永八年十二月晦日着府」とするのを初見として頻出する。大内氏治下での長門守護代は主に杉・陶山・陶・内藤・鷲頭という重臣が任ぜられた。守護代・小守護代の改替もかなり多いが、守護代杉の小守護代は久佐、守護代陶山の小守護代は赤崎、守護代陶の小守護代は江良・安岐、守護代内藤の小守護代は勝間田・南野・永富、守護代鷲頭の小守護代は円山・有吉・野田の諸氏となっており、すべて小守護代は守護代の庶流一族ないし被官から選ばれている模様である。[19]ことに大内盛見時代に初めて守護代として入部した内藤氏は、次の大内教弘時代以後ほぼ連続して長門守護代に在任し、小守護代は「守護代記」によれば、大内義興時代以後は勝間田氏に固定し、長門二宮本および『豊府志略』本によると、実に毛利隆元・輝元二代においても長門守護代には内藤隆春、小守護代には勝間田春景が任ぜられている。

　このように、周防山口に本拠を置いた大内氏の治下では、守護自身の長門府中下向は厚東氏時代にも増してすこぶる稀となり、やがて皆無になったと推定される。その代りに長門守護代・小守護代の長府在住が長く維持され、毛利隆元・輝元時代までこれが踏襲されて、長府は長門一国の統治の中心としての役割を保ち続けた。そして、守護代内藤氏の拠ったのは櫛崎城（串崎城・雄山城）であったといわれ[20]、この城が毛利輝元の従弟秀元を初代とする豊浦藩（長府藩）主の居館へと連続するのである。

ところで、中世の長門国における国衙在庁の動静を示す史料は、主に一宮・二宮の祭礼および神事用途に関連してではあるが、『忌宮神社文書』の内に十数点の文書を見いだすことができる。これを表示したものが次の表1である。

この表示の中でもっとも早いものは、鎌倉中期弘長三年（一二六三）二月に、二宮代大宮司国重の私領の宅賀村内の畠および田屋の検注を免除した使左兵衛尉・書生介・図師代の三名の連署下知状であり、当時の長門国衙の活動の一端をうかがうことができる。次に建武元年（一三三四）の長門国宣とこれを承けたと思われる越前法橋某の安堵状があり、長門二宮忌宮神社の神事料の一部に国衙の下行物が充てられていることがわかる。

降って文明十三年（一四八一）の二通とほぼ同じ頃かと推測される年闕文書一通とは、長門一宮・二宮等の神事に「国衙衆」と総称される大夫介・権介以下の在庁官人や国衙目代が出仕していることを示し、ことに⑤四二号は当国守護を兼ねる大内政弘が証判を加えていることが注目される。当時はすでに国衙の実質的な機能や活動は守護側に接収されて久しかったであろうが、国衙在庁らの家柄が存続していて、一宮・二宮等の伝統的な祭礼には、彼らが出仕して執り行なわれる古来の行事が再現されたことをうかがわせる。それは文明年間にとどまらず、戦国時代も半ばの天文二十一年（一五五二）の大内義長裁許状と陶（カ）長寿丸印判状にも、在庁名の富成職および主要な在庁の一員であったはずの権介役が、守護側から承認されるという形で存続していることが知られ、また某年の二宮の座配を記した官人人数付立にも庁左座・同右座・官庁座とか、公文役・田所役というような名称として国衙支配の名残を伝えている。

しかも毛利氏領国下に帰した弘治三〜四年（一五五七〜五八）にこの国衙在庁富成職がさっそく毛利氏から富

表1 『長門国二ノ宮忌宮神社文書』所載国衙関係語句一覧

西暦	年月日	語句	文書名	文書番号
一二六三	弘長三年二月　日	図師代、書生代、使、	長門国衙検注使等連署下知状	②一〇
一三三四	建武元年七月四日	長門国二宮神事料内国衙下行物等事、」在庁役、	長門国宣	④一五
一三三四	建武元年八月九日	長門国二宮神事料内国衙下行物等料所当国山并別苻事、	越前法橋安堵状	②二
一四八一	文明十三年卯月	（外題）「国衙衆出仕注文」在庁官人等、大夫介・権介、両庁守公人、国雑色、国衙目代、惣社・守宮神、国衙下行、守工神	長州八社五堂御神事国衙衆出仕注文	⑤四一
一四八七	文明十三年七月廿□日	大夫介・権介、両庁守公人、国雑色、侍、御厩惣社宮・裁所方・勅使、国衙撫物料、	大内政弘証判長門二宮神事帳案	⑤四二
／	（年月日未詳、後闕）	大夫介・権介、両庁守公人、国雑色、侍、御厩	二宮御祭大宮司新大宮司所勤分付立	⑥五五
一四九八？	（明応七年カ）十二月一日	今富名国衙米事、	某書状	②六六
一五五二	天文廿一年八月十日	長州国衙在庁富成職事所令裁許也、	大内義長裁許状	①一八
一五五二	天文廿一年十月十二日	就神事、権介役事可被勤之状如件、	陶（カ）鶴寿丸印判状	①一五
／	（年未詳）八月十一日	就国衙衆并三井藤兵衛尉申結儀、	陶持長書状	②三七
一五五七	弘治三年十一月十四日	長門国一二宮国衙在庁富成社職事、」国衙之地、	毛利家奉行衆連署奉書	①一六
一五五八	弘治四年二月十四日	長州一二両社国衙在庁富成社職事、	岩正興致補任状	①一七
一五六七	永禄十年六月廿六日	長門国一二宮国衙在庁富成職之事、	毛利輝元袖判毛利家奉行衆連署奉書	①一九
一五八九	天正十七年十一月二日	長州豊西郡一二宮国衙之内六石余足之事、	毛利輝元充行状	①二〇
一六〇一	慶長六年閏十一月廿四日	一　国衙之事、	一宮宮司代二宮宮司連署事書状	③一二
／	（年月日未詳）	庁左座、公文役、同右座、官庁座、田所役、	二宮社官人数付立	⑤四三

注．文書番号欄①　武内大宮司古文書（巻ノ一～巻ノ五）　②　同（別巻）　③　同（仮手鏡）
④　忌宮古文書（宝一号～三七号）　⑤　同（貴一号～一五八号）　⑥　原書不明忌宮関係古文書写
※文書名の一部は変更した。

成隆助に安堵されたばかりでなく、永禄十年（一五六七）には毛利輝元袖判の「富成大宮司」充奉行人連署奉書でこの国衙在庁富成職が安堵された。さらに天正十七年（一五八九）には「一二宮国衙之内」という六石余の料足が輝元から富成氏に充て行なわれて、従来の富成職が新たな知行制に編入されている。しかも、まさに徳川氏の全国制覇が確定した慶長六年（一六〇一）に、一宮大宮司代・二宮大宮司が祭礼について「公儀」の承認を求めた四ケ条の中に「一　国衙之事」という事項があった。以上のように国衙在庁の職名は一宮・二宮の神事に関連して世襲され、また在庁名の名残が神事の料足として中世末、近世初頭まで存続したのであった。

第二節　「境内絵図」にみる長門府中の空間構成

忌宮神社所蔵の前掲「境内絵図」（図1参照）は、縦一〇二センチ、横一〇三センチの正方形に近い大きな絵図で、縦横とも四つ折り、横は三つ折りにも折り畳んだ痕があり、折目の一部は擦り切れ、欠損も生じているが、前に触れたように近年重要文化財に指定されるとともに保存修理が行なわれ、掛軸装とされている。図1のように、画面のほぼ中央部に大きく忌宮の境内と社殿が描かれているが、その境内の周囲には街区をなす家並等が描かれ、それらの街区の多くには「二宮領」「守護領」「国分寺」などと記入されている。また絵図の周辺部には守護館・守護代所、国分寺・惣社等の寺社、さらに串崎の港津をはじめとする周防灘や壇の浦の情景まで描かれている。すなわちこの絵図は忌宮境内の絵図であるにとどまらず、中世の長門府中の景観を描出した絵図とみられるのである。したがって「忌宮神社境内絵図」という称呼は必ずしも適切でないが、本章では一応従前の称呼に従っておきたい。

なお、これらの街区の境界や道路は、黄褐色に彩られた地の上に黄色の線（一部分は朱線）で画され、図1の写真ではすこぶる不明瞭である。そこで、この街区の部分等をトレースし、各街角と道路の端に仮りに記号A～

Z′を付し、主要な建物・関津・所領等の位置に記載してある文字を転記し、図2として掲げておく。また「境内絵図」に描かれた景観を、近世の状況と対比するため、『長府史料』付載の地図[21]（以下「長府古図」と仮称）を図3とし、さらに現代の景観と対比するため、近年の下関市都市計画図のうち長府市街の主要部分に、仮りに前記の記号A〜Z′を付したものを図4として掲げる。

以下絵図面を二宮境内とその周辺の東部・南部・西部・北部の各区域に分けて、近世および現代の長府と対比しつつ逐一観察し、中世の景観ないし空間構成を復原してみよう。

1　長門二宮境内の空間構成

二宮の境内は、「境内絵図」では堅牢な石垣が四周を囲繞し、南面石垣と東面石垣の各中央に丹塗りの鳥居を配し、北面石垣の東寄りには冠木門のような入口がある。この石垣に言及した文書としては長禄三年（一四五九）二月二十五日付、陶弘房ら五名の大内氏奉行衆連署の「二宮法度条々」（『忌宮神社文書』⑤一号）に、「一、浜面石築地高厚連続可築重事」とある。石垣の内部には「廻廊」が東西にめぐり、その内部に社殿がある。図4のように現況は約一五〇メートル四方の境内外周を石垣がめぐり、その中央東寄りにさらに高く堅牢な石垣をめぐらした約五〇メートル四方の区域内に主要な社殿がある。但し境内は西から延びる洪積層の舌状台地上にあるので、東の沖積層低地の旧海岸へと傾斜する比高差約六メートルの地形に応じて、外周の西辺や内部の社殿後方等には石垣が存在しない。忌宮神社所蔵の江戸後期頃に描かれたと推測されるいま一枚の絵図（以下「江戸後期絵図」と称す）[22]にはそのような状況が描かれている。中世の「境内絵図」は二重の石垣を省略して一重にし、また実際には西辺を除く三方にある外周の石垣を四周に描き、社殿等をも誇張して実際より大きく描出したものと認められる。石垣の南面中央に参道に面した鳥居、東面中央には南面よりも小さな鳥居を描くが、現在もそれぞれの位置の石段の下に見事な石の鳥居が立っている。北面石垣の東寄りには冠木門を描くが、現在はこの門はなく、や

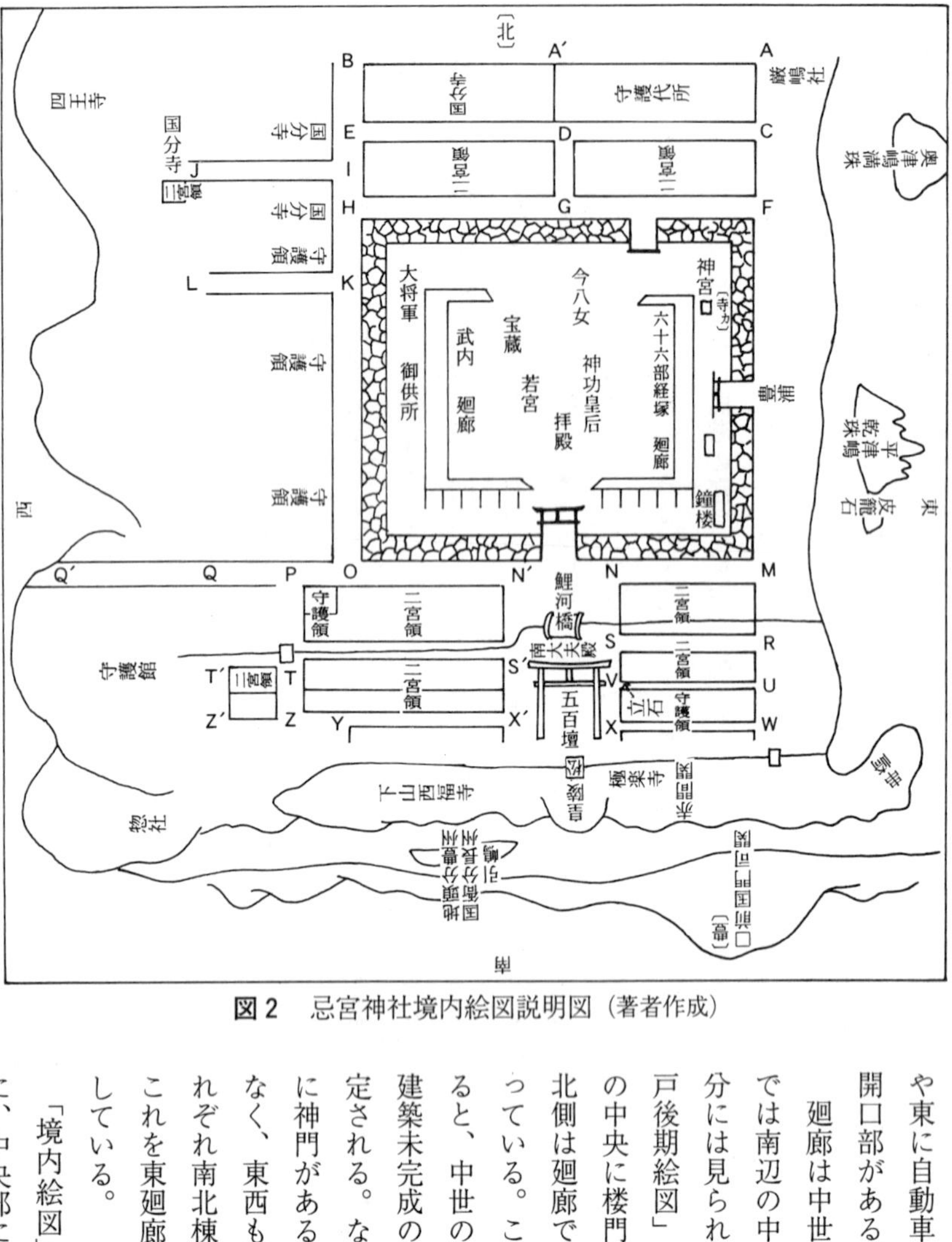

図 2　忌宮神社境内絵図説明図（著者作成）

や東に自動車の入れる坂道の開口部がある。

廻廊は中世の「境内絵図」では南辺の中央と北辺の大部分には見られないが、右の「江戸後期絵図」では南側の廻廊の中央に楼門が描かれ、また北側は廻廊でなく築地塀となっている。これらから判断すると、中世の「境内絵図」は建築未完成の状態を示すと推定される。なお現在は南正面に神門があるが南面の廻廊はなく、東西も廻廊の代りにそれぞれ南北棟の斎館が建ち、これを東廻廊・西廻廊とも称している。

「境内絵図」では廻廊の内に、中央部には桧皮葺らしく、切妻屋根をもち向拝があり、椽をめぐらした本殿があり、「神功皇后」と墨書されている。その前面（南）と向って左（西）とにはともに入母屋屋根で椽をめぐらした「拝殿」と「若宮」があり、北東隅には「六十六部経塚」として石の基壇上の小祠を描き、若宮の後方に「宝蔵」、左に摂社の「武内」が見える。「江戸後期絵図」ではこの部分には摂社や宝蔵は存在しないが、本殿・拝殿・若宮は建物の構造こそ異なるものの配置はほぼ同様であり、その空間構成は基本的には現在の社殿にも受継がれている。但し現在は、若宮社と対照的な位置、すなわち本殿の東側に高良社（地主神・武内宿禰）を配している。

廻廊と境内外周の石垣との間には、「境内絵図」では南東部に「鐘楼」のほか二字の摂社とおぼしい建物、北東隅に「神宮□〔寺カ〕」という木組のみの建築中の建物、本殿の背後に「今八女」と記した二棟の摂社とおぼしい建物、北西隅に高床の摂社「大将軍」、西辺中央部に「御供所」が描かれている。江戸時代以降では摂社大将軍社がほぼ同位置にあるほかは、かなり趣を異にし、「長府古図」では神宮寺は正面鳥居前の街区N′（後述）の角にあるし、「江戸後期絵図」では鐘楼は正面鳥居の北西のあたりに移り、「今八女」の位置には摂社「霊社」がある。なお現在は、これらに代って中世の神宮寺のあたりに荒熊稲荷、大将軍社の位置に八坂神社ほか六社合祀の摂社がある。

写1　忌宮神社境内上段の石垣と神門

写2　忌宮神社社殿

要するに「境内絵図」は、本殿・拝殿等の主要部および外周の景観をほぼ後世に存続しながらも、細部の点では種々後世とは異なる、中世の忌宮神社境内の立体的な景観と空間構成をうかがわせる点で重要である。

2　絵図東部の空間構成

「境内絵図」では、二宮境内の東側に青色の顔料で彩色した周防灘が画面の東辺一帯に広がり、東の鳥居の前の浜辺に「豊浦」と記されている。北東隅の浜辺近くには「厳島社」として二棟の社殿が並び、その前面の海中に「興津島満珠」と書入れた島影、二宮の東の鳥居に相対する海中には「平津島乾珠」と書かれた島影が浮び、その傍らに「皮籠石」と記した岩石が見える。さらに海中には沖を行く帆前船が描かれ、画面南西部には「串崎」と記した岬があり、その北側の湾入部に、舟をもやう杭列と荷を積んだもやい舟二艘があり、その傍らの浜辺に三棟の家屋が描かれている。

この社殿東辺の浜辺や海中の景観を描写した文学作品として今川了俊の紀行文『道ゆきふり』(『群書類従』紀行部所収)があり、「境内絵図」と対比しうる重要な史料となっている。すなわち応安四年(一三七一)二月鎮西大将として九州征討のため京都を発した了俊は、途中備後・安芸等に数ケ月滞在して海陸より進むための軍備を整えたのち、自身は陸路周防国府を経て十月八日長門国府に至り、十一月二十九日までここに滞在している。その長門国府に入る部分の記事は次の通りである。

又山路になりて、小嶋といふうらさとに出たり、松原をはるかに行過て長門國府になりぬ、北はまと《(浜)》て東南にむきて家居あり、このさと一むらすきて神功皇后宮の御社の前に出たり、御やしろハ南に向たり、それより山のうしとらに出たる尾上をは御かり山といふなり、このはまのわたにすさきの様に出たる山侍き、くしさきといひて若宮のたゝせたまひたる所なり、其東の海の中に十餘町はかりへたてゝ嶋二むかへり、古の滿珠干珠なるへし、今はおいつへいつとかや申めり、

これによっても、当時の山陽道の街道が二宮の傍らの海浜を通っていたことが推知される。「長府古図」では長

府の町の北、海辺に近い街道筋の松並木の間に「厳島社」の社殿が見えている。この厳島社は文明十三年（一四八一）卯月の長州八社五堂御神事国衙衆出仕注文（『忌宮神社文書』⑤四一号）、同年七月大内政弘証判二宮神事帳案（⑤四二号）、年未詳二宮末社年中行事付立（⑤一二六号）等に見える二宮の末社の一つである。

「長府古図」の描く江戸初期には、A—Wの街道は、印内川の南の金屋町から引続いて町並となっているが、了俊の頃は「北はま」集落より南の街道は、海浜に面していたことがうかがわれる。『長門国志』に、右の「道ゆきふり」を引いて、「今按に此に国府になりぬとあるは八幡の松原を過ぎて国府の入口の圯橋より南をいふなり、北浜といふ村は金屋町を云ふなり、すべて今の町筋は古へ海浜にて浜なりしと見へたり」と、この地域の空間構成について的確な考察を行なっている。そしてこのことが「境内絵図」によってもほぼ証明されるのである。

干珠島は櫛崎の東一キロ、満珠島は干珠島のさらに東一キロ余の海上にある美しい小島で、大正十五年（一九二六）国の天然記念物に指定された樹林に掩われている。「境内絵図」はこの二島をその位置や大きさを殆ど無視して描くが、その特色をなかなかよく捉えている。昭和六年に海浜の埋立工事が完工するまでは、忌宮の境内から二島が眺められ、元旦に全神職が満珠・干珠を遥拝する神事があった。また式年大祭には島御幸の神事が執行され、例年三月三日には長府漁業協同組合主催の島祭りが行なわれる（注2所掲宮崎氏著書参照）。しかし前掲大内政弘証判二宮神事帳案には「同月（十一月）奥津・平津両嶋祭所課」とあって、中世では十一月に島祭りが行なわれていたのである。

写3　長府町内旧山陽道の町並
（図4の右上中ノ町付近）

満珠・干珠の名は『日本書紀』仲哀天皇二年秋七月乙卯の記事に「皇后泊二豊浦津一、是日、皇后得二如意珠於海中一」とあるのに由来するという。「おいつ・へいつ」の呼称は、『平家物語』に平家は長門国引島に、源氏は同国の追津に

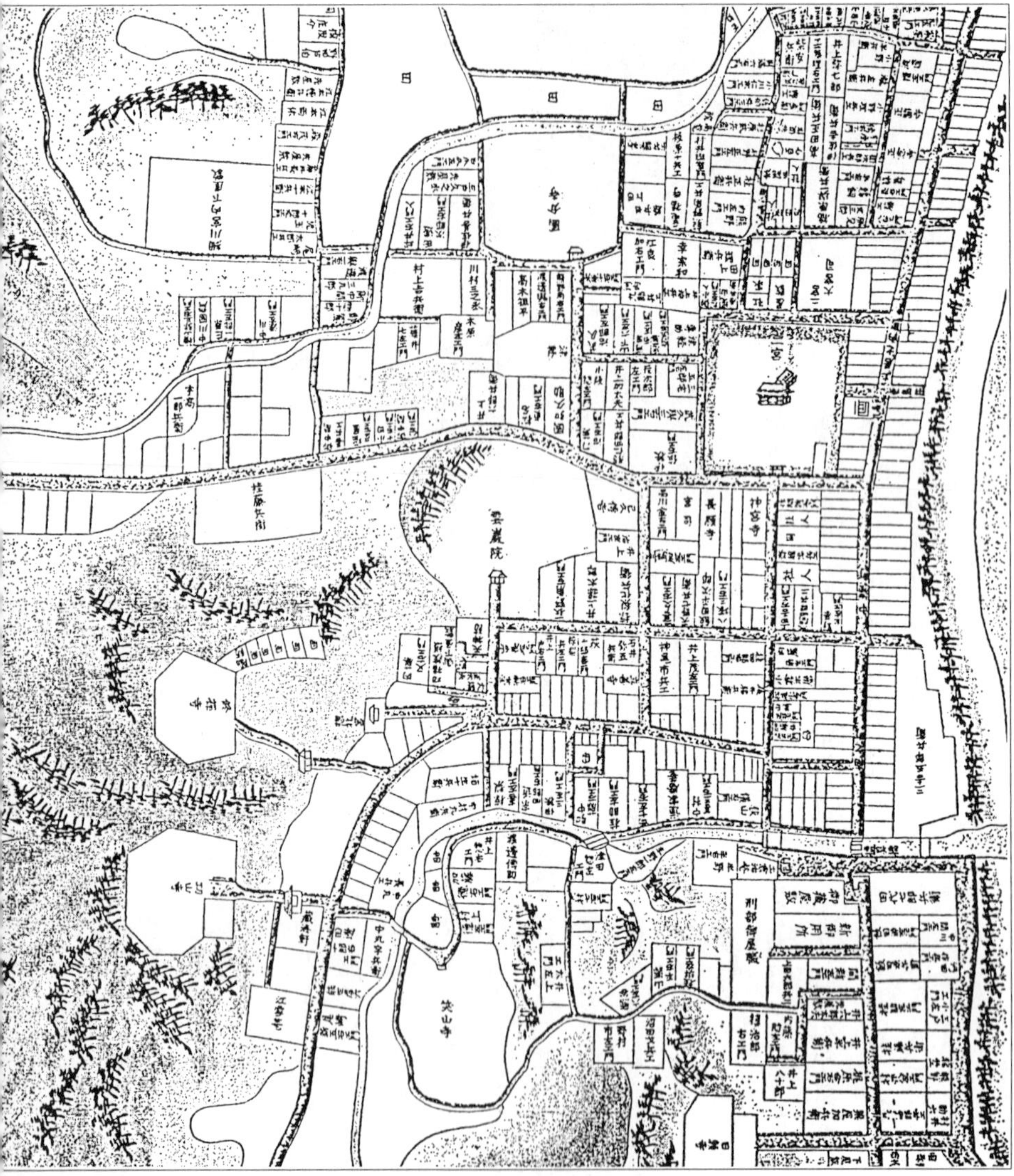

図３　長府古図
（毛利子爵家蔵品写、部分、『長門長府史料』より転載）

図 4　下関市長府市街図
（下関市都市計画図G－10・11の一部分を縮写し記号A～Z′を付記）

写4　串崎城跡から満珠・干珠の二島を望む

着いたとし、『源平盛衰記』は「於井津・部井津」とし、『保暦間記』も「追津・平津」とする。「境内絵図」が興津島・平津島とするのは興・平の対照的な文字を宛てたので、本来は沖つ島、辺つ島であろう（注2所掲宮崎氏著書等参照）。なお「境内絵図」に見える平津島の南側の「皮籠石」は、こうごいわと呼び、満潮時には海面下に沈む岩で、神功皇后の烏帽子が岩になったという伝承があるという（三河内百合彦氏教示）。

「境内絵図」の串崎は前掲の「道ゆきふり」に「くしさき」とあり、後世は多く櫛崎と書くが、この港津は長門の国津であったに違いない。隣国周防に見られたような舟船奉行の存在は伝えられないが、[23]『梅松論』には、諸本とも足利尊氏・直義兄弟の建武三年（一三三六）四月の東上に際して串崎の船頭が協力したことを、次のように伝える（以下京大本による）。

因茲九國ニハ一色入道・仁木右馬助・松浦薫ナラヒニ國人以下ヲ被留テ、四月三日（建武三）太宰府ヲ立御發向、大友・少貳并九國ノ輩ハ博多ノ津ヨリ纜ヲトク、兩將ハ長門苻中ニ暫御逗留、當所ヨリ御乘船アリ、御船ハ元暦ノ昔廷尉義經壇ノ浦ノ戰ニ被乘シ當國串崎舟十二艘ノ船頭ノ子孫也、義經平家追討ノ後、此船ニヲヒテハ日本國中ノ津泊ニ公役アルヘカラスト自筆ノ御下文ヲ帯ス、今度此舟ヲ以御乘船、尤モ御嘉〔例〕狩ニ相叶者歟、是ハ守護人厚東入道（崇西・武実）申（沙汰カ）狀スル所也、漸五月五日夕ニ備後ノ鞆ニ着岸、

これによっても串崎の府中付属港津としての重要性が充分うかがわれる。串崎の船頭が壇の浦の戦に際し源義経に奉仕して、公役免除の下文を得たという伝承は確証を得ないし、『梅松論』の記された一四世紀半ばはそれより一六〇〜七〇年ほど後であるが、周防の例に照して、何等かの史実を反映している可能性も少なくない。尊

氏・直義については、東上の翌年の建武四年十一月十五日、尊氏が忌宮に奉納した自筆法楽和歌の前書に「西国下向之時、参詣長門国神宮《〔功〕》皇后之社壇、帰洛之後不経幾日、一天得静謐之時、四海属無為之化、仍以二首篇詠、備一心之法楽矣、」とあり（『忌宮神社文書』④三三号）、直義と足利（斯波）高経とがともに康永三年（一三四四）十二月十五日に奉納した自筆法楽和歌の前書にもそれぞれ「先年参詣之時、中懐祈願之趣、玄応太速冥助掲焉、（前後略）」「爰逗留当国而跋数日参詣、精祈懇府而逢一天安全（同上）」とあって（④三四・三五号）、尊氏・直義らが東上の途次長門二宮に参詣して祈念を凝らした事実によって、その長門府中逗留が完全に裏付けられる。なお右の『梅松論』の記述は、串崎の船頭達が建武政権下の長門守護厚東武実の支配下にあったことを推定させる。

今川了俊も「霜月の廿九日」まで一ケ月半にわたって長門府中に逗留しているが、これは府中ないし串崎が南軍優勢の九州に渡るための前進基地として重要な意義を有しているために外ならないと思われる。永和四年（一三七八）四月十六日付大内家（カ）奉行人連署奉書（⑤二七号）をもって「長門国苻分高麗渡水手」を「当宮二宮御近辺水手」との理由で免除し、翌十七日付長門守護代（カ）奉書（⑤二八号）にも「長門国苻分異国水手事、為公方被閣候了、」としているのも串崎の船舶を対象としたものに相違ない。

串崎には大内氏の治下になると雄山城（櫛崎城）が築かれ、降って慶長七年（一六〇二）毛利秀元入部以来長州毛利氏の居城、ついで一国一城令以後は居館となったといわれる（『豊府志略』）。しかしこの港津が藩直轄の港津としての役割を保ったことは、「長府古図」（図3の右下隅より外）では藩邸（居館）の傍らに「御舟入」「御舟道具御倉」の設備が描かれている事実からも明らかである。

3　絵図南部の空間構成

串崎を廻った画面南辺に近い一帯は、方角と距離を殆ど無視して描き、関門海峡が東西に延び、その北岸に「赤間関」、南岸に「□《〔豊カ〕》前国門司関」として、それぞれ六、七棟の家屋、両関の間には渡し舟らしい一艘の小舟を描く。

赤間関の海に面した山蔭にやや大きな屋根が見えるのは阿弥陀寺であろうか。また帆をあげて航行する二艘の大船の間に「引島」（彦島）が頗る縮少して描かれ、やはり六、七棟の家屋が見え、「地頭分豊州／国衙分長州」と書入れてある。そして海峡の彼岸は九州の山々が画面の南辺を限っている。これらの光景は中世の赤間・門司両関の繁栄[24]や彦島の領有関係などの有力な資料となろう。なお長府から赤間関へは南西約五キロ、赤間関から彦島へはさらに南西約三キロの距離にある。

　画面では、関門海峡と府中の町並との間が一連の低い山並で表わされ、この山並の北側には南西の山間に発した一条の河川が東に流れて、串崎の北西の周防灘に注いでいる。これは当然壇具川で、現在も長府の町並に風情を添える幅五メートルほどの川である。「境内絵図」では二宮の参道である宮前通りNN′－XX′（長府市街図〈図4〉ではN－X）の南と、浜辺に近い山陽道の南端Wの南とにそれぞれ橋が見えており、前者は後世の宮路橋、後者は同じく壇具橋に容易に比定しうる。このように長府市街地とその周辺の空間構成は、ある程度の正確さを具え、かなり写実的に描かれている。『豊府志略』巻之二に、壇具川は神功皇后が異域降伏のため壇を築いて天神地祇を祭ったとし、「壇乃具を此川に流し給ふゟ壇具川と云り、」と説き、年未詳「二宮社外四方大略」（『忌宮神社文書』⑤一二七号）にも同様の所伝を述べる。『豊府志略』は続いて「又橋を壇具橋といふも此故也、壇具橋か下なる橋を川下橋といひ、又壇具橋ゟ上なるを宮路橋といひ二宮正面の橋なり、」と述べるが、現在も橋の名称は江戸時代と変らない。

写5　壇具川と宮路橋

　絵図には宮路橋の南から橋上にかけて「皇陵松」と記してあり、その南の丸い小山に二、三本の松と覚しい樹木が描かれる。ここで皇陵というのは、臨済宗日頼寺の北の峰の上、すなわち宮路橋から南へ直線距離二〇〇メートルにある仲哀天皇殯歛地と伝える地点を指すものに違いない。この地については『長府史料』に一章を立てて説いている。日頼寺はもと天台宗で極楽寺と称したと伝え、次の光厳上皇院宣を所蔵する（日頼寺文書、東京大学史料編纂所影写本による。『大日本史料』第六編之十四参照）。

長門國府極樂寺、爲仲哀天皇聖跡、異于他靈場之上者、爲御祈願所可被抽精誠之由、
院御氣色所候也、仍執達如件、

観應二年三月五日　　按察使資明

當寺長老

この院宣によって、『日本書紀』仲哀天皇九年三月条に「殯于豊浦宮」とある殯《もがり》の地が此所であるという伝承が観応年間（一三五〇～五二）既に存在したことが知られる。「境内絵図」には宮路橋よりやや下流の壇具川の南岸付近の山の端に「極楽寺」として赤い屋根の堂宇と山門とおぼしい建物が描かれている。その位置は現在の日頼寺の位置とはやや異なるが、日頼寺の前身が極楽寺であったことを証するものといえるであろうし、「境内絵図」が鎌倉末・建武年間頃のものとすれば、殯歛伝承地の初見年代もその時代まで溯らせうる。

なお宮路橋より少し上流の壇具川南岸に見られる「下山《さかりやま》西福寺」は、江戸時代の絵図や地誌等には所見がなく、中世のうちに廃絶した寺であろう。「境内絵図」上での位置は笑山寺の位置に近いが、後者はもと亀の甲（忌宮の北の台地）にあった潮音院が廃寺となったのを毛利秀元が今の所に移して妙寿寺と称し、さらに笑山寺と改称したというから（『豊府志略』）、由来の点からも絵図の西福寺とは結び付かないようである。そのほか壇具川南岸には、宮路橋より西に五棟、極楽寺門前から壇具橋までの間に二棟ほどの人家が描いてあり、後世の侍町あたりにすでに集落が形成されていたことが推定される。そして極楽寺が南北朝期に「長門国府」の域内とされていたことは、前掲の光厳上皇院宣によって明らかなので、鎌倉末・南北朝期には今日の侍町付近も長門府中の区域内

に含まれていたことが判明するのである。

「境内絵図」では、二宮境内の南辺と壇具川の北岸との間に数区画の整然とした街区の画線が記され、参道（宮前通り）の東側には三四棟、西側には二四棟の人家が縦横の道路に面して描かれ、街区を形成している。現代の長府市街図（図4）と比較してみると、方位はほぼ正しいが、寸法は東西方向に対し南北方向がほぼ二分の一に縮小されていることが知られる。

そこで、しばらくこの街区の状況を近世および現代のそれと対比しながら観察しよう。まず、二宮南辺の石垣と街並との間を東西に走る道路MOが認められ、この道路は現在も忌宮神社の境内南側を東西に走る道路と一致している。現在この道は境内南西端付近で西北西へカーヴしつつ緩勾配の上り坂となって宮の内町と古江小路町の間を通り、長府中学校の北側を西進する。これは逢坂道と呼ばれる道で、「長府古図」の「一ノ宮道筋」であり、忌宮の西約三キロに鎮座する長門一宮住吉神社への参詣路として用いられていた。この道はすでに「境内絵図」でも絵図面の左端近くのQ′まで描かれている。

二宮正面の鳥居から南へ、逢坂道と直交して走る参道は、現在の宮前通りNXに比定できるが、「境内絵図」ではNN′およびXX′のように道幅が非常に誇張されている。この参道のNN′よりやや南に朱塗りの欄干のある反り橋が描かれ、「鯉河橋」と書き込まれているので、絵図面左下のT′付近より始まり道路TS′の中を東に流れ、やや北に屈曲して鯉河橋の下を通り、MRの中間で浜に出て周防灘に注ぐ川は鯉川に違いない。この鯉川や鯉川橋は「長府古図」には見られないが、「江戸後期絵図」には同じ場所で海に注ぐ川が明瞭に描出されている。

鯉川は、建武元年（一三三四）三月廿九日付の大宮司充厚東崇西（武実）安堵状（『忌宮神社文書』①九九号）に「長門国二宮社領府□《中カ》鯉河以下敷地事」とあり、正平十四年（一三五九）四月十日付二宮大宮司宛大内弘世安堵状（⑤九号）にも同様文言が見え（この二通の書下の全文は第三節に掲げる）、当時からの呼称であることが知られる。『豊府志略』には「一鯉川、壇之上の北二宮鳥居の前の道ニ十八間程に有、社司家の説に、仲哀天王《（ママ）》神功皇后妹背の中川なるよし、」と説く。前掲「二宮社外四方大略」（⑤一二七号）には「鯉川　一ノ鳥井ト二ノ鳥井トノ間ニ在ル細流ナリ」とし、豊浦の大池から流れた大川で大鯉が棲んだための名とし、諸神事・スホウデイ（数方庭）等もこの川で左右に分つと説く。今も古江小路の道路ＴＳの側の整備された溝はかなり水量のある清流で、三河内氏の教示によれば古老はこれを鯉川と呼ぶ由で、古来の鯉川の後身に違いない。現在この溝はＳの辻で暗渠となって南に流れ壇具川に注いでいる。

「境内絵図」にはＳ′の北側、鯉川のほとりに「南大夫殿」という高床の丹塗りの小祠があるが、同じく三河内氏によると、この地点に相当する参道と古江小路との辻の北西隅には、明治末年頃まで南大夫社が祀られていた由である。前掲の大内政弘証判二宮神事帳には四月と十一月の中寅の夜に「南大夫殿御祭」が見え、「二宮末社年中行事付立」（⑤一二六号）は「九月三日　南大夫祠」とし、その祭礼の次第を記録している。[25]

以上の考察により、「境内絵図」の道路Ｓ′Ｔは現在の古江小路町の南辺の通りに相違なく、また道路ＲＳは中浜町と南之町の境を西に入る小路に比定されるのである。

「境内絵図」では参道の南部に朱塗の大鳥居が見られる。三河内氏の教示によると、宮前通りと惣社町の通りとの四辻（図4のX地点）の北側に、近年まで石の大鳥居すなわち二の鳥居があり、昭和二十二年の長府大火で損傷したため撤去された由であり、[26]この事実からも、道路ＷＺ′が今日の惣社町の通りであることは確実である。この惣社町の道筋は江戸時代には山陽道の街道であって、当時の山陽道は前述の浜辺近くの道路ＡＷであり、ＷすなわちＷ南ノ町の角で直角に西に折れ、Ｘを通過してＺ′の先まで惣社町を西進し、後述する惣社の社前で南西に彎曲し、功山寺の門前を通って谷間を抜け、三キロ南西の前田で再び海岸に出て赤間関に至る道であった。「長府古図」ではＡＷとＷＺ′に相当する通りの両側には町家が櫛比していて街道筋と知られる。それゆえ二宮参道の大鳥居は山陽道の道筋に面していたのであり、「境内絵図」でもAWおよびW′Z′をこの街道に比定できる。

なお今日ではこの旧山陽道と宮前通りとの交わる四辻Xは直交しているが、これは改修・拡幅の結果と考えられ、図3の「長府古図」ではX地点に喰違いがあり、西側の方が北寄りになっている。しかも同様の喰違いは「境内絵図」にも表われており、すなわちX′YがWXの延長線上になく、やや北側にずれて描かれている。それゆえこの付近の江戸時代の街道筋は中世の街道をそのまま踏襲したものと判定されるのである。

次に見逃せないのは、「境内絵図」には道路RSとWXとの中間にいま一つUVという細道があり、この道が参道に交わるVの地点に「立石」と記して先端の尖った岩石が記されていることである。この細道は「長府古図」には見えず、現在も存在しないが、「長府古図」では付近の人家の間に小祠が描かれ、また「江戸後期絵図」では、ここに春日社の小祠と「壇具石」と記した岩石とが並んでいる。前述「二宮末社年中行事付立」⑤一二六号）には春日社は九月六日を祭礼の日とし、餅蒔の神事を行なうとある。参道に面する惣社町七番地の青池孝氏宅の庭には、屋敷神として現在も石造の春日の小祠が祀られているが、立石ないし壇具石に相当する大石は見当らない。

二宮の前の道のほとりにあった石については、既に『道ゆきふり』に次のように説いている。

此うらを壇のうらといふ事は、皇后のひとの國うちたまひし御時、祈のために壇をたてさせ給ひたりけるより、かく名付けるとかや申なり、其時の壇の石にて侍るとて、御社の前のみちの邊にしめ引まハしたる石あり、此御社はあなと豊浦の都のおほ内の跡にて侍るとかや、此時御船つくらせ給ける木とてふな木の松なといふも侍るなるへし、

このように了俊は神功皇后の説話にまつわる「壇の石」を実見している。前掲の「二宮社外四方大略」⑤一二七号）には「壇具石　一ノ大石二ノ鳥井ノ傍ニアリ」と場所を明示し、『道ゆきふり』と同じ説話を記す。この

「壇の石」ないし「壇具石」と「境内絵図」の「立石」とがおそらく同一のものであることは、『豊府志略』の次の説明からもうかがわれる。なおこれは「境内絵図」に記されている「五百壇」の由来にまつわる説話にも触れている。

壇《タン》ノ上　此處に上古ゟ立石とて大石有り、神功皇后天神地祇を祭り給ひし壇《タン》跡のしるしに立たる由、古来ゟ云傳り、故に此所を今に至る迄（一ニ至る迄なし）壇の上とハ云り、豊前門司八幡の縁記（ママ）に曰ク、仲哀天皇長門國に遷幸有て、豊浦の里に都を建内裏とし、惣門ゟ石橋を五百壇門司廳《タヒ》屋の前まで畳る石橋第一の石、長門國府中に有りと云云、今の立石の事なり、上代ハ豊前長門地相連りて、底《ソコ》に大穴有りて潮《シホ》通りしと也、二説《セツ》の内前説を以て是とす、

これによれば神功皇后と仲哀天皇とにまつわる二つの説話があり、一個の石が「立石」とも「壇具石」とも呼ばれていたようである。しかし「境内絵図」によると、「五百壇」と「立石」とは別のものである。この絵図では、立石のある細道ＵＶを境界とした北側の街区には「二宮領」、南側の街区には「守護領」と記入してあるところから、立石は少なくとも中世には社領と守護領との境界線の目印として、榜示石の意味に用いられていた蓋然性もある。但し山陽道の街道のすぐ傍らにあることから見れば、本来は街道に関連する立石と考えられ(27)、それが神功皇后に付会されたのであろう。なお三河内氏の教示によると、「壇の上」は図４のＲＳＴＺＸＷの範囲内の幾らか小高い部分の古称であった。

「境内絵図」の南部の街区には、いま一つ道路ＰＺが見える。これは現在も忌宮境内南西隅の三〇メートルほど西を南へ下り勾配に走る道で、絵図ではＰの東側の一角のみが「守護領」になっている。またこの道路と古江小路のＲＴ′との交わるＴの四辻に鯉川に架した橋が描かれるとともに、この橋の南西に街区ＴＴ′Ｚ′Ｚが描かれ、その北半に「二宮領」と記されている。なおＺの丁字路の南に、「境内絵図」では絵図面が一部破損してはいる

写6　守宮司神社(右)とその境内に移った惣社宮

写7　武家屋敷の面影を残す小路(惣社町1番地付近)

が、椽をめぐらした建物が描かれている。「長府古図」にもこの付近に祠があり、「江戸後期絵図」には「守宮司社」を描いており、現在も小社ではあるが守宮司神社が存在する。これは諸国の国府にしばしば見られる国庁の鎮守とされる守宮神または守公神の一つであり、[28]前掲「国衙衆出仕注文」（⑤四一号）には「守宮神」「守工神」とし、正月十七日に「国歩射　於守宮神在之」、九月十五日に「守工神御祭所課在之」とする。また「二宮末社年中行事付立」（⑤一二六号）には「師宮司」とあり、九月十六日を祭礼の日とする。「境内絵図」の建物はこの守宮司社に相違ない。

「境内絵図」には(イ)街区MNSR、(ロ)街区N′PTS′のうちPの南東の一角を除く大部分、(ハ)街区RSVU、(ニ)街区S′TZX′の北半、および前述(ホ)TT′Z′Zの北半にそれぞれ「二宮領」と記入してあり、他方(ヘ)街区UVXWおよび(ト)Pの南東の一角にはそれぞれ「守護領」と記入してある（図2参照）。これまで考察してきた復原結果により、各街区を現在の町名番地（昭文社エリアマップ都市地図下関市中心部詳細図による。以下同）にあてはめると、(イ)は中浜町八番地、(ロ)は古江小路町一番地の大部分、(ハ)は南之町七番地の北半、(ニ)は惣社町一番地の北半、(ホ)は同三番地の一角に該当し、二宮の南側には以上の範囲の町並が社領として存在したことが確認される。「長府古図」の(イ)に当る街区の宮前通りに「社人」の家が三軒あり、(ロ)に当る街区に「神宮寺」と「宮司」の居宅とがあるのは、社領の名残りであろう。他方、守護領の一部であった(ヘ)は南之町七番地の南半、(ト)は古江小路町一番地の北西隅の一角である。なお(ニ)、(ホ)の各南半や、WX・X′Yの各南の壇具川に沿う街区すなわち(チ)現在の惣社町六番地・(リ)同二番地には「境内絵図」には文字が記入されていない。壇具川に沿う街区が極端に狭く表わされている事実から見ても、おそらくこれらの街区は守護領であったが、二宮で作成した絵図のためこれを記入しなかったものであろう。但し一般に街区・道路の境界線が黒色で表わされるのにも拘らず、UVの二本の線、S′TZX′を二分する中間の線、OPの南の一角、およびTT′Z′Zとこれを二分する線には、鮮かな朱線が用いられているので、この絵図の作成者は二宮領と守護領の境界線を強調する必要性を感じていたと判断される。

4　絵図西部の空間構成と「守護館」

「境内絵図」では、以上の忌宮境内南側の街区の西に当る画面の西南隅付近に、比較的近景の山が二つ描いてある。そのうち南側の山の裾には丹塗・高床の社殿とともに「惣社」とあり、且つこの山よりも大きく描かれた北側の山の前面丘陵上には椽をめぐらした大小二棟の建物が軒を接するように並び、北側の大きい方の建物の下に「守護館」と記されている（図5参照）。

惣社は「長府古図」（図3）では惣社町の通りの突き当り、すなわち当時の山陽道の街道筋が西から南へ弧をえがく手前の短い参道の奥に見えており、第一節冒頭に触れたように昭和四十年代までこの地点、すなわち現在の長府中学校グラウンド崖下の惣社町四番地の一隅にあった。「境内絵図」の描くのはまさにこの位置に違いない。「長府市街図」（図4）は昭和四十年二月測図に基づくので、なおその地点に「惣社宮」とあるが、現在、惣社は惣社町二番地の前掲守宮司神社の境内に移っている。

前掲文明十三年卯月の「国衙衆出仕注文」（⑤四一号）によると、毎月一日に在庁官人が祈禱のため出仕する八社、正月十四日に出仕する四社の中に惣社があり、且つ二月四日・三月三日にも惣社で祭礼が行なわれた。また前掲大内政弘証判二宮御神事帳案（⑤四二号）には、三月一日夜および十一月一日夜の「朔幣」、三月三日夜の「御神楽」「御供」、十二月十四日夜の「於惣社宮裁所勅使《税カ》」などという神事が見えている。

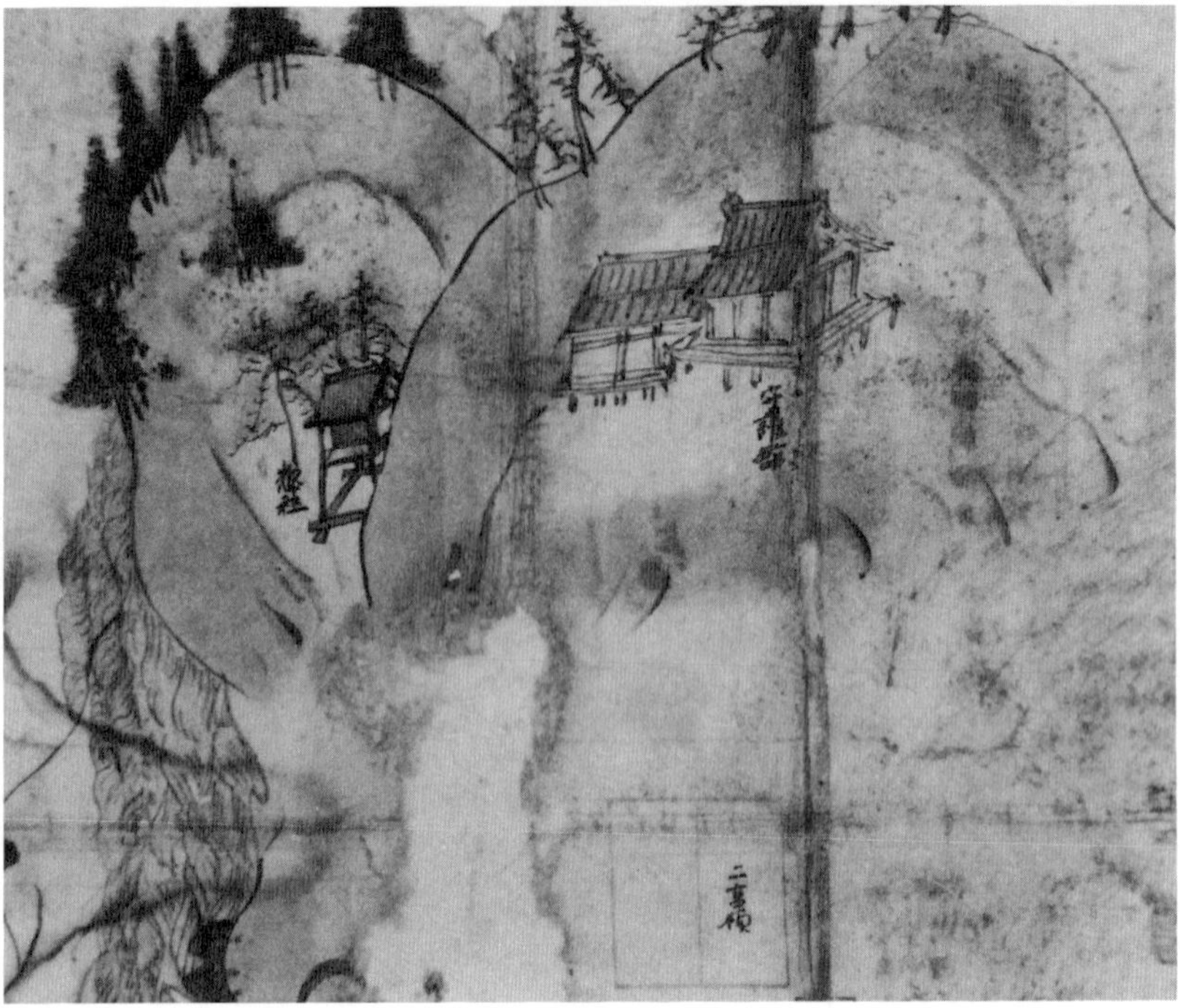

図5　忌宮神社境内絵図(部分、守護館・惣社付近)

『豊府志略』は「惣社宮ハ縁記《(ママ)》焼失する故由《(緒カ)》所詳ならす、或説に王代の古へ庁屋《テウヤ》政所《マン》の跡成よし、又一説にハ惣社宮《クウ》ハ諸国共にあり、新賞《シンシヤウ》《ミ掌》の社なり」云々とし、さらに神功皇后に付会した説を述べるので、江戸後期まで国衙との関係についての伝承が幾分残っていた模様である。「二宮末社年中行事付立」(⑤一二六号)には、「二月社日　社稷之祀」「八月社日　社稷之祀」「同十六日《(九月)》」の三回の「惣座宮《(ママ)》」の祭祀を記し、二月の分に「祭主其ノ社ノ為守護之之人為祭主・太宮司・諸神官尽有行事神拝」云々とするので、当社は江戸時代には二宮忌宮の末社となっているが、中世には当国守護との関係もかなり密接であったに違いない。「境内絵図」で惣社が守護館のある丘陵の南麓付近に描かれていることも、その感を深くさせる。

守護館の所在地は、「境内絵図」からほぼ推定しうる。それは逢坂道OQ′より南、惣社

写8　長府福祉館(旧毛利邸)正門前
(守護館はこの福祉館の辺りにあったと推定される)

宮より北の台地上であることは間違いないので、「長府古図」に載る雲巌院の境内の西側付近、すなわち惣社町四番地の長府福祉館（旧毛利邸）[29]付近に求められる。長府福祉館の建物とその南の道路（旧山陽道）との比高差は約六メートルである。『長府史料』の引く「国史所見防長事考」によると、御所山律成寺（雲巌院ともいう）が焼失してのちこの地は切通（図4参照）となったが、山号を御所山といったのは豊浦宮の上箭の御所がこの地にあったためであろうと説いている。上箭の御所の伝承はともあれ、この付近が守護館を置くのに相応しい地であったことは、地形的にも認められる。応永八年（一四〇一）大内盛見が弘茂を討滅してのち、律成寺で越年したと伝えられることは（前節参照）、この寺院が守護館の後身であったために相違ないであろう。あるいは御所山の山号も守護館に由来するものかも知れない。

但し、この付近は律成寺（雲巌院）の建立、その廃絶、切通道の開通、毛利邸の建造など幾多の変遷を経ており、守護館の遺構は全く認められず、その規模も明らかでない。「境内絵図」では丘上に二棟の建物を描くのみであるが、前記のように鎌倉後期には北条一門が任じられて長門・周防両国を統轄した長門探題の常駐する治所であったことを思えば、かなり大規模な館を想定することができよう。

この守護館は、序章第五節にも指摘したように、周囲に椽をめぐらした棟の高い建物と、それよりやや小規模で低めの建物との二棟とが、ややずれながら隣接しているように描かれている（図5参照）。序章ではこの守護館の空間構成は近世の周防の国庁寺の平面図に見られる構成と類似していることを指摘した。ところが、最近の小野正敏氏の論文によると、[30]一六世紀の越前一乗谷の朝倉館は、大きくハレ（晴）の空間とケ（褻）の空間よりなる。ケの空間は台所・

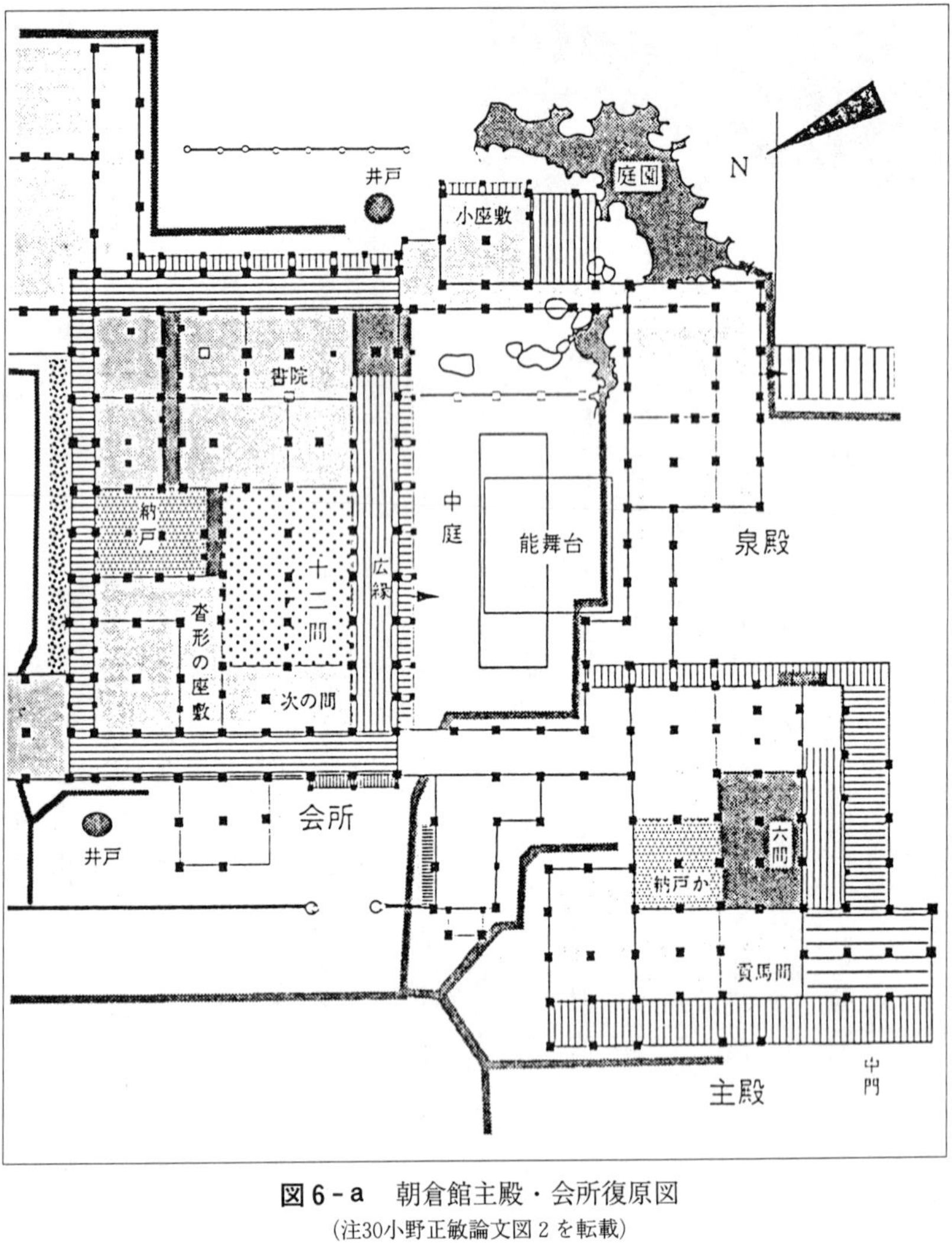

図6-a　朝倉館主殿・会所復原図
（注30小野正敏論文図2を転載）

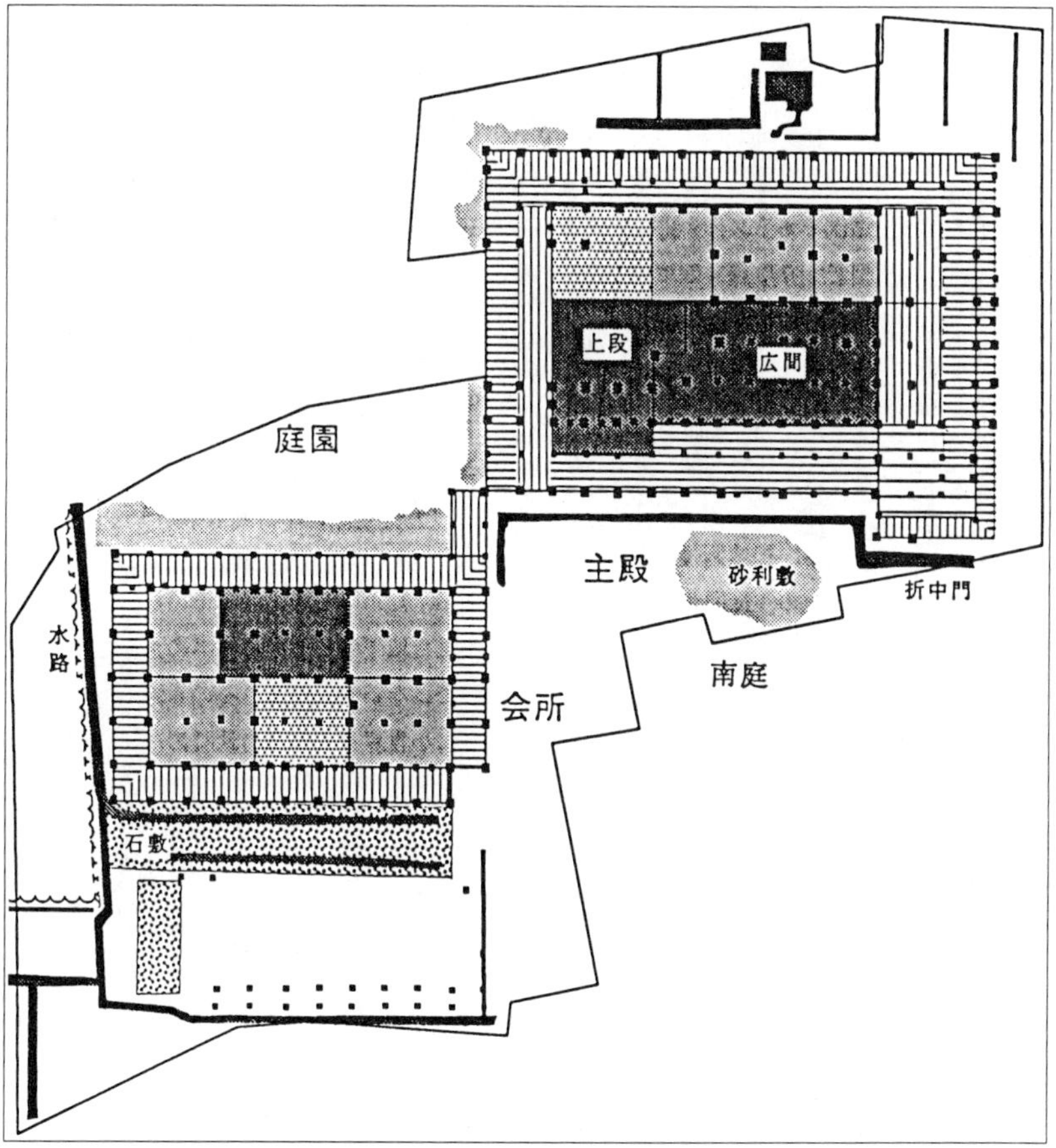

図6－b　八王子城御主殿跡発掘建物
（注30小野正敏論文図5を転載）

蔵・厩等よりなる日常生活の空間であるのに対し、ハレの空間は主殿（寝殿）と広間（会所）を主とし、儀式や宴会の場である。そのうち主殿は儀式・盃事を行なう表の空間であり、会所は饗宴・芸能の催される奥の空間であることが、朝倉館の復原図と永禄十一年（一五六八）五月十八日の朝倉義景の足利義昭饗応の記事（朝倉亭御成記）とを対比して明らかにされている。図6-aは小野論文の「図2　朝倉館主殿・会所復原図」を転載したものであるが、これは泉殿・小座敷・能舞台などが付属するやや複雑な空間構成であるが、基本的には主殿と会所とが短い廊下で接続する構成となっていて、「境内絵図」にみられる一四世紀の長門守護館と類似しているといえる。さらに図6-bは小野論文の「図5　八王子城御主殿跡発掘建物」を転載したものであり、この八王子城主北条氏照の館のハレの空間は、大きな主殿とやや小振りな会所とで、位置関係が一層長門守護館の空間構成に類似していることは明らかであろう。本来、こうした寝殿ないし主殿と会所とからなる空間構成とその使用目的は、平安時代以来の朝廷の紫宸殿と清涼殿との関係ないし平安貴族の邸宅のあり方を模したものであるといえようが、直接戦国期一六世紀の大名の屋敷に応用されたのではなく、すでに鎌倉末一四世紀前半頃の守護館にも行なわれた武家屋敷の空間構成の基本構造であったことを「境内絵図」によって指摘できるのである。

次に、逢坂道MOQ′より北の画面には、画面北部西寄りから南下して二宮境内の西辺を南北に走る道路BO、および画面北西部でBOと丁字形に交わる二本の東西の道路IJ、KLが見え、これらの道路沿いに計二〇棟ほどの家屋が描かれている。BOは「境内絵図」では直線であるが、現在は図4のようにBHと南南西に走り、忌宮境内北西隅付近でHH′と一旦西に、つまり乃木神社の鳥居の前へ折れたのち、H′Oと忌宮境内西辺に沿って南進しており、このHH′の屈曲部は「長府古図」にも同様に表われている。

この部分の「境内絵図」と後世の道路との形状が相違する理由をほぼ解明しえたのは、昭和五十三年下関市教育委員会によって実施された忌宮神社境内の一部の発掘調査であった。その調査報告書(31)によると、境内の北西隅入口の東側にL字形に設けた試堀壙B－1・2のうち、B－1からは上下二段に掘られた一条の溝、その東に続くB－2からは井戸一、土壙六個を検出し、溝内の鎌倉時代の堆積層には土師器皿・同杯、瓦質土器、青磁、白磁が、その下層の平安後期の堆積層には土師器杯・同椀、緑釉陶器が含まれていた。溝の幅は不明であるが、最深部までを反復すると約九メートルにもなる。井戸は深さ三・九メートルで、埋土からは土師器皿・同杯、瓦質土器甕・同壺、陶器甕、青磁、白磁の他に、火にかかって焦げた大量の建築材や木器が出土し、火事にあったものを遺棄した状況である。またB地点よりも社殿に近いA地点の試堀壙では柱穴・溝とともに鎌倉時代の土師器、白磁碗が発見されたという。この発掘調査に当った同教育委員会の伊東照雄氏の談によると、B－1の溝は忌宮の境内西辺を画する溝であったらしく、南南西に当る現在の市立長府図書館の方向に向っていると思われるとのことである。

そこで平安後期から鎌倉時代にかけて、この溝の西側に当る当時の境内の外側には、図4のHとOを結ぶ道路が存在したに違いない。それはあたかもBHの延長線上になるので、「境内絵図」がBHOを直線状に表わしているのは正しく、今日見られるようなHH′の屈曲部は後世のものであることが判明したのである。但し、推定道路HOの東側には溝のみで、石垣は発掘調査の結果でも全く認められない。ほぼ西から東へ延びるゆるやかな舌状台地の台端部に立地する境内の自然地形からみても、おそらく境内西辺に連なる石垣は現状と同様に実在せず、「境内絵図」の虚構とみられる。

さて「境内絵図」に見える前述の道路KLは「長府古図」にも見え、乃木神社境内の南側を通る細道として現存する。「長府古図」ではこの道の西端は国分寺の門前を南に走る道路に突き当る。「境内絵図」にはこの国分寺門前の道路は描かれていないが、KOの左側（西側）には二ケ所に「守護領」と記されている。この街区はほぼ今日の宮の内町四番地に相当する。

道路ＩＪは国分寺へ通じる道で、「長府古図」ではＪ地点で国分寺境内の東側の道路と丁字路をなし、南から南西へ屈曲して図4のＪ′地点で国分寺門前に達している。国分寺は「境内絵図」では山門とおぼしい椽のない建物で表現され「国分寺」と記してある。長門国分寺は明治二十三年（一八九〇）市内南部町に移建されて跡地は住宅地となり、Ｊ′地点から国分寺橋へ南北に貫通する道路ができているが、これを別とすれば、「長府古図」に見える寺域に比し、旧門前付近が拡幅されただけで、旧国分寺境内の形状は殆ど変っていない(32)。

そこで街区ＪＩＫＬは、道路ＨＨ′の変化を別とすれば、ほぼ現在の乃木神社境内を含む宮の内町三番地に相当するが、「境内絵図」ではこの部分の南部に「守護領」、北部に「国分寺」と記載され、ほぼ南半が守護領、北半が国分寺領であったことが知られる。また道路ＩＪの北側、Ｅ地点の西にも「国分寺」とあり、街区ＢＩＪすなわちほぼ現在の亀の甲一丁目三番地も「国分寺」領であった。但し国分寺の門前すなわちＪ地点の南西には「二宮領」の小区画が飛地をなしていた。それは現在の宮の内町五番地の北東隅付近に相当する。

「境内絵図」の西辺には樹木の繁った山々が描かれ、北西隅の山の中腹に「四王寺」として淡赤色に表現された入母屋造らしい堂宇が見られるので、この山は四王司山に違いない。四王司山は標高三九二メートル、長府町の北部へ山裾を拡げ、忌宮から山頂までの直線距離約三キロ、南北朝時代には四王司城が築かれた。現在は山頂に毘沙門天の祠があり、南東部の山腹に石槌神社が祀られている。山中に古くは瑜伽宗の四王寺があり、山名の由来ともなっているが、元和・正保（一六一五～一六四八）の間に毛利秀元が来福寺と改めて井田庄に移建したと伝えられる（『長府史料』所引「井田荘医王山来福寺記」）。それゆえ「境内絵図」はこの山中に四王寺の存在した事実を立証する資料となっている。

5　絵図北部の空間構成と「守護代所」

「境内絵図」では、二宮の北側にはその北面石垣に沿う道路ＦＨ、その北にこれと並行する道路ＣＥ、および

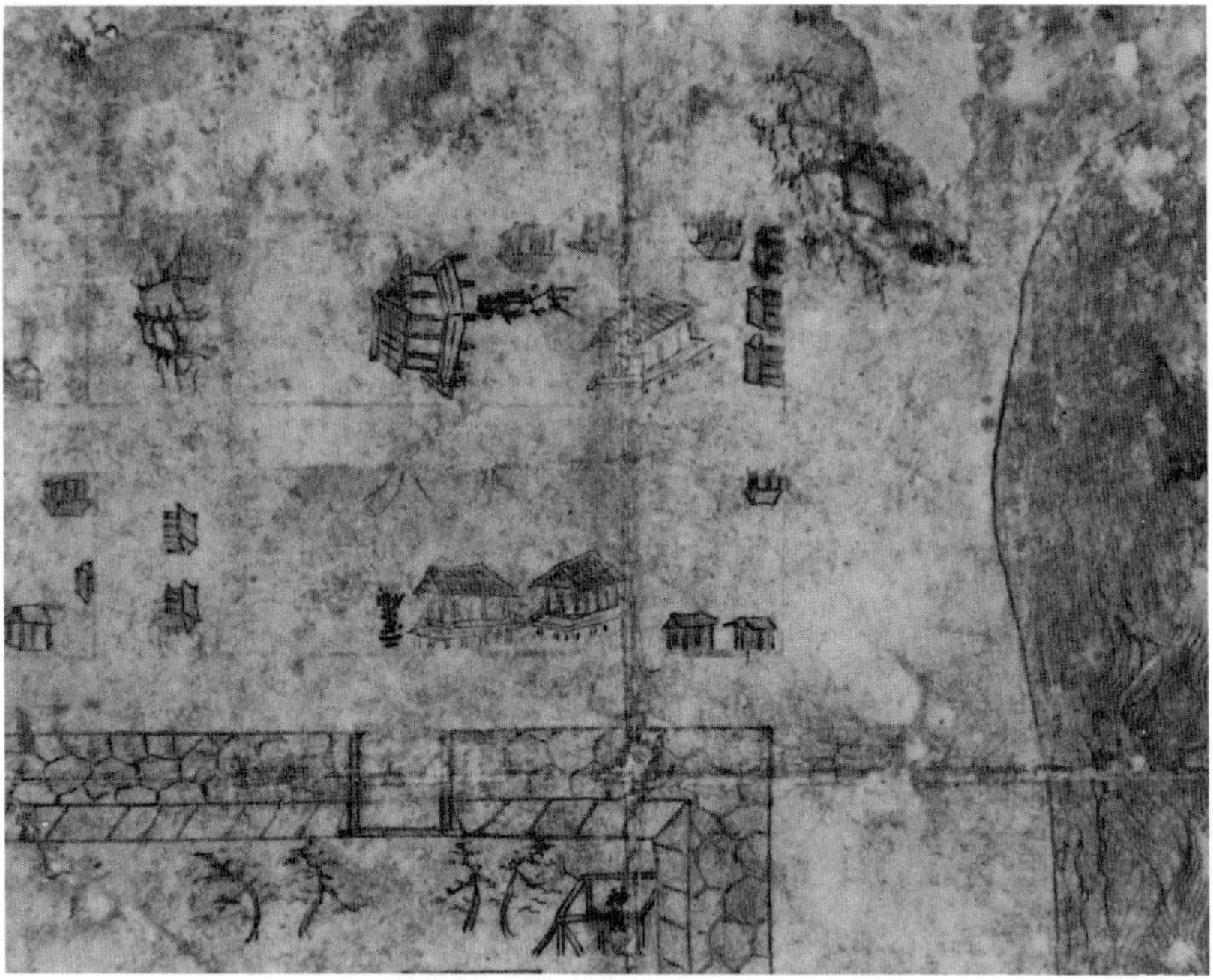

図7　忌宮神社境内絵図(部分、守護代所付近)

CEの中間とFHの中間とを結ぶ短い道路DGが見え、これらの道路の囲む二つの街区と、その北側のABECで囲まれた街区と、合せて三つの街区が形成されている。なおこれらの道路の絵図面上の東および北は、実際の方位ではそれぞれ概ね東南東および北北東を示す。

三つの街区のうちCEの南側、FHの北側の二宮北辺と相対する二つの街区にはいずれも「二宮領」とある。このうち西側の街区DEHGは、現在の宮の内町二番地に該当する。「境内絵図」では大小一一棟の家屋が描かれるが、「長府古図」ではこの街区は七軒分の区画より構成された「社家屋敷」である。したがってこの街区は中世・近世を通じて忌宮の社家の居住区であったと推定される。

その東隣の街区CDGFは、現在の亀の甲一丁目五番地と土居の内町七番地に該当する。「境内絵図」ではCFの近くに三棟（北向きに一棟、南向きに二棟)、DGに沿って二棟の家屋を描き、中央南寄りには椽をめぐらした二棟のかなり大きな建物を配してその横に「二宮領」と記している。「長府古図」では、この街区の東半は山陽道の街道に面して民家が七棟ほど並ぶが、西半は二宮大宮司の屋敷地が占めている。「境内絵図」の建物はまさにこの屋敷に対応しており、ここに大宮司の居宅があったのはこの絵図の作成当時からであることが判明する。絵図面でこの建物と相対する二宮北辺のFGの石垣の間に見える冠木門も、神社と大宮司館や社家屋敷との往来に備えた境内の北門と思われる（図7参照）。

街区ABECは大半が現在の亀の甲一丁目四番地に相当し、ここは大宮司館のあった同五番地とともに、忌宮の社殿から続く一連の洪積層台地上にあり、旧街道筋の低地との比高差は五～六メートルを数える。但しこの街区の東側の一部は中之町六番地の街道に面する低地の部分らしく、絵図面でもここには街道とみられるACに面して三棟の家屋が描いてある。この街区は東西に二分され、西半A′BEDは「国分寺」と記してある寺領で、BE側に三棟、ED側に四棟の家屋を描く。しかし「長府古図」ではもはや国分寺との関係は認められず、南西隅に社人の居宅が五軒あり、他は藩士の居宅となっている。

この街区の東半AA′DCは、東側の街道ACに面して並ぶ上記の三棟と北側AA′に面して点在する三棟の家屋のほか、中央部と東寄りとに各一宇の入母屋屋根で椽のめぐった建物が見え、この二宇の間に「守護代所」と記入してある。他には松樹とおぼしい樹木が三本ほど描いてあるだけなので、明らかにこの街区東半の大部分は守護代所の敷地であった（図7参照）。前述の守護館はいわば長門守護ないし長門探題の公邸であるのに対し、この守護代所は守護代が常駐して一国統治の実務を担う役所であったと推定される。

「長府古図」では街道筋は町家、その奥には正円寺・正念寺と藩士の居宅三軒が並び、その西側には「境内絵図」には見られない南北方向の小路があって、右の寺々や居宅はこの小路に面し、その小路の西側には藩士の居宅が七軒並んでいた。現在もこの小路は存在する。守護代所の遺構は残らないが、両図を現在の地形と比較すると、守護代所の敷地の範囲がほぼ明らかになる。すなわち、道路ABの位置に近世以降も変化がないとすれば、中之町六番地のうち旧山陽道に面する商店街を除く正円寺・本覚寺・立善寺等の並ぶ台地上の部分と、その西側の小路を挟んだ亀の甲一丁目四番地の住宅街のほぼ東半部分とを合せた範囲を、守護代所の敷地に比定することができる。要するに守護代所は大宮司館の北に連なる台地上にあったのである。

『長門国志』に、「今按、亀甲は上み国府の訛ならんか。（中略）古へは司務の官舎などありし地なる故に、上の国府といひけむを、訛りて亀甲とは言ひけるならむか」とする。亀を上の転訛とみるのは、対比しうる下の国府を想定しない限りいささか無理であるが、甲を国府と解するのは妥当であろう。前述の小野・藤岡両氏ともこの亀の甲の台地上を想定国府域の内に入れておられる。康永二年（一三四三）長門国留守所は、ともに「長門国衙館内住人」である左近入道浄円と刑部太郎重延との鍛冶宗直跡の屋敷田畠についての相論を裁定して和与を命じているが（『正閏史料』二之二）、文面によれば浄円は鍛冶宗直の子であり、また永仁五年（一二九七）の頃の「館内住人」として周防後家や清水源太夫忠弘の名も見えている。このように鍛冶その他の人々が「国衙館内」に居住じていたことからも、かなりの規模をもった「国衙館」が鎌倉後期から南北朝初期にかけて存続したことが確認できる。この国衙館の所在地は不分明であるが、前述のように平安後期から鎌倉時代にかけての豊富な出土遺物や柱穴・井戸等の発見された忌宮境内北部の発掘調査の成果に照しても、鎌倉時代亀の甲の台地に守護代所が設けられたのは、この地域が古代以来の官衙区域であったためという推測が可能となろう。

また、守護館と守護代所とが、それぞれ府中の市街地の南西部と北東部の街道筋を見下ろす台地上に設けられていることも、決して偶然ではなかった筈である。当時の長門府中は、国衙を中心とする政治都市(33)、二宮および国分寺を中心とする宗教都市、山陽道の街道と串崎の港津を主とした商業交通都市というような多くの性格を兼ね、さらに西三キロの一宮住吉神社、南西五キロの赤間関をも含む長門一国支配の中心領域が形成されて、複合的な都市機能を有していたとみることができる。右に掲げた国衙所属の鍛冶や注(9)に触れた府中北浜銀大工―年代は降るにせよ―の存在もこのような都市機能の一環であった。したがってこれらの機能を守護の軍事的・行政的支配機構の下に結び付けて、この地方の中心都市を幕府権力による長門一国ないし長門・周防両国支配の中核に仕立てるために、鎌倉政権はこの都市の死命を制する両地点に守護（ないし長門探題）館・守護代所を設置したと推定することができる。

第三節　絵図作成年代の検討

以上のように「境内絵図」によって長門府中の街区や守護館・守護代所等の所在地点がかなり詳細に復原できるのであるが、この絵図には製作年代や製作者名等が全く記載されていない。本章冒頭に引いたように『解説版新指定重要文化財９』には、画法から鎌倉時代後期の製作とみられるとし、且つ忌宮境内建物の一部未竣工場面などから嘉暦再興直後の姿かとしている。但し画法からでは、大まかな年代しか推測できないので、二、三の角度から検討を加えてみよう。

長門二宮の炎上による造営は文永・建治年間（一二六四〜七八）に行なわれたが、さらに延慶二年（一三〇九）に再度回禄の災を受け、その後の鎌倉幕府の援助・督励による造営が未竣功のうちに、嘉暦三年（一三二八）またも炎上し、元徳三年（一三三一）六月綸旨によって造営事始以下の日時が定められている。このことは『忌宮神社文書』の延慶二年四月から元徳三年（一三三一）六月にいたる同社の回禄・造営に関する関東御教書八通（年代順に④二五号、④五号、⑤六号、④二六号、④二七号、④一四号、④一二号、④三〇号）、六波羅御教書一通（④二九号）、長門探題御教書二通（②一号、②一三号）、某施行状一通（④二八号）等によって明らかである。なお同社の炎上は、前述の発掘調査の結果、境内北西部の井戸跡の埋土から土師器や陶磁器とともに、火にかかって焦げ

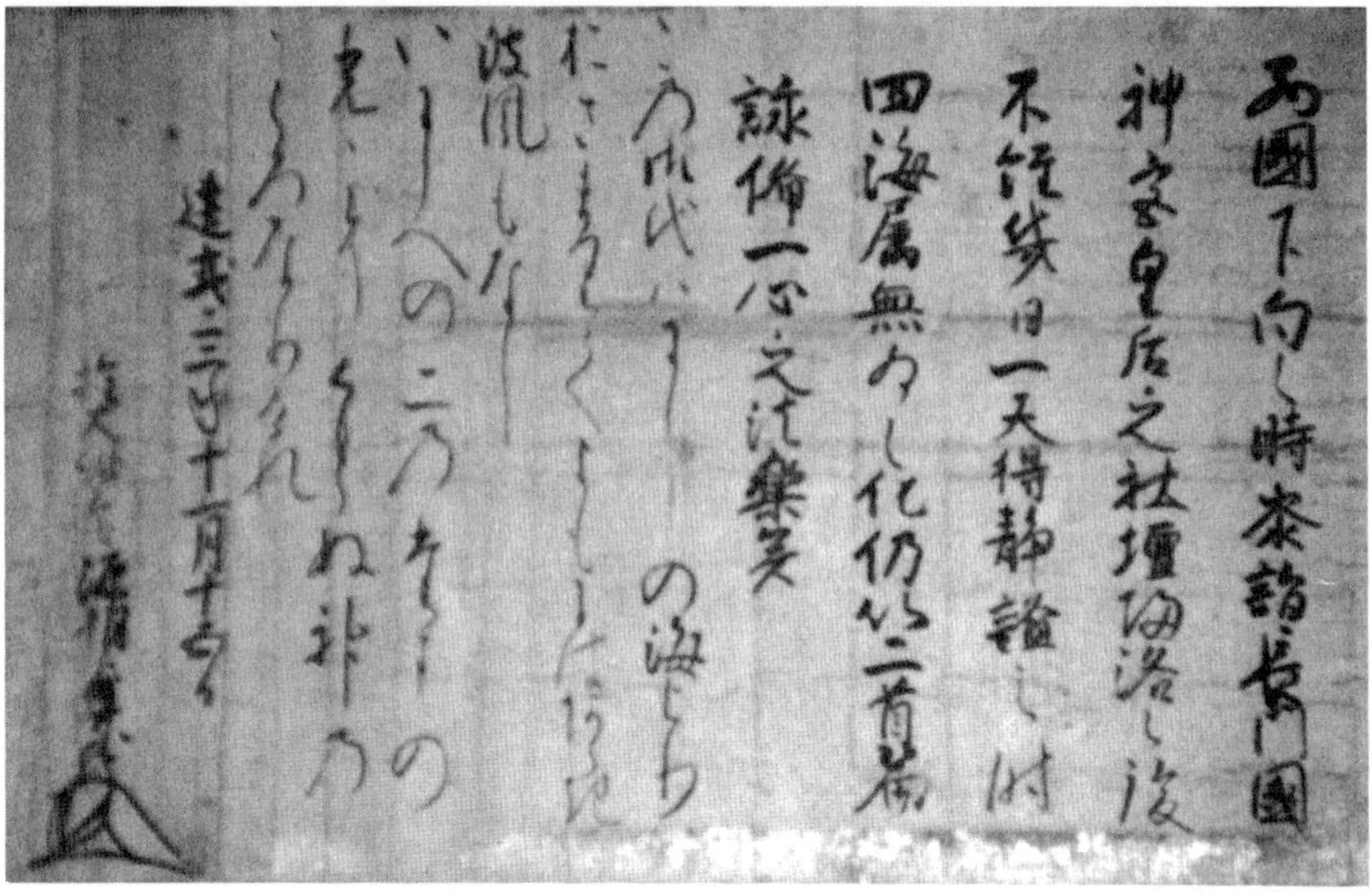

図 8　足利尊氏自筆法楽和歌（建武 4 年11月15日、忌宮神社所蔵）

た大量の建築材や木器が出土した前掲の事実によっても裏付けられる。

この造営の完成年次は不分明であるが、南北朝時代に入り、暦応五年（一三四二）四月足利直義は守護厚東崇西（武実）に宛てて御教書を下し、「早守延慶支配之例、相催国中地頭御家人等可造畢之由」を督励し（『忌宮神社文書』④七号）、幕府執事高師直は翌康永二年十一月同じく崇西に幕府御教書を下して完功を督励し（④九号）[34]、さらに貞和五年（一三四九）六月師直は長井重継に督励の幕府御教書を下している。これによってみれば、元徳の造営事始以後まもなく元弘・建武の動乱期を迎えたため、造営は遅々としてはかどらず、二宮では要路に訴え、建武三年（一三三六）九州から再度京都占領のための東上に際して同社に参詣して勝利を祈願し、翌四年十一月同社に自筆法楽和歌（④三三号）を奉納した尊氏および康永三年（一三四四）十二月同じく自筆法楽和歌（④三四号）を奉納した直義によって、右の造営督励が行なわれたものとみえる（図8参照）。

まもなく長門国は足利直冬党の占拠、一旦南党となった大内弘世の厚東氏打倒などの激しい戦乱の渦中にまきこまれたため、造営事業は停頓したとみえるが、やがて幕府に帰参して周防・長門両国守護職を安堵された大内弘世は、貞治四年（一三六五）二月一日、当社造営事始のため大工を差遣わすとともに、奉行人連署奉書を二宮大宮司に下して、今月十一日に其の節を遂ぐべき旨を命じている（②六四号）。

その後は応永三十年（一四二三）頃の宝殿・廻廊等大破のための造営（⑤一六・二九・三〇・三一号等）まで修造関係の文書・記録は見られず、右の大内弘世の援助によって造営事業は一応完成したと認められる。

「境内絵図」は前節1で見たように楼門や北辺廻廊の大部分を欠き、神宮寺と推定される建物が着工後まもない骨組のみの姿であるなど、確かに未竣工の場面を示している。けれども未竣工の時期が右のように鎌倉後期から南北朝期後半までの半世紀余に亘っていたとみられる以上、この未竣工場面から絵図製作年時をさらに限定することは困難であろう。但し、延慶の炎上後嘉暦の炎上まで二〇年近くの間にかなり造営が進捗していたとすれば、絵図は嘉暦ないしそれに近い頃の姿を示し、嘉暦炎上以後とすれば、少なくとも元徳の事始以後の状態ということになる。

それでは、この絵図の製作動機との関連で、造営関係以外の文献に手掛かりを求められないであろうか。前節に考察してきたようにこの絵図は狭義の二宮境内に限らず、長門府中の空間構成および周辺の景観を描写し、殊に境内周囲の街区を克明に描出して、その大半に二宮領・守護領・国分寺領の区別を記入し、とくに守護領との境界を朱線で表わしている。それゆえ、この絵図は社殿造営未完成の現況を示すと同時に、府中における二宮社領に関する権益を主張する目的で同社において製作されたものとみることができる。然りとすれば、前掲の延慶から貞治までの範囲の『忌宮神社文書』のうち、府中の社領の返付または安堵を通達した次の四通の〔史料a〜d〕の何れかがこの絵図の作成に関連している蓋然性が強い（なお漢字の表記は刊本『忌宮神社文書』では主に当用漢字が用いられている）。

〔史料ａ〕関東御教書（④忌宮古文書六号）

長門國大宮司國《（武内）》為幷神官等申二宮庄内守護分領事、當宮為根本靈社之處、殊以衰微之上、分領又嚴重敷地也、所申難默止之由、注進之趣、非無子細之間、如元為社家一円進止之地、任舊規興行神事、殊可致御祈禱精誠之旨、嚴密可被相觸社司等之狀、依仰執達如件、

嘉曆元年十二月廿日　　相模守《（北条守時）》（花押）

修理大夫《（北条維貞）》（花押）

上野前司殿《（北条時直）》

〔史料ｂ〕長門探題北条時直遵行狀（①武内大宮司古文書一号）

去年十二月廿日關東御教書今日到来偁、長門國大宮司國為幷神官等申（中略、史料ａと文言同一、筆者注）嚴密可相觸社司等云々者、守被仰下之旨、且令存知、且可相觸社司等、仍執達如件、

嘉曆二年六月十二日　　前上野介《（北条時直）》（花押）

二宮大宮司殿《（武内国為）》

〔史料ｃ〕厚東崇西（武実）安堵狀（①武内大宮司古文書九九号）

長門國二宮社領府□《（中カ）》鯉河以下敷地事、任出帯文書絵圖等、□《（不カ）》可有相違之狀如件、

建武元年三月廿九日　　沙弥《（厚東崇西）》□

大宮司殿

〔史料ｄ〕大内弘世安堵狀（⑤忌宮古文書九号）

長門國二宮社領府中鯉河以下敷地事、任社家出帯文書等之旨、向後不可有相違之狀如件、

正平十四年四月十日　　散位《（大内）》弘世（花押）

二宮大宮司殿

以上のうち〔史料a・b〕は二宮の社領を二宮庄と称したものとみえ、aは大宮司武内国為の訴を容れた鎌倉幕府が、社領の中に設置した守護分領を社家に返付するよう長門探題北条時直に命じたもの、bはこの幕命を承服した時直の二宮大宮司宛通達である。注(3)所掲『日本荘園絵図集成』上の浅沼・奥富両氏解説は、〔史料a〕の関東御教書および、建武三年（一三三六）長門一宮住吉社大宮司賀田貞近并びに供僧神官等の申状（榊原家所蔵文書）を引いている。この一宮大宮司等の申状は、当社領は異国警固料に寄せられたが、当国二宮庄は嘉暦元年（一三二六）北条時直の当国管領のとき社家に付されたといって、一宮領の返付を求めた申状である。そこでこの「境内絵図」を浅沼・奥富両氏は、嘉暦元年に忌宮社が社領返付を幕府に求めた際の製作と推測している。嘉暦元年は延慶二年の炎上より一七年後で、造営がかなり進捗していたであろうし、社家が守護分領の返還を訴えるに当ってこのような絵図を製作した可能性もあり得よう。とはいえ、この絵図が「二宮領」「守護領」「国分寺」を対等に描き分けていることは、守護分領も社家の一円進止の地という主張に似つかわしくないように思われる。

これに対して、〔史料c・d〕は簡略な文言であるが、「府中鯉河以下敷地」と明記して二宮社領を安堵したものであり、「境内絵図」が、この守護による安堵に備えて、二宮領の敷地の範囲を明示したものとみれば、街区を逐一明示して社領・国分寺領・守護領の区分を書き入れた理由が解けるのである。なかでも〔c〕には「任出帯文書絵図等」とあるのに対し、〔d〕には「任社家出帯文書等之旨」とあって「絵図」と記されていない。〔c〕の文中の「絵図」が現存の「境内絵図」を指すという確証は存在しないとしても、〔c〕は「境内絵図」に関係ある現存史料として最も相応わしいと考えられる。厚東武実は元弘三年（一三三三）の長門探題追討の功により当国守護に任ぜられたので、二宮としてはいちはやく武実に文書・絵図等を提出して府中の社領の安堵を求め、その結果武実の発行したのが〔c〕の書下であるに相違ない。但し、「次第」によれば長門守護としての武実の「当府入部」は、第一節に引いたように建武元年五月十四日であり、〔c〕の書下はその前々月の三月廿九日付であるが、これは彼が本拠地棚井から離れがたい事情などがあって、守護職補任から府中着任までかなりの月日を要したためであろう。

なお「境内絵図」の年代推定について一つの傍証となる可能性のあるのは、守護館・守護代所と城郭の関係である。「博多日記」によると、正慶二年（元弘三年、一三三三）四月一日、厚東・由利・伊佐の人々が高津道性に与力して「長門殿御館」すなわち北条時直の守護館に押寄せたが「堀ヲホリ切、カイタテヲカキタル間、無左右不打入、寄手射シラマサレテ引退、」とあり、元弘三年の動乱に当って堀・掻楯という防禦設備が急速に設けられたことがうかがわれる。尤も「境内絵図」の守護館には何等の防禦設備も描かれていないが、これを元弘三年以前の場面と断定することはできない。守護館を描くのが主目的でないため省略されたとも、堀や掻楯は臨時の施設なので描くに値しなかったとも考えられるからである。

但し、建武二年以降長門府中には佐加利山城（盛山城）と四王司城の存在が知られる。その初見は、北条時直の子上野四郎入道の挙兵に対して、少弐頼尚の部将吉田宗智（頼景）が「長門国府佐加利山城」を建武二年正月十二日より十八日まで攻めて「攻落城墎」したことである（前掲武藤吉田宗智庭中申状写「土佐国蠹簡集残篇」）。その後、南北朝時代には、南朝方となった周防守護大内弘世が正平十三年（延文三年、一三五八）長門守護厚東義武の拠る厚東郡の霜降城を陥れ、長門府中に入部したのに対し、翌十四年十二月厚東一族は四王司城に挙兵したが、弘世はこれを攻めて厚東南殿某をたおしたという（『長門守護代記』）。また康暦二年（一三八〇）杉智浄は大内師世の反乱に応じて弘世・義弘父子に叛いたが、五月十日長門国栄山の合戦で敗死した（『花営三代記』）。この智浄は長門守護代であるから[35]、この栄山は佐加利山城を指すものと思われる。智浄の敗死後も戦闘が続いたようで、義弘は十月八日付で重臣周布兼氏に宛てて「喜便宜申候、抑下山城堰山今月五日落居候、目出候、三十余人腹切候、相残候者三十余人降参候、」云々という書状を送っている（『萩藩閥閲録』第三巻、巻一二一ノ一、周布吉兵衛）。この下山城も佐加利山城に違いない。

さらに第一節にも触れたように、応永の乱ののち大内義弘の遺志を継いだ弟盛見は、応永八年（一四〇一）十二月豊後から長門に渡って、幕府方の周防・長門守護である弟弘茂と対戦し、二十六日四皇子（四王司）山城の毘沙門堂に敵（行方秀具）を討取り、同二十九日下山（盛山）城を陥れて弘茂をたおし、律成寺で越年したと伝えられる[36]（（ ）内は注4所掲岡氏蔵本「長門国国司守護職歴代之記」）。

以上数度の攻防戦のあった佐加利山城は、四王司山の南東麓、長府町の北部にある古城山と呼ばれる標高三〇〜四〇メートルほどの丘陵で、現下関市古城町一帯に該当するが、畑地および新興住宅地と化していて城郭の遺構は認められない。けれども南北朝・室町時代にこの城が長門府中防衛のためのすこぶる重要な城郭であったことは疑問の余地がない。したがって「境内絵図」に佐加利山城が片鱗すら現れないことは、この城郭の築造より以前に絵図が製作された蓋然性を思わせるのである。もちろん「境内絵図」の目的に即さないので省略したとも考えられなくはないが、それにしては守護館・守護代所、さらに四王寺や串崎はもとより、赤間関・門司関・引島まで描いて、周辺の要所を殆ど描き込んだ絵図であるから、省略とみることは困難であろう。然りとすれば、やはりこの「境内絵図」の示す景観は、鎌倉後期ないし建武政権期のそれであるといえよう。

なお律成寺（雲巌院）は前節4に考察したように、守護館の後身である蓋然性がすこぶる大であり、右に述べたように応永八年末〜九年初頭に大内盛見の同寺宿泊が知られる以上、守護館を描出している「境内絵図」の製作年代が、いかに遅くとも応永初年を降るものではありえないことを明らかにしうる。

おわりに

一般の社寺境内絵図と異なって長門府中内外の主要景観を併せ描いた「忌宮神社境内絵図」は、これを他の中世史料や近世の「長府古図」等と比較することによって、予想外に多くの景観を復原しうること、わけても中世都市府中の空間構成を復原しうる希有の同時代史料としての絵図面であることが判明した。この絵図の製作年代も一四世紀前半の鎌倉末ないし南北朝初頃と推定されること、なかんずく建武元年の守護厚東氏による二宮周辺敷地安堵を要請するためのものであった蓋然性のあることが明らかとなった。

この「境内絵図」は方角や距離をデフォルメして、ほぼ正方形の一定の空間に、北は四王司山、東は満珠・干珠二島、南は赤間関・門司関・引島までを描き込み、長門二宮忌宮を中心とした数キロ四方の景観をパノラマ的に展開している。

しかし絵図では誇張した表現を採る二宮の社殿や石垣等も、近世や現代との異同が分り、また近年まで存続した南大夫社・二の鳥居・惣社・国分寺や、現在も存続する日頼寺の前身極楽寺、さらに守宮司社などの絵図上の位置と現実の位置とを対比することによって、絵図面上の他の構造物の現実の位置を類推しえた。中でも守護館は、主要な建物の構造と配置が推測できた。またその位置は、絵図面の景観を現実の惣社・逢坂道等の位置関係と照合することで、旧律成寺（雲巌院）すなわち切通付近に比定し得た。守護の長門府中常駐の見られなくなった南北朝期ないし遅くとも応永初年までに、守護館は廃絶して律成寺が成立したことが、応永八年（一四〇一）大内盛見の律成寺滞在の記事によって推定できるのは、右の比定を一層確実なものとする。

守護代所の位置も、絵図の表現を「長府古図」の二宮大宮司の屋敷や現在の街区と対比することで判明する。この守護代所の位置が古代の長門国衙と連続するか否かは明らかでない。けれども、ここが山陽道の街道を眼下

表2　境内絵図と長府古図の家屋敷数比較（下辺等省略）

街区	境内絵図の家屋数	長府古図の屋敷数
ABEC	一四（含守護代所）	四三
CDGF	七（含大宮司屋敷）	九（同上）
DEHG	一一	七
JIKL	五	一四
LKOQ	一三	八
MNSR	一一	二〇
N′PTS′	一二	一七
RSXW	一八	一四
S′TZX′	九	一七

にして府中の北部を扼する台地上にあり、同じく街道を俯瞰して府中の南部を扼する台地上の守護館と照応することは、当国府中を軍事的制圧下に置いて長門・周防両国支配の中心とする鎌倉幕府の方策の表われとみられる。

都市長門府中の街区の復原も相当の確実性をもって行なうことができた。中世農村の景観は荘園絵図等によりしばしば復原可能であるが、一四世紀前半の地方都市の街区をこのように復原できる例は僅少であろう。もちろん「境内絵図」は方位や縮尺があまり考慮されていないけれども、二宮境内の四周や鯉川・壇具川の流路、南大夫社・二の鳥居の位置等々、各街区の特色が描き込まれ、「長府古図」や現在の地図との対比が充分に可能であった。

いま試みにこの絵図の主要な街区に描かれている家屋の数を、「長府古図」の屋敷割に見られる屋敷数と比較すると、表2のようになる。

「境内絵図」の表わす各街区の家屋数は正確を期待しがたいけれども、江戸時代の「長府古図」の屋敷数と比較すると、守護代所の廃絶した後のABECの家数が約三倍に増えたほかは、同様の変化はJIKLのみである。この対比によってみれば「境内絵図」の各街区の家々は単なる架空のものでなく、棟別徴収などのために現実に近い家数を描いたものであったことを想定しうる。

なおこのほか絵図面にはWXの南に五棟、X′Zの南に三棟、壇具川の南岸に二寺と七棟、国分寺近くのBIの西側に二棟の家屋などを描いているが、これらは二宮領に直接の関係がないので簡略化したのであろう。それは今川了俊がその紀行に述べた北浜の集落を絵図面は全く省略して、その北にある厳島社を守護代所の近傍に描いていることや、義経時代一二艘であったという串崎船の船頭・水手の子孫の住むとみられる集落が、わずか三棟の家屋で表現されていることからも類推できる。

ところで、府中の地下人ないし商人が明らかに管見に触れるのは「境内絵図」の製作より一四〇～五〇年を経た文明年間である。すなわち文明十年（一四七八）八月十日付の大内家奉行人連署奉書（『忌宮神社文書』⑤四〇号、本書序章第五節に全文掲載）に「当社御祭礼時、上下商人并府中地下仁等可為売買煩間、町面寄宿軍勢甲乙人悉被加制止了、」として、「可専商買」きため「押買狼藉之輩」があればその交名を言上せしめているのがそれである。次は『大内氏掟書』(37)の明応四年（一四九五）八月八日付の「長府御祭礼事」であって、直接祭礼に関する二ケ条のほか、当町諸商売成敗の厳重な実施、押買狼藉の制止、公方買・守護買の停止、諸国廻船への非法の停止という商行為関係の四ケ条を定めている。これらは長府の商業都市としての繁栄を如実に裏書する法令である。さらに降って毛利時代に入り、天正九年（一五八一）七月には、北町・南町・亀甲町・物社町の四ケ町が「衆評」をもって十一ケ条の「七月御神事御能御法度条々事」を定め、北町・物社町は四名ずつ、南町・亀甲町は三名ずつの「町歳寄」が連署して小守護代勝間田春景のもとに提出している（『忌宮神社文書』⑤七四号）(38)。このように長府の町民は戦国末には複数の町歳寄が各町を代表し、衆評すなわち町衆の評議によって「法度」を制定するという自治・自検断の機能を発揮するにいたる。もとより、かかる成果は一日にして獲得されたものでなく、建武政権期前後にはすでに市街の中心部に、近世はもとより今日までほぼ踏襲されているほどの街区が形成されており、その空間構成がその後の長府市街の空間構成の中核となったという事実が示すような、長年月にわたる都市的発展の帰結であったに違いないのである。

（1）『解説版新指定重要文化財9　書跡・典籍・歴史資料古文書Ⅲ』（毎日新聞社、一九八四年）。
（2）宮崎義敬氏『忌宮　長府祭事記』（一九八四年）。
（3）『日本荘園絵図集成』上（一九七六年）には、この絵図の模本（江戸時代の模写か）と、本章第二節に触れるいま一枚の絵図とが、それぞれ「長門国忌宮神社二の宮絵図」（その一）（その二）として掲載され、（その一）には浅沼正明・奥富敬之両氏、（その二）には奥富氏執筆の解説が付されている。
（4）本書には多くの異本がある。田村哲夫氏はそれらを1長門一宮系本（長門一宮住吉神社所蔵本・『続群書類従』所収本等）、2長門二宮系本（長門二宮忌宮神社所蔵本・『豊府志略』所収本）、3山口内藤家系本（『萩藩閥閲録』九九、内藤小源太家所収「長門国守護代記」等）、4長府上田家系本（長府藩士上田家旧蔵本、『長門国志』所収本）に分けて成立年代等を明らかにするとともに、原文を対比し（同氏「長門守護代の研究」『山口県文書館研究紀要』一号、一九七二年）、さらに南野光子氏所蔵本「長門国司守護代記」、岡誠作氏所蔵本「長門国国司守護職歴代之記」を紹介された（「異本『長門守護代記』の紹介」同紀要九号、一九八二年）。
（5）小野忠熙氏「長門国府」（『国府の歴史地理学的研究（抄報）』、一九五八年）。『下関市史　原始－中世』（一九六五年）。
（6）藤岡謙二郎氏『国府』（一九六九年）。
（7）『長門国府　長門国府周辺遺跡調査報告Ⅱ』（一九七八年）、同Ⅲ（一九七九年）。『長門国分寺　長門国府周辺遺跡調査報告Ⅴ』（一九八二年）。小田富士雄氏「長門国府（発掘概況）」（『国立歴史民俗博物館研究報告』二〇集「国府研究の現状〈その二〉」、一九八九年）。
（8）佐藤進一氏『増訂鎌倉幕府守護制度の研究』（一九七一年）の「結言（五）守護所の所在」の項に「三宝院文書五四」として指摘されている。
（9）なお正応四年（一二九一）八月十三日付某袖判連署奉書（櫟木文書）に、広恒名の田畠二町八段小を「府中北浜銀大工孫次郎所為給所」として充行うとあり、これが疑いのない文書ならば、長門府中の呼称の初見となる。しかしこの奉書は文言も落着かず、奉者二名の花押も南北朝期以降の花押のような形状であり、検討の余地がある。ただし、後述の元徳二年（一三三〇）十月の北条時直寄進状に「符中南浜在家」とあり、のちに引く今川了俊の『道ゆきふり』にも「北はまとて東南にむきて家居あり」とあって、府中北浜の存在自体は認められる。かつ後述の『長門国志』に「北浜といふ村は金屋町を云ふなり」とあり、銀細工師の居住も肯定できる。但しそれらが鎌倉後期まで遡れるかどうかは疑問である。

(10) 佐々木高綱は、さきに元暦元年（一一八四）源義経に従って西国に出陣し、かの宇治川の先陣争いに名を揚げた。彼は長門守護職補任の翌年の文治三年（一一八七）十一月、隣国周防国の杣で長さ一三丈の東大寺の棟木を得て、同寺再建に寄与しており（『吾妻鏡』同月十日条）、某年四月には、不当に人を追捕する豊田郡司種弘の召喚を命じる源頼朝御教書を受けており（注8所掲佐藤氏著書「長門」の項所引「中野忠太郎氏所蔵手鑑」）、彼は在国して用材探索や召人送致の処置を行なったものと推測される。

(11) 周防・長門守護兼帯は実頼・時仲・時直について認められるので（注8所掲佐藤氏著書「周防」の項参照）、建治年間（一二七五〜七八）以降は兼帯を原則としたと推定しうる。

(12) 佐藤進一氏『室町幕府守護制度の研究　下─南北朝期諸国守護沿革考証編─』（一九八八年）参照。

(13) 『宇部市史　通史編』（一九六六年）。『日本城郭大系』14（一九八〇年）山口県　霜降城の項。

(14) 川副博氏『長門国守護厚東氏の研究及び史料』（一九七七年）第一章第九節参照。また棚井の安国東隆禅寺の三門の傍らにある「南嶺和尚道行碑」は同寺開山南嶺子越の行跡を記してあり、享徳三年（一四五四）明国杭州の僧雲屋妙術《みょうかん》の撰、明和年間（一七六四〜七二）長州藩主毛利重就の建立したもので、沖金吾氏「『南嶺和尚道行碑文』の解説」（『厚東』三九集、一九九七年）に原文・読下し、および詳細な解説がある。

(15) 「浄名寺文書」『大日本史料』六編之十九所収。御薗生翁甫氏『大内氏史研究』（一九五九年）第十三章。松山宏氏『守護城下町の研究』（一九八二年）第二章第二節参照。

(16) 拙稿「南北朝内乱」（『岩波講座日本歴史6　中世2』、一九七五年）参照。

(17) 拙著『足利一門守護発展史の研究』（一九八〇年）第一編第四章第一節参照。

(18) この内訌は注(15)所掲御薗生氏著書第十三章に詳しい。

(19) 注(4)所掲田村氏「長門守護代の研究」参照。

(20) 『長門長府史料』（長府史編纂会、一九〇九年、以下『長府史料』と略称）第二十五章。注(13)所掲『日本城郭大系』14　山口県　櫛崎城の項。

(21) 『長府史料』はこれを「弐百五十年前之長府古図（毛利子爵家蔵品写）」とする。一九〇九年から二五〇年前というと一七世紀半ばの江戸初期になるが、その根拠は不明。原図は下関市立長府博物館所蔵。この図は現代の地図と比較してもかなり正確に近い精度を有しているので、江戸中期以降の作製ではあるまいか。

(22)　注(2)所掲宮崎氏前掲書一七〇頁写真参照。注(3)所掲奥富氏解説は、この絵図の成立年代を「未詳。嘉暦元年(一三二六)より以降ではないかと推測されるが、確実ではない」としている。しかしこの絵図は、武家関係の施設等を一切記入しないなど、古態を装っているが、(a)ある程度写実的に描かれた鳥瞰図であること、(b)図2・図4のXに相当する地点に鳥居跡のみ存すること(注26参照)、(c)南北に走る山陽道AWは「境内絵図」(図1)では家が描かれず、海浜となっているのに、この絵図は「長府古図」(図3)と同様両側に家並みが描かれていること、(d)「境内絵図」はもとより「長府古図」にも描かれていない現長府福祉館の東を南北に走る切通し(図4参照)がこの絵図に描かれていること、以上の四点から、この絵図は江戸後期頃の作製と推定される。

(23)　同じく瀬戸内海に面する隣国の周防国府では、壇ノ浦の戦いを前にして同国の舟船奉行である在庁船所五郎正利が源義経に数十艘の兵船を献上したという有名な記事が『吾妻鏡』元暦二年(一一八五)三月廿一日条に見える。

(24)　中世後期における赤間関の発展は、注(5)所掲『下関市史　原始─中世』に詳しい。

(25)　「境内絵図」には見えないが、このS′の辻の北西隅には「豊浦之池旧跡」と刻んだ石碑があり、繁みの間に丸石を積んで縁とした小池がある。いまは水はなく、窪みには雑草が茂っている。また、いまひとつ惣社町の旧毛利邸の前も豊浦の池の跡といわれ、石碑が立っている(注2所掲宮崎氏著書参照)。

(26)　本文所掲「二宮社外四方大略」(『忌宮神社文書』⑤一二七号)には「第二ノ鳥井ハ物座町ノ下四辻ノ北壇ノ上ト云所、春日神社ノ社ノ前ニ在リ、今ハ其跡ノミ在テ鳥井ハ無シ」と記すので、江戸時代の一時期二の鳥居は失われ、その後再建されたのが昭和二十二年まであった石の鳥居とみえる。

(27)　木下良氏「日本古代官道の復原的研究に関する諸問題─特にその直線的路線形態について─」(『人文研究』七〇集、一九七八年)は、「立石」の地名は磐座や民間信仰に基づくもののほか、駅家想定地や駅路の渡河点に多いことを指摘し、立石の現存する例として肥後国高原駅家の比定地の東二キロにある熊本県飽託郡北部町改寄の立石、下総国井上駅の想定地ともみられる東京都葛飾区立石を挙げている。

(28)　太田亮氏「国府・国分寺関係の神社」(『国分寺の研究』上〈一九三八年〉所収)。木下良氏「国府跡研究のこれから─古代から中世への変遷を主にして─」(『史学雑誌』八一編一一号、一九七二年)、同氏『国府─その変遷を主にして―』（一九八八年）。

(29)　この旧毛利邸は、邸前の説明板によると、明治三十五年（一九〇二）西国巡幸の明治天皇を迎えるために長府毛利家第十四代元敏公によって建造されたものであり、のち下関市の所有となり、迎賓館と称したが、昭和四十年（一九六五）から長府福祉館と改め、老人憩の家として活用されているとある。

(30)　小野正敏氏「城下町、館・屋敷の空間と権力表現」（『国立歴史民俗博物館研究報告』七四集　共同研究「都市における交流空間の史的研究」、一九九七年）。

(31)　注(7)所掲『長門国府　長門国府周辺遺跡調査報告Ⅱ』。なお注(7)所掲『長門国分寺　長門国府周辺遺跡発掘調査報告Ⅴ』も、その調査を次のように要約している。

忌宮神社域をA－Eの五地点に分け、さらにA－1～A－4とする小地点を設けた。B－1地点では、二段の段をもつ溝（LDO04）が検出された。下段の肩の方位は北7°東へ振れており、溝幅は推定九mを測る。溝内の堆積は上下二層に分けられ、下層からは平安時代前期の遺物が出土しており、国府の一画を区する遺構と考えられる。

(32)　『山口県の地名』（一九八〇年）。前掲『発掘調査報告Ⅴ』によると、昭和五十二年～五十六年（一九七七～八一）度の発掘調査で、長門国分寺の主要伽藍の基壇の一部や、廻廊の痕跡等、八世紀以来の遺構と多数の遺物が発見され、「天福元年」（一二三三）の墨書銘のある木札等も出土した。なお西大寺長老信空等による長門国分寺再興運動に、伏見院政から建武新政にかけての歴代公家政権が全面的な援助を行なったことは、森茂暁氏「鎌倉末期・建武新政期の長門国分寺」（『山口県史研究』二号、一九九四年）に詳しい。

(33)　『忌宮神社文書』の建武元年（一三三四）七月四日付長門国宣（④一五号）に、二宮神事料下行物の料所を定め、祭礼の在庁役は向後国衙の使を止めて社家の沙汰としている。けれども文明十三年（一四八一）卯月の長州八社五堂御神事国衙衆出仕注文（⑤四一号）に、「大夫介・権介・陪従・両庁守幷公人・国雑色・侍」といった在庁官人の神事出仕が定められ、かつ例えば正月七日白馬節会に「御馬七疋内一番国衙目代、二番御守護代」などとし、正月十七日の国歩射の所課料は国衙より下行するなどとしていることは、国衙機構が漸次形式化しながらも、一五世紀後半の文明年間までも一応機能していることをうかがわせる。前章に詳述した備中の惣社造営等に見られる国衙の機能の存続は、長門においても主に祭礼に関連してではあれ、認められる事実であった。

(34) この御教書は、元弘以来社殿が軍陣となったので、触穢につき新造すべきか否か仰せ下されたいという守護厚東崇西注進状に答えたもので、諸国神社は軍勢が乱入しても造替に及ばないので、当社のみその儀があるべきでないが、営作が延引しているのは神慮尤も測りがたいので、延慶支配の例を守り、国中地頭御家人に催促して、不日その功を終えよ、難渋の輩があれば交名を注し申せ、という内容のものである。これによって幕府の方針は新たな造替を否定しながらも、従前の造営は督励するものであったことが知られる。

(35) ただし『次第』は「杉又次郎入道智静」とし、南野本『異本長門守護代記』は「杉入道知静」とし、いずれが正しいかは明らかでない。

(36) 大内弘茂は応永八年（一四〇一）十二月二十六日長門二宮に禁制を与えたのに対し（『忌宮神社文書』⑤二一号）、同盛見は翌九年六月三日二宮大宮司に安堵の書下を与えており（②一三号）、この間に盛見が長門守護の実権を奪取したことがわかる。

(37) 『中世法制史料集　第三巻　武家家法』（一九六五年）所収。『大内家壁書』『大内家法』ともいう。

(38) 『長府史料』第二十四章に引く「天正二年安尾氏所蔵神輿行列図末尾長府市場之事」には、「一番金屋座」「二番紺屋座南町」「三番細物座（中略）中浜町」「四番合物座土居之内町中ノ町」「五番荒物座（中略）惣社町」の各座の司職の姓名および各座約六〇～七〇名、計三二八名という座衆の人数を記している。けれども、ここにある町名のうち中浜町・土居之内町・中ノ町は本文に引いた天正九年の「能組法度」には見えない町名であり、これらの三町は幕末の安政七年（一八六〇）頃成立の『豊浦藩村浦明細書』（山口県文書館、一九六五年）に引く「天明四年（一七八四）改」とある「府町明細書」の府町六ケ町（家数三二一軒、他に外町として印内町三九軒）の町名と完全に一致し、座衆の人数もここに記載された町人の家数にほぼ一致するので、右の「長府市場之事」はせいぜい「府町明細書」の作成された江戸中期頃のもので、天正二年（一五七四）に仮託したものと推定される。

〔付記〕文中に述べた湯山賢一・三河内百合彦両氏のほか、厚東郷土史研究会長沖金吾氏、東京大学史料編纂所教授林譲氏等の協力を賜った。記して謝意を表する。なお、再校校了後、山村亜希氏「南北朝期長門国府の構造とその認識」（『人文地理』五二巻三号、二〇〇〇年）に接した。

第四章　筑後府中の成立と一宮高良社

はじめに

諸国府中の多くは古代の国府域のあとを受けた政治都市としての性格を主とするが、同時に一宮・二宮・惣社などの門前町としての性格を帯びる宗教都市として、また幹線道路や港湾に面して周辺地域の流通機構の中心をなす経済都市として発展した場合が少なくないと思われる。本章の対象とする筑後国府は、古代から中世にかけて漸次移動して「府中」となるが、同時に筑後一宮高良社との関係が強まるようである。ことに中世末の高良社大祝の手になるとみられる『高良記』（一名『高良玉垂宮神秘書』）[1]には、中世都市府中と一宮高良社との関係ならびに商人や手工業者の活動がかいま見られ、宗教都市・経済都市としての面をうかがうことができる。本章は、先学の研究成果ならびに考古学上の発掘成果に拠りながら、私見をも交えて、古代から中世にいたる筑後国府の変遷を通観し、かつ『高良記』を手がかりとして中世都市筑後府中の存在形態に迫ってみようと試みるものである。

『高良記』はその跋文によれば、大祝職神津麿保房が神託を受けて録したものというが、編述の目的は、刊本に付された「研究篇」にも要約されているように、祭神の威徳や神事の由来を説きつつ、三職すなわち大祝・大宮司・座主のうち祭神の兄神の直系子孫と称する大祝職が祭祀組織の頂点に立つことを強調することにあった。したがって祖先顕彰などのために誇張や付会が含まれていることは否めないとしても、そうした部分を取り去ると、本書は、中世における高良社の祭祀組織や筑後府中の様相などに関する種々の歴史事実を伝える、貴重な記述として活用しうると考えられる。(2)

第一節　筑後国府の所在地に関する諸説

筑後国府については、すでに江戸中期から移動説があった。すなわち安永五年（一七七六）杉山正仲・小川正格の著した『筑後志』は、「府中」の項で「古老伝へ云ふ、古の国府の地なりと」として、府中すなわち現在の久留米市御井町に国府を比定しながら、隣郷国分村・和泉村から古瓦が出土し、和泉村の中に長者屋敷というところや古井の址があるとして、「倶に皆国府の旧址の転ぜしものなるかも知るべからず」と、やや漠然とではあるが国府の旧跡を和泉村（久留米市和泉）付近とみている。ついで古代国府の所在地を考証したのは幕末の矢野一貞で、嘉永六年（一八五三）の『筑後将士軍談』巻三に、建武年間の筑後国府を「今ノ府中ナランカ」としながら、「西大寺文書」に「古国府」とあるのを指摘して、この国府は枝光村（同市合川町枝光）にあったとしている。さらに一貞は、文久二年（一八六二）の『筑後国郡志』にも国府を「今の府中駅ぞ其遺蹟にはありける」としながらも、枝光村に古宮《ふるこう》（同市合川町字古宮）の地名のあることを挙げ、「南都西大寺所蔵建武三《（マヽ）》年の文書に筑後竹野新荘内古国府とあるは正しく此枝光なる古国府を指せるなり」とし、さらに付近にコミカド・クリヤ・チヨウジャヤシキ・インニャクなどの地名があることを挙げて、一層積極的に枝光村を国府の旧跡に比定している（以下、図1参照）。

矢野一貞の典拠とした古文書は「西大寺文書」の「建武二年乙亥」という付紙のある後醍醐天皇綸旨（『南北朝遺文』九州編三七六号）である。

筑後國竹野莊内古國府并米納堀切等事、止高良山(御井郡)衆徒等濫妨、任高時(北条)法師知行例、可被管領之旨、
天氣所候也、仍執達如件、
十二月廿六日　右中將(吉田宗房)（花押）
西大寺長老(覚律)方丈

この竹野庄は西大寺領竹野新庄であり、竹野・山本・御井の三郡にまたがる広大な荘園と推定され、御井郡枝光村の古国府を含むことは間違いない[3]。矢野一貞の指摘は近年の発掘成果（後述）にも符合し、まさに卓見というべきである。

近代になって、筑後国府の移転を唱導した最初の考察は伊奈健次氏の『筑後郷土通史』上（一九三五年）であり、矢野一貞の推定した枝光台地上に「北は枝光の台地に限り、南は今の日田街道として残ってをり、西は高良川に至る」という八町四方の国府域を想定するとともに、この国府が「漸次東北（東南カ）へ移動し、後全く高良山下に移り御井町府中となって長く繁栄した」とし、それは「国府の門戸たる御井駅を中心として発展したもの」とみた。古代西海道のルートやその駅家の位置については諸説があり、御井駅を御井町付近に比定する説もあるが[4]、駅家の存在だけでは国府移転の原因として不十分である。しかし国府が漸次移動して後の府中が形成されたとみたのは、次節に述べる最近の発掘成果にもほぼ合致する卓見であったといえる。

次に太田亮氏『高良山史』（一九六二年）は、国衙の衰微とともに枝光の国府も衰え、高良山の勢力に引付けられて御井町の府中となったという炯眼の見通しを述べたが、移転の時期等には触れられていない。

その後、木下良氏は諸国の国府と印鑰神社との関係を考察した論考[5]のなかで、筑後国府の移転を従来の諸説よ

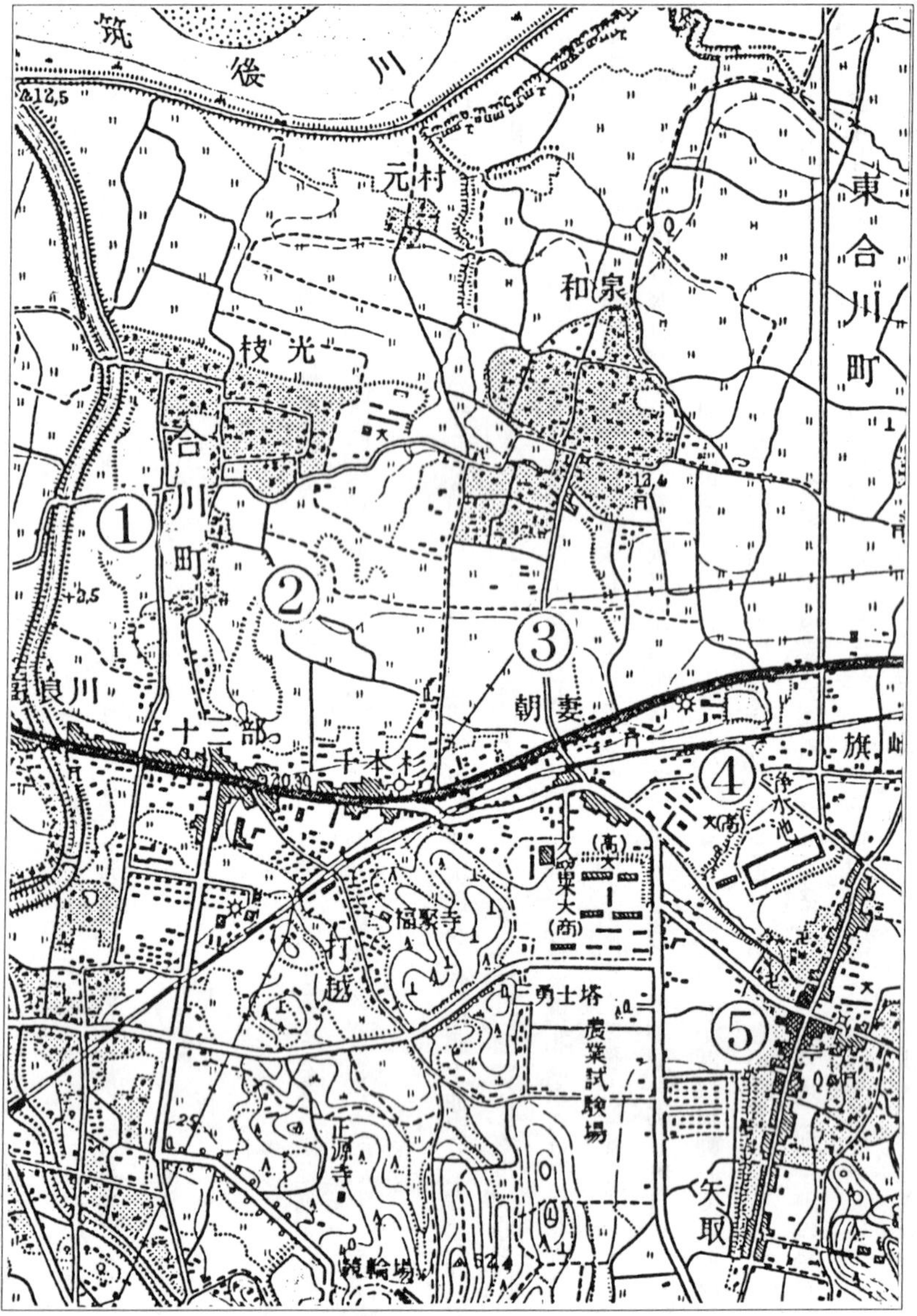

図１　筑後国府移動概要図（１）

①古宮国府　②枝光国府　③朝妻国府　④横道国府　⑤府中

（２万５千分１地形図「久留米」〈明治33年測図、昭和33年第３回修正測量〉を拡大し記号①〜⑤を記入）

りも明瞭に論証された。すなわち筑後国庁想定地の枝光の西北に印薬という地名が存在する一方、かつて府中と呼ばれた現在の御井町に印鑰神社が現存すること、この神社の西南に接続して宗崎・土居ノ内・大屋敷などの地名を残す地域があり、濠跡とみられる低地も存在することなどを指摘して、この地域に有力在庁官人の居館を想定し、国府が枝光から府中へ移転したと推定された。

木下氏のこの論文は歴史地理学の見地から初めて明確に筑後国府の移動を論じた考察であった。また同氏は次節に触れる「筑後国検交替使実録帳」の記事によって、国府移転の年代を一三世紀中頃以降とみなされたのも、移転の時期に関する最初の言説であろう。しかし次節に述べるように、最近の発掘調査の成果によれば、一〇世紀前半頃から一二世紀前半頃までの間に国府は枝光地区から朝妻地区を経て横道地区へと移転を重ねていたのである。なお弘安三年（一二八〇）八月日付の「藤原永基所帯所職物間帳」（第四節所掲）に「高良宮二月朔幣田国庁壱町」とあって、一三世紀後半頃には、かつての国府政庁（枝光地区カ）の敷地が高良宮の朔幣田となっており、田地化してすでに久しいことがうかがわれる。

ところで『高良記』には次のように、国府が移転したという伝承を記す（常用漢字は刊本のまま、以下同）。

一、初メノ苻ハ、朝妻ノ下ニ有リ、白河院七十二代延久五年癸丑年、今ノ苻ニヒカル、ナリ、モトノ苻ヲ　古苻ト申也、(359)

一、高良ノ三口ハ、ミナウ《（耳納）》　アシキ《（阿志岐）》　カウラ《（高良）》内、過去　現在　未来、又ハ　三世、アルイハ法　報　応ノ三字ヲヒウセリ(360)

一、苻ノ五口ハ　五仏、又ハ、五天竺ヲヒウセリ、古苻ノ時モ　口ハ五口ナリ(361)

一、上宮ヨリ苻辻エ、朝妻コトク　スクニ見ユル口ヲ　御神行口ト名付テ、御祭礼ノ時、御輿ノ行口ナリ、ヘイセイハアカスナリ、苻ノ五口ノ外ナリ(362)

と、筑後国府が延久五年（一〇七三）に「朝妻ノ下」にあった「モトノ苻」である「古苻」から「今ノ苻」へ移ったという伝承とともに、高良山に三口、府に五口および御神行口があるとし、古府にも五口があったとする。これは筑後国府の移動を説く最古の文献といえる。

これらの伝承をはじめ『高良記』の記事を多く引用しつつ筑後国府の移転と中世の国府の状態を詳しく論じられたのは、『高良記』刊本の編者・校訂者の一人である古賀寿氏である。すなわち氏は矢野一貞以来の所説を検討し、かつ自ら携わった昭和四十七年（一九七二）・四十九年（一九七四）度の久留米市による発掘調査に言及するとともに、『高良記』にいう「初メノ苻」のあったという「朝妻ノ下」を朝妻清水の湧出する段丘崖下と解釈し、「今ノ苻」を府中の広手の四辻付近、現在の御井小学校付近に比定されている。そして「初メノ苻」すなわち朝妻の「古苻」が「今ノ苻」に移ったのは建武年間（一三三四〜三六）以後と推定されるとして、『高良記』の延久五年説は承認できないとされる。古賀氏の説は、現地の精査や昭和四十年代（一九六五〜七四）までの発掘成果に基づき、枝光地区から朝妻地区へ、さらに府中中心部へという移転を提唱されたもので、朝妻国府の存在を指摘されたことなど、従うべき点が少なくない(6)。ことに、氏の移転説は、次節に概観する古宮・枝光・朝妻・横道各国府の発掘調査報告書ないし概報等（注10〜14参照）に約一〇年先立つものであり、正に先見の明がある洞察というべきである。また『高良記』は「苻ノ五口」を「高良ノ三口」(7)、と並列的に記し、かつ「古苻」にも五口があったと説くところからも、「古苻」・「今ノ苻」はいずれも狭少な地点を意味するものではなく、高良の三口にも匹敵するような相当広範囲の地域を指すとみるべきであろう。また朝妻からの移転年代についても、その後の発掘調査の成果は新事実を示しているようである。そこで、最近までの筑後国府跡の発掘調査の成果によりながら国府移転の跡を辿ることとしたい。

第二節　筑後国府跡発掘調査の成果について

筑後国府の遺跡を推定するための最初の発掘調査は、昭和三十六年（一九六一）鏡山猛氏を中心に、九州大学考古学研究室等により久留米市合川町字枝光小字阿弥陀の一部を対象として行なわれた。鏡山氏の調査報告と考察によれば、柱穴群などの遺構が発見され、伴出した古瓦片・土器などから、平安中期頃を下限とするという推定が行なわれた。また同氏は仁治二年（一二四一）六月一日付の「筑後国検交替使実録帳」（宮内庁書陵部所蔵、『鎌倉遺文』五八七六号、以下「実録帳」と略称）に記された国府院等の「無実・破損」の記事を紹介し、主な建物の配置が大宰府政庁のそれに類似していると推測されている。またこの「実録帳」には右の鏡山氏のほか吉岡真之氏の論考がある。(8)この「無実・破損」の記事がどの時期の国府域に関するものであるかは、次に述べるような発掘調査の成果と照合して検討する必要があると考えられる。(9)

ついで久留米市教育委員会によって、昭和四十七年（一九七二）以来多年にわたり国府跡の発掘調査が継続され、その結果、1古宮《ふるこう》地区（久留米市合川町字古宮）、2枝光地区（合川町枝光字阿弥陀を中心とする一帯）、3朝妻地区（同市御井町字朝妻）、4横道地区（御井町字横道・吹上）の四地区にわたって多数の官衙遺構が発見され、それぞれの官衙群は、古宮国府・枝光国府・朝妻国府・横道国府と仮称され、かつ各地区の官衙群の年代推定も行なわれ、詳細な調査報告がほぼ連年発表されている。(10)その概要を述べると次のようである（以下、図2参照）。

1、古宮国府では、七世紀後半〜八世紀前半頃の官衙遺構が、古宮地区からその北東の南地区にかけて多数検出され、古宮地区の南東の三反野地区からも八世紀前半の鍛冶工房跡などが発見された。それゆえこの古宮国府は筑後国の成立した七世紀後半に成立して八世紀の半ばまで存続した第一期の国府と推定されている。(11)

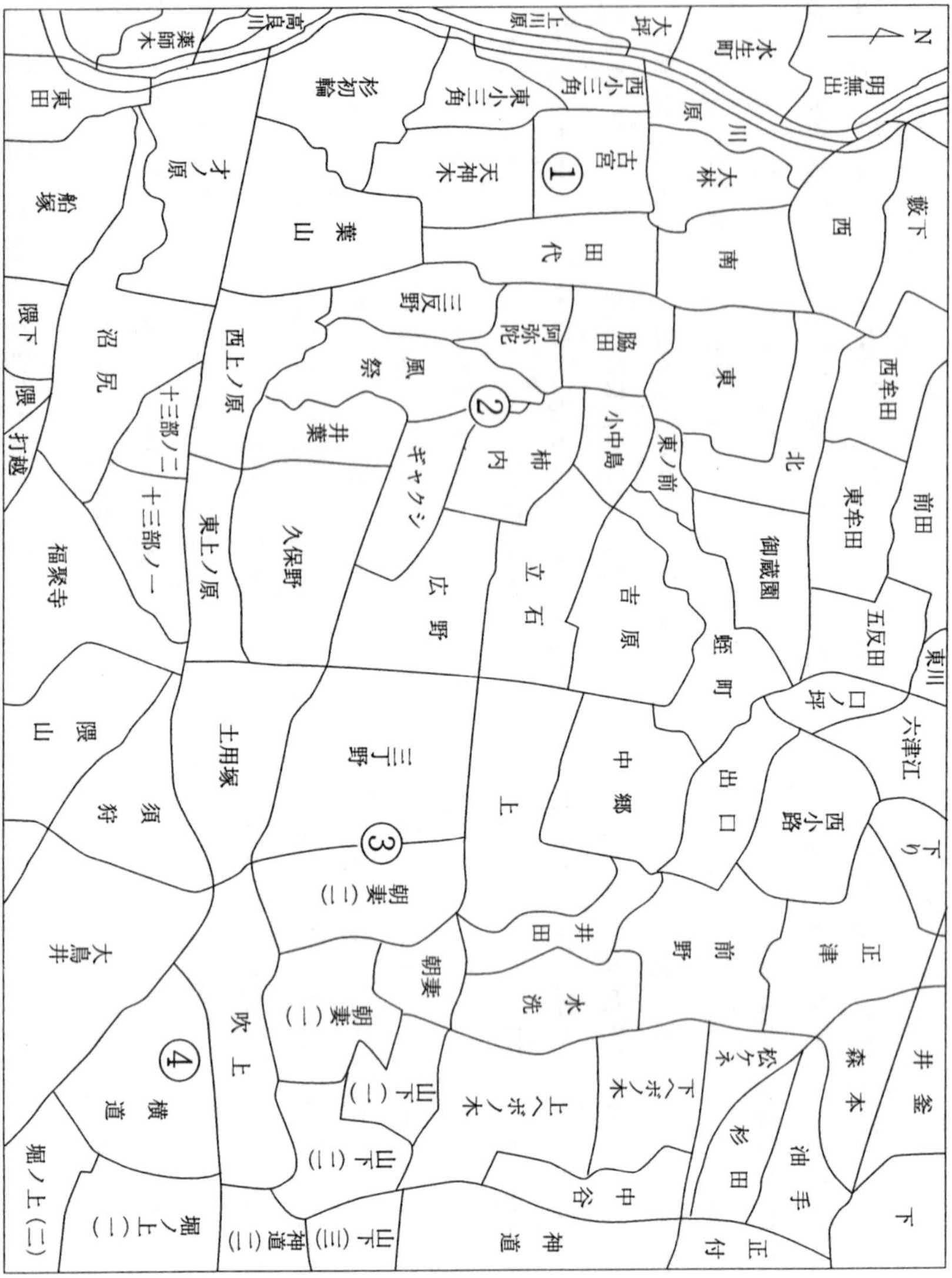

図2　筑後国府移動概要図（2）（小字名記入）　①古宮国府　②枝光国府　③朝妻国府　④横道国府

2、枝光国府は、古宮国府の東に接する枝光台地上に分布する八世紀後半頃から一〇世紀半ばに至る第二期の国府である。風祭・井葉・ギャクシ・柿ノ内地区にまたがる築地または土塁で囲われた遺構が確認された。この遺構の内部には東西両脇殿と推定される長大な南北棟建物があり、西辺中央やや南よりには四脚門が検出された。この遺構の内外から「介」「守弟」（国守の第宅の意か）などと記した墨書土器など豊富な遺物が出土し、この遺構は国司館跡かともいわれるが、両脇殿の検出などからみれば、これは国庁跡であって、国司館はその近傍に存在したのではなかろうか。なお西の三反野地区では銅工房跡が検出され、さらにその南西の葉山地区等からも官衙的な建物が発見されている[12]。

3、朝妻国府は、枝光国府の東方約七〇〇メートルの朝妻地区・三丁野地区等に分布する一〇世紀中頃から一一世紀後半頃に至る第三期の国府である。ここからは周囲に溝をめぐらした大規模な国庁跡が検出され、その柱穴や土壙から土師器などとともにイスラム陶器や青磁が出土した。この国庁域は、次に述べる朝妻の井の北約一〇〇メートルに位置する。かつ西海道の官道と推定される道路遺構も検出され、この官道を隔てた北側からも一一世紀の官衙遺構が発見された[13]。

4、横道国府は朝妻国府の南南東三〇〇メートルの南筑高等学校の校庭に所在するが、道路を挟む南西側の大鳥居遺跡や北方約一〇〇メートルの吹上遺跡もこれと関連が深いとされる。ただし横道遺跡の建物は二期に区分され、A期は一一世紀第4四半期頃と推定される大型の柱掘形をもつ東西棟四面廂の建物が主であって、国府政庁の正殿に匹敵する規模・構造を示し、また大鳥居遺跡の大型総柱建物は正倉の一部とみられる。B期はA期の大型建物の廃絶後の一二世紀前半代に位置付けられ、溝をめぐらしたなかに「口」の字型に配置されている長大な建物四棟を主とし、その南方には東西に走る道路遺構を隔てて総柱建物を中心とした建物群がある。北方は建物配置の特徴から政庁的色彩が濃いのに対して、南方は居館的色彩の濃い地区と推定さ

写1　朝妻の味清水神社

写2　同社境内の朝妻清水

写3　横道国府、国庁前殿跡
（久留米市立南筑高等学校校庭）

れている。そこで報告書ではA期の遺構を「横道国府」とし、B期のそれを次に引く『高良記』の「在国司居屋敷」に擬定している(14)。

以上のように、筑後国府の遺構としては七世紀後半から八世紀前半までの「古宮国府」、それより一〇世紀前半までの「枝光国府」、ついで一一世紀末頃までの「朝妻国府」、さらにこれを引き継いで一二世紀前半頃に至る「横道国府」という四ケ所の遺構が発見され、七世紀末から一一世紀第4四半期迄の間に、漸次南東方の府中の方向へと移る三回の移動が確認されるに至った。このうち第三期の「朝妻国府」の所在する朝妻は、御井郡の語源となった朝妻の井という清水が湧水し、天慶七年（九四四）の年記のある『筑後国内神名帳』によれば「味永（水）御井神社」が鎮座し、また中世には「朝妻七社」が祀られており（後述）、『高良記』はその七社の二番目に「国長神《コクチャウノ》」を挙げていて(159)、国庁の所在地であったことを裏付けている（注6所掲古賀氏論文・注14所掲富永氏報告等）。

国府政庁跡に鎮座する神社として、下野国府の正殿跡に宮野辺神社（中世には宮目社）があることは発掘調査で確かめられたが、政庁域ないしその近傍に神社が祀られている事例はすこぶる多く、ことに備前国では国長社、伯耆国では国庁裏神社と称されている。伯耆の国庁裏神社は総社といわれるが、備前国では国長社の北西約八〇〇メートルに別に総社がある。[15]筑後については、近年工藤敬一氏が高良社造営に関する三通の新出文書（国立歴史民俗博物館所蔵、田中穣氏旧蔵文書）を紹介し、考察を加えられたが、[16]その一通は建仁元年（一二〇一）十一月日付で筑後の国司代、権介六名、権掾一名、権大目一名の連署で朝廷に提出された「高良宮上下宮并小社等造営所課荘々田数注文」の案文であり、その「諸小社分宛料田」の内の「朝妻社内」の項に記す三社中の一社は「国庁并惣社一宇二間一面　宛料田六十七町二段（後略）」とあって、鎌倉初期の一三世紀初頭には従来の国庁は廃絶し、「国庁并惣社」と称する二間一面の小社が朝妻社内の一社として祀られるに至ったことが明確に証明される。この点は注(6)所掲の津田勉氏論文にも指摘されている。さらにこの筑後の例は、しばしば引かれる『時範記』に見られる因幡国と同様に、国庁内または国庁に隣接して祀られた惣社が、国庁の廃絶後もほぼその位置に存続した例証とすることができるものであり、この場合の筑後の国庁・惣社は朝妻国府のそれと認められる。また『高良記』に、「一、アサツマハ、在国司居屋敷ナリ、カノ領ニ他ヨリイロウコトナシ」（後略、324）とあって、少なくとも中世末には朝妻に在国司の居館があった。これもかつて国庁がこの地に置かれたことと関連があるには違いない（在国司については次節以下で考察する）。

注(14)所掲報告書は「横道遺跡」のA期の建物が一一世紀第4四半期頃と推定されるところから、「朝妻国府」から「横道国府」への移転を『高良記』にいう前掲延久五年（一〇七三）の「古苻」から「今の苻」への移転に擬定し、本節冒頭に触れた仁治二年（一二四一）の「実録帳」の「国府院」を「まさに横道遺跡を指す」とされたのは的確な比定であり、文献史料が発掘成果によって見事に裏付けられた実例である。ただし同報告書が「『今の苻』は横道遺跡である可能性が非常に強い」とするのは、いささか問題がある。注(9)に引いたように「実録帳」にもすでに「国府院」の建物の多くは無実または破損とされており、これをそのまま一六世紀頃の「今の苻」に比定することはできない。第六節に詳述するように、「今の苻」は横道遺跡よりはるかに広範囲にわたる中世

の筑後府中域を意味したに違いないのである。

それでは、枝光国府の廃絶後は同一地域に国府が再建されず、朝妻国府・横道国府と移動し、さらに『高良記』に「今の苻」と呼ばれた中世府中域が成立したのは何故か。それは、筑後一宮として強大な信仰圏を築いた高良社の動向や、朝妻に「居屋敷」を構えるにいたった「在国司」の動向等と関係があるのではなかろうか。また『高良記』の伝える「今ノ苻」はどのような様相を呈していたか。以下の諸節ではそれらを探ることとしたい。

なお、古代・中世の筑後国や御井郡については前掲の伊奈健次『筑後郷土通史』をはじめ、『福岡県史』『久留米市史』に詳しい叙述があり、また高良社を対象とした研究には、前掲太田亮氏『高良山史』、『高良玉垂宮神秘書・同紙背』所収「研究篇」のほか、山中耕作氏の論考等[17]があるので、これらを参考にしながら必要なかぎり各時代の動向を追究したい。

第三節　平安期における高良社と国衙

高良社は、延暦十四年（七九五）筑後国高良神に従五位下を授けたのを初めとして（『日本紀略』）、貞観十一年（八六九）高良玉垂神（彦神）に従一位、豊比咩神に正四位下を授けるまで漸次昇叙し（『日本三代実録』）、さらに『筑後国神名帳』によれば寛平九年（八九七）高良玉垂神は正一位、豊比咩神は正四位上に達した。このように夙に平安初期、朝廷から高い位階を授けられたのは、高良社の大宰府および筑後国の政治勢力との結合関係をも反映するものであろう。

当国の国司以下の官人と高良社の直接の関係は平安中期に入って判明する。すなわち長保五年（一〇〇三）の「高良十講会縁起」（『高良玉垂宮神秘書・同紙背』「付篇」所収）によれば、大介（守）菅野敦頼は今年より神の素意によって毎年三月十五日から五日間、十座の講を設け俸米五〇石を割き布施とし、かくて「第一日大介館、第二日庁官以下、第三日検非違所、此日可有捧物、一色一香、任力所能、第四日宮司以下、第五日館下郎以下、以飯二三石雑菜七八種、予為興法、」云々という行事が営まれた。このように十講会は国守の意向で開始された行事であるが、国府の官人を挙げて参加・協力するものであったことが知られるとともに、「第四日宮司以下」とあるように、すでに一一世紀初頭における高良社自体が、少なくともこの行事に関するかぎり国庁の大介館・検非違所などと並列的に扱われ、後の諸国国衙と一宮との密接な関係の先蹤をなしているとみられる。

承保三年（一〇七六）大宰府は朝廷に高良下宮の神殿の焼亡を告げて、国司の任期を延長して造営にあたらせるように願い、承暦二年（一〇七八）二月、陰陽寮は神体を新造の神殿に遷す日時を勘申し、結局宣旨により応徳二年（一〇八五）大宰府は筑後国とともに高良社の神殿・神体を造進した（『西大寺文書』、『石清水文書』之二）。さらに嘉承二年（一一〇七）四月、高良宮の御正躰を新造の神殿に渡す日時、天永三年（一一一二）六月、高良宮神殿修造の立柱上棟の日時などが勘申され、永久三年（一一一五）八月には高良社の遷宮の日時が勘申されている（『石清水文書』之二）。これは高良上宮の造営であろうが、やはり朝廷に申請して大宰府と筑後国による修造が行なわれているのである。

天治四年（一一二九）五月には上洛した高良社神主季平を前大宰大弐藤原長実が京の宿所に追捕しており、また翌々天承元年（一一三一）朝廷は八月十九日の陣定において、高良社の相撲季平免田を停止したいという筑後国司の訴えを議して、大宰府に問

写４　高良大社上宮

写５　高良大社下宮（三殿が並ぶ）

い合せることとしている（『長秋記』）。その結末は伝わらないが、国衙領内の免田の停廃をめぐって直接朝廷に愁訴するため上洛した神主と、これを阻止しようとした国衙側との対立が存在したことは明らかで、高良社はいまや国衙勢力に十分対抗しうるだけの実力を備えるに至ったことが知られる。

他方石清水八幡宮の「宮寺縁事抄第一末」（『石清水文書』之五）の「石清水神社垂跡本地御躰次第」の筆頭に「高良」が記され[18]、「宮寺縁事抄第十一」の最初に「高良大明神御託宣」が収録されているように、高良社は石清水八幡宮と結び付いて、朝野の崇敬を強めた。『少外記清原重憲記』の康治三年（一一四四）正月の「勘申石清水八幡宮所司言上竃殿御釜鳴例事」という釜鳴りの例として、保延三年（一一三七）七月朝廷が大宰府の言上により高良宮神宮寺高隆寺の大釜鳴動について議したとあるのも、その現れであろう。なおこの記事は神宮寺高隆寺の初見である。

このような高良社の隆盛は、駅路の移動を促す一因にもなったものとみえる。注(13)に触れたように朝妻遺跡の北部からは、ほぼ東西に走る道路遺構が発見された（図3参照）。この道路が右の注(13)所掲報告書の松村氏推定のように朝妻付近で西に折れて枝光の方向に向かう駅路とすれば、木下氏の推定される当初の西海道駅路[19]から、東寄りに大きく路線変更が行なわれたこととなる。この新駅路は、御井郡衙跡に擬定されるヘボノ木遺跡の西で直角に折れるが、この道路遺構は一一世紀を下限とし、それは朝妻国府の成立年代とほぼ一致するので、あるいは従来の駅路と枝光国府とを結び、さらに東へ水縄（耳納）山麓の諸郡を連ねて大宰府・豊後路に連絡する地方的官道（注19木下氏論文に指摘）の一部を、国府移転に伴って拡張した路線とも考えられる。とはいえ松村氏も指摘されるように、横道への国府移転に伴い、従来の駅路は廃止され、大宰府と肥後方面を結ぶ駅路は、最短距離を通って高良山下を通過するものとなったとみられる。前節に述べた「実録帳」に見える国府院とともに、これに付属する駅館も当然横道国府のそれと推定される[20]。このように駅路の変遷は国府の移動と密接な相関関係に

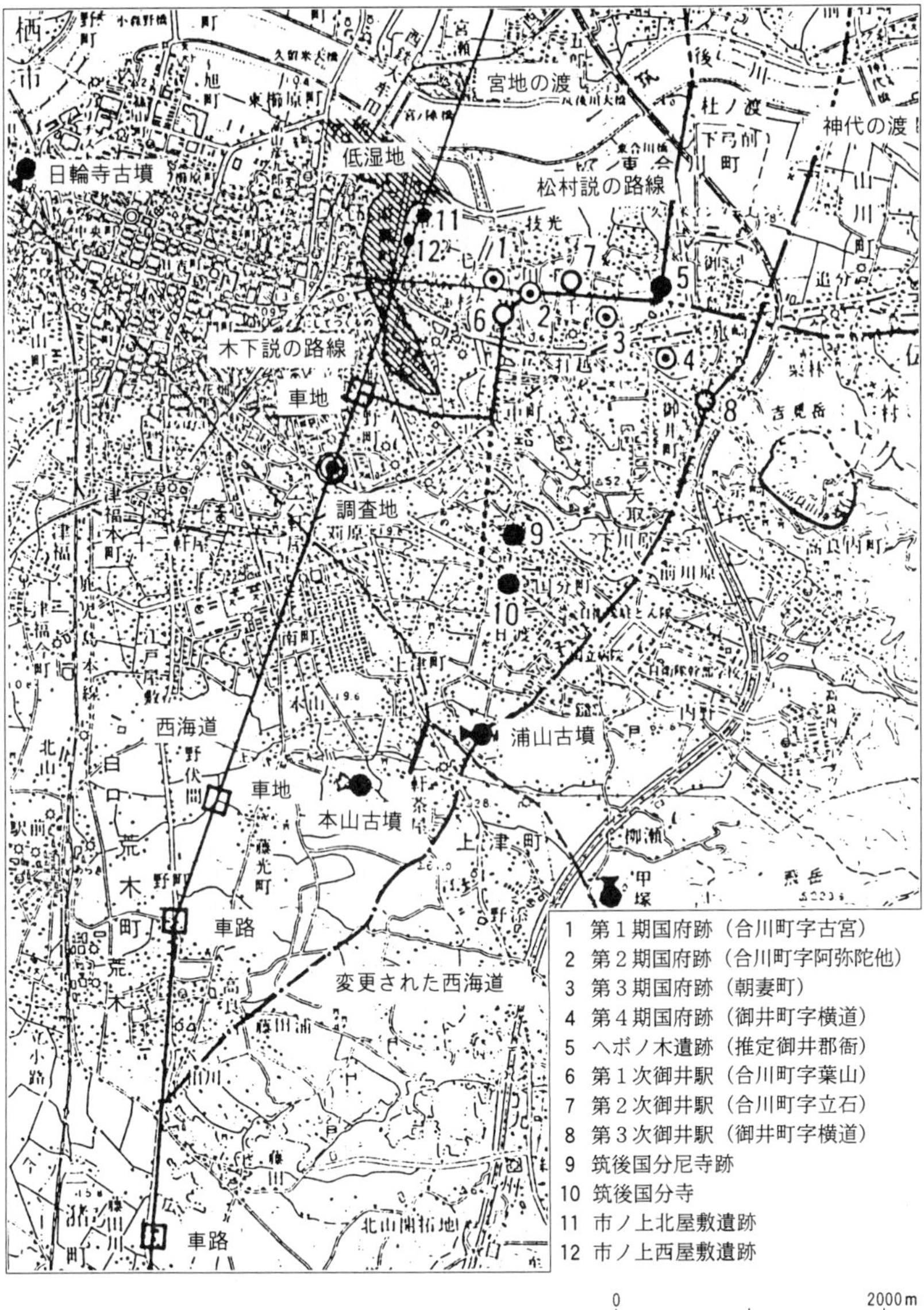

図３　筑後国府付近西海道官道変遷想定図

（久留米市文化財調査報告書第76集『古代官道・西海道跡、諏訪野町上牟田地区の調査』〈久留米市教育委員会、1992年〉第11図部分を転写）

あるが、それらはいずれも律令国家機構の変質と王朝国家機構の成立の下での筑後一宮高良社の繁栄が大きく影響したものとみるべきであろう。

第四節　鎌倉期の高良社と草野氏・大城氏

鎌倉初頭の頃には、高良社は皇室の直接の庇護下に入り、皇室領荘園の一つとなる。そのことのうかがわれる史料の一つは、文治四年（一一八八）七月の醍醐寺座主勝賢の「高良社施入状」（『続群書類従』釈家部巻八二五、表白集）である。勝賢は、高良社に大般若経一部六百巻と、螺鈿の厨子、雅楽の装束等を施入したが、その施入状のなかで「爰仏子勝（賢）不量近年以来掌当社之幾務、是雖為法皇之恩顧、猶知有明神之宿縁、因茲或私以修道偏為勤、仏事神事以興隆欲為先、永伝門跡而敢不退転」と述べており、すでに高良社が荘園化し、本家は後白河院であり、領家は勝賢で、以後三宝院門跡相伝と定められたことが察せられる。

果して建久二年（一一九二）十月の「長講堂所領注文」（島田文書、『鎌倉遺文』五五六号）の末尾の「不所課庄々」の筆頭に「高良社」とあって、後白河院御願寺の長講堂領であることが判明する。翌三年法皇は皇女宣陽門院覲子内親王に長講堂および堂領をすべて譲与した。当然高良社もその一つであり、降って応永十四年（一四〇七）三月の「宣陽門院御領目録」（八代恒治氏所蔵文書『大日本史料』第七編之八）の「一、長講堂領」のうちに、

筑後國高良社　　三寶院殿
　年貢米二百石

とあり、三宝院門跡の領家職が室町時代まで存続している。(21)

承久元年（一二一九）九月の玉垂宮・大善寺（久留米市大善寺町）の「本定額衆并新供僧番帳」によれば、高良山・大善寺・柳坂山（久留米市山本町）・肥前国背振山（佐賀県神埼郡）の僧侶により合同の仏事が執り行なわれ

ており（御船文書）、また山門郡にある瀬高下庄の鎮守鷹尾社は弘安八年（一二八五）を初見として「高良別宮」と称されるようになっている（光直奉条々書下、鷹尾神社文書、『鎌倉遺文』一五六〇一号、等）。このように高良社の信仰圏は、筑後北部はもとより肥前北東部や筑後南部まで拡大しつつあった。嘉暦二年（一三二七）四月の瀬高下御庄大宮司紀元重言上状に、大宮司給分について「任本社高良宮之法、元重可糺給之条勿論之間」云々と申し立てているように（鷹尾家文書、『鎌倉遺文』二九八三一号）、高良社の社法が別宮鷹尾社にも準拠とされるにいたった。

但し高良社内における大祝・大宮司・座主の鼎立と三頭支配は、時として彼らの勢力争いをもたらした。正中二年（一三二五）八月二日付某袖判書下写（『筑後国史』所収鏡山文書、『鎌倉遺文』二九一七〇号）によれば、去る正月三日高良社大宮司有基と大祝安延とが社頭で闘乱したので両人とも所職を改替されたが、安延は神と同姓の職であり、六十余代末だかかる悪事を犯さずと重ねがさね嘆き申したので、諸職所帯を安堵すると裁定されている。奉者は権律師某であり、宛所は「高良山源所殿」とある。おそらく袖判は領家の三宝院門跡賢助で、宛所の「源所」は預所の誤写であろう。この場合は大祝に有利な裁定となったが、対立の根本的な解決には程遠かったに違いない。また高良山の衆徒は、第一節に掲げたように、建武政権下に西大寺領の古国府や米納（山本郡耳納か）を濫妨して、綸旨を以て制止されている。これも詳しい事情は明らかでないが、高良山座主の配下にあって軍事力を蓄えた衆徒の独走ではなかったであろうか。

さて鎌倉初頭に史上に現れるのが在地豪族草野氏である。草野氏の出自と鎌倉時代の動向については川添昭二氏の論考に詳しく、関幸彦氏の論著にも説かれているので(22)、それらによるとともに、若干の私見を加えたい。

草野氏は系図によれば肥前の藤原姓高木氏の一族で、後述の永平の父永経のとき筑後国山本郡草野に移住したと伝えられる。右の注(22)所掲川添氏論文の指摘するように、鎌倉初頭建久年間の高木宗家の大宰大監と肥前国

大城村
石浦
西郷
浮地
人橋村
善導寺村
古北
中尾
富本
竹野
龍泉寺草野町
木吉
耳納
作大
小山田
紅桃林
塚原
合原
高椋
下野
豊田
柳坂
宮園
山本村
山
風
發心山
杉谷
桑川内
川村
木浦
下横山
尾久保
金丁山
赤藪
小椎尾
迫瀬谷
柴迫
米 1000 500 0 1000 2000 3000 4000
町 10 5 0 10 20 30 1 里

図 4　筑後府中・高良山・耳納・草野等地形図
（５万分１地形図「久留米」〈明治33年測図・同44年修正測図・大正２年発行〉による）

押領使兼任、次に述べる草野永平の肥前国鏡社（佐賀県唐津市鏡字宮ノ原鎮座）の大宮司職兼補、後に触れる文永十年の草野永種（入道蓮種）の譲状に大宰府内の屋敷一所が見えることなどから、草野氏の祖は肥前国衙の在庁で大宰府の府官を兼ねる者と推定される。

鎌倉初頭、草野永平は筑後国在国司兼押領使として歴史の舞台に登場する。すなわち『吾妻鏡』文治二年（一一八六）閏七月二日条と翌八月六日条の記事によれば、源頼朝は筑後国住人草野大夫永平が平家に従わず無二の忠を致したことを認めて、その所望する筑後国在国司・押領使両職の安堵を朝廷に推挙し、その結果両職を安堵する旨の後鳥羽天皇綸旨が発せられた。かつ同じく『吾妻鏡』の同年十二月十日条によれば、頼朝は草野次郎大夫永平を相伝と奉公の労とにより肥前国鏡社宮司職に補している。こうして永平は筑後国在国司兼押領使ならびに肥前国鏡社宮司の所職を確保し、かつ鎌倉幕府の御家人の地位を獲得することによって、筑後・肥前両国における格段の活動強化を可能にしたに違いない。

諸国在国司の性格および活動については注(22)所掲関氏論著に詳述されている。それによれば在国司は多く在地土豪の出自であるが、目代の次位に署判する在庁の筆頭であり、在庁集団を統轄して国衙機構を支える機能を持つとともに、各国一宮等の造営・遷宮以下の国衙神事に際して在庁官人を結集する媒介的機能を果たし、かつ多くは宮司・社司・神主の側面を併有したことが明らかにされている。草野永平のその後の筑後国在国司としての活動は伝わらないが[23]、肥前においては預所某外題案のある鏡宮住僧朗然の解状案（京都大学所蔵文書、『鎌倉遺文』二二二二号）に「爰幸西得大宮司永平寄進状、建立堂舎僧坊以来、草堂漸歴二十廻之春秋、」云々とあり、永平は鏡社の興隆に努めたことがうかがわれる。草野氏の名字の地筑後国山本郡草野郷は高良山を西端とする水縄山地の北麓にあり、朝妻・横道辺りからも約六キロの距離であり（図4参照）、おそらく永平は草野と国府の間を往来して在庁官人を統率し、時として肥前北部に赴いて鏡社の経営に当たったのであろう。

寛元元年（一二四三）に至り、時の在国司と高良社との間に紛争がおこった。それは同年十二月三日付の六波羅探題北条重時の筑後守護代宛の召文御教書案（「高良記紙背文書」六号、『高良玉垂宮神秘書・同紙背』所収）に見え、高良玉垂宮大祝安□が当国在国司大城次郎永幸の狼藉を六波羅探題に訴えたので、去る八月頃に召文を下し遣わしたが、未だ回答がないので、子細を決するため明春正月中に永幸と証人森次郎を京都に催し上すべしという召喚を内容とする。この狼藉の具体的な内容も、それがどのように解決したかも不分明であるが、本文書の川添氏注に指摘されているように、大城氏は草野の北西二キロの御井郡大城を名字の地とし（図4参照）、永を通字とするところからも草野氏の同族と推測される。

その後の筑後草野一族の動向は、文永・弘安年間頃から現われる。その一つは文永十年（一二七三）六月の沙弥蓮種（草野永種）譲状（草野文書、『鎌倉遺文』一一三四四号）と翌十一年十一月の関東下知状（同文書、『鎌倉遺文』一一七五五号）で、蓮種（永種）は養子四郎永平（鎌倉初期の永平とは別人）に筑後国竹野御庄河北郷惣公文職・押領使職・同郷内赤目別府以下、同国内恒用名、筑前国大宰府屋敷等を譲与し、永平は翌年亡父の譲状に任せて、これらを幕府から安堵されている。但し永種の譲状に「於代々御下知者、給与于太郎次郎之間、」云々とあって、嫡子は太郎次郎（永綱）であったことがわかる。

さらに応長元年（一三一一）七月の沙弥円種の和与状（草野文書）等には次の人びとが見える。(24)

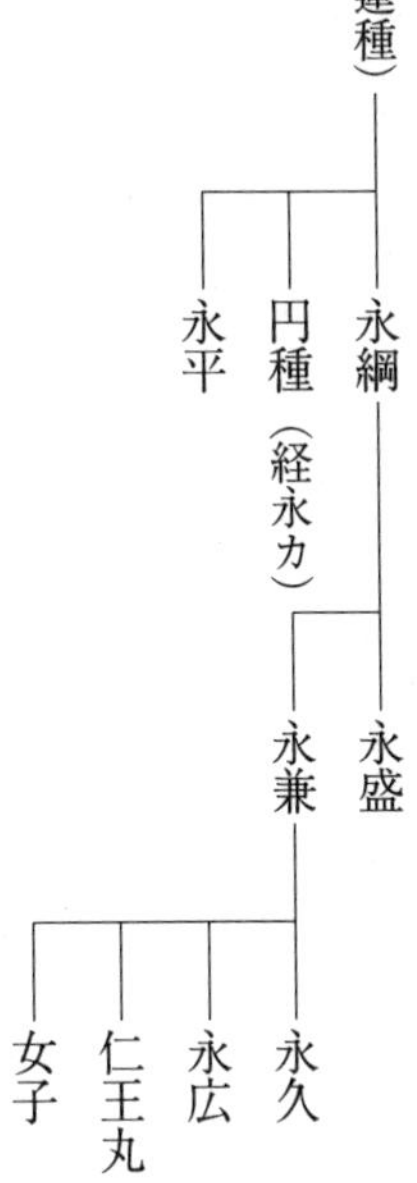

『蒙古襲来絵詞』に「くさの丶次郎」の奮戦が描かれ、弘安八年（一二八五）の「豊後国図田帳」に国領海部郡小佐井郷の地頭として肥前国御家人草野次郎経永が見える（『鎌倉遺文』一五七〇〇号）。経永は祖先の本貫である肥前国に再び本拠を移し、おそらく元寇防衛の軍功によって豊後国にも所領を獲得した（注22所掲川添氏論文）。なお川添氏はこの経永を「比志島文書」弘安九年閏十二月恩賞注文に「草野次郎継永筑前国久重楽万地頭職　景資跡」と見える継永かとし、円種が肥前国内の遵行に当っていることや『宗像神社文書』所収「壱岐島石田保内薬師丸相伝系図」に「沙弥円種草野次郎入道」と見えること等により、円種はその法名と推測されている。そうとすれば経永は筑前・壱岐にも地頭職を有していたこととなる。

一方「草野文書」には弘安三年（一二八〇）八月日付の藤原永基所帯所職惣間帳案（『鎌倉遺文』一四〇六七号）がある。これは「筑後国高良御宮在国司藤原永基先祖相伝所帯所職惣間帳事」と題して、一〇項目にわたり所領所職を列挙し、子息等に分譲する条は面々の譲状に載せたが、後日のための「惣間之状」がこれである、としたものである。その一〇項目のうち、御幣嶋迫、宮吉名、杉延名、筑前国怡在（土カ）御庄内福井村惣領田地・在家・山野・海河等の四項目は高良社との関係を見いだせないが、他の六項目は高良社の権益に関係するものである。

すなわち、①高良宮在国司職、②同御菩薩田十弐町　在国司職免田也、③高良宮二月朔幣田国庁壱町、④竹井御領内免田拾壱町　是ハ高良御宮五九両会饗膳料也、⑤枝光料在家并田畠等但田代者当社理修（修理カ）之封田也、畠地者同宮五節供若菜免也、在家者竹野御庄領也、⑥於当社御神事日々検断者、不浄山宮所令取行、在国司也、という各項であって、①・②は高良宮の在国司の職権とその収益を得る免田、③〜⑤は高良社の神事・修理等の料田からの収益、⑥は数々の神事の際の検断権、となっている。この永基の所領所職は、筑後国在国司職が高良社の神事と密接に結び付いて、「高良社在国司職」と称せられた事実をよく示している。在国司大城永幸が高良社と権益を争ってから四〇年足らずで、在国司の地位はほぼ完全に高良社の組織に編入されているのである。

ところで在国司藤原永基は、草野永種の譲状作成から僅か七年後に、全く別個に自分の所領所職を子息らに分譲している。しかも「草野文書」に収める戦国以前の文書はすべてが正文であるのに、この永基の惣間帳に限って案文である。したがって永基は永種を惣領とする草野氏と同族ではあるが別系統であって、おそらく寛元元年に見られる大城永幸の後継者であり、永幸の嫡子か嫡孫とみてよいであろう。かつての草野大夫永平の子孫は、筑後を中心に肥前・筑前・豊後等にも繁栄する嫡流の草野氏と、筑後国在国司職を譲られた庶流の大城氏とに分かれ、後者は一部の所領を筑前にも有するものの、高良社の勢力に近付いてその組織の一部を形成し、高良社在国司と称するに至ったと推定されるのである。

隣国の肥前では、鎌倉時代を通じてしばしば目代や在庁官人の署判した留守所発給の文書が認められ、南北朝期延文五年（一三六〇）にも「権介」七名連署の「在庁官人加署之状」が作成されている（河上神社文書）。筑後に同様の在庁の活動の史料が残らないのは、在国司以下の在庁が早く高良社の組織に組み込まれた結果ではなかろうか。

正慶二年（元弘三年、一三三三）二月廿五日、鎮西探題北条英時は、高良玉垂宮雑掌朝厳の提訴した鏡馬入道等の社領山本郷内押妨という訴訟に基づき、大城又次郎入道・草野次郎太郎入道（円種カ）の両使に社家への渡付の遵行を命じており（隈家文書〈久留米市文化財調査報告書第55集『大善寺玉垂宮関係文書』図版所載〉）、大城氏は草野氏と並んで鎌倉時代最末期にも鎮西御家人として活動していることが知られる。

降って『高良記』に在国司は、「御祭礼ノ検談（断、下同）ヤク」(30)、「十五番ノ矢武作馬（流鏑馬）ノ検談ヤク」(71)であるとともに、

一、草野ハ　上宮ノ留守職、在国司ハチンサイカツシ（鎮在ケ辻）ノ留守職也、在国司　草野ハ両留守職、御遷宮時モ　新所御社ハ　在国司、フルノ御社ハ　草野ナリ(31)

と、草野氏と並んで両留守職と称されている。この留守職という名称も、国衙在庁とともに筑後国の留守所が一宮高良社に従属するに至ったことを示すものである。このようにして、在国司は高良社祭礼の際の検断役などとして活動することとなるのである。

なお筑後守護は建永二年（一二〇七）に初めて大友能直が現れるが、その後北条一族、武藤（少弐）氏、宇都宮氏等がしばしば交替して在職し、一氏による世襲・定着に至らなかった。(25) それゆえ守護と在地豪族との被官関係もあまり発達しなかったようであり、守護所ないし守護代所の所在地なども全くうかがうことができない。

第五節　南北朝・室町期の筑後守護と高良社

南北朝時代の九州は周知のように南北両軍が鋭く対立し、さらに一時は足利直冬党の伸張によって戦闘が一層激化し、ついで南朝方が優勢になった。なかでも筑後国は大宰府と菊池氏の本拠肥後国菊池郡との中間に位置するため、筑後府中ならびに高良山はしばしば争奪場裏となり、ことに一時は南朝方の一大拠点となった。すなわち征西将軍懐良親王を奉じた南軍菊池氏等は、草野氏の支持をも得て正平八年（一三五三）高良山に進出し、正平十六年（一三六一）大宰府に進出するまで征西将軍府が置かれた。また文中元年（応安五年、一三七二）今川了俊の大宰府攻略により征西将軍府は再び高良山に移り、文中三年今川勢の攻撃と味方の離反のため撤収するまで高良山は再度の征西府所在地となった。(26) 但し天授三年（一三七七）二月、懐良親王は高良下宮に願文を納めて、祭礼の興行、灰燼となった社壇の造営、筑前国富永庄地頭職の寄進を約しており（玉垂神社文書、『南北朝遺文九州編』五三六八号）、戦乱によって高良下宮の社殿が焼失したことが知られる。

筑後国の南北朝期における足利方守護の動向は山口隼正氏ならびに佐藤進一氏の論文(27)に詳しい。これらによれば、建武年間以来の筑後守護は宇都宮冬綱であったが、彼は国内に所領をはじめとする私的基盤を欠き、その分国経営の基礎は脆弱で、そのため足利直冬に属するなどの動揺を見せた（注26ⓓ参照）。貞治二年（一三六三）豊後守護大友氏時が将軍義詮から当国守護に補任され、彼は翌三年子息氏継に豊後・筑後両国守護を譲与し、義詮から安堵された。大友氏は鷹尾別府・生葉庄・三潴庄半分を所領としたが（大友文書　貞治三年二月大友氏時所領所職注文）、一三六〇年代の当国は征西将軍府の支配下にあり、大友氏の発給文書は全く現存しない。応安四年（一三七一）頃、氏継は南朝方となって幕府から守護職を罷免され、代って鎮西管領（九州探題）今川了俊が当国守護を兼補し、とくに永和三年（一三七七）以降、所務の遵行をはじめ、所領預置・所領安堵・検断・推挙など多くの在職徴証を残す。了俊の守護代としては長瀬尾張守直藤が遵行命令を受けているのが知られるが（注27所掲山口隼正氏論文、同所掲佐藤進一氏著書参照）、守護所ないし守護代所の所在地に関する知見は存在しない。また今川氏の筑後守護領も管見に入らない。前守護大友氏の所領は永徳三年（一三八三）七月前掲の生葉庄に代って岩方村が見えるが、他の二ケ所は維持されている（大友文書　大友親世当知行地注文）。

元中八年（明徳二年、一三九一）と推定される十二月九日付五条頼治申状案に、「抑当国筑後大略雖属凶徒候、頼治踏矢部・津江両山、抽忠節候、（中略）就中今年九月凶徒引退八代之陣□以後、当国守護人大友修理権大夫親世親類大友次郎親氏、守護代如法寺若狭守氏信等、卒《率》筑後・豊後両国之勢、自方々可攻当山之由依其聞候」云々とあり（史料纂集『五条家文書』三五号）、豊後守護大友親世が当国守護に補任され、当国が再び大友氏の分国となったことがわかる。その後は、室町時代を通じて大友氏が代々筑後守護を継承した。『編年大友史料』所収の将軍家袖判御教書からだけでも、筑後守護補任を大友親著・持直・政親（半国守護）・親繁・親治・義親（義長）の順に辿ることができる[28]。

しかし、大友氏の筑後支配は、本拠の豊後府中と隔たっている上、大内氏や菊池氏との抗争があり、すこぶる不安定であった。永享年間には大内持世・菊池兼朝らは幕命を受け、九州探題渋川氏を扶けて少弐満貞・大友持直と戦い、永享四年（一四三二）三月には菊池兼朝が筑後に侵入して少弐方と合戦ののち、肥後国に退いたと報じられ（『満済准后日記』永享四年三月十八日条）、同五年八月少弐満貞は筑前国で大内勢に破れて討死し、ついで大友持直は豊後府中から乗船して行方を晦ました（同書同五年九月五日条・十月三日条）。但し翌六年には菊池兼朝が筑後で敗戦し、肥後に撤退したと伝えられ（同書同六年十一月廿二日条）、大友方はやや形勢を挽回した。

また寛正六年（一四六五）には、筑後国人黒木越前守・三池玄蕃允等が菊池方に支援されて叛くが、高良山に陣した大友親繁は反撃して黒木氏等を降伏させ、菊池為安を討ち取った（志賀文書　大友親繁感状、『筑後将士軍談』）。やがて応仁の乱が起こると、親繁は少弐氏とともに東軍に属し、西軍大内氏の軍と筑前・筑後等で激戦を交え、応仁二年（一四六八）八月には、肥後国人志賀親家の高良山別所城での奮戦を賞して筑後国竹野郡麦生村五十五町を預け置き、守護代にその打渡を命じている（志賀文書　大友親繁預ケ状、大友氏奉行人連署奉書）。

このように戦乱がなお室町中期を通じて断続したため、大友氏の筑後国人層掌握は容易でなく、高良社にも、大友親著（沙弥道瑛）が永享九年（一四三七）十二月に筑後国三原西郷内吹上名を寄進し、文明三年（一四七一）親繁がこの寄進地を安堵した程度にとどまる（座主坊文書　沙弥道瑛〔大友親著〕寄進状、大友親繁安堵状）。

一六世紀初頭の大友義長の代に、ようやく筑後国内に知行体制が成立する。文亀二年（一五〇二）三月、義長は草野太郎（興秀）知行分として、山本・竹野・御井三郡にわたり一部は三潴郡内も含む広大な知行分を充行ない（草野文書　大友義長袖判書下案）(29)さらに永正五年（一五〇八）十一月、草野興秀・五条良邦・田尻種久等に知行地を充行ない、かつ高良社に山本・三潴の両郡内に計一三八町の神領の知行を認めている。（『大日本史料』第九編之一所収　草野文書・五条文書・田尻家譜・座主坊文書(30)・鏡山文書）。また某年十二月、義長は「上妻一揆合衆」に対して残党成敗への馳走を賞し、かつ正月十五日以内の出兵を告げて協力を要請しているように（上妻文書）、筑後国内の群小国人等は「一揆合衆」または「高一揆衆」とよばれる連合を結成して大友氏の傘下に入った。

次代の大友義鑑は、大永二年（一五二二）十月、草野親永に宛てて宿老七人の連署奉書を下し、山本郡御神領の諸済物・公事足以下が未納で、ことに去年分の土貢が全く社納されないので衆徒は過半離山したとして、「三ケ一徳之苅分」「公事銭一段別三十文通」等の社納を厳命し、高良社領保護と国人統制に乗り出している（草野文書）。しかし義鑑の代にもなお大内氏およびこれに呼応した筑後国人らとの合戦は続き、天文三年（一五三四）九月には生葉郡大生寺にたて籠った義鑑の部将星野親忠以下は大内義隆の部将杉重信等に攻撃され、親忠以下数十人が討死した（『萩藩閥閲録』七十九、杉七郎左衛門33、大内義隆感状写）。この頃と思われる某年十月、義鑑は高良社大祝に充てて「就今度筑後錯乱、別而被添御心之由候、祝着候、」云々と申し送り（草野文書）、高良社の協力を期待したのである。

しかし大友氏の筑後支配はなお容易に安定しなかった[31]。義鎮（宗麟）の代から肥前の龍造寺氏との抗争が起こり、草野氏も龍造寺氏の援助を得て大友氏に背き、永禄七年（一五六四）から同十二年にかけて義鎮みずから再三筑後に出陣して高良山を本陣とした（大友家文書録、卯月十八日付高良山大祝宛大友宗麟書状案。「北肥戦誌」等）。ついで天正年間になると、龍造寺隆信は大挙筑後に侵入し、国内は大友・龍造寺両氏の激しい争奪戦にまきこまれる。高良社大祝鏡山保常（宗善）は辺春城に戦死し、天正十□年（十一年〈一五八三〉カ）三月、筑後在陣の大友氏部将戸次道雪ら四名は鏡山大祝宛に親父宗善の戦死を賞し、三潴・三井両郡内の地計五十六町を充行なっている（鏡山文書）。さらに天正十四年（一五八六）島津義久が大挙北上し、同年六月には高良山に島津勢が陣した。この島津勢の進攻により高良山は焼失したと伝えられる（『筑後将士軍談』巻十七）。

ここに大友宗麟の要請を受けた豊臣秀吉の九州出陣となり、天正十五年四月秀吉は高良山の吉見嶽城に陣して、筑後・肥後の諸氏を謁見し（九州御動座記）、これより筑後国は近世的秩序へと移行する。

以上のように、南北朝期以来、高良社周辺はしばしば戦乱の巷となり、高良山にも懐良親王の征西将軍府が置

図5　筑後府中・高良山(部分)の小字名・城跡等参考地図

城跡　①茶臼山城　②東光寺城　③磐井城　④吉見嶽城　⑤古宝殿山城　⑥鶴ヶ城
⑦杉ノ城（住厭城）杉ノ城の東500メートルの高良山頂を中心に別所城がある。

（1万分1「久留米市全図No.2」を縮小。傍線を付した名称は、古賀寿編「高良玉垂宮神秘書参考地図（I）」による）

かれ、大友氏の陣営にもなっている。そのため高良山は要塞化し、山中に八ケ所の城跡が残り(32)（図5参照）、吉見嶽城のように、大友氏が築いたとも伝えられるものが存在する。(33)それゆえ大友氏の平素の筑後守護所はおそらく高良山下の府中に置かれたのであろうが、その位置や遺構を伝える徴証は存在しない。また、付近には大友氏の直轄領も見られない。これらは大友氏が筑後府中支配を確立するに至らなかったことの現われであろう。

第六節　中世都市筑後府中の組織と空間構成（一）　高良社関係

『高良記』の記述は五五一条よりなり、まず祭神および大祝家の由来を説いて後、祭礼・遷宮・市祭りなどの行事次第を詳細に述べ、大祝・大宮司・座主の三職および在国司以下社家衆・寺家衆をはじめ武士・商工業者等のそれらの行事への参加とその役割を説明し、あわせて上宮・下宮の神領、三職以下の所領などに言及する。以下、本節ではそれらの中から高良社と筑後府中の関係を中心に諸施設や町の空間構成を探ることとする。なお筑後では府中という称呼が高良山の山下の現在の久留米市御井町に展開する都市的な地域を意味したことは、『高良記』の記事に「苻中座」（296）、「苻中上《ウエ》ノヤシキ」（330）などとあることからも推測できる。

高良山から府中にかけての神社としては、上宮（17・50等）・下宮（2・72等）をはじめ、朝妻七社（127・159等）・伊勢（151等）・本躰所（151・227等）・印鑰（151・166・327）・留守（留主）七社（104・128等）・一ノクウ（宮）〜七ノクウ（131〜137・157）・妙見（151・167等）などがあり、そのうち上宮をはじめとして留守七社・妙見社などは山上に、一ノ宮〜七ノ宮は山上へ登る参道の側にあるが、下宮・印鑰社・本躰所などは山下の府中に鎮座し、朝妻七社は府中の北西の朝妻に所在する（以下、図5・図6参照）。ことに、

一、大宮司ハ、カキ（鍵）ノヤクニヨツテ、印鑰ヲツカサトルナリ（166）

一、座主、妙見ヲツカサトルナリ（167）

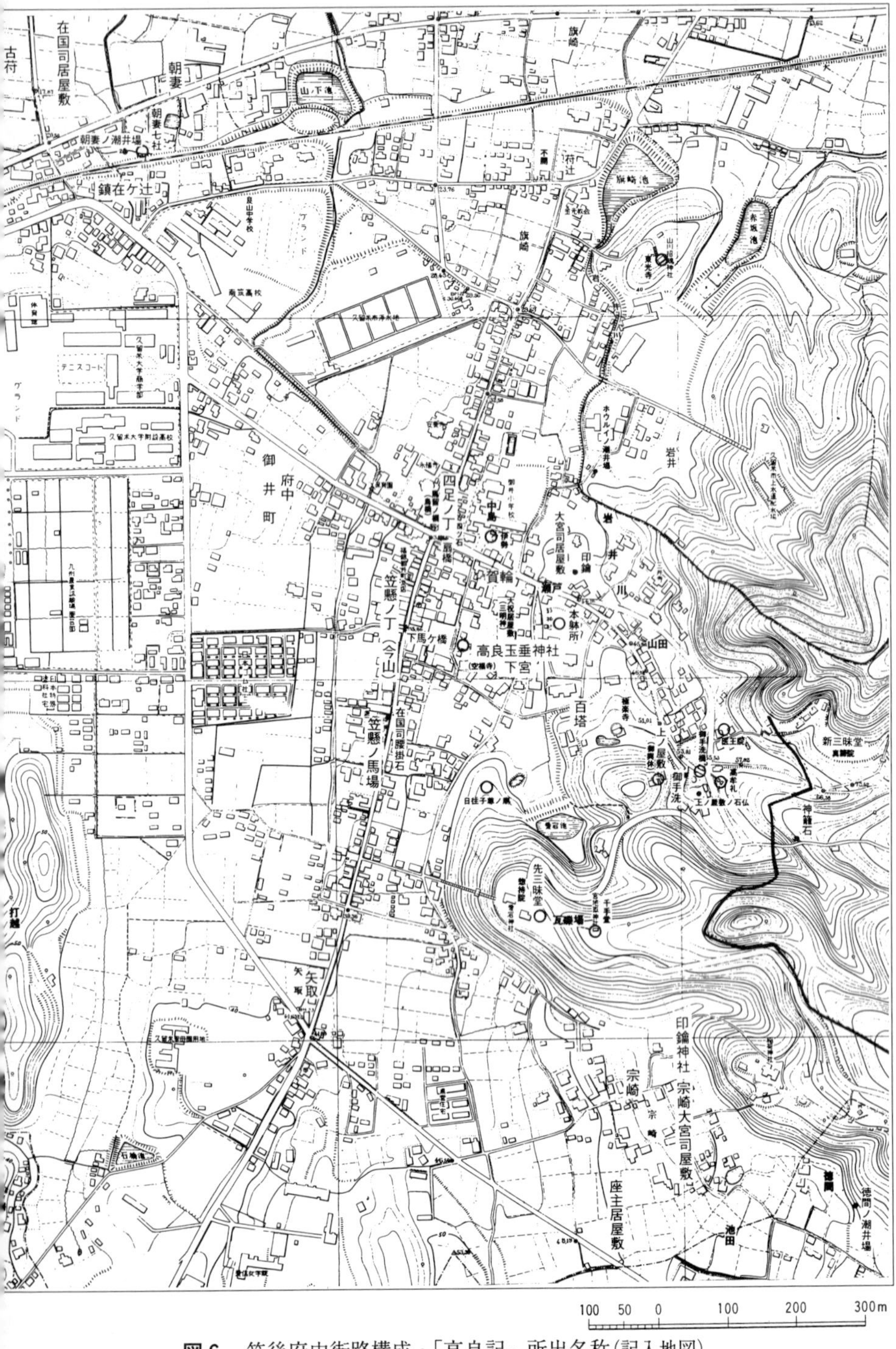

図６　筑後府中街路構成・「高良記」所出名称(記入地図)

(古賀寿編「高良玉垂宮神秘書参考地図(Ⅰ)」部分による)

一、在国司、朝妻ヲツカサトルナリ（168）
一、大祝、本躰所ヲツカサトルナリ（169）
一、大祝ノ本躰所　大宮司ノ印鑰　座主ノ妙見　在国司ノ朝妻、是レヲ四ケノ社ト申也（170）

とあって、印鑰社・妙見社・朝妻七社・本躰所がそれぞれ大宮司・座主・在国司・大祝の管轄下にあるとされ、国庁の印鑰を祀った筈の印鑰社も全く高良社の組織に編入されている。

写6　宗崎の印鑰神社(右)　**写7**　同社社殿の額(左)

仏寺・諸堂では、高隆寺（351等）・三井寺（375）をはじめ、弥勒寺・先三昧堂・新三昧堂・宝塔院・正覚寺・観音寺・勢至堂・本地院の八ケ寺（82・125・180等）、大見堂・楽《薬カ》師堂・常行堂・食堂・廻堂・不動堂・辻之堂の七堂（126・151・180等）があり、これらの諸寺・諸堂は座主の支配下にあった。

大祝・大宮司・座主および在国司はいずれも府中域に居館を占めていた。大祝は「一、大祝居屋敷ヲ三明神ト云エリ」（199）とか「一、大祝イヤシキ、三明神サシツ《指図》ノコト」（336）とあって、本躰所の西、下宮の北の三明神と呼ばれる地に居館を構えていた。大宮司は「一、大宮司イヤシキ、岩井ノムラ、サシツノコト」（338）とあり、また「大宮司　ミヰテン《御井田カ》　四十二丁　本名字　岩井ナリ」（203）とも記され、字岩井川の付近に居館があったことが知られる。ここには印鑰の地名が残り、大宮司が印鑰をつかさどるという伝承を裏付けている。ただし近世の大宮司居屋敷は宗崎に移り、印鑰神社も宗崎に現存する。(34) なお上宮の本殿の傍らにも印鑰神社がある。

座主の居館は「一、座主イヤシキノ、カウラウチ《高良内》ノサシツノコト」（337）とあるが、「キタハ　ツフテハ《瓦礫場》ノキシヲカキリ」とか「ム子サキ《宗崎》ハ、カウラウチノウチタリトイエトモ」などとあって（同上）、現在の高良内町の集落よりも北に寄った地に居館があったようであり、「一、座主　ソウクテン（僧供田）　四十二丁　本名字　千田　池田、コノウチニ　出家座主職ヲツクナリ」（204）ともあり、字池田が名字の地である。この字池田の北隣の字「大屋敷」は宗崎に移った後の大宮司屋敷の遺称かとも思われるが、字池田の南にも字道堀を隔てて字「大屋敷」があり、これは座主居屋敷の遺称とみるべきであろう。

在国司については第二節に引いた第324条のほかにも「一、在国司イヤシキ　アサツマ　ノサシツノコト」云々（339）とあって朝妻に居館が存在したことが明らかである。朝妻は平安後期に国府が存在したばかりでなく、第二節に述べたように朝妻の井という神聖視された湧泉があり、『高良記』にも「一、御遷宮ノ時モ、大祝職　アサツマヱ、シヲイ（潮井）ニクタリ玉フ時ハ、カイ（貝）ヲフキテ、人数ヲアツメ、同心ニ　シヲイニクタリ玉フヘシ」（289）とあるように、遷宮の際に大祝が水垢離をとる場所であった。また前述の朝妻七社が祀られ、「一、朝妻ノ大宮司ヲ　七戸《シチト》大宮司ト云也、在国司ノ名躰ナリ」（171）というように、在国司の名代といわれる七戸大宮司と称する神職が置かれていた。さらに朝妻の南に接する鎮在ケ辻は、祭礼に当たり「三所大明神　御輿ヲト、ノヱテ」（32）「一、十月十一日、御幸アツテ、同十三日ノ午時ニ、チンサイカ辻ヨリ、本躰所ヱ御登アリテ」（66）とあるように、神輿が一旦遷幸する神聖な場所であって、この鎮在ケ辻の「留守職」（前掲31）が在国司の職務とされたのであった。

ところで、第一節に掲げたように、「苻ノ五口」（361）があるという。これは京都や鎌倉の七口に倣ったものであろうが、「苻ノ五口ノ外」に、前掲のように御神行口があり、これは御輿の神幸のとき以外は開けない口であるというから（362）、五口にも木戸・釘貫のような設備があって、府中とその外部を隔てていたものとみえる。この五口は朝妻の北にあった栗屋（厨）口（注26ⓑ参照）以外は文献に現れないが、図5に見られるように、座主居屋敷の南西方に「原口」、南東方に「坂ノ口」の小字名がある。坂ノ口は高良山、とくに上宮への登り口の一つで、「高良ノ三口」の一つ「カウラ内」(360)の口であるのに対し、原口は「苻ノ五口」の一つの遺称であろう。そうとすれば、朝妻の在国司居屋敷は府中の北限に近く、座主居屋敷はその南限に近いのに対して、大祝と大宮司の居屋敷は府中の中心部に存在したので、中世の筑後府中の範囲もほぼ判定できる。「今の苻」とはこれらの居屋敷を含む府中域全体を意味するに違いない。つまり「苻(府)ノ五口」の中が「府中」なのである。したがって延久五年（一〇七三）以前は「朝妻ノ下」にあったという伝承の「モトノ苻」も、朝妻の崖線の下に広がる朝妻町から東合川町にかけての第三期国府域を含むかなり広範囲の地域をイメージしたものと推測される。

なお高良社の神職としては社家衆（78・89等々）があるが、その主なものは「八人之神宦(ママ)」すなわち「一、田尻(ママ)　小祝　外湯　諸司代(ママ)　印塚(ママ)　福成(衍カ)　両福成(35)　稲数已上八人ナリ」(343)であり、これらの「神宦」は「ミコシノヤ(神輿)クナリ」(545)とある。彼らの居住地域は、「一、小祝イヤシキ　アシキ二十丁也」(521)、「トノヱ(外湯)イヤシキ　トノヱ也、五丁也」(522)、「一、タシリイヤシキ　タニシリナリ、五丁也」(523)などとあり、アシキ（阿志岐）は追分の南、阿志岐坂（図5参照）の登り口付近、トノヱ（外の湯）・タニシリ（タンジリ、谷尻）は阿志岐と朝妻との中間の旗崎付近にある。稲数（稲員）氏の名字の地稲数は大城の北に接する地で府中の北東四キロにあるが、「イナカスイヤシキ　コカ　三丁也」(526)という居屋敷のある古賀は八女郡広川町にあり、府中の南四キロに所在する。このほか印塚は三潴町犬塚とみられるように、例外的にやや遠いものがあるが、大部分の「神宦」は府中の数キロ以内の地域に居を構えていたのである。

また「十二人ノヲトナ」として「ヲノ　クリハイシ　クリヤ　ユケ　ノナカ　ヱタミチ(枝光カ)　タカノ　クルメ　ホンシ(本司)　ヲ、クマ(大隈)　コクフ　カウタラキ(上津荒木)」(546)があった。彼らの居住地も、その名字の地の内、厨（栗屋）・弓削・野中・枝光・高野・久留米・国分などは府中近傍の旧枝光国府ないしその周辺数キロの地に分布しており、彼らが旧国府近傍を本拠としていることや、厨・枝光・国分といった名字自体からも、これらの「ヲトナ」の多くはおそらく在庁官人の後身であろうと推測される。

さらに社家衆として「一、五人ノ神楽男ノ子ノ人数、大宮司　社宮司　与一　宮代　社家代　コレ也」(345)、「一、八人女房人数、惣ノ一　弐ノ一　参一　高一　宮ノ一　太ノ一　四殿　五ノ殿　コレ也、社家衆カレコレトリ合テ四百六十六人ナリ」(346)などとある。「四百六十六人」というのはいささか誇張があろうが、相当多数の社家衆が存在したに違いなかろう。一方座主配下の僧侶には寺家衆七人(78・92等)、勧進(92・302)・学頭(92・303)・伝法師(92・304)という「法ノ三職」(52・78・92・301・514)、「頭坊三十六坊」(51・407・409)、「惣坊三百二十四坊」(408)があり「三百六十坊ノ衆」(50)と総称されている。クニン(公人)・コタウ(勾当)・テンシヤウ(殿上)衆・衆徒(77書入)等もこれらの社家衆・寺家衆の一部であり、さらにテンカク(田楽)(54・266等)、カイチヤウ(駕輿丁)(57)等があった。彼らの多くは平素は山下の府中に居住していたのであろう。

第七節　中世都市筑後府中の組織と空間構成(二)　町・市・座関係

本節では、前節に続いて『高良記』に拠りながら、主として筑後府中の町の空間構成および町民の組織する市・座の性格を追究することとしたい。

祭礼・遷宮等に際しては高良社に属する社家衆・寺家衆のほかにも、多数の参加者が集まったことが『高良記』からうかがわれる。まず小二(少弐)・大友・キクチ(菊池)・シマツ(島津)の四氏(32)を四頭と称し(16・18等)、この四頭の名代をはじめ、当国の国衆(32・74・245・287・288等)・カウイツキ(高一揆)(74・287等)・クンシヤウナイ(郡・庄内)衆(74・287・288等)等の武士が「六丁ハン(番)」(32)と称して沿道の辻々を警固し、白杖モチ・神璽モチ・神弓モチ・鉾モチ・榊葉・ヒテ笠・シラヘイ・サセハ等の神人(41〜49)、座頭(地神経読み)(50)・舞楽(50・51)等の人びとが神輿の前行を務めるとある。「一、光厳天皇九十七代ヨリ御祭礼絶タリ」(357)

とあるように、戦乱のほとんど絶間ない南北朝・室町期には、このような盛大な神事は行なわれなくなったが、社家・寺家以下の日常生活を支えるためにも、高良山下には市場が開設され、やがて商人・手工業者等が集住し、現在の御井町を主とする府中域に街区が形成されるに至った。いまは説明の都合上、府中の町の空間構成から述べよう。

府中の町が上《かみ》ノ町《ちょう》・下《しも》ノ町《ちょう》の二町からなることは、市祭りに関する説明に「アイモ本座《ノ脱》、上町ヨリヱミシユヲイタキタテリ、サテ、アイモノ中座ハ、下町ヨリ　ヱミシユヲ　イタキタテマツリ」（308）とあることや「一、恵美酒《ママ》ノタン《壇》ヲ　タツルコト、上町ヨリ　コツトイ《特牛》ノウシニ、米五斗イリノタワラ二ツウ、セ《負カ》、下町ヨリ　ウナウ《犂》ノウシニ、コレモ米五斗イリノタワラ二ツウ、セ、上下ヨリ子ラセユキ、アイタル《遇》トコロニ、タンカマヱヲスルナリ、」（315）などとあるのによって推定される。さらに恵美酒《えみしゅ》（恵比寿）の壇の供え物のうち「ヘイシ《瓶子》ノサケハ、ソノ所ノ町ノチトウ《地頭》ニ、神酒トシテマイラスルナリ」（同上）とあるのによれば、上ノ町・下ノ町にそれぞれ「町の地頭」が置かれていたらしい。現在でも御井町の街道筋の町並は北半が上ノ町、南半が下ノ町と呼ばれる。

写8　下ノ町の街路

写9　下ノ町の恵比寿神石像
（台石に世話人8人の氏名を刻む 昭和15年1月建立）

苻辻から笠懸の馬場を通るほぼ南北の町並すなわち中世以来の街道筋の一部と、朝妻・鎮在ケ辻からほぼ東西に本躰所・上の屋敷の前を通って山上にいたる上宮への参道とが交差する四辻付近を「四アシノ町（丁）」（32）といい、ここが上町と下町との境であろう。この四足ノ丁のほかにも、カサカケ（笠懸）ノ丁・ハ、（馬場）ノ丁・御ユキ（幸）ノ丁・ツシカタメ（辻固）ノ丁・岩井ノ丁・カハ（賀輪）ノ丁の各丁があり（32）、これらの七丁のうち、四足ノ丁以下の三丁は街道の一部、御幸ノ丁その他は参道の一部の名称らしい。これらの丁は祭礼の際に、それぞれ少弐名代・大友名代・菊池名代・島津名代・当国国衆・上高一揆衆・下庄内衆が、「六丁ハン（番カ）」と称して、神守屋という「七ツノ家」を建てて警固したという（同上）。四足・笠懸・馬場・賀輪の各丁のいわれは、

一、十五番ノ矢武作馬《流鏑馬》ノ時、馬ノ四足ヲ　ソロヱアツムルニヨリ、四足トハ名付タリ（363）

一、十五番ノ的立在所ヲハ、カサカケノ町トハ名付タリ（後略）（364）

一、馬場ト名付ル叓ハ、矢武作馬一番イテ《射》ハ、馬ヲアツメ〱スル所ニヨリ、馬場トハ名付タリ（365）

一、賀輪ト名付ル叓、御祭時、当国ノ国衆　ツシカタメノ大将ニアタリタル人ノ、竹ニテ輪ヲマケテ、布ニテハリ、ソレニ名字　名乗ヲカキ、又ハ、我〱　文ヲモ　イタシテ、彼所　立ル也、此ユヱニ、此所ヲ賀輪トハ名付タリ（370）

と説かれている。これらの「丁」は、上ノ町・下ノ町とは異なって町並の特定の地点を指すものであるが、それらの地点がそれぞれ祭礼に因んだ固有の名称をもって呼ばれるほどに、筑後府中の町は高良社の門前町として繁栄していたのである（図6参照）。

府中の市については、21条・295条などにも散見し、前掲315条には市祭りの次第を詳述するがこれとともに注目されるのは、市祭りの由来を説いた308条である。すなわち「高良　御ハカライニテ　九月五日ニクウ《宮》ヲヒラキ、十五日ニヱミシユヲタテ、廿五日イチマツリヲ　シ玉イツ、コノユヱヲ　イカニトイフニ、大祝　大井ノ垂迹ヲウケ、ソクタイ《俗躰》ヲ　ツキ《継》玉フユヱニ、三サイ《斎》ノ市ヲ　シンタイシ、国々ヱミシユヲ　スヱタテマツルコトヲ　ソンスルナリ」（前後略）（308）と、大祝が市を進退する権限を持つことを高良大菩薩の垂迹と結び付けて主張して

いるが、要するに五の日の三斎市が行なわれていたことが確認される。

またこの市に出て商売する人々を『高良記』はやはり祭神への奉仕に則して掲げ、

一、彦火々出見ノ尊ノ御弟二《(ママ)》彦ソ、《(ママ)》リノミコトニハ、海ノタウク《(道具)》ヲマイラセラル、、コノ御弟彦々《(衍カ)》サ、リノ尊ヱハ、山ノタウクヲマイラセラル、（中略）、コレニヨリ海　山ノタウクヲウルニヨリ、コモノ座アイモノ座ノ別当、イマココニヒ《(表カ)》ウシ　御トモナリ、彼両座ノ別当　市ヲ立、ウリカイヲサタム、サテマタ、イニシヱノヒルコモ、ニシノ宮ノヱヒストナリ、アキナイケンコ《(堅固)》ノシユコ神ナリ、コノユヱニ、市別当ヲ初トシテ、諸職ヨケヌレイ位ナリ（295）

とあって、雑貨商の小物座と海産物商の合物座の各別当が、市を管理する市別当とともに高良社の支配下にあって市を運営したことが知られる。続いて、

ハカリヤ、コタクセン《(託宣)》ニテツテキ《(ママ)》ソコヲ　ハラフ記文ナリ、アフラヤハ、大井ノ御前ニ　トウミヤウ《(灯明)》アキラカニシテ、ケタイアルコトナキユヱナリ、カハラケヤハ、ヲヨソ六十余カトノ御祭ニ、カワラケサンマイノ祭ノユヱナリ、金ヤハ、三所大井ノ日ノミコク《(御穀)》ヲ　カシクユヱナリ、シロカ子ヤ　カチヤ　ハンシヤウ《(番匠)》ハ、カナモノ　クキ　ミヤツクリスルユヱナリ（後略）（同上）

と、秤屋・油屋・土器屋・金屋・銀屋・鍛冶屋・番匠もそれぞれ高良社への奉仕を行なうことが述べられており、彼らの多くもそれぞれの製品を府中の市で販売したものと思われる。このうち秤屋は定員一〇人であった（74・316）。

なお市別当については、

一、「コモノサ」《(コノ部分抹消シテ書改ム)》ハ　山里ノルイ、アイモノサハ　ウミ　カハノルイ、イチヘッタ《(ウ脱カ)》ハ　クハマ《(ママ)》カ《(鍬・鎌・鋸カ)》ノコシンタイ《(進退)》ナリ（68）

とあって、市別当は小物座・合物座とともに、それぞれ陸の産物、水産物、農具等の売買を司るとされている。

『高良記』に現れる商工業者の座については、洞桂之輔氏の詳細な考察があるので(36)、この業績を参照しながら、府中の座を瞥見することとしたい。

洞氏は、『高良記』に見られる筑後の商業・手工業その他の座を、祭礼への参加状況による分類、名称による座の分類などに分けて分析した結果、

A　同業者集団（アイモノ座・アフラヤなど十二の商・手工業座とモ、タウの芸能座）

B　地域別集団（高良座・瀬高座・三潴座・エノキツ《（榎津）》座など、地名のみを付けた座で、各地域の別当がその地の座を統率する）

C　地域自治のための統率者集団（高良座と瀬高座で、高良座では三人、瀬高座では六人の別当が集まって自治運営にあたる）

D　業種の別を越えた同一権利集団（瀬高座を構成する集団のなかのカミノシヤウ《（上庄）》中座ノ本座・シモノシヤウ《（下庄）》本座・ヲナシク中座の三座で、各座の別当が統率して、コモノ座一座およびアイモノ座二座とともに瀬高座を構成する）

という、四種類の組織があったと結論付けられた。

ここではDの瀬高座内の分類は別として(37)、府中域に直接関係あるA・B・Cの三種について検討を加えたい。

まずAとBとの関係はどのようなものであろうか。Bのうち「高良座」（308・316）について見ると、高良座はまた「苻中座」（296書入）ともいわれており、府中の市祭りに参加するコモノ本座別当・アイモノ本座別当・アイモノ中座別当（315）が「高良座別当三人」（316）と称せられていることや、「苻中アイモノ座別当」（290）という呼称からも、この小物本座・合物本座・合物中座の三座が高良座（府中座）のうちに属する集団であることが明らかである。また地神経読みの盲僧である「座頭」（50・373等）の集団は、蝉丸伝説によって高良社と結び付い

て「モ、タウ（百塔）本座」を構成していた（308・315・372）。この座の百塔別当も「三人別当」（316）とともに市祭りに参加している（315）。なお「一、御遷宮、又ハ、御祭礼ノ時、座頭ノ足ヲ　ケイセヰ《傾城》　アラフ㕝ハ、セミマルノ女房衆、ケイセヰヲ　メサレタルレイナリ」（373）とあり、府中の町に遊女が存在していることも、町の繁栄の一端をうかがわせる。さらに、洞氏も指摘されるように「（前略）座ノ別当　アフラヤ　カナヤ　シロカ子ヤ　カウ《ワカ》ラケヤ　ハカリヤ　コレヲ　六座トモウスナリ」（316）とあって、個々には座と称さない油屋以下の小規模業者も高良座に所属し、高良社の管轄下にあったとみられる。

　このように筑後の府中域の場合、Bの地域別集団すなわち「高良座＝苻中座」のなかにAの同業者集団の多くが所属して活動したのであって、両者は並列的なものではない。Aは筑後全域にまたがるような広域的集団ではないことに注意すべきであろう。したがって規模の相違はあろうが、瀬高座・三潴座・榎津座なども、種々の同業者集団の地域的集合体であったと考えられる。

　さらに洞氏はCとして、統率者集団による地域的な自治機能を説かれる。『高良記』による限り、前掲68条や295条に両座（小物座・合物座）の別当が市別当とともに売買を司ると記す程度ではあるが、諸座の別当が市祭り等を通じて連携し、自治組織の成立を見たことは事実であろう。なお『高良記』の強調するのは「別当シヨクノコトハ、大祝家ヨリソン《存》スルノアイタ、ソレヲク《置》ヘキモ、マタ、ヲサヱヲクヘキモ、タハウ《他方》ヨリイロ《綺》ハル、コトアルマシキナリ（前後略）」（316）などという、大祝家による各別当の任免権および前記の油屋以下の統制権であるが、現実には大祝家にどれほどの権限があったかは明らかでない。

　このほか府中にはカチ（鍛冶、60・61・74・287等、カチヤとも、295）・ハンシヤウ（番匠、61・74・287・295等）の集団と、クウヤ（紺屋、264）・サカヤ（267・289）・ヒモノヤ（檜物屋、286）といった「高良座」に所属しない同業者集団があり、ことに番匠の集団は一ノ大工・二ノ大工・三ノ大工（24・249・298等）の統率下に高良社の造営・修築に従事した。これらも地域的な同業集団であり、この大工・鍛冶についても『高良記』は高良社による進退の権限を主張し、とくに惣大工である三ノ大工(32)や三ノカチは大祝の管轄下にあるとする(316)。

なお小物座・合物座をはじめ油屋・金屋・檜物屋などは、材料取得や製品販売などの関係上、かなりの広域活動を行なった可能性があるが、あくまでも本拠は府中にあって高良社から営業上の特権を付与されたと思われる。また地神経読盲僧たちは当然広域の遍歴によって生計を立てた筈であるが、やはり座としての本拠は「百塔」の立てられた高良山下の府中にあったに違いない。

おわりに

筑後国府が古宮・枝光地区から府中地区へと移動したことは、つとに幕末の矢野一貞の提唱したところであったが、最近の筑後国府域に関する発掘調査の結果は、ほぼこれを証明するとともに、その移動の過程で枝光地区、朝妻地区、ついで横道地区に国庁以下が置かれたことを明らかにした。こうした国府の移動は、太田亮氏の説いたように、筑後一宮高良社の隆盛に伴って国府がその山下に移ったことを要因とするが、かかる地域的変化をもたらした政治的ないし社会的要因としては、すでに平安中期に国司・在庁官人以下が挙げて高良社の行事に参画しているのをはじめとする、高良社と国衙との緊密な関係が注目される。

ことに鎌倉時代には在庁官人の筆頭である在国司が、草野氏からその一族と推定される大城氏の所職に移るとともに、高良社の神事と密接に関係する「高良社在国司」と称する職務に変化した事実が、一宮高良社による国衙機構の吸収・併合という現象を歴然と物語っている。さらに南北朝時代には、高良山に一時征西将軍府がおかれて南朝方の九州支配の中心となり、のち室町時代にかけて守護大友氏がしばしば高良山を陣営とするが、菊池・大内両氏、後には龍造寺・島津両氏の侵攻もあって、大友氏の筑後領国化ないし国人支配強化は容易に達成せず、守護所の所在地も確認できない。

『高良記』の記述においても、「宮ノ御所」すなわち懐良親王は「カイサウ（改造）」「御サウエイ（造営）」(358)を二度行なったこと(152)。および「宮ノ御所、当山ニ御社参ノ時（中略）扇ヲ　ハメサセ玉フ」という「扇橋」の由来(368)として語られるのに対して、大友氏の名字は「小二（小弐）名代」「キクチ名代」「シマツ名代」とならぶ「大友名代」が一度だけ記載されるに過ぎず(32)、「四頭」（以上の四氏）としても、祭礼の際に「田マイ《(米)》、人ヘツ《(別)》、ムナヘツ《(棟別)》」等の課役を懸け(18)、名代が神幸の供をし(68)、府中の町の一部をそれぞれ警固する(32)、等の役割のみ記述される。「守護」の名称も、「社参ノ次第」の記事において「勅使」「四頭、其外、屋形カウ《(号)》ノ人」に次ぎ、「国衆其外ノ侍」よりは上の格式として登場するにとどまる(245)。現実には屋形号は守護級大名の称呼であったが、大友氏は『高良記』では筑後守護として認識されていない。大友氏の筑後支配の脆弱性は、ここにも現れているといえよう。『高良記』のなかでの筑後府中は、古代の国府域である「古府」に対して「今ノ苻」とも呼ばれるが、高良社の境域である「高良山」と接続従属する山下の「苻中」域としてのみ現われ、大友氏の筑後支配の中心領域としての様相が全く見られない。これは武士をもっぱら高良社への奉仕者、祭礼の警固者として描出する『高良記』の性格によるとはいえ、多分に現実の姿の反映でもあったに違いない。

高良山の周囲には「高良ノ三口」があり、府中の周囲には「苻ノ五口」があった。軍忠状に見える栗屋（厨）口が府中の北北西にあり、小字名の原口が府中の南にあるので、「五口」を配した府中域の範囲もほぼ推察することができよう。この高良山下の府中域のほぼ中央部を占める町並みの東側には、下宮が祀られ、その背後には本躰所・印鑰社と、この両社をそれぞれ「ツカサト」る大祝・大宮司の居屋敷があったが、大宮司の居屋敷と印鑰社はのちに約八〇〇メートル南の宗崎に移った。府中の北西部の朝妻には朝妻七社とこれを「ツカサト」る在国司の居屋敷があり、南部の字大屋敷付近には座主の居屋敷があった。このように社家・寺家以下を管轄して高良社全体の支配に当る大祝・大宮司・座主の「三職」、および高良社の組織に編入された在国司が、いずれも山下の府中域に居館を構えていた事実は、高良社に従属する領域としての筑後府中の性格をよく表明している。そのほか「八人ノ神宦《ママ》」以下多数の社家衆・寺家衆なども府中域およびその周辺に居住したとみられる。

町並は街道筋と参道との交差する四辻を中心に、ほぼ今日の御井町の内に形成されたと推定され、その町並は上ノ町・下ノ町の二町からなり、それぞれの「町ノチトウ（地頭）」が支配するが、さらに町並は、四足の丁・笠懸の丁・馬場の丁・御幸の丁・辻固めの丁・岩井の丁・賀輪の丁という、高良社の祭礼の際の行事などに因んだ「丁」に区分され、高良社の門前町としての様相を現わしている。また町中には五の日に開催される三斎市が存在し、高良社から任命される市別当がこの市を管理した。

さらに府中の町は多くの商人・手工業者が地域的な同業者集団を組織して活動する場であったことも注目される。ことに雑貨を扱う商人は小物座（小物本座）、海産物を販売する商人は合物本座・合物中座を結成し、これら三座の別当は、市別当および地神経読盲僧の代表者である百塔別当とともに市祭りを行なっており、かれらが連携して市の自治的な運営に当ったことがうかがわれる。このほか府中には油屋・金屋・土器屋・秤屋・紺屋・酒屋・檜物屋がそれぞれ小規模な同業者集団を結成し、このうち油屋から秤屋までは、小物座・合物座とともに「高良座」または「苻中座」とよばれる集団をなして、高良社の管理下に営業した。また鍛冶・番匠の集団も高良社に属し、ことに番匠は三人の「大工」に組織されて高良社の造営・修築に当ったのである。

以上のように、中世の筑後府中は古代の筑後国府の系譜を引きながらも、筑後一宮高良社の隆盛によって在国司以下の在庁も高良社に従属し、一方守護勢力の支配はさほど強固でなかったため、「苻ノ五口」という境域内に町並を展開した筑後府中は、高良社の門前町と街道町との性格を兼ねた中世都市として発展したといえる。本章がこうした中世都市筑後府中の特色を幾分なりとも析出できたとすれば幸いである。

（1）本書は永らく高良社（明治以降高良大社と称し国幣大社に列した）に秘蔵されていたが、荒木尚・川添昭二・古賀寿・山中耕作四氏共編『高良玉垂宮神秘書・同紙背』として、紙背文書・紙背歌書とともに翻刻・校訂され、本文と紙背歌書にそれぞれ付した「研究篇」とともに昭和四十七年（一九七二）、同大社より刊行された。本書の原題は、古賀・山中両氏執筆になる本文の「研究篇」に指摘するように『高良記』であり、近世末に至って『高良玉垂宮神秘書』と改題されたものである。それゆえ刊本には共編書の名称を用い、本文の引用は『高良記』とする。

（2）『高良記』本文の成立年代について注（1）所掲「研究篇」は、本書に名の見える安武氏の筑後来住年代、大宮司屋敷の宗崎移転年代、さらに国衆の活動の終息、大祝家が鏡山氏を名乗る初見などから、一応戦国時代末のごとくであるとしながら、「高良記之内少々抜書」（享保三年〈一七一八〉高良山座主亮恕の奥書がある）に、天正十七年（一五八九）の座主家破滅や文禄二年（一五九三）の座主家再興許可の記事があることを理由に、神領再興の文禄五年から『高良記』の名称の初見である正保二年（一六四六）までの間の成立としている。しかし、この「抜書」なるものは、内容の大半が百部大般若供養のいわれや山内の三井寺の由来を説いた記事であり、文体も、素朴な『高良記』のそれよりは整った文体であって、江戸時代における座主側と社家側の対立抗争（「研究篇」一八七〜八頁）に際して、座主側が逸文を装って作成したことを疑わせるに十分である。したがって『高良記』本文の成立年代は戦国期すなわち中世末期とみて差し支えないと思われる。ちなみに本書の紙背文書（川添昭二氏翻刻・校訂）の下限は南北朝期康永四年（一三四五）の物部安延畠地譲状であり、紙背歌書（荒木尚氏翻刻・校訂）に収載する成立年代の判明する和歌の下限は、紙背歌書の研究篇（荒木氏執筆）によると、鎌倉末期元応二年（一三二〇）終功とされる『続千載集』所載のそれである。

（3）竹野庄には宇佐八幡宮の神領と推定される竹野庄（のち竹野本庄）と大和の西大寺領の竹野新庄とがあった（宇佐大鏡・西大寺文書等）。弘安三年（一二八〇）八月日付藤原永基所帯所職惣間帳案（草野文書、『鎌倉遺文』一四〇六七号）に、

但田代者当社理修《ママ》之封田也、
枝光料在家并田畠等　畠地者同宮五節供若菜免也、
在家者竹野御庄領也

とあり、これによれば枝光の在家は竹野庄領、田畠は高良社領となっていた。

(4) 高橋誠一氏「筑後国」(『古代日本の交通路』Ⅰ、一九七九年)。

(5) 木下良氏「印鑰社について」(『史元』一七号、一九七三年)。

(6) 古賀寿氏「中世の筑後国衙」(『久留米市郷土研究会誌』五号、一九七六年)。なお本章の基となった拙稿「筑後国府の変遷と一宮高良社―『高良記』を一素材として―(Ⅰ)」(『政治経済史学』三一三号、一九九二年)には、『高良記』のいう「朝妻ノ下」とは高低差か距離か明確でなく、朝妻より西の枝光地区を指すという解釈も可能であろうとした。しかしこれは古賀氏より私信で批判を受け、また津田勉氏「筑後国の惣社及び国内神名帳の諸問題」(『神道宗教』一六〇号、一九九五年)第二節注(1)に「これは明確に高低差を表す(約五メートル)表現である」と指摘された。確かに『高良記』には「朝妻ノ上ヲ、鎮在ケ辻ト名付ルユエハ」云々(371)ともあって、同書のいう朝妻の上下は同地を通る崖線の上下を指すので、古賀・津田両氏の教示に従い私の前説を撤回する。なお津田氏のこの論文の主旨は、『筑後国神名帳』は一部後世の作為を除けば天慶七年(九四四)造進の筑後国内神名帳と認められると説いて、偽書とする通説を退けたものである。

(7) 『高良記』が高良の三口とするのは、高良山北東麓の耳納、北麓の阿志岐坂、南麓の高良内の三つであって、もっとも主要な参道である府中の中心部からの登り口が入っていない。おそらく高良の三口は西方の府中以外の三方からの高良山への登り口を指すもので、高良社による高良山と府中とを一体化した支配がうかがわれる。なお耳納は阿志岐坂の下より四キロほど東にある集落で、高良山頂方面への登り口であろう。

(8) 鏡山猛氏「筑後国府の調査」(『上代文化』三一号・三二号、一九六二年)、吉岡真之氏「検交替帳の基礎的考察」(『書陵部紀要』二六号、一九七四年)参照。

(9) 「実録帳」に記される国府院の建物のうち、「無実」すなわちすでに消滅したものは政所の丸木倉一宇、中門の鳥居一基、□屋一宇七間、駅館の四面築垣・鳥居一基、修理所の土屋一宇等(紙面に欠落があり、全貌は不明)であり、「破損」は□□一宇七間南北二面庇、瓦葺東兵庫一宇、後庁の萱葺五間覆殿一宇・鳥居一基、□□□(館)の萱葺五間覆殿一宇・萱葺五間庁□□(屋一宇)・政所屋二宇、駅館の寝殿一宇三間となっている。鏡山氏は記載された構造物のうち最大規模の七間南北二面庇の建物は大宰府政庁の正殿に類似し、□屋一宇七間も同じくその西殿または東殿に相当し、後庁も大宰府政庁の正殿背後の後庁一宇に相当することを指摘された。なお氏はこの「実録帳」を一三世紀に下る史料ではあるが参考になる文献としておられる。しかし国府院の「無実」の記事の終わりに「前帳云、無実者、今検同前」とあり、この「無実」が「前帳」作成当時も同様であったとみえる。また国府院や諸郡の建物の無実・破損を述べた項の終わりに、前司の権介磯部行宣の言として「是非当任之顚破、皆為既往之損失」といい、また「数代之顚倒、一任難営作」云々としており、かつこの文書の本文末尾には「以前、大治元年以後延応元年以往年年神社仏寺資財雑物官舎無実破損、依例勘録言上如件、謹解、」とあるところから見れば、このような顚倒・破損は、平安後期の大治元年（一一二六）頃にも部分的にはすでに生じていた模様であり、決して鎌倉中期の延応・仁治年間に始まるものではなかったとみるべきであろう。

(10)　久留米市文化財調査報告書第12集『筑後国府跡(Ⅰ)』（久留米市教育委員会、一九七六年）以下、近年に至る連年の筑後国府跡に関する発掘調査報告書参照（注11～14）。

(11)　古宮地区の七世紀末までの遺構は六六三年の白村江の戦での敗北以後における防衛施設としての性格が認められるのに対し、七世紀末頃からの建物群は国府としての機能を主とすると推定されている（同報告書第59集『筑後国府跡・国分寺跡　昭和63年度発掘調査概報』〈一九八九年〉、松村一良氏等執筆）。かつ古宮地区からは第一期国庁の掘立柱建物や国庁域を画する築地基底部などが検出されている（同報告書第70集『筑後国府跡・国分寺跡　平成3年度発掘調査概報』〈一九九二年〉、桜井康治氏等執筆）。

(12)　なお阿弥陀地区では、夥しい量の焼瓦、焼土が検出され、焼土層の中から「延喜十九年（九一九）」銘の丸瓦が発見されたことから、枝光国府の廃絶は、天慶の乱による戦火の結果と想定されている（同報告書第49集『横道遺跡（Ⅰ）―歴史時代編―』〈一九八七年〉第五章（3）、松村氏執筆）。またこの第二期国府の時期に、国庁域から官道に沿った約五〇〇メートル東方などにも付属官衙が設けられていたことが判明している（同報告書第100集『筑後国府跡　発掘調査概報』〈一九九五年〉Ⅷ第128次調査、松村氏執筆）。

(13)　駅路とみられる道路遺構は、出土土器から下層面の廃絶は一〇世紀中頃、上層路面の廃絶は一一世紀後半以降と推定されている（同報告書第54集『筑後国府跡　昭和62年度発掘調査概報』〈一九八八年〉Ⅵまとめ、松村氏執筆）。また朝妻国府には、平安後期以降の居館的性格の強い遺構も多数検出されている（同報告書第70集『筑後国府・国分寺跡　平成3年度発掘調査概報』〈一九九二年〉Ⅰ調査の経過、桜井氏等執筆）。

(14)　前掲、同報告書第49集『横道遺跡（Ⅰ）』第1章　調査の経過、第2章　位置と環境（萩原裕房氏執筆）、第5章まとめと成果（松村氏・富永直樹氏執筆）等。

（15）木下良氏『国府―その変遷を主にして―』（教育社歴史新書〈日本史〉44、一九八八年）、太田亮氏「国府・国分寺関係の神社」（『新修国分寺の研究』第六巻　総括、一九九六年）。

（16）工藤敬一氏「高良宮造営役と筑後の荘園・公領―歴博所蔵新史料の紹介―」（『国立歴史民俗博物館研究報告』第四七集、一九九三年。同氏『中世古文書を読み解く』、二〇〇〇年、収載）。なお村井康彦氏「国庁神社の登場―惣社の系譜」（『日本研究』一二号、一九九五年）は、国庁裏神社・守公神社・府守神社・府南社等を一括して「国庁神社」と名付け、その実体は惣社であると説くが、筑後・伯耆のように国庁社が惣社と併合して一社となった例や、相模のように守公神社はもと惣社六所神社の境内社であったといわれる例、尾張・備前・長門のようにそれぞれ司宮社・国庁社・守宮司社が惣社と別個に存在する場合もあるので、個々の事例を検討する必要があり、国衙に関係のあるこれらの神社を一括して惣社と同一視することはできない筈である。

（17）山中耕作氏「高良大社の研究」（一）（『筑後地区郷土研究』一二号、一九七一年）。

（18）本文に引く「石清水神社垂跡本地御躰次第」の「高良」には、「承安元年五月　日、奉為公家、建春門院被顕当宮七社、御本地用勢至」とある。建春門院は周知のように平時信の女滋子、後白河上皇の女御である。第四節に述べる同上皇の当社尊崇には建春門院の崇敬のような契機があったのであろうか。

（19）木下良氏「日本古代官道の復原的研究に関する諸問題―特にその直線的路線形態について―」（『人文研究』七〇集、一九七八年）、同氏「『車路』考―西海道における古代官道の復原に関して―」（藤岡謙二郎先生退官記念『歴史地理研究と都市研究』上巻、一九七八年）は、筑後には七ケ所の車路または車地の地名があり、これらを連ねる路線は御井・三潴・上妻諸郡の主要条里の方位に合致し、その一部は空中写真でも地割線を辿れること等を指摘し、この路線の北への延長線が筑後川に達する地点は、対岸に「渡町」の名も残る渡河点であるとして、古駅路を見事に復原されている。

（20）松村一良氏「筑後国府の調査と駅路」（『条里制研究』五号、一九八九年）、木下良氏「『国府と駅家』再考」（『國學院大学紀要』三〇巻、一九九二年）参照。なお神代《くましろ》良忠が文永の蒙古襲来の時九州第一の難所に筑後河神代浮橋を調えて肥後・薩摩・日州・隅州の諸軍をたやすく渡して蒙古を退治できたのは偏に玉垂宮の冥慮であるとする、建治元年（一二七五）十月二十九日付の将軍源惟康政所下文案がある（高良大社文書、『鎌倉遺文』一二〇七八号）。この下文案は『鎌倉遺文』に「本文書、稍疑うべし」と注記するように、様式上も内容上も問題がある。しかし神代付近を渡河点とし、高良山下の府中を通過して肥後方面に向かう近世の坊ノ津街道にほぼ該当する道路が、鎌倉時代にはすでに主要な幹線道路となっていたであろうことは、当時の高良社の繁栄からも推測に難くない。

(21) ただし『高良記』は以上の本家・領家を次のように伝える。

一、ホンケ　リヤ(ウ脱カ)ケトテ有、ホンケハ、コシラカワノホウ王ノニウコ「女御」(異筆書入)センヤウモンイン(173)

一、リヤウケハ、石山ノ座主ヨリ(174)

「ニウゴ」は皇女の誤りであるし、領家の伝承も誤っていて、戦国時代ともなれば本家・領家の存在は、もはや訛伝を伴いながら、わずかに記憶にとどまるにすぎなくなる。

(22) 川添昭二氏「筑後善導寺の建立と草野氏」(九州歴史資料館編『筑後大本山善導寺』、一九八一年。ついで『九州中世史の研究』第二部九所収、一九八三年)、関幸彦氏『国衙機構の研究』(一九八四年)第三章諸国「在国司職」の消長Ⅶ筑後国。

(23) 注(22)所掲川添氏論文によれば、法然の直弟子で鎮西派の派祖である聖光上人が開山(再興カ)の山本郡善導寺は、寺伝では草野永平を開基大檀那と伝えるが、断定できず、永種か、その世代の草野氏であろうという。

(24) 円種和与状によると、彼は亡父蓮種の置文に、永綱に譲った所領のうち、その子孫が親類・他人を養子として譲った分は円種が申し給わるべしとあるとして、永綱の子永盛の遺領の相続権を主張し、永盛の兄弟永兼の子永久・永広・仁王丸・女子および永兼後家と相論した。このうち永久とは相論を継続中であるが、永広以下とは彼らの取得した草野得次(名カ)の半分を円種に割譲するという避状を得て和与したのである。なお『鎌倉遺文』二四三六四号は円種を草野四郎永平に比定するが、おそらく別人であろう。

(25) 佐藤進一氏『増訂鎌倉幕府守護制度の研究』(一九七一年)「筑後」の項、川添昭二氏『九州中世史の研究』(一九八三年)第一部二　鎌倉時代の筑後守護。

(26) 筑後国府・高良山をめぐる南北両軍の主な軍事行動その他を、同時代の文書から抽出すると、次のようである。

ⓐ 建武四年(一三三七)正月、足利方の部将某は、菊池武敏以下の南軍と戦うため筑後国府に下向する。筑後国御家人荒木家有はこれに属し、肥後国岩原(山鹿郡)に進み、警固を行なう(近藤文書、『南北朝遺文　九州編』八三八号荒木家有軍忠状)。

ⓑ 同年三月、荒木家有は、足利方の武将某の命により筑後国府栗屋口を警固する(同文書、同八九三号同人軍

忠状）。

ⓒ　貞和四年（一三四八）正月より十二月まで、草野孫次郎入道円真は足利方として筑後国山本郡草野城を警固する（草野文書、同二五六七号草野円真軍忠状）。

ⓓ　貞和七年（観応二年、一三五一）二月、足利直冬党宇都宮冬綱は、草野円真・多比良大七入道に草野城の警固を命じる（同文書、同三〇〇〇号宇都宮冬綱書下）。

ⓔ　観応二年八月、兵部丞守雄は、足利直冬の命を草野円真に伝えて、草野城を警固させる（同文書、同三一五〇号兵部丞守雄施行状）。

ⓕ　正平六年（観応二年）十月、五条頼元は、田原氏能・同正曇に宛てて、まさに南軍が筑後川以北に進み、懐良親王が国府に布陣すべき旨を告げる（豊後入江文書、同三二二八号・三二二九号五条頼元書状）。

ⓖ　正平八年（文和二年、一三五三）、草野孫次郎永幸は同年四月の懐良親王の高良山御成以来、所々の御陣を警固し、同年七月肥前国仁比山・菩提寺御発向に属して両城を追い落す（同文書、同三五七七号草野永幸軍忠状、菊池武光証判）。

ⓗ　正平十三年（延文三年、一三五八）六月、征西将軍懐良親王は天満宮（大宰府）安楽寺別当の訴えにより令旨を草野長門権守に下し、筑後国楽得別符の神用を難渋する馬渡助房等を召喚させる（太宰府天満宮文書、同四〇五二号征西将軍宮令旨）。

ⓘ　文中元年（応安五年、一三七二）十月、征西将軍懐良親王は令旨を青方新左衛門厨（固）に下し、烏帽子嶽（肥前国杵島郡）・有智山（筑前国御笠郡）・高良山の御陣における忠節を賞する（『青方文書』第二、同四九八八号征西将軍宮懐良親王令旨案）。

ⓙ　応安七年（文中三年、一三七四）十一月、今川了俊の軍は、筑後川を渡り耳納山・高良山等を陥れる。菊池賀々丸（武朝）等は、逃れて肥後国菊池郡に還る（門司文書、同五一六九号門司聖親〈親当〉軍忠状。『阿蘇文書』之二〔阿蘇文書写第七〕、同五一五七号将軍家御教書写等）。

ⓚ　永和三年（一三七七）正月、吉川経見は去る永和二年九月渡海以来、筑前国鵄山の陣等の戦功、同じく筑後川を渡って高良山にいたるまで忠節を尽す（『吉川家文書』之一、同五三六七号吉川経見軍忠状、今川頼泰証判）。

（27）　山口隼正氏「南北朝時代の筑後守護について」上・下（『日本歴史』二五〇・二五一号、一九六九年）。佐藤進一

氏『室町幕府守護制度の研究』下（一九八八年）「筑後」の項。

(28)『編年大友史料』に収める大友氏充ての室町将軍家袖判御教書を列挙すると次の通りである。

ⓐ 足利義持袖判御教書、応永二十三年〈一四一六〉十一月十三日、大友親著を豊後・筑後両国守護職に補任する。

ⓑ 同袖判御教書、応永三十年〈一四二三〉七月五日、大友持直を豊後・筑後両国守護職に補任する。

ⓒ 足利義政袖判御教書、寛正三年〈一四六二〉十月二十五日、大友政親を豊後国并びに筑後半国守護職に補任する。

ⓓ 同袖判御教書、寛正六年〈一四六五〉七月三十日、大友親繁を筑後守護職に補任する。

ⓔ 足利義澄袖判御教書、文亀元年〈一五〇一〉六月二十三日、豊後・筑後・豊前守護職并びに筑前・肥前両国内所領等を、父親治の譲与に任せて大友義親に安堵する。

(29) この草野興秀に充行なった知行分のなかには大城八十町が含まれているが、これは在国司大城氏の名字の地の筈である。大城氏は既にこの地を離れて朝妻の「在国司居屋敷」（『高良記』前掲324項）に本拠を移し、大城の地は草野氏本流の所領になっていたのではなかろうか。

(30) 大友義長袖判の永正五年（一五〇八）十一月三日付高良山御神領坪付（座主坊文書）は、山本・三井（御井）・三潴の三郡内に八筆計一五〇町の神領を安堵した坪付で、当時の高良社領の概要が知られる。なおその中に「一所南国府　六町」があり、矢野一貞は『筑後将士軍談』巻四十に、これを国分村（久留米市国分町）に擬し、「則其北対枝光村古国府（割注略）而冠南字歟、」といい、古瓦の出ることを根拠として、国分村に移った国府を南国府と称したという。しかし国分村に国府が移ったとするのは、他に何の証左もないことで採用できない。筑後には南国府の地名は現存しないが、備中の国府域推定地内には、北国府・南国府の字名が相接して存在している。筑後では国府域が第一期より第四期にわたり移動しているので、戦国時代に存在した南国府の地名が、どの国府域に関連するかは特定しがたいが、朝妻国府に対する横道国府の遺称かとも考えられる。

(31) 天文十六年（一五四七）、筑後国山門郡鷹尾城主の田尻親種・宮七郎（鑑種）父子は、継目安堵の礼のため肥後を経て豊後府内に参府し、大友義鑑・義鎮父子および家臣等に莫大な礼物を献じている（佐藤満洋氏「筑後田尻氏の豊後府内参府について」、『九州中世社会の研究』、一九八一年）。しかし鷹尾別府はかつて大友氏の所領であったので（本文所引大友氏時所領所職注文）、田尻氏の場合はむしろ特殊な例であろう。

(32) 東光寺城跡には堀切・乱杭状柱穴、杉ノ城（住厭城）跡には堀切・土塁・竪堀・犬走などがあり、毘沙門嶽城は本丸に相当する削平地が土塁で囲まれ、数本の竪堀等を残す。また吉見嶽城跡には、本曲輪・出曲輪・二ノ曲輪と推定される削平地と、それに伴う土塁・空堀・犬走・堀切などの防御施設が残る（近沢廉治・山口淳両氏「中世山城・吉見嶽調査の記録」、『久留米郷土研究会誌』九号、一九八〇年）。

(33) 『日本城郭大系』18（一九七九年）福岡県吉見嶽城。

(34) 『高良記』の337条の内に「ム子サキハ、カウラウチノウチタリトイヱトモ、大宮司江座主ノ寺ヨリシテハケフン《分カ》トシテ、座主ノイエヨリノ　ハケチタリ」とあって、座主から大宮司へ字宗崎の地を割譲したことを伝える。割譲の理由は明らかではないが、近世の大宮司の居屋敷が宗崎にあるのは、この割譲された地へ移った結果であろう。

(35) 両福成とは「ソウリヤウ(物領)フクナリ」(519)「ソシ(庶子)フクナリ」(520)の両家を指すので、本文所掲の「福成　両福成」は重複である。

(36) 洞桂之輔氏「中世筑後における座」（『福岡地方史談会会報』一七号、一九七七年）。

(37) 瀬高庄惣鎮守の高尾八幡宮は、第四節に触れたように、鎌倉中期以来高良社別宮と称せられ、本社高良宮の法に準じて経営された。それゆえ「研究篇」にも指摘するように、瀬高庄内の社人・商人等は高良社大祝の支配下にあるという『高良社』の主張も、全く根拠がないとはいえない。なおこの瀬高上・下両庄は有明海に近く、海産物をはじめとする商品流通が盛んであったと考えられ、合物座が二座存在することからも、瀬高と府中とを結ぶ物流機構にかかわる座衆の活動が活発であったことが察せられる。

〔付記〕本章作成に当り、九州大学名誉教授川添昭二氏より種々の教示を賜り、かつ佐賀県立名護屋城博物館学芸員宮武正登氏より多くの協力に与った。記して謝意を表する。

第三編　瀬戸内海域の中世地方都市と海運

第一章　淡路の府中・守護所と港津

はじめに

中世の諸国守護および守護代の分国支配の中心をなした守護所・守護代所ないし守護・守護代の居城は、その国の府中ないし国府《こう》の領域内または近傍に設けられた場合が多く、その場合、当然府中（国府）と守護所との相関関係、守護・守護代と在庁等との支配関係等が問題となる。さらに府中の都市的発展や守護所を核とした中世都市の成立・発展の過程は、政治・軍事・経済等の諸条件や地理的条件に規定されてそれぞれ特色を有し、決して画一的でないので、各都市の成立過程、およびその結果出現した各都市の特色は、個別的に追究する必要があるのはいうまでもない。

なかでも府中・守護所が港津に近接する場合や港津自体に設けられた場合、海運との関わりが都市的発展の重要な条件となることは当然であろう。本編は、主として南北朝・室町期の淡路および讃岐を対象として、瀬戸内海域における府中・守護所の在り方を探るとともに、守護・守護代ないし国人層の港津進出や海運との関わりを考察して、中世都市形成の一端に触れたいと考える。問題はやや多岐にわたるが、本章においては、淡路府中および同国守護所の空間構成の分析と有力国人の港津進出の在り方を二つの柱とし、あわせて畿内地域との海運・物流機構の一端を解明することとし、次章においては、讃岐守護所の置かれた宇多津の空間構成、ついで両守護代の主要港津ないし海運組織掌握を主な分析対象とし、さらに両守護代が港津の傍らに構築した居城を考察して、中世の港湾都市形成の一端を明らかにすることとしたい。

第一節　中世淡路の府中と守護所

序章および第一編・第二編の各章でも見たように、府中の領域内、またはその近傍に守護所が置かれた例はすこぶる多いが、淡路もその一つである。

淡路は三原・津名の二郡よりなる小国であるが、古代の淡路国府は『和名類聚抄』に「国府在三原郡」とある。その位置については、淡路近世の地誌中最古のものである仲野安雄著『常磐草』（享保十五年〈一七三〇〉。『重修淡路常磐艸』による）に「府中　小榎並に有、十一箇処・市・三条迄共に古の国府の地なるへし、故に府中と称するならん」とし、吉田東伍『大日本地名辞書』もこれを引き、藤岡謙二郎氏『国府』も十一ケ所・市に国府域を想定された(1)。十一ケ所・市・小榎並は、ともに今日の三原町の大字名で、それらの集落は島内最大の平野である三原平野の中央部にほぼ南北一キロの間に連なる。十一ケ所には惣社十一明神神社があり、淡路国内の式内社十三座のうち大社二座を除く小社十一座の惣社と伝え、社蔵の永禄元年（一五五八）今月《マヽ》日付「十一大明神縁起」（内容は社殿造営の勧進状、『兵庫県史　史料編　中世四』所収）に、「当社十□（一大明カ）神者、為日域霊廟当国惣社矣」云々とある。この惣社十一明神の南約三〇〇メートルの若宮神社（ただし社殿は失われ、基壇の上に石の小祠四基を置く）の境内は、近世後期の淡路の地誌『味地草』（小西友通著・同錦江補、安政四年〈一八五七〉徳島藩に上呈）に「小祠を祭りて国司館と尊称す」とあるように、国司館跡と伝えられる。また十一明神の北約七〇〇メートルの小榎並には府中の小字名があり、ここに府中八幡神社が鎮座する。それゆえおそらく中世以来、淡路国府とその周辺を府中と称したものとみえる。

十一ケ所の東に連なる市という旧村名は、おそらく古代以来の国府市の所在地と考えられるが、この市には、商業や市場の守護神である恵比寿を祀った事代主神社があり、社前の空き地で定期市が開催されていたに違いない。『常磐草』に「むかしは毎月三日・八日・十三日・廿三日・廿八日、六度つつ市を立て物を売るといふ」とあり、『味地草』に「上古は国府の市と称し毎月六斎日に国中の買人こゝに会して市を立て物を商ふ」とあり、中世には六斎市であったとみられる。今も毎年十二月二十八日に歳の市が立つのはその遺風である。

この府中・十一ケ所・市の一帯は、播磨灘に面する三原川河口の三原湊と、鳴門海峡に臨む福良湊へ各約六キロ、大阪湾に面する洲本・炬口港までは一四キロほどの島内交通の要衝であり、この地域に国府が設けられ、かつ国府市が開設されたことも首肯される（図1参照）。

写1　淡路惣社　十一明神神社

写2　国司館伝承地（旧若宮神社境内）

淡路国分寺は、後にも触れるように十一ケ所の東、三原川を隔てて約一・五キロにあり、塔跡等の礎石を残している。国分尼寺は国分寺の北西約一キロ、同じく三原川の東岸近くにあった。また淡路一宮は津名郡一宮町にあるが、二宮大和大国魂神社は三原町榎並上幡多、府中八幡神社の北北東二・五キロ、養宜館からは北西二・七キロの成相川東岸の丘陵上に鎮座し、式内社はもちろん、淡路の名神大社二座中の一座である。

なお市の南西約二キロ、洲本と福良を結ぶ幹線道路（国

図１　淡路府中域付近地形図

(昭和46年編集５万分１地形図「由良・鳴門海峡」により、関係地名・遺跡名・寺社名を記入)

写3　府中八幡神社

写4　市の事代主神社(恵比寿社)

写5　淡路二宮　大和大国魂神社

道二八号線）の北側に国衙という集落があるが、藤岡氏『国府』は、この集落を「中世的（袋小路的）景観」として、この付近における古代国府域の存在には否定的である。あるいは中世初期の在庁の居住地域から生じた称呼かも知れないが、市と国衙との中間に地頭方という集落もあり、かつ国衙集落の付近一帯は国衙領の西神代郷内に含まれるので、おそらく地頭方に対する国衙方として、下地中分の結果生じた地名であろうと推測される（2）。

ところで、鎌倉期における淡路国府をめぐる顕著な史実として、高野山の道範阿闍梨の配流の行路がある。すなわち道範は、仁治四年（一二四三）「淡路守護所四郎左衛門（長沼時宗）」に護送されて京都から配所讃岐へ赴く途中淡路に渡り、岩屋から炬口を経て二月四日淡路国府にいたり、翌々六日まで滞在している。すなわち道範がその配流の道程等を記した『南海流浪記』（『群書類従』紀行部所収）に、次のように記す。

四日《（二月）》、石《（岩）》屋ヲタチ乗船、瀧《（炬）》ノ口ニイタリテヲル、海路七里、（中略）陸地三里行テ、淡路国府《八木》ニ至テ中一日ヲ経タリ、（中略）又此八木ノ宿ヨリハ只同朋一両輩許也、（中略）

六日、国府ヲ立、三里行て、フクラ《福良》ノトマリニ至ル、風あしくして三ケ日逗留、（後略）

淡路守護長沼時宗に護送された道範は、おそらく守護館の置かれた八木（養宜）に留めて置かれたのであるが、彼はこの地を「淡路国府」と認識したのである。道範が宿泊したこの八木の地は、まさしく洲本市炬口と南淡町福良とへいずれもほぼ三里（一二キロ）の地点にある現在の三原町八木の養宜中付近に相当し、この養宜中の地には、次に詳述するように、南北朝期以降の淡路守護細川氏の居館跡と伝えられるかなり大規模な遺構が存在し、鎌倉時代の淡路守護長沼氏の守護所もここに置かれた蓋然性が充分想定される。

淡路守護長沼氏は、承久の乱に後鳥羽院方となって自尽した佐々木経高の後任として宗政（時宗の父）が補任されたのに始まり、乱の翌々年貞応二年（一二二三）の『淡路国大田文』によると、宗政は佐々木氏時代の守護領をそのまま引き継いでいる(3)。しかも淡路国二郡のうち津名郡の守護領は、国領の郷保七ケ所中、石屋保一ケ所に過ぎないのに対し、三原郡では国領の郷保六ケ所中、笑原保・西神代郷・東神代保・上田保の四ケ所が「新地頭」として長沼氏の領有した守護領であった。この四ケ所の守護領はすべて三原平野中部・東部・南部の国衙領に集中して存在し、かつ『兵庫県史』に指摘するように、守護領は津名郡では国領田数の四％に止まるのに対して、三原郡では国領田数の実に八〇％を占めており、まさに石井進氏の指摘のように、この国衙領中枢部の独占は国衙領支配者としての淡路守護の地位を示すものである(4)。したがって守護所も守護領の集中する現三原町域にあったことが充分に想定できるのであり、先に見た道範の「淡路国府」という記述はそれを示唆するものといえる。

第二章に引くように、道範は配流先の讃岐については国府と守護所を明瞭に区別して「路間二里」（約八キロ）としている。おそらく淡路では守護所のある八木が国府域の中心部から三キロに過ぎないため両者を区別して認識しなかったのであって、彼の宿舎である「八木ノ宿」は護送責任者である守護長沼時宗の守護館の傍らにあったに相違ない。

今日残る養宜館は、三原町養宜中（もと中八木）にあり、国道二八号線に面する養宜上集落の北西、水田と畑の中に遺構があり、東側と北側はほぼ養宜中の集落に連なっている。「養宜」はすでに『倭名類聚抄』に三原郡養宜郷が見えているが、これは、和銅六年（七一三）五月の「畿内七道諸国郡郷名着二好字一」との制（『続日本紀』）により八木に好字を充てたもので、のちには多く八木と記したものとみえて、道範も「八木」と記したのである。『常磐草』には「養宜故邸」として「中八木にあり大土居と称す邸地東西六十歩南北百二十歩許、四方に築地壕を回らせり」云々とするが、『味地草』には、「守護館ノ遺蹤」として「三原郡養宜郷、中土居村にあり俗に大土居といへり其弟《（第）》地東西六十間南北百二十間許四方に築墻ありて外面八濠を廻らせり上八木村の一の瀬と云所より水を引たる溝形とて今に残れり」と、より詳しく述べる。次いで両書は、源頼朝が諸国に守護職を置いてより淡路守護をこの地に据えたとみえると述べ、道範が八木の国府と書いた仁治四年は北条経時執権の頃であるが、これより先に既に守護所があり、古の国府は「衰廢」して養宜の地が国府の如くなったのだろうと説く。鎌倉中期までに国衙機構が「衰廢」したとは考えがたいが、『淡路国大田文』の前掲の状況からも、守護の支配が国衙に強く及ぶようになったことは事実であろう。

さらに『味地草』は足利尊氏の治世の初め、細川氏が命を受けて阿波・淡路等に下ったとし、「八木館細川氏歴世の次第左に記すかことし」として第一代師氏から第七代尚春までの主な事績を列記している。この養宜館が淡路守護細川氏の居館となったことは、国道を距てて南二キロの三原町大久保に、細川師氏が建立し大道一以を請じて開山とした安国寺（はじめ福厳寺と称す）の存在した事実(5)によっても裏付けられる。

養宜館は東西一二〇メートル、南北二五〇メートルの長方形プランを歴然と残し、雄大な土塁の残存する大規模な館であって、山本幸夫氏の指摘によれば、他に島内にこれに匹敵する中世城郭は存在しない。(6)

写6　養宜館跡東辺の土塁

写7　同北辺土塁の切断面

館跡の規模や遺構の状況は『日本城郭大系』第十二巻、兵庫県三原郡養宜館の項に詳しい。北辺の土塁のうち八〇メートルと東辺の土塁のうち二〇〇メートルほどが残存し、西辺の北半部にも土塁を切り崩してできたと思われるマウンドが断続的に四個存在する。土塁は平均上底二メートル、高さ四メートル、基底九メートルであり、現在もなお雄大な外観を保っている。北側・東側とも土塁の外側にはなお部分的に堀の痕跡が認められる。右の養宜館の項によれば、南側と西側の土塁は明治年間以降破壊が進み、東辺の堀は昭和五十五年（一九八〇）道路新設のため破壊されたが、破壊される前の堀跡は上面幅五メートル、深さ二メートルであった。また同年の発掘調査で南東の隅角部の位置が判明したという。

昭和五十八年（一九八三）十一月の現地踏査（平成十年〈一九九八〉七月再訪、確認）では、郭内は大部分が水田と畠地であるが、北部寄りに郭内を東西によぎる道路があり、この道路の北側には道路より数十センチ高い地帯があって、その中央部に薬師堂と公会堂が建っており、この付近に館の主要な建物群があったと覚しい。郭内の西部には昭和二年（一九二七）に建てられた「養宜館之碑」と題する巨大な石碑の立つマウンドがあり、現在はここが郭内の最高部である。

『日本城郭大系』の上記養宜館の項には、「鎌倉時代以来の古館地を室町・戦国時代までそのまま使用したのか、あるいは、改造して新館を築いたのか、また旧館を破壊してまったく新しい館を造営したのか、決め手となる史料は何もない」とあるが、山本幸夫氏の上記論文も「中世初期の形式をもった館址」とし、また石田善人氏の論考もこの養宜館のプランに触れて、「おそらく鎌倉時代の守護所がそのまま室町時代に引き継がれた例であろう」とし、菊川兼男氏も「長沼氏の守護所（中略）は養宜館の地にあった蓋然性が充分考えられる」としている。(7)淡路守護細川氏は前代の守護所を引き継いで、土塁や堀の構築などの改造を施したのであろう。(8)あるいは鎌倉期の館は館内を東西によぎる道路より北の「居屋敷」「居内」の部分だけで、道路より南の「王土井（大土居か）」の部分は細川氏が拡充したとも推測しうるが、確証はない。

その上、細川氏がこの守護所を防衛するため何らかの別の城塞を付近に築いたという証跡も乏しい。『味地草』の養宜郷の項には、「古塁」として、柿の木谷に大土居の長臣武田万之丞なる者の居城があるとし、また養宜館主の一族上田殿の居城であったという「上田土居」の存在を挙げているが、いずれも養宜館との関係はすこぶる不分明である。山本氏前掲論文にも「館の南方山地に退守の城塞や支城と考えられる山城が残っているが、当城址と結びつける信憑性のある記録がない」とある。要するに養宜館跡には、単郭式の居館の遺構が今日まで存続するだけで、養宜川の北に「城山」の字名を残す小丘陵があるものの、厳重な防御施設をもつ域郭への発展の形跡はうかがわれない。

なお、この館に侍屋敷群が付属していたという伝承はなく、これという遺構も見られない。ただし細川氏の宗家である京兆家（いわゆる管領家）の分国の一つであった土佐の守護代所の田村館は、守護代を世襲した細川庶家の居館であり、この田村館も遺構の一部を残すに過ぎなかったが、高知空港の拡張工事に伴う発掘調査の結果、館跡の南側一帯の水田の中から、室町中・後期の一五世紀を中心とする、多くは溝に囲まれ、井戸を伴う多数の屋敷群が発見され、かつ多数の生活用具が出土した。(9)こうして田村館に付属する細川被官の屋敷群が見事に復原された。養宜館の場合も同様の屋敷群が付属した可能性が充分考えられよう。

養宜館においても、図2に見るように主に館跡の北西隣に数個の「居屋敷」「居内」の小字名のある集落が養

五郎原
角畑
居屋敷
10号
前いやしき
いやしき
居内
11号
家ノ田
家ノ北
居内ノ西
門
居屋敷
落方
養宜川
落上り
山ノ下
落方
城山
31号
喜平土井
喜平前
向山ノ下
川端
向川端
竹田土井
12号
中ノ土井
外土井
居屋敷
八木居内
養宜中
薬師堂
養宜館跡
9号
王土井
13号
親田
背戸田
16号
戌亥前
荒神前
いやしき
15号
17号
居内

図2　養宜館付近小字名記載地図
（「三原町都市計画図」其の5・其の9を使用し地籍番号・小字名を記入）

写8　三原湊の光景(三原郡西淡町湊)

写9　賀集八幡宮

宜川南岸にかけて存在し、館跡の西辺に沿って北に延びる路の西には「門」の小字名があり、この路の東側、館跡の北一帯には「竹田土井」「中ノ土井」「外土井」の小字名を残す。また館跡の東には、小字「背戸田」「東堀」を隔てて集落が展開し、ここにも「居屋敷」「居内」の小字名が認められる。この付近にも被官の屋敷群があったのではなかろうか（以上、図2参照）。

市町は館跡のすぐ傍らには証跡を残さないが、前述のように、かつての国府付属市とみられる市の集落が養宜館の西三キロにあり、室町期にも守護所付属市としての機能を兼ねて存続していたことと思われる。一方、国府の外港であった三原湊（西淡町湊）は、府中・十一ケ所の北北西四キロ、養宜館の北西六キロにあり、式内社の湊口神社が鎮座する。弘安六年（一二八三）淡路守護長沼宗泰が子息宗秀に守護職とともに譲与し、正安元年（一二九九）に幕府が安堵した淡路国内七ケ所の地頭職の一つに湊村があり（園城寺文書）、注(4)所掲石井氏論著に指摘されたように、これは守護領化した国領の一つとみられる。この港は第四節で考察するように淡路産の塩の京畿地方への最も主要な搬出港として室町中期にも栄えており、守護所の外港を兼ねていたと推測される。

守護所付属の寺院ともいうべき淡路安国寺は、前述のように南一・五キロの大久保にあったが廃絶している。一方、淡路国分寺は館跡の南西一・五キロにあり、その堂宇は、古代の金堂・塔の礎石の一部を利用し、規模を縮小して建てられており、これは中世以来の国分寺の姿を残すものであろう。また南西六キロの賀集八幡宮およびその神宮寺の護国寺にも淡路守護細川氏の外護が加えられたことは、応永三十三年（一四二六）十月七日付の細川満俊署判の賀集八幡宮定書や、年次未詳の細川尚春以下署判の奉加帳（ともに護国寺文書、『兵庫県史　史料編　中世一』所収、下同）によって知られる。この賀集八幡宮の南を走る街道をさらに二キロ西進すれば、同じ細川一族の分国である阿波への主要な連絡港である福良の泊に出る。南北朝期以降の守護領は不分明であるが、『淡路国大田文』によって知られる承久以前からの三原郡の守護領は、八木村を含む笶原《のはら》保（今は笶原と書く）、東西神代《くましろ》郷（以上は三原町の大字名として残る）、上田《こうだ》保（清水正健著『荘園志料』によると榎並郷社家村付近）で、養宜館からほぼ四キロ以内の三原平野中部から東南部に集中して分布する（図2参照）。さらに弘安六年（一二八三）の長沼宗泰の譲状に見える地頭職（守護領）のうち津名郡の分は、石屋保に代って洲本・炬口への幹線道路を扼する賀茂郷と内膳庄が加わり、三原郡の分は前述の湊村が加わっている（園城寺文書。石井進氏前掲書）。

以上の所見を総合して考察すると、西に惣社十一明神、府中八幡、国司館伝承地、国府付属市等を含む古代以来の国府推定地、中央に国分寺・国分尼寺、北に二宮大和大国魂神社、東に守護所養宜館、南東に南北朝初期制定の安国寺、これらを包含するほぼ四キロ四方の領域が、中世淡路の政治・経済機構や主要な宗教施設の集中する特殊領域であり、これを中世淡路の府中域とみなしてよいのである。なおこの領域の北西約四キロの三原川河口には、古来の国府外港の三原湊があり、第三節で検討するように流通機構の上で、府中域と密接不離な関係にあったとみられる。また阿波はじめ四国への連絡路に位置する福良湊へも市付近から南西約六キロに過ぎず、その途中、街道の北、市付近から南西四キロには賀集八幡宮が鎮座し、古来貴賤の崇敬を集める大社として栄えている。これらを含む三原郡主要部は国衙領・守護領が集中的に分布するという意味でも、一国の政治権力の中核をなす特殊領域であった。斉藤利男氏が、多賀国府・岩切城・冠屋市場・塩釜港などを含む陸奥の府中域等について考察し、さらに周防府中（防府）等についても検証して「中世都市」と規定された、諸国の政治・経済・軍事・宗教等の中心領域をなす諸国府中域と共通する要素を淡路府中域は充分に備えており[10]、淡路の中心に位置する中世都市とみなしうるのである。

ところで富山大学考古学研究会の行なった淡路国府推定地域の遺物採集調査の概報[11]によると、三原町内で次のように古代瓦片、古代・中世の土器片・陶器片等を採集した旨が報告されている（近世の遺物は引用省略。また①〜⑩の順序は概報の順序と異なるが、便宜ほぼ南から北へ、西から東へと並べ変えた）。

①国衙地区　神代国衙の鎮守神社付近。須恵器器種不明一片、中世の須恵器系陶器二片、時期不明の陶器四片、器種不明の土師器一二片等を採集。

②国衙廃寺　神代国衙字西ノ内。須恵器の杯身一片、甕一片、還元焼成の瓦一片等を採集。

③山惣廃寺　神代山惣。古瓦が散布する。須恵器杯身一片、丸瓦五片、平瓦二〇片等を採集。

④市地区　惣社付近。九〜一〇世紀頃の須恵器椀口縁部、布目瓦二片を含む瓦一三片、時期不明土師器九片等を採集。さらに惣社裏手から西方の調査では平安時代と推定される須恵器杯身四片、甕六片、器種不明四片、青磁碗一片等を採集。

⑤惣社西方約四〇〇メートルの八幡神社付近。播磨産とみられる中世土釜一片、時期不明土師器一〇片、時期不明陶器二片等を採集。

⑥小榎列地区　府中八幡神社付近。須恵器短頸壺一片、杯身一片、中世の土器皿二二片、時期不明陶器二片、布目瓦六片等を採集。

⑦国分寺　八木国分。寺域を中心として、須恵器杯蓋一片・杯身一片・壺一片・甕二片・器種不明四片、国分寺創建期と推定される軒丸瓦一片を含む丸瓦七片、軒瓦一片を含む平瓦二八片等を採集。

⑧国分尼寺跡　八木新庄。丸瓦一二片、平瓦二九片等を採集。

⑨南海道神本駅（『続日本紀』）推定地付近　榎列下幡多。須恵器杯二片・甕二片等採集。

⑩養宜地区　八木養宜中。養宜館跡の土塁により区画された内部から、中世土師器皿二〇片、須恵器系陶器壺三片、瓷器系陶器壺一片、器種不明青磁一片、時期不明土師器一六片等を採集。

以上の採集調査のまとめとして、惣社以南では確実な古代遺物の散布が認められないのに対し、惣社より北では小量ながらも須恵器等を採集できること等が指摘されている。そこで中世の遺物について考察してみると、府中八幡神社付近と養宜館付近に中世遺物散布の二大中心があり、前者は南の神代国衙や西の八幡神社付近にも一部及んでいて、これは中世淡路府中域の主要な生活圏が、国衙在庁を主とした狭義の国府地域と守護勢力を主とする養宜館地域との、いわば二元的構造であったことを反映するものとみてよいであろう。

第二節　淡路守護細川氏と守護代の動向

淡路は国内統一が比較的容易と思われる単一の島嶼であり、事実国人層の細川被官化がほぼ順調に進展した模様である。細川氏の初代淡路守護・師氏の在職徴証は早くも建武三年（一三三六）十一月二十日を初見とするが、翌四年八月には師氏の兄頼春が、足利尊氏から軍事指揮権を委任された同直義から「淡路国凶徒誅伐」を命ぜられ、この頼春の協力により師氏の淡路制圧は急速に進捗したものと推測される。[12]

淡路守護細川氏は、師氏の子孫が世襲するが、次節に触れる文和二年（一三五三）の氏春（師氏の嫡子、二代目淡路守護）の南軍淡路侵入撃破以後は、少なくとも戦国期初頭まで一世紀半以上にわたって、島外からの外敵の侵攻も島内の国人層の離反も、ともに経験することがなかった。これは、淡路守護歴代が宗家の細川京兆家への協力的態度を旨としたことにもよるが、淡路周辺諸国の内、摂津・讃岐・土佐は細川京兆家の分国、阿波と和泉（半国守護二家）はそれぞれ細川庶流一族の分国であり、播磨と紀伊はともに概ね細川与党であった赤松氏と畠山氏の分国であって、淡路周辺の海域が細川氏の掌握する制海権の一環をなしたことをも原因とし、加うるに島内の有力国人層も次節に見るように、その制海権の傘下にあってその一翼を担いながら活動したことによると想定される。

　そこで、南北朝期の淡路守護は、むしろ島内の国人層を率いて島外に出撃している。たとえば、康安元年（一三六一）南朝に降った幕府前執事細川清氏が、再挙を期して翌二年正月四国に渡ったとき、淡路守護氏春（清氏の従兄弟）は清氏に同調して、ともに阿波・讃岐に渡り、将軍義詮の追討命令を受けた細川頼之（清氏・氏春両者の従兄弟）と対戦した。なお拙著二編には、『太平記』に伝える氏春の清氏与同の記事を信憑性に乏しいと判断したが、[13] 村田正志氏の著書に掲げる村手重雄氏蔵後村上天皇宸翰御消息（第十一紙、断簡）中の次の文言により、氏春の清氏方参戦が史実であることを確認できたので、右の拙著の新版にはその旨訂正を行なった。[14]

　四國合戰事、去月廿四日決雌雄、清氏之節無念之至候、子息兄弟・淡路守護氏春等無爲之上、國勢無違變、可雪會稽之由、今朝令注進候（下略）

しかし氏春は清氏の敗死後、貞治三年（一三六四）九月までに幕府に帰参して淡路守護職に復したばかりでなく、応安元年（一三六八）四月将軍義満の元服に打乱箱・陪膳の役を勤めた。かつ応安六年（一三七三）三月には「南方退治大将」に起用され、淡路を発して摂津尼崎に着岸し、赤松範資の率いる摂津・播磨勢、河内の楠木正儀勢を加えて同国天野の長慶天皇の行宮に迫り、天皇を吉野に退去させ、四条隆俊以下を討取るという戦果を挙げている。[15] 氏春が一旦幕府に離反したにも拘らず、このような重任に起用されたのは、管領頼之の一族重用という政治方針もさることながら、淡路勢の軍事力が大きく評価されたためでもあったに違いない。

　それゆえ、細川一族は京畿地方で軍事的に不利な状況に陥ると、取りあえず淡路に退路を求めることが少なくなかった。さきの清氏の場合もその一例であるが、例えば永和四年（一三七八）十二月紀伊南軍追討の大将細川業秀は敗北して淡路に退却したし（「花営三代記」同年十二月十三日条）、翌康暦元年閏四月頼之が諸将の反対により管領を罷免されて一族とともに四国に退いたときも、一行は西宮から乗船してひとまず淡路に渡っている（同書同年閏四月十六日条）。これも淡路が京・畿内に近く、しかも敵方の追撃を免れうる地であったからに外ならないと思われる。

やがて淡路守護家当主は、在京して京兆家当主や他の有力庶家の当主とともに幕府に出仕するのを常態とするようになる。すでに氏春は管領頼之とともに在京し、右の四国退去に行をともにしている。さらに室町中期にいたっては、例えば「永享以来御番帳」（『群書類従』雑部所収）に御相伴衆の次に名を連ねる二一名の大名の一人として細川淡路守満俊が見え、「文安年中御番帳」（同上所収）には「外様大名衆」のうちに、細川右馬入道（持賢）・細川備中守護（氏久）・細川和泉守護（基之と教春の半国守護二名、但しその旨を明記せず）とならんで細川淡路守護（満俊、文安四年〈一四四七〉没カ）が、また五箇番衆の一番の筆頭に細川淡路治部少輔（持親、満俊の嫡子）が見られ、降って長享元年（一四八七）の「常徳院殿様江州御動座当時在陣衆着到」（同上所収）には、将軍義尚の御供衆として細川淡路次郎、一番衆の筆頭として細川淡路善九郎が記されている。

畿内近国の他の諸大名と同様に、淡路守護細川氏も当主やその子弟が在京を常とするに及び、分国支配の実務を当然守護代ないし小守護代（又守護代）に委ねることとなった。ここに淡路守護代・小守護代の所見を拾うと、ほぼ次のようになる。

守護代としては、早く貞和四年（一三四八）七月と翌五年閏六月に某姓酉元（若王子神社文書　一）、文和二年（一三五三）十月と同三年三月に某姓遠秀が（『九条家文書』〈『図書寮叢刊』、下同〉六、一七六二号(3)・一七六三号・一七六四号）、それぞれ下地打渡の遵行などに活動しているが、その後まもなく守護代として現れるのは、次のように近藤氏なので、酉元・遠秀もあるいは近藤氏かと考えられる。

近藤氏の明証ある守護代としての初見は延文六年（一三六一）二月と同年三月に守護氏春の遵行状を受けた近

藤左衛門入道であり（同一七六八号・一七七〇号）、次は至徳元年（一三八四）十月に同じく氏春の遵行命令を受けた近藤勘解由左衛門尉である（同一七七六号、以上注(15)所掲拙著ならびに佐藤進一氏著書参照）。

なお永和三年（一三七七）二月十九日に某姓明尚は東福寺領の淡路国都志郷内の問題につき、守護氏春の「御けち《下知》」を承けて安井弾正に宛てて書下を差出している（『九条家文書』六、一七七三号）。この書下の宛所には「安井弾正殿へ」とあり、さらに奥に「小守護代方へ」として切封墨引があり、端裏には「安井方へ守護代進状永和三年」と記されている。また明尚は至徳三年三月廿四日、都志惣庄の違乱停止を今月十八日仰下された通り庄家に触れ申した旨の請文を記している（同一七七九号）。守護代明尚は法名とすれば近藤左衛門入道、実名とすれば近藤勘解由左衛門尉であり、安井弾正は小守護代と推定される。

応永十四年（一四〇七）十二月六日某姓氏有は近藤中務丞に書下を与えて、都志郷内東福寺領の段銭以下催促を停止させている（同一七九二号）。この書下は同年四月二十三日付および九月二十四日付の細川彦四郎宛幕府御教書（同一七九一号(1)・(2)）を承けたものである。彦四郎はこの二通の御教書のほか翌応永十五年九月十八日付幕府御教書（同一七九三号）にも所見があり、応永十九年（一四一二）十月から官途淡路守の所見と守護在職徴証の現れる細川満俊の通称と認められる。『尊卑分脈』等に淡路守護家初代の師氏と六代目の成春の通称をともに彦四郎としており、これは同家の歴代当主の通称らしい。なお前掲拙著では、応永五年九月十八日付幕府御教書案（同一七八六号(1)）によって細川彦四郎すなわち満俊の応永五年在職を推測したが[16]、この御教書案は年号以外は全く右の応永十五年九月十八日付幕府御教書と同文で、正文の年号を誤写したものと判断されるので、この機会に右の推測を取消し、満俊の在職の初見は応永十四年四月（同一七九一号(1)）と訂正しておきたい。

さて、前記の氏有は書下を下しているので、一見正守護のごとくであるが、『九条家文書』六の巻末写真版花押によれば、この氏有の花押は細川京兆家やその有力庶家の諸大名に共通した特徴を欠き、寸法もやや小さい花押であって、この点からも氏有は正守護と認めがたいので、前掲拙著に比定したように、おそらく細川氏末流の一人で丹波守護代となった細川頼益の子息氏有であろう。この氏有の職掌は断定しがたいが、近藤氏の小守護代への降格を想定しないならば、細川氏有は守護満俊の在京守護代または奉行人で、宛所の近藤中務丞は在国守護代であろう。

このように南北朝時代の少なくとも半ばから、応永十四年頃まで近藤氏は引続いて守護代（ないし在国守護代）に在職したと認められるが、応永十九年十月守護細川満俊が石清水八幡宮領牧石庄領家職渡付を命ずる遵行状を下したのは南条勘解由左衛門宛であった（『石清水文書』之一、二一〇号）。南条氏には応永六年十一月賀集神宮寺に田地一反余を寄進した南条春時があり（護国寺文書）、淡路国人と認められる。また満俊は嘉吉元年（一四四一）四月十九日に、前月十二日付の管領細川持之施行状を承けた遵行状を東掃部助なる者に下して、東福寺領都志郷の段銭課役催促のための使者入部を停めている（『九条家文書』六、一七九七号(1)・(2)）。それゆえもはや近藤氏は守護代でなく、南条氏、さらに東氏が守護代となったらしい。

一方、満俊の許で在京する奉行人の一人と思われる浅見信玄は、都志郷の段銭等催促停止の奉書を永享元年（一四二九）九月には、「御奉行御中」宛に、嘉吉元年十一月には真堅四郎左衛門尉宛に、そして某年九月二十八日には近藤某宛にそれぞれ下しており（同一七九五号・一七九八号・一八一一号）、近藤氏は奉行人の一人に過ぎなくなった摸様である。また守護細川持親の守護代または奉行人と覚しい吉川親経は、長禄四年（一四六〇）四月二日近藤彦太郎に宛てて都志郷一宮俗頭につき社家に相触れよという奉書を下しているが（同一八〇〇号）、親経は文明十一年（一四七九）三月には広田左京亮に都志郷の打渡を命ずる奉書を下し（同一八〇一号）、某年五月には都志与七に都志庄寺領分の打渡を命ずる奉書を下している（同一八〇八号）。このように広田氏や都志氏と並列的に現れる近藤彦太郎は、やはり守護代ではなく、在国の奉行衆の一人か、せいぜい小守護代であろう。なお吉川親経は長禄二年八月、賀集八幡宮に畠地を寄進した人々の連署のうち一段高く署判した五名の筆頭にあり（護国寺文書　一三号）、単なる奉行人でなく守護代の蓋然性がある。

　このほか近藤氏の動静としては、次のような諸例がある。応永六年十一月賀集八幡宮に燈油代として荒野を寄進した四名の中に近藤孫四郎長秀があり（同一二号）、同十八年七月賀集仏聖田として田半（一八〇歩）を寄進したのは近藤二郎左衛門入道浄燈《ママ》であり（同一五号）、右の長禄二年八月の畠地寄進状に吉川親経等よりも低い位置に連署した七名の中に近藤助四郎秀吉が見え（同一三号）、文明二年（一四七〇）八月護国寺の番帳に二、三名ずつ六番に分れて名を列ねた人々のうち五番に「近藤殿」が「賀集殿」と並記されている（同一八号）。また某年十一月守護細川氏の奉行人と覚しい梅谷親重は、評定衆に奉書を下して、都志郷内東福寺領一円百姓彦六が近藤弾正の被官人と号して寺家に不忠をなすのを近藤をして戒めさせるべき旨を通達しており（『九条家文書』六、一八一五号）、近藤氏による在地住民被官化の一端がうかがわれる。とはいえ「護国寺文書」の右の寄進状や番帳に現れる近藤氏は、何らの優越した地歩をも国内に築くことのできなかった一介の国人に過ぎず、これは同氏が一時期守護代に起用されながら、有力な国人領主への発展の道程を閉ざされたことを示しているといわざるをえない。

　独り近藤氏だけでなく、南条・浅見・吉川等の諸氏も足跡が甚だ不分明で、独自の領主的発展をうかがわせるような史料を残していない。一方、例えば前に触れた長禄二年八月の畠地寄進状のごときは、わずか二反の「大豆浮免」の畠地を賀集八幡宮・丹生大明神の護摩・燈油料として寄進するのに、賀集美濃守公文・粟井千若丸・近藤助四郎秀吉・福良蔵人大夫政貴・久米四郎右衛門入道道珍・吉川民部丞経信・海老名加賀入道道昌という七名の国衆が連署し、その次に一段高く帯刀先生親経・左近大夫将監親量・兵衛太輔《ママ》道隆および瑞雲院智囦《淵》・院主心香院一香の五名が連署するという、物々しい署判を連ねている。これは淡路守護家被官の国衆が相互の連携と牽制とによって島内の相対的安定を保ち、守護代や一部の国衆が特に卓越した地歩を獲得するような動きを容易に許さなかったことの現れであろう。

戦国時代以前の淡路には、以上のような相対的安定が相当長期にわたって継続したため、かなり有力な国人でさえも次節図3に掲げる船越氏居館のような土居屋敷の状態に止まり、それ以上堅固で複雑な縄張りの城郭を必要としない場合が多かったと考えられる。守護所である養宜館を含む中世都市府中の空間構成が数キロの範囲に分散する様相を脱却せず、山城・居館・侍屋敷群・寺社・市町等がセットになったより集約的な戦国城下町への発展を見ることなく終ったのは、守護の在京性や守護代の弱体性などと相俟って、強固な防備を必要としない国内情勢の反映とみてよいと思われる。

そしていま一つ、淡路守護家が比較的早く滅亡したという事実がある。すなわち永正四・五年（一五〇七・〇八）の細川両家の乱の勃発以後、淡路守護細川尚春は細川高国に与同したため、細川澄元を擁した阿波の三好之長は、永正十四年（一五一七）九月淡路を侵して尚春を攻め、閏十月尚春は一旦和泉の堺に逃れたが（『大日本史料』九編之七所引　松平頼寿氏所蔵大般若経奥書）、翌々十六年五月ついに阿波で之長に弑殺された（「細川両家記」「永源師檀紀年録」「重編応仁記」）。淡路守護細川氏は分国内の国人層の反乱や守護代の実権掌握などに悩まされることがなかった代りに、同族阿波守護家の被官から成長した三好氏といういわば外部勢力のために滅ぼされる結果となったのであり、戦国初期における、こうした形での淡路守護家の滅亡が、分国の中心領域の戦国期城下町への発展を杜絶させたことはいうまでもない。

第三節　有力国人の港津進出

淡路は大阪湾・播磨灘・紀伊水道に囲まれた島嶼であるから、在地国人層の海上進出は盛んであった。『兵庫県史』第二巻は「淡路国の水軍」の項を設けて、『淡路国大田文』等により鎌倉幕府の配置した水軍関係の地頭や、国衙・郡衙に属した土着の水軍関係者を詳細に挙げている。[17]なお石清水八幡宮領淡路国鳥飼別宮（津名郡五色町鳥飼付近）の弘安元年（一二七八）十二月八日付雑掌・地頭和与状写および翌二年正月二十日付六波羅下知状写に「船所沙汰事」とあって、当国に船所が置かれていることが知られる（『大日本古文書』『石清水文書』之一、二一六号・二一七号）。船所の所見は、第二編第三章注(23)に引いたように既に『吾妻鏡』元暦二年（一一八五）三月二十一日条に「周防国在庁船所五郎正利」が見られ、瀬戸内海沿岸諸国では船所は国衙の管轄下に属する船舶の管理・運営にあたる重要な在庁の職掌であったと推定され、この職掌が淡路国衙にも存在したことが確認できるのである。

淡路の国人層としては、阿万・久米・賀集・福良・吉川・海老名・近藤をはじめ約三〇氏が知られるが、顕著な活動の見られるのは、主として船越・広田・安宅の三氏である。以下しばらくこの三氏の動向を概観しよう。

船越氏の祖先は駿河を本貫とする御家人であり、同国で梶原景時父子を討取った人々の中に船越三郎があった（『吾妻鏡』正治二年正月十八日・廿三日条）。前掲『兵庫県史』第二巻「淡路国の水軍」の項では船越氏を駿河水軍と推定している。『淡路国大田文』によると承久の乱の勲功として淡路に所領を賜って入部した者に船越右衛門尉があり、三原郡賀集庄・同郡福良庄・同郡慶野庄内に合せて田二〇〇町ほか畠・浦（浦は福良と慶野に各一所）を知行し、福良庄では領家安野宝持院領をも早速押領している。また同郡長田村の田三町一反余・畠四反余の地頭は船越左衛門尉とあるが、これはおそらく誤記で、やはり右衛門尉であろう。船越氏はこのように承久以来淡路に相当の勢力を築いた一族であった。しかもその所領が三原郡に集中し、かつ国府の外港として重要な三原湊に接する慶野庄と、阿波への連絡に必須の福良庄を領有すると同時に、国府と福良との中間にあり、かつ賀集八幡宮という大社の祀られている賀集庄をも押えていたことは注目すべきである。

観応擾乱による足利方分裂に乗じた南軍蜂起の一環として、文和二年（一三五三）十月法性寺中将・高倉左衛門佐・新田江一族・土岐原一族・阿波小笠原一族等が淡路に侵攻して賀集庄内に布陣するにいたった。これに対して守護細川氏春は船越定春・船越委文《しどり》秀定等を率いて上田保円鏡寺原にこの南軍と戦い、これを駆逐している（記録御用所本「古文書」船越定春軍忠状写）。このように船越氏は淡路守護細川氏に属して自己の所領賀集庄の防衛に成功したのである。

これよりさき、貞和五年（一三四九）閏六月には、直義が裁許状を下して、禅林寺新熊野社領淡路国由良庄地頭職を船越秀定が恩賞として拝領したと称して濫妨するのを、すでに替地を与えたとして停止させており（「若王子神社文書」一）、船越委文氏は紀伊水道の大阪湾口を扼する由良港のある由良庄にも進出を計ったことが知られる。また東福寺領淡路国都志郷内国友名に対する船越次郎の濫妨停止を実施した旨の文和三年（一三五四）三月六日付守護代遠秀打渡状、およびこの打渡状を進覧する旨の同年四月八日付守護細川氏春請文案（『九条家文書』六、一七六三号・一七六四号）によって、船越一族の都志郷進出がうかがわれる。この都志郷は慶野庄の六キロほど北の播磨灘に面し、都志川の河口部に形成された良港都志を中心とする荘園である。

このように船越氏は、島内各所の港津を押えることに努めていたのであって、『兵庫県史』第二巻前掲項にも示唆するように、船越氏は淡路の水軍指揮者・海上交通掌握者としての性格を強く有していたことが明らかである。それゆえこの船越一族が細川被官となったことは、細川氏の制海権掌握に少なからぬ効果を及ぼしたに違いない。『味地草』に載せる三原郡庄田村の船越氏の居館跡の挿図からも、有力国人としての勢力の一端が偲ばれる。但し、館の面積は養宜館の約四分の一にとどまる（図3参照）。

広田氏は津名郡広田庄を本拠とする国人と思われる。広田庄は『和名類聚抄』津名郡広田郷の地で、『吾妻鏡』元暦元年（一一八四）四月二十八日条に源頼朝が淡路国広田庄を平氏征討の祈祷のため摂津広田社に寄進したと

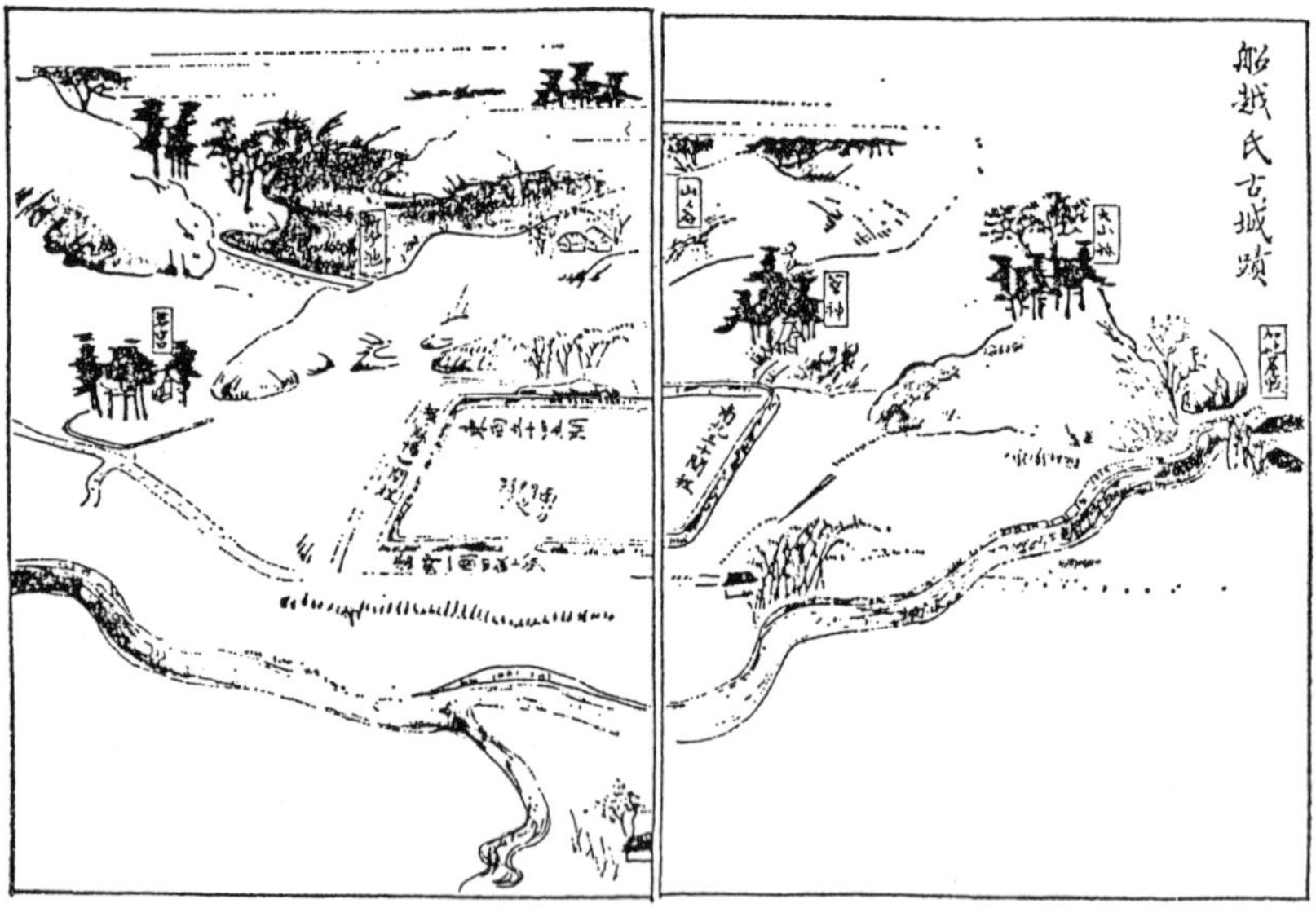

図3　船越氏居館跡（『味地草』名著出版復刻第3冊より）

してその寄進状の文言を載せるのが庄号の初見である。この荘園は八木村の北東約三キロに位置し、洲本・炬口方面にいたる街道上の要衝であり、『淡路国大田文』に「田六十町・畠」とあって、淡路としてはかなりの大庄であった。この大田文に「地頭大和中務丞」とあるのが広田一族の祖先と思われる。

広田氏も細川氏が淡路守護となるとこれに属し、正平七年（観応三、一三五二）二月、広田時直は引付頭人細川顕氏から阿波国人海部但馬守とともに両使として山城国久世庄の濫妨人排除の実施を命ぜられ（東寺百合文書ホ、室町幕府引付頭人奉書）、のち貞治四年（一三六五）「淡路広田惣領地頭」の時直は守護氏春に随って上洛している（『師守記』貞治四年六月九日条）。

延文二年（一三五七）九月足利義詮は御判御教書を細川氏春に下して、広田大和弥九郎による禅林寺新熊野社領淡路国由良庄筑佐方領家・地頭・惣追捕使職の濫妨停止を督促して、使節難渋を戒めており（若王子神社文書二）、広田氏が細川氏の被官になるとともに、海上へ進出する拠点としての港津を求めて動き出し、船越氏に続

写10　由良湊の景観（左の島嶼と中央から右に見える砂州とに囲まれた天然の良港）

いて由良の制圧を計った状況がうかがわれる。

降って某年十月淡路守護細川持親の奉行人とみられる吉川経信は広田出羽守に対し、持親の旨を承けて東福寺領都志郷への役夫工米催促を止めるよう命じている（『九条家文書』六、一八一二号）。経信には享徳二年（一四五三）十月の同じく都志郷に関する奉書（同一七九九号）があるので、その前後のこととみられる。さらに前節にも触れたように、文明十一年（一四七九）三月には、守護細川成春の奉行人と推測される吉川親経が広田左京亮に対して、都志郷を将軍家から東福寺へ新御寄進の儀として還補されたので寺家の庄主に渡し付けるようにという成春の命を伝えている（同一八〇一号）。広田氏がやはり先の船越氏と同様に都志川河口の良港を含む津名郡都志郷の掌握を試みた事実が確認される。

淡路守護細川氏の被官となった有力国人による港津の制圧は、次のように安宅氏の淡路来住により一層強化された模様である。がんらい安宅氏は紀伊国牟婁郡安宅庄を本貫とする熊野水軍といわれるが、細川氏との関係はすでに観応年間から認められる。すなわち、観応元年（一三五〇）六月足利義詮は御教書を以て「淡路国沼嶋以下海賊退治」を安宅一族に命じた。そして翌観応二年正月、安宅須佐美一族は阿波守護細川頼春から阿波国竹原庄内本郷の地頭職を安堵され、同年九月安宅頼藤は同じく頼春から阿波国牛牧庄地頭職を立江中庄地頭職の替として預け置かれている（安宅文書）。

紀伊水道から京畿への海路を制圧するためには、紀淡海峡を扼する天然の良港由良を確保することによる軍事的効果が絶大であるから、安宅氏が機会を求めてこの港津に進出したことは当然であろう。それは前述の船越・広田両氏と同様であるが、彼らとの角逐の結果、由良・洲本・炬口方面では安宅氏が勝利を収めたと考えられる。由良の古城は文正年間（一四六六〜六七）頃、安宅甚五郎の居城と伝えられ（「淡路常盤草」）、洲本城は大永六年（一五二六）安宅隠岐守治興という人が築いたという伝承がある（太田亮氏『姓氏家系大辞典』安宅氏の項所引「守澄秘録」）。すなわち船越氏・広田氏より遥かに後れて紀伊から淡路に進出した安宅氏は、由良城のほかやがて洲本城等をも構築してこれらの港津とその後背地を制圧するにいたるのであり、また岩屋城にも戦国末には安宅氏の一族が拠っていたという（『姓氏家系大辞典』）。

守護細川氏に臣従した以上のような有力国人の港津進出によって、一個の島嶼である淡路全域の防衛が比較的容易に行なわれるようになったことが、府中域ないし守護所周辺に格別堅固な城郭等を必要としなかった理由の一つであったに違いない。

戦国末における三好一族の淡路制圧に伴い、三好長慶の弟冬康が安宅氏を称し、炬口城・由良城等に拠って淡路を制圧し、長慶と呼応して畿内にも進出したことはよく知られている。しかし安宅氏は冬康の子貴康が天正九年（一五八一）織田信長に降って由良城を引渡し支配力を喪失した。

他方有力国衆の船越・広田両氏は次のように織豊期にも命脈を保つ。この頃の船越氏の動向は、奥野高廣氏の論考[18]に詳しいので、これによって要約する。船越孫次郎景倫・左衛門尉景直父子は、某年八月淡路三立崎（津名郡東浦町釜口付近）を攻略し、主君の命を受けた某姓澄親から感状を与えられた。澄親は将軍義澄の偏諱を受けた人物であろうが、奥野氏は澄親の主君は安宅冬康かとされている。また某年、三好長治（義賢の子）は景倫に対して、淡路に徳政令を施行しても景倫には免除すると通達した。奥野氏は、この措置は景倫の領内の高利貸を保護したものとされる。船越氏が問丸・蔵本などと密接に結んでいたことが想定できよう。

畿内が織田信長の制圧下に帰してのちの天正五年、毛利氏の京都進攻作戦の一環として、小早川隆景は船越景直を味方に誘うが、景直は応じなかったらしい。天正十年六月の本能寺の変ののち、景直はいち早く羽柴秀吉に属して、菅平右衛門尉の守る洲本城攻略戦等に参加したと覚しく、同年九月五日、秀吉から淡路の知行分と阿波の家領を安堵され、翌天正十一年には淡路の本知行六〇〇石に加えて河内で二四〇〇石、計三〇〇〇石を賜った。しかし天正十二年七月、景直は淡路の知行の替として播磨明石郡に七一一石を与えられ、ここに景直と淡路の縁は断ち切られる。

その後の景直は小田原攻め、文禄の役に出陣したのち、豊臣秀次事件に連座して陸奥の南部氏に預けられるが、秀吉が世を去ると徳川家康に召されて、摂津・河内で計四六四〇余石を給与され、慶長五年（一六〇〇）の関ケ原の戦いには東軍に味方し、戦功により一五〇〇石を加増され、慶長十六年三月七十二歳で波乱の生涯を閉じた。子孫は代々旗本として存続した（『寛政重修諸家譜』）。

一方、広田氏も織豊期まで自立性を保つが、本能寺の変直後の天正十年六月九日、広田内蔵丞は羽柴秀吉から明日渡海して菅平右衛門尉を責め干すので忠節あるべしと命じられた（広田文書、『兵庫県史　史料編　中世一』所収〈下同〉羽柴秀吉書状）。前述の船越景直も同様の指令を受けたことであろう。広田内蔵丞は秀吉に臣従して戦功を挙げ、同年八月石田三成から洲本城攻略の際の忠節を賞せられ、ついで翌十一年(か)正月にも菅平の家来を討捕り・生捕りした手柄を賞せられた（広田文書、石田三成書状〈二通〉）。内蔵丞は天正十一年淡路に入部した仙石秀久に仕え、天正十三年五月十七日、人数一〇人の差出を命ぜられ、かつ病気見舞の書を受けた（広田文書、仙石秀久書状〈二通〉）。まもなく内蔵丞の子甚六が家を継ぎ、秀久が讃岐に転封となって後の翌十四年二月、秀久から知行分四〇〇石を充行なわれ、近世へ存続する手がかりを得ているが、やはり淡路の旧領とは切断された。

以上のように淡路の有力国人層の後身である有力国衆は、織豊期にいたって強力な中央政権の傘下に組み込まれ、家名は存続しても多くは淡路の所領から切り離される。しかしそれ以前の室町期のこれら国人層は、淡路守護細川氏の被官化しながらも、船越氏が鎌倉期以来の所領に含まれる三原湊・福良の確保のほか都志を押さえ由良にも進出を計ったことや、広田氏が同じく由良庄や都志郷への進出を計ったことに見られるように、おそらく守護細川氏とは相対的に自立して海運に関与し、物流機構の運営に関わっていたものとみられる。それゆえ戦国期においても、船越景倫の徳政免除からうかがわれるような、有力国衆と蔵本・問丸らとの結合が存続していたのであろう。

第四節　淡路をめぐる海運の一様相

近年刊行された『兵庫北関入船納帳』(19)および『兵庫北関雑船納帳』(20)は、ともに室町中期一五世紀半ばの文安二年(一四四五)を主とする約一年間の東大寺領兵庫北関への船舶の通関記録であり、当時の瀬戸内海沿岸諸港から畿内への海運による物流の一部が具体的に知られる。この両納帳は、兵庫北関の運営が一時的に東大寺の直務に帰し請所代官が廃止されたのに伴って作成されたと推定される貴重な記録である。

まず『兵庫北関入船納帳』(以下『入船納帳』と略称)は、周知のように文安二年正月からほぼ一年間余の間に東大寺領兵庫北関を通関した主要船舶の船籍地・積載品目・積載数量・関銭の金額・船頭と問丸の名前等を記録した帳簿であり、注(19)所掲の刊本『入船納帳』解説の林屋辰三郎氏論文等に説くように、延慶元年(一三〇八)伏見院の院宣に基づき東大寺が徴収権を得た升米の銭納化したものがこの関銭であり、同解説今谷明氏論文(21)に掲げるように、この納帳記載の船籍地の国別通関船数は次の通りであった。

摂津　九港四四九艘　　播磨　二一港三一七艘　　備前　一三港二四六艘　　讃岐　一六港二三三艘

淡路　九港二一〇艘　阿波　九港一二三艘　備後　六港一一九艘　安芸　四港一〇一艘
備中　五港　六一艘　土佐　四港　四一艘　伊予　三港　三七艘　周防　五港　一五艘
豊前　一港　七艘　長門　一港　二艘

なお今谷氏は船籍地与井（二艘）を国未詳とされるが、同解説武藤直氏論文付載の「入船納帳船籍地一覧表」に指摘されるように、与井は淡路国鳥飼庄（石清水八幡宮領、現津名郡五色町付近）の年貢を輸送するので、津名郡江井と推定して淡路に加える。

また船籍港三原を、武藤論文はすべて備後三原（広島県三原市）に比定するのに対して、注(21)所掲今谷論文は、備後産の物資を出した港名（計三回）のみを備後三原に、その他をすべて淡路三原（兵庫県三原郡西淡町湊）に比定し、両論文は齟齬するが、この場合は今谷氏の比定が正鵠を射ていると判断される。今谷氏は比定の理由として「三原産の物資が淡路斗で計量され（七月十三日条）、室津・岩屋等淡路船籍の船で運送されている事実」を挙げ、さらにこれを補足した論文で(23)、「三原（塩）」を輸送した船舶の船籍地の数は摂津三港、播磨三港、淡路五港（三原湊を加えて六港）に限られ、かつ平均一艘当り五七石という小型船で輸送されていること等を述べられている。

淡路では今谷氏も触れるように、国府・守護所の外港である三原湊（三原郡西淡町湊）が最大の「塩」の積出港であり、これを「三原（塩）」と明記する右の諸港に加えて、各港ごとの兵庫北関通関船数・積載石数等を表示すると、表1Aのようになる。一艘の積載量は最大でも一〇〇石、最小は僅か一五石で、今谷氏の指摘のように小型船であった。一方、「備後（塩）」を積載する船の船籍港は、摂津二港（地下・尼崎）・備前二港（牛窓・犬島）・備中二港（南浦・連嶋）・備後五港（尾道・三庄・田嶋・鞆・三原）、安芸四港（瀬戸田・竹原・高崎・丹穂）・伊予三港（弓削・岩木・葉賀田）であり、これらの船には「備後」のみを積載するものと他の物品を混載するものとが

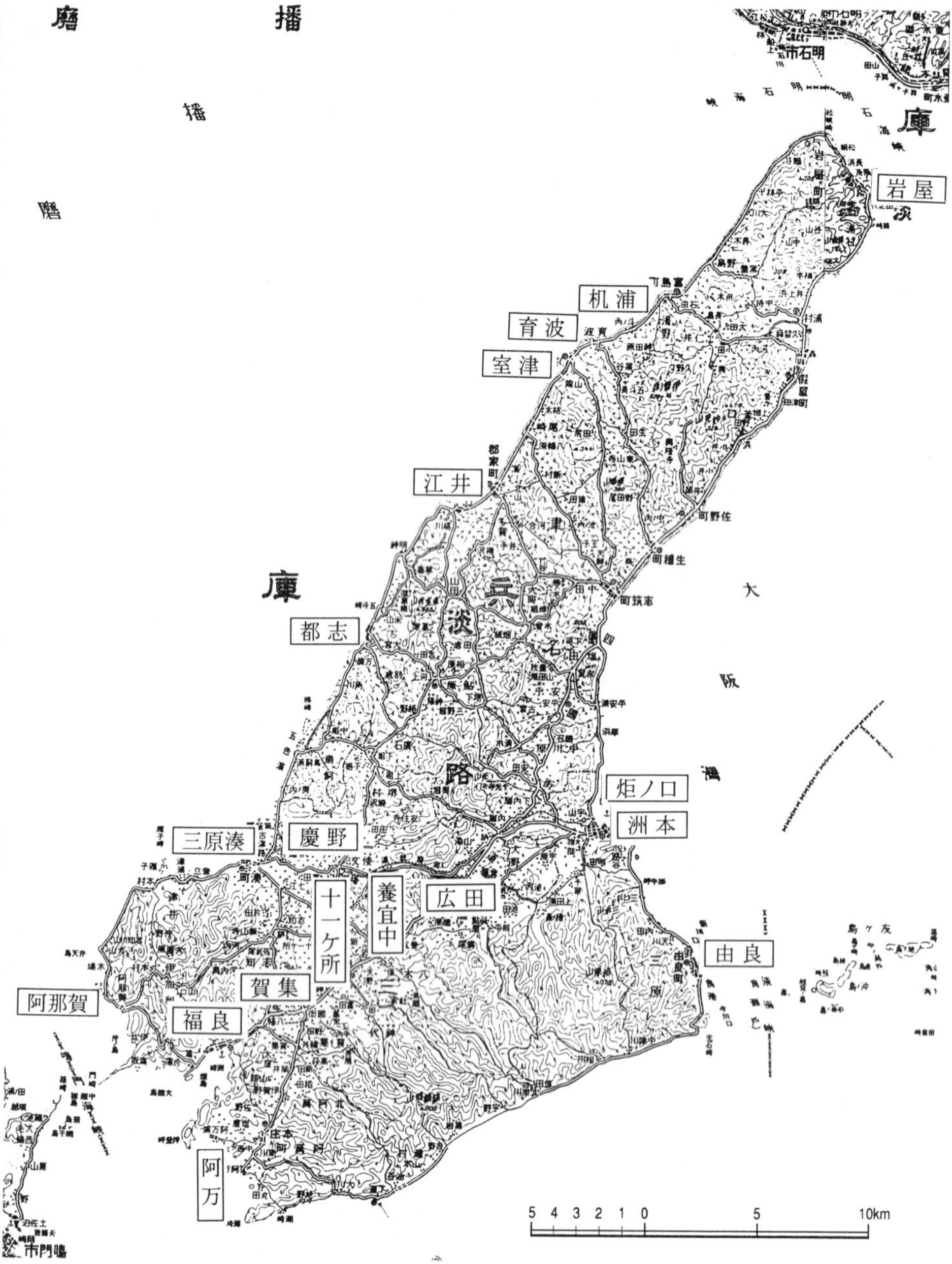

図4　淡路全図

(20万分の1地勢図「徳島・和歌山」〈明治35年製版、昭和23年修正〉に本文中の主な地名・港名を記入)

表1 A　『入船納帳』三原塩の船籍港別通関数・石数一覧

国名	船籍港名	通関船数	石数 合計	同 %	最大	最小
摂津	地下（兵庫）	29艘	1209石	15.9	100石	15石
	尼崎	14	469	6.2	50	22
	杭瀬	1	45	0.6	——	——
	計	44	1723	22.8	100	15
播磨	松江	27	1620	21.4	85	22
	中庄	4	147	1.9	55	22
	垂水	1	15	0.2	——	——
	計	32	1782	23.5	85	22
淡路	三原	62	3513	46.4	90	18
	室津	7	395	5.2	80	40
	由良	1	65	0.9	——	——
	阿那賀	1	60	0.8	——	——
	須本	1	17*	0.2	——	——
	岩屋	1	15**	0.2	——	——
	計	73	4065	53.7	90	18
総計		149	7570	100 %	100	15

注. ＊ 米35石と混載　　＊＊ 米・大麦各10石と混載

表1 B　『入船納帳』三原塩の問丸一覧

問丸＼国名	摂津 通関船数	摂津 石数	播磨 通関船数	播磨 石数	淡路 通関船数	淡路 石数	計 通関船数	計 石数	同%
道祐					51	2933	51	2933	38.7
木屋			26	1565	18	952	44	2517	33.2
孫太郎			5	162			5	162	2.1
二郎三郎			1	55	1	60	2	115	1.6
衛門太郎	1	40					1	40	0.5
（無記載）	43	1683					43	1683	22.2
（欠損）					3	120	3	120	1.6
計	44	1723	32	1782	73	4065	149	7570	100%

表2　『入船納帳』主要地名表示塩の船籍地（港・島）数・通関数・石数一覧

品名	船籍港数	所在国別船籍港数	通関船数	合計石数
備後	19	摂津2　備前2　備中2　備後5　安芸3　讃岐2　伊予3	294艘	51403石
嶋	6	摂津2　播磨1　備前1　備中1　讃岐1	74	12857
小嶋	15	摂津1　和泉1　備前7　備中3　讃岐3	111	11064
三原	12	摂津3　播磨3　淡路6	149	7731
塩飽	6	摂津1　備前1　備中1　讃岐3	44	7320
詫間	6	備前1　備中1　讃岐4	36	6155
方本	8	摂津1　讃岐7	35	5400
阿賀	5	摂津1　播磨4	129	3803
計	77		872	105733

備考 1．各3000石以上の地名表示塩8種について表示
2．嶋・三原・塩飽・方本・阿賀はそれぞれ同名の船籍地の「塩」積載船を算入
3．個々の船籍地名とその通関数は注(23)所載今谷氏論文参照

あるが、そのうち「備後」のみを積載する船一九四隻の積載量は最大五〇〇石、平均一七二・七石であり、「三原」を積載する船の数倍の大型船を主としていた。

そこで、生産地名で表示される塩のうち延べ通関（入船）船数が三〇艘以上で、その塩の通関石数が三〇〇〇石以上のものを挙げると、表2のようになり、淡路産の「三原」が兵庫北関を通関する瀬戸内海東部沿岸産出の塩のなかで有数の地歩を占めることがわかる。なお一位の「備後」が通関数・石数とも突出しているのは、船籍港の分布が備後とその周辺諸国にわたること、および武藤氏論文表3の指摘のごとく関税率が他の地名表示塩よりも高率であることから推定されるように、「備後」は備後を中心とする諸国で広く生産される良質の塩の商品名であったためとみられる。この広域の「備後」を除くと、「三原」は通関石数が三位に相当する。

次には表3に見るように、塩のみでなく全般に『入船納帳』に記される国別の船籍地（港・島）を見ると、淡路国内に船籍地のある船舶の兵庫北関通関は九港、延べ二一〇艘であった。この数値は船籍港数では播磨二一港、讃岐一六港、備前一三港に次いで、地元の摂津、および阿波と並んで四位の九港を数え、通関数では摂津・播磨・備前・讃岐に次ぐ五位で、六位の阿波の一一二艘を大きく引き離している（前掲国別通関船数の表示による）。このように淡路の船籍港や通関船数がかなり上位にあるのは、この国が摂津と近距離にあることや、島嶼のため海岸線が比較的に長いという事情にもよるに違いないが、国の面積が瀬戸内海沿岸の多くの国よりも狭小であることを考慮すると、この国と畿内との間の海運がすこぶる活発に機能していたことがわかる。

『入船納帳』に見られる淡路船籍船の活動については、本章の基とした拙稿（注8所掲）以後に武田信一氏の論考があるが(24)、これを参考としつつも私なりに旧稿を補充して考察することとしたい。

淡路国内の各船籍港別の兵庫北関入船数は決して均等でなく、同じく表3に示した通り、

由良　一二五　　三原　六三　　室津　九　　岩屋　四　　須本　二

竹ノ口　二　　与井（江井）　二　　阿那賀　二　　都志　一

となっていて、由良が六〇％、三原が三〇％に上り、この両港で実に全体の九〇％を占める（船の大小や積荷の多少は捨象）。そこで主要港津である由良・三原両船籍港の船の積載品目を見ると、三原船籍の船は六三艘中わずかに文安二年九月十八日入港の一艘が「米四十七石淡路升」を積載し、他の六二艘はもっぱら塩（三原塩）を

表3　『入船納帳』淡路船の船籍港別積載品目・問丸名・通関数一覧

船籍港	現在地	積載品目	問丸名	通関船数
由　良	洲本市由良	榑	木屋	120艘
		阿波塩	〃	2
		〃	(無記載)	1
		三原(塩)	木屋	1
		藍	〃	1
				計125
三　原	西淡町湊	塩(三原)	道祐	51
		〃	木屋	9
		〃	(欠損)	2
		米	木屋	1
				計 63
室　津	北淡町室津	三原	木屋	5
		三原・大麦	〃	1
		三原・米	(欠損)	1
		大麦	大夫三郎	1
		榑	南大夫三郎	1
				計 9
岩　屋	淡路町岩屋	米	木屋	3
		三原・米・大麦	(欠損)	1
				計 4
須　本	洲本市本町等	三原・米	木屋	1
		米	〃	1
				計 2
竹ノ口	洲本市炬口	米	木屋	1
		アラメ	〃	1
				計 2
与　井(江井)	一宮市江井	米	法徳	1
		米・マメ	木屋	1
				計 2
あなか	西淡町阿那賀	三原	道祐	1
		米	木屋	1
				計 2
都　志	五色町都志	「淀十一艘過書」	世善	1
				総計210

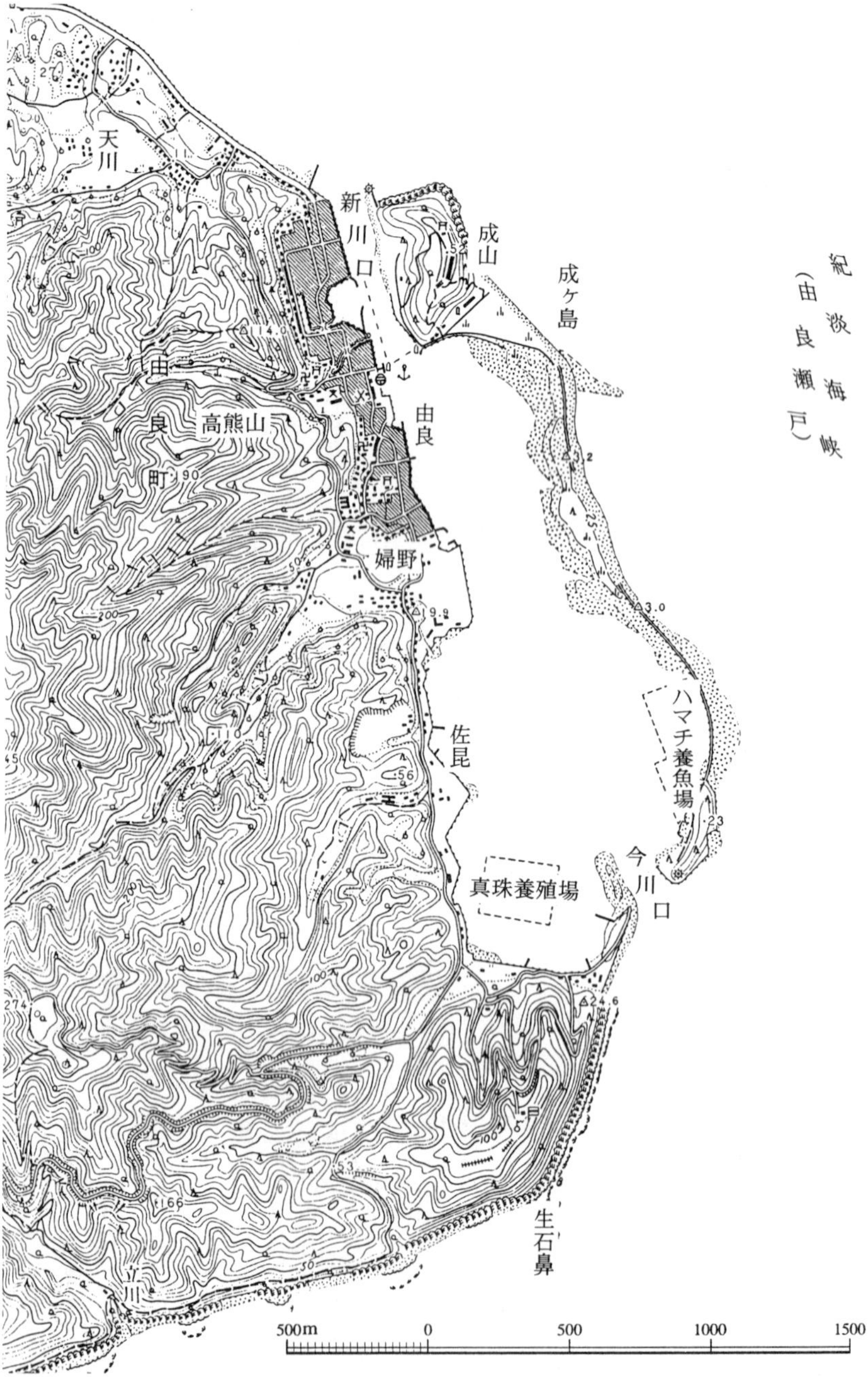

図５　由良港付近地形図

（２万５千分の１地形図「由良」による）

積載する。これに対して由良船籍の船は、わずか三艘が阿波塩を、一艘が三原塩を、他の一艘が阿波特産の藍を積載するのを除き、大多数の一二〇艘は榑すなわち建築用材の板を積載している。

このように淡路の二大積載港である三原と由良とでは、ほぼ完全に船舶の積載品目が異なるが、それだけでなく、それらの積載品の荷受人である問丸も、次のように別人であった。まず由良について見ると、由良船籍の船の「船主」（仮称。『入船納帳』の下から二欄目に記され、従来の論文では一般に「船頭」とよばれた人々。「船主」は徳仁親王論文の指摘による(25)）は数十名に上るが、最下欄に記される問丸は由良船の場合、表3のように無記載一艘、欠損二艘を除く一二三艘はすべて木屋であった。したがって問丸名無記載・欠損の三艘もおそらく問丸は木屋であり、彼は由良船籍の船舶の輸送する榑の荷受を完全に独占していたと判断される。この徳仁親王論文は、一人の問丸が特定の船籍港を独占する例を指摘するが、由良船籍の船を独占する木屋もその顕著な例であった。

『入船納帳』では「榑」と「材木」を別個の品目とする。榑は家屋の屋根板・外壁・根太板・板塀など、多くの需要があったが、材木は柱・梁などの用材で、おそらく榑よりも需要が少ない上、畿内の生産である程度賄われたとみえて、『入船納帳』における兵庫北関への搬入量は榑よりもはるかに少ない。注(24)所掲武田論文には『入船納帳』記載の榑の通関数、数量（石メ）等を、また最近の山下知之氏の論考の表2には同じく榑と材木の通関数、数量（石メ）等を船籍地別に整理して表示されているが(26)、これらを参考として私なりに集計したものが表4Aである。

この表のように、榑を積載する船の船籍港は摂津・備前・備後・讃岐という瀬戸内のほぼ東半から紀伊水道・太平洋沿岸の淡路南東部・阿波南部・土佐東部にわたるが、地下（兵庫）以外の瀬戸内諸港はいずれも年間一艘というようにごく僅かで、淡路・阿波・土佐三国の船籍港が大部分を占めることがわかる。すなわち淡路（大多数は由良、一艘のみ室津）が一二一艘、一万五五三〇石メ（四三％）で一位、阿波（平嶋・橘・牟木・海部・宍咋の五港合計）が九七艘、一万四三七五石メ（四〇％）で淡路に雁行し、淡路・阿波両国で実に全体の八三％という占有率となる。その中でも一港としては淡路の由良が入船数でも石メ数でも格段に多く、一二〇艘、一万五四六〇石メで、これに比肩する船籍港は存在しない。ただし中世の淡路国は「新撰類聚往来」（『続群書類従』三十三輯下）にも「良材多」とされているが、注(24)所掲武田論文に説くように、由良に近い山々は標高も低く山も浅いので、由良船の輸送した榑のすべてが島内産とは考えがたく、阿波・土佐産の榑をも輸送した可能性が強い。このことは、次の表4Bに見るように、由良船の榑を独占する問丸の木屋が阿波の榑の一部を輸送する事実からも推測できる。阿波の榑の約四分の三と土佐の榑のすべてとは、二郎三郎およびその後継者の藤二郎が占めている。なお、由良船には二郎三郎が船主として六回ほど現れるが、それらも問丸は木屋である。

材木の輸送では淡路船は皆無で、土佐船が過半を占め、阿波船がこれに次ぎ、土佐国が「新撰類聚往来」に「良材多」と記された面目を保っている。そこで榑と材木を合計した輸送額では、阿波船が一一一艘、一万五八四〇石メ（三八％）、淡路船が一二一艘、一万五五三〇石メ（三七％）とほぼ同額で、両者で全体の七五％を占めるが、船籍港では由良の一位は揺るがない。以上のような木材を輸送する船舶全般の知見の上で、これらの木材の主な荷受人である問丸の活動状況を通観するため私なりに作成したのが表4Bである。

この表によると、問丸名無記載および欠損の場合を除いた兵庫北関入船の榑の内、四割強を誇る由良船をほぼ独占するのは木屋であった。なお彼は材木でも阿波（穴咋）船・土佐（甲浦）船も少々扱っており、トータルでは榑と材木を合わせた木材全体の四六％強の一万七三四〇石メを扱っている。これにほぼ比肩するのは、右に触れた二郎三郎およびその後継者の藤二郎である。二郎三郎の活動は、榑では文安二年十一月七日〜同月十八日の間に藤二郎に引き継がれ、材木ではより早く十月十二日に藤二郎が現れる。両者が血縁関係か否かは明らかでないが、ともあれ二郎三郎と藤二郎の荷受数は、合わせて一万六一三〇＋X石メとなる。なお、二郎三郎は榑以外

表4A　『入船納帳』榑・材木の船籍地(港・島)別通関数・石メ一覧(Xは石メ無記載)

国名	船籍地	榑		材木		合計		備考
		通関数	石メ	通関数	石メ	通関数	石メ	
摂津	地下(兵庫)	33	3790	5	310	38	4100	
播磨	中庄			2	20	2	20	
備前	伊部	1	60			1	60	
	牛窓	1	250	4	360+X	5	610+X	内2艘(X)「美作国北賀茂九郎兵衛進上」
	虫上			3	X	3	X	3艘(X)とも同上
	計	2	310	7	360+X	9	670+X	
備中	連嶋			2	65	2	65	
	笠岡			1	35	1	35	
	計			3	100	3	100	
備後	田嶋	1	100			1	100	
	尾道			3	10+X	3	10+X	内2艘(X)「山門之過書」
	計	1	100	3	10+X	4	110+X	
安芸	竹原			4	X	4	X	4艘(X)とも「山門胡麻(護摩)堂過書」
淡路	由良	120	15460			120	15460	
	室津	1	70			1	70	
	計	121	15530			121	15530	
阿波	平嶋	7	735	11	1095	18	1830	
	橘	3	430			3	430	
	牟木(麦井)	13	1560	1	120	14	1680	
	海部	56	9440			56	9440	
	宍咋	18	2210	2	250	20	2460	
	計	97	14375	14	1465	111	15840	
讃岐	嶋			1	10	1	10	
	三本松	1	5	4	290	4	295	
	宇多津			1	15	1	15	
	計	1	5	6	315	7	320	
土佐	甲浦	13	2070	13	1760	26	3830	
	先浜	1	180	2	300	3	480	
	直利(なわり)	4	630	5	490+X	9	1120+X	内2艘(X)「管領過書」
	安田			1	120	1	120	
	前浜			1	180	1	180	
	計	18	2880	22	2850+X	40	5730+X	
総計		273	36990	66	5430+X	339	42420+X	

の物品を扱う問丸としてはその後も活動を続けている。ここにXとしたのは石メが無記載で不明の分である。この不明分を加えると榑・材木については、おそらくこの両人の荷受数全体は木屋のそれに近い数量であり、木屋とこの両人とで兵庫北関を通関する木材の九〇％以上を扱ったことは間違いない。この他に木材を取り扱う問丸は衛門太郎以下一〇名に上るが、彼らの荷受量は桁違いに低く、彼ら一〇名の木材取扱いは他の物品の傍ら扱ったに過ぎない。それゆえ、木材をほぼ専門に扱う問丸は、木屋と二郎三郎・藤二郎とに限られていたことが判明する。

屋号からもみられるように、もともと木材を取り扱う問丸である木屋は、二郎三郎ついで藤二郎というライバルの活動に脅かされながらも、少なくとも兵庫北関入港船の榑の約五割、木材全体でも四割六分を扱っていたのである。ただし木屋は小量ながら米・大麦・大豆・アラメおよび阿波藍をも扱っている。それらの木屋の扱う全積載品を運ぶ船舶の船籍港と、延べ通関船数は次の通りである。

堺（和泉）一	松江（播磨）四四	南浦（備中）一	三原（備後）三	由良（淡路）一二五
洲本（同）二	竹ノ口（同）二	岩屋（同）四	室津（同）六	与井（同）一
三原（同）六	阿那賀（同）一	武屋（阿波）一	土佐泊（同）二	宍咋（同）一二
甲浦（土佐）三				計一六港二一八艘

右の和泉・播磨・備中・備後・淡路・阿波・土佐の七ケ国にわたる船籍港一六港のうち、淡路が半分の八港に上るだけでなく、兵庫北関への延べ通関船数が二一八艘中、淡路が一四七艘と六七％を占め、なかでも由良一港のみで五七％強に上る。それゆえもともと由良に本拠地を置いて、淡路をはじめ阿波・土佐の榑を畿内地方に輸送した木材の問丸であった木屋は、備中・備後等の穀物や阿波の特産物の藍をも少量ながら扱って、より広域な活動圏と多角経営とに向いつつあったと考えられる。

表4B　『入船納帳』榑・材木の問丸別通関数・石メ一覧（Xは石メ無記載）

問　丸	国名	榑			材　木			合　計		
		船籍地数	通関数	石メ	船籍地数	通関数	石メ	船籍地数	通関数	石メ
木　屋	淡路	1	120[a]	15460				1	120	15460
	阿波	1	11	1320	1	1	120	2	12	1440
	土佐				1	3	440	1	3	440
	計	2	131	16780	2	4	560	4	135	17340
二郎三郎	摂津	1	1	250				1	1	250
＋藤二郎	備前	1	1	60				1	1	60
	備後	1	1	100	1	2[c]	X	2	3	100+X
	阿波	3	68	10460	1	1	130	4	69	10590
	土佐	3	17	2720	5	19	2410+X[d]	8	36	5130+X
	計	9	88	13590	7	22	2540+X	16	110	16130+X
衛門太郎	阿波	2	7	755	1	10	995	3	17	1750
	讃岐	1	1	5	1	4	290	2	5	295
	計	3	8	760	2	14	1285	5	22	2045
北次郎三郎	阿波	1	4	800	1	1	120	2	5	920
衛門九郎	備前	1	1	250	1	2	360	2	3	610
道　祐	備中				1	2	65	1	2	65
	阿波	1	2	300				1	2	300
	計	1	2	300	1	2	65	2	4	365
衛門四郎	安芸				1	4[e]	X	1	4	X
	阿波				1	1	100	1	1	
	計				2	5	100+X	2	5	100+X
南大夫三郎	淡路	1	1	70				1	1	70
豊後屋	備中				1	1	35	1	1	35
孫太郎	播磨				1	2	20	1	2	20
	備後				1	1	10	1	1	10
	計				2	3	30	2	3	30
法　徳	讃岐				1	1	15	1	1	15
道　念	讃岐				1	1	10	1	1	10
〔無記載〕	摂津	1	32	3540	1	5	310	2	37	3850
	備前				2	5[f]	X	2	5	X
	阿波	1	3[b]	410				1	3	410
	計	2	35	3950	3	10	310+X	5	45	4260+X
〔欠　損〕	阿波	1	2	330				1	2	330
	土佐	1	1	160				1	1	160
	計	2	3	490				2	3	490
	合計	／	273	36990	／	66	5430+X	／	339	42420+X

参考.　a　木屋と推定される問丸名欠損2艘を含む　　b　天龍寺過書船3艘　　c　山門過書船2艘
d　管領過書船2艘を含む　　e　山門胡麻堂過書船4艘　　f　美作国北賀茂九郎兵衛進上5艘

木屋の本拠地が由良で、本来活動する海域が紀伊水道から大阪湾にかけてであったと推定されることは、まさにそのまま前節に触れた安宅氏の本拠地および活動海域とほぼ一致するものであって、このことは安宅氏と木屋との特権的な結合を示唆するものにほかならない。すなわち木屋は安宅氏の軍事的保護下に土佐・阿波・淡路の榑・材木の畿内地方への海上輸送ないし販売を行ない、安宅氏もまた木屋と結ぶことにより警固料その他の名目で利益を享受したと推測することができよう[27]。たとえば文安二年正月十九日、木屋の扱った榑を輸送する船主太夫四郎ら八名の由良船籍船八艘と、同じく木屋の扱った阿波塩を積んだ船主祖ノ衛門の同じく由良船籍船一艘、計九艘が同時に兵庫北関を通関している。同様に由良船籍船は、三月二十一日（四艘）、同二十三日（五艘）、四月九日（五艘）、同十五日（四艘）、五月十二日（四艘）、六月九日（五艘）、同十八日（四艘）、同十九日（四艘）、八月十二日（八艘）、九月一日（四艘）、同十八日（六艘）、十月十八日（六艘）、十一月四日（四艘）、文安三年正月九日（九艘）（三艘以下省略）と、かなり頻繁に集団をなして兵庫に入港している。このような船団の多く見られることは、淡路に限らず一般に多く見られる現象で、武藤直氏の前掲論文にも触れているが、氏はその理由を述べられていない。しかしおそらくこれは単に貨物の積込みや荷揚げの必要だけによるものでなく、海賊船の襲撃を避けるため水軍（海賊）を雇って護送船団を組んでいる場合も少なくないのではなかろうか。確証はないが、由良船をほぼ独占する木屋と、淡路に進出し由良に本拠を置いて紀伊水道と大阪湾の海域を主な勢力圏とする海賊（水軍）的国人の安宅氏との提携を推測して誤りないものと考えられる。後に三好長慶が弟冬康に安宅氏の名跡を継がせ、淡路の支配強化を計ったことも、単に安宅氏の水軍としての軍事面の名声を利用したのみではなく、海運による物流機構の制覇をも目的としたものであったに違いない。

次に由良に次ぐ通関数の船籍港三原を再びみると、『入船納帳』に記す三原船籍船は前掲の表1Aのように、六二艘がもっぱら塩を兵庫に運送しており、わずか一艘が米を積載している。このように三原湊は取扱品目も後背地の様相も由良とはまったく異なり、前述のように「三原塩」の畿内地方への最大の積出港であった。この三原を船籍港とする船舶の問丸は、延べ一〇艘が木屋で、二艘は問丸名が欠損しているが、残りの五一艘の問丸は道祐であって、この道祐の三原船籍船の占有率は八四％に上る。道祐は淡路では三原湊以外はわずかに阿那賀船籍船一艘の積み荷の三原塩を扱うに過ぎないが、一方、彼の取扱う貨物の船籍港は、次のように長門の下関と豊前の門司まで及んでいて、商業圏はほぼ瀬戸内海沿岸一帯にわたり、木屋の場合とは活動範囲の点でもすこぶる趣を異にする。

魚埼（播磨）	一一	林（同）	一	中庄（同）	一	下津井（備前）	三三
日々（日比、同）	四	犬島（同）	二	番田（同）	一	連島（備中）	四六
藁江（備後）	二	三庄（同）	一	高崎（安芸）	一三	蒲苅（同）	一四
瀬戸田（同）	一	下関（長門）	一	三原（淡路）	五一	阿那賀（同）	一
宍咋（阿波）	二	牟屋（撫養、同）	一	塩飽（讃岐）	二四	多々津（多度津、同）	九
佐柳（同）	二	手島（同）	一	弓梳（弓削、伊予）	二五	葉賀田（伯方、同）	五
岩木（同）	四	門司（豊前）	七			計二六港二六三艘	

延べ船数で淡路の三原が五一艘ともっとも多いが、それは全体の約二〇％に過ぎず、備中の連島の四六艘（一七％）、備前の下津井の三三艘（一三％）なども相当の数量に達している。また取扱品目は、三原・小嶋（児島）・嶋（小豆島）・詫間・塩飽・備後などの塩のほか、米・赤米・大麦・小麦・大豆・小豆といった穀物、海老・塩鯛・干鯛・干鰯・赤鰯・河豚・蟹のような海産物、山崎胡麻（荏胡麻）・苧・藍・榑といった農林産加工原料、布・帋（紙）・筵・皮（革）靴のような加工品が数えられ、活動範囲が広範であるだけでなく、取扱物品もすこぶる多岐にわたっている。注(25)所掲徳仁親王論文は、道祐が取扱船数と物資の量において他の問丸と隔絶した存在

であると説くが、活動範囲と取扱品目においても群を抜く存在であったのである。

しかも彼は、第二章で触れるように山名殿国料・大内殿国料・香川殿国料という特定の国の守護・守護代の輸送品、および相国寺勝定院過書・八幡（石清水八幡宮）田中殿過書・六条若宮過書という室町幕府の手厚い保護下にある特定の寺社の免税品を扱い、これらの幕府関係者と特権的な結合を行なっていることが『入船納帳』に如実に現れている。それゆえ木屋が主に特定海域の海賊（水軍）的国人との結託関係にあるのとは対照的に、道祐は幕府権力の一翼を担う多数の支配者層と結託して利権を得る中央指向型の特権商人であった。したがって彼は淡路においても三原湊をはじめ多くの守護領を三原平野に擁するこの国の守護細川氏や守護代などと結託していたに違いない。現存の『入船納帳』には淡路守護細川氏やその守護代らによる国料船・過書船などの記載は存在しないが、淡路守護・守護代らは、直轄港の三原湊から搬出する塩などの兵庫での販売と、これに対応する畿内産品の仕入を主として道祐に委託することで、相互に多大の利益を享受したことであろう。

ところで淡路を船籍地とする船の船主は、たとえば木屋の仕立てた榑を積載する由良船籍船の左衛門二郎の延べ（以下同）一三艘、右近二郎一一艘、六郎二郎一〇艘、道祐の荷受する塩を積載する衛門太郎の一〇艘のように、特定の問丸の物品を輸送する船主がかなり多いが、一方では兵衛太郎のように、木屋の荷受する由良の榑と竹ノ口のアラメを各一艘、道祐の荷受する三原の塩を七艘、問丸大夫三郎の荷受する室津の大麦を一艘というように多数の問丸と取引関係を結んで多様な商品を取り扱う船主もあって、必ずしも問丸と船主の関係は単純ではなかった。兵衛太郎は、淡路以外でも木屋の扱う松江の三原塩、道祐の扱う連島の小嶋塩・大豆および弓削の備後塩、問丸衛門太郎の引田の「かし上（河岸揚カ）」・塩、同人の平島の材木、問丸衛門九郎の扱う牛窓の「嶋（小豆島産の塩）」、問丸衛門□□（九郎カ）の扱う同所の米、問丸某の扱う伊部の豆・蕎麦・壺を積載するというような多彩な活動を行なっている。なおこうした船主（仮称）の活動および性格は本編第二章でより詳細に分析する。

表５Ａ　『雑船納帳』所載「木舟」の船籍港名・船主数・通関数等一覧
（船籍港名と船主名の両方、または一方を記載してある木舟〈木船〉に限る）

国名	船籍港	船主人数	通関数	船籍港の比定地
摂　津	木津	7名	34艘	大阪府大阪市浪速区木津川
	地下（兵庫）	9	11*	兵庫県神戸市兵庫区
	尼崎	7	10	同　　尼崎市
	計	16	55	
播　磨	しをや（塩屋）	1	1	兵庫県明石市塩屋
	むろ（室）	1	1	同　　揖保郡御津町室津
	計	2	2	
淡　路	由良	1	1	兵庫県洲本市由良
	須本	7	25	同　　洲本市海岸通等
	竹口	5	17	同　　洲本市炬ノ口
	岩屋	10	52	同　　津名郡淡路町岩屋
	机	1	3	同　　同　　北淡町机浦
	幾輪	4	20	同　　同　　北淡町育波
	室津	2	8	同　　同　　北淡町室津
	江井（与井）	3	8	同　　同　　一宮町江井
	あなか	3	11	同　　三原郡西淡町阿那賀
	海士	6	18	同　　同　　南淡町阿万
	計	延べ42	163	
阿　波	北泊	2	4	徳島県鳴門市瀬戸町北泊
	撫養	1	1	同　　鳴門市撫養町
	計	3	5	
讃　岐	引田	30**	62	香川県大川郡引田町
船籍港名無記載		3	3	
船籍港名欠失		2	2	
総　計		延べ105***	292	

備考　*内、「竹舟」１、船主名無記載２。**内、船主名無記載１。***船主の実数は表５Ｂに掲出。

次に『兵庫北関雑船納帳』（以下『雑船納帳』と略称）は、注(20)所掲今谷氏論考にも指摘するように、『入船納帳』とほぼ重複する文安元年（一四四四）十一月十五日から翌二年十一月十六日までの同じ東大寺領兵庫北関の通関（入船）記録である。注(20)所掲新城常三氏の説くように、『入船納帳』が「升米」徴収の納帳であるのに対して、これは通関一艘につき四五文または一〇一文という銭納化した「置石」の納帳であり、『入船納帳』とともに東大寺の関銭徴収の対象になった船舶が記録されている貴重な史料である。

通関する船舶の種類としては「西宮舟」「鳴尾舟」「木舟」「人舟」「河舟」「下舟」（舟は船とも記す）等があり、「ツリ舟」「網舟」「神事米舟」「泉涌寺過書舟」「山崎物舟」なども少々見られ

表5B　『雑船納帳』所載「木舟」の船主別通関数一覧
（船籍港名と船主名の両方または一方を明記してある木舟〈木船〉に限る）

船主名	全通関数	国別通関数	船籍港別通関数
兵衛太郎	26艘	淡路17　讃岐9	須本4　室津8　江井5 引田9
衛門三郎	25	摂津14　淡路9　讃岐1 未詳1	木津14　幾輪9　引田1 港名無記載1
六郎三郎	15	摂津3　淡路12	木津3　岩屋12
衛門五郎	15	摂津1　淡路12　讃岐2	地下1　岩屋12　引田2
六郎二郎	13	摂津4　淡路9	木津4　由良1　岩屋8
二郎太郎	13	淡路9　讃岐4	阿那賀9　引田4
彦太郎	11	摂津11	木津10　尼崎1
六郎	11	摂津1　淡路10	地下1　岩屋1　幾輪9
松若	9	淡路9	須本9
三郎衛門	9	淡路9	竹口9
九郎二郎	8	淡路8	阿那賀1　海士7
左衛門二郎	7	淡路1　阿波3　讃岐3	江井1　北泊3　引田3
衛門太郎	7	淡路6　讃岐1	岩屋1　海士5　引田1
三郎四郎	7	淡路7	岩屋7
衛門二郎	6	摂津1　淡路5	木津1　机3　幾輪1　海士1
太郎五郎	6	淡路6	竹口6
大夫左衛門	6	淡路4　未詳2	須本4　港名無記載2
衛門九郎	5	摂津4　播磨1	尼崎4　塩屋1
四郎二郎	5	淡路1　讃岐4	竹口1　引田4
宮内二郎	5	淡路5	岩屋5
二郎大夫	4	淡路2　阿波1　讃岐1	海士2　撫養1　引田1
太郎四郎	4	讃岐4	引田4
二郎九郎	4	讃岐4	引田4
小二郎	4	讃岐4	引田4
馬二郎	3	摂津1　淡路2	地下1　岩屋2
三郎	3	淡路3	須本2　幾輪1
兵衛	3	淡路3	須本3
孫三郎	3	讃岐2　未詳1	引田2　港名無記載1
左衛門九郎	2	摂津1　讃岐1	尼崎1　引田1
兵衛二郎	2	淡路1　讃岐1	室津1　引田1
彦三郎	2	淡路2	須本2
六郎四郎	2	淡路2	岩屋2
衛門	2	淡路1　未詳1	岩屋1　港名欠失1
三郎二郎	2	讃岐2	引田2
左衛門四郎	2	讃岐2	引田2

左衛門五郎	2	讃岐 2	引田 2
横山	2	讃岐 2	引田 2
五郎四郎	2	讃岐 2	引田 2
二郎四郎	1	摂津 1	木津 1
六郎衛門	1	摂津 1	木津 1
サカイ三郎	1	摂津 1	地下 1
四郎太郎	1	摂津 1	地下 1
生子屋	1	摂津 1	地下 1
孫七郎	1	摂津 1	地下 1
ワラヤ四郎	1	摂津 1	地下 1
七郎	1	摂津 1	尼崎 1
辰巳悪人	1	摂津 1	尼崎 1
彦四郎	1	摂津 1	尼崎 1
彦九郎	1	摂津 1	尼崎 1
大夫三郎	1	淡路 1	須本 1
藤内	1	淡路 1	江井 1
九郎太郎	1	淡路 1	海士 1
七郎太郎	1	淡路 1	阿那賀 1
大五郎	1	淡路 1	竹口 1
衛門十郎	1	淡路 1	海士 1
大夫	1	阿波 1	北泊 1
二郎三郎	1	讃岐 1	引田 1
刑部三郎	1	讃岐 1	引田 1
五郎三郎	1	讃岐 1	引田 1
主計	1	讃岐 1	引田 1
太郎三郎	1	讃岐 1	引田 1
四郎	1	讃岐 1	引田 1
掃部二郎	1	讃岐 1	引田 1
広瀬	1	讃岐 1	引田 1
勘解由	1	讃岐 1	引田 1
小ほうし太郎	1	讃岐 1	引田 1
左衛門太郎	1	讃岐 1	引田 1
念道*	(1)	(摂津 1)	(地下 1)
□二郎**	1	摂津 1	地下 1
六郎□**	1	淡路 1	岩屋 1
九郎□郎**	1	淡路 1	海士 1
船主名無記載**	3	摂津 2　讃岐 1	地下 2　引田 1
船主総数 68名	292艘		

備考　* 馬二郎と連名につき、通関数より除く。
　　　** これらは上掲の船主名と重複すると推定されるので船主総数より除く。

る。この内「西宮舟」「鳴尾舟」は一艘につき関銭一〇一文、その他（過書船等を除く）は一艘につき関銭四五文である。「西宮舟」「鳴尾舟」「人舟」「河舟」「下舟」は客船らしく、多くは船籍地・船主などを記さないのに対し、薪材を積載したとみられる「木舟」は、「四十五文須本兵衛大（ママ）郎木五十八」というように関銭四五文とともに船籍地、船主の名、および木何把という薪の数量を記載することが多い。

この木舟には、淡路の船籍港が多く見られ、淡路を主体とする海運による物流機構についての重要な知見がうかがわれる。そこで『雑船納帳』に記す木舟の船籍港毎の船主数および兵庫北関通関数の一覧表を表5Aとしこれを船主ごとに纏めて通関数を表示したものを表5Bとして掲げる。

この一覧表に見るように、木舟の船籍港は大阪湾岸と播磨灘沿岸の一八港に限られており阿波北東部・讃岐東部を南西限とする。これは、兵庫港を経て畿内地方に供給される薪材が、主に淡路、阿波北東部、讃岐東部で生産されていたことを示している。さらに国別の船籍港と通関数は、摂津が木津・地下（兵庫）・尼崎の三港五五艘、播磨が塩屋・室二港二艘、淡路が由良・洲本・炬ノ口・岩屋・机・育波・室津・江井・阿那賀・阿万の一〇港一六三艘、阿波が北泊・撫養の二港五艘、讃岐が引田一港六二艘、船籍港名無記載三艘、同欠失二艘、合計一八港二九二艘であり、このうち淡路は通関船数の五七％を占め、最大の薪材供給地であった。なお、木津は山城・播磨等にも同じ地名があり、ことに南山城の木津は奈良の東大寺まで五キロの至近距離にあって、『御堂関白記』長保元年（九九九）二月二十六日条に所見があり、大治元年（一一二六）十一月の東大寺三綱申文によって「東大寺木屋所」の存在が知られる（『古代地名大辞典』参照）。しかしながら、山城の木津は大阪湾岸から淀川・木津川を約六〇キロも遡上する内陸部にあり、他のすべてが大阪湾岸と瀬戸内海沿岸に分布する『雑船納帳』の船籍港にふさわしくないので、この木津は大阪湾岸に接する木津川河口の港名と推定する。

一船籍港ごとの船数では讃岐の引田が六二艘と最大であるが、淡路の岩屋は五二艘とこれに次ぐ数値を示している（引田については本編第二章で触れる）。岩屋は兵庫にきわめて近距離に位置するので、小回りのきく木舟の兵庫北関入船が頻繁なのは当然であろう。

『雑船納帳』の木舟には原則として単一の責任者名を記すのみであるが、人名の性質上、彼らを船主とみてよいと判断される。しかし各船籍港の船主は、通関隻数の僅少な塩屋・室・由良・机・撫養がそれぞれ船主一名であるほかは、複数の船主が運営している。殊に木津・尼崎・須本は各七名、地下は九名、岩屋は一〇名、引田にいたっては三〇名の船主が木舟の運営に当っているのである。しかし表5Bを見ると、船主数は六八名を数えるが、兵衛太郎・衛門三郎ら一部を除く大多数は一人当りの運航回数が少なく、ことに二郎四郎以下三〇名は一年近くの間にそれぞれ一艘ずつ兵庫北関を通関しているに過ぎない。これは木舟の船主の多くは、それのみでは到底生計を維持しえない筈で、おそらく他の港湾間なり他の品目なりの運航の合間に兵庫への木舟運航に当ったことを推定させるに十分である。

それではこれらの『雑船納帳』の木舟の船主と、前に考察した『入船納帳』の船主・問丸との間には、どのような関係が認められるであろうか。注(21・23)所掲今谷氏論考は六郎二郎が『入船納帳』四月十五日条に榑一四〇石を積んだ由良船籍船の船頭（船主）として記録され、『雑船納帳』同日条では木（薪材）四〇杷を積んだ同じく由良船籍船の船頭として記されていることから、六郎二郎が右の二艘を率いて兵庫に入港したと考えられるとし、さらに炬ノ口の三郎衛門、洲本の大夫左衛門、引田の横山・衛門太郎等は、日付は異なっても両納帳に同一船籍港の船主として登場することを指摘されている。

果たして両納帳に記される船主達の多くは、船籍港との間にそのように密接な関連性を有していたのであろうか。『雑船納帳』に淡路の船籍港の船主として記載される人々が『入船納帳』にどのように登場し、または登場しないのであろうか。表5Bともかなり重複しやや煩雑にわたるが、この関係を確かめるため作成したのが表6

表6 A　『雑船納帳』淡路船籍「木舟」の船主とその『入船納帳』の船主・問丸としての活動一覧

『雑船納帳』淡路船籍、木舟の船主名・通関数			『入船納帳』の船主としての通関数		『入船納帳』の問丸としての通関数	
船主名	通関数	船籍港別通関数	通関数	船籍港別通関数	通関数	船籍港別通関数
兵衛太郎*	25艘	室津・引田各8　江井5　須本4	32艘	松江10 三原7 弓削5 牛窓・連嶋・引田各2 由良・竹口・室津・平嶋各1	6艘	上関6
衛門三郎*	25	木津14　幾輪9　引田1　無記載1	29	地下16 伊津5 宍咋3 伊部・瀬戸田各2　阿賀1	1	松原1
衛門五郎*	15	岩屋12　引田2　地下1	27	網干14 松江5 地下4 伊部2 阿賀・三原各1	1	引田1
二郎太郎*	13	阿那賀9　引田4	6	中庄2　地下・尼崎・杭瀬・松原各1	1	日成1
衛門太郎*	7	海士5　岩屋・引田各1	32	三原10　下津井7　地下6　別所3　杭瀬2 日々・牛窓・伊部・手嶋各1	56	三本松・引田各17 平嶋13　尼崎4 橘3　魚崎・菴治各1
衛門二郎	6	机3　木津・幾輪・海士各1	21	室津6 那波・牛窓各4 尼崎3　杭瀬2　伊保角・網干各1	6	松原6
三郎	3	須本2　幾輪1	17	杭瀬10　三原5　堺2	2	那波・惣寺院各1
衛門	2	岩屋1　欠失1	1	尼崎1	1	尼崎1
大夫三郎	1	須本1	3	地下2　鞆1	24	鞆14　尾道8　梶嶋・室津各1
					98艘	
六郎二郎	13	岩屋8　木津4　由良1	13	由良9　尼崎2　英賀・方上各1		
六郎	11	幾輪9　岩屋・地下各1	3	連嶋2　尼崎1		
三郎衛門	9	竹口9	12	牛窓5　宍咋・嶋各2 竹原・瀬戸田・竹口各1		
九郎二郎	8	海士7　阿那賀1	5	松原3　網干・下津井各1		
左衛門二郎*	7	北泊・引田各3　江井1	26	由良11　網干8　室・杭瀬・牛窓・連嶋・尾道・多々津・塩飽各1		
三郎四郎	7	岩屋7	11	瀬戸田4　上関・宇多津各2　那波・連嶋・鞆各1		
太郎五郎	6	竹口6	5	宇多津2　地下・室・嶋各1		
大夫左衛門	6	須本4　無記載2	1	須本1		
四郎二郎*	5	引田4　竹口1	7	宇多津2　坂越・をき浜・南浦・尾道・三原各1		
二郎大夫	4	海士2　撫養・引田各1	1	松原1		
兵衛	3	須本3	10	魚崎7　須磨・伊部・牛窓各1		
馬二郎	3	岩屋2　地下1	5	地下4　由良1		

兵衛二郎*	2	室津·引田各1	14	松江7　連嶋3　地下·由良各2
彦三郎	2	須本2	2	牛窓2
六郎四郎	2	岩屋2	2	地下1·鶴箸各1
藤内	1	江井1	2	与井(江井)2
九郎太郎	1	海士1	2	平嶋·弓削各1
七郎太郎	1	阿那賀1	1	連嶋1
			290艘	
六郎三郎	15	岩屋12　木津3		
松若	9	須本9		
宮内二郎	5	岩屋5		
大五郎	1	竹口1		
衛門十郎	1	海士		
船主数32名	220艘			

注　1．船籍港別通関数はそれぞれ多い方から記す。
　　　2．＊を付した8名は本編第二章表6Aにも掲出する。

Aであり、表6Aに見られる船籍港の国名と現在地名を比定したのが表6Bである。

なお『入船納帳』における船主には豊後屋衛門三郎・横山左衛門二郎・北中辻子衛門五郎というような肩書付の者がしばしば見られる。この肩書には荷受人の屋号や名字とおぼしいものや、同名異人を識別するための地名らしいものなどがあって、性格は一様でない。[28] そこで表6Aでは『入船納帳』に肩書付で記される人名は豊後屋・横山のような荷受人の屋号・名字と認められる肩書のみを採用することとした。

表6Aで判明することは第一に、木舟の船主の大多数を『入船納帳』に見える船主が兼ね、その一部は後者の問丸でもあるということである。淡路に関係する木舟の船主は三二名であるが、彼らは横線で区分したように、①『入船納帳』の船主および問丸を兼ねる人々九名（兵衛太郎から大夫三郎まで）、②『入船納帳』の船主のみを兼ねる人々一八名（六郎二郎から七郎太郎まで）、③『入船納帳』には現れず、『雑船納帳』の船主のみの人々五名（六郎三郎から衛門十郎まで）、以上三種よりなることがわかる。小林保夫氏は『入船納帳』解説所掲論文で、[29]「『入船納帳』には「問丸としてみえる人名がしばしば船頭としてもあらわれ、（中略）船頭と問丸の兼業化の存在を推測しうる」ことを指摘された。しかし、淡路に船籍港のある木舟の船主の八四％が『入船納帳』に船主として現

表６Ｂ　表６Ａ所載船籍地の国名・現在地名比定一覧（『入船納帳』解説所収武藤・今谷両氏論文の比定により一部私見を加えた）

	船籍地	国名	現在地名
あ	阿賀	播磨	兵庫県姫路市英賀
	阿治・菴治	讃岐	香川県木田郡庵治町
	阿那賀	淡路	兵庫県三原郡阿那賀
	網干	播磨	兵庫県姫路市網干
	海士	淡路	兵庫県三原郡南淡町阿万
	尼崎	摂津	兵庫県尼崎市
い	伊保角	播磨	兵庫県高砂市伊保崎
	幾輪	淡路	兵庫県北淡町育波
	伊津	播磨	兵庫県姫路市御津町伊津
	岩屋	淡路	兵庫県津名郡淡路町岩屋
	伊部	備前	岡山県備前市伊部
う	魚崎	摂津	兵庫県神戸市魚崎
	牛窓	備前	岡山県邑久郡牛窓町
	宇多津	讃岐	香川県綾歌郡宇多津町
え	江井（与井）	淡路	兵庫県津名郡一宮町江井
お	をき浜	播磨	兵庫県姫路市興浜
	尾道	備後	岡山県尾道市
か	梶嶋	摂津	兵庫県尼崎市梶ケ島
	方上	備前	岡山県備前市片上
	上関	周防	山口県熊毛郡上関町
	甲浦	土佐	高知県安芸郡東洋町甲浦
き	北泊	阿波	徳島県鳴門市北泊
	木津	摂津	大阪府大阪市浪速区木津川
く	杭瀬	摂津	兵庫県尼崎市杭瀬町
こ	郡	備前	岡山県岡山市郡
さ	堺	摂津・和泉	大阪府堺市
	坂越	播磨	兵庫県赤穂市坂越
	先浜	土佐	高知県室戸市佐喜浜
	三本松	讃岐	香川県大川郡大内町三本松
し	宍咋	阿波	徳島県海部郡宍喰町
	嶋	讃岐	香川県小豆郡（小豆島）
し	下津井	備前	岡山県倉敷市下津井
	塩飽	讃岐	香川県丸亀市本島町
	地下（兵庫）	摂津	兵庫県神戸市兵庫区
す	須磨	摂津	兵庫県神戸市須磨区
	須本	淡路	兵庫県洲本市
せ	瀬戸田	安芸	岡山県豊田郡瀬戸田町
そ	惣寺院	阿波	徳島県麻植郡川田
た	竹口	淡路	兵庫県洲本市炬ノ口
	多々津	讃岐	香川県仲多度郡多度津町
	橘	阿波	徳島県阿南市橘
つ	机	淡路	兵庫県津名郡北淡町机浦
	鶴箸	讃岐	香川県大川郡津田町鶴羽
	連嶋	備中	岡山県倉敷市連島
て	手嶋	讃岐	香川県丸亀市手島
と	鞆	備後	広島県福山市鞆
な	中庄	播磨	兵庫県明石市中広
	那波	播磨	兵庫県相生市那波
ひ	引田	讃岐	香川県大川郡引田町
	日成	備前	岡山県和気郡日生町
	日々	備前	岡山県玉野市日比
	平嶋	阿波	徳島県那賀郡名賀川町中島浦
へ	別所	播磨	兵庫県明石市別所町
ま	松江	播磨	兵庫県明石市松江
	松原	播磨	兵庫県赤穂市松原町
み	南浦	備中	岡山県浅口郡寄島町南浦
	三原	淡路	兵庫県三原郡西淡町湊
む	室	播磨	兵庫県揖保郡御津町室津
	室津	淡路	兵庫県津名郡北淡町室津
ゆ	弓削	伊予	愛媛県越智郡弓削町
	由良	淡路	兵庫県洲本市由良
よ	与井（江井）	淡路	兵庫県津名郡一宮町江井

れ、さらに二八％が問丸との兼業であることが、表6Aではじめて具体的に明らかとなったのである。

第二に、問丸と船主の兼業といっても、問丸を主とする者と船主を主とする人々が存在する。例えば大夫三郎は問丸としての船籍港が備後の鞆・尾道を主とし摂津と淡路に及ぶ計四港、兵庫北関通関数延べ二四艘であるが、船主としては木舟を合わせて船籍港が三港、延べ通関数が四艘で、問丸としての活動に重点がある。これと対照的に、例えば兵衛太郎は問丸としての船籍港が周防の上関一港で通関数が六艘なのに対して、船主としての船籍港は計一二港、延べ通関数は計五七艘に上り、明らかに問丸よりも船主としての活動が主である。ことに衛門三郎にいたっては、問丸としてはわずかに松原一港、通関数一艘にとどまるのに、船主としての活動は船籍港九港、通関数五四艘を数える。おそらくこれらの船主を主とする人々は、船主としての実績の上で、少数の船籍港の問丸の権益を獲得したのであろう。鈴木敦子氏は、兵庫北関を通過する物品の荷受人としての問丸の働きを考察するとともに、有力な問丸が「問職」推挙権等を通じて中小の問丸を支配下に置いた事実を指摘されたが[30]、表6Aの中でも問丸としては一、二艘の通関数に過ぎないような小規模の問丸は、有力問丸の下での船主としての活動に基づいて中小の問丸の中に加わることができたのであろう。

第三に、問丸と船主を兼ねる場合でも両納帳の船主のみを兼ねる場合でも、同一人の船籍港相互に共通性ない し関連性がきわめて乏しいことが挙げられる。たとえば衛門太郎の場合、淡路船籍の木舟の船主としての船籍港三港と問丸としての船籍港七港とに共通する港はわずかに引田一港であり、この両者と『入船納帳』の船主としての船籍港九港との間には共通する港が皆無である。また六郎二郎の場合は、二種の船籍港計六港の内共通するのは由良一港である。しかもこの場合、両納帳に共通する船籍港が二港存在するのは兵衛太郎（引田・室津）一名、一港共通の人々は衛門五郎（引田）・衛門太郎（引田）・六郎二郎（由良）・三郎衛門（竹口）・大夫左衛門（須本）・馬二郎（地下）・藤内（江井・与井）の七名であり、他の一九名には共通する船籍港が存在しないのである。なお両納帳の船主を兼ねる人々の船籍地は大阪湾岸、安芸・伊予東部より東の瀬戸内、および阿波南部・土佐東部に分布し、それより遠隔地は周防の上関一港に過ぎない。とはいえ、数港ないし十数港の船籍地に分散する船とその積荷を運営する問丸・船主が、通信手段の未発達な時代でも、これらの船を無計画に運航したはずはあるまい。おそらく兵庫港で次の運航を事前に打合せたものであろうが、運営組織については、なお研究の余地がある。なお上関に問丸として関わるのは兵衛太郎である。前掲の鈴木敦子氏が例示された尼崎の問丸三郎衛門丞友久が寛正二年（一四六二）八月、問丸道祐の推挙によって東大寺領の防州国衙正税の問職に補任された事例と同様、兵衛太郎は東大寺から周防の寺領の問職に補任されていたのであろう。

もとより『入船納帳』および『雑船納帳』の記載は兵庫北関入港の船舶のみの約一年間の記録であって、いわば海運の実態の断片にすぎないものであるが、それでも多数の船主が瀬戸内の東部・中部一帯から阿波南部・土佐東部という広範囲の数港から十数港に自分の船舶を所有して商品の積載・運航にあたり、また盛んな積出港には数名から数十名の船主が積載を競っているありさまが、これらの納帳から浮かび上がってくる。これが一五世紀半ばの兵庫港を中心とする海運網・物流網というべき海上輸送の一端であって、淡路の諸港もこの海運網・物流網の重要な一角を構成していたのである。したがって、これらの諸港には、当然、漁民だけでなく船乗や商人・職人などの集住する小都市が形成されたに相違ないと思われる。

おわりに

淡路国府は三原郡三原町の中央部、小榎並・十一ケ所・市付近南北約一キロの間に想定され、府中八幡、惣社十一明神社、市場の守護神恵比寿を祀る事代主神社、国司館跡伝承地などが存在する。その東および北東に淡路国分寺・国分尼寺があり、国分寺の北東の養宜中には鎌倉期の淡路守護長沼氏、南北朝以来の守護細川氏の守護所であった養宜館跡が存在し、その南には淡路安国寺跡、北には淡路二宮大和大国魂神社、北西には国府の外港で守護領となった三原湊があり、十一ケ所・市の南西には賀集八幡宮と護国寺がある。

この三原平野は国領・守護領の大部分が集中する地域であり、この平野の中央部分は中世淡路の中心をなす都市を形成する府中域であった。この領域には中世の土器片・陶器片の散布からも府中八幡周辺と養宜館周辺との二大中心が認められ、これは中世淡路の府中域が古代以来の国府域と鎌倉期以来の守護館とを二つの核とする二元的構造であったことを反映するといえよう。

淡路守護細川氏は初代師氏の子孫が守護職を世襲する。第二代氏春は一旦従兄の清氏の離反に同調したが、まもなく幕府に復帰し「南方退治大将」として活動した。やがて、淡路守護も在京して幕府に出仕し番衆・御供衆となるにおよび、在国の守護代の重要性が増大する。淡路守護代の所見があるのは近藤氏、ついで南条氏、さらに東氏であるが、主要な国人間の連携と牽制が働き、卓越した国人領主の発展は認められない。やがて淡路守護細川尚春は永正十六年（一五一九）阿波の三好之長に滅ぼされて淡路の細川氏は断絶するが、細川被官の淡路国衆の中からは、代って淡路を統一するような大名は現れなかった。

しかし、播磨・紀伊・阿波とそれぞれ狭い海峡を隔てて相対する島嶼の淡路では、港津の掌握が領主的発展の重要な要素であり、とくに船越・広田・安宅の諸氏は顕著な活動を示すようになる。

船越氏はすでに『淡路国大田文』によれば、三原郡賀集・福良・慶野三庄内を知行ないし押領して、福良港を押さえるとともに国府外港の三原湊にも影響力を及ぼし、南北朝期には守護細川氏の被官となり、由良庄内や都志郷内における濫妨を訴えられており、由良・都志の港津掌握をも計ったことがわかる。

広田氏は津名郡広田郷を本貫とする淡路国人で、守護細川氏の被官となり、南北朝期延文二年（一三五七）由良庄内での濫妨を制止され、某年には都志郷への役夫工米催促停止を命じられたことから、やはりこの両港への進出を計ったことが知られる。

安宅氏は紀伊国牟婁郡安宅庄を本貫とする熊野水軍（海賊）で、足利義詮から淡路沿岸の海賊退治を命じられているが、所領は阿波守護細川頼春から同国内で与えられ、淡路進出は船越・広田両氏よりはるかに遅れた。しかし戦国期には両氏を圧倒して由良・洲本・炬ノ口等に城を築き、紀伊水道方面の海上を制覇した。やがて戦国末、三好長慶の弟冬康が安宅氏の名跡を継いで由良城や炬ノ口城に拠り淡路を制圧したのも、水軍安宅氏の名声を利用したものである。

室町中期、一五世紀半ばの淡路をめぐる海運の一端を『兵庫北関入船納帳』で分析すると、東大寺領兵庫北関に入船（通関）する船籍港数では摂津・阿波と並んで四位の九港、延べ船数では五位というかなり上位にあり、淡路と畿内との海運による物流が盛んであったことを推定させる。

またこの『入船納帳』により、淡路の二大産物が塩と榑とであったことがわかる。淡路の「三原塩」は瀬戸内の塩のなかでも相当の生産量に達し、三原船籍をはじめ摂津兵庫・同尼崎・播磨松江等の船で兵庫に運ばれて売却されていた。東大寺領兵庫北関を通関する三原塩のうち、三原湊から積出した塩の荷受・売却をほぼ独占した問丸は道祐であり、彼は『入船納帳』に現れる最大の問丸で、取引範囲は播磨から備前にいたるほぼ瀬戸内全域にわたり、しかも山名・大内・香川等の大名や相国寺勝定院らの幕府関係寺社と特約を結ぶ中央指向型の特権商人であるから、守護の直轄港三原湊から積み出す塩の売却を通じて淡路守護細川氏とも結託していたに違いない。

また、兵庫北関に入る榑の内では淡路の由良が一位の一二〇艘、一万五〇〇〇石メで、二位の阿波の海部の五六艘、一万石メ弱を大きく引き離している。問丸でも由良の榑を独占し、阿波の宍咋の榑をも扱う木屋が船数でも石メ数でも全体の半分弱を占める。木屋は播磨松江の塩等をも扱うが、由良の榑が全商品の過半に上り、おそらく由良を本拠とした安宅氏の庇護下にあって阿波・土佐の榑をも兵庫に輸送したものとみられる。

一方、『兵庫北関雑船納帳』によると、薪を積載する木舟の船籍港は大阪湾岸・播磨灘等の一八港に限られるが、その内淡路が入船数の五七％を占め、畿内への薪材の最大の供給地であった。なお『雑船納帳』の淡路船籍船の船主を調べると、『入船納帳』に見える船主が八四％で、その内問丸を兼ねる者も二八％あることがわかる。かつそれらの船主や問丸のなかには、瀬戸内の東部・中部から太平洋岸の阿波南部・土佐東部にかけての広範な諸港を船籍港とする人々があり、淡路の諸港はこうした広範な海運網・物流網の重要な一角であったことが知られる。

以上に見てきたような重要商品の積出し港として発達した中世淡路の諸港、ことに三原湊・由良・洲本・岩屋などは、もちろん漁港の浦々とは異なって、港町としての発展が見られたに違いない。『入船納帳』には登場しない備後の芦田川畔の港町であった草戸千軒遺跡（広島県福山市の芦田川下流の河床遺跡）においても、中世の数期にわたる町割の空間構成の変遷や各町屋の構造、住民の職種や商取引の一面などが知られるにいたった(31)。享保十五年（一七三〇）の序がある前掲の仲野安雄著『淡路常盤草』には「由良浦」を「（前後略）長汀海に出て港中広く諸州の海船来り泊ること多し、国君の里邸あり、漁家商家軒を比ふ」としているのは近世の叙述ではあるが、この由良を始めとする主な淡路の諸港でも当然、中世以来種々の職種の商人・職人や船乗などの生活が営まれ、町並が発達し、港湾都市としての空間構成と内部組織が展開したことが想定されるのである。

（1）　藤岡謙二郎氏『国府』（一九六九年）第二部　第七　南海道の国府　二　淡路国府。

（2）　武田信一氏「国府」（『新修国分寺の研究』第五巻上　南海道淡路、一九八七年）は、旧国衙村（神代国衙）や旧地頭方村（神代地頭方）の産土神である神代八幡宮に国衙座（または領家座）、地頭座があるほか、淡路島内の神社の宮座に、国衙座、国司座、地頭座という名がいくつか残っていることを指摘し、「国衙座・国司座をもつ神社の地は国領である」とした上で、神代国衙の「国衙」は下地中分による国衙領に由来すると推定している。

（3）淡路守護長沼氏については佐藤進一氏『増訂鎌倉幕府守護制度の研究』（一九七一年）淡路の項参照。また『淡路国大田文』は従来多く『続群書類従』三三輯上所収本が用いられたが、『栃木県史　史料編・中世一』の編纂過程で「皆川文書」に原本が発見され、同書に収録され、さらに『鎌倉遺文』五巻、『三原郡史』等にも収載された。その経緯、および研究史と問題点の整理は中野栄夫氏「『淡路国大田文』をめぐって―付論　大田文研究の現状と課題―」（『法政大学文学部紀要』三二号、一九八六年）に詳しい。

（4）石井進氏『日本中世国家史の研究』（一九七〇年）Ⅱ鎌倉時代「守護領」序説　二　淡路国の場合。

（5）今枝愛真氏『中世禅宗史の研究』（一九七〇年）。

（6）山本幸夫氏「淡路の戦国城郭」（『月刊歴史手帖』五巻七号、一九七七年）。

（7）石田善人氏「播磨守護所と五箇荘について」（『兵庫県の歴史』二一号、一九八五年）。菊川兼男氏「［兵庫県の史跡］養宜館」（『兵庫県の歴史』二三号、一九八七年）。なお弓野瑞子氏「鎌倉時代の淡路国府と二宮・惣社」（『歴史地名通信』二〇号、一九九五年）は、細川氏の守護所養宜館は鎌倉期の守護長沼氏の居館のごく近い場所に存在したと述べるが、長沼氏の居館跡がごく近くに別個に存在するという証拠は提示されていない。

（8）橋口定志氏「中世居館の再検討」（『東京考古』五号、一九八七年）は、発掘調査の成果に絵巻物の居館の知見を加えて、中世居館を五群に分類した。そのうち周囲を水堀によって区画し、土塁を伴う場合と柵列または塀を伴うと思われる場合のある居館をⅣ群とし、従来これは方形館として典型化され、平安末から鎌倉時代の居館を代表すると考えられたが、実際には一四世紀以降の中世後半期が主な展開期であるとする。そして本章の基とした拙稿「淡路・讃岐両国の守護所と守護・守護代・国人」（『国立歴史民俗博物館研究報告』八集、一九八五年）が、養宜館を「長方形単郭の居館という様式そのものが、鎌倉時代以来の館跡であることを最も雄弁に物語っている」としたのを、「本稿の趣旨からするとその判断の根拠を何等示してはおらず」と注記して批判された。右の橋口氏の分類は具体的な発掘調査の成果に基づく見解とみられるので、同氏の批判にしたがって、拙稿の右の部分を削除する。ただし氏が続いて「この結果、氏（小川）の論旨全体に問題を残していると思う」とされたのには承服しがたい。細川氏が鎌倉期の八木の守護館と全く別個にこの養宜館を築造したという証左が見いだせない以上、細川氏が長沼氏の守護館を引き続き守護館としたと推定する拙稿のこの部分の論旨全体には何ら問題が残らない。現に橋口氏も上記の注に続いて「養宜館についても一四世紀以降に大きく改造されているとすることができる」と述べられているように、長沼氏の館を細川氏が改造・拡張して使用したと推定されるのである。なお養宜館跡の発掘調査が行なわれれば多くの貴重な成果が得られるに違いない。

（9）高知県教育委員会編『高知空港拡張整備事業に伴う埋蔵文化財発掘調査報告書田村遺跡群』第1分冊〜第15分冊（一九八六年）。なかでも第6分冊以降は中世・近世の遺跡・遺物等の詳細な報告である。また同教育委員会編『よみがえる田村遺跡群－発掘調査の成果から－』（一九八七年）の「Ⅱ　発掘の成果」には同遺跡の発掘調査とその成果が一般向きに平易にまとめられている。そのうちの「中世」の項および「第2表　環濠屋敷一覧表」によると、田村遺跡群には環濠屋敷すなわち溝に囲まれた屋敷跡が三一区画発見され、各環濠内には四棟ないし三七棟、平均一二棟の掘立柱建物群が存在するが、各建物の耐用年数を三〇年前後とすれば一区画内の実際の建物は主屋・台所・納屋など数棟と考えられる。また右の内に、井戸を伴う環濠が一六区画、屋敷墓を伴う環濠が八区画あった。環濠屋敷の成立時期はほぼ一四世紀から一七世紀初頭にわたり、守護代細川氏の家臣や長宗我部氏の給人の住居が含まれるとみられる。また環濠屋敷のほか、溝を伴わない小規模な掘立柱建物も多数発見された。中世の出土遺物を代表するものはカワラケとよばれる素焼の土器であるが、備前焼の擂鉢をはじめ常滑焼の壺・甕、瀬戸焼や天目茶碗などの陶器、さらに輸入陶磁器の青磁・白磁などもみられ、永楽通宝などの輸入銭も出土し、商品流通の進展がうかがわれるという。この田村遺跡群の状況は、養宜館とこれに付属する屋敷群にも大いに参考となるのである。

（10）斉藤利男氏「荘園公領社会における都市の構造と領域－地方都市と領主制－」（『歴史学研究』五四三号、一九八四年）。

（11）「淡路国府推定調査概報」Ⅰ・Ⅱ（『あわじ』一四号・一五号〈淡路地方史研究会会誌二九号・三〇号〉、一九九六年・九七年）。

（12）拙著「足利一門守護発展史の研究」（一九八〇年）第一編第一章第二節三　頼春・師氏の分国㈭淡路。

（13）拙著『細川頼之（人物叢書）』（一九七二年）第三　四国・中国の経略　四　白峯西麓の決戦、および注(12)所掲拙著第一編第四章第一節二　細川清氏の討滅。

（14）村田正志氏「村手重雄氏蔵後村上天皇宸翰の考証」（『國學院雑誌』五二巻一号、一九五一年。のち『村田正志著作集』第一巻〈一九八三年〉第四章　後村上天皇宸翰調査所収）。なお拙著『細川頼之』新装版（一九八九年）および拙著『足利一門守護発展史の研究』第三刷（一九九八年）は、村田氏の掲げられた後村上天皇宸翰により、細川氏春の清氏方参戦は事実である旨に改めた。

(15) 注(12)所掲拙著第一編第三章第一節注(9)、同第五章第一節一　四国経営の確立㈭淡路。佐藤進一氏『室町幕府守護制度の研究』下（一九八八年）、淡路の項。

(16) 同拙著第一編第五章第二節二　各庶家の世襲分国㈺淡路。

(17) 『兵庫県史』第二巻（一九七五年）第二編第二章第四節　1 淡路と但馬の大田文、2 淡路国の水軍（高尾一彦氏執筆）。

(18) 奥野高廣氏「船越景直の生涯－乱世の処世術－」（日本歴史学会編『歴史と人物』、一九六四年）。

(19) 『兵庫北関入船納帳』（燈心文庫・林屋辰三郎編、一九八一年）。本書は、東京大学文学部所蔵本（文安二年正月・二月）、京都燈心文庫所蔵本（同年三月～文安三年正月）の写真版および釈文を掲げ、かつ「解説」として林屋氏「兵庫北関入船納帳について」以下、武藤直・今谷明・小林保夫各氏の詳細な論考を収載している。なお『兵庫県史　史料編　中世五』県外所在文書1　にも翻刻を掲載する。

(20) 『兵庫北関雑船納帳』（東大寺文書）。これは文安元年（一四四四）十一月十五日より同二年十一月十六日にいたる帳簿で、『入船納帳』と年月の重なる部分が多い。これはすでに徳田剣一氏『中世における水運の発達』（一九三六年）に一部紹介されたが、全文の翻刻とその考察は今谷明氏「兵庫関雑船納帳について」（『兵庫史学』七〇号海運史特集、一九八四年）が嚆矢であり、ついで新城常三氏「室町前期の兵庫関－二つの入船納帳の性格及成立事情－」（『史学雑誌』九五編六号、一九八六年）にも考察されている。なお注(19)所掲『兵庫県史　史料編　中世五』県外所在文書1、にも翻刻を掲載する。『雑船納帳』というのは林屋辰三郎氏の命名によるもので、右の新城論文は、『入船納帳』は「升米」徴収の帳簿であるのに対して、これは「置石」徴収の帳簿であるから、前者を『兵庫北関入船升米納帳』とし、後者を『兵庫北関入船「置石」納帳』とすべきであると提言している。なおこの両納帳が残存したのは決して偶然でなく、『雑船納帳』の冒頭に「□（文）安元甲子十一月十五日ヨリ納之、」とある日付は、新城論文の指摘の通り、まさに兵庫北関が従来の請所支配から東大寺の直務支配に移り、油倉玉叡が「兵庫北関升米并置石代官職」の請文を提出した当日であるから、この両納帳は直務支配を証明する帳簿として、東大寺に伝来したものに違いない。なおこの直務支配開始は、徳仁親王「室町前中期の兵庫関の二、三の問題」（安田元久先生退任記念論集『中世日本の諸相』下巻、一九八九年）にも考察されている。

(21) 今谷明氏「瀬戸内海制海権の推移と入船納帳」(注19所掲『入船納帳』解説所収)。
(22) 武藤直氏「中世の兵庫津と瀬戸内海水運―入船納帳の船籍地比定に関連して―」(注19所掲「解説」所収)。
(23) 今谷明氏「兵庫関納帳に見える〝三原〟について」(『日本歴史』四〇一号、一九八一年)。
(24) 武田信一氏「兵庫北関入船納帳の淡路船について」(『歴史と神戸』二六巻四号、一九八七年)。
(25) 徳仁親王「『兵庫北関入船納帳』の一考察―問丸を中心にして―」(『交通史研究』八号、一九八二年)には、彼らは個々の船の船頭というよりも複数の船の所有者とみるべき場合が多いので、この人々を「船主」と呼ぶことが提唱されている。なおこの「船主」欄については本編第二章でも検討する。
(26) 山下知之氏「中世後期阿波南方における水運の発達と地域社会」(『四国中世史研究』四号、一九九七年)。
(27) 暦応三年(一三四〇)三月十四日、幕府執事高師直は紀伊の泰地塩崎一族らに命じて、周防国竈門関から摂津国尼崎まで西国運送船ならびに廻船等を警固させ、報酬として櫓別銭一〇〇文宛を兵庫島で徴収させた(米良文書)。また塩の荘園として知られる東寺領伊予国弓削島庄の貞和五年(一三四九)十月の串方散用(算用)状および同年十二月の鯨方散用状によると、幕府の両使が当島を東寺の雑掌に打渡したが、敵方が退散しないので用心のため雇った人勢への酒直・兵粮料計九貫七五〇文、村上水軍の野島(能島)氏への酒肴料計六貫文、オキ島六郎への兵士料一貫文などが計上されている(東寺百合文書　よ)。なお南北朝・室町期の海賊衆については宇田川武久氏『瀬戸内水軍』(教育社歴史新書〈日本史〉65、一九八一年)、山内譲氏「中世後期瀬戸内海の海賊衆と水運」(『瀬戸内海地域史研究』第一輯、一九八七年)等を参照。
(28) ことに摂津の地下(兵庫)・尼崎・杭瀬を船籍港とする船主は、ほとんどすべてが肩書付であり、その代りに問丸欄が空欄となり、問丸名が無記載となっている。これは、おそらく摂津の船籍船の大多数が関務を支配する兵庫北関代官の直接管理下にあって、荷受け責任者としての問丸の介在を必要としなかったためであろう。その代り地下船等の船主の肩書の中には日銭屋・生子屋・豊後屋・三郎大夫・道念のようにおそらく兵庫居住者の屋号や人名、または北中辻子・北浜・磯・大物・嶋上・嶋本のように兵庫やその近隣の地名を意味する肩書が多く見られ、前者は問丸に準ずるような荷受け人の存在を示し、後者は当該船主の居住地ないし出身地を意味するものかと思われる。他方一般の船籍地の場合に時折見られる肩書は、あぜち・内海・南・林・横山・石井などという名字または地名とみられるものが大部分で、同名異人を識別するための称呼とみられるものが多数を占める。しかし、これらの肩書の性格は必ずしも分明でなく、なお研究を要する。

(29) 小林保夫氏「入船納帳にみる国料と過所」(前掲『入船納帳』解説、所収)。

(30) 鈴木敦子氏「中世後期の問丸—港湾都市兵庫における—」(『史艸』三三号、一九九二年)。

(31) 草戸千軒遺跡の発掘成果は、多数の発掘調査報告書等に詳しいが、草戸千軒の全容を豊富な図版とともに平易に説明したものに、松下正司・志田原重人等諸氏による『よみがえる中世8　埋もれた港町　草戸千軒・鞆・尾道』(一九九四年)があり、出土した木簡から商取引や金融の実態を例示したものに下津間康夫氏「草戸千軒にみる商業活動の一断面—出土木簡を素材に—」(『中世都市と商人・職人』、一九九二年)、遺構の空間構成とその変遷を簡明に述べたものに岩本正二氏「草戸千軒の発掘成果から」(『中世都市研究3　津・泊・宿』、一九九六年)がある。

〔付記〕本章の作成に際し、素川恒男氏より三原町の史跡につき教示を賜り、大音百合子氏より現地調査につき協力に与った。また土佐の田村館については故下村效氏より発掘調査報告書の入手等につき便宜を賜った。記して謝意を表する。

第二章　讃岐の港湾都市と両守護代の海運掌握

はじめに

淡路と讃岐は、ともに瀬戸内海に面しているだけでなく、南北朝・室町期には、いずれも細川氏の分国であるという共通点がある。しかし淡路は庶流細川氏の分国であるのに対して、讃岐は本宗の京兆家の重要な基盤であり、また、以下に述べるように、安富・香川の両守護代の活動、就中港津・海運の掌握がかなり明確に跡付けられる。そこで前章の淡路に続き、本章では讃岐を対象として、府中と守護所の存在形態を探るとともに、守護所の置かれた宇多津をはじめとする主要港津ないし瀬戸内海海運に対する両守護代や主要国人の関与を『兵庫北関入船納帳』等から検出し、あわせて戦国期における彼らの城郭をも瞥見することとしたい。

第一節　府中および守護所の位置と景観

讃岐国府は坂出市府中町の、綾川が阿野郡の条里とほぼ同方向におそらく人為的に東流し、ついでほぼ直角に北流する部分の左岸にある。藤岡謙二郎氏は鼓岡神社を含む方五町域を想定されたが(1)、木下良氏は四〇間方格の

写1　讃岐国庁跡の碑（坂出市府中町）

写2　讃岐国府跡の倉庫跡と推定される柱穴群

方八町域とし、この国府域の中央を東西に横切る南海道駅路（これを青竜という）の中央南側に国庁を想定し、かつ国府域内に『菅家文草』に見える開法寺の遺跡（白鳳期の古瓦出土）や印鑰社の旧地が存在することを指摘された(2)。今も推定国府域内にある「印若《いんにゃく》」（印鑰）、「聖堂」および推定国府域の北北西にある「正惣」（正倉）の地名は、従来も指摘されているように国府の施設の遺名に違いない。

推定国府域には近年、香川県教育委員会および坂出市教育委員会によって継続的に発掘調査が実施され、その成果が報告されている(3)。その概略はほぼ次の如くである（図1・図2参照）。

讃岐国府跡ではまだ国庁の遺構は明確でないが、想定国庁域の内部に築地基壇状遺構、その北側の推定河内駅跡を隔てて倉庫と推定される掘立柱建物と柵列、また各所に平安時代から鎌倉時代にわたる溝・柱穴・土坑・井戸などが検出され、また出土遺物としては多数の瓦類と土師器・須恵器・緑釉陶器・青磁・白磁などの外種々の鉄製品・木製品等が検出され、その中には円面硯・土鍋・下駄・箸・漆椀等があり、一般の村落とは異なる生活が古代から中世にかけて継続的に営まれていたことがうかがわれ、また国府域の移動した形跡は見られない。ただし、讃岐府中には目代・在庁の屋敷や市・宿等の伝承地は存在せず、また一二世紀前後の遺構はすでに整然とした配置が失われ、一三世紀後半には遺構・遺物とも急激に減少し、都市的機能を放棄したと推測され（注3所掲渡部明夫氏論文）、讃岐府中域は中世都市として発達した形跡を見出しがたい。なお讃岐国分寺は国府域の東方

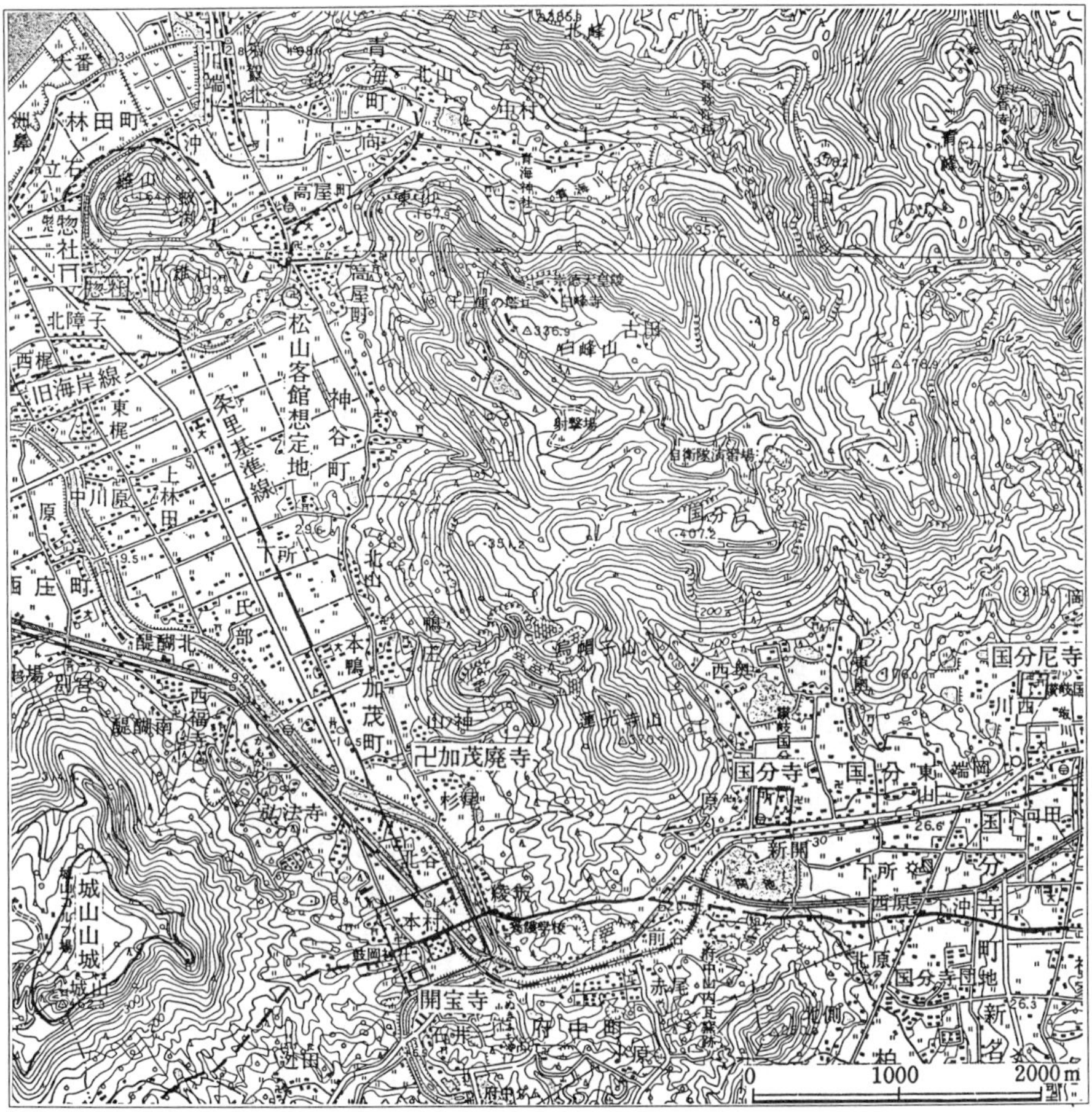

図１　讃岐国府付近

（『国立歴史民俗博物館研究報告』10集所収「讃岐国府学説地図」より）

二・五キロにあって礎石群を残し、国分尼寺はさらに東方一・八キロにある。一方讃岐惣社は国府域の北方四キロ余の綾川下流右岸の、旧海岸線が湾入していた付近の坂出市林田町に総社神社として現存する（図１・３参照）。その約一キロ余東には松山客館想定地もあり、惣社は讃岐国府の外港付近に設けられたものとみられる。

讃岐国府の留守所を構成した讃岐目代および在庁官人の活動は、平安後期はもとより(4)、

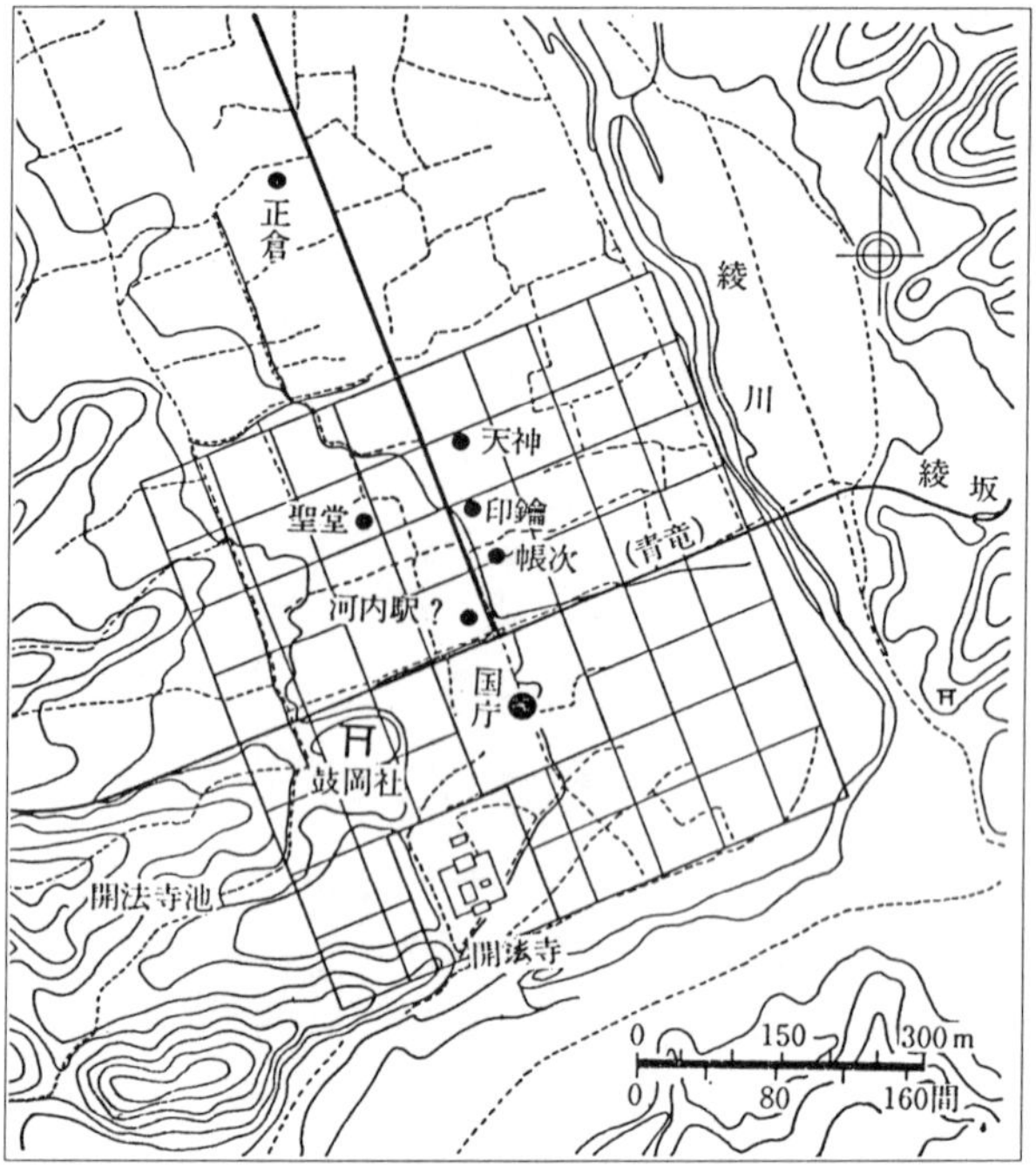

図2　古代讃岐国府想定図
（図1所載研究報告10集所収「讃岐国府想定図」〈木下良氏〉より）

鎌倉時代にも善通寺領および祇園社領関係の文書にしばしば現れる（『鎌倉遺文』。『香川県史』8資料編古代中世資料）。まず善通寺領関係では、留守所に充てた讃岐国司庁宣が①承元三年（一二〇九）八月付、②嘉禄元年（一二二五）四月付、③宝治三年（一二四九）三月付、④建長四年（一二五二）九月付、⑤弘長三年（一二六三）十二月付（写）、⑥弘安六年（一二八三）四月付のように存在する。その内①は多度郡生野郷内重光名見作田六町を善通寺御影堂に奉免したもの。②は多度郡良田郷内見作田三町を善通寺御影堂修理用途に充てたもの。③は生野郷西畔の四至内に殺生を禁じ、境内の公田を善通寺の修造料に充てたもの。④は親厳門跡相伝の善通・曼荼羅両寺に国衙使の入部を停止し、寛喜元年（一二二九）の宣旨（同年五月の官宣旨が現存）に任せて永く東寺の末寺としたもの。⑤は前闕であるが、この庁宣を承けたとみられる讃岐国留守所下文（後闕）によると、郷司の和与状に任せて生野郷内善通寺免田の一部を公田と相博し、今後は国司の入部と本寺の妨げを停止したもの。⑥は宣旨・院宣に任せて善通寺領良田郷に国衙物検および正税五果を停止し、一円不輸の寺領としたものである。この内、①・②・③は国領（国衙領）内に寺領を設定する措置であり、④・⑤・⑥はこれらの寺領に対する国衙使入部・正税徴収の禁止であって、これらの讃岐国司庁宣からも、鎌倉時代にしばしば讃岐留守所が国衙使を国領の郷々に派して検田を実施し、正税を徴収するという活動を行なっていた事実が立証される。なお国司庁宣④に引く宣旨とは、寛喜元年五月十九日付東寺充官宣旨で、善通・曼荼羅両寺に国衙の濫妨を停止し、東寺領とし権僧正親厳の門跡領としたものである。また⑥に引く院宣は年闕（異筆で「建治二年」とある）六月九日付亀山上皇院宣であり、宣旨とは弘安四年（一二八一）八月廿八日付官宣旨である。また④を承けて多度郡司に充てた建長四年十一月付の讃岐国留守所下文の写、および⑤を承けたとみられる善通寺に充てた前述の讃岐国留守所下文がある。

祇園社領関係では、①建久八年（一一九七）二月日付、および②建長八年（一二五六）三月日付の留守所充の讃岐国司庁宣があり、前者は阿野郡羽床郷内荒野六町を祇園執行玄有に分賜したものであり、後者は法眼晴散の申請に任せ、且つうは建久の例を追い、羽床郷内荒野を感神院（祇園社）の神田としたものである。また讃岐国宣は、a建長八年三月廿日付、b建治二年（一二七六）十月十九日付、c嘉暦三年（一三二八）十二月廿六日付の三通あり、aは②の国司庁宣を承けて在庁官人に充てて実施を命じたもの、bは成願房に充てて、感神院領萱原新神田に対する羽床郷司の違乱を止めたものであり、またcは祇園社前執行法眼（静晴）に充てて、綸旨に任せて羽床郷内萱原神田につき存知させたもので、これは、静晴に対して萱原神田の正税を御祈料足とし下地を安堵した同年十一月四日付後醍醐天皇綸旨（案文が現存）を承けたものである。

以上のように、留守所の機能は鎌倉時代の最末期まで存続したことが認められるが、南北朝期に入ると、もはや留守所や在庁官人の活動は全く影をひそめてしまう。これは次に見るように、南北朝初頭以来の讃岐守護である細川氏が守護所宇多津を中心に独自の支配権力を行使し、国衙在庁の機構には全く依存しなかったためであろう。したがって讃岐府中の一国の中心領域としての機能は断絶し、守護所の置かれた港町宇多津に国内の中心をなす政治都市としての繁栄が移るのである。

守護所は鎌倉初期から国府域とは別個の地域に置かれていたとみられるが、その所在地を瞥見できるのは、前章に一部引用した道範の『南海流浪記』である。すなわち、

十二日、(仁治四年二月)サヌキノ國府ニイタル、（中略）
十三日、國府ヲ立、讃岐ノ守護所長雄(尾)二郎左衛門ノ許ニ至ル、路間二里（中略）
十四日、守護所之許ヨリ鵜足津《ウタツ》ノ橘藤左衛門高能ト云御家人之許ヘ被レ預、
十五日、在家五六丁許引上リテ、堂舎一宇僧房少々有所ニ移シスヘラル、此所地形殊勝、望レ東孤山擎二夜月一、勸二月輪觀之思一、顧レ西遠嶋含二夕日一、催二日想觀之心一、後ニハ松山聳二海中一、至二前湖(潮カ)満時一砌近指入ル（下略）

とあるのがそれで、守護所は国府からほぼ二里（八キロ）の地点にあり、且つ宇多津の近傍らしいことが察せられる。

国府は讃岐の場合中世まで移動した形跡がなく、その周辺を含めてやがて府中と称するようになるので、『南海流浪記』にいう国府より路間二里（八キロ）の守護所の所在地点をほぼ推測できよう。それは推定国府域から綾河左岸を北行し、南の山裾に沿う旧道を西行すれば、ほぼ八キロで現在の坂出市街地の西端付近に達するので、この付近に守護所が置かれていたとみてよかろう。道範の配流された仁治年間頃の讃岐守護は三浦光村であったが、在国したのはその守護代の長尾二郎左衛門尉（胤景か）であった。[5] 道範はこの守護代長尾氏のもとから宇多津の橘高能という御家人のもとに身柄を預けられ、港の在家から五、六丁（約五〜六〇〇メートル）上った地点にある堂舎・僧房に止住することとなった。道範はこの配流記事に、守護所と宇多津との間の路程を記していないので、至近距離とみてよく、この点からも当時の守護所は現坂出市内の宇多津町に接する位置ないし現宇多津町内にあったと判断される。なお道範の配所となった寺院は、彼の風景描写によれば宇多津の町並の南に接する

青ノ山（標高二二四・五メートル）の山腹にあったものとみえる（図3・図4参照）。

宝治合戦による三浦氏滅亡の結果、讃岐守護は北条一門の手に帰したが、北条氏管下の守護所がどこに置かれていたかは不明で、その次に守護所の所在地を明らかにしうるのは南北朝時代に入り細川氏が讃岐守護となって以後である。拙著『細川頼之』等に記したように、清氏と対戦した際の頼之の城が宇多津にあったと『太平記』に伝え、その年頼之が宇多津の西光寺に下した禁制や宇夫階歓喜寺の寺領安堵状を残すこと、管領退任後頼之は宇多津旦過庵の僧を使として絶海中津を招請したとされること、将軍義満が厳島参詣の途次、往復とも宇多津に寄港して頼之の歓待を受けた事実があること、遡って細川氏の初代守護顕氏についても亡父頼貞入道義阿の菩提のため建立した長興寺が宇多津にあり、やがてこの寺院が讃岐安国寺となったと伝えられることなどから、守護所が南北朝初頭以来宇多津に置かれたことはほぼ確実である。ことに頼之は管領罷免後、四国に退却し分国経営に専念した約一二年間、主に宇多津に在住したとみられる。

中世の宇多津は、前述の『南海流浪記』により、鎌倉中期にすでに若干の「在家」が立並んでいたことが知られる。南北朝期の景観は康応元年（一三八九）の将軍義満の厳島参詣に同行した今川了俊の『鹿苑院殿厳島詣記』（『群書類従』紀行部）に次のように描出されている。

六日（康応元年三月）、（中略）ゐの時はかりにおきの方にあたりてあし火のかけ所々に見ゆ、これなむ讃岐國うた津なりけり、御舟程なくいたりつかせ給ぬ。

七日は是にととまらせ給、此處のかたちは、北にむかひてなきさにそひて海人の家ミならへり、ひむかしは野山のおのへ北さまに長くみえたり、磯きはにつゝきて古たる松かえなとむろの木にならひたり、寺々の軒はほのかに見ゆ、すこしひき入て御まし所をまうけたり、かの入道（常久、細川頼之）こゝろをつくしつゝ、手のまひ足のふみ所をしらす、まとひありくさま、けにもことはりとみゆ。（下略）

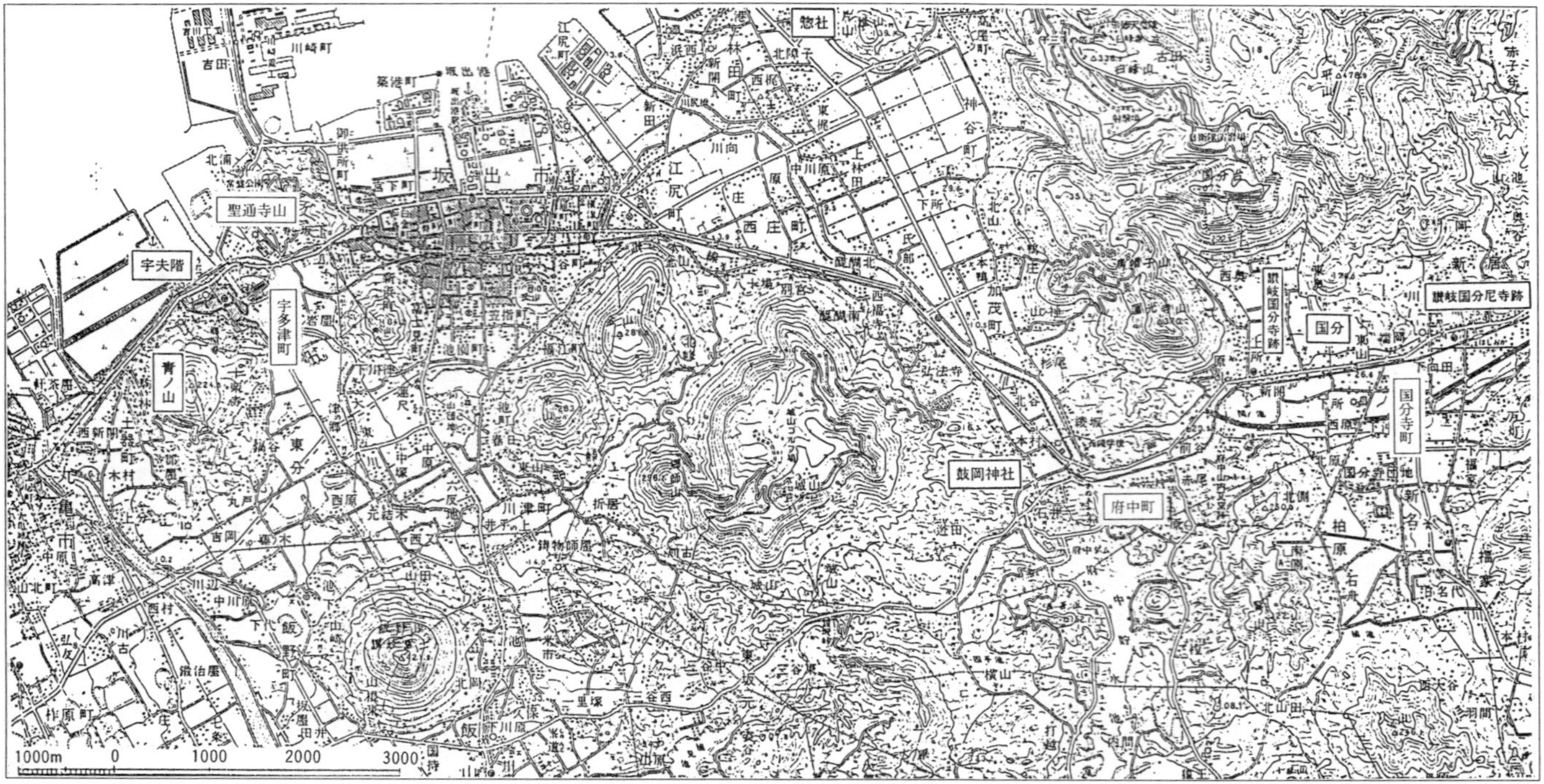

図3　讃岐守護所・国府周辺

（国土地理院５万分の１地形図「丸亀」を使用。□内は主要関係地名等）

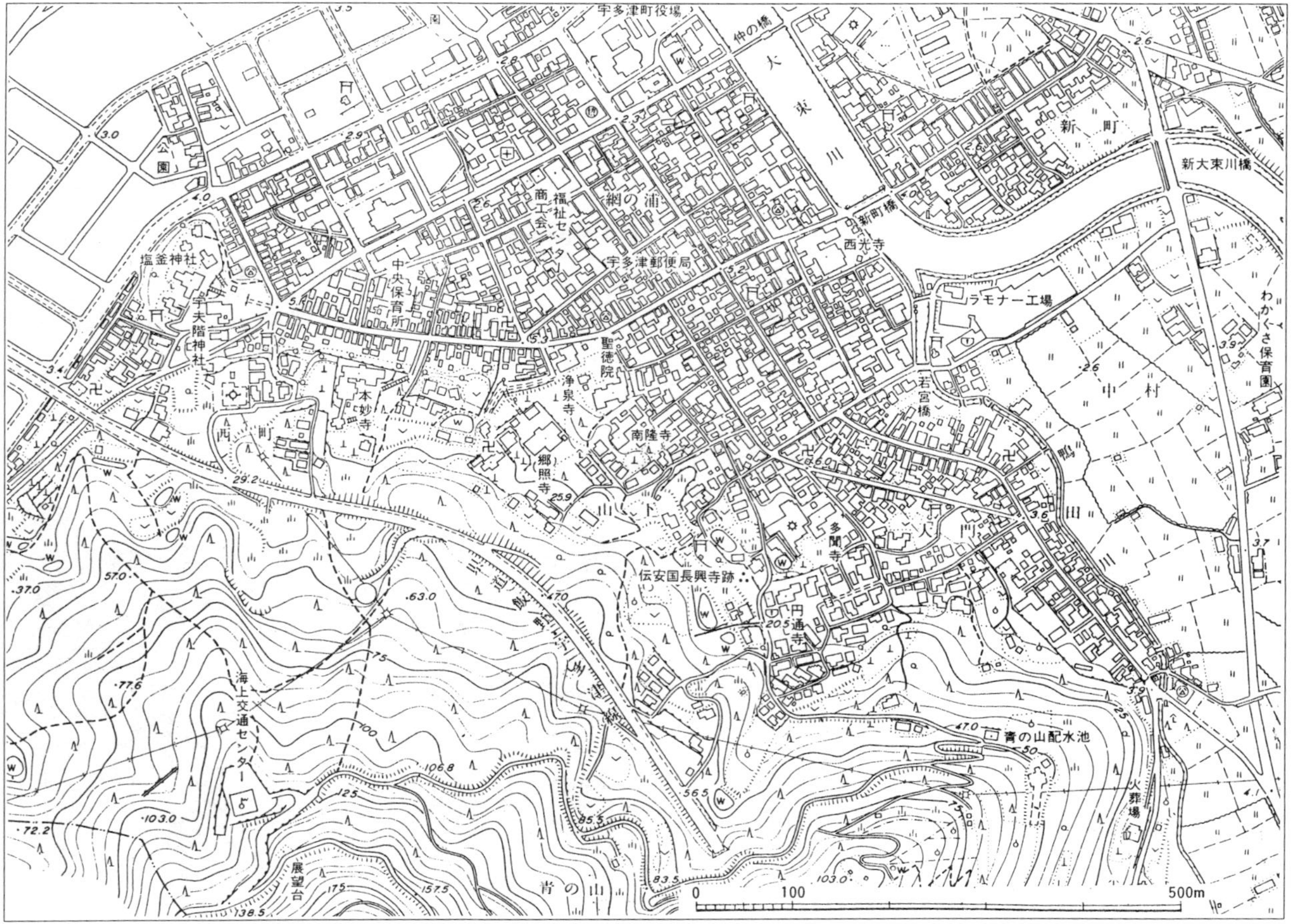

図4　宇多津町主要部（昭和62年1月測図「宇多津町全図」より）

写3　円通寺山門（宇多津町）

写4　多聞寺本堂（宇多津町）

この文で、東から北へかけての「野山のおのへ」というのは今日の聖通寺山に違いないし、北に向ってなぎさに海人の家々が並ぶとあるから、当時の宇多津は大東川の河口がかなり湾入して、ほぼ東西に汀線があり、その南側に港津の集落が立並んでいたことが知られる。「寺々の軒ば」とあるから安国寺以下少なくとも数宇の寺院が存在し、その棟々が碇泊した船中からも望見されたとみえる。了俊は頼之の居館に触れていないが、義満のために設けた「御まし所」の近くであったとすれば、やはり海岸の民家からは「すこしひき入」た青ノ山の山麓にあったと考えられよう。

守護所の遺構は不明であるが、宇多津の市街地の南端近く青ノ山の麓の大門町の小高い所にある円通寺とその北隣の多聞寺は、ともに頼之の居館跡という寺伝を有し、円通寺の境内裏手からは古備前が出土するという。この両寺境内を併せた居館跡が想定できるであろう。また円通寺の北西に連なる山麓の一部には段丘状に整備されたらしい形跡があり、この付近は安国長興寺の跡といわれ、『讃岐国名勝図会』にはここに長興寺井戸とよぶ井戸があるとする。この井戸は今日見当らないが、円通寺の南西標高四〇メートルほどの山腹には、巨石二個の上にいま一個を重ねた「三つ岩」とよばれる構造物があり、これを細川義阿（頼貞）の墓と伝えている。その他宇多津には貞治二年四月頼之が禁制を与えた西光寺や同年九月寺領を安堵した宇夫階歓喜寺があるが[6]、これらも居館伝承地から僅か数百メートルの距離にある。なお長興寺跡と歓喜寺との間の山裾には現在も南隆寺・浄泉寺・

郷照寺・本妙寺などの寺々が立並んでいる（図4参照）。

さて、『太平記』には、「相模守《清氏》ノ陣ハ白峯ノ麓、右馬頭《頼之》ノ城ハ歌津ナレバ、其アハヒ僅ニ二里也」と、従兄弟清氏と対戦した時の頼之の陣を「城」と表現している。しかし前述のように居館跡の位置も円通寺・多聞寺の寺伝以外には伝えられず、遺構も全く残らないので、どの程度城郭としての施設が構築されていたかは明らかでなく、せいぜい居館周囲の簡単な防禦施設に止まったものとみえる。

宇多津の町並の北東、大束川を距てた前述の聖通寺山（標高一二二メートル）には聖通寺城という山城があり、ほぼ南北に連なる尾根筋の三峯の頂部にそれぞれ堀・土塁を伴う平坦部があり、また北峰の西麓標高五〇メートルの長方形の平坦部が居館跡とみられる。しかしこの城は『南海通記』に応仁の頃管領細川家の重臣奈良元安が築き、子孫三代の居城となったという伝承があり、縄張りからも概ね戦国期の城とみられる。『日本城郭大系』にはこの聖通寺山は文政年間（一八一八〜三〇）の松平藩による大入浜塩田開墾までは海中に突出し、南方で陸地とつながる陸繋島であった事実を指摘し、「当城は単に細川氏の被官として讃岐に封をうけた奈良氏の拠城としてだけでなく、（中略）讃岐国守護としての細川氏が居館を据えて繁栄した宇多津を守備し、一朝有事の際の防禦にも最高に堅固な要城であったと思われる」としている。(7) 一応首肯できる見解であるが、戦国期以前にこの山城の存在した確証は存在しない。讃岐は南北朝初頭から細川氏が着々と経営を進め国人を掌握した強固な地盤であり、康暦の政変で管領を罷免され四国に退去しても、なお先制攻撃で伊予の河野通直を世田山城に討取ったほどの頼之の軍事力と、義満の厳島詣に名をかりた瀬戸内巡察に際して百余艘の艤装した船舶を提供したほどの頼之の制海権をもってすれば（『鹿苑院殿厳島詣記』）、宇多津守護所の防禦施設にさほど力を入れる必要がなかったに違いない。

讃岐の守護領は全貌を明らかにしえないが、細川頼之の分国経営をたすけた弟頼有の同国の所領は、嘉慶元年

（一三八七）十一月の譲状によると、⑴鴨部東方地頭職（寒川郡）、⑵柞原一分地頭職（那珂郡）、⑶山本一分地頭職（刈田郡）、⑷豊福庄内熊岡（三野郡）、⑸柞田地頭職（刈田郡）、⑹木徳跡半分（那阿郡）、⑺姫ノ本庄（江脱カ）りやう（ママ）職（刈田郡）、⑻粟島地頭職半分（三野郡）、⑼山田郡内東本山の九ケ所である（細川家文書）。このうち東讃にあるのは⑴・⑼の二ケ所のみで、他はすべて西讃に分布するけれども、分布状況は決して集中的でなく、那珂郡二、三野郡二、刈田郡三と分散し、そのうちで守護所のある宇多津に比較的近いのは、四キロ南西の柞原と、それよりさらに三キロ南西の木徳の二ケ所のみであった。この分布状況から推測すると、おそらく鎌倉期における守護領も守護所周辺にのみ集中せず、石井進氏が弘安八年（一二八五）の但馬について指摘されたように[8]、讃岐の場合も国内にかなり広く散在していたことであろう。

　なお讃岐には、いま一つ頼之の居館跡という伝承地がある。それは高松の市街地から南へ一〇キロの香東川の形成する扇状地の西縁部に位置する、香川郡香南町岡の岡館跡である。館跡の伝承地は東に香東川を控え南端が古川で区切られる部分とされるが、遺構は残っていない[9]。讃岐内陸部を経営する拠点にふさわしい位置にあるとはいいうるが、江戸時代の『細川岡城記』『讃州細川記』等の伝承だけで、全く確証はないので、これを守護所とみることは差控えておきたい。

第二節　両守護代の動向と管轄区域

　頼之多年の在国経営により、讃岐は細川氏の宗家である京兆家（管領家）の重要な世襲分国となったが、南北朝時代の末以降は京兆家当主は常時在京して幕府政治に直接参画したので、分国讃岐は守護代をして経営に当らせるのが常態となった。

　細川京兆家が分国讃岐の守護代としたのは、祖先が東国出身と伝える有力被官の安富・香川両氏であった。安富氏は、下総より起こり、細川頼之に従って讃岐に来り、寒川郡内七郷を領したという伝承があり、事実応安七年（一三七四）下総香取社領の打渡に派せられた両使の一に安富道徹があるので、下総出身は確かであろう。鎌倉時代から南北朝時代にかけて、しばしば幕府奉行人として見える安富氏の一族が頼之に属したものと推定される。また香川氏は相模を本貫とする鎌倉権五郎景政の子孫といわれ、正嘉元年（一二五七）五月、京都新日吉社小五月会の流鏑馬の射手の一人に香川新五郎光景があり、建治元年（一二七五）の六条八幡宮造営注文の相模国御家人の中に「香河人々　五貫」がある。南北朝時代には安芸国三入本庄、和泉国大鳥郷について香川氏の動静が知られるが、讃岐については、後述のように永徳元年（一三八一）七月、香川景義が建仁寺永源庵に讃岐国葛原庄内鴨公文職を寄進したのが早い例である。明徳三年（一三九二）八月の相国寺供養に列した管領細川頼元の随兵二十三騎の中に安富安芸又三郎盛衡、香河五郎頼景があるのは、両氏の細川近臣としての明証である[10]。

安富・香川の両氏がやがて讃岐十三郡のうち西讃六郡を香川、東讃七郡と小豆島を安富が分領したことについては、『蔭凉軒日録』明応二年（一四九三）六月十八日条の次の記事がしばしば引用されるところである。

十八日（中略）羽田源左衛門持㆓團扇一柄㆒來、年々嘉例也、約以㆓来日齋㆒、羽田話云、讃岐國者十三郡也、六郡香川領㆑之、寄子衆亦皆小分限也、雖㆑然與㆓香川㆒能相從者也、七郡者安富領㆑之、國衆大分限者惟多、雖㆑然香西黨爲㆑首皆各々三昧不㆑相㆓從安富㆒者惟多也、小豆島亦安富管㆑之云々、（下略）

讃岐の「延喜式」所載郡名は十一郡であるが、香川・阿野の両郡は中世の郡名をもってすれば、おのおの二郡に分れるので、東から順次、大内・寒川（以上現大川郡）、三木・山田（以上現木田郡）、香東・香西（以上現香川郡）、南条・北条・鵜足（以上現綾歌郡）、那珂・多度（以上現仲多度郡）、三野・豊田（以上現三豊郡）の十三郡と小豆島（現小豆郡）となる。

果して右の『蔭凉軒日録』の伝聞記事のように両守護代による分割支配が行なわれたか否かは、讃岐に関する両氏の発給・受給文書をはじめ関係史料で検証する必要があろう。ここに管見に触れた両氏の讃岐関係史料を列挙すると次のようになる[11]。

一、安富氏の讃岐関係事例

1、応永三年（一三九六）二月十九日付安富盛家請文（充所不記載）。造太庄領家職年貢二〇〇貫文を毎年十月・十一月中に納入すべきことを約す（醍醐寺文書）。

2A、応永十六年（一四〇九）九月十七日付、細川京兆家奉行人承信奉書、安富安芸入道（宝城）充。讃岐長尾庄の公田中分を停止せしむ（三宝院文書）。

B、同年九月十八日付、安富宝城遵行状、安富次郎左衛門入道充。右の公田中分停止の遵行（同文書）。

3、応永廿年（一四一三）八月九日付、細川京兆家奉行人承信奉書、安富安芸入道（宝城）充。讃岐国山田郡本山郷内得永名を御沙汰落居までの間九郎殿（細川持有）代官に渡付せしむ（永源師檀紀年録）。

4、（応永二十一年、一四一四）十二月十一日付、飛鳥井宋雅書状、［同年］極月十三日付、安富宝密書状等。宝密の申沙汰と足利義持の執奏により、後小松天皇宸筆の御額草ならびに法楽御和歌を讃岐国頓証寺に賜るにより、同月八日、細川満元ら同寺法楽の和歌会を催す（白峯寺文書）。

5、応永廿七年（一四二〇）四月十九日付、細川満元遵行状案、安富安芸入道（宝城）充。去る十七日の御下知に任せて、天龍寺領讃岐国原ならびに柞原の段銭以下公事・臨時諸役への綺を停止し、寺家雑掌の所務を全うせしむ（天龍寺文書）（香川元景充同日付同文の遵行状あり）。

〔参考〕永享十一年（一四三九）十一月十日、讃岐二宮大水上神社の造営始に際し、将軍義教より料足一五〇貫文を賜り、両守護代香川上野之助《ママ》・安部《ママ》筑後守を通じて造営奉行近藤但馬守これを請取るといふ伝承あり（二宮記録）。

6、文安二年（一四四五）三月（一回）方本船籍、四月〜十二月（七回）宇多津船籍の安富氏国料船、東大寺領兵庫北関を通関す（兵庫北関入船納帳）。

7、文安四年（一四四七）十二月廿四日付、細川勝元遵行状案、安富筑後入道（智安）充。天龍寺并に雲居庵領原郷二宮段銭・人足・臨時課役等に、去る八月廿三日の下知状に任せて、使者の入部を停止せしむ（天龍寺文書）。

8、享徳□《(五カ)》年（一四五五？）閏□《(四カ)》月日付、三十六歌仙扁額裏書。「願主安富左京亮盛保」とあり（三木郡、現木田郡三木町、和爾賀波神社文書）。

9、長禄四年（一四六〇）閏九月十三日付、安富智安遵行状、安富左京亮（盛保）充。讃岐国志度庄御料所分国役の催促を去る十一月御奉書の旨に任せて停止せしむ（弘文荘古書販売目録　所収文書）。

10、長禄四年（一四六〇）十二月日付、讃岐国一宮田村大社壁書。奉行安富筑後入道智安・社家奉行安富山城守盛長・社家奉行林三河入道宗宜・社家奉行安富左京亮盛保連署、右京大夫源朝臣（細川勝元）奥署判。神事・社内掃除・社領等々につき二十六ケ条の壁書を制定す（田村神社文書）[12]。

11、応仁元年（一四六七）六月廿四日、香川五郎次郎（和景カ）・安富左京亮（盛保）讃岐より上洛につき、野田泰忠、山崎・竹田河原より所々の敵を支へ、路次案内者を勤む（編年雑纂　所収文書、文明六年三月日付、野田泰忠軍忠状）。

12A、（文明五年、一四七三）十二月八日付、細川京兆家奉行人家兼奉書案、安富新兵衛尉（元家）充。摂津国南都両関役を沙汰すべき旨を讃州塩飽嶋中に相触れしむ（東大寺文書）。

B、文明五年（一四七三）十二月十日付、安富元家遵行状、安富左衛門尉充。右の奉書の遵行（同文書）。

13、明応二年（一四九三）六月十八日条、（前掲　蔭凉軒日録）。

14、明応四年（一四九五）二月三日条・三月一日条、讃岐国の蜂起鎮定のため遣されたる牟礼兄弟攻め殺されしため、安富（元家カ）罷り下らんとす。屋形（細川政元）よりこれを止められ、安富讃岐守護代を辞せんとすといふ（大乗院寺社雑事記）。

15、永正二年（一五〇五）五月廿九日条、讃岐へ進発の諸勢、安富・香川等、敵味方数百人誅戮せらるといふ（後法興院記）。

16、永正四年（一五〇七）八月一日条、細川政賢・高国・尚春ら細川澄之邸を攻む。澄之切腹し、香西元長、摂津守護代薬師寺長忠、讃岐守護代香川・安富ら討死す（宣胤卿記）。

17、（永正八年、一五一一）六月廿三日付、斎藤宗不書状、美濃守某充。細川澄元讃岐東方富田城に遁れ、香川・安富、来る二日讃岐に下着すべしと告ぐ（実隆公記　永正八年六月晦日条紙背文書）。

18、大永七年（一五二七）四月廿二日付、細川晴元書状写、安富又三郎（盛方カ）充。当国（讃岐）調へのため差下せる十河佐介（一存）への協力を命ず（六車家文書）。

19、〔大永七年〕七月廿三日付、細川晴元書状写、安富又三郎（盛方カ）充。当国調へのため差下せる十河佐介（一存）との入魂を賞し、摂津への出張につき行《てだて》を命ず（同文書）。

20、享禄二年（一五二九）正月廿六日付、安富元保書下、宇多津法花堂充。当寺中の諸課役を免除す（宇多津町本妙寺文書）。

21、同年七月二日付、安富政保書下、宇多津法花堂充。当寺中の諸課役を元保の旨に任せて免除す（同文書）。

22、天文十年（一五四一）七月十七日付、篠原盛家書状、当津（宇多津）本妙寺に安富古筑後守（智安カ）折帋の如く諸課役を指置く（同文書）。

23、（年未詳）五月廿五日付、浦上宗景書状写、安富筑後守（盛方カ）充。讃岐国の静謐を賀し、去春以来宇喜

多氏叛すれども、毎々勝利せりと称して、入魂を促す（六車家文書）。
24、（年月日未詳）実報院諸国旦那帳。「一、讃岐国（中略）一名字安富之一族、何も日本国壱円（熊野那智大社文書）。
25、（年月日未詳）廊之坊諸国旦那帳。「一、讃岐国（中略）安富之一族何も日本国一円」（同文書）。

二、香川氏の讃岐関係事例

1、永徳元年（一三八一）七月廿日付、香川景義寄進状写。建仁寺永源庵に讃岐国葛原庄内鴨公文職を寄進す（永源記　所収文書）。
2、応永七年（一四〇〇）九月十五日付、細川満元遵行状、香川帯刀左衛門尉（元景）充。同年四月廿八日付足利義満御判御教書に任せて、讃岐国本山庄公文職を豊島三郎左衛門入道の知行するを斥け、石清水八幡宮雑掌に渡付せしむ（石清水文書）。
3、応永廿七年（一四二〇）四月十九日付、細川満元遵行状、香川下野守（元景）充。天龍寺領讃岐国原ならびに柞原の綺停止（天龍寺文書）〈安富氏の讃岐関係事例の5と同文〉。
4、（年未詳）二月九日付、香川元景書状、香川三嶋入道充、上金蔵《倉》の段銭を定田以外に賦課するを禁ず（金蔵寺文書）。
5、（年未詳）三月日付、香川下野守元景書状、御奉行所充、善通寺代官職につき随心院の訴訟を取次ぐ（随心院文書）。
6A、応永廿九年（一四二二）正月十六日付、随心院前大僧正御教書案、香川美作入道（道貞）充。善通寺領弘田郷・一円保等の寺家別当奉行を申付け、公用毎年四〇貫文を納めしむ（同文書）。
B、同年月日、香川道貞請文案、随心院政所充。右の寺家別当奉行を申請け、毎年年貢四〇貫文の納入を約す（同文書）。

7、永享二年（一四三〇）十二月廿五日付、細川京兆家奉行人善勇奉書、香河下野入道（通川、実名元景）充。善通寺田所職ならびに得一名等を寺家に返付せしむ（同文書）。

〔参考1〕永享十一年（一四三九）十一月十日（安富氏関係〔参考〕同年月日の伝承に同じ。二宮記録）。

8、嘉吉元年（一四四一）月《（ママ）》日付、讃岐国仁尾浦神人等目安案、嘉吉二年六月日付、同浦神人等目安案。今度の「大儀」（嘉吉の変）により軍勢上洛のため、香川修理亮の催促を受けて船二艘を仕立てたる処、香西豊前（元資）より船頭と船を抑留せらる（仁尾町賀茂神社文書）。

9、文安二年（一四四五）四月～十二月（七回）多々津船籍の香川氏国料船、東大寺領兵庫北関通関、同年五月（一回）同船籍の香川氏過書船十艘、同関通関（兵庫北関入船納帳）。

10、文安四年（一四四七）十二月二十四日付、細川勝元遵行状案、香川上《（下）》野入道（元景、通川）充。天龍寺ならびに雲居庵領柞原郷の段銭・人足・臨時課役等を免除し、去る八月廿三日の下知状に任せて使者の入部を停止せしむ（天龍寺文書）。

11、（年未詳）八月廿五日付、香川通川（元景）書状。香河修理亮充、讃岐国貴徳の内左藤兵衛知行分に、同人支証を出帯せず苅田狼藉を致すにつき、その違乱を止めしむ（細川家文書）。

〔参考2〕文安六年（一四四九）四月十三日付、香川通川奉書、三嶋五郎左衛門尉充。摂津国兵庫嶋南関所料の催促を、先度の御教書に任せて止めしむ（春日神社文書）。

〔参考3〕（年未詳）十月十三日付、太田龍願・竹阿連署書状案、柚留木殿充。摂津国兵庫南関所の事は京都において落居の処香川方代官違乱の由につき、之を止めしむ（同文書）。

12、寛正六年（一四六五）十二月六日付、細川京兆家奉行人高安永隆奉書、香河五郎次郎（和景カ）充。讃岐国

姫江庄内萩原地蔵院に制札の御判を成し下せる旨を告ぐ（三豊郡大野原町地蔵院文書、同文書に同日付細川勝元禁制案あり）。

13、応仁元年（一四六七）六月廿四日、（編年雑纂　所収文書）〈安富氏関係11と同じ〉。

14、文明二年（一四七〇）五月十六日付、香川和景書下、香川備前守充。御判に任せて讃岐国高瀬郷内法花堂の制法を寺家に触れしむ（三豊郡三野町讃岐本門寺文書）。

15、（年月日未詳、後闕）某袖判御教書、充所未詳。善通寺領讃岐国弘田郷領家職の所務を香河美作入道（道貞カ）の申し掠めしを棄破し、寺家に返付す（善通寺文書）。

16、文明六年（一四七四）三月十二日付、室町幕府奉行人連署奉書、随心院雑掌充。故香川美作入道（道貞カ）の讃岐国善通寺領同国弘田郷代官と号せるを改易したる処、同帯刀左衛門尉の競望休まざるにより、その妨げを退けしむ（同文書）。

17、文明十年（一四七八）十二月廿八日付、中村藤次郎盛□年貢請取状、香川帯刀左衛門尉充。随心院御門跡領讃州弘田郷領家職公用当年分皆済十五貫文を請取りしことを証す（同文書）。

18、文明十一年（一四七九）七月十八日付、細川京兆家奉行人家兼奉書案、香川孫兵衛（元景）充。寺町太郎左衛門尉（通定）の訴へにより、賀茂社領讃岐国氏部庄年貢を無沙汰せる塩入某・久米某・窪某等の名田職を召し放たしむ。なおこの案文には同月二十二日付香川元景遵行状（香川備前守（春景）充）ならびに八月日付香川春景渡状ある旨の異筆注記を付す（賀茂別雷神社文書）。

19、（年未詳、文明十二年カ、一四八〇？）十一月六日付香川五郎左衛門尉元景書状、鬼窪周防守充。随心院領讃州弘田郷領家分代官職は祖父道貞以来仰せ付けられたるに、応仁乱中は随心院敵方たるにより年貢は細川勝元より兵粮米として給はり、文明九年は公用三〇〇疋納入、文明十年は一五〇〇疋皆済すれども請取を下されず、文明十一年は納所に及ばれざる間納入せざる旨を陳弁す（随心院文書）。
20、明応二年（一四九三）六月十八日条（蔭凉軒日録）〈安富氏関係13と同じ〉。
21、永正二年（一五〇五）五月廿九日条（後法興院記）〈安富氏関係15と同じ〉。
22、永正三年（一五〇六）十月十二日付、三好之長書状案、三好越前守・篠原右京進充。香川中務丞（元景）知行の讃岐国西方元山・同本領を渡付せしむ（石清水文書）。
23、永正四年（一五〇七）八月一日条、（宣胤卿記）〈安富氏関係16と同じ〉。
24A、永正七年（一五一〇）五月廿八日付、室町幕府奉行人飯尾元運奉書、香川五郎次郎充。讃岐国三野郡高瀬郷内秋山水田を香川山城守と秋山源太郎の両人相論すれども、両方の申状相共に理不尽につき、彼の水田跡を御料所に編入する旨を通達す（諫徴記附録　所収文書）。
B、永正七年六月十七日付、香川五郎次郎遵行状、香川備後守充。右の水田跡を上記二名相論すれども、罪科人跡たるにより御料所となし、代官職を淡州某に預けしに付き、彼の代に渡付せしむ（三豊郡高瀬町秋山家文書）。
25、（永正八年、一五一一）六月廿二日付（実隆公記　永正八年六月晦日条紙背文書）〈安富氏関係17と同じ〉。
26、永正八年八月廿八日付、香川五郎次郎寄進状写、明王院充。下金倉瀧宮百姓買得地内下地一段を前々より涅槃田として明王院進退のところ、今度闕如の由につき新寄進す（新撰讃岐国風土記　所収文書）。
27、天文六年（一五三七）卯月七日付、香川中務丞元景寄進状写、明王院御同宿中充。当院家護摩堂不動灯明田下地二段小を買得し永代寄進す（同文書）。
28、天文八年（一五三九）六月一日付、香川元景書下、西谷藤兵衛尉充。讃岐国高瀬郷内法花堂のことを、御判の御制法に任せて寺家に通達す（讃岐本門寺文書）。

〔参考4〕（年未詳）二月廿九日付、細川晴元書状、香川弾正忠充。年始の礼として太刀一腰到来せるを賞す（尊経閣文庫所蔵文書）。

このほか、永禄元年（一五五八）より天正十一年（一五八三）まで、および年未詳であるがほぼ同じ頃と推定される香川之景・信景の発給・受給文書が約三〇通管見に入るが、もはや香川氏は自立した大名になっているので、掲載を省略する。

以上により安富・香川両氏の守護代としての職務分掌の実状が看取される。表1にはこれら両氏関係の地名ないし名字の所在郡名を表出する。なお安富氏関係の11、15、16、17、24、25の各項、および香川氏関係の13、20、21、23、25の各項は各氏が直接関係する讃岐国内の地名を含まないので、表示の対象外とする。

表1に見るように安富氏関係では寒川郡長尾・造太両庄、三木郡牟礼（武礼）・原（幡羅）両郷、山田郡十河（蘇甲）・本山両郷の六庄郷、香川氏関係では阿野郡氏部庄、那珂郡貴徳（喜徳）・金倉両郷、多度郡葛原庄・弘田郷、三野郡本山庄（郷）・高瀬郷、刈田郡姫江庄（郷）の八庄郷、以上計一四庄郷が『和名類聚抄』の郷名と一致する。讃岐国では、源順がこの書を著した一〇世紀前半までに開発が進んでいて、この頃までに成立した郷の多くが半ばは荘園化しつつも後世まで存続したことを示している。その外、安富氏関係の内、頓証寺は白峯神社の前身であり、和爾賀波神社は三木郡に、田村神社は香川郡に鎮座する式内社である。なお安富氏関係の18・19項の文書所蔵者六車家は寒河郡の国人の子孫で、同郡の富岡に居城跡が存在する。

そこで安富氏関係の4頓証寺、12塩飽嶋、6、20～22宇多津がそれぞれ阿野郡・鵜足郡・那珂郡という西讃地方に存在することを除けば、安富氏関係の地名はほぼ香西郡以東の東讃地方に属し、一方香川氏関係の地名はすべて阿野郡以西の西讃岐地方に分布することが判明する。ただし安富氏関係3項に徴しても、当時の守護代は安富宝城であって宝密ではないから、右の4項は宝密の個人的な信仰に基づく措置であって、両守護代の管轄区分

表1　讃岐国内安富・香川両氏関係地名一覧

一　安富氏関係

地名	項	郡名	和名抄郷名
長尾庄	2A・B	寒川	長尾
造太庄	1	寒川	造太
志度庄	9	寒川	
牟礼	14	三木	武例
原郷	5、7	三木	幡羅
和爾賀波神社	8	三木	
十河(氏)	18、19	山田	蘇甲
本山郷	3	山田	本山
方本	6	香川(香東)	
田村大社	10	香川(香東)	
香西(党)	13	香川(香西)	
小豆嶋	13	(小豆)	
頓証寺	4	阿野(綾北条)	
宇多津	6、20~23	鵜足	
塩飽嶋	12A・B	那珂	

二　香川氏関係

地名	項	郡名	和名抄郷名
氏部庄	18	阿野	氏部
貴徳	11	那珂	喜徳
上金蔵(倉)	4	那珂	金倉
下金倉	26	那珂	金倉
柞原郷	3、10	那珂	
明王院	27	那珂	
葛原庄	1	多度	葛原
多々津(度)	9	多度	
弘田郷	6A・B、15~17・19	多度	弘田
一円保	6A・B	多度	
善通寺	5、7	多度	
本山庄・西方元山	2、22	三野	本山
高瀬郷	14、24A・B、28	三野	高瀬
仁尾浦	8	三野	
姫江庄	12	刈田	姫江

と無関係であると考えられる。したがって、『蔭涼軒日録』の伝える両守護代の管轄区分は、少なくとも室町（狭義）初期の応永年間以来、戦国期の享禄・天文頃まで行なわれたものであることが実証される。

ここに宇多津と塩飽嶋が西讃地方であるにも拘わらず安富氏の管轄区域となっていることが問題であるが、この問題は、港津ないし島嶼の管轄権に関わるので、次節で検討したい。

次に、両守護代が分国支配の業務を担当するに当って、自身は在京して又守護代を在国させたか、または自ら讃岐に在国したかを考えてみたい。先ず東讃半国の守護代安富氏については、『香川県史』2にも指摘するように[13]、前記の安富氏関係の諸項の内、2A項の応永十六年（一四〇九）九月十七日付細川京兆家奉行人奉書の翌十八日付で2Bの守護代安富宝城の遵行状が発給されている。9項の長禄四年（一四六〇）閏九月十三日付安富智安遵行状が前々日付の「御奉書」（京兆家奉行人奉書）を承けたものである。12A項の文明五年（一四七三）十二月八日付京兆家奉行人奉書の翌々十日付で12Bの安富元家遵行状が発給されている。以上によって、守護代安富氏は宝城、同智安、同元家の三代にわたり在京が確かめられる。なお宝城・智安は備中国衙代官を兼任し、智安は永享元年（一四二九）頃から東寺領同国新見庄の請所代官をも兼ね、大橋某を又代として派したが、年貢未進等の非法を重ねた。かくて智安が寛正二年（一四六一）国衙代官を罷めると、新見庄でも荘民の代官排斥運動が高まり、又代大橋は退去し、智安は請所代官を罷免されたことは、荘園研究史上周知の事実である（注12所掲拙稿等参照）。

また次の二項も伝聞記事とはいえ注目に値する。すなわち14項の『大乗院寺社雑事記』明応四年（一四九五）二月三日条および三月一日条の、讃岐守護代（元家カ）が同国の騒乱鎮定のため下国しようとし、主君細川政元にこれを阻止され、守護代を辞そうとしたという記事、および16項の『宣胤卿記』永正四年（一五〇七）八月一日条の、細川政賢・同高国らの同澄之邸襲撃に際し、讃岐守護代香川・安富らが討死したという記事である。これらによって戦国初頭の一五世紀末から一六世紀にかけての細川澄之に仕えた讃岐守護代安富氏の在京とその敗北がわかる。

次に、17項の細川澄元方の香川某・安富某の来月二日讃岐下着を予報する永正八年（一五一一）六月の斎藤宗不書状により、細川澄元方の守護代安富氏の存在とその下国が推測される。その後、18・19項の細川晴元が安富又三郎（盛方カ）に与えた大永七年（一五二七）四月と同年七月の二通の書状は、それぞれ讃岐鎮定のため派遣した十河一存への協力、および摂津方面への出撃準備を促した内容であって、この年七月までの在国は疑問の余地がない。ここに守護代安富氏はようやく在国して讃岐の経営を強化しようと図ったとみられる。しかしすでに明応二年（一四九三）六月『蔭凉軒日録』に亀泉集証の喝破したように、安富氏の管轄する東讃地域からは香西一族以下の国衆が台頭して、それぞれ領域支配を強めつつあったので、安富氏はやがて寒川郡の雨滝城に拠ってその周辺一帯を支配する一領主に過ぎなくなるのである。

西讃半国の守護代香川氏については、前掲の香川氏関係の2・3・4・5・8・10・11・12の各項により、応永七年（一四〇〇）から寛正六年（一四六五）まで六十余年の間に、香川帯刀左衛門尉、同下野守元景、同下野入道通川、同五郎次郎（和景カ）の在職が知られる。この内、帯刀左衛門尉、下野守元景、下野入道通川は、注(10)に引いた国島浩正・湯山学両氏の指摘するように、花押が同一で、同一人と断定できる。すなわち香川元景、のち入道通川は一三世紀末以来少なくとも五〇年間にわたり細川満元・持元・持之・勝元の四代の京兆家当主に仕えて讃岐守護代を勤めていた重臣であった。

元景は応永二十四年（一四一七）十一月、管領細川満元から足利庄山河郷内下地の進士重行への渡付を命じる書下を受け（広島大学所蔵猪熊文書所収　進士文書）、翌二十五年九月、鑁阿寺の恒例・臨時の諸役等につき同寺充に奉書を下し、同二十七年二月六日には鑁阿寺に禁制を下し、某年卯月、「公方（将軍家）御祈祷」を、某年六月、祈雨の祈祷をそれぞれ鑁阿寺に命じるなど（以上鑁阿寺文書）、幕府直轄の足利庄代官としての事例を多く残しているので、元景は在京したことが察知される。讃岐については、香川氏の事例4項の香川三嶋入道充書状および11項の香川修理亮充書状により、一族の香川三嶋入道某、同修理亮某を又守護代として在国させていたことがわかる。また、〔参考2〕として引いた文安六年（一四四九）四月の香川通川（元景）奉書からは、彼が興福寺・春日社領の摂津国兵庫南関の代官を兼ね、一族の三嶋五郎左衛門尉を又代官としていたことが知られ、文安年間にも在京と推定できる。

以上により、香川元景（のち入道通川）は安富宝城・同智安に劣らない京兆家有力内衆として終始在京して活動し、讃岐守護代としての職務は又守護代を通じて実施していたことが判明する。したがって注(13)所掲『香川県史』2の表16に応永七年の香川帯刀左衛門尉と永享二年の同下野入道（いずれも元景）を「在国カ」とするのは誤認である。なお応永二十九年（一四二二）に随心院領弘田郷・一円保の別当奉行（請所代官）を申し請けた香川美作入道道貞も、その補任状（4項A）と請文（4項B）とが同日付であるから、やはり在京が確かめられる。

また12項の寛正六年（一四六五）十二月の京兆家奉行人奉書の充所は香川五郎次郎（和景カ）であり、文安六年からこの年までの間に西讃半国守護代は通川（元景）から五郎次郎に替わっている。この寛正六年の五郎次郎を右の『香川県史』2の表16が「在国」とするのは、かれが応仁の乱勃発直後の応仁元年（一四六七）六月、東讃の又守護代とともに東軍に加わるため上洛した事実（安富氏関係11項、香川氏関係13項）からの類推であろうが、彼の讃岐下向の年月が不明である以上、前々年の寛正六年末に在国したか否かは不明とせざるをえない。

その後も14項の香川和景の香川備前守（春景）充遵行の事例、18項の香川孫兵衛元景（前記の元景とは別人）の同じく備前守充遵行の事例、24項A・Bの香川五郎次郎の香川備後守充遵行の事例は、文明年間から永正年間にかけての西讃守護代香川和景、同元景、同五郎次郎某がいずれも在京し、在国の又守護代の一族備前守春景、ついで同備後守某を介してその職務に当ったことを示している。この間、前記の永正四年（一五〇七）八月、細川澄之邸での両守護代討死（安富氏関係16項、香川氏関係23項）も、守護代在京の結果であることはいうまでもなく、ここに討死したのは香川元景であり、その後、五郎次郎某が細川高国の讃岐守護代となったことがわかる。

永正八年（一五一一）七月の香川・安富讃岐下向（安富氏関係17項、香川氏関係25項）以後は、両守護代揃っての在国支配となる。28項に見るように、一五世紀中葉になると、中務丞元景（前の二人の元景と別人）は細川京兆家当主の「御制法」に準拠しながらも、みずから書下を発給して国内の統治に当り、戦国大名化の途を歩みはじめた。さらに某年三月香川中務大輔（之景カ）は細川信元（信良）から「讃州東六郡」を賜るとともに「上辺」（畿内地方）の本知を安堵され（尊経閣文庫所蔵文書）、安富氏の衰退に代って、東讃地方の支配をも主君細川氏から公認されるに至った。しかし西讃の天霧城に拠って大名化した香川氏もやがて土佐から侵入した長宗我部元親に投降し、天正十二年（一五八四）には元親の次子五郎次郎が香川の名字を称し、ここに讃岐の香川氏はついに滅亡するに至った。なお戦国期の安富・香川両氏とその居城については第四節に考察する。

第三節　『入船納帳』等にみる讃岐の港津と守護代・国人

宇多津が西讃地方に位置するにも拘わらず安富氏の管轄下に属したことについては、前章にもしばしば引用した文安二年（一四四五）の『兵庫北関入船納帳』（以下『入船納帳』と略称）が、重要な事実を提供している。まず『入船納帳』によって、当時の讃岐諸港を船籍地とする船舶の兵庫北関通関状況を概観する。全体の通関状況に関する論文としては、前章にも引いた『入船納帳』解説に武藤直・今谷明両氏が論及されるほか、同解説に小林保夫氏が「国料」を中心に分析し、さらに橋詰茂氏の讃岐に関する専論二編が存在する。[14]なお『香川県史』2にも『入船納帳』を用いた讃岐の諸港と水運の考察がある。[15]船籍地の比定は武藤・今谷・橋本三氏が行なわれ、その大部分は一致するが、平山・丹穂の両港については、見解が相違する。

平山は、武藤氏が備中真鍋島（岡山県笠岡市内）の平山砦足下に充てるのに対し、今谷氏と橋詰氏の論文①は讃岐の平山（綾歌郡宇多津町）とするが、とくに橋詰氏が「米良文書」三（史料纂集『熊野那智大社文書』第三）の常大坊旦那持分書立写（年未詳）に「一　さのきのくに　うたづ　ひら山一円」とあるのを引いて、平山は宇多津と大東川を隔てて町並を形成し、かつ聖通寺城の軍港的役割を担うに至ると、推定の理由を述べられているのは妥当であろう。この港は宇多津に隣接するが、前章に見た淡路の須本（洲本）と竹ノ口（炬口）の両船籍港のように、同一湾内に相並んでいる例もあるので、隣接している点も何ら差し支えない。

次に、丹穂は三氏の説がそれぞれ異なる。武藤論文は安芸の仁保（広島市仁保）とし、「あるいは香川県三豊郡仁尾町カ」と注記する。今谷論文は「舟穂」と読んで、現岡山県浅口郡船穂町に擬定するが、写真版で見るかぎり、この「丹」の字は、この納帳に「枝舟」としてしばしば見られる「舟」の字とは明らかに異なる。他方橋詰論文①は、仁尾に比定し、その理由として、赤米を輸送した船一〇ケ所二〇件の内七ケ所が讃岐船であること、および丹穂船の問丸豊後屋は仁尾と地理的に近い観音寺船の問丸でもあり、かつ観音寺船も赤米を輸送しているという特色を挙げる。それゆえ橋詰氏の見解が最も説得力を有すると判断される。それゆえ、本節では平山・丹穂両港をいずれも讃岐に比定し、したがって図5のように讃岐の船籍地を一七ケ所とする。すなわち、東讃では引田・三本松・鶴箸・志度・菴治、方本、野原、香西の八港および嶋（小豆島）、西讃では宇多津・平山・多々津・仁尾・観音寺の五港および塩飽（諸島）・手島・佐柳島の三島である。この内、仁尾浦は京都の賀茂御祖（下賀茂）社領で、家数は五、六百ばかりあったが逃散で激減したとあり（三豊郡仁尾町賀茂神社文書、嘉吉二年六月日付仁尾浦神人重申状案）、また「惣浦中」の自治組織や「仁尾浦綿座衆」の存在も知られる（同文書、応永三十二年六月六日付仁尾綿座衆手形）。他の諸港の戸数などは不明であるが、この仁尾浦の状況から類推すると、数百戸が普通で、かの備後の「草戸千軒」のように千戸と称するのは多い方であったとみられよう。なお『入船納帳』に記載されない港町に、東讃の津田、西讃の詫間等が存在した。

まず『入船納帳』に見られる讃岐船の活動状況を、船籍地（港または島嶼）ごとに、兵庫北関の通関数、船主の数、問丸名を表示し、さらに過書船・国料船等の船籍地やその問丸名を付記して作成したのが表2である。これを見ると、兵庫北関の通関数も頻繁で船主の数が最も多い港津・島嶼は、宇多津港と塩飽島であり、ついで小豆島、引田、三本松、平山がこれに次ぐ。なかでも宇多津は通関数が延べ四七艘と最多であり、指呼の間にある

表2　『入船納帳』讃岐船の船籍地名・兵庫北関通関数・船主数・問丸名・過書船・国料船等一覧

船籍地	比定地	通関数	船主数	問丸名　（　）は回数	過書船・国料船等　（　）は回数、［　］は問丸とその回数
引　田	大川郡引田町	21艘	14名	衛門太郎(19)　不記載(2)	
三本松	大川郡大内町三本松	20	7	衛門太郎(17)　ツシ衛門太郎(1)　不記載(2)	管領過書千石内(12)［衛門太郎11・不記載1］
鶴　箸	大川郡津田町鶴羽	4	4	左衛門四郎(2)　衛門四郎(1)　衛門九郎(1)	
志　度	大川郡志度町	2	2	道観(1)　不記載(1)	
菴　治（阿治）	木田郡庵治町	10	4（欠損1）	五郎太郎(5)　嶋上五郎太郎(1)　衛門太郎(1)　□太郎(1)　不記載(2)	十川殿国料(4)［衛門太郎1・□太郎1・不記載2］
方　本	高松市潟元	11	3	衛門九郎(6)　孫太郎(3)　不記載(2)	安富殿国料(1)3月6日［孫太郎1］　十川殿国料(5)5月19日～12月16日［衛門九郎3・不記載2］
野　原	高松市宮脇付近	13	7	孫太郎(9)　道念(1)　道幸(1)　欠損(2)	
香　西（幸西）	高松市香西	6	4	道観(5)　欠損(1)	
嶋	小豆島（小豆郡）	25	23（欠損2）	道念(22)　法徳(1)　欠損(2)	
平　山	綾歌郡宇多津町平山	19	5	二郎三郎(18)　北二郎三郎(1)	
宇多津	綾歌郡宇多津町	47	21	法徳(44)　欠損(2)　不記載(1)	安富殿国料(8)［法徳7・不記載1］
多々津	仲多度郡多度津町	21	5	道祐(20)　不記載(1)	香川殿国料(7)［道祐6・不記載1］ 香川殿十艘過書内(1)［道祐1］
丹　穂	三豊郡仁尾町	3	3	豊後屋(3)	
観音寺	観音寺市	4	2	豊後屋(4)	
塩　飽	塩飽島（丸亀市）	37	25（不記載1）	道祐(24)　衛門九郎(8)　三郎二郎(5)	管領過書千石内(1)［道祐1］ 淀十一艘内(2)［三郎二郎2］
手　嶋	手島（丸亀市）	1	1	道祐(1)	
さなき	佐柳島（仲多度郡多度津町）	2	2	道祐(2)	
合　計	17港	246艘	—	16名〈→表4〉 欠損(7)　不記載(11)	管領過書千石内(13)　安富殿国料(9) 十川殿国料(9)　香川殿国料(7) 香川殿十艘過書内(1)　淀十一艘内(2)

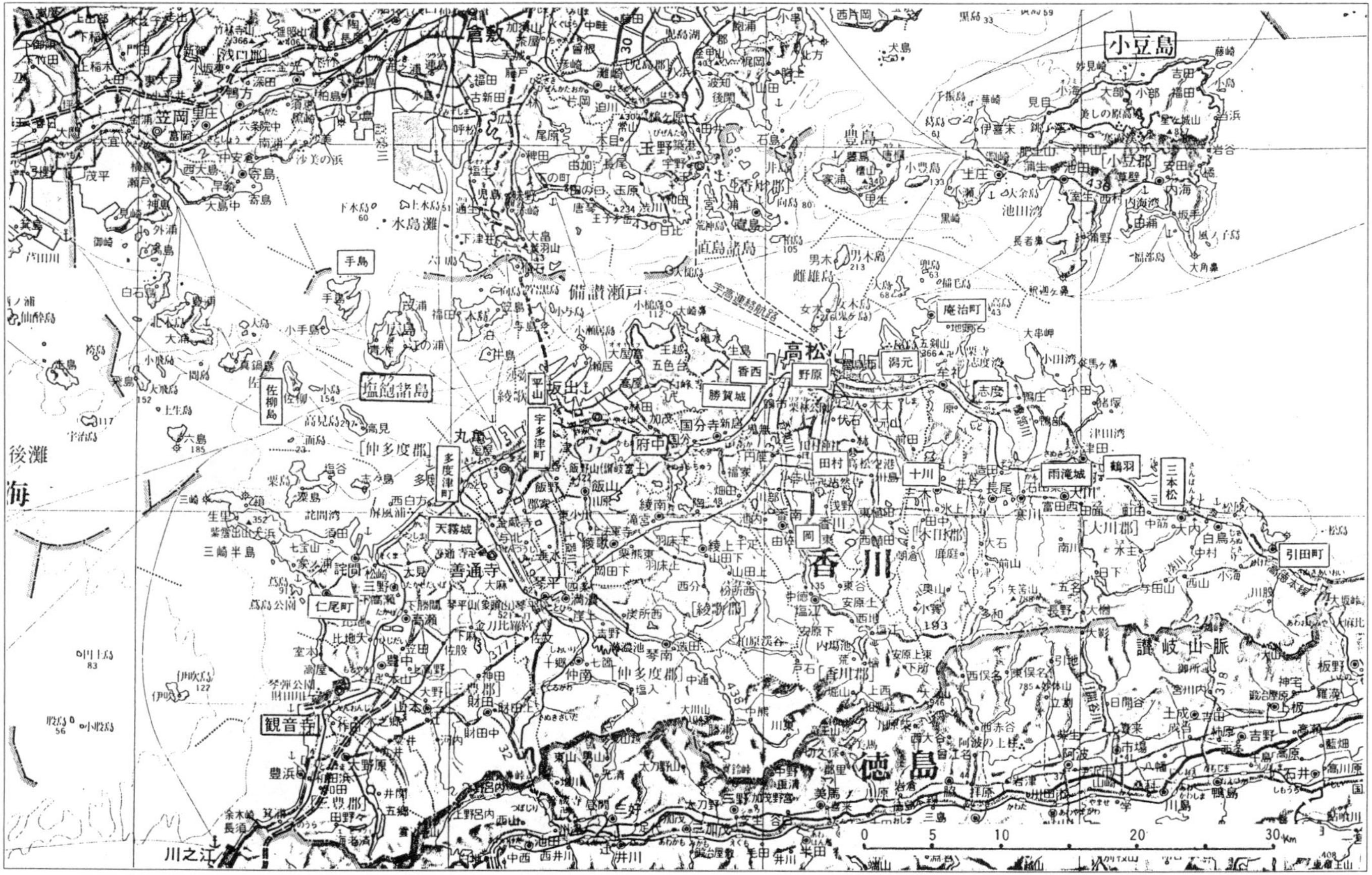

図5　讃岐全図（『日本大地図帳』〈平凡社、1985年〉により主要地名等を付記）

写5　宇多津町市街（正面左手が青ノ山）

写6　瀬戸内海の島々

いずれも聖通寺城北の丸跡（宇多津町常盤公園）より望見（瀬戸大橋建設以前）

平山を加えると通関数は延べ六六艘に上り、畿内地域との物流が抜群に頻繁であることが察知される。宇多津は地理的には小豆島や引田・三本松ほど畿内に近接していないのに、畿内との物流がこれほど盛んであるのは、この地が少なくとも南北朝期以来讃岐守護所として、一国の政治・経済の中心地であったことと深く関わっていたに違いない。宇多津が西讃地方にあるにも拘わらず、前節でも見たように香川氏でなく安富氏の管轄下に属した事実は、かなり重要な意味をもっていたに違いない。この事実については、『入船納帳』の次のような記載が注目される。

（文安二年三月）
六日入
（中略）
（方本）
同所　安富殿　国料　成葉　同（孫太郎）
（中略）
（四月）
九日入船
（中略）
本ハ宇多津弾正船
多々津　賀河殿　国料　勢三郎　道祐
（中略）

十四日入船

（中略）

菴治　十川殿　国料　安原　衛門太郎

宇多津　元ハ方本成葉船頭　安富殿　国料　弾正　法徳

注(14)所掲の小林保夫氏論文は、このような「国料」の記載に注目し、詳細な分析を加えている。すなわち小林氏は、「国料」はもと造営料国的性格のものとして設定されたが、文安年間頃には特定の船の恒常的な関銭の免除特権となっていたとして、『入船納帳』に見える国料船の記事を整理・表示し、これらの国料船が備後守護（因幡・但馬守護等兼帯）の山名氏と、細川勝元の家臣の内香川・安富・十河の三氏に限られることを指摘された。さらに小林氏は、安富氏の国料船の船籍地が三月から四月の間に方本（潟元）から宇多津に移ったことを指摘し、守護所が置かれ、かつ古くは国衙に近い国津ともいうべき宇多津の重要性に照らして、右の三氏の中で安富氏が最も重要視されていたことを示すと論じ、さらに文安二年三月二十四日の細川勝元の管領就任に伴う支配体制の変動を示唆されている。

小林論文には讃岐の三氏と山名氏を加えた各氏ごとに、また橋詰論文②には讃岐の三氏ごとに、国料船の船籍地・船主（船頭）・問丸・入港月日を表示してあるが、讃岐三氏の国料船に香川氏の過書船を加え、各港からの通関回数を付加して私なりに表示したのが表3である。

小林氏は特に挙げておられないが、安富氏の船籍地移動と相前後する香川氏の国料船の初見記事である文安二年四月九日の項には、前掲のように、もとの船籍地が宇多津で、船主は弾正であった旨が付記されている。また表3にも明らかなように、十河氏の方本の国料船は安富氏のそれが宇多津に移って後の五月十九日を初見とする。

表3　讃岐船籍国料船・過書船の船主・問丸および通関月日・艘数一覧

船籍地	船　種	船　主	問　丸	通関月日	通関数	
宇多津	安富殿国料	弾正	法徳	4・14　5・19　7・2　9・8　10・3　11・18　12・20	7	8
			不記載	7・29	1	
多々津	香川殿国料	勢三郎	道祐	4・9　7・2　10・15　12・12	4	7
		米丸勢三郎		5・26	1	
		紀三郎		6・23	1	
			不記載	8・14	1	
	香川殿十艘、過書内	紀三郎	道祐	5・24	10	10
方　本	安富殿国料	成葉	孫太郎	3・6	1	6
	十川殿国料	主計	衛門九郎	10・8	1	
			不記載	5・19　8・24	2	
		兵庫	衛門九郎	6・24　12・16	2	
庵　治	十川殿国料	浦	不記載	3・15	1	4
		兵庫	不記載	7・22	1	
		安原	衛門太郎	4・14	1	
		□	（衛門カ）□太郎	12・4	1	

それゆえ移動は安富氏だけの問題でなく、香川・十河両氏の船籍地にも及んだ全面的な変動であったと認められよう。

つまり安富氏が宇多津へ移るとほぼ同時に香川氏は宇多津の管理を止めて多々津（多度津）に集中し、一方十河氏は近傍の山田郡庵治のほか安富氏の移ったあとの方本の管理権をも得て、山田郡内の近接する両港を管理することとなったとみられるのである。国料船そのものは小林氏の説かれるように、これら三氏のための船というよりも、管領細川氏の京上物を輸送するための船であろう。それゆえ細川勝元は管領就任を機として有力被官三氏の主要港津管理権を調整し再編成して、分国讃岐における権力の基礎の安定と京上物の輸送の確保とを図ったと考えられる。ただし、勝元は管領就任時にはまだ弱冠十六歳の少年であるから、自身の発案ではなく、近臣の意見を採用したものであろう。敢えていえば、若年の主君勝元の管領就任を好機とした安富智安が、十河氏を抱き込んで、香川通川から宇多津の管理権を奪うのに成功したとみることができるであろう。

以上によって宇多津をはじめとする主要港津の管理権は、守護代に委ねられた分国内の地域支配権とは別個に設定され、東讃地方の守護代である安富氏が西讃の宇多津に進出し、また東讃の一部をなす山田郡の港津には十河氏が進出したことが知られる。十河氏は讃岐国山田郡蘇甲郷（『和名類聚抄』）の出身であり、文永八年（一二七一）三月二十日付の関東下知状に、源千午王丸に亡父資光法師光念の譲状に任せて讃岐国十川郷公文職を安堵するとあり（服部玄三氏所蔵文書、注11所掲田中健二氏史料紹介所収）、十河氏はこの資光・千午王丸父子の家系と推定されるが、永仁三年（一二九五）八月には阿波守護小笠原常春の代官として十河甚内元清が見え、隣国阿波に進出した一族もあった（阿波国社寺文書）。やがて延文元年（一三五六）九月に細川頼之の伊予国目代として十河遠久があり（伊予国分寺文書）、前述の明徳三年（一三九二）八月の相国寺供養に列した管領細川頼元の随兵の一人に十河又四郎兼重があり（相国寺供養記）、応永三十二年（一四二五）十一月には十河宗善が管領細川満元の下で摂津守護代に在任している（『大徳寺文書』之三、一三八〇号、なお遠久以後の事績は注10所掲拙著参照）。このように十河氏は、南北朝期に遠久が細川頼之に仕えて伊予に進出して以来、管領細川氏すなわち京兆家の有力内衆として活動したのである。本拠地は方本（潟元）付近へ注ぐ新川の上流約一〇キロにあり、十川東町の、南の山裾から延びる舌状台地の上に十河氏の城跡がある。

右のような国料船を通じて見られる三氏の管理権が、単に国料船のみでなく港津全体の管理権と考えられることは、私が言及し、棚橋光男氏が詳しく論及された仁尾浦住人と香西氏の関係によってもうかがわれる(16)。

さきに丹波守護代を罷免された香西豊前守元資は、永享末年から嘉吉二年（一四四二）にかけて仁尾浦住人等に重い兵粮銭・徳銭を懸けた上、香川修理亮から命じられて仕立てた船二艘と船頭を拘留するという非法を行なったとして、賀茂社の仁尾浦供祭人で神人の身分を有する住人等から訴えられている（香川氏関係6項参照）。香西氏の本拠地は香川郡香西（高松市香西町付近）であったが、元資が香川氏を守護代とする西讃の仁尾浦に容喙しえたのは、注(16)所掲棚橋氏論文に指摘するように、この浦が細川京兆家の「御公領」「御料所」であり、香西氏がその「御代官」であったためである。このように讃岐の港津の一部は当国守護を兼ねる京兆家の直轄領となり、有力家臣がその代官として管理権を行使していたのである。やや年代は降るが、宇多津についても、享禄二年（一五二九）正月と同年七月の二例のように、安富氏はこの港町に所在する寺院に諸課役免除の特典を与えている（安富氏関係19・20項参照）。宇多津はいうまでもなく細川氏の直轄地であり、安富氏はその代官として諸課役を徴収・免除する権限を行使していたために外ならない。香川氏と多度津、十河氏と菴治・方本との関係も同様であったに違いない。

以上のように論述した私の旧稿[17]に対して、橋詰論文②は、「はじめに」の部分で、「小川氏のいわれる港津の管理権とは一体いかなるものなのか（中略）といった問題点がでてくる」とされる。しかし右の論文②は、この点に関して、香川氏については前掲の仁尾浦をめぐる守護代と浦代官との抗争を追認し、安富氏については文明五年（一四七三）十二月の、守護代安富元家が京兆家奉行人奉書を承けて安富左衛門尉充に発した塩飽嶋に関する遵行状（安富氏関係11A・B）を挙げて、塩飽も守護の料所で安富氏による代官支配が行なわれていた事例を付け加えられてはいるものの、安富・香川・十河等諸氏による主要港津の管理権とは、細川京兆家の直轄港を管理する代官としての権限であったという卑見に、格別異論を唱えられていないようである。なお、右の橋詰論文②に、「東讃の安富氏がなぜ西讃の宇多津に進出せねばならないのであろうか」として、約二〇年後の右の塩飽嶋代官の事例から、「宇多津と塩飽を結ぶラインにより備讃瀬戸の海上権の掌握を安富氏が図ったもの」とされるのは一応妥当な見解といえよう。しかしながら、「安富氏と異なり香川氏は在国しており、在地支配を強化していった。そのためには守護所の宇多津を香川氏に支配させるには問題があるため、香川氏に変わって細川氏の信頼できる安富氏を用いて支配していったのである」といわれる点は承服しがたい。前節に考察したように、西讃半国守護代香川氏の在国が確認されるのは一六世紀初の永正八年（一五一一）以降であり、それ以前は応仁元年（一四六七）の大乱勃発による守護代香川五郎次郎の上洛の記事以外に在国の事例は全く管見に触れない。のみならず前述のように香川元景（帯刀左衛門尉・下野守・入道して通川）は、少なくとも応永七年（一四〇〇）から文安四年（一四四七）までほぼ半世紀にわたり西讃半国守護代に在任し、又守護代として香川三嶋入道、のち香川修理亮を在国させたことが確実である。かつ元景（通川）は管領細川満元・持之・勝元の三代に仕え、この間応永年間には足利庄代官、文安年間には兵庫南関代官を兼ねて在京したことが確認されるので、京兆家当主の信頼も東讃守護代を兼ねる安富宝城・智安二代に勝るとも劣らなかったに違いない。それ故、『入船納帳』に見える文安二年（一四四五）三月の時点でも当然守護代香川通川・安富智安の両人はともに在京と判定されるので、宇多津管理権の前者から後者への交替の理由として、両人の在国か在京かを区別したり、主君細川氏の信頼度の軽重を論じたりすることはできない筈である。

表3に掲げたように、文安二年（ただし二月の中・下旬を欠く）国料船の兵庫北関通関数は宇多津船籍が八艘、多々津船籍が七艘、方本船籍が六艘、菴治船籍が四艘で、計二五艘であり、安富・香川・十河の各氏別では、安富氏と十河氏が各九艘、香川氏が七艘となる。前年までの実績は不明であるが、各港からの通関数がほぼ同様であったとすれば、香川氏の掌握していた宇多津・多々津両港の船舶が突出して多かったこととなるので、文安二年の安富氏の宇多津代官獲得が大きな意味をもったことは間違いないと思われる。ただし香川氏は、代官職を保ったとみられる多々津から過書船一〇艘を仕立て、五月二十四日兵庫北関を通関している。『入船納帳』に見られる限り、過書の特典を受けたのは、南禅寺・相国寺・石清水八幡宮等の有力寺社ないし幕府関係寺社と、管領細川氏・山名氏・大内氏・阿波守護細川氏および将軍家直臣二名と香川氏であり（注14所掲小林論文参照）、香川

表4　讃岐船籍船の問丸別兵庫北関通関数一覧

問丸名	通関総数	船籍地別通関数	内、過書船・国料船・淀十一艘船通関数
道祐	47	塩飽24、多々津20、さなき２、手島１	管領過書(塩飽)１、香川殿国料(多々津)６、香川殿十艘過書(多々津)10
法徳	45	宇多津44、嶋１	安富殿国料(宇多津)７
衛門太郎	37	引田19、三本松17、菴治１	管領過書(三本松)11、十川殿国料(菴治)１
道念	23	嶋22、野原１	
二郎三郎	18	平山18	
衛門九郎	15	塩飽８、方本６、鶴箸１	十川殿国料(方本)３
孫太郎	12	野原９、方本３	安富殿国料(方本)１
豊後屋	7	観音寺４、丹穂３	
道観	6	香西５、志度１	
五郎太郎	5	菴治５	
三郎二郎	5	塩飽５	淀十一艘内(塩飽)２
左衛門四郎	3	鶴箸３	
道幸	1	野原１	
ツシ衛門太郎	1	三本松１	
北二郎三郎	1	平山１	
嶋上五郎太郎	1	菴治１	
□□太郎	(1)	菴治１	十川殿国料(菴治)１
(欠　損)	(7)	(宇多津２、嶋２、野原２、香西１)	
(不記載)	(11)	(引多２、三本松２、方本２、菴治２、宇多津１、多々津１、志度１)	管領過書(三本松)１、安富殿国料(宇多津)１、香川殿国料(多々津)１、十川殿国料(菴治)２・(方本)２
計　16名＋ (一部欠損・欠損・不記載)	227＋ (19)		

氏以外に陪臣は含まれていない。おそらく香川氏に許可された一〇艘分の過書は、宇多津放棄の代償として細川勝元の計らいで与えられたものであろう。

次には国料船に関わる船主と問丸の活動を、同じ表3で見ると、宇多津の安富氏国料船の船主は弾正、問丸は法徳であり、多々津の香川氏国料船の船主は勢三郎（米丸勢三郎も同人か）紀三郎の二名で問丸は道祐、方本の十河氏国料船の船主は主計と兵庫の二名で問丸が衛門九郎（なお安富氏の下では船主成葉、問丸孫太郎）、庵治の十河氏国料船の船主は右の兵庫と浦・安原の計三名、問丸は衛門太郎であった（不記載と一部欠損を捨象）。このように、国料船の船主は宇多津以外は二、三名であるが、問丸については、安富氏の国料を扱う宇多津船は法徳、香川氏の国料を扱う多々津船は道祐、十河氏の国料を扱う方本船と庵治船の問丸はそれぞれ衛門九郎と衛門太郎であって、船籍地ごとに一名ずつの問丸が責任者となっている。これは安富氏ら三氏と個々の問丸との強固な結びつきを反映する現象に相違ない。

写7　多度津港風景

そこでこれらの問丸の讃岐一国についての活動状況を見るため、表2を問丸別に改編して表示したのが表4である。この表のように讃岐船の問丸は一六名を数えるが、彼らが積荷を担当する讃岐船のほぼ一年間の通関数には大差があって、道祐の四七艘、法徳の四五艘に対して、左衛門四郎は三艘、道幸ら四名はわずか一艘ずつに過ぎない。ただし左衛門四郎は後掲の表6に見られるように、讃岐では引田、他に備前牛窓を始め同国日々（日比）、摂津杭瀬、播磨室、備中連嶋、備後田嶋の船の船主として現れる。

もとより『入船納帳』に記載された問丸や船主の通関数は彼らの活動の全貌を示すものでないが、表4では少なくとも讃岐では塩飽船と多々津船の荷受を主とした道祐と、宇多津船の荷受をほぼ独占した法徳が双璧であって、道祐は香川氏と結託し、法徳は安富氏と結託することでその優位を確保したことが読み取れる。また讃岐での管領細川京兆家の過書船の荷受をほぼ独占するとともに十河氏と結んだ衛門太郎が道祐・法徳に次ぐ活動を示し、十河氏の方本の国料船の荷受を扱った衛門九郎もかなり上位の活動状況を示している。

『入船納帳』に記された讃岐船の各港ごとの積載品目とその積載量は橋詰論文①に詳しく分析され、また『香川県史』2の唐木裕志氏執筆分にも要約されているので、要点のみ述べよう。

積載品目で最も多いのは塩であって、塩と記された場合と地名表示の場合とがほぼ半々で、計二万五〇〇〇石に上る。これは総輸送量のほぼ八〇％を占め、積出地も一七船籍地中一三を数える。

『香川県史』2のうち、中世の製塩について述べた唐木氏[18]は、中世の讃岐における塩の産地には西大寺領（のち石清水八幡宮領）寒川郡鴨郷、摂関家領塩飽庄、延暦寺領志度庄、祇園社領阿野郡林田郷潮入新田、法成寺領三崎庄、石清水八幡宮領肥土庄、秋山氏所領三野郡高瀬郷新浜などがあり、また小豆島赤松家所蔵の明応九年（一五〇〇）正月の「田畠塩浜等日記」等によって、屋敷地の後背地の塩山、前面の海岸地帯の塩浜および塩釜、さらに畠の結合した独特の名主経営が行なわれ、名主の支配下に塩浜作人が請負による製塩に従事していたことを指摘されている。

塩以外の輸送品のなかでは、米・赤米・大麦・小麦・マメ・大豆赤米などの穀物類は讃岐船全般に及び、船籍地付近で生産されたものを輸送したとみられる。一方海産物は、特定の船籍地から輸送され、たとえば干鯛・塩鯛は鯛の漁場である瀬居島（塩飽諸島の一つ）付近の宇多津・平山・塩飽の船のみである。その外には、山城の大山崎離宮八幡宮神人の独占する油の原料の「山崎胡麻（荏胡麻）」や、平山船で一回だけ大量に輸送された牛皮などがある。

表5には、宇多津・多々津・方本・菴治の四港について、国料船・過書船以外の一般の船舶積載品とその船

表5　宇多津・多々津・方本・菴治船籍一般船の積載品・船主・問丸一覧

船籍港	積載品				船　主		問　丸	
	品目		件数	数量	人名	通関隻数	人名	通関隻数
宇多津	塩	タクマ	17件	2505石	左衛門九郎	6	法徳	37
		備　後	6	580	孫左衛門	5	(欠損)	2
		シハク	3	500	太郎五郎	3		
		小　嶋	3	330	西太郎五郎	3		
		方　本	5	280	二郎三郎	3		
					三郎四郎	2		
		計	34件	4195石	三郎五郎	2		
					四郎二郎	2		
	魚類	鰯	3件	130石メ	九郎三郎	2		
		干　鯛	2	25駄	橘五郎	2		
		塩　鯛	2	18駄	紀二郎	1		
					孫三郎	1		
	穀類等	大　麦	6件	290石	藤三郎	1		
		小　麦	6	175	源四郎	1		
		マ　メ	2	45	孫五郎	1		
		大　豆	1	45	三郎太郎	1		
		米	1	5	中丁三郎五郎	1		
		赤　米	1	10	奥浜四郎二郎	1		
		山崎胡麻	2	80.5	六郎太郎	1		
	林産	材　木	1	10石メ	計　19名	39	1名(欠損2件)	39
多々津	塩	タクマ	3件	980石	紀三郎	2	道祐	4
					紀三郎茶屋	1		
	魚類	干　鰯	1	2駄	左衛門二郎	1		
	穀類	米	1	10石				
		小　麦	1	1	計　3名	4	1名	4
方　本	塩		5件	1590石	兵庫	3	衛門九郎	3
					主計	1	孫太郎	2
	穀類	米	1	10石	成葉	1		
		大　麦	1	10				
		小　麦	1	10	計　3名	5	2名	5
菴　治	塩	方　本	6件	1395石	左衛門三郎	6	五郎太郎	5
							嶋上五郎太郎	1
					計　1名	6	2名	6

注. 国料船・過書船は表3に表示。

主・問丸名を表示した。宇多津を母港とする一般船の積載品を見ると、塩・魚類・穀類などのそれぞれの種類が豊富であり、塩は讃岐産の詫間・塩飽・方本のほか、地名表示「備後」（本編第一章第四節参照）および備前児島産のものも積載し、合計四一九五石である。魚類では右に触れた干鯛・塩鯛とともに鰯を積載する。穀類では大麦・小麦・マメ・大豆のほか、小量ながら米・赤米があり、特殊なものでは山崎胡麻や材木もある。そして通関数は三九艘で、船主は一九名であるが、問丸は法徳一人である。欠損が二艘分あるが、これも法徳であろう。この問丸法徳の扱った他の船の船籍地は、備後尾道が三艘、摂津須磨・播磨室・讃岐嶋（小豆島）が各一艘、計六艘みられ、宇多津以外の取扱品目には小鰯・赤鰯・ナマコがある程度であるから、法徳は宇多津を本拠とする問丸と認められる。彼は宇多津港の代官を兼ねる守護代安富氏と結託して、国料船以外にも宇多津港から積み出される多数の商品・貢納品の海上輸送や販売を独占し、巨額の利潤を挙げたことが想定される。

他方、香川氏の管理下にある多々津は、宇多津とはやや様相を異にしている。同じく表5のように、国料船・過書船以外の多々津船の通関は年間を通じて僅か四艘で、九八〇石の塩を輸送する外は、小量の干鰯や米などを運ぶに過ぎず、船主も紀三郎・紀三郎茶屋・左衛門二郎の三名で、宇多津より遥かに少ない。問丸は道祐一人であり、彼は前章で考察したように淡路の三原を本拠地とした問丸と推定されるが、遠く門司・下関にいたる瀬戸内一帯の二十数ケ所および阿波南端の宍咋港を船籍地とする船の積載品を扱い、鈴木敦子氏が指摘するように『入船納帳』全体における最大の荷受件数二六四件を誇る大商人である[19]。この道祐が香川氏と結んで、国料船・過書船を含む多々津船の輸送品を独占したのである。したがって香川氏の問丸道祐に対する規制力は安富氏の問丸法徳に対するそれよりも遥かに劣ったであろうが、管理下の港津を瀬戸内の広域商業圏の一環として物流の拡大を図る点については、道祐と結んだ香川氏の方が有利であったかも知れない。

十河氏の管理下の方本・庵治両港の一般船は計一一艘で、やはり主に塩を運送し、その数量は計二九八五石で、宇多津の一般船の運ぶ塩に比してその七一％に達する。船主は方本は三名、菴治は一名であるが、問丸はそれぞれ衛門九郎・孫太郎、および五郎太郎・嶋上五郎太郎と複数である。なお船主欄に記した成葉は、前掲『入船納帳』の四月十四日の項の但書に、「元ハ方本成葉船頭」とあって、これはこの年では三月六日の項を指すもので、成葉は船頭と呼ばれている。たしかに成葉はこの三月六日の国料船と七月廿二日の一般船との二回だけの所見なので、みずから持船を操る船頭というにふさわしい。さて、方本の問丸の衛門九郎と孫太郎の内、前者は『入船納帳』全体のなかで荷受件数一六〇件という、道祐、木屋に次ぐ第三位の規模の問丸であり、後者も荷受件数九一件という第五位の問丸であり、かつ、ともに塩を荷受件数の大半とすることが、注(20)所掲鈴木論文の分析で知られる。香川氏の道祐との結びつきと同様に、十河氏も有力な二人の問丸と結んで海運による利権の確保を図ったものと推定される。

なお讃岐関係の過書船では、前記の香川氏一回・一〇艘のほかに、「管領（文安二年三月は「先管領」）千石」とある京兆家当主の過書船が八回・一二艘、他に土佐の奈半利のそれが一回・二艘見られる（前掲小林論文参照）。船籍地別では三本松が一〇艘を占め、塩飽・鶴箸が一艘ずつとなっている。三本松は讃岐南東部の現大内郡三本松港であり、守護代安富氏の管轄する東讃ではあるが、寒川氏の山城と伝えられる虎丸城（山頂の標高二七三メートル）が南に控えているので、おそらく寒川氏管轄下の港津であろう。また鶴箸は現大川郡津田町鶴羽で、次節に述べる安富氏の山城雨滝城の東麓に当るので、安富氏支配下の港津に違いない。塩飽は宇多津の北西数キロの諸島で、塩の産地として知られ、前述のように文明五年（一四七三）十二月には安富左衛門尉が代官である。

三本松船籍の過書船に対する兵庫北関の関銭免除品目は主として米であり、これは京兆家に納入される年貢米と思われる。他に過書船に混載しても関銭の徴収される物品として、材木・小榑・マメ・麦・小鰯が見えているので、おそらく寒川氏も、三本松港を管理することによって相当の収益を得ていたことであろう。

表6　『雑船納帳』引田船の船主とその『入船納帳』の船主・問丸としての活動一覧

『雑船納帳』引田船籍、木舟の船主名・通関数			『入船納帳』の船主としての通関数		『入船納帳』の問丸としての通関数	
船主名	通関数	船籍地別通関数	通関数	船籍地別通関数	通関数	船籍地別通関数
兵衛太郎＊	25艘	室津・引田各8　江井5　須本4	32艘	松江10　三原7　弓削5　牛窓・連嶋・引田各2　由良・竹口・室津・平嶋各1	6艘	上関6
衛門三郎＊	25	木津14　幾輪9　引田1　無記載1	29	地下16　伊津5　宍咋3　伊部・瀬戸田各2　阿賀1	1	松原1
衛門五郎＊	15	岩屋12　引田2　地下1	27	網干14　松江5　地下4　伊部2　阿賀・三原各1	1	引田1
二郎太郎＊	13	阿那賀9　引田4	6	中庄2　地下・尼崎・杭瀬・松原各1	1	日成1
衛門太郎＊	7	海士5　岩屋・引田各1	32	三原10　下津井7　地下6　別所3　杭瀬2　日々・牛窓・伊部・手嶋各1	56	三本松・引田各17　平嶋13　尼崎4　橘3　魚崎・菴治各1
三郎二郎	2	西宮・引田各1	13	地下6　室・郡各2　英賀・尾道・田嶋各1	4	塩飽4
左衛門四郎	2	引田2	13	牛窓5　杭瀬・日々各2　室・連嶋・田嶋・引田各1	3	鶴箸3
左衛門九郎	2	尼崎・引田各1	10	田嶋5　宇多津4　下関1	2	牛窓2
二郎三郎	1	引田1	17	由良6　尼崎3　宇多津2　杭瀬・塩飽・阿津・連嶋・鞆・鶴箸各1	120	海部42　伊部・甲浦各16　平山15　尾道7　犬嶋5　宍咋4　牟木3　虫上・先浜各2　地下・松江・方上・日那志(日成)・田嶋・三庄・阿那賀・前浜各1
					195艘	船籍地　30ケ所

左衛門二郎＊	7	北泊・引田各3　江井1	26	由良11　網干8　室・杭瀬・牛窓・連嶋・尾道・多々津・塩飽各1
四郎二郎＊	5	引田4　竹口1	7	宇多津2　坂越・をき浜・南浦・尾道・三原各1
太郎四郎	4	引田4	3	田嶋3
二郎九郎	4	引田4	3	引田3
孫三郎	3	引田3	14	瀬戸田6　牛窓3　地下2　由良・引田・宇多津各1
左衛門五郎	2	引田2	15	今在家9　中庄2　地下・日々・尾道・三本松各1
兵衛二郎＊	2	室津・引田各1	14	松江7　連嶋3　地下・由良各2
横山	2	引田2	3	引田3
五郎四郎	2	引田2	2	西宛・野原各1
刑部四郎	1	引田1	13	宍咋10　引田3
五郎三郎	1	引田1	7	連嶋4　地下・魚崎・杭瀬各1
主計	1	引田1	5	方本4　甲浦1
太郎三郎	1	引田1	3	地下・鞆・塩飽各1
四郎	1	引田1	3	別所3
掃部二郎	1	引田1	1	牛窓1
広瀬	1	引田1	1	引田1
			(25名)	
			30艘	船籍地　48ヶ所
小二郎	4	引田4		
勘解由	1	引田1		
小ほうし太郎	1	引田1		
左衛門太郎	1	引田1		
(不記載)	6	引田3　地下2　北泊1		
計　29名(＋無記載)	143艘	船籍地　14ヶ所		

注．＊を付した8名は淡路船籍「木舟」の船主を兼ねるので本編第一章表6Aにも掲出。

また香西氏の本拠地香西は瀬戸内海に面する港津の一つであるから、香西氏も当然海運に関与したと推測される。仁尾浦の事件にもそれがうかがわれるが、『入船納帳』によってその一断面を瞥見すると、この納帳に現れる香西船籍船の兵庫北関通関は延べ六艘、船主は七郎左衛門以下四人であるが、問丸はすべて道観一人である。道観は香西のほか播磨の栄島、備後の三庄、安芸の瀬戸田、讃岐の志度の船籍船の積載品をも取扱っているが、その通関数はそれぞれ一艘ないし三艘であって、計一三艘、積載品目は香西からは塩（詫磨・塩飽・方本・小嶋）のほかは米・赤米・小麦・豆という穀物に限られている。その他の諸港からは三庄の塩（備後）、栄島の米・赤米、志度の大麦・小麦というように、やはり香西とほぼ同品目が積載され、瀬戸田からは材木（松）が一艘搬出されている。これによってみると、道観は香西を本拠地とする問丸であって、香西氏と道観との結合関係は、小規模ながら安富氏と問丸法徳とのそれと類似した独占的結合であったに違いない。

ところで、『雑船納帳』は前章にも考察したが、この『雑船納帳』に見える讃岐の船籍地としては、唯一引田港が存在する。引田は『入船納帳』に載る讃岐の船籍地のなかで最も東にあり、阿波との国境近くに位置する港津である。それゆえ比較的小規模の船舶で兵庫に薪等を運送するのに好都合の距離にあるので、この港が讃岐の木舟搬出港となったのであり、おそらく他の港に集まる薪は一旦引田に転送されて兵庫に運送されたのであろう。前章第四節に述べたように、文安元年（一四四四）十一月十五日から一年間に通関した木舟の総数延べ二九三艘の内、引田船は六四艘で、一港としては群を抜く通関数であり、国別でも第一位の淡路一〇港一六五艘には遥かに及ばないが、三位の摂津四港五五艘よりも多い船数を一港で占めている。

前章表6では『雑船納帳』に記す淡路の木舟の船主と『入船納帳』の船主・問丸との相関関係を表示したが、これと同様に、讃岐引田の木舟の船主と『入船納帳』の船主・問丸との関係を表示したのが、表6である。

この表6を見ると、第一に『雑船納帳』に記載された引田船籍の木舟の船主欄には一つの特色がある。それは

表6付　前章表6所載以外の本章表6所載船籍地の国名・現在地名一覧

船籍地名	国名	現在地名	船籍地名	国名	現在地名
あ 阿津	備前	岡山県岡山市阿津	た 田嶋	備後	広島県沼隅郡内海町田島
い 犬嶋	備前	岡山県岡山市犬島	の 野原	讃岐	香川県高松市宮脇付近(旧野原庄)
今在家	播磨	兵庫県姫路市今在家	ひ 平山	讃岐	香川県綾歌郡宇多津町平山
か 海部	阿波	徳島県海部郡海部町	み 三庄	備後	広島県因島市三庄
方本	讃岐	香川県高松市潟元	む 牟木	阿波	徳島県海部郡牟岐町
し 下関	長門	山口県下関市	虫上	備前	岡山県邑久郡邑久町虫明

引田を単独の船籍地とする船主が左衛門四郎以下多数を占めることであり、それは二九名中一九名で、約三分の二に上る。ところが『雑船納帳』のみに見られる船主は、本表下端の小二郎以下四名のみであり、その他の船主は『入船納帳』の船主を兼ねている。そのうち二郎九郎・横山・広瀬の三名は『入船納帳』でも引田のみの船主であるから、この三名は小二郎ら四名とともに、船主というよりは引田港専属の船頭というべきであろう。それは国料船と一般船の比較考察に関連して述べた成葉が、方本港専属であって「船頭」と明記されていることからも類推される。前章表6に掲げた淡路の諸港についても、『雑船納帳』のみに単一の港の船主として現れる松若ら四名と、両納帳共通に単一の港の船主として見える大夫左衛門・藤内の二名とは、同様に各港専属の船頭と考えられる。

一方、『雑船納帳』の引田船の船主ないし船頭二九名の内、『入船納帳』の船主欄にも見られる者が二五名すなわち八六%に上り、更にその中の九名すなわち全体の三一%は『入船納帳』の問丸欄にも見られる事実が注目される。これは前章表6に掲げた淡路船の場合と全く共通の特色といえる。前章では、この特色を一応、『雑船納帳』の船主の大多数は『入船納帳』の船主からなり、さらにその一部は問丸をも兼ねていることを指摘するにとどまったが、ここでは、こうした現象が何を意味するかを更に追究してみよう。

ここに注目されるのは、本章表6で『入船納帳』の船主欄と問丸欄との両方に名を列ねる兵衛太郎から二郎三郎までの九名について各人の船籍地を見ると、それぞれ両欄の船籍地はすべて別個であって、共通する地名は存在しない事実である。すなわち例えば兵衛太郎の船主欄には問丸欄の上関は含まれず、また二郎三郎の船主欄の由良から鶴箸までと問丸欄の海部から前浜までとには共通する地名は全く存在しないのである。そもそも通信手段の乏しい中世に、瀬戸内海沿岸の各地から時として太平洋沿岸にわたり、領主も数ケ所ないし十数ケ所に及ぶ船籍地の船舶を、ただ一人の船主ないし船頭が所有することが可能であったとは考えがたい。なお、両納帳の船主欄にのみ記される左衛門二郎以下の人々の中にも、分散する数ケ所の船籍地に関係する者が四、五名存在する。

そこで、これらの広範な地域に分散する数ケ所以上の船籍地に関連する人々は、単に特定の船舶の船主や船頭ではなかったに違いない。そこで彼らがどのような性格の人々であったかを具体的に明らかにするために、その一人である衛門太郎について、両納帳からその活動状況を逐一拾って例示したのが表7である。衛門太郎は讃岐に関して『雑船納帳』では僅かに一回引田船の船主として見えるのみであるが、表6に見るように『入船納帳』の問丸欄には三本松船・引田船の積載品の問丸として各一七回も現れるので、ここに取り上げたのである。

この表7に現れる衛門太郎の活動で分かることの一つは、兵庫北関入関回数の多いことである。すなわち『入船納帳』に「船主」として延べ三二艘（円教衛門太郎六艘を含む）、問丸として五六艘、『雑船納帳』に木舟の船主として七艘、西宮舟・河舟の船主として各三艘、合計一年間に延べ一〇一艘という通関数が記録され、合計入関数で二郎三郎の一三八艘に次ぐ第二位に上る。

次に船籍地の多さである。これは表6に西宮を加えても分かるが、衛門太郎の関連する船籍地は摂津五（地下＝兵庫・魚崎・西宮・尼崎・杭瀬）、播磨一（別所）、備前四（伊部・牛窓・日々・下津井）、淡路三（岩屋・三原・海士）、阿波二（橘・平嶋）、讃岐四（引田・三本松・菴治・手島）、以上合計六ケ国・一九ケ所である。しかしこれらの船籍地は決して無秩序な広がりを示さず、大阪湾北岸、紀伊水道西岸および備前下津井、讃岐手島以東の瀬戸

表7　『入船納帳』・『雑船納帳』における衛門太郎の所見一覧

年月	『雑船納帳』の船主として(日付・船籍地の順)	『入船納帳』の船主として (日付・船籍地・積載品目・問丸の順) 〈円教〉は円教衛門太郎の意、 不は問丸欄不記載	『入船納帳』の問丸として (日付・船籍地・積載品目の順)
文安２年正月	17日・海士		４日・平嶋・榑
２月	23日・岩屋	５日・三原・塩・道祐	３日・尼崎・三原塩　３日・引田・塩
３月	13日・河舟３艘ノ分	19日・下津井・小嶋塩・道祐 23日・〈円教〉地下・榑・不	３・引田・塩　17日・引田・塩 17日・引田・塩　20日・引田・塩 22日・引田・道
４月	22日・引田	９日・手嶋・塩・塩鯛・道祐　12日・三原・塩・道祐　24日・三原・塩・道祐	13日・三本松・方本塩　14日・菴治・十川殿国料　30日・平嶋・榑
５月		２日・三原・塩・道祐　４日・下津井・小嶋塩・道祐　７日〈円教〉地下・榑・不	19日・三本松・引田塩 22日・引田・塩
６月		６日・下津井・大麦・小麦・道祐 21日・日々・大麦・小麦・道観 21日・〈円教〉地下・榑・不	12日・三本松・米・材木(管領過書) 13日・平嶋・材木　17日・三本松・米・マメ・余米・麦　19日・平嶋・材木 24日・引田・大麦　24日・平嶋・材木
７月		１日・三原・塩・道祐　19日・三原・塩・道祐　22日・下津井・小嶋塩・道祐 29日・〈円教〉地下・榑・不	８日・三本松・米(管領過書) ８日・引田・方本塩　16日・引田・小麦 22日・引田・方本塩
８月		14日・三原・塩・道祐	11日・橘・榑　11日・三本松・米・材木(管領代替)　23日・三本松・材木 26日・平嶋・材木　26日・引田・方本塩 27日・平嶋・榑
９月	23日・海士	２日・三原・塩・道祐 ４日・下津井・小嶋塩・道祐 18日・〈円教〉地下・榑	７日・魚崎・米　８日・平嶋・榑 ９日・引田・塩　９日・引田・塩 ９日・引田・塩　19日・平嶋・材木 20日・橘・榑
10月	10日・海士　11日・西宮 17日・西宮　25日・海士	５日・別所・米・不 20日・三原・塩・道祐	９日・三本松・米・小鰯・(管領過書) ９日・三本松・米　12日・平嶋・材木 17日・尼崎・米　17日・尼崎・阿賀塩 17日・尼崎・赤米・米　27日・平嶋・材木
11月	10日・西宮　14日・海士	７日・別所(淀十一艘内)・不　７日・杭瀬(淀十一艘内)・不　７日・下津井・小嶋塩・道祐　18日・牛窓・米・道祐　25日・〈円教〉地下・榑　27日・伊部・松・ソバ・壺・(欠損)　27日・杭瀬・米・不　27日・別所・米・不(普広院殿三百石過書内)	10日・三本松・米・小鰯・材木(管領過書) 10日・三本松・米・余米(管領過書) 10日・三本松・米・小鰯(管領過書) 15日・橘・榑　18日・平嶋・材木
12月		９日・下津井・マメ・小嶋塩・道祐 13日・三原・塩・道祐	１日・三本松・小鰯　９日・三本松・米 13日・平嶋・材木　18日・引田・マメ・方本塩　18日・引田・米・赤米・方本塩 18日・三本松・大鰯　18日・三本松・(品目不記載)
文安三年正月			４日・三本松・米(管領過書)
計(延べ)	13艘(内、木舟７艘・西宮舟３艘・河舟３艘)	32艘(内、円教衛門太郎６艘)	56艘(内、管領過書等８艘)

注. 管領過書船は「管領過書千石内」「管領舟千石内」等と記されるが、本表では「管領過書」と統一表記する。

内海東部沿岸に集中するという分布を示している。すなわち、衛門太郎は、かなり広範な特定海域に輸送・販売網を有する海運業者であったことが判明する。その内、問丸欄の船籍地は讃岐三ケ所三五艘、阿波二ケ所一六艘、摂津二ケ所五艘、計七ケ所五六艘、船主欄の船籍地は備前四ケ所一〇艘、淡路一ケ所一〇艘、摂津二ケ所八艘、播磨一ケ所三艘、阿波一ケ所一艘（何れも延べ）の九ケ所三二艘に及び、後者は一地域の船舶の船主としての活動を遥かに越えているといわざるをえない。かつ問丸欄では、讃岐の引田と三本松が各延べ一七艘という最大の積出港であり、次が阿波の平嶋の一三艘であり、以上三港で大多数を占め、船主欄では三原・下津井および地元兵庫の三港が大多数である。

衛門太郎の扱う船舶の最大の積載品は塩であり、船主欄では淡路三原船で兵庫に搬入する三原塩が延べ一〇艘、備前下津井船で搬入する小嶋塩が延べ六艘、問丸欄では引田船で搬入する引田塩と方本塩が延べ一五艘を占め、三本松船による引田塩と方本塩が各一艘、尼崎船による三原塩と阿賀塩が各一艘となっている。しかしその外に米・麦・マメなどの穀類、榑・材木・薪といった林産物、および特定地域から小量荷受される魚類や陶器もあり、その中では、「円教」の肩書付の兵衛太郎が地下（兵庫）船籍の船で兵庫に搬入する榑が延べ六艘、問丸欄に見られる阿波の平嶋と橘の船で搬入する榑と材木が延べ一五艘と、かなりの数量に上り、一方、西宮・岩屋・海士および引田の木舟で搬入する薪類も延べ八艘となっている。

以上によって、衛門太郎は、大阪湾、瀬戸内海東部および紀伊水道にかけての、主に摂津・備前・淡路・阿波・讃岐の五ケ国内の港津にそれぞれ拠点を有し、それらの諸国と摂津兵庫との物流、ことに備前・淡路・讃岐の塩と阿波方面の木材との荷受・搬入を主とする業者であることが知られ、かつその活動はかなり秩序だったものであり、おそらく一定の綿密な計画に基づいて営まれていたであろうことが判明する。

ところで、この衛門太郎の「船主」欄に見られる船籍地は、摂津の兵庫と杭瀬、播磨の別所、備前の伊部・牛

表8　『入船納帳』「船主」衛門太郎の船籍地別通関数・積載品目・問丸一覧

船籍地	月　日	通関数	品　目	肩書	問　丸
地　下	3・12〜11・25	6	榑	円教	不記載
三　原	2・5〜12・13	10	塩		道　祐
下津井	3・19〜12・9	7	塩・麦・豆		道　祐
手　島	4・9	1	塩・鯛		道　祐
牛　窓	11・18	1	米		道　祐
日　々	6・21	1	麦		道　観
別　所	10・5〜11・27	3	米・不記載*		不記載
杭　瀬	11・7、11・27	2	米・不記載**		不記載
伊　部	12・9	1	松・ソバ・壺		欠　損

*　不記載は「淀十一艘内」「普広院殿過書内」
**　不記載は「淀十一艘内」

窓・日々・下津井、淡路の三原、讃岐の手島にわたり、ここに見られる前記のような活動は、彼自身の「問丸」欄の活動にも匹敵するものであって、特定地域の船籍の船を所有する船主の活動とは、とうてい考えられない。そこで今一度表7の船主欄により、それぞれの下の欄に記されている問丸の名を拾ってみると次の表8のようになる。

これによって、衛門太郎は「船主」欄延べ三二艘中一九艘すなわち約六割が問丸道祐の下での主に塩を輸送する活動であり、道祐と緊密な関係にあることがわかる。しかしこれは決して隷属的な関係ではなかったと覚しく、ただ一回ではあるが問丸道観の下での活動が見られ、表7にも見るように円教と結んで榑を輸送する行為も存在する。このような活動の性格からも、便宜表7「船主」欄に記した衛門太郎の活動は、やはり問丸のそれであると考えられる。すなわち道祐のような有力な問丸と提携してその業務を分担する、副次的な問丸としての活動と推定されるのである。注(19)に引いた鈴木敦子氏論考の引用する「東大寺文書」によれば、尼崎の別所三郎衛門友久は寛正二年（一四六一）八月、道祐の推挙によって東大寺領防州国衙正税の問職に補せられて請文を提出し、応仁二年（一四六八）正月の算用状には、道祐と友久の二人の「御問丸」が署判して薬師丸という船の積載した現米八一石八斗余の内定米八〇石余の年貢を彼らが代銭納し、かつ現米の内一石を両人の「御問給料」として差引いている。この事例からみても、二人制問丸による物資の輸送は決して特別の場合でなかったに違いない。中世の海上輸送には難破や掠奪により積載品が届かないという危険を常に伴った筈であり、そうしたリスクを分担する必要性からも、首位・副位の問丸二人制が行なわれたものと考えられる。

因みに表7の「船主」欄の中で通関数の最も多い兵衛太郎の場合、それらの問丸欄は道祐一四回、木屋一一回、衛門太郎三回、衛門九郎二回、二郎三郎・大夫三郎各一回、不記載一回、計三三回となり、やはり有力な問丸の道祐と木屋の両名が正位の問丸として七六％を占め、兵衛太郎は主にこの両名の下で副位の問丸を勤めていたと判断されるのである。それゆえ『入船納帳』は銭納化した升米を確実に徴収する便宜のために、地下・尼崎など一部の船籍地の船以外は、通関責任者を二名・二段階表示としたのであって、上段の仮称「船主」欄の人名の中には、多数の副位の問丸が記載されていたと判定されるのである。

以上は両納帳のみを史料とし、かつ讃岐を主とした考察であるから、兵庫北関を通関する畿内から瀬戸内海沿岸等への物流や、兵庫北関を通関する以外の瀬戸内海沿岸等と畿内との物流については、一切触れることができなかったが、この限られた史料による考察からも、備前・淡路・讃岐などと摂津ないし畿内諸国の間の海上輸送による物流がいかに緊密であったかがうかがわれる。かつ以上の論述により、讃岐の守護代や有力国人と提携しつつ行なわれた特定の問丸の活動が、すこぶる目覚ましく、しかも組織的なものであったことが確認され、管領細川氏の守護代や主要な港町の代官の機能を考察するためにも参考になることと思われる。

第四節　香川氏・安富氏・香西氏等の城塀

応仁の乱後、細川京兆家内衆の安富元家・香川元景らは細川政元の評定衆一〇人の中に列して京兆家の専制体制を支えた（注10所掲横尾国和氏論文参照）。やがて彼らは政元の横死後の京都および畿内周辺における激しい内訌に巻き込まれて没落するが、讃岐に在住した両氏の一族は、かえって自立性を強め、諸役免除（安富氏関係20・21項）・所領安堵（永禄三年十一月十三日付香川之景充行状等「秋山文書」）等を独自に実施して独立の戦国大名的性格に近付き、時には他の大名から協力を要請されるに至った（安富氏関係23項）。

香川氏の拠った山城として知られるのは、多度津港の南西四キロ、善通寺市・多度津町・三野町に跨がる独立山塊の天霧山（標高三八〇・四メートル）にあった天霧城であるが、多度津港の西に接する台地の本多山（本台山）にあった多度津城も香川氏の城跡と伝えられる。本多山一帯は桃陵公園となり、居館跡は定かでないが、香川氏の多々津支配の重要性を考えると『全讃史』の「香川氏の居城は本多山にして、雨《天》霧は牙城なるべし」という推測は妥当であろう[20]。

写8　天霧城遠望（善通寺・多度津間より）

天霧城は山頂部から東・北・南西の三方に延びる尾根筋にそれぞれ数ケ所ないし十数ケ所の郭を配置した連郭式ないし梯郭式縄張りの山城である。採石作業のため遺構が崩壊しはじめたため、昭和五十六年山頂部から東方尾根にかけて発掘調査が行なわれ、多数の礎石建物・石塁・柵列・掘切等の遺構と、土師質土器（皿・坏・椀・鍋・擂鉢）、輸入陶磁器（青磁・白磁・染付）、鉄製品（鏃・刀子・切羽等）、銅製品（調度品の飾り金具か）、銅銭（開元通宝から寛永通宝まで三二種、一四二点）等が発見され、平成元年（一九八九）五月、国の史跡に指定された（図6参照）[21]。

一方、安富氏の城郭として知られるのは、大川・寒川・津田の三町に跨がる独立山塊の雨滝山（標高二五三・二メートル）に築かれた雨滝城で、この山城は津田・鶴羽（鶴箸）両港を扼する位置にあるが、その北西六キロの志度港にあった志度城も安富氏の城であったといわれ、『全讃史』等に、安富山城守盛長が長禄年間雨滝城

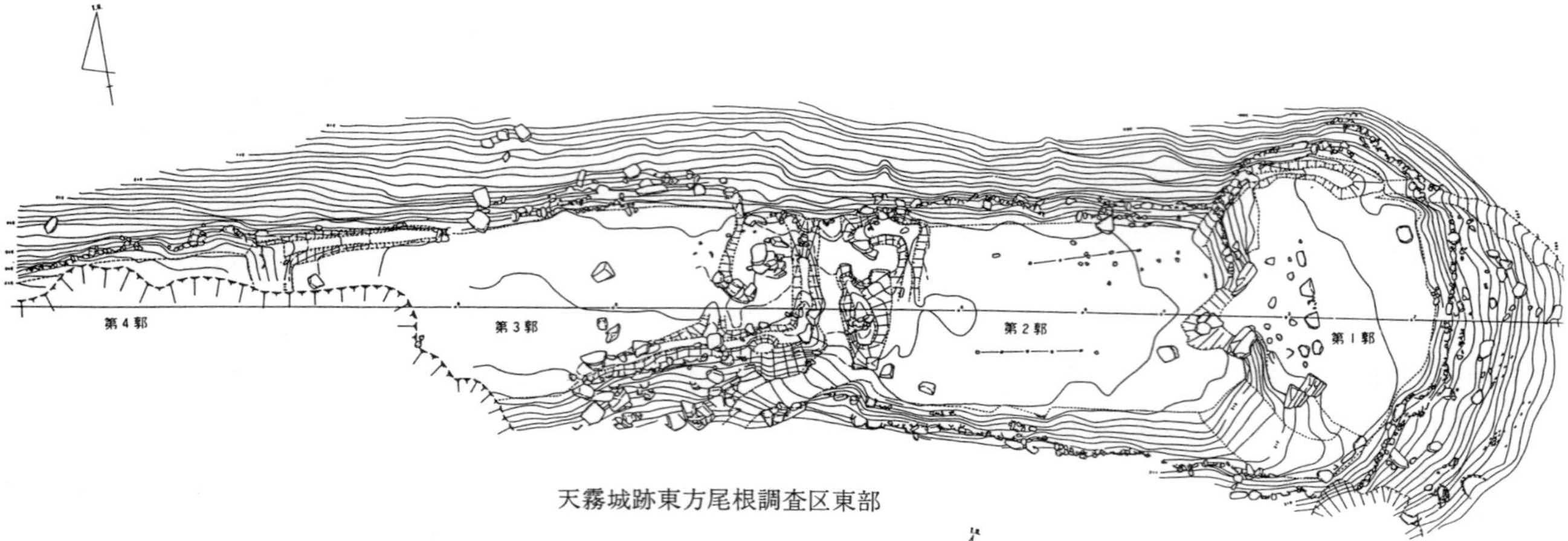

天霧城跡東方尾根調査区東部

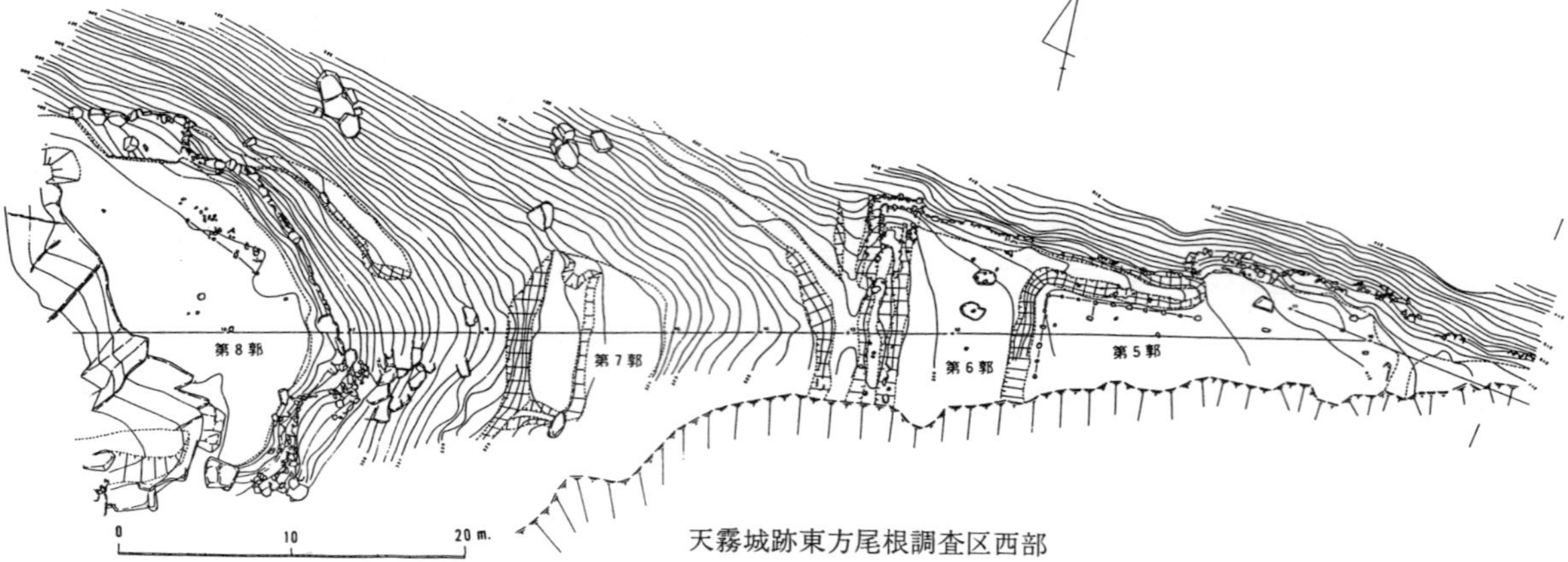

天霧城跡東方尾根調査区西部

図 6　天霧城跡東方尾根実測図
（『史跡天霧城跡保存管理計画書』1993年、より）

を築くとともに出城として志度城を築いたと伝えている。志度城は海岸近くの町中にある旧志度町役場跡がそれであるというが、現在は民家が建並び、遺構は全く残っていない。[22]

雨滝城跡は山頂部に本丸跡と想定される平坦部があり、それから北・東・西の三方に延びる尾根に沿って郭を連ね、北と西は各五郭、南は二郭が構築されている。昭和四十五年（一九七〇）大川町により一部調査が行なわれ、同五十七年（一九八二）には津田・大川・寒川三町教育委員会により雨滝城跡発掘調査団が組織されて本格的な発掘調査が実施された。その調査報告書によれば、[23]西第三郭と西第四郭にそれぞれ礎石建物が検出されたほか、本丸跡・北第二郭・北第三郭でも礎石を発見した。その他の遺構としては土塁状遺構・犬走り・石囲い状遺構が確認された（図7参照）。出土遺物は、土製品に瓦（丸瓦・平瓦）、土師質土器（皿・碗・甕・壺・鉢・擂鉢等）、六古窯系焼物（備前焼の大甕数点、壺・鉢・擂鉢・徳利、美濃焼の皿等）、中国製陶磁器（白磁皿、染付の皿・碗類、天目釉器片）等多数があった。土師質の厚手の皿には、皿底内に鍋・亜鉛等の付着物のあるものが検出されて銅細工のための坩堝と推定されたものがあった。そのほか頂上部から近世の灰釉皿などが出土した。また金属製品には鉄釘・鉄滓・かけ金具・鎌・小柄・短刀・庖丁・鉄鍋・煙管の吸い口・飾り金具等と開元通宝一枚・北宋銭一四枚・寛永通宝一枚、また石製品としては火打石・砥石等が検出された（図8参照）。

以上の出土遺物のうち、近世の皿や寛永通宝などは江戸時代以降山頂に小祠が祀られているための遺物とみられるが、備前焼の大形の甕を始め六古窯系の焼物が室町末期から桃山時代のものと判定されることなどは、この城の使用年代を裏付けるに足りるであろう。

なお、東麓津田町神野の「御殿」の地は安富氏の居館跡と推定される。また南麓に近い谷城山の六車城は昭和四十九年（一九七四）大川町の発掘調査により、石組み、角釘などが検出されたが、これは安富氏の属将六車氏の居城と伝えられる。私は昭和五十八年（一九八三）十一月、前年の調査団長である大川町教育長十河安則氏の

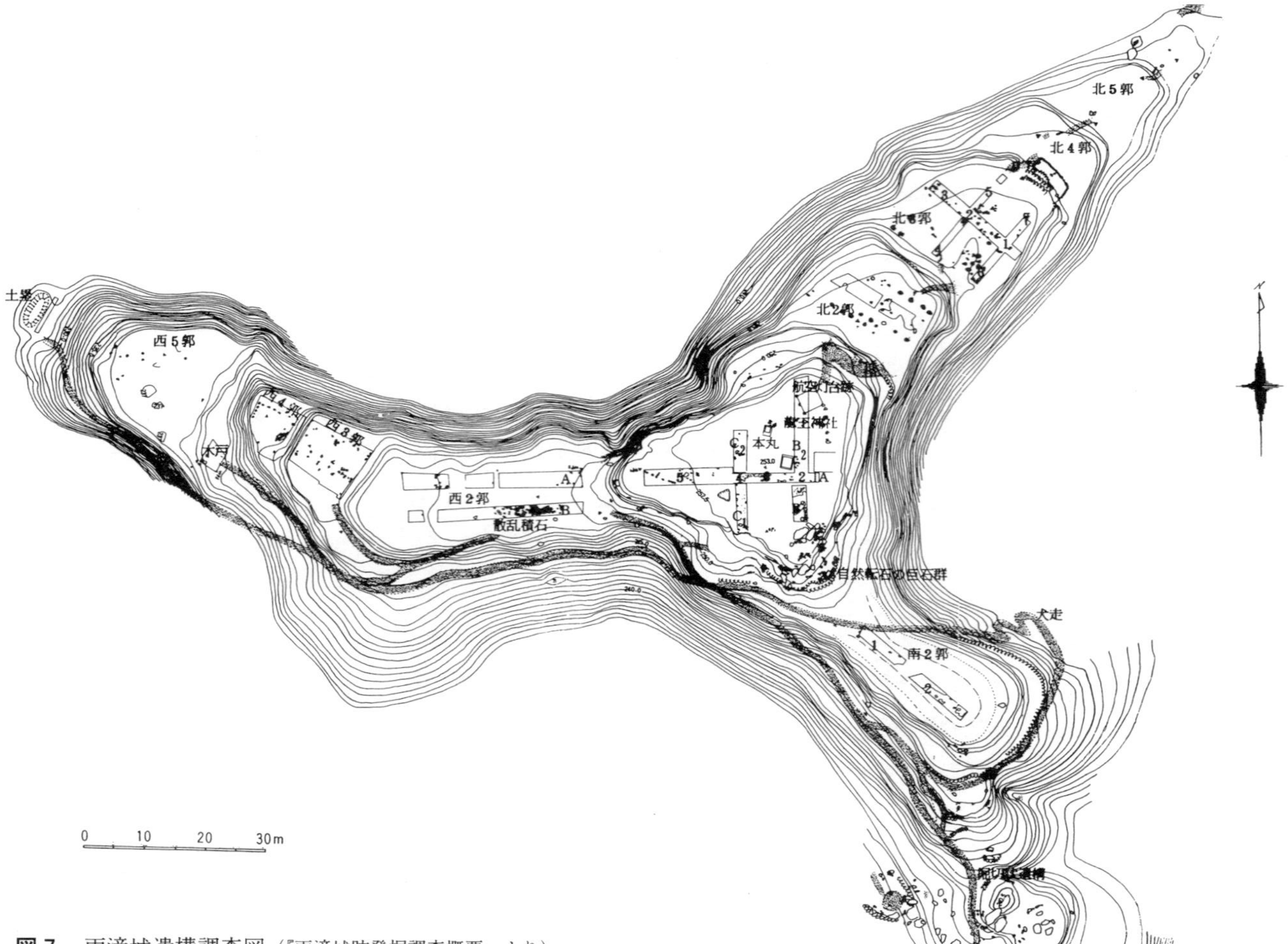

図７　雨滝城遺構調査図（『雨滝城跡発掘調査概要』より）

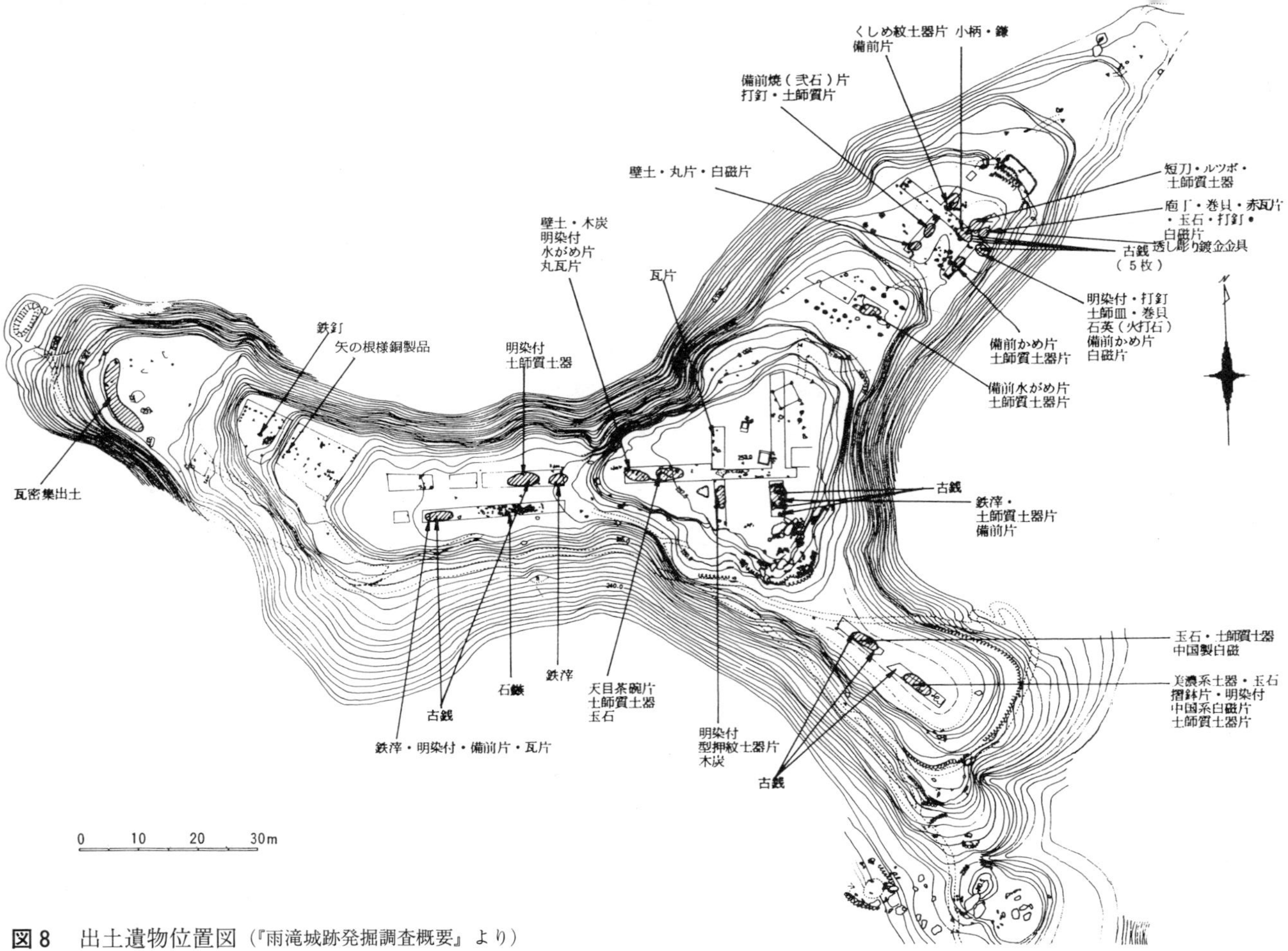

図8　出土遺物位置図（『雨滝城跡発掘調査概要』より）

写9　雨滝城遠望（大川町公民館前より）

写10　雨滝城本丸跡より津田湾・鶴羽港を望見

説明と案内により、出土遺物を実見し、雨滝城と六車城を踏査することができた。雨滝城では東に近く津田湾を見下ろし、西に東讃平野一帯を眺望する本丸跡に立ち、各郭の遺構を目のあたりにして、讃岐守護代から同国有数の戦国大名へと推移した安富氏の勢力を彷彿することを得たのである。

但し、亀泉集証が明応二年（一四九三）六月『蔭凉軒日録』に明言したように（第二節参照）、守護代安富氏の管内からは勝賀城に拠る香西氏をはじめ、十河城の十河氏、昼寝城の寒川氏等の有力国人層が、それぞれ居城を築いて自立化の動きを強めた。

香西氏に例を取ると、前述の仁尾浦代官としての支配権強化の動きのほか、いま一つ讃岐における香西氏の動向の一端をうかがえるものに、寛正年間（一四六〇〜六六）の醍醐寺報恩院領陶保所務職押領事件がある。陶保は香西氏の本拠地香西（高松市香西）から南々西一〇キロ、国府跡からは南東四キロにあり、保と称するから本来は国衙領として開発された地に違いない。この押領事件は『醍醐寺文書』之六、一二九二号〜一二九八号にくわしいが、要約すると次のようである。この所務職は細川持之の時代に香西豊前入道常建が請口六〇貫文の請所としたが、彼は年貢未進を重ね、その子息美濃守も同じく無沙汰した。そのため美濃守の没後、醍醐寺はその子息である香西平五元資（初名元氏）には代官職を認めなかったのに、元資は代官職を相続したと称して陶保を押領した。寺家は口入者の細川持賢へ再三押領停止を要求したが、これに対して元資は、旱損や国役負担に藉口して毎年三〇貫文で代官職を請負いたいと申出るなどしながら、依然として押領を続けた。寛正四年（一四六三）

八月の報恩院雑掌重申状（一二九五号）以後の動静は管見に触れないが、おそらく醍醐寺側の訴は成功せず、陶保は事実上香西氏の領有下に編入されてしまったと考えられる。

この香西氏の詰城として知られるのが高松市香西町の西から南西にかけて聳える勝賀山（標高三六四・一メートル）の勝賀城であり、その東麓高松市鬼無町佐料には香西氏の居館といわれる佐料城、香西本町の海岸、標高四三・六メートルの芝山には香西氏の番城といわれる芝山城があった(24)。

佐料城はわずかに堀跡の一部を残すだけで殆ど遺構を止めないが、勝賀城は山頂部の本城跡一帯と、そこから北東に延びる尾根上に連なる八段の郭と、北方瀬戸内海に面した中腹にある郭とに三区分される遺構がよく残存している。ことに本城跡は「腹巻石塁」を取入れた土塁に囲繞された約一八〇〇平方メートルの本丸跡とそれに連続する二の丸跡・三の丸跡等の堅固な縄張りを残す（図9参照）。また本丸跡の試掘により備前焼・土師質土器・鉄釘・古銭など、鎌倉時代後半から室町時代にかけての遺物が出土している。さらに長宗我部氏の讃岐侵入が迫ると、香西氏は天正三年（一五七五）芝山城の南四〇〇メートルの海岸部に藤尾城を築いてこれに備えたという(25)。

写11　勝賀城遠望(佐料城跡付近より)

讃岐国内には香西氏のほかにも、東讃では寒川氏が引田港に面する城山（標高八二・三メートル）の引田城と三本松港を見下ろす前述の虎丸城に拠り、一時は大内氏と結んで安富氏に拮抗し、また大川郡長尾町の山間部の昼寝城（標高四五五・二メートル）とその北方の平野部に臨む池の内城を築いて東讃の一角を支配していた(26)。また前に触れたように十河氏は十河城（高松市十河東町）に拠り菴治・方本両港に進出し、のち三好長慶の弟存保がその家名を称したほどに名を表わした。西讃では同じく前に触れた宇多津の北東の聖通寺城に拠ったといわれる奈良氏のほか、仲多度郡満濃町長尾の

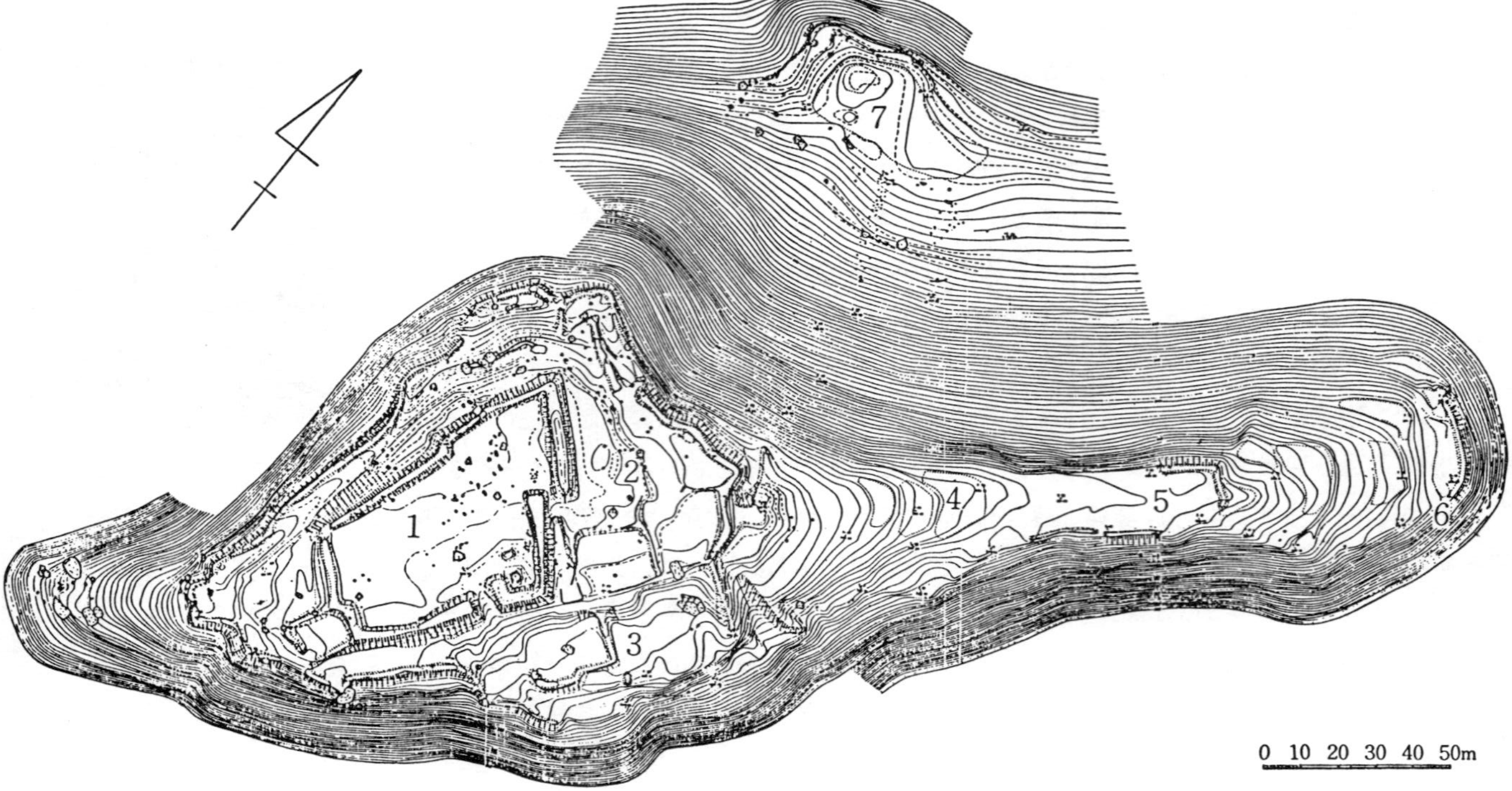

図 9　勝賀城跡実測図

(『香川県史』2　中世、図30　より)

1．本丸　2．二の丸　3．三の丸　4・5・6．北東尾根上の郭群　7．北方山腹の平坦部

城山（標高三七五・二メートル）に拠った長尾氏、三豊郡高瀬町の爺神山城《とかみ》（標高二二六・六メートル）に拠った詫間氏等があった。(27) ことに東讃の香西・十河・寒川の諸氏はそれぞれ京・畿内地方に進出して活動した京兆家内衆の一族であるだけに、戦国期にも全く安富氏の支配下に入らず、自立した地域権力として割拠した。

かくて、讃岐国内には多くの小領域の領主が分立したため、彼らは土佐の長宗我部氏の侵攻に抗し切れず、引き続き讃岐一国は豊臣政権の四国平定を迎える。近世の讃岐は、生駒氏の統治を経て東讃の松平、西讃の京極の両氏が分治し、東讃では香西の東の高松に、西讃では宇多津と多々津の中間の丸亀に新たな城下町が建設されるが、国内の多くの港町は中世以来の繁栄を維持ないし増大して存続するのである。

おわりに

本章の対象は中世の讃岐府中と留守所、宇多津の讃岐守護所、安富・香川両守護代の動向、守護代・有力国人の港津管理、兵庫を通じる畿内との物流、戦国期の主要城郭など、かなり多岐に渉ったが、これらは相関関係を有しており、論述の主眼は中世後期の讃岐両守護代等の海運管理、彼らと結託した問丸の活動、ないし主要港湾都市の状況を考察することにあった。

そこで、本章でほぼ明らかにすることのできた讃岐の状況をまとめ、終りに前章で述べた淡路の状況との対比を試みよう。

讃岐国府（府中）は坂出市府中町にあって移動した形跡はない。この国府跡の発掘調査の結果、築地基壇状遺構・倉庫跡等をはじめ、平安・鎌倉期の遺跡・遺物が多く検出されており、それはおそらく讃岐留守所ないし目代・在庁の活動が鎌倉時代末まで認められることと関係すると思われる。しかし南北朝・室町時代には、讃岐一国支配の中心地は守護所の置かれた宇多津に移り、国府の機能は衰退したと判断される。

鎌倉時代にも守護所は宇多津の近くにあったようであるが、南北朝期、細川頼之が宇多津に居館を設けて在国経営の本拠とするとともに、この港町は一国の物流の中心となり、海運の最大拠点として繁栄するに至った。頼之の港津支配はもとより宇多津に限るものでなく、将軍足利義満の瀬戸内巡察に際し、艤装した百余艘の船を提供した事実からも、彼が分国讃岐の諸港にいかに広汎かつ強固な軍事的支配を及ぼし、船舶・船員の動員力を有したかが推察される。

細川京兆家が在京して分国讃岐を支配するとともに、その分国経営は、東讃七郡は安富氏、西讃六郡は香川氏をそれぞれ半国守護代として担当させるようになる。しかし安富氏も香川氏も京兆家の有力な内衆であって、安富氏は備後国衙代官、香川氏は下野足利庄代官、のち兵庫南関代官等を兼任しており、両氏とも自身は在京し、一族を又守護代として讃岐に滞在させて主命を遵行させるのが常態となった。そこで港津ないし海運の管理も各領域を安富・香川両氏が分担したが、宇多津に関する文安二年（一四四五）や享禄二年（一五二九）と塩飽島に関する文明五年（一四七三）の事例のみは、西讃に在るにも拘わらず、安富氏の管理下にある事実を示し、ここには特別の事情が伏在したと考えられる。

安富氏が宇多津の管理権を獲得した事情は、第一章にも引用した『兵庫北関入船納帳』の記事に見られる讃岐の国料船の運航状況から推知することができる。すなわち讃岐の国料船は宇多津・多々津（多度津）・方本・菴（庵）治の四港を船籍地とする船に限られ、文安二年（一四四五）三月までは西讃の宇多津・多々津両港の国料船は香川氏が管理し、東讃の方本と菴治の国料船はそれぞれ安富氏と十河氏が管理していたが、同年四月以降は、宇多津の国料船は安富氏の管理下に、方本の国料船は十河氏の管理下に移り、かつ同年五月に香川氏の過書船が多々津から運航している。そこでこの年三月二十四日、若年の細川勝元が幕府管領に就任した機会に、安富智安が勝元に運動して、十河氏に方本の管理権を譲って宇多津の管理権を獲得し、香川通川には宇多津を手放す代償として過書船十艘運航の利権を与えることとしたものと推定される。この変更は単に国料船の利権にとどまらず、港津ならびに市街全体の管理権すなわち代官職であったことは、享禄二年の事例からも類推される。

南北朝期に守護所の所在地であった港湾都市宇多津は、『入船納帳』によれば、兵庫北関通関船舶数が讃岐の一七船籍地の中で群を抜く存在であった事実からも、讃岐と畿内との物流の最大拠点であったことが確実である。安富氏が宇多津の代官職獲得を狙った主な理由もそこにあったに違いない。なお宇多津の北西一〇乃至一五キロの塩飽諸島は、右の兵庫北関通関船舶数が宇多津についで第二位を占めているが、この塩飽の代官職も文明五年（一四七三）までに安富氏が獲得し、讃岐最大の生産・流通圏と畿内への海上ルートが同氏の掌握下に帰したのである。

兵庫北関を通関する宇多津船籍の一般船の船主は一九名に上るが、国料船の船主は弾正一名で、いずれも問丸は法徳一名であり、問丸法徳が安富氏と提携して、すべての宇多津船の積載品を一手に取引し、独占的な利権を得ていたことが判明する。また多々津船籍の一般船・国料船・過書船の問丸はいずれも道祐であり、瀬戸内海域最大の取引量を誇る問丸道祐は、香川氏と結んで多々津船籍船の全ての積載品から利権を得ており、同様に方本船籍船では問丸衛門九郎、菴治船籍船では問丸衛門太郎が、ともに十河氏と結んで利権を得ているという構図が看取される。

讃岐諸港から兵庫へ搬出される商品の大多数を占めるのは、引田・方本・塩飽・詫間等という地名表示の塩であるが、魚類・穀類および林産物も多少ながら含まれる。林産物の中では、榑・材木といった建築用材の外に、『兵庫北関雑船納帳』に記載される木舟で兵庫に搬入される重要な燃料の薪類があった。讃岐の木舟は、船主ないし船頭が二九名、延べ通関船数が一四三艘に上るにも拘わらず、讃岐の中ではもっとも兵庫に近い引田港を唯一の船籍地としている。したがって、讃岐国内に産出する兵庫向けの薪は、すべて引田に一旦集積されてのち搬出されたに違いないのであって、ここにも東讃守護代安富氏と十河氏との共同戦線が推測される。

『雑船納帳』は各木舟の関銭（置石の銭納化）支払い責任者として単一の人名を記すのみであるが、淡路の場合と全く同様に、彼らの大多数は『入船納帳』の船主欄に記され、さらにその一部は問丸欄にも見出される。したがって木舟の関銭納入責任者の大多数は単なる船頭でなく、問丸ないし船主であることが確認される。しかも淡路について見たのと同様に、『入船納帳』の船主欄に記載される人々の多くは、諸国に散在する多数の船籍地の船の運営に関わっており、かつ各自の船主欄と問丸欄との船籍地はたいてい別個で、両欄に共通する船籍地は殆ど存在しないので、このような場合、船主欄に記載される業者は単なる船主ではないと判断される。

すなわち衛門太郎と兵衛太郎の例で確認できたように彼らの船主欄に対応する問丸の多くは道祐や木屋のような有力な問丸である。正副二人制の問丸の存在は応仁二年（一四六八）の道祐と三郎衛門友久の例で確認されるので、同様に衛門太郎・兵衛太郎らは有力な問丸のもとで副位の問丸として活動しているものと見なされる。要するに、一応船主として整理してきた『入船納帳』人名欄上段の人々は直接の升米納入責任者であって、その実態には船頭、船主、問丸の三者が存在したと推定されるのである。

さらに、衛門太郎の船籍地は、正位の問丸としては摂津・阿波・讃岐の三ケ国から延べ五六艘、その内讃岐が約三分の二の三五艘を占め、副位の問丸としては摂津・播磨・備前・淡路・阿波の五ケ国から延べ三二艘、その内備前・淡路・摂津の三ケ国で大部分の二八艘を運航している。したがってその営業活動は当然一定の計画性のあるシステムに基づいて行なわれ、かつ讃岐など主要な国々の守護代や港津・島嶼の代官との提携が想定される。衛門太郎に限らず、多くの問丸の活動が同様の状態であったに違いない。

さて、香川氏の構築した城郭は、山城は天霧城（標高三六〇・四メートル）であり、また多度津の本多山の丘陵上に城館があったといわれる。天霧城は山頂部から三方へ延びる尾根筋に多数の郭を連ねた縄張りをもち、東方尾根の発掘調査の結果多数の礎石建物・石塁・堀等を配した遺構と豊富な遺物が出土した。

安富氏の築いた山城は津田・鶴羽の西に位置する雨滝城（標高二五三・二メートル）であり、城館としてはその東麓津田町の「御殿」のほか、北西六キロの志度港にも城館があったと伝えられる。雨滝城は山頂部の本丸から三方に延びる尾根に、北と西は各五郭、南は二郭を配し、発掘調査の結果、数個の礎石建物および土塁状遺構・石囲状遺構等と多数の遺物が検出されている。

しかし香川氏の多度津、安富氏の志度の城館は、いずれも全く遺構を残さず、かつ城下町化は未発達に終わった模様であり、それは戦国期の讃岐には、東讃の香西・寒川・十河・西讃の奈良・長尾・詫間等の諸氏が居城を築いて割拠し、近隣の港町をも領域内として、香川・安富両氏の支配から自立したことが要因と考えられる。

たとえば香西氏は本拠の香西の西から南西にかけて山城の勝賀城（標高三六四・一メートル）、その東麓に居館の佐料城、海岸寄りに番城の芝山城を築いたといわれる。勝賀城は本丸・二の丸・三の丸等からなる山頂部の堅固な本城、その北東に延びる尾根上の八段の郭、北方瀬戸内海に面する中腹の郭などの遺構を残している。

このように分立した讃岐の諸氏は、土佐を統一した長宗我部氏の侵攻の前に敢えなく滅び去る。やがて近世初頭、東讃には高松城、西讃には丸亀城が築かれて藩治の中心となり、それぞれ城下町が新たに発達する。しかしながら中世に成立した多数の港町は、近世に引き続いて繁栄するのである。

終りに、中世後期の淡路と讃岐の特色を比較しながら、当時の瀬戸内海域等における港湾都市展開の原因を探求したい。

淡路・讃岐の中世の府中域は、ともに古代国府の後身であるが、淡路では比較的近傍に守護館が設けられた結果、府中域はいわば旧来の国府域と鎌倉期以来の守護館とを二つの核として発達し、国府の外港であったと推定される三原湊は守護館の外港にもなったとみられる。これに対して讃岐では守護館は府中域からやや隔たる港津の宇多津に設けられたため、南北朝期以降府中は衰退したのに引き替えて、宇多津は都市的景観を備えて発展する。

淡路守護の庶流細川氏は、近藤・南条・東などの諸氏を漸次守護代に起用したが、守護代は有力な領主とはならず、福良・三原の両港に進出した船越・広田両氏、さらに紀伊南部から進出し、由良・洲本等に築城して紀伊水道を押さえた安宅氏が台頭し、ことに安宅氏は水軍として名を馳せた。一方讃岐守護の細川京兆家は、有力内衆の安富・香川両氏を東讃・西讃各半国の守護代とし、両守護代は在京のまま一族を又守護代として在国させ、実務に当たらせた。両守護代は細川政元没後の内訌の中で主家とともに没落するが、在国して没落を免れた安富・香川両氏の一族はそれぞれ要港の近傍に山城天霧城、雨滝城を築いて自立する。しかし東讃では香西・十河・寒川、西讃では奈良・長尾・詫間などの諸氏がいずれも堅固な城郭によって分立・割拠し、安富氏・香川両氏は彼らに伍した地域権力にすぎなくなる。

中世の淡路では三原の塩と由良の榑が二大産出品であり、塩は主として三原湊から兵庫に海上輸送され、一五世紀中頃の文安年間にその荷受・販売をほぼ独占したのは、当時の瀬戸内最大の問丸道祐であったから、その集荷・積出の独占には当然守護細川氏との連帯が伏在したとみられる。また由良から積み出される榑は問丸木屋の独占であり、淡路から阿波・土佐にかけての木材の兵庫搬入・販売を主な営業とする木屋は、由良を根拠地とし紀伊水道を縄張りとする安宅氏との結託が推測される。

讃岐では塩が最大の産出品であるが、その生産は広く引田・方本・塩飽・詫間等で行なわれ、したがって塩の輸送は淡路のように道祐の独占的営業ではなく、複数の問丸により多くの港から搬出されている。また淡路と異なって木材の産出・輸送は比較的少量であり、他に穀類・魚類も移出された。なお讃岐では安富・香川・十河三氏の管理する国料船の運航を特徴とし、この三氏の海運に関する特権が確認されるのは、淡路との重要な相違点である。なお国料船の運営は、香川氏がかの瀬戸内最大の問丸道祐と結んで実施したのに対して、安富氏は讃岐を主な基盤とする問丸法徳と結んで営んだ事実の確認されることも讃岐の特色であり、讃岐と淡路では、守護・守護代勢力による港津ないし海運統制の強弱が明瞭に感知される。

さらに注目されるのは、一五世紀半ばの東讃守護代安富智安が若年の細川勝元の管領就任を機に、過書船運航の特権を代償として西讃守護代香川通川から宇多津の代官職を譲渡させ、同時に十河氏に方本の代官職を譲り、この巧妙な交換により安富氏は讃岐最大の港湾都市宇多津から多大の利権を獲得し、さらに塩飽諸島の管理権をも手中に収めて、畿内地方との海上ルートを確保したと推定されることである。

なお木舟による薪等の兵庫向け搬出港が淡路では岩屋以下九港に上るのに対して、讃岐では引田一港に限られているのも、兵庫港との遠近という条件の他に、守護代による海運統制の差異をうかがわせる。ただし木舟の運航は、単なる船頭よりも多くは問丸・船主らによって行なわれ、しかも問丸兼船主、さらに正位・副位の二人制問丸というシステムの存在が広範に認められる。したがって中世後期一五世紀における瀬戸内海沿岸および四国東部の太平洋沿岸と畿内一円との物流は、幕府・守護・守護代の権力と緊密に結託した大小の特権商人の組織的な運営を中心として、激烈な競争を伴いながら日夜展開し、これに伴って漁業・農業はもとより製塩業・林業等がこれらの地方に発達し、したがって多数の港湾都市が繁栄した事実を確認できたのである。

（1）藤岡謙二郎氏『国府』（日本歴史叢書二五、一九六九年）。
（2）木下良氏「古代都市としての国府」（『歴史公論』二巻一〇号、一九七六年）、同氏「国府の「十字街」について」（『歴史地理学会紀要』一九号、一九七七年）、同氏「国府付属寺院について」（『角田文衞博士古稀記念古代学論叢』、一九八三年）。
（3）香川県教育委員会『香川県埋蔵文化財調査年報』昭和五四年度～平成七年度（一九八〇年～一九九五年）、同委員会『讃岐国府跡－国庫補助事業による国府跡確認調査－』（一九八二年）。坂出市教育委員会『坂出市内遺跡詳細

分布調査報告書』（一九九二年）。同委員会『坂出市内遺跡発掘調査報告書』（一九九三年・九五年・九六年）等。なお讃岐国府の景観・地名・発掘調査の概況を論述したものに渡部明夫氏「讃岐国府跡の発掘調査とその問題点」（『香川史学』一二号、一九八三年）、『古代の讃岐』（一九八八年）五章一節　国府と菅原道真（木原溥幸氏執筆）等がある。

（4）平安後期における讃岐国衙在庁の活動を示す史料としては、天喜四年（一〇五六）十二月五日付善通寺田畠地子支配状案に施した惣大国造・勘済使の加署、康平五年（一〇六二）四月付曼荼羅寺僧善芳等解案の目代・府老・掾等連署裏書案、康平六年六月八日付多度郡首郡司充讃岐国留守所下文案の目代・府老二名・掾連署等多数がある。

（5）佐藤進一氏『増訂鎌倉幕府守護制度の研究』（一九七一年）。

（6）拙著『足利一門守護発展史の研究』（一九八〇年）一編四章一節三　中国管領罷免と四国の守護兼帯。

（7）『日本城郭大系』一五巻（一九七九年）聖通寺城の項（秋山忠氏・澤井静男氏執筆）。

（8）石井進氏『日本中世国家史の研究』（一九七〇年）Ⅱ八　残された問題。

（9）『日本城郭大系』一五巻　岡館の項。拙稿『細川頼之（人物叢書）』（一九七二年・新装版一九八九年）第三　五、四国管領に移る。

（10）拙著『足利一門守護発展史の研究』（一九八〇年）一編五章三節　三　内衆の成立とその活動。なお京畿における安富氏の活動は、横尾国和氏「細川氏内衆安富氏の動向と性格」（『国史学』一一八号、一九八二年）に、また香川氏については、国島浩正氏「室町・戦国期の香川氏の系譜について」（『香川史学』二一号、一九九二年）、湯山学氏『室町幕府管領細川家と讃岐香川氏―「村岡家系図」の検討―』（一九九五年）に詳しい。

（11）『新編香川叢書』史料篇（二）。『香川県史』8　古代中世史料。『香川県史』2　通史編中世（巻末）参考資料。田中健二氏「『香川県史』刊行後の新出中世史料について」（『香川史学』二二号、一九九三年）等。

（12）拙稿「讃岐国一宮田村大社壁書について」（『神道学』四四号、一九六五年）参照。

（13）『香川県史』2　通史編中世（一九八九年）四章一節　守護細川氏と分国支配（野中寛文氏執筆）

（14）武藤直氏「中世の兵庫津と瀬戸内海水運」（『入船納帳』解説、一九八一年）、今谷明氏「瀬戸内制海権の推移と入船納帳」（同書解説）、小林保夫氏「入船納帳にみる国料と過書」（同書解説、なお小林氏には、これより先に「「国料」管見」〈『年報中世史研究』四号、一九七九年〉がある）。橋詰茂氏①「『兵庫北関入船納帳』に見る讃岐船の動向」

（『香川史学』一三号、一九八四年）、同氏②「室町後期讃岐国における港津支配」（『四国中世史研究』2号、一九九二年）。
(15)『香川県史』2　通史編中世　六章三節　二、内海水運の発達と港町　三、輸送船と輸送商品（唐木裕志氏執筆）。
(16)拙著『山名宗全と細川勝元』（日本の武将25、一九六六年。新版一九九四年）。棚橋光男氏「嘉吉の乱に関する一考察」（『日本史研究』一九二号、一九七八年）。なお細川内衆香西氏の動向は今谷明氏「室町戦国期の丹波守護と土豪」（亀岡市教育委員会編『丹波笑路城発掘調査報告』、一九七八年。同氏『守護領国支配機構の研究』〈一九八六年〉五章所収）、桃裕行氏「松江藩香西（孫四郎）家文書について」（『立正史学』四六号、一九七九年）、同氏「身延文庫本『雑々私用抄』及び『甚深集』の紙背文書について」（『立正史学』五一号、一九八二年）参照。
(17)拙稿「淡路・讃岐両国の守護所と守護・守護代・国人」（『国立歴史民俗博物館研究報告』八集、一九八五年）。
(18)『香川県史』2　通史編中世　六章三節　一、塩の生産（唐木裕志氏執筆）。
(19)鈴木敦子氏「中世後期の問丸―港湾都市兵庫における―」（『史艸』三三号、一九九二年）。
(20)『日本城郭大系』一五巻　多度津城の項。
(21)香川県教育委員会・天霧城発掘調査団『天霧城発掘調査概報』（一九八二年）。村田修三氏編『図説中世城郭事典』三（一九八七年）天霧城の項。多度津町教育委員会『史跡天霧城保存管理計画書』（一九九三年）。
(22)『日本城郭大系』一五巻　志度城の項。
(23)雨滝城跡発掘調査団『雨滝城跡発掘調査概要』（一九八三年）。『図説中世城郭事典』三　雨滝城の項。
(24)『日本城郭大系』一五巻　勝賀城・佐料城・芝山城の項。『図説中世城郭事典』三　勝賀城・佐料城の項。
(25)『香川県埋蔵文化財調査年報』（一九七九年）。
(26)長尾町教育委員会『昼寝城跡発掘調査概要』（一九八〇年）。
(27)『日本城郭大系』一五巻　城山・爺神山城の項。

〔付記〕本章の作成に当り、杉峰俊男・松本豊胤・千葉幸伸・唐木裕志・十河安則・漆原徹・白川芳勝・田原幹夫等の諸氏（職名等省略）より多大の協力を賜った。記して謝意を表する。

終章　諸国府中の成立とその中世都市としての展開

はじめに

第一編ないし第三編に収めた各章は、いずれもそれぞれの国の府中に関連のある個別研究ではあるが、個々の主題は必ずしも統一的なものではなく、あるいは府中と守護所との関係に重点をおき、あるいは国衙在庁の存在形態を主とし、またある場合は府中の神社・寺院の造営への守護や在庁の関与に中心を据え、ある場合は守護代や有力国人の動向との関連において港津や海運に関説するなど、分析対象は多岐に及んでいる。しかしそのなかでも中世府中域に即した命題はほぼ三つあり、その一は古代国府から中世府中（国府）への変遷を辿ることであり、その二は、諸国府中域の機能や空間構成の在り方を探ることであり、その三は中世府中域における街区の存在形態を分析することである。本章では、この三つの命題について一応の総括を行なうこととしたい。

第一節　古代国府域と中世府中域

古代国府域と中世府中域との空間構成を比較すると、多くの場合、相当顕著な相違が認められる。その第一は領域全体の移動ないし領域の中心部の移動、第二は領域の拡大による空間構成の変遷である。もとよりこれらがどの国にも一律に認められるわけではなく、本書の対象とした八ケ国のなかでも、領域の移動の認められるのは、下野・上総・丹後・備中・筑後の五ケ国であり、他方、格別の移動を認めがたいのは、長門・淡路・讃岐の三ケ国である。本節では、国別に固有の条件をも考慮しながらそれらの変遷過程を纏めたい。

第一編第一章の下野の場合、発掘調査の結果明瞭になった古代国府域は、宮野辺地区の東西約九〇メートル、南北約一一〇メートルの国庁と、その南に延びる南大路に沿った約二〇〇メートル南に設けられた官舎群とを主要な施設とし、ややのちには国庁の北約二〇〇メートルの地域にも館が営まれた。これに対し中世の下野府中域は旧国庁跡付近の宮野辺地区を南限、府中薬師付近を北限、思川を隔てた国分寺付近を東限、勝光寺・大宮神社・字印役（印鑰）付近を西限とする、南北四キロ、東西五キロ以上の範囲であって、領域の中心の移動と領域空間の拡大が確かめられる。さらにこの府中域のほぼ中央の字上館の北西隣と東隣には、源頼朝から小山朝政が地頭職を安堵された日向野郷の遺称とみられる字日向里と宇郷ノ里があり、上館は下野権大介ないし下野守護としての小山氏の居館跡と推定しうる。これに対して上館の北約一キロの惣社大神神社の周囲には、在庁官人の居住地区などと推定される堀ノ内・馬場・大蔵・蔵屋敷や、細工人の給田などとみられる内匠屋・鋳物師内・猿楽などの字名が分布している。それゆえ中世の下野府中域のほぼ中央部には守護館を中心とする一画と惣社および国衙在庁の居住区を主とする一画とが存在したことが確かめられる。

第一編第二章で見た上総の中世府中域においても、下野の場合と同様の空間構成が見られる。国府域の移動という点では、古代の上総国府域の主要施設が沖積平野の村上地区から北東の洪積層台地上の郡本・古甲（古国府）地区へ移動したとみられるが、村上地区にも国衙関連施設を残したことが発掘調査の結果推定されている。なお上総物社と称する戸隠神社は村上地区の東の台端にある。

しかし郡本・古甲の北に接する市原八幡宮には上総権介以下多数の国衙在庁、国衙付属の細工人、近傍の神社の神主の関与する祭礼が室町期まで行なわれており、国府付属市も市原八幡の近傍にあった。また「上総国府中国庁国目代日高弾正朝光沙弥道光」の名を刻む守公神の御正体である応永九年（一四〇二）銘の懸仏があり、これに関連がある守公山神主院（廃寺）は郡本地区の南に接する藤井地区にあった点や、小字名在庁免が同じく郡本の南に、御局給・梶（鍛冶）給などが郡本の西に分布する点からも、国衙在庁の主な居住地区は古甲の旧国庁域を中心にした市原・郡本・藤井地区であったと推定される。一方郡本・古甲地区の東の浅い谷を隔てた能満地区は、中世以来府中と呼ばれ守護所ないし守護代所と推定される城館遺構とこれに付属する馬場・宿などの小字があり、かつ付近の山王権現（府中日吉神社）境内などにも空壕跡がある。それゆえ上総府中域は、東は能満地区（狭義の府中）と、国目代・在庁等の居住地区である郡本地区付近一帯を中心として、東は守護所を主とする能満地区に、南西は国分寺・戸隠神社等に及ぶ約四キロの範囲であり、古代国府域よりはるかに拡大している。その上市原八幡の北西二キロの江戸湾岸の飯香岡八幡宮周辺に宿や港が繁栄し、戦国期には新市も開かれて海陸の物流拠点となり、府中域はさらに拡大したことが知られる。

第二編と第三編で対象とした西国の府中の場合、古代国府域と中世府中域との関係は、かなり区々である。まず第二編第一章の丹後の場合、古代国府は『和名類聚抄』『伊呂波字類抄』は加佐郡にあるとし、『拾芥抄』は加佐・与謝両郡を併記する。しかし与謝郡の府中（宮津市府中）地区に一宮・飯役（印鑰）社等の存在する事実から、遅くとも平安後期以降の国府は与謝郡所在とみられる。その位置は、府中地区は狭隘という理由で、隣接の岩滝町男山地区に想定し、後に府中地区へ移転したと想定されている。確証はないが、この想定が正しければ、中世の丹後府中域は、古代国府域の東端付近を西端として東に移動したこととなる。中世丹後府中域は、西は男山地区に隣接する大字国分から東は天橋立の北に接続する江尻まで約二・五キロに及んでいたとみられ、古代国府域より範囲が拡大したことは確かであろう。ただし府中域の北は成相山麓、平坦地の南は阿蘇海に挟まれ、平坦地の南北はせいぜい四〇〇～五〇〇メートルに過ぎない。目代・在庁などの屋敷跡は伝承を欠き不明である。一方室町期の丹後守護一色氏の菩提寺慈光寺の旧境内は位置が明確であり、守護館も慈光寺の南隣の小字元屋敷付近にあったと推測される。かつその西二〇〇メートルの大乗寺周辺には、発掘調査の結果侍屋敷跡と見られる遺構や遺物が検出されたので、国衙在庁または守護被官の屋敷がこの辺りまで連なっていたものとみえる。

第二編第二章に述べた備中では、古代の国府域は旧賀陽郡内、現総社市内の国府・北国府・御所・南国府などの小字名のある地域に想定されており、小字御所は国庁跡かといわれるが、「御所」の名称からみれば国司館跡かもしれない。中世の備中府中は、「備中州符中惣社辺天満宮」云々という応永十九年（一四一二）の写経奥書によって、古代国府想定地から西へ約二キロの総社宮付近も中世府中域内であることが明らかなので、古代の国府より範囲が拡大していて、第二項に該当することは確実である。また総社宮と北国府・南国府等とのほぼ中間やや南寄りの清水角付近は国衙在庁の後身と推定される国人清水氏の本拠地であり、清水角の南東約四〇〇メートルの丘陵上に残る古城・城廻り・城ノ越等の小字は、清水氏の築いた城館の跡かもしれない。その他、古代国府域推定地の北に国府殿田、国府域推定地の西、清水角に城ノ腰、その西南西、総社宮との中間に国府上などの地名が分布し、これらも国衙在庁の居住地かと考えられる。他方、総社宮の西隣に殿城の小字があり、今は城館の痕跡を止めないが、守護所ないし守護代所であった可能性が考えられ、そうとすれば殿城の南西の市街地に分布する東彼ノ城・南彼ノ城・北彼ノ城・馬場などの小字名も、守護被官の居住区域に関係する地名であろう。さらに市街地の南の高みを殿山といい、その南に幸山城跡がある。今治市の伊予国府想定地の近傍、国分寺の近くには国府山城跡があり、備中の幸山城もやはり国府山城であろう。

古代の間に国府域が漸次移動し、中世国府域への変遷に際してさらに領域の移動が認められるのは、第二編第四章で検討した筑後の場合である。すなわち筑後国府は、七世紀後期から一二世紀半ばまでの間に、古宮地区・枝光地区・朝妻地区・横道地区と四期にわたり漸次東に移動した事実が近年の継続的な発掘調査で確認された。かつ古宮地区から横道地区までの各国庁その他の官衙遺構が出土し、各地区の国府域の規模もほぼ明らかになり、また幹線道路の一部が出土したことにより、国府付近を通過する西海道駅路の変遷も推定され、国府域の移動と主要交通路の移動とが連動したことも推定されている。とはいえ、この古代国府域の移動は全体でもほぼ東西約一・五キロの範囲内にとどまり、付属施設などは相互に重なる部分がある。

平安後期の横道国府につづくのが鎌倉期以後の中世府中域で、これは久留米市御井町・高良内町の内、旧朝妻国府・横道国府付近を北西隅とし、原口・大屋敷・立馬場付近を南限とする高良山西麓の南北約二キロの領域である。この府中域には、筑前の博多と肥前の熊本を結ぶ街道がほぼ南北に通過し、かつ高良山に鎮座する筑後一宮高良社とほぼ一体化し、その山下の門前町を形成する。『高良記』には府中の周囲に「苻ノ五口」があるという、府中域はこの五口で高良山側を除くほぼ北・西・南側の外部と区分されていたとみられる。この府中域のほぼ中央に、高良社の大宮司・大祝・座主という三職の居屋敷があり、一方在国司の屋敷は朝妻に存在して国衙機構の名残を留める。ただし在国司大城氏は、鎌倉幕府に属して御家人となった草野永平の子孫であるが、鎌倉中期以降は高良宮在国司職と称して高良社の神事に奉仕しているように、国衙機構は高良社の支配下に組み込まれている。

なお筑後守護は、鎌倉期から南北朝まではしばしば改替し、明徳二年（一三九一）からようやく大友氏の世襲分国となる。しかし大友氏の筑後支配は、大内・菊池・小弐の諸氏、後には龍造寺氏の侵入や、これらに呼応する国人の反乱に悩まされて、きわめて不安定であった。高良山中の吉見嶽城は大友氏が築いたといわれるので、平時の筑後守護所ないし守護代所は府中域内に置かれていたであろうが、なんらの伝承もなく、これは大友氏の筑後支配の脆弱さを反映するに違いない。

他方、古代国府域から中世府中域への変遷にあたり、中心部の地域的な移動があまり見られないのは第二編第三章に述べた長門と、第三編に説いた淡路および讃岐の諸国である。

中世長門府中は、長門二宮忌宮神社所蔵の「境内絵図」によって、鎌倉末期ないし建武年間頃の空間構成や景観が細部まで復原できる。この国では古代国府の規模は明らかでないが、ほぼ忌宮からその北の亀の甲町につづく台地上に想定されている。台地上は少なくとも中世末頃から亀甲町とよばれ、現在も亀ノ甲一・二丁目というのは、国府（こう）の遺称とみられ、南北朝期康永二年（一三四三）の文書に見える「国衙館」もこのあたりに想定できる。かつ忌宮神社境内の北部から北西部にかけて平安前期から鎌倉時代にかけての溝・柱穴等と多数の遺物が検出され、国府の遺構の一部と推定されている。中世の府中域は、忌宮神社境内から亀ノ甲付近一帯を中心としながらも、概ね南は串崎（櫛崎）から北は四王司山の南麓まで少なくとも南北約四キロの間に展開するので、古代国府域より遥かに拡大していることは間違いない。

「境内絵図」には忌宮の北西、亀ノ甲台地の東端付近に「守護代所」を描き、一方忌宮の南西、物社の社殿の北側の高みに「守護館」の建物を描いている。長門守護は府中域の南西隅近くに守護館を、北東隅近くに守護代所を設置して、府中を通過する山陽道の幹線道路を俯瞰したのであり、このように守護所と守護代所の位置がともに明白であるのは他に類例を見ない。

第三編第一章で扱った淡路では、国府の発掘調査が行なわれておらず、国庁跡なども不分明である。しかし大字十一ケ所には惣社十一明神が鎮座し、その東隣の旧市村には昔六斎市が立ったといわれ、今も歳末に市が開かれる空き地があり、市の守護神の恵比寿が祀られている。かつ付近の若宮神社境内は国司館跡という伝承を残す。それゆえ古代の淡路国府域は惣社・市・国司館想定地を含む数百メートルの範囲内と推定され、国府は移動した形跡が存在しない。また惣社および市場跡の北方約七〇〇メートルの小字府中には府中八幡があり、狭義の府中も古代の国府域より拡大していることがうかがわれる。なお市場の敷地から約二キロ南南西、旧神代村内に国衙の集落がある。この地は福良港に至る南海道の幹線道路に接しているが、北隣に地頭方の地名があり、守護領となった西神代郷の下地中分によって生じた国衙方・地頭方と推定される。

十一ケ所・市の東北東約二・五キロの八木に守護館跡がある。これはすでに鎌倉期の守護長沼氏の館であったと推定され、鎌倉中期仁治四年（一二四三）に讃岐へ配流された道範阿闍梨の『南海流浪記』に、滝ノ口（炬口）から三里（約一二キロ）の八木の淡路国府に逗留し、さらに三里行って福良の泊に着いたとあり、この地点は八木の守護館付近に違いない。現在も八木中には南北朝・室町期の淡路守護細川氏の養宜館の壮大な遺構が半ば残るが、これは長沼氏の館を拡張・改造したものと考えられる。

さらに養宜館跡の南南東一・五キロには淡路安国寺跡があり、惣社の北北東三キロには淡路二宮の式内社大和大国魂神社、惣社の北西四キロの国府の外港三原湊には湊口神社が祀られ、一方惣社の南西四キロには守護細川氏の尊崇した賀集八幡宮がある。そこで中世の淡路府中域は南東に安国寺跡、北西に三原湊、南西に賀集八幡宮を配する約六キロの範囲内で、古代国府域推定地の惣社・市付近より遥かに広い領域となったことが看取される。

第三編第二章で述べた讃岐では、古代の国府域は坂出市府中町の綾川中流の二つの人為的な屈曲部の左岸にあり、その中央を南海道駅路が東西に横切り、域内に印若（印鑰）・聖堂などの地名や、白鳳期の古瓦を出す開法寺跡などがあり、北方五〇〇メートルには正惣（正倉）の地名もある。近年の発掘調査の結果、国庁跡推定地に築地基壇状遺構、その付近に平安時代ないし鎌倉時代の掘立柱建物・柵列・柱穴・井戸等が発見され、かつ古代から中世にかけての遺物が豊富に出土し、特に緑釉陶器・青磁・白磁・円面硯等の存在は、一般の村落等より高級な生活の営みを示している。このように讃岐では、中世府中域は古代国府域から格別の移動や大規模な拡張の港があったらしい。

形跡は見られない。なお讃岐惣社は推定国府域の北北西約三・五キロの旧海岸線付近にあり、近くには国府の外港があったらしい。

鎌倉時代の讃岐守護所は、国府から約八キロの現坂出市と宇多津町との境付近にあったことが、この付近に配流された道範の『南海流浪記』によって推定される。さらに南北朝時代から讃岐守護を兼ねた管領細川氏は守護所を宇多津に置き、細川頼之は管領罷免後約一二年間ここに在住して四国の直接経営の中心地とし、西海巡歴の将軍義満をこの地で歓待した。このように鎌倉期以来、守護所が府中域から十数キロ隔てた坂出市西部ないし宇多津町内に置かれたことが、中世府中域に格別の発展が見られず衰退に至った要因であったに違いない。なお室町時代には、守護の細川京兆家は分国支配の実務を両守護代香川・安富両氏に委ね、香川氏は西讃六郡を担当し、安富氏は東讃七郡と小豆島を、のちには西讃の内、宇多津と塩飽諸島をも担当したのである。

以上、本書の対象とした八ケ国の府中域を概観すると、まず令制の古代国府域よりも中世府中域が拡大したと認められるのは、讃岐を除く七ケ国に及び、しかも大抵の国々で領域は数倍に拡大している。それは、次に見るように、在庁屋敷群・守護所等の発展、惣社・一宮・二宮・府中八幡等の主要神社の繁栄、および市場・外港等の流通機構や鍛冶、番匠等の工房の発達などにより、中世府中域には古代国府域よりも複雑な営みが、政治・経済・文化の各面にわたって展開したからにほかならない。かつこれらの府中域には、所在地が古代国府域から完全に離れて展開した場合は見られないが、古代国府域がほぼそのまま府中域の中心部を形成したと推定されるのは、長門・淡路・讃岐の三ケ国で、その他の五ケ国は惣社・一宮等の繁栄や交通路の変遷に連動して、府中域の中心部が古代国府域から移動したと認められる。

第二節　中世府中域の機能と空間構成

中世府中域の空間構成の主な要素である留守所ないし目代・在庁屋敷群、守護館ないし守護代所、主要神社、宿・市・港津などの配置を模式化すると、大別して分立型、複合型、単一型の三種に分類できるであろう。第一の分立型は、府中域の中に別個の機能を有する二ケ所または三ケ所の中核的な部分があり、主要な構成要素が分立した配置を示すもので、本書の対象とした国では、下野・上総・備中・淡路の四ケ国が該当する。もっとも重要な中核の一つは国衙機構を運営する留守所ないし目代・在庁の屋敷群であり、いま一つは守護館ないし守護代所など守護勢力の拠点である。ことに東国の下野と上総の場合、一方の守護館は平安後期の筆頭在庁である権介の居館を継承したものと認められる。一方の目代・在庁の屋敷群の近傍には、上野と淡路では惣社、上総では市原八幡という国衙機構と結合する神社がある。また備中では守護所ないし守護代所は惣社の近傍に設置された模様であり、これは守護勢力が分国支配に惣社の宗教的な力を利用したためと考えられる。

なお府中の重要な構成要素として交通・物流の一中心となる市・宿・津などの存在を見逃せない。これは次節で要約するが、ここで簡単に触れると、まず上総では市原八幡、備中・淡路では惣社の近傍に市が開かれ、下野では惣社の近傍の街道に宿が成立しており、いずれも国衙機構と交通・流通機構との結合が想定される。一方戦国期頃に、下野では府中域西辺に築かれた城郭の傍ら、上総では守護居館から発展した城郭の主郭の傍らに、城下町の原型ともいうべき宿が成立する。このように市や宿も府中域の核の一つである国衙機構または守護の支配機構に付設して形成された。なお海浜に近い上総と淡路の府中域では港津が発達する。淡路では三原湊が島内産の塩の積出港として繁栄し、また上総では港津を通過する街道の発達に伴い新たな宿が発達し、戦国時代末には鎮守飯香岡八幡宮の門前に新市が開催され、この港津区域が府中域内の第三の核として発展する。

数キロにわたる府中域の内に目代・在庁屋敷を主とする区域や守護館を主とする区域など、二、三の核心部分が分散して存在する分立型の空間構成は、以上のほか陸奥・常陸・信濃・尾張・能登・豊後などに見られ、概ね東国に多く存在するといえる。例えば、常陸では、石岡に留守所（国庁）、惣社、筆頭在庁の常陸大掾馬場氏の館があり、その南東二キロの茨城の旧国府推定地付近に小目代・税所・健児・国掌等の屋敷群があって、やがて前者には馬場氏の居城府中城が造営され、後者には外城が構築される。信濃では今の松本市惣社付近が、国府が上田から移動して以来中世に至るまで国衙勢力の中心地を形成したと推定され、この付近が信濃府中の第一の核となる。これに対して信濃守護小笠原氏の居館は、はじめ惣社の南西三キロの井川城に置かれるが、後には惣社の南一・五キロの林付近に移って、第二の核を形成し、やがてその南の山上に居城が築かれる。尾張では、古代国府域推定地の近傍、惣社大国霊神社の周辺が第一の核であり、その東二・五キロの五条川畔の西岸に守護館の下津城が築かれ、東岸には五日市場と九日市場が発達し、この城館・市場一帯が、第一の核より新しい第二の核を形成した。常陸・信濃・尾張のような内陸部に立地した府中では、在庁屋敷群や惣社と筆頭在庁ないし守護の城館という二核型が多い模様で、下野府中もその一例といえる。

一方、たとえば陸奥の府中域は、古代国庁の多賀城の近傍に中世の府中城が築かれ、その東二キロ余には塩竈社の鎮座する外港塩竈津が栄え、これと対照的に府中城から西へ三キロの奥大道との交点には冠屋市場・七北田市場が開かれ、岩切城が築かれてこれらの市はその城下市的性格を帯びる。このように陸奥府中域には、旧国府域周辺地域、港津地域、および幹線道路沿いという三個の核が成立する。また能登では、惣社の所在する古代国府推定地の上・下古府（ふるこ）が最も古い核で、その北一・五キロに府中の地、その中間に本府中の集落があり、印鑰神社の祀られる港津に連続していて、この一帯が在庁等の進出した第二の核とみられる。また古府の南東一キロ内外の七尾山麓に古屋敷町・古城町があり、守護畠山氏の侍屋敷群を主とした第三の核を形成し、その南東の山上は畠山氏の戦国期の居城七尾山城である。この能登府中域は港津を含む三核型の配置という点では、陸奥・上総・淡路等と共通するが、守護の居城としての山城構築とその城下集落の形成という点では、信濃府中域などと類似している。

第二の複合型というべき府中域は、複数の核心部分が複合して一定の地区に集中するもので、本書では丹後・長門・筑後の三ケ国が相当する。

丹後府中域は、東西は二・五キロ、南北は三〇〇～五〇〇メートルの傾斜地で、その東寄りに室町期の守護一色氏の菩提寺の跡があり、守護館もその南に接していたと推定され、かつその西側一帯に侍屋敷群の分布が認められるので、この付近一帯に守護一色氏の一国支配の核心部分が集中していたに違いない。その東三〇〇メートルに一宮籠神社が鎮座するが、国衙在庁の屋敷群は明らかでなく、少なくとも守護関係の施設に匹敵しうるような別個の核を保持しえなかったことが明らかである。また長門の府中域では、建武政権期頃の守護館と守護代所が『忌宮神社境内絵図』に明確に描かれ、それらが二宮忌宮社を中心とする府中域中央部のそれぞれ南西端と北東端に設けられ、両者の間は直線距離約四〇〇メートルほどで、前節に述べたように、いずれも付近を通過する山陽道の街道を俯瞰する台地上にあることが注目される。一方南北朝期まで「国衙館」が存続していたことが知られる。この国衙館を始め在庁屋敷などの所在地は明らかでないが、おそらく忌宮神社境内から北・北西に連なる旧国庁域想定地付近の亀ノ甲台地上にあり、守護代所もその一部に設置されたと推測される。このように長門府中域も、国衙関係の施設と守護関係の施設とが別個の核心を形成せず、至近距離にあったとみられる。この丹後と長門の府中域の場合、核心部分が分立せず複合しているとみなされるのは、おそらく守護勢力が、地形的な制約もあって主要な国衙関係施設の近辺に守護館や守護代所を設置したことによるのであろう。

筑後の府中域は、前述のように筑後一宮高良社の鎮座する高良山の西麓、南北二キロ、東西一キロに成立し、その中央部の高良山麓寄りに、高良社を支配する三職すなわち大宮司・大祝・座主の居屋敷などが分布して、府中域の中核部分を形成する。なお筆頭在庁の在国司は鎌倉後期以来高良社の支配下に属したが、その居屋敷は府中域北西辺の旧朝妻国府にあった。一方、筑後守護を兼ねた豊後守護大友氏の筑後支配は不安定で、高良山中に築いた山城の伝承を残すのみであり、丹後や長門とは逆に守護館跡や守護代所跡の所在は不明である。このように中世の筑後府中域は完全に高良社三職の支配下にあって、府中域の核心部分は高良社に直属していたのである。

同様の複合型というべき府中域は、以上の長門や筑後のように西国にもあるが、武蔵・上野・駿河・遠江・越後などのように東国の方が多かった模様である。この内、上野以外の諸国は、鎌倉幕府開創以来鎌倉後期ないし幕府滅亡まで長期にわたる関東御分国で、概ね守護が名国司を兼ね、その守護代兼目代が国衙に赴任して在庁らを指揮し国内の政務を担当したので、守護代所が留守所を兼ねたに相違ない。武蔵・駿河・遠江などでは、古代国府域がそのまま中世府中域の中心部となり、ここに守護所ないし守護代所が置かれていたと推定されるのは、このような守護・目代兼補がその要因と考えられる。なお遠江では中世には海浜が府中域に深く湾入しており、東海道の見付宿と今ノ浦の港津は守護所や国衙と至近距離にあったとみられる。一方越後では古代国府域は、新井市内説などもあるが、中世府中域に連続するのは今の上越市内の国府域であり、ここは北陸道の水門駅と直江の津があり、近傍に国分寺もあり、南北朝・室町期の守護上杉氏の居館「御館」もここに営まれた。それゆえ遠江と同様、守護館・宿・港津を含む複合型の府中域であったが、戦国期には春日山城が築かれ、その城下に侍屋敷群が営まれて、分立型の様相を呈するに至った。他方、上野は関東御分国ではないが、古代国府域内の惣社付近が中世府中域の中心部を形成し、南北朝期以降の守護上杉氏の守護代長尾氏は　ここに蒼海城を築くが、これは守護代所の後身とみられ、この上野府中域も複合型といえる。

第三の単一型ともいうべき空間構成を呈しているのは、本書では第三編第二章の讃岐府中域である。この地は讃岐のほぼ中央部を占め、古代には南海道の通過する要所であった筈であるが、中世には国衙は存続したものの、守護所がすくなくとも八キロを隔てた海岸都の坂出市西部ないし宇多津町に置かれ、その結果府中域は発展性を喪失したとみえて、域内に鼓岡神社があるほか、特記すべき中世の施設は見られない。

守護所・守護代所が置かれなかった、いわば単一型の府中域は、東国でも相模・常陸などがあるが、三河・伊勢・伊賀・近江・美濃・加賀・和泉・但馬・因幡・伯耆・出雲・播磨・備後・安芸・周防・紀伊・阿波・伊予・土佐・肥前・肥後・薩摩など西国にすこぶる多い。これは一つには和泉・紀伊・出雲・備後・周防・阿波等に見られるように、東国出身の守護が在地武士出身の国衙在庁などとの摩擦を避けて、国府域以外に守護所を置いたことに起因すると考えられる。またいま一つには、近江の佐々木氏、播磨の赤松氏、周防の大内氏、伊予の河野氏、肥後の菊池氏、薩摩の島津氏のような当該国出身の守護大名の場合にも、国府域とはかなり離れた彼らの本拠地付近に守護所ないし居館・居城を築いた事例が多かったためとみられる。

しかし、守護所がもともと置かれなかった府中域、または守護所が中世後期に他地域に移った府中域においても、国内ないし周辺諸国との交通・物流の結節点となる宿・市・津等を内包して、経済的発展を遂げた場合がかなり存在する。一例を挙げれば、備後では、室町期の守護山名氏は府中域の東方一二キロの神辺に居城を築いたので、府中域は一国の政治・軍事等の中心地としての役割を失うが、府中域中央部の元町にあった惣社の旧所在地に隣接して市場の小字名があり、ここに市が開かれたと推定されるほか、府中域の南辺を流れる芦田川の北岸に六日市・三日市、対岸に四日市などの地名を残していて、流通機構の発展を裏付けている。この備後府中域は、守護所が置かれなくなった室町期にも、旧国府域の中心部を核として惣社、市等のある複合型の府中域として発展したのである。同様に、守護所が置かれなくなっても地域経済の中心としての役割を継続した結果、近世城下町へと発展した府中域としては播磨の姫路、肥後の熊本などを挙げることができる。また周防の場合は、守護大名大内氏の居館山口の繁栄にもかかわらず、防府は東大寺の造営料国の中心地として栄えるとともに、山陽道の幹線道路が通過し、かつ府中域内に湾入する三田尻の良港を有するという、遠江府中域とも類似した海陸の要地という地理的条件によって繁栄を続け、近世の防府市街へと接続するのである。

しかし守護所が置かれなかったため、政治的ないし経済的発展が停滞した中世府中域も少なからず存在した。この場合は讃岐府中域と同様、見るべき中世の施設がほとんど跡付けられないことが多い。とはいえ、相模では国府新宿、但馬では府市場、阿波では市楽の地名が府中（国府）域にあって、宿場や市場の存在が見られるのは中世以来の現象と思われる。かつ府中域に祀られる神社には共通性が多い。相模ではほぼ東海道筋に沿って国府新宿に惣社六所神社、国府本郷に守公神社があり、今も毎年五月五日に、相模一宮以下六社の神輿が集う国府祭《こうのまち》が執り行なわれる。三河では東海道の幹線道路を挟んで白鳥町に惣社、国府町に守公神社がある。紀伊の府中域には府守神社があるが、伊勢では惣社三宅神社、和泉では五社惣社、但馬では惣社多気神社、出雲では惣社六所神社、備前では総社宮と国長（国庁）社、伯耆では惣社国庁裏神社、阿波では惣社と印鑰社、肥前は惣座神社と印鑰社、土佐は惣社と日吉神社というように、惣社その他府中関係の神社が府中域に祀られる場合が多い。他方、美濃では東海道の垂井の宿を挟んで南側に一宮南宮大社、北側の府中に南宮御旅神社があり、伊賀では一宮敢国神社と二宮・三宮および府中神社が府中域の周囲に配置され、近江では一宮建部神社、因幡では一宮宇部神社というように、府中域の近傍に一宮その他を配する場合も少なくない。このように諸国の中世府中域は、その国の政治的中心地としての機能を喪失した場合でも、多くの場合域内に主要な神社が存続し、周辺地域ないし時として国内の広範な地域に宗教的影響力を及ぼし続けたのである。このようにいわば単一型の府中域でも、多くの場合一定の社会的ないし文化的機能を持続しえたという評価を下すことができる。

第三節　中世府中域における街区の形成

諸国の中世府中域には、通常国衙関係や守護所関係の施設・屋敷群・神社・寺院・工房などが存在し、それらを構成する人々が居住した。また多くの場合、域内を幹線道路が通過し、市・津などが開かれて交通・物流の重要拠点となり、定住する商人・職人なども次第に増加し、町屋や宿も起こった。それゆえ諸国の府中域内には、かなり多くの人口が集まり、街区が形成されることも多かったと考えられる。しかし具体的には、街区の成立事情や構成要素は一律でなく、侍屋敷を主とする街区も町屋を主とする街区も存在したはずであり、個々に検証する必要があろう。ここでは、主に本書の対象とした各府中域について、それらを纏めたい。なお、これらの内、街区が中世の絵図や絵画に描写されているのは長門と丹後の府中域であり、また小字名から街区をある程度復原しうるものに、下野・上総・丹後・備中等の府中域があり、現在も中世以来の街区が存続していると推定できるものに、備中・長門・筑後等の府中域がある。しかし本節ではほぼ第一節・第二節に述べた順序に従って叙述を進めることとする。

下野の府中域の中では、「小路」という名称の付く小字名が上館の付近とその北西六〇〇メートルの府古屋の周辺とに分布している。すなわち上館の東西に西小路・東小路、下野権介ないし同国守護小山氏の被官らの侍屋敷群（侍町）の存在を想定させる。また上館の北には小字日向里などを隔てて堀ノ内・蔵前・内匠屋・西内匠屋の小字名が東西にならび、この一帯も小山氏が地頭職を有した日向野郷の内に相違なく、この郷内に上館の付属施設等がならんでいたものとみえる。上館から南へ六〇〇メートルほど、宮野辺の古代国庁の北には小字錦小路・屋敷前があり、京都の小路名にならった由緒ありげな集落名からは国庁付属の在庁屋敷群などが想像される。

他方、上館の北約五〇〇メートルの下野惣杜大神神社の広い境内の北東から南東にかけて、鋳物師内・馬場・

大蔵・蔵屋敷・北内匠屋などの小字が分布し、惣社の西には小字猿楽がある。これらは街区を形成するほど集結していないが、惣社ないし国衙の付属施設およびその料田の遺称に違いない。次に上館の北西約七〇〇メートル、惣社の西約五〇〇メートルの小字府古屋の東西から南にかけて東小路・西小路・石小路・南小路という「小路」地名が集中し、府古屋の北には、南西は栃木市中心部、佐野市方面へ、北東は壬生町を経て宇都宮方面へ通じる街道の南側に小字明宿・文宿、北側に小字宿西裏・開宿・化宿という「宿」地名が集中している。府古屋は惣社の封戸に由来するのであろうか。この「小路」地名と「宿」地名の集まる東西五〇〇～六〇〇メートル、南北九〇〇メートルほどの空間は、かつて下野の国衙在庁の集住地区で、小山氏が惣社敷地なども私有化して隆昌をきわめるのに伴い、その被官群や商人・職人集団の集住地区となったものではなかろうか。ともあれ鎌倉期から南北朝期にかけて、この地区は下野府中域最大の街区を形成したと判定される。しかし小山氏が本貫地の小山庄に守護所を移して祇園城・鷲城等を築いて整備し、さらに小山氏が小山義政の乱・若犬丸の乱で一旦滅亡に瀕したのちは、小山城下が再興小山氏のもとで繁栄し、相対的に府中域は衰退したのであって、そのため街道沿いの一部を除く大半の街区は姿を消し、耕地の間に集落が点在する農村の景観と化したのである。なお明宿の南西三〇〇メートルの街道沿いに大塚宿があり、これも中世以来の宿であろう。

いま一つ注目されるのは、大塚宿からさらに南西一キロ余の旧大宮村内には印鑰社のあった字印役があり、その南には文明九年（一四七七）の法華経奥書写に「府中勝光寺」とある勝光寺が現存し、その南西に北城・中城・御城（実城）という一連の複郭式の城郭遺構が存在することである。この城はおそらく再興小山氏の構築したもので、戦国期に府中に居住した小山高朝の兄某（小四郎か）の居城ではあるまいか。ここには北城の南と東にそれぞれ本宿・新宿の小字名を残している。これらは根小屋集落から発展した宿で、街道筋の宿とは性格を異にし、いわば城下町の原型とみることができよう。

以上のように下野府中域には、主に中央部の上館周辺に「小路」地名、その北西の府古屋周辺に「小路」地名と「宿」地名が分布して、守護小山氏の発展に伴って展開した侍町や街道町がうかがわれ、さらに西部の勝光寺近傍にも、戦国期の城郭に付属して城下集落の存在を示す「宿」地名が存在して、街区の名残りを止めている。

上総府中域は前節で見たように、中央部に市原・郡本・藤井地区、東部に能満（狭義の府中）地区、北西部に八幡宿地区というそれぞれ中核部分を有する三地区よりなるが、その内、国庁があり、その周囲に国衙在庁の屋敷群が分布したと推定される市原・郡本・藤井地区には、市原八幡宮の近傍に人市場があり、郡本八幡宮に近接して守公神社があったと推定され、国庁ないし目代屋敷もその近隣と推測される。さらにその南には小字在長面（在庁免）、さらに古代以来の街道に沿って木戸脇・亥ノ海道・北海道・表通という小字名が北から南へ連なる。したがって、この郡本を主とする一帯が古代国府域以来の上総国衙の中核であったといえる。南北朝期においても市原八幡五月会神事のための賦課の配分帳には、国庁・御目代・権介、調所・田所・修理所・検非違使所・行事所・下居所・御厩・学業院・細工所・楽所・神宝所・経所という国衙および市原八幡の各部署や、兄部・下部・馬場埒行事・先使・承仕・物申・雑仕女などの職員・雑役係、嶋穴社司・両社（姉崎社・嶋穴社）神子別当という神官、鞭切・檜物師・御簾差・鮎取・形木彫・鋼細工・紙漉・番匠・土器師・鍛冶・仏師などの手工業者、浦兄部という漁夫の長など、多数の国衙関係の部署や関係者が見られる。したがって、これら多数の国衙関係者とその家族の多くが居住した市原・郡本・藤井地区には、彼らの集住地域が存在した筈である。しかしこの地区には上記の藤井地区の「海道」・「通」といった一部の小字名以外には街区を示すような地名は見受けられない。おそらく国衙機構の衰退に伴ってこの地区の居住者数が減少したため、街区の十分な展開が阻止されたのではあるまいか。

上総府中域のなかで、街区を形成したことの明らかなのは狭義の府中地区すなわち能満地区の一部である。この地区には、平安末期・鎌倉初期の上総権介上総氏の居館を引き継いだ守護館が存在したと推測される。その後、戦国期にかけての築城・整備の結果、中央部の主郭居心城、西部の詰城の城山を主として能満地区ほぼ全域に腰曲輪・空堀・竪堀・虎口などを配し、城域の南辺は堀切で遮断するという複雑な縄張りの城郭遺構が成立した。そして居心城の西から南にかけて小字新宿があり、その東は小字馬場の内という調練場が広がり、新宿・馬場の内の南側には、それぞれ小字西宿・東宿がならび、この二つの宿の中を西は郡本方面に達する東西の道路が通過し、居心城から新宿の東を通って東西両宿の間に至る道路と直交して丁字路を構成する。なお東西の道路が府中域西辺の低地に下る縁辺部には府中日吉神社と釈蔵院があり、能満地区の主要な神社と寺院になっている。現在も新宿・西宿・東宿という三つの宿を構成する東西四〇〇メートル、南北三〇〇メートル余の範囲は概ね集落で、かつての街区の名残を留めるのに対して、馬場の内は畑地である。そこで三つの宿は守護被官を主な構成員とする侍町であり、いわゆる守護城下町を形成したことが十分認められる。ただしこの能満の府中城は戦国大名の居城となるには至らなかったので、能満地区の街区も戦国城下町への発展をとげることはなかった。

中世の上総府中域の内もっとも新しく都市化したのは海岸部の八幡地区である。この八幡地区には藤井・郡本地区を通過する幹線道路とほぼ並行して海岸部を通る道路が、南西は武蔵六浦や鎌倉方面と連絡する富津（古戸）に通じ、北は下総の千葉・下総国府方面に通じている。この道路は郡本・市原地区から海岸への最短距離の道路と直交し、ほぼその交点付近に港津が発達した。この地には郷名の由来をなす飯香岡八幡宮が鎮座し、この神社も上総物社と称する。この八幡郷には戦国末期の天正九年（一五八一）、北条氏に属する某氏（原氏か）から守護不入の新市すなわち事実上の楽市の開設が許可された。この新市は、下総との境界にある古市場に対する新市であろう。八幡郷の中心部の街道筋は江戸時代以来八幡宿という宿町を形成し、現在は八幡宮の周囲に南町・片町・仲町・浜本町・観音町という町名が並んで市街地の中心部となっているが、この地域の街区の一部は中世末にはすでに成立していたとみて差し支えないと思われる。

下野と上総という二例の東国の府中域では、街区が主に守護の居館・居城の傍らや幹線道路沿い、港津などに成立したと認められるが、西国の場合はいかがであろうか。まず西国の府中域の内、下野や上総と同様の複合型とみられる備中および淡路について析出しよう。

備中府中域では街区の形成の可能性を小字名の分布から通観すると、第一、古代国府域の後身と推定される北国府・御所・南国府・鴻崎など、ほぼ東西六〇〇メートル、南北八〇〇メートルの地区、第二、右の第一の地区から南西へ四〇〇メートル程隔たって分布する中世在庁屋敷群の存在を思わせる西屋敷・北所・中所・西所・門所・清水角・古城・城廻りなど、差渡し一キロほどの地区、第三、右の第二の地区から西へ七〇〇メートルほど隔たった惣社（総社）宮と、その西方に展開する殿城・本町・市場・市成・元屋敷などを含む、現在の総社市中心部の東西一・五キロほどの地区、以上の三地区があり、さらに、第四の地区として、ほぼ現在のＪＲ総社駅の西側から高梁川の堤防までの間の、頓宮・頓宮前・町並・町西・市場・市場堤外などの一帯がある。

第一の地区は、あたかも下野府中域の中では古代国庁域の存在した宮野辺地区に相当する。下野の場合も宮目社・古国府・大光寺など国府に因む神社名や地名を残すが、備中ではより多くの国府関係地名を伝えていて、より長期にわたり国衙機構の活動が継続した地区であったことを想わせ、事実鎌倉末期まで備中国衙が国衙領の検注、国衙使入部、さらに在庁の郷内追捕などという独自の活動を保っていたことが知られる。とはいえ、この地域には格別の街区形成の様相を残していない。これは国衙在庁の活動の中心地が第二の地域に移動したためと考えられる。この第二の地区は、ほぼ五所山の台地に立地し、古城・城ノ越等の地名の示すように防御施設も構築しやすかったに相違なく、また在庁清水氏の名字の地である清水川・清水角などの示すように湧水にも恵まれていた。この地区には、全面的ではないが、北所・中所・門所、西所・城東・城南・城ノ越、清水角・角内・西屋敷などがそれぞれ一連の集落をなしており、かつての在庁屋敷群やその付属施設等が、複数の街区を形成して地区内に分布していたことを想定させる。

第三の地区は主に総社宮境内およびこれに隣接する守護代所ないし管領細川氏の派した目代の居館と推測される殿ノ城の西方に広がる一連の街区である。総社宮の造営次第を詳述した永享元年（一四二九）の「備中惣社宮造栄(営)帳」に、造営完了による遷宮当日と翌日に、惣社および周辺の軽部・川辺・大市・万寿庄・西阿知等の小物売や魚売、刑部・服部・真壁・山手・三輪等の紺掻など数百人が参列し警固に当たったと記していて、総社宮境内の辺りが、府中域から南は六キロの万寿庄、九キロの西阿知などにわたる商人・職人の重要な活動の場であって、この地域が周辺各地の物流の中心地であったことがうかがわれる。現にこの地域には市場・市成などの市に由来する町名と宮本町・本町・田町などの町を称する町名が混在していることも、この地域が市町から発展した市街地であることを推定させる。そして現在もこの地区には拡幅された街路のほかに狭い街路を挟んで細分した町並が残り、中世の街区の面影を偲ばせる。なお第四の地区は、高梁川畔の荷揚げ場に開かれた市場と、惣社の仮宮である頓宮の門前町とが合体した地区で、その北部には鋳物師の地名も残る。この地区はほぼ第三の地区に連続するが、おそらくこの地区の街区は最も新しく成立したものであろう。

以上のように、備中府中域でも主に国衙在庁の居住地区および守護代・守護被官らの居住地区と推定される二つの核心的な地区に街区が形成されたといえる。ただし、ここでは少なくとも南北朝・室町期の守護勢力は惣社の近隣に居を構えてその宗教的権威を利用したので、この地区は高梁川により近いという地理的条件もあって、街区が付近一帯の物流の中心となり、商業区域として発展して今日に至ったと考えられる。

淡路の中世府中域には、現三原町内に国衙の施設や在庁の居住地域であったと推定される惣社・市付近の地区と、その東方約三キロの守護所養宜館周辺の地区という二つの中核が存在し、さらに小榎並の北西四キロ、養宜館跡の西北西七キロの三原川河口にある西淡町湊地区が第三の中核を構成している。第一の地区では、字十一ケ所の惣社十一明神（常国神社）の参道付近、字市の恵比寿社（事代主神社）の傍らの市場周辺、字小榎並の府中八幡神社の西側などに街区が分布する空間構成を呈していて、中世の国衙在庁やその付属集団の居住地域は主にこの範囲に存在したとみられる。なお惣社の南約三〇〇メートル、府中八幡参道につづく道路の傍らに国司館跡伝承地がある。

この十一ケ所・市・小榎並一帯のやや分散的な街区の構成に対し、一方の養宜館跡付近は全く景観を異にし、館跡内の北部が居屋敷・居内、南部が王土井と呼ばれ、かつ館跡の北西に連なる集落、および田地を少し隔てた東側の集落が、やはり数個の主に居屋敷・居内という小字名からなっていて、淡路守護細川氏の館の近隣にその有力な直属被官らが集中的に居屋敷を構えていたことが想定される。なお第三の中核というべき湊地区には、現在は河口の南岸に入り組んだ築港が施され、その南側に字西・浜・東の街区が連なっているが、かつてはこれらの街区が河口部の浜辺に連なっていたとみられ、中世以来淡路特産の三原塩の搬出で栄えた三原湊の景観を彷彿させる。このように、淡路府中域には、国衙地域、守護所周辺、港津というそれぞれ性格も空間構成も異なる三個の街区が展開したのである。

次には、一定の地域に国衙関係・守護関係などの主要施設が複合的に存在したと推定される、複合型の府中域の丹後・長門および筑後について、街区の成立ないし空間構成を抽出しよう。

丹後府中域には、延喜式内の名神大社で丹後一宮の籠神社、丹後国分寺、背後の山上にある山岳寺院の成相寺のような古代以来の大社・大寺の外にも、中世にはすでに多数の寺院や祠堂が存在した。雪舟が一六世紀初頭頃に描いた有名な「天橋立図」は、室町時代の丹後府中域の景観をよく捉えており、かつ雪舟自身による書き入れが現在の小字名や現存の神社・寺院と一致する場合も多く、史料的価値が高いと評価しうる。そこでほぼ東側から順に、雪舟の記載をA、小字名をB、現存の神社・寺院等をC、として表出すると、次のようになる。

A、雪舟の記載	B、小字名	C、現存の神社・寺院等
通堂		
弁才天	弁財天	弁財天堂
大聖院	大正院	
一宮籠之大明神	宮大門・宮のワキ等	丹後一宮籠神社
嶋堂	島の堂	
弁才天	弁財天	
不动（動）		
大谷寺	大谷前・本堂等	大谷寺
今熊野（山上）	今熊野（山上）	
世野山成相寺（山上）		成相寺（山上）
慈光寺	慈光寺山	慈光寺（江尻に移転）
十刹安国寺	安国寺	
諸山宝林寺	法蓮寺	
北野	北野・天神・天神ノ下	天神神社
国分寺	本堂屋敷	丹後国分寺

このように「天橋立図」に記載する多数の寺院等の多くが小字名にも反映し、現存する場合も少なくない。しかし雪舟の記載した寺院は天台宗・真言宗および臨済宗の諸寺であり、彼の記載しなかった寺院として浄土宗の大

乗寺、時宗の満福寺、日蓮宗の妙立寺・妙照寺・正音寺等があり、大乗寺・妙立寺・正音寺は現存する。また小字名にもヨナイジ（与内寺）・番神堂・飯役（印鑰社）・田中宮（若宮社）等があり、与内寺は妙立寺の前身であり、飯役神社・若宮神社等は現存する。長さ二・五キロ、幅三〇〇～五〇〇メートルに過ぎない山と海の迫る狭隘な地帯に立地した丹後府中域に、これだけ多数の寺院や祀堂が存在したのは、他の府中域に見られない特色である。なお右の地帯以外にも、天橋立の延びる対岸には雪舟の描くように久世戸智恩寺があって天橋立見物がてらの都鄙の参詣人を集め、足利義満も数回訪れた程の繁栄ぶりであった。

丹後守護一色氏の守護館の位置を示す文献は存在しないが、天橋立図には、白壁の築地塀と針葉樹の木立に囲まれた一角の中央の一際高い位置に鴟尾の目立つ東西棟の堂々とした建物を描き、その両脇に廊でつながるとおぼしい南北棟の建物、前面と奥に東西棟の建物を配し、奥の建物の上に「慈光寺」と記す。この奥の建物が一色氏菩提寺の慈光寺で、その前の数宇の建物群は守護館と推定される。現在も府中小学校の北側に小字元屋敷・サンジキ（桟敷カ）が並び、その奥の高みに小字慈光寺山があるという配置は、これを裏付けている。なお、同様な白壁の築地塀は籠大明神とその別当寺大聖院に描かれているのみである。さらに雪舟は成相山から慈光寺の背後へ延びる尾根の一角にやはり鴟尾を付けた城郭様の建物を描き「今熊野」と注記している。ここには一色氏の詰城の一つの今熊野城があり、尾根続きのさらに上には阿弥陀城があった。永正四年（一五〇七）若狭守護武田元信と丹波守護細川澄之勢が丹後府中に侵入して一色氏の府中城を占領したとき、守護一色義有は今熊野城に、その重臣延永春信は阿弥陀城に拠って抗戦した事実から推しても、今熊野城の直下に存在した慈光寺の前面の建物群は、当時府中城と呼ばれた一色氏守護館に相違ない。

中世の丹後府中は神社・寺院が櫛比する宗教都市であるとともに、やはりこのように守護館を中心とする政治都市でもあった。第一節でも触れたように、この守護館推定地の西二〇〇メートルの大乗寺周辺からは侍屋敷跡とおぼしい遺構が出土し、付近一帯は守護被官の侍町を形成していた模様である。ただしこの遺跡は平安末・鎌倉初期には官衙的性格がうかがわれる由なので、在庁の居住区が守護勢力に吸収されて、一色被官の居住区に変化したとみることができよう。

「天橋立図」は、ほぼ江尻地区に該当する天橋立の基部から、丹後国分寺の西の岩滝町男山付近までを上記の寺院・神社等以外は殆どすべて家々の棟で埋め尽くしており、その棟数は約一二〇に及ぶ。もちろん、この図には、たとえば慈光寺と安国寺の間隔を実際の数分の一に短縮するなど、正確な描写といいがたい点があることは認められる。とはいえ雪舟がこの図を描いた一六世紀初頭頃には、丹後府中域の大半を占める江尻地区から国分寺地区までの二・五キロの間に街区が形成されていたことは肯定されよう。さらに細かく観察すると、不動堂の前から守護館の前へ通じる街路には忍橋、その付近の、より海浜に近い一宮の玉垣の傍らから西側の弁才天の傍らへ通じる部分には忘橋とあり、少なくともこの付近には東西方向に山麓寄りと浜辺寄りとの二筋の街路が存在したことが知られる。一方、市の地名としては、安国寺の南約一〇〇メートルに二日市、江尻の弁天堂の北に市場の各小字名があり、丹後府中域の中に少なくとも二ケ所の市が存在したことが判明する。このように中世の丹後府中域は、領域は比較的狭小であったとはいえ、守護館を中心とする政治都市としてのみでなく、大小多数の神社・寺院が櫛比する宗教都市としての発展を遂げ、江尻から国分寺周辺までのほぼ府中域全体に街区が展開する都市空間を形成したのである。

長門府中域では、前掲の「忌宮神社境内絵図」によって、建武政権期前後すなわち一四世紀第二四半期における街区の空間構成をほぼ完全に復原できる。すなわちこの絵図は、長門二宮忌宮神社を中心に、絵図面の北東部に守護代所、北西部に国分寺、南西部に守護館と惣社を明示するだけでなく、ほぼそれらの神社・寺院や施設の間に展開する街区を克明に描出していて、これらを江戸時代および現在の長府市街の地図と対比することで、それらの街区の位置を、ほぼ正確に現在の長府市街の中に再現しうるのである。それは第二編第三章に詳述したので、以下、右の第三章の図2および図4に付した符号で概略を述べると、主として忌宮社境内の北のＡＢＨＦ、南のＭＰＺＷの範囲内の各通路に面した部分、西の通路ＢＯの西側と、その途中から国分寺へ入る通路、および南の通路ＺＷの南側に、多数の家屋が描かれており、現在も下関市長府の市街地の中央部をなす東西三〇〇メートル、南北五〇〇メートル程の地域に、一四世紀にはすでに街区が形成されていた事実が判明する。

それは現在の町名でいえば中ノ町・土居町・中浜町・南ノ町の西側部分と亀ノ甲・宮ノ内・古江小路・惣社町のほぼ全域に相当する。この内、南北の中ノ町から南ノ町までとそれに続く東西の惣社町は山陽道の幹線道路に面しており、この幹線道路を扼する市街地東北と南西の台地上の一角に、守護代所と守護館が設けられていた。当時の国衙や在庁屋敷群の位置は明らかでないが、おそらく亀ノ甲町の台地上に展開し、守護代所もその一角に設置されたのであろう。なお以上の市街地は、ほぼ街区ごとに、または街区を折半して、二宮領・国分寺領・守護領に分割されていたことが「境内絵図」に示されている。建武元年（一三三四）三月、長門守護厚東崇西は大宮司に対して二宮領府中鯉河以下敷地を出帯の文書・絵図等に任せて安堵しているので、この「境内絵図」作成の目的は、おそらく建武政権下に長門守護となった厚東氏に対してこの市街地内の二宮領の権益確認を求めるため、忌宮で作成し厚東氏に提出した絵図ないしその控であると推定される。なお、この絵図には、北浜・南浜の集落は描かれず、串崎（櫛崎）港にはわずか三棟の家屋と二艘のもやい舟を描くが、これらは忌宮の権益に関係ないので簡略化したものとみえる。

このように周辺部には簡略化や省略が認められるとはいえ、府中域中央部の描写は、現在の地図上に投影して復原しうる程忠実に近いものであり、描かれている棟数も江戸時代の「長府古図」の家数に比してさほど大きな開きがない。一四世紀の長門では、政治機構や宗教施設が複合的な配置を示している府中域中心部の市街地化が進展していたのである。なお「境内絵図」は書き分けていないけれども、侍町と商人町・職人町との区別も存在したことと思われる。この絵図の作成年代より一四〇余年後の文明十年（一四七八）には、守護大内氏の奉行衆が、忌宮の祭礼の時に「上下商人并府中地下人」の売買に「町面寄宿」の軍勢らが煩いをなすことを禁じ、ことに押買狼藉の輩はその交名を差出して報告すれば厳科に処すと通達しているのを初見として、商業活動保護の事例が知られる。さらに百年余り後の戦国大名毛利氏統治下の天正九年（一五八一）には、北町・南町・亀甲町・惣社町の四ケ町の「衆評」により神事能の際の「法度条々」を定め、四ケ町各三〜四名の「町歳寄」が連署して、毛利氏の小守護代勝間田春景に提出しており、府中域にそれぞれ歳寄三〜四名の運営する四ケ町が存在するとともに、その四ケ町の連合体による自治・自検断の組織が成立していることが明瞭に看取される。

筑後にも、丹後・長門と同様に複合型というべき府中域が形成されたが、この国の府中域には守護館・守護代所のような守護勢力の拠点は明瞭でなく、高良山中の山城の一つ吉見嶽城に守護大友氏の築城伝承を残すのみである。これに対して、高良社を司る大祝・大宮司・座主の三職が府中域を高良社と一体化して支配し、彼らの居屋敷も府中域に存在した。戦国期の記述と推定される『高良記』によれば、筑後府中域には、多数の社家衆・寺家衆が居住した模様である。約二キロにわたって連なる府中域の主要部分の西海道の街道筋は上ノ町・下ノ町の二町からなり、町には「町ノチトウ（地頭）」が置かれていたが、久留米市御井町ではこの二つの町名が現在も用いられており、中世以来の街区がほぼ存続していると判断される。また街道筋と高良上宮への参道の交差点を四足ノ丁といい、この外、笠懸ノ丁・馬場ノ丁・御幸ノ丁・辻固メノ丁等の地点があり、これらの地点は高良社の祭礼の際に少弐・大友・菊池・島津の各名代、当国国衆・高一揆衆などが警固したとあって、筑後在庁の子孫などからなる国衆・一揆衆の活動が伝えられている。

また『高良記』によれば、毎月五の日の三斎市が開催され、雑貨商の小物本座と海産物商の合物本座・合物中座の計三座の各別当が市別当とともに市を管轄し、恵比寿を祀る市祭りを主催する。かつ高良社の祭礼には秤屋・油屋・土器屋・金屋・銀屋・鍛冶屋・番匠の各手工業者がそれぞれの製品や特技で奉仕する。この内鍛冶・番匠を除く五種類の業者は座の別当とともに「六座」ないし「高良座」を構成した。一方府中域には右の鍛冶・番匠のほか紺屋・魚屋・檜物屋など、「高良座」に属さない個別の同業者集団もあるが、そのうち番匠の集団は一ノ大工・二ノ大工・三ノ大工に分属して高良社の造営・修築に従事した。また九州一円を遍歴する地神経読みの盲僧である座頭の集団も高良社に属して「百塔本座」を組織していた。なお府中の町に傾城（遊女）の集団が存在したこともうかがわれる。

以上のように、高良山麓の南北約二キロの範囲に成立した筑後府中域は、筑後一宮高良社の直轄下に編入され、主要部分が上・下の二町からなり、高良社の社家衆や国衆も居住した。かくて筑後府中は高良社および社家衆・国衆らの需要にこたえるために商人・手工業者等が本拠を置き、彼らの多くは座集団を結成し、ひいては府中域が筑後国内の手工業生産および物流の一大拠点としての機能を発揮する中世都市となったのである。

次に、単一型ともいうべき讃岐府中域に触れる。讃岐では、鎌倉時代にも善通寺領などに関して、国衙在庁による使者入部・検注・正税徴収等がしばしば行なわれ、濫妨停止の対象になっている。かつ国府跡の発掘調査の結果も、平安時代から鎌倉時代にかけての遺構と多量の遺物の出土により、国衙機構の活動を裏付けている。しかし、南北朝時代以降は、文献上からも国衙の活動は見られず、府中域の遺構・遺物も激減する。その結果府中域内には、街区の形成された痕跡が残存せず、付近の農村地帯と同様の景観を呈する状態になった。これは、讃岐府中域が、国衙の施設や在庁の居住地を主とした単一型の空間構成であったことを要因とする。すなわち鎌倉時代以来府中域には守護所が置かれたことがなく、守護所は坂出市北西部ないし宇多津町内に置かれ、宇多津が湊津都市として発展する。かつ国府域の中央を横断して西進した南海道の駅路が廃止され、新たな街道は綾川の岸近くを北西に進むように変化したことも府中衰退の原因とみられる。これらは、おそらく瀬戸内海海運が発達した結果、幹線道路も主要港津を通過し、守護所も港津付近に置かれたためと推測される。

讃岐と同様に都市化の様相を認めがたい一例に、同じ南海道の紀伊の府中域がある。紀伊国府は平安時代以降紀ノ川北岸の名草郡府中（和歌山市府中）にあり、府中域内の府守神社周辺から古瓦・陶硯片等が採集されている。一方、鎌倉時代の紀伊守護所の位置は明らかでないが、南北朝期には守護畠山氏は守護所を府中の約一二キロ南の名草郡大野郷（海南市内）に置いて山城大野城を築いた。次の守護大内氏はこれを踏襲したが、応永の乱後再び守護となった畠山氏は、守護所を大野のさらに南約一二キロの有田郡広（広川町）に移し、大野城は支城としたと伝えられる。紀伊府中域には、市・町等の地名も見られず、街区の形跡も存在しないが、これは、この地が紀伊国内の北西隅、和泉との国境近くに偏在し、一国を支配する拠点として不適当のため、守護勢力から顧みられなかったことが要因であったに違いない。同じ南海道の阿波・伊予・土佐の府中域も同様に街区の形成を認めがたく、これらも中世後期に守護所が他所に設置されたことと関係するものとみえる。なお伊予の今治の都市化は江戸時代初頭、藤堂高虎の築城に始まるもので、中世の府中域とは直接には連続しない。

おわりに

本書では主として八ケ国の中世府中域を対象としたが、諸国における中世府中域の空間構成や街区形成などの特色の一端に触れることができたことと思われる。本章で結論付けたそれらの特色をさらに要約すると、ほぼ以下のようになる。中世府中域は古代国府域に比して数倍の領域に拡大したことが、守護所の置かれなかった讃岐府中域以外の七ケ国で明瞭に看取される。これは第一に国衙機構の「所」や在庁屋敷群などの発達したこと。第二に守護勢力が府中に拠点を置き、守護館・守護代所・守護被官屋敷群などが成立したこと。第三に一宮・二宮・惣社などの神社、ときには有力寺院の繁栄により、門前市などが開かれたこと。第四に、府中が交通・物流の中心地となり、宿・市・津の成立や、商人の来住、職人の自立化など、経済的発展を見たことが挙げられる。かつ多くの場合、守護はその支配機構の拠点を従来の国衙機構の拠点とは別個に設けることが多く、さらに古代国府以来の外港などがいまひとつの拠点となる場合もあり、府中域の中に性格を異にする二個ないし三個の拠点ないし中核部分が形成され、分散型ともいうべき空間構成をなしたことが多い。ただし山や海が迫り平坦地の狭小な府中域の場合には、国衙機構と守護支配機構が分離せず、複合型というべき空間構成をなしたといえる。なお筑後府中域の場合は、一宮高良社の支配機構が発展し、国衙機構をその傘下に組み入れて、一種の複合型の府中域を形成している。

さらに多くの場合、域内に街区が成立し都市化の様相を呈するに至ったことを、中世府中域の特色として挙げることができる。街区の形成には、第一、国衙在庁の屋敷群や国衙付属の手工業者の居住区の展開、第二、域内の主要神社・寺院の繁栄に伴う、門前町の原型としての門前市の開設、第三、守護館ないし守護代所に付設する守護被官屋敷群の発達、さらに守護の築城に伴う城下町の原型としての宿の成立、第四、街道や港津の発達に伴う宿場町・港町の原型ともいうべき町並の形成、などの要因が存在する。但しこれらの要因は府中域のなかで、必ずしも全てが完結するものではなく、また均等に発展するものでもなかったことは、次のように説明しうる。

一般に国衙在庁の衰退に伴い、府中域内の在庁屋敷群の都市化は阻止された。また守護が名字の地小山に居城を築いた下野でも、また守護・守護代の戦国大名への成長の見られなかった上総・淡路などでも、府中域の守護城館付近の街区形成は十分でなく、他地域との物流の拠点となった街道沿いや港津地区の発展が目立っている。他方、丹後・備中・長門では、守護勢力と神社・寺院勢力との共存が街区の発展を促し、さらに丹後では景勝の地であることが中世から近世にかけて寺社参詣の盛行をもたらした。近世初頭以来丹後の府中域は、四キロ南の宮津に城下町兼港町としての繁栄を譲るようになるが、備中の府中域は街道に近く、高梁川の水運の便もあり、近世においても都市的発展を継続した。ことに長門府中は、毛利氏の支藩府中藩の城下町として繁栄するとともに、門前町・街道町・港町を兼ねている。また筑後では、江戸初期以来府中の三キロ西の久留米が城下町として発展するが、府中もなお一宮高良社の門前町と西国筋の街道町とを兼ねる繁栄を保った。反対に寺社勢力とも関係がなく、交通・物流の路線からも外れた讃岐府中域は、国衙機構の衰亡とともに歴史的使命を終了し、ついに市街地化への契機を見ることがなかったのである。

終りに、府中域における住民の自治組織や同業組合の結成を瞥見する。諸国の府中域は一般に国衙・守護所、さらに時には戦国大名の居城など、その国における政治権力の中枢機関が置かれていた領域であるから、住民の自治組織は発達しがたかったと考えられがちであろう。しかしながら諸国府中域の中には、政治権力の統制下でも住民の自治が次第に発達し、権力側もこれを利用した場合が存在したことを、次のように挙げることができる。その一つは天正九年（一五八一）の上総府中域内の八幡郷充法度である。八幡郷を守護不入と定め、押買狼藉の禁止、近郷の未進役を八幡郷で取り立てることの禁止、および郷中商人の諸役免除という規定は、同郷住民の自治的機能の存在を前提にして初めて実現可能であったに相違ない。また長門府中については、前節にも触れたように、文明十年（一四七八）、大内氏の奉行衆は忌宮神社の祭礼の時に商人・地下人の売買に対する寄宿軍勢らの妨害に対する禁令の中で、押買狼藉の輩はその交名を差出して報告せよと布告しており、すでに一五世紀後半に町民の自治機能の存在がうかがわれる。さらに天正九年、毛利氏領国下においても、北町・南町・亀甲町・惣社町の四ケ町が「衆評」によって神事能の際の「法度条々」を定め、各町の町歳寄らが連署していることは、長門府中に各町を単位とする自治組織が発達し、かつその連合体が存在したことを明瞭に示している。

同業組合の組織については、前節にも言及したように、備中では、永享元年（一四二九）の惣社宮の造営完了後の遷宮に際し、惣社の小物売商人が、軽部・川辺・西阿知以下国中の小物売らとともに参集し、また惣社の四郎左衛門・藤左衛門以下、府中域内外の紺掻・魚売の商人頭ともいうべき二〇騎と、供の警固数百人が登場することから、商人・職人の同業組織の存在がうかがわれる。筑後府中域では『高良記』によって、より明確に多数の同業組合の存在が知られる。すなわち、一、毎月の三斎市を市別当とともに管轄するのは小物本座・合物本座・合物中座の三座の別当である。二、秤屋・油屋・土器屋・金屋・銀屋の集団は座の別当とともに六座の「高良座」を構成する。三、番匠は「高良座」に属さず、一ノ大工ないし三ノ大工に属する三集団を構成する。四、鍛冶・紺屋・魚屋・檜物屋など、外にも「高良座」に属さない個別の同業者集団が存在する。これらの同業組織は高良社の祭礼・造営等にそれぞれの特技で奉仕するが、五、遍歴する盲僧である地神経読みの座頭達の「百塔本座」も高良社の統制下にあり、さらに六、傾城の集団も存在した。中世の京・畿内では商工業者の座が朝廷以下権門寺社を本所として座役等の奉仕を代償に特権を保障されて種々の営業活動を行なったように、筑後では一宮高良社への奉仕を代償とする右のような多数の同業者集団が、府中域を中心として広範な活動を行なったのである。

以上、本書の対象としたのは、主として関東に二ケ国、近畿に二ケ国、中国に二ケ国、四国に一ケ国、九州に一ケ国の府中域の事例であるが、これらによってもある程度、中世の諸国府中域の成立とその地方都市としての展開過程やその特質の解明に寄与することができたと思われる。しかしながら、諸国府中域に関しては、例えば軍事上の拠点としての重要性、物流の拠点としての機能の実態、他の種類の中世都市との共通点や相違点、近世都市への移行の在り方など、なお多くの解明すべき問題が存在し、それらについては、さらに多くの府中域を対象としつつ総合的に究明する必要があるに違いないのである。

成稿一覧

序　章　諸国の中世都市府中の概観
（原題「諸国の府中について」）『国史学』一四八号、一九九二年
（原題「守護所と城郭」）『日本歴史』四二九号、一九八四年

第一編　東国の中世都市府中と国衙機構

第一章　下野府中の展開と小山氏
（原題「下野の国府と府中について」）『栃木史学』二号、一九八八年

第二章　上総府中の成立と国衙機構　（新稿）

第二編　西国の中世都市府中と神社・寺院

第一章　丹後府中の発展と時宗・法華宗
（原題「妙立寺厨子銘にみる中世丹後府中の時宗と法華宗」）
『政治経済史学』三七〇号〈彦由一太先生追悼号〉、一九九七年

第二章　中世備中の国衙機構と惣社造営
（原題「中世の備中国衙と惣社造営」）『國學院雑誌』八九巻一一号、一九八八年

第三章　長門府中の空間構成と守護所および二宮忌宮社
（原題「中世の長門府中と守護館・守護代所―『忌宮神社境内絵図』による景観復原を中心として―」）
『国史学』一二七号、一九八五年

第四章　筑後府中の成立と一宮高良社
（原題「筑後国府の変遷と一宮高良社―『高良記』を一素材として―」（Ⅰ）（Ⅱ））
『政治経済史学』三一三号・三一四号、一九九二年

第三編　瀬戸内海域の地方都市と海運

第一章　淡路の府中・守護所と港津

（原題「淡路・讃岐両国の守護所と守護・守護代・国人」一、淡路）

『国立歴史民俗博物館研究報告』八集　共同研究「中世の地方政治都市」、一九八五年

第二章　讃岐の港湾都市と両守護代の海運掌握

（原題　同論文　二、讃岐）　同研究報告八集

終　章　諸国府中の成立とその中世都市としての展開（新稿）

あとがき

本書は、諸国府中を中心にして試みた、日本の中世地方都市に関連する十数年来の仕事を一書にまとめたものである。中世地方都市を私がテーマとするようになった契機の一つは、一九七五（昭和五〇）年四月からの約一年間、ドイツのボン大学日本学科に招かれて日本史の講座を担当したことにあった。授業の合間には近隣のケルンや、ライン河沿いの小都市・城館跡などを、また休暇期間中はドイツ国内はもとよりフランス、スペイン、イタリア等の史跡や博物館などを訪れたが、なかでも印象に深かったのは、中世以来の面影を色濃く残すドイツやフランスの中小都市であった。

ことにボンのようなドイツの中小都市の多くは、市庁舎前の広場と聖堂前の広場とが狭い街路で結ばれて市街の中核をなし、また領主の居館が市街の一隅ないし一辺を占め、時には水量の豊富な河川に面して船着場があるという、中世以来の空間構成を残している。かつ第二次世界大戦の戦禍を被った都市も、旧市街の諸建築や街路を見事に復原して中世以来の姿をいまに伝えている場合が多い。城下町・門前町・宿場町・港町などと類別されることの多い日本の近世都市とは異なって、領主および市民の政治的・経済的・宗教的な各種の営みが総合的に機能したのが、中世以来のヨーロッパの都市の姿であったと思われる。それならば日本の中世地方都市にはどのような空間構成や機能が存在しただろうか。もちろん木造建築を主とした日本の中世都市は、石材を主な素材とするヨーロッパの都市のように中世以来の景観を保っていないとしても、いまに中世の片鱗を伝える地方都市も存在するのではあるまいか。また日本でも戦国期以前の中世都市は、政治・経済・宗教などの機能を総合的に有していた場合が多かったのではなかろうか。このようなやや漠然とした問題意識から、国衙や守護所の置かれた中世地方政治都市について、成立過程・空間構成・機能などを探ってみたいという考えが脳裏に湧いてきたのであって、これが私の日本中世都市研究の第一歩となった。

西欧では、西ローマ帝国の没落からフランク王国の形成にかけて、商業の衰退と古代都市の解体が進んだが、地中海貿易および北海・バルト海貿易の興隆につれて一〇世紀頃から中世都市の成立・発展の時代に入り、さらに一二世紀頃から都市領主の専制支配に対抗する市民のコミューン運動の結果、都市共同体の時代が始まったという（伊藤栄氏「中世末期の社会と経済　三　ドイツ」『岩波講座世界歴史』11　中世ヨーロッパ世界Ⅲ、一九七〇年）。それでは、日本では古代地方都市ともいうべき諸国国府の衰退と中世地方都市の興隆との間にはどのような関係があり、貨幣経済や物流の進展と中世都市の展開とはどのように関連したのだろうか。また一四〜一五世紀のヨーロッパでは、人口一〇万以上の世界都市はコンスタンティノープル、パリなど四市、人口五万人以上の大都市もミラノ、ケルン、ロンドンなど数市に過ぎず、人口二万以上は中都市であり、さらに大多数は人口四〇〇〇〜五〇〇〇の小都市や二〇〇〇以下の微小都市であったという（伊藤氏論文参照）。日本でも、いわゆる兵農分離以前の中世地方都市の多くはかなり小規模だったのではなかろうか。そのような点も具体的に追究するすべはないであろうか、などと思いめぐらすようになった。

あたかもその頃、日本の中世地方都市を研究対象にしようという気運がようやく盛んとなり、一九八一（昭和五六）年から国立歴史民俗博物館において「中世における地方政治都市、とくに守護所・守護城下の研究」が京都大学教授西川幸治氏を代表者とする一〇名の研究メンバーによって開始され、幸い私もその一員に連なることができた。この共同研究によって、文献史学・歴史地理学・考古学等の各分野の研究者の方々と膝を交えて互いに研究発表を行ない、親しく意見交換することができたことは、私のその後の中世史研究にとって大きな糧となり、啓発されることが多大であった。この共同研究の成果として一九八五年に同博物館の研究報告に掲載したのが、淡路と讃岐の守護所・守護代等についてまとめた論文であり、今回これを海運関係中心に加筆・修正したものが、本書第三編の第一章・第二章である。

その後の十五年間に、諸国の中世都市府中を主題とする論文を七編ほど発表することができた。その内、一九九一（平成三）年の國學院大學における最終講義を多少補訂し、守護の城郭に言及した文を加えたものを序章とし、東国の下野と上総に関する論文を第一編、西国の丹後・備中・長門・筑後に関する論文を第二編、それに上記の第三編を加えて本書とした。新稿の上総以外はすべてその後の知見等により加筆・訂正してあるが、既発表論文は成稿一覧を参照されたい。

以上の各編の内、第一編の東国関係は二章立てであるのに対し、第二編・第三編の西国関係は計六章立てで、すこぶる東に薄く西に厚い感がある。これは、第一に、私のそれまでの主要な研究が細川・斯波・畠山のいわゆる室町幕府三管領とその分国を対象としていたため、細川氏の分国讃岐・淡路・備中などに関心が向いた結果である。第二に、かつては防府・豊後府内など西国の府中に関する優れた研究書が著されたが、近来は主に常陸・陸奥・遠江・越後など東国の府中の解明が進展しているので、勢い西国に解明の余地が多いように感じたためである。第三に、嘱目した諸国府中などに関する興味深い史料に西国の場合が多かったことである。東国では下野の「小山朝政譲状」、上総の「市原八幡宮五月会馬野郡四村配分帳」がそれであるが、西国については、丹後の「妙立寺髹漆厨子墨書銘」、備中の「備中国惣社宮造営帳」、長門の「忌宮神社境内絵図」、筑後の『高良記』がそれで、いきおい西国をテーマとする論文を多くする結果となった。

本書に収載した考察によって、日本の中世地方都市としての諸国府中の一部を追究することができたにせよ、その全貌をとらえていないことはいうまでもない。たとえば序章では古代国府と戦国期以降の城下町の間に介在するものとしての中世都市府中という命題を提出しながら、本編の各章ではこの命題に応えることが少なく、長門府中でその一端に触れるにとどまり、大半は主に近世の門前町、街道町などへと連なる中世都市を対象とするものとなった。また都市支配者層の実態解明や空間構成の変遷に重点を置き、都市共同体や物流機構への論及は多くなかった。とはいえ、本書は中世都市府中のバラエティーに富んだ変遷の諸様相をかなりの程度まで提示することができたと思われる。終章では、それらの諸様相のうち、主として古代国府域から中世府中域への変化、府中域の空間構成の類型、および街区の形成過程を、若干の推論をも交えながら抽出して、一応の結論としたのである。

本書の成るまでには、多数の方々から資料教示・現地案内・調査協力など多大の恩恵を蒙っている。主な方々のお名前は各章の末尾に記したが、その外にも各地の教育委員会・博物館・図書館・埋蔵文化財センター等の方々から種々の高配を賜ったことを深く感謝する次第である。また本書の企画から成立までに数年を費やしたが、これを辛抱強く受容されて刊行に導いて下さった思文閣出版の編集部長林秀樹氏・同部員中村美紀氏に心からお礼を申し述べたい。かつ煩雑な原稿の校正を担当された千葉県立中央博物館の木村修君と面倒な索引の作成に尽力された神奈川県立公文書館の田島光男君に謝意を表するとともに、今日まで四十六年の歳月を共にし、本書の成立についても助力を惜しまなかった妻艶子に感謝したい。

二〇〇〇年十二月一日

著　者

索　引

1．この索引は、人名索引と事項索引の二種類とし、主として中世の諸国府中に関係ある語句を掲出する。
2．この索引には原則として本文の語句を掲出し、表・図・注・史料等の語句は割愛する。
3．人名索引には、中世の人名のみを掲出する。問丸等は主要な人名のみを掲出する。
4．事項索引の内、「国衙」「国府」「守護」「惣社・総社」「府中」は頻出語句につき、「安芸国府」「阿波守護」のような国名を冠する語句のみを掲出する。

【人　名】

あ行

か行

さ行

た行

な行

は行

ま行

や行

ら行

わ行

【事　項】

あ行

か行

さ行

た行

な行

は行

ま行

や行

ら行

わ行

著者略歴

小 川 信（おがわ・まこと）

1920年　東京市生.
1965年　國學院大學大学院博士課程後期単位修得.
　　　　講師，助教授を経て，
1973年　國學院大學文学部教授.
1977年　國學院大學文学部学位取得（文学博士）.
1981年　日本学士院賞受賞.
1991年　國學院大學名誉教授.

主要編著書：『山名宗全と細川勝元（日本の武将）』(人物往来社, 1966年, 〈改訂新版〉新人物往来社, 1994年), 『細川頼之（人物叢書）』(吉川弘文館, 1972年, 〈新装版〉1989年), 『室町政権（論集日本歴史５）』（編，有精堂，1975年），『足利一門守護発展史の研究』（吉川弘文館，1980年），『久我家文書』全５巻（共編，続群書類従完成会，1982～87年），『中世古文書の世界』（編，吉川弘文館，1991年），『日野市史史料集　高幡不動胎内文書編』（共編，日野市史編さん委員会，1993年），『図説　調布の歴史』（共編，調布市，2000年）.

思文閣史学叢書

中世都市《ちゅうせいとし》「府中《ふちゅう》」の展開《てんかい》

二〇〇一（平成十三）年五月一日　発行

定価：本体一一、〇〇〇円（税別）

著　者　小　川　信
発行者　田　中　周　二
発行所　株式会社　思文閣出版
京都市左京区田中関田町二－七
電話（〇七五）七五一－一七八一(代)

印刷　同朋舎　　製本　大日本製本紙工

© M. Ogawa 2001　Printed in Japan

ISBN4-7842-1058-X C3021

思文閣出版刊行図書案内

中世荘園の世界　●東寺領丹波国大山荘●　大山喬平編

丹波国大山荘の故地、兵庫県多紀郡西紀町・丹南町の圃場整備事業の開始にともなう荘園の現状景観破壊の危機に際し、1984年から1989年まで行われた大山荘現況調査の成果。中世荘園の一タイプの具体像が豊富な図版とともに提示され、破壊されつつある歴史的景観の記録方法に新たな方向を示す。　●B5判・330頁／本体9,600円　ISBN4-7842-0893-3

江戸湾をめぐる中世　佐藤博信著

筆者の中世東国史研究の一環として、房総を含む江戸湾一帯を東西両国の出入口として捉え、そこでの人と物との流れを時の権力との絡みから再検討しようとした論考11篇を収める。二階堂文書・鶴岡八幡宮文書・金沢文庫文書・妙国寺文書などの関係史料から当時実際に活動していた氏族の存在とその歴史的性格（専門職能）について考察する。
●A5判・280頁／本体5,600円　ISBN4-7842-1045-8

中世東国の支配構造　思文閣史学叢書　佐藤博信著

武州河越合戦、鎌倉府体制下の相模守護のあり方、国人層とその関係、奉行人の軌跡、東国の内乱＝享徳の大乱の諸段階の検討など堅実な業績を収録。
●A5判・410頁／本体7,800円　ISBN4-7842-0554-3

続中世東国の支配構造　思文閣史学叢書　佐藤博信著

関東の足利・上杉両氏の動向を中心に、内乱、家臣団をめぐる諸相、都市・寺社論、更に下総光福寺文書・鑁阿寺文書等の史料論に及ぶ。
●A5判・358頁／本体7,800円　ISBN4-7842-0916-6

中世都市共同体の研究　思文閣史学叢書　小西瑞恵著

陸路水路の要衝大山崎、古代からの港湾都市である堺、自治都市・大湊を個別にとりあげて論じ、さらに戦後の代表的な都市論への見解を示した論考を収め、都市共同体の全体的構造や住民の実態に迫る。　●A5判・340頁／本体6,400円　ISBN4-7842-1026-1

荘園制成立史の研究　思文閣史学叢書　川端　新著

荘園制の成立過程、およびそれに規定された荘園制の構造的特質を問うことは、中世国家・社会を基礎づける構造の成立過程やその特質を問うことである。荘園制成立史研究の最大の意義はこの点に存する――本書は、1999年に急逝された川端新氏の遺稿集であり、本編には荘園制形成の通説に再検討をせまる博士論文「荘園制成立史の研究」を、付編には院政期裁判制度を論じた未発表稿を含む6論文を収録し、氏の研究の全貌を世に問うものである。　●A5判・520頁／本体8,800円　ISBN4-7842-1054-7

日本中世の地域と社会　三浦圭一著

中世後期の地域社会における民衆生活の全体像を、支配関係・村落共同体・差別構造・技術・信仰などから重層的に明かした珠玉の論集。
●A5判・496頁／本体8,800円　ISBN4-7842-0755-4

表示価格は税別